北京市民族古籍整理出版規劃

小組辦公室重點科研項目

國家圖書館藏
滿文文獻圖録

黃潤華　主編

國家圖書館出版社

編委會名單

前　言

16世紀後半葉，滿族崛起於白山黑水之間，建立後金國，繼而入關，統一中國，建立了大清王朝。這是中國歷史上繼元代之後第二個少數民族建立的全國性政權，歷時267年，在歷史上作出了重要貢獻，產生了深遠的影響。

滿族是我國一個既古老又年輕的民族。說其古老，是因為她族源綿遠，說其年輕，是因為她以"滿洲"之名登上歷史舞臺至今僅有300多年時間。早在兩千多年前，滿族的先人，漢文史籍中稱之為肅慎或息慎者，便派使者到周朝進貢矢石。漢晉之間的挹婁，南北朝時的勿吉，隋唐時期的靺鞨都是一脈相傳。到10世紀，以女真之名顯赫於世，建立大金國，稱威中國北方百餘年，創造了自身歷史上的一個亮點。

金朝滅亡後，在東北地區尚有200萬女真人，有一部分融入漢、蒙古等民族，另有半數在元代仍保持女真習慣，到明代分為建州女真、海西女真和野人女真三部。①

建州女真原居黑龍江依蘭縣一帶，元末明初南遷至綏芬河流域，因綏芬河下游雙城子為渤海率賓府建州故地，因此得名。永樂元年（1403）明政府設建州衛，永樂十年（1412）設建州左衛，正統七年（1442）增設建州右衛，歷史上有名的"建州三衛"至此最後形成。

海西女真在明初是指居住在松花江中下游地區的女真，因朝鮮人將依蘭以西的松花江稱為海西江，海西女真因此得名。至16世紀初形成哈達、烏拉、葉赫、輝發等海西四部。

野人女真又稱東海女真，是指建州、海西以外的女真人，主要居住在黑龍江以北和烏蘇里江以東地區，以漁獵為主，社會發展落後，與明朝的關係不甚密切，朝貢不常。

明朝在東北地區設立衛所進行管理。衛所主要官員由明政府任命，並要定期向明朝納貢，平時負責守邊，聽從明政府的調遣，違反法律明政府要對其治罪，內部糾紛由明政府調解。

明朝所立的衛所中，建州左衛都督猛哥帖木兒於嘉靖三十八年（1559）得一孫子，這便是以後成為清代開國皇帝的努爾哈赤。其祖父、父親在戰爭中被明軍誤殺，明萬曆十一年（1583）努爾哈赤以為其祖、父報仇的名義起兵，從此開始了統一女真的大業。經過不斷征戰，至萬曆四十四年（1616），努爾哈赤基本上統一了女真各部，於赫圖阿拉城（今遼寧新賓西老城）建立

① 王鍾翰主編：《中國民族史》，中國社會科學出版社，1994年12月，第497頁。

"金國"（史稱後金），被奉為"承奉天命養育列國英明汗"，國號天命。

後金天命三年（1618）四月，努爾哈赤正式伐明，天命十年（1625）遷都瀋陽，翌年在攻打寧遠的戰鬥中，努爾哈赤傷重而亡。其子皇太極繼位，是為清太宗，改元天聰。天聰九年（1635）十月皇太極改國號為清，定族名為滿洲，從此一個新興的朝氣蓬勃的民族正式出現在中國歷史舞臺上，拉開了演出長達270多年的一部大戲的序幕。

努爾哈赤不僅是一個馬上取天下的開國皇帝，也是一個注意文治的君主。建州女真在擴張中，對內發布政令、記錄公務，對外文書往來日益增多，而正在崛起中的滿洲人苦於沒有自己的文字，只能依靠蒙語文來交際，這就造成很大的不便，不利於滿洲新興政權的發展。於是努爾哈赤在明萬曆二十七年（1599）二月下令滿洲文士額爾德尼、噶蓋創制自己的文字，這個決定順應了歷史的發展，對滿族的發展起到了十分重要的作用。

初創的滿文借用蒙文字母，沒有圈點，有許多局限性。使用30多年後加以改進，前者被稱為"老滿文"或"無圈點滿文"，後者被稱為"新滿文"或"有圈點滿文"。現在我們所說的滿文一般是指新滿文而言。

有清一代，用滿文纂修、翻譯了許多圖書、檔案，此外還有許多碑銘、印璽、錢幣等亦用滿文。清代尊滿語為"國語"，滿文又稱清文，與外國行文或簽約均使用滿文。道咸以後，滿文應用已不如前，但直至清末，滿文作為官方的正式文字仍在繼續使用，清朝滅亡後，纔逐漸廢棄。滿文在300多年的使用過程中，形成了大量的文獻。從文獻的種類區分可以分為書籍、檔案、輿圖、碑銘等。綜觀中國歷史，一個少數民族建立的王朝能保留下來這麼豐富的民族文字文獻，是絕無僅有的。

一、滿文圖籍

在現存的少數民族文字圖書中，除了藏文，滿文圖書的品種與數量是最多的。滿文書籍從版本上講可以分為刻本圖書和抄本圖書兩大類，刻本圖書又可分為官刻與坊刻兩種。

（一）滿文官刻本

1. 滿文官刻本的濫觴

公元1599年，巴克什額爾德尼和噶蓋奉命創制滿文後，用滿文記錄了大量上諭、公文、函件等檔案文獻，這就是後世稱之為《滿文老檔》、《國史院檔》等的歷史資料。

滿族在關外時期，用滿文翻譯了很多漢籍。從努爾哈赤崛起於建州之初，隨着與明王朝關係的發展，漢籍的滿譯便開始了。努爾哈赤時期，被稱為滿族聖人的達海便受命翻譯漢籍，太宗時期，翻譯規模擴大，成立了專門機構，滿文初名"筆帖赫包"，意為"書房"，後滿文改名"筆帖赫衙門"，到乾隆年間修訂《清太宗實錄》時，嫌"書房"過於俚俗，又更名為"文館"。太宗時文館主要有兩個職能，一是記錄當朝政事，二是翻譯漢籍，譯書仍由達海負責，另配有四名筆帖式作為助手。達海年三十八卒，“時方譯通鑑、六韜、孟子、三國志、大乘經，皆未竟”[①]。

據史料所載，清朝在入關前所譯漢籍有《刑部會典》、《素書》、《三略》、《萬寶全書》、《通鑑》、《三韜》、《孟子》、《三國志》、《禮部會典》及一部分大乘佛教典籍等十餘部之多。這些書籍譯出後，以何種形式流傳，有無專門的刻書機構，因無史料記載，所以難有確說。昭槤在《嘯亭續錄》中提到皇太極將達海所譯《三國志》和四書各一部“頒賜耆舊，以為臨政規範”，既是“頒賜耆舊”，恐難以逐部抄寫，由此可以推定，最有可能是刻板印刷。20世紀30年代初在內閣大庫發現的清入關前形成的滿文原檔中有一冊木刻印本，內容是敕書檔，這是滿文最早印刷品之一，現與滿文原檔一道保存在臺灣故宮博物院。

在中國第一歷史檔案館的陳列室裏，有一件崇德四年（明崇禎十二年，1639）六月二十六日的告示，內容是後金國戶部諭官民人等禁煙（當時音譯為：丹白桂）的通告。其中對種植、運輸、吸食煙草作了種種嚴厲罰處的規定。這份告示為紙質，高約60厘米，寬約80厘米，為滿漢合璧，右為漢文，共11行，滿行28字，左為滿文，共12行，這麼大的一張佈告當時肯定是為了張貼而印的，而且是在一整塊木板上雕刻印刷的，字體碩大，印刷清晰，可讓離它三尺距離的人一目瞭然。這是現存的後金時代有具體年款最早的一件滿漢合璧印刷品，從這件木版雕印的告示來看，佈告上的滿漢文字跡端正，清晰流利，雕版和印刷的技術已十分嫻熟，可見當時的刻印技術水準已經很高了。這件文告除了歷史價值、法律價值外還有十分重要的文獻版本價值。可以說關外時期是滿文刻本的濫觴時期。

2．滿文官刻本的發展

順治元年（1644）五月，清軍進入北京，從此建立了全國性的政權。由於政治經濟文化的需要，滿文刻書業進入了一個新的發展時期。順治年間滿文圖書已出現了少數坊刻本，如南京聽松樓刻印的《詩經》等，但是以內府刻本為主。

清代官修圖書承襲明制，仍由翰林院負責編撰。翰林院在順治初年併入內三院，後獨立。翰林院官員除大量的漢族文人外還集中了一批滿族官員和文人，參與滿文或漢文圖書的編撰。清初，為了適應漢籍滿譯工作的需要，專設翻書房於太和門西廊下，“揀擇旗員中諳習清文者充之，無定員”[②]。直到咸豐年間仍有此機構。翻書房將漢籍譯為滿文後，即付刻印。順治年間，宮內刻書還是利用明朝的刻書機構經廠。從滿文文字看，順治年間刻本有着獨特的風格，字體剛勁古樸、字裏行間尚有老滿文殘存風韻，與康熙刻本的字體有較明顯的區別。

---

① 《清史稿》卷二二八。

② 昭槤：《嘯亭雜錄》之《嘯亭續錄卷一・翻書房》。

順治三年（1646）刊印了遼、金、元三史，此書在清太宗崇德四年（1639）已由希福等人奉旨譯成，順治三年祁充格等人刊刻成帙。據李德啟先生研究，此三書為漢文三史之本紀部分，這是清入關後首次刊印的滿文圖書。

順治三年還刊印了一部滿文圖書，即《洪武寶訓》（一名《洪武要訓》），這是內國史院大學士剛林奉敕譯的。《洪武寶訓》是入關後翻譯的第一部漢籍。

順治七年（1650），又刊印了《三國志演義》滿譯本。《三國志演義》早在關外曾由達海譯過，入關後，遵攝政王多爾袞諭旨，由大學士祁充格等組織重譯。清朝入關前後，兩次翻譯《三國志演義》，並非因為其為文學名著，實以此書為兵略。

順治八年，皇帝親政。這個時期以皇帝的名義撰寫、編纂了一批宣揚儒家思想的書籍，並往往以滿漢兩種文本同時刊印，如《勸學文》（順治十年）、《御製人臣儆心錄》、《資政要覽》、《勸善要言》（順治十二年）、《御纂內政輯要》、《太上感應篇》（順治十四年）等。順治三年（1646）刊印的《大清律集解附例》（滿漢文本）是清代第一部法律全書。順治一朝約刻18部滿文圖書。

3．滿文官刻本的繁榮

公元1662年，玄燁以八歲沖齡繼承帝位，是為康熙皇帝。他在位六十一年間，中國形成了一個統一的多民族的強大封建國家，社會經濟文化得到全面恢復和較大發展。政治上的統一和經濟的繁榮又為文化的發展提供了良好的社會環境和物質基礎。康熙皇帝本人也具有相當高的文化素養，融滿漢兩種文化為一體，對西方科學技術也表示出濃厚的興趣。他提倡經學、史學、文學，“留意典籍，編定群書”（《清聖祖實錄》語）,除按例編修《實錄》、《聖訓》等書外，他還組織班子編纂經、史、文等方面的圖書，促進了皇家刻書業的發展，滿文官刻圖書進入了一個新的繁榮時期。

康熙時代皇家刻書業發展的一個標誌是武英殿修書處的設立。武英殿修書處建於康熙十九年（1680），隸屬於內務府，專門編撰和刊印官修各種圖書。滿文的內府刻本也得以嶄新的面貌問世。這時期滿文的殿刻本變得更加規範，字體典雅，有些圖書用開化紙大字印刷，紙張潔白細膩，字體墨色勻潤，裝幀精美考究，有一種特殊的皇家宮廷氣派。

康熙一朝大約刊印了20多部滿文圖書，大致可分以下幾類：

（1）經書　有清一代，自太宗、世祖起，均尊孔崇儒，到康熙時，更是把崇儒尊道作為文化國策。康熙帝親政後，延請宿儒大臣進行經筵日講，從康熙十六年（1677）開始陸續刊印了《日講四書解義》、《日講書經解義》等書，康熙帝親自為之撰寫序言。他本人提倡經學、理學，晚年命李光地編了《性理精義》十二卷，於康熙五十六年（1717）譯成滿文刊印。這些圖書開本都較大，用紙都是白色開化紙，裝幀大氣考究。

（2）政書　清朝在建立了全國性的政權以後，各項行政法規制度逐漸建立健全，統治經驗也日漸豐富。康熙帝認為“一代之興，必有一代之治法”，於康熙二十三年（1684）下令編撰《清會典》，至康熙二十九年（1690）完成。全書共162卷，所載內容自崇德元年（1636）起至康熙二十五年（1686）止。《清會典》是清朝行政法規的大綱，它的編纂反映了清政權的鞏固和成熟，為以後的修典奠定了基礎。

康熙時期修纂的重要滿文政書還有《大清律集解附例》（康熙九年）、《刑部新定現行例》（康熙十九年）、《太祖聖訓》（康熙二十五年）、《親征平定朔漠方略》（康熙四十八年）等。這些政書在當時有很強的實用性，並為康熙後各朝提供了典範。

（3）語言文字及文學類　這部分圖書數量不多，但所編印的幾部本身規模宏大，對後世的影響也很深遠。語言方面最值得一提的是《御製清文鑑》。此書前後經三十五年方告完成，這是一部百科全書性質的滿文分類辭典，上自天文，下至地理，包括軍事、禮樂、飲食、器物等共280類，12000餘條，附有總綱（即索引），為滿文譯學中第一部綱領性鉅著。這部辭書開了清代官修辭書的先河，乾隆時期編纂的各類清文鑑無不以此為楷模。

文學類圖書的代表作品是《御製古文淵鑑》。這是一部古代散文彙集，全書包括自春秋迄唐宋文章共693篇，分64卷，由內閣大學士兼禮部侍郎教習庶吉士徐乾學等奉敕編纂，康熙二十四年（1685）武英殿刻本，有漢、滿兩種文本。漢文本用彩色套印，鮮明豔麗，體現了當時最高印刷水準。滿文本雖無彩色印刷，但印製也相當精美。開化紙棉白細軟，字體端莊，墨色鮮亮，裝幀考究，是康熙時代皇家滿文刻本的典範。就其內容而言，《古文淵鑑》是清代大規模翻譯漢族古代散文的第一部集子，給後世留下了深刻的影響。以後如道光年間譯的《古文觀止》，咸豐年間的《翻譯古文》都受到這部書的影響，但它們的內容和規模遠不及《古文淵鑑》。

康熙年間的滿文刻本中，有一些書其官刻特徵不很明顯，但根據種種跡象，可以判斷不是坊刻而是官刻，甚至是內府刻本。如“七本頭”，這是包括《黃石公素書》、《菜根譚》、《孝經》、《御製三角形論》、《性理一則》、《醒世要言》、《潘氏總論》等七種圖書的一函叢書。這部書開本較小，用紙普通，也沒有用“御製”作為總書名，但從內容看，《黃石公素書》是達海在關外所譯，經和素校後刊印的，《御製三角形論》則是康熙皇帝本人的數學論文。

另外一種書是康熙四十七年（1708）刻印的滿文《金瓶梅》。此書向被列為“誨淫”之作，順治、康熙兩朝屢有上諭明令嚴禁“淫詞小說”，在這種氛圍下，《金瓶梅》居然能譯成滿文並刻板印行，在文網盤結的當時，如果不得到特別允准是不可能的。關於這部小說的滿譯者衆說紛紜，有和素說、徐元夢說、康熙之弟說等幾種。不論是何人，肯定都是達官貴族。由此可以推斷，《金瓶梅》滿譯本最有可能是官刻本。

雍正年間，滿文官刻圖書繼續發展，但這個時期，滿文官刻本的種類與數量都顯得較為單調、稀少。從種類上看，主要是兩大類，一類是政書，如《大清律集解附例》、《吏部銓選官員則例》、《吏部處分則例》（以上均為雍正三年刻本）、《大清會典》（雍正十年刻本）等。另一類是雍正帝的言論文章，如《聖諭廣訓》（雍正二年）、《雍正上諭》（雍正二年、十年）、《朋黨論》（雍正二年）、《上諭八旗》、《上諭旗務議覆》等。

4．滿文官刻本的鼎盛

進入乾隆時代後，滿文官刻圖書迎來了自己的鼎盛期。乾隆六十年中，內府所刻滿文圖書，無論從內容、數量和書品上看，都超過了前三朝，其後歷朝亦未有出其右者。據初步統計，乾隆一朝滿文官刻圖書約有20種左右。從內容上看，有以下幾個特點：

（1）重新整理翻譯儒家經典。《詩經》在順治年間已經翻譯，康雍時期，四書、《易經》、《書經》、《孝經》等一批儒家經典都譯成了滿文，或以"日講解義"的形式刊佈。乾隆帝即位後，認為有的譯本如《詩經》因翻譯過早，一些詞語為《清文鑑》未收，不很規範；有的譯本如《易經》，一些卦名彖象的翻譯"對音乏舊，未盡翻意"，為了"嘉惠來學"，"不留餘憾"，下令對一批儒家經典重新翻譯。於是，四書（乾隆六年）、《詩經》（乾隆三十三年）、《禮記》（乾隆四十八年）、《春秋》（乾隆四十九年）等一批儒家經典譯作相繼問世。

（2）繼續編纂刻印太宗、世祖、聖祖和世宗等歷代皇帝的《聖訓》。除世宗的《聖訓》為乾隆五年編纂外，其餘幾位皇帝的《聖訓》早已編就，於乾隆年間陸續刊印。

（3）加強政書的修纂。這方面最有代表性的是《大清律例》的修訂。《大清律》最初制定於順治三年（1646），當時清王朝剛定鼎北京，諸事待舉，急需一部法律，但時間所限，只能"詳譯明律，參以國制"來應急。康雍兩朝，屢加修訂，經過近百年的總結、完善，到乾隆五年（1740）命大臣對清律詳悉參訂，重加編輯，並以滿漢兩種文本刊佈。其後又陸續刊佈了《大清律續纂條例》、《大清律續纂條例總類》。

《大清會典》是乾隆時期修訂的另一部規模宏大的政書。《清會典》最初成書於康熙二十九年（1690），雍正年間又用了十年時間進行修纂，乾隆帝即位後，針對康雍兩朝所修會典中的一些舛訛疏漏，於乾隆十二年（1747）下令重修，乾隆二十九年（1764）《大清會典》、《大清會典則例》滿文本刊佈。

乾隆一朝為了強化中央集權統治，加強了建制立法，對各項規章制度廣為編纂，不斷修訂。除上述兩部大型律典外，一批則例也相繼問世。有的還不斷修訂，如《八旗則例》初刻於乾隆七年，後於二十九年、三十七年、三十九年、五十年分別續修。這些則例不斷修訂，反映了乾隆時期的法規制度不斷補充完善，是清中央集權制度逐漸強化成熟的標誌。

（4）重視史書的編修。乾隆帝在即位前就熟讀史書，深知"以史為鑒"的重要性，所以對史書的編修十分重視。從康熙年間開始，每次用兵之後，都要成立專門機構，將有關軍事行動的諭旨奏報編纂成集，是謂"方略"。乾隆一朝，用兵較大規模者有十次之多，乾隆帝因之自號"十全老人"，他仿照康熙纂修方略、紀略，譯成滿文的有《平定準噶爾方略》（乾隆三十五年）、《平定金川方略》（乾隆四十五年）等。此外還用滿文刻印了《宗室王公功績表傳》（乾隆二十九年）、《大破明師於薩爾滸》、《開國方略》（乾隆五十一年）、《外藩蒙古回部王公表傳》（乾隆六十年）等歷史圖書。乾隆九年（1744）刊印的《八旗滿洲氏族通譜》詳細記載了新老滿洲族源世系和歷史，是研究滿族歷史的權威文獻。

（5）關心滿文工具書的編纂。乾隆帝為了加强滿族的統治基礎，針對當時八旗官員及其子弟久處太平，驕逸自安，漢化程度日益加深，對滿洲舊俗逐漸淡忘的現實，特别提出了“騎射我朝根本”、“清語尤為本務”，規定將清語騎射作為滿洲舉人會試、官員陞黜和宗室王公承襲爵位的條件。乾隆帝親自指導編纂了一系列滿文、滿文與其他語文相對照的工具書，同時對滿文進行整理規範，為滿文的發展作出了重要貢獻。如乾隆三十八年（1773）編成的《御製增訂清文鑑》，這是在康熙朝編的《御製清文鑑》的基礎上進行改編增訂的，比《清文鑑》增加新詞4700餘條，比原書增加了約二分之一，並將全部辭條譯成漢文。後來在《增訂清文鑑》的基礎上，又發展到《四體清文鑒》和《五體清文鑒》（後者僅有抄本）。又如《西域同文志》（乾隆十五年完成），把中國西北地方的地名和一部分人名用漢、滿、蒙、藏、托忒蒙文、維等六種文字對照彙編，是研究清代西北地方地理歷史和語言文字的重要資料。

（6）滿文大藏經的翻譯。有清一代，把崇奉喇嘛教列為國策，主要目的是為了穩定蒙藏地區，保障中央政府的有效統治。乾隆三十八年（1773）上諭開始翻譯滿文大藏經，到乾隆五十五年（1790）告成，歷時十八年。

乾隆時期還翻譯刻印了其他一些佛教經典，如乾隆三十八年（1773）刊印的《大藏全咒》及《皈依經》、《普賢行願品經》等。乾隆帝本人也親自譯過一些佛經，如《吉祥偈》、《金剛經》等。可以説，滿文佛經的刻本絕大多數都是乾隆朝翻譯刊印的，這些佛經或是作為供奉，或是供皇家寺廟中喇嘛唸誦，散入民間的很少。國家圖書館收藏的滿文佛經大多是民國年間從清東西陵皇室家廟中收集來的。

滿文官刻圖書在乾隆朝達到頂峰並非偶然，而是有其内在的原因。一是經過上百年的發展，清王朝的統治日益鞏固，生產力發展和社會經濟的繁榮都達到了一個新的水準，形成了所謂“盛世”景象，為文化發展提供了豐厚的物質基礎，其二是在乾隆時期，封建中央集權機構有了進一步發展，統治階級取得了豐富的經驗，許多法律、政令的制訂、修改反映了皇權的加强。當時在清政府統治機構中，滿洲官員仍占主要地位，滿語文還有一定的使用面，各類滿文圖書特别是實用性很强的政書有較大的需求量。再者是乾隆帝本人的作用。這位皇帝本身有著較高的文化素養，特别對漢文化的瞭解與吸收都達到了相當深的程度，而他本人又有着十分强烈的民族自尊心理，在他“稽古右文”、提倡清語騎射的政策指導下，滿文圖書的撰修、翻譯、刻印都達到了前所未有的水準。

5．滿文官刻本的式微

清代自嘉道以降，國力衰微，内憂外患日益嚴重。滿文官刻圖書也逐漸式微，最後變成一種官方的點綴。嘉道咸三朝的六十多年中，除了依照慣例編纂刊印上一代皇帝的“聖訓”外，只刻印了《理藩院則例》（嘉慶二十二年修，道光二十九年重訂）、《回疆則例》（道光二十二年印本）等滿文政書，續纂了《外藩蒙古回部王公表傳》（分別刻於嘉慶十九年、道光二十九年、咸豐九年），此外並無新書問世。到同光時期，官方所修滿文圖書，大多只以稿本、抄本留了下來。

滿文官刻圖書發展到頂峰後迅速跌入低谷，進入式微階段，究其原因，除了乾隆朝以後，政治腐敗，內亂不止，帝國主義的入侵使中國變成了半封建半殖民地社會等歷史因素外，與當時滿語文使用面急劇縮小也有直接的關係。

有清一代，滿文官刻圖書可以說是由皇家統攬刊印的，只是到清代中葉以後，在一些地方長官衙署纔有刊印之舉。如嘉慶二十三年，西安將軍署刻印了《清文指要》，廣州將軍衙門和成都駐防八旗官學、荆州駐防翻譯總學在光緒年間也刻印了《滿漢文八種》、《清文總彙》、《清語輯要》等書，這些地方官署和學校刊印的都是學習滿文的教科書和工具書，以滿足當地呈小聚居狀態的八旗子弟學習滿語文的需要。

從清同治年間開始，各地有官書局之設，刻印大批圖書，是清末地方官刻的重要代表。滿文書在官書局刻書中極為鮮見，現所知僅有《欽定遼金元三史國語解》，是光緒四年（1878）江蘇書局刻本。

（二）滿文坊刻本

民間刻本主要是指書坊和刻字鋪印的書籍，另有一些私人的家刻本也屬此列。清代的書坊雖遍及全國，並形成了北京、蘇州、廣州、佛山等幾個刊印中心，但就滿文圖書而言，其刊印中心僅在北京一處。

北京作為金、元、明、清四朝的首都，經濟繁榮、文化發達，明代北京的刻書業就很興盛。但是現在有明確年款的最早的滿文坊刻本卻不是北京刻的，而是南京（金陵）聽松樓刊印的《詩經》，成書於順治十一年（1654），共6卷6冊，滿漢合璧，版框高22.8厘米，寬14.6厘米，每半葉上面是滿文，9行，版框高13厘米，下面是漢文，也是9行，版框高9.8厘米。扉頁有牌記“新刻滿漢字詩經”，滿漢文分別左右，中間印“聽松樓藏板”，首頁為滿文御製序。中縫漢字題“滿漢詩經”。像這樣滿漢文分別上下刻印的圖書僅見於清初，以後多為間行刻印。

中央民族大學圖書館藏有一種刻本，滿漢合璧，全書兩冊，內容都是格言。每半葉兩行，左為滿文，右為漢文。第一冊每行三字，第二冊為四字。三字的如：“仁為宅，義為路，忠為首，孝為先，儉為常，智為根”等，四字的如“動不可躁，靜不可怠，非不可飾，過不可文，群不可黨，量不可狹”等。根據刻書的風格判斷是順治年間的坊刻本。

順治年間的坊刻本僅此二見，而刻滿文書的店鋪僅知南京聽松樓一家。

康熙年間，刊印滿文書的書坊多了起來，除南京的聽松樓仍在刻印外，北京先後出現了10

家刊印滿文書的書坊，它們是宛羽齋、秘書閣、玉樹堂、尚德堂、寄暢齋、天繪閣、文盛堂、四合堂、三義堂、尊古堂等。宛羽齋在前門外，康熙二十二年（1683）刊印了《大清全書》。天繪閣、尊古堂都在西河沿，清初這一帶是書籍的刊印中心。南京的聽松樓於康熙三十八年（1699）刻印了《清書全集》，康熙四十一年（1702）刻了《同文廣彙全書》，康熙四十五年（1706）刻了《滿漢類書全集》，另有滿文本《孫吳子兵法》，未有明確年款。其餘幾家書坊各只有一種刊印。

到雍正年間，北京刊印滿文圖書知名的書坊達13家，它們是鳴臯閣、敬修堂、宏文閣、中和堂、文盛堂、三槐堂、鴻遠堂、墨華堂、精一齋、老二酉堂、文瑞堂、英華堂、二槐堂等。其中老二酉堂是個老字號，在琉璃廠，這家書鋪在雍正十一年（1733）刻了《滿漢全字十二頭》一書，這是一部學習滿文的基礎書，到乾隆年間老二酉堂還刻過滿文書，後未見再有滿文書問世。三槐堂是出版滿文書較多的一家書坊，從雍正到光緒，綿延近200年，以三槐堂的名義刊印圖書持續不絕。

乾隆時期，前後有十多家書坊刻過滿文圖書，留有堂號的除前面提到的之外還有文瑞堂、永魁堂、秋芳堂、清宜齋等，主要集中在乾隆四十年前。乾隆四十年後只有雙峰閣、三槐堂、文盛堂等幾家。

嘉慶年間滿文坊刻本很少，有堂名的僅見嘉慶二十一年（1816）文盛堂重刻的《六部成語》。文盛堂也是一家老字號，早在康熙四十九年（1710）就刻印過滿漢合璧的《西廂記》，乾隆六十年（1795）又刻過《六部成語》。

道光年間刻印滿文書的店鋪依然不多，留有堂名的有炳蔚堂朱氏書坊、五雲堂、三槐堂和聚珍堂等。前面說過，三槐堂的堂號最早出現在雍正年間，雍正二年（1724）刊印過滿漢合璧《聖諭廣訓》，雍正八年（1730）刻滿漢合璧《清文啟蒙》，後又刻《讀史論略》。乾隆年間又刻有四書（乾隆二十年，1755）、《清漢對音字式》（乾隆三十七年，1772）、《三字經注解》（乾隆六十年，1795）。

道光年間的三槐堂在隆福寺對門，其於道光十年（1830）刻的《圓音正考》一書，首有滿洲烏扎拉氏文通序稱“庚寅春，三槐堂書坊龔氏宜古，持《圓音正考》一冊，欲付梓，請序於余，兼請校正其訛”云云。可見道光初年，三槐堂主人為龔姓。在此之前，道光二年（1822）三槐堂已刻過《吏治輯要》，三年又予重刻。咸豐、光緒年間，三槐堂不斷有滿文書問世，是滿文刻書時間較長、數量較多的書坊。

另一家刊印滿文書較多的書肆是聚珍堂。聚珍堂亦在隆福寺,據記載其前身為天繪閣，則其歷史可追溯到康熙年間。以聚珍堂名義刊印的滿文書最早可見的是乾隆年間的滿漢合璧四書，道光二十年（1840）刻滿漢合璧《音韻逢源》。這類歷史悠久的老字號儘管招牌不變，但主人屢易。光緒二年（1876）聚珍堂主人為劉英烈，原名王盛，字魁式，河北束鹿人。這家書鋪一直經營了五十多年。聚珍堂在光緒年間滿文圖書刻印活動是比較活躍的一家。

光緒年間，滿文書刊印事業似乎出現了“迴光返照”，除三槐堂、聚珍堂兩家老字號外，還有柳蔭山房、尚友堂書坊、文淵堂、文寶堂、名德堂、護國寺蕭氏等數家。這期間，石印技術傳入我國，光緒三十三年（1907）北京石印館刻了滿漢蒙三體合璧《分類漢語入門》。這一時期在外地，如湖北荊州積古齋、盛京西彩盛刻書鋪也都有滿文書刊印。外地滿文書坊刻本僅見於順治年間的南京聽松樓和清末的荊州、盛京，中間幾百年竟一無所見。

有確切紀年的最晚的滿文書是宣統二年（1910）由湖北荊防廣化善堂刻印的《朱文公家訓》。作為滿文圖書刻印中心的北京，到清末，印刷技術已改進為石印，最後的滿文圖書是宣統元年石印本《滿蒙漢合璧教科書》。從內容上看，已出現了“強國之道，以兵為本”、“陸有炮臺，海有戰艦”這些具有“新學”的內容了。這昭示了一個新的時代即將來臨，同時也標誌着刊印滿文圖書的時代即將結束了。

1. 滿文坊刻本的內容

坊刻圖書與官刻圖書的一個重要區別，就是它具有明顯的實用性，因為它是將書籍作為商品，以追求利潤為根本目的而刊行的。圍繞這樣一個基本特點，坊刻滿文圖書主要包括以下幾個方面的內容：

（1）宣揚封建倫理道德的普及讀物

清代把崇儒重道作為國策，把儒家倫理思想作為維繫自身統治、鞏固封建政權的基本道德規範，因此從順治帝開始，就十分重視這方面的教化。

清初順治帝發佈“六諭”，康熙帝推衍為“聖諭十六條”，到雍正帝登基，標榜自己“以聖祖之心為心，以聖祖之政為政”，將“十六條”逐條解釋，引申發揮，輯成《聖諭廣訓》，於雍正二年（1724）內府刊印，並敕令將此書刊印至直省州縣，各地學官每月朔望向士庶宣講，使之家喻戶曉。到道光三十年（1850），清宣宗又對《聖諭廣訓》作了一番解釋，並敕令作為書院家塾的必讀書。既然統治者如此看重，所以《聖諭廣訓》自雍正年開始直至光緒朝，不斷有坊刻本刊行，成為版本繁多、印量頗大的暢銷書。

大約在嘉慶年間，出現了一部《吏治輯要》，由鐵嶺高鶚編著。道光二年（1822）由北京的三槐堂出版發行，當年便銷售一空，翌年又重刻，咸豐七年（1857），此書被譯成蒙文，到光緒年間，三槐堂、聚珍堂又同時刊印，可見此書在清末廣受歡迎的程度。

（2）四書五經

清襲明制，以科舉取士，漢族士子按省舉行考試。為了使八旗子弟同樣得到功名，同時設八旗官學，從順治八年（1651）開始，舉行鄉試、會試。在官學學習和考試的內容均是儒家經典，因此四書五經的翻譯與出版就成為很大的社會需求。現存最早的坊刻本便是順治十一年（1654）聽松樓刻印的《詩經》。四書是儒家的基本經典，因此很早便譯成了滿文，由坊間刊行。現在能看到最早的坊刻本是康熙三十年（1691）玉樹堂的滿漢合璧四書刊本。乾隆帝登基後，對四書譯本重新作了一次釐定，從乾隆二十年後直到光緒年間坊間大量刊印，像三槐堂、二酉堂、聚珍堂、保翠齋、寶名堂、名貴堂、文光堂、聖經博古堂等都有印本，可以說四書滿漢合璧本在清代是最暢銷的坊刻書之一。《易》、《書》、《詩》、《禮》、《春秋》等五經的印量也較大。

（3）啟蒙讀物

《三字經》、《千字文》是漢族通行啟蒙讀物，流傳長遠。滿族入關後也接受了這些讀物，雍正二年（1724）惟德、陶格將《三字經》譯成滿文，後經乾隆到道光，近百年中一再刊印，道光十二年（1832）還譯成蒙文。《千字文》也有三槐堂、文萃堂、敬修堂等書坊先後刊印過。

（4）文學作品

屬於文學作品的坊刻本品種不多，但從譯文和書品來看都屬上乘之作。如《西廂記》有兩個譯本，一是康熙四十七年（1708）由寄暢齋刻印的《精譯六才子詞》，由劉順譯校。此書只譯了《西廂記》中的曲文部分，每葉漢文列上，滿文列下。兩年後出現了一個全譯本，由文盛堂刊印，滿漢合璧，可惜未著譯者姓名。

《翻譯詞聯詩賦》是文英堂刊印的，四卷，滿漢合璧，刊印時間不詳，從風格上看較晚。首卷為詞，卷二為楹聯，卷三是詩，卷四為賦，此書流傳不多。

小說有《聊齋志異》，這部短篇小說集成書於康熙年間，經過一百多年的流傳，到道光年間由盛京工部主事扎克丹選書中129篇故事，譯成滿文，於道光二十八年（1848）刊印。印行後頗受歡迎，到光緒三十三年（1907）由北京二酉齋再次印刷，所用書板即是道光年間初刻的原板。《三國演義》是清代翻譯最早的一部小說，《三國演義》滿文本問世後，又出現了一種滿漢合璧本，共48冊，滿文與順治譯本同，漢文列在滿文之右。從漢文中“玄”、“貞”均已避諱，而“弘”字未避這一情況推斷，此種滿漢合璧本應是雍正年間所刻，從其刻工、紙張及裝幀等情況看，應是民間坊刻本，但是未有刊印書肆的牌記和其他著錄內容。

（5）滿語文專業類圖書

清代把提倡清語騎射作為國策，乾隆皇帝認為“騎射我朝根本”、“清語尤為本務”，把能否堅持清語騎射，能否保持滿洲舊俗看成是有關清政權生死存亡的重大問題。順治朝開始即開設八旗官學，鼓勵八旗子弟學習滿文，並開設翻譯科，使八旗子弟學習滿文後能得到好的出身，在仕途上有所發展。在這樣一個社會背景下，清代對滿語文的學習、研究和傳播始終未有間斷。從官方來看，康熙朝編了《御製清文鑑》、《滿蒙文鑑》，乾隆朝更有《御製增訂清文鑑》、《三合切音清文鑑》、《四體清文鑑》、《五體清文鑑》（未刊本）等鉅著推出，民間也出現了相當一批滿語文的研究著作和工具書。

康熙二十二年（1683）由京都宛羽齋刊印了《大清全書》，這是有明確年款的最早的一部滿語文專門研究著作，它包括了滿語的語音、語法和滿漢對照辭書。滿語學家李德啟先生稱此書保留了清初一些滿語詞，為後來辭書中所無，對研究滿語發展歷史具有獨特的價值。[①]此書出版30年後，即康熙五十二年（1713）由北京三義堂重新刊印。

雍正二年（1724）李延基編著了《清文彙書》。這是一部滿漢語文詞典，比《御製清文鑑》還多收了2000多個詞，是清代版本最多、流行最廣的辭書之一，這部書的影響也很大。乾隆五十一年（1786）又有《清文補彙》問世，由宗室宜興編著，共八卷，體例與《清文彙書》同，又補充詞條7300餘條。光緒二十三年（1897），由志寬、志培將兩種詞書合併，名《清文總彙》。

雍正八年（1730）舞格編著了一部滿文教科書，名《清文啟蒙》，四卷，以漢文解釋滿文語法，從語音十二字頭開始到滿語套詞、虛字等，內容全面，在清代流行較廣。乾隆年間有關學習滿語文的專業圖書刊印更多，較有影響的有《清文典要》（乾隆三年，1738）、《六部成語》（乾隆七年，1742）、《翻譯類編》（乾隆十四年，1749）、《音漢清文鑑》（乾隆二十二年，1757）、《清話問答四十條》（乾隆二十三年，1758）等。清代後期出現的《清文虛字指南編》（光緒十一年，1885）、《初學必讀》（光緒十六年，1890）等反映了晚清時期滿語研究的新水準。

2．滿文坊刻本的特點

綜觀有清一代滿文坊刻本圖書，有幾個特點值得注意：

（1）書肆自己刻板自己發行。這種情況比較普遍。書肆往往在牌記上只注明堂號，或寫明某家藏板，有的還注明書肆地址。如《御製翻譯書經》就寫明“京都琉璃廠瑞錦堂　乾隆二十五年五月初四日”，有的書則蓋章說明，如乾隆二年刻的《滿漢經文成語》扉頁鈐有一章，上印文字“京都徐鋪住順城門外琉璃廠英華堂藏板”。

（2）多家書肆同板刊印。有的書雖然同時有幾家書肆刊印，但仔細一看，可以發現用的是同一板，這種情況主要出現在一些滿語文專業圖書上，如宏文閣與文瑞堂在雍正十三年（1735）同時推出《音漢清文鑑》，這是一部滿漢對照的辭書。又如《翻譯類編》，這是一部滿漢分類詞典，共收約3000個詞，在乾隆十四年（1745）由文淵堂、鴻遠堂、永魁齋同時刊印，其中鴻遠堂與永魁齋用的是同一刻板，這種現象反映了在當時的刻書業中已有一定規模的聯手經營，儘管在市場佔有額上受一定影響，但這樣做的結果可以降低成本，出版的又是發行量較大的暢銷書，總體還是合算的。

（3）在一些圖書的牌記上標明“翻印必究”，如雍正十三年（1735）的《音漢清文鑑》、乾隆十一年（1746）的《一學三貫清文鑑》等。這種情況明代已有。到清代，書肆的版權意識更加強化，為了保護自己的合法權益，特別在牌記上標明對盜版有追究的權利。

（4）有清一代刊印滿文圖書的書肆雖比較多，但就單個書肆而言，除少數幾個如三槐堂、

---

① 李德啟：《國立北平圖書館、故宮博物院圖書館滿文書籍聯合目錄》，1933年，第22頁。

聚珍堂等以外，出書種數並不多，有的只有一兩種，這說明刊印滿文書在書刊出版業中只占一個附屬地位，更沒有形成專業的滿文圖書出版書坊。

（5）從內容看，坊刻本與官刻本之間似乎有一條明確的界線，官刻本中常見的幾類書如政書類、法律類及“御製”、“敕纂”類書籍及佛經等坊刻本幾乎從不涉及，在儒家經典、滿語文專業等類圖書中，坊刻本與官刻本似乎也有比較明顯的分工。儒家經典類只刊印“四書”這類儒家最基本最通俗的讀物，其直接為科舉服務的目的性十分明顯。另一類是宣傳封建倫理道德的通俗讀物，如《醒世要言》、《聖諭廣訓》、《勸善要言》等，雖有官刻本，坊刻本也很多，這裏除了統治者提倡外，也不難看出書商對利潤的追求。

在有關滿語文學習和研究的圖書方面，清代官方編纂、刊印了很多作品，如《清文鑑》、《滿蒙文鑑》、《增訂清文鑑》、《滿洲蒙古漢字三合切音清文鑑》等。這些都是滿文研究的權威性工具書，在學術上代表了一個時代的水準。這些圖書也有很強的實用性，因而有很好的市場前景，但是從來沒有見過這些書的坊刻本。可見以贏利為目的的書坊是不能翻刻這些“御製”圖書的，這方面是官方的專利。坊間刊印的學習滿語文的專業圖書，大多是私人的專著，有些受歡迎的著作在各朝不斷出版，如李延基編著的《清文彙書》，這是一部滿漢對照的辭書，從康熙年間京都四合堂首刻以來，雍正、乾隆、嘉慶、道光各朝約有六、七家書肆刻板發行。到乾隆年間還出現了續編——《清文補彙》，乾嘉兩朝直到光緒年間都有不同的刻本問世。其他如《清文啟蒙》、《六部成語》等也都是清代坊間一再刻印的學習滿文的專業書。

（6）清代滿文坊刻本圖書，絕大部分是滿漢合璧，少數是滿蒙漢三體合璧，全部為滿文的極少。從寫作方式上看，主要是兩種，一是翻譯，即是將漢文著作翻譯成滿文，其中大多為四書五經類儒家經典，也有一少部分文學作品。二是創作，這部分主要是學習滿語文的專業圖書，包括滿語的語音、語法、翻譯和辭書等。翻譯作品將漢文化中有代表性的一些著作譯成滿文，使滿族便於瞭解接受。這些漢文著作大多具有通俗性、普及性特點，譯成滿文後，閱讀、接受的層面也更寬廣。儘管書坊是出於贏利目的，但客觀上促進了滿漢文化的交流和融合。

（7）清代滿文坊刻本還有一個特點是滿文研究著作比較豐富，比較全面。在清廷提倡清文政策的推動下，有清一代，從官方到民間對滿語文的研究一直十分重視。康熙、乾隆兩朝在皇帝的宣導、過問下，集中了一批著名的學者編纂了一批重要的滿文學習工具書，這些“御製”圖書具有無可置疑的權威性，對學習、研究滿語文起到了有力的推動作用。但是，更多的滿文研究成果是通過私人來完成的，這些人有滿族、蒙族也有漢族，有官員也有未登仕途的文人，從清初順康朝到清末的光緒朝，近三百年人才輩出，由於他們對滿語文的熱愛、探求、研究，滿語文研究著作不斷湧現，碩果累累。衆多的作品通過民間書坊刊印成書，流傳至今。這些研究成果體現了滿語文的歷史面貌和發展軌跡，反映了清代近三百年滿語文發展的歷史進程和研究水準，對今天滿文的學習研究和教學有着重要的借鑒作用。可以說在這些方面，滿文坊刻本功不可沒。

（三）滿文抄本

滿文抄本圖書主要有兩大類，一是宮內抄本，宮內抄本中當首推《四庫全書》中的滿文圖書。《四庫全書》是我國古代最大的一部叢書，從乾隆三十七年（1772）徵集全國私人藏書開始到乾隆四十六年（1781）底第一部《四庫全書》抄寫完畢前後共費10年時間。《四庫全書》共收錄3000餘種圖書，其中帶有滿文的有13種圖書，即是四書五經和《御製清文鑑》、《御製增訂清文鑑》、《御製滿洲蒙古漢字三合切音清文鑑》和《欽定西域同文志》等。

清政府編纂的一些圖書有的刻本與抄本並存，如列朝皇帝聖訓，既有殿刻本，亦有抄本。抄本又分大紅綾、小紅綾、小黃綾三種規格，抄寫字體工整，裝幀精緻。有的僅有抄本，如列朝皇帝實錄，沒有刊刻過，只有精抄本留世。這種抄本亦分大紅綾、小紅綾、小黃綾三種，每種只一套，現都保存在中國第一歷史檔案館。著名的《五體清文鑑》也只有抄本存世。同治、光緒時期，官方所修滿文圖書只有稿本、抄本，再未刊刻過。

宮內抄本另一類是小說，這批小說都是從漢文翻譯而來，全部用滿文書寫。如《封神演義》、《連城璧》、《列國演義》、《南宋演義》等。有的漢文本已很難見到了，但滿文譯本尚在，如《金粉惜》等。有的是稿本，如《水滸傳》、《寒徹骨》等。有的還是當時的禁書，如《樵史演義》。這些小說都以抄本形式保存在故宮圖書館，大部分是孤本。

屬於宮內抄本還有一類是裝幀特殊的精品書，從其內容看，一是佛經，如乾隆年間的《無量壽佛經》、《摩訶般若波羅蜜多心經》等。另一類是歌譜,如《平定金川樂章》、《乾清宮普宴宗親世德舞樂章》、《慶隆舞樂章》等。這些抄本都是在磁青紙上用泥金正楷精寫，不但內容豐富，而且裝幀考究，都是乾隆時代的遺存，現都保存在北京故宮博物院圖書館。

大多數抄本還是屬於民間的，這部分數量衆多，內容龐雜，有個人未刊的作品，如敷倫泰的《庭訓錄》（乾隆四十一年，1766）、題了塵拙叟的《格言》（雍正元年，1723）等。也有傳抄的作品，如《百二老人語錄》等。再有是自己翻譯的漢文詩詞，如扎克丹譯的《名士百花詩》、《醉墨齋》，還有題潤齋主人重訂的《十二重樓》等。較為常見的是個人為了學習滿文而編纂、抄錄的詞語、話條等。

滿文圖書在中外文化交流方面起到了獨特的作用。滿文在清代被尊為"國書"，尤其在順治、康熙年間，滿文使用面很廣，是統治民族的獨立語文，公文奏摺都用滿文，開科取士也按滿漢分榜考試，並廣開學校，教授滿文。清初在北京的傳教士、駐華使團等外國人也把學習滿語文作為首要的任務。順治朝的德國傳教士湯若望，康熙朝的法國傳教士張誠、白晉等都是精通滿文的飽學之士，他們可以用滿語與皇帝對話，並將西方的一些著作如《幾何原本》、《西洋藥書》、《割體全錄》等譯成滿文進獻給皇帝。

滿文圖書以其獨特的優勢在歷史上幫助了西方人瞭解中國傳統文化，而西方的文化主要是一些科技知識又通過滿文傳到了中國，儘管接受的範圍僅限在皇室和一部分上層官員的範圍內，但滿文圖書在一定的歷史時期內起到了中西方文化交流的橋樑作用，這一點是毋庸置疑的。

二、滿文檔案

自1644年清軍入關，至辛亥革命推翻清政府，中國最後一個封建王朝歷經260多年的風雨，留下了大量檔案資料，僅中國第一歷史檔案館就收藏1000多萬件。在浩如煙海的清代檔案中，滿文檔案是重要的組成部分，是珍貴的歷史文化遺產，也是滿文文獻中不可或缺的重要內容。

國家圖書館藏滿文文獻中有一部分便屬於檔案，這些檔案絕大部分當年存放在內閣大庫，不少檔案還是黃綾子封面，恭筆抄寫的“宮裝”，如《工部修繕京師城牆銷算錄清冊》、《京察一等筆帖式冊》等，有的是清初的一些檔冊，如《順治十一年檔冊》、《康熙三十三年宗人府記事檔》等，有一部分屬於八旗或地方的，如《鑲紅旗漢軍應軍政官員職銜冊》、《鑲藍旗護軍營行稿》、《喀喇沙爾呈冊》、《墨爾根城丁數冊》等。這些原生態形式的檔案是研究清史的重要參考資料。

三、滿文碑銘

有清一代留下了數量可觀的滿文和滿文與其他文字合璧的碑刻，僅國家圖書館收藏的北京地區滿文拓片即有600多種，這些滿文及滿漢合璧的石刻以墓碑為主，與此相關的還有誥封碑、諭祭碑，墓主均是清代王公貴族、文臣武將，這些墓碑拓片是研究清代人物傳記的重要資料。此外還有一些廟碑、紀念碑，對清代歷史研究也很有參考價值。如題名“大金喇嘛法師寶記”的碑刻，立於遼寧省遼陽市太子河喇嘛園村，這塊刻於後金天聰四年（1630）的碑銘記載了西藏喇嘛經蒙古至後金傳播佛教，受到努爾哈赤的禮遇，圓寂後建塔立碑之事，是研究清開國之初宗教及民族關係的重要資料。此碑陽面為滿漢合璧，滿文為無圈點滿文，亦稱老滿文。這種老滿文的碑刻存世很少。這通碑文是老滿文的重要遺孑，碑陰有漢文20行，載喇嘛門徒、職官姓名，其中有“曹振彥”者，為曹雪芹之先人，因而此碑在曹雪芹撲朔迷離的家世歷史中，成為遼陽為曹家祖居之地的重要佐證。

在滿文石刻拓片中，有些是僅記一事一物，但從側面反映一段歷史，也很有價值。如清代有關資福院的碑刻拓片即是。資福院是康熙六十年（1721）修建的一座寺院，位於北京安定門外著名的西黃寺旁，康熙三十六年（1697），清政府平定噶爾丹叛亂後，西北邊疆出現了和平安定的局面，但到康熙五十四年（1715），策妄阿喇布坦叛亂。清政府為了維護國家統一，穩定西藏，於康熙五十九年（1720）派軍入藏，驅逐了準噶爾勢力，收復了西藏，恢復了青海和天山南北的和平局面。正如康熙帝在資福院御製滿漢蒙藏四體合璧碑文中說：“恢故宇，振法輪，青海以南，三危以北，百番之長，悉心向化，欣睹天日。”為了慶賀驅準保藏的勝利，康熙六十年春，哲不尊丹巴胡圖克圖及諸蒙古汗王貝勒、貝子等奏請建立廟宇，康熙皇帝為避免煩費，未予同意，但對所奏在安定門外"建立十方院為飯僧所，徒衆自遠至者得有棲止"一事予以允准。此廟於當年夏天竣工，康熙皇帝為該廟落成撰寫的碑文中說："諸蒙古貞一乃心，恪奉藩職，協和鄰部，輯睦姻親，天必迎其善意而降之以吉祥，將見戶口愈滋，畜牧益盛，朕樂與共太平，有永而勿替也。"這段話反映了當時清王朝和蒙古諸部之間和睦親善的關係，可以說資福院是清政府驅準保藏的紀念性建築，也是清初對蒙古西藏政策成功的象徵。此廟建成後，於乾隆元年（1736）、乾隆十七年（1752）、乾隆三十九年（1774）、嘉慶十三年（1808）多有進獻布施，翻修擴建。有關資福院的五張拓片就反映了該寺百年間的變遷歷史，其中有些碑文對研究當時的經濟狀況頗有參考價值，如乾隆元年的地產碑中有"但巴林親西拉藏布見參巴但者捐銀三百兩，買地三頃五十八畝，歲入租銀三十九兩，以每歲四月初八浴佛會經供養之資"等語，這對當時的地產、物價提供了有用的資料。

四、滿文輿圖

國家圖書館還藏有部分滿文輿圖，包括滿文、滿漢文、滿藏漢文等多種語言形式的輿圖，共計50餘種，近500幅。其中，收藏在國家圖書館的有20餘種300餘幅，另有近30種200幅在抗戰時期隨古籍南運時輾轉美國，現借藏在臺灣臺北故宮博物院。

國家圖書館所藏滿文輿圖多數源於清內閣大庫，少數來自市場購買和私人捐贈。源於清內閣大庫的滿文輿圖以紙地或絹地彩繪本為主，一般採用中國傳統形象繪法繪製而成，其中不乏精美之作。這部分藏品主要借藏於臺灣臺北故宮博物院，如，《直隸圖》、《盛京五路總圖》、《盛京城圖》、《寧古塔圖》、《張家口外各路圖》、《獨石口外各路圖》、《喜峯口外圖》、《殺虎口外圖》、《口外五路總圖》、《口外各路圖》、《口外九大人圖》、《古北口科爾沁圖》、《甘肅地圖》、《甘肅全省道里總圖》、《內外蒙古圖》、《烏喇等處地方圖》、《喀爾喀圖》、《哈密圖》、《黃河圖》、《黑龍江流域圖》、《吉林入河圖》、《北洋海岸圖》、《雲南軍營圖》等等。刻本滿文輿圖有十餘種，以康雍乾三朝用經緯網繪製的全國性輿圖為主，現主要收藏在國家圖書館，如，《康熙皇輿全覽圖》、《十排皇輿全圖》、《清內府一統輿地秘圖》、《清乾隆內府輿圖》等，此外，還有《盛京吉林黑龍江等處標注戰跡輿圖》、《黃河源圖》、《滇緬舊界圖》等各類輿圖。

從滿文輿圖內容看，國家圖書館所屬藏品中，有綜合性地理圖（如《康熙皇輿全覽圖》、《甘肅地圖》）、天文圖（如《日食圖》、《月食圖》）、邊界圖（如《滇緬舊界圖》、《新疆南界地圖》）、軍事圖（如《盛京吉林黑龍江等處標注戰跡輿圖》、《雲南軍營圖》）、邊防圖（如《口外五路總圖》、《喜峯口外圖》）、海防圖（如《北洋海岸圖》）、河流圖（如《黃河源圖》、《黃河圖》）、道路圖（如《京師至吉林圍場路線圖》、《甘肅全省道里總圖》）、名勝圖等等，類目比較多。

從滿文輿圖的地域覆蓋面而言，除全國性輿圖外，絕大多數集中在北方，以滿族入關前活動最多的東北、內外蒙古、熱河等地為多，約占70%。真正使用滿文標注的地域一般也僅限於這個地域，有些圖中的新疆、西藏等地也用滿文標注，如《清內府一統輿地秘圖》這樣的全國性輿圖就是在這些地區使用滿文標注，其他地區則用漢文標注。

滿文文獻是研究清代歷史不可或缺的重要史料，滿文輿圖作為其中的組成部分，更以其獨特的表現形式和鉅大的資訊承載方式為清史研究以及清代地理、地圖史等專門研究提供了珍貴資料。由於輿圖多以大幅、單幅形式存在，與書籍形式相比更難保存，因此滿文輿圖的存量並不多，國家圖書館的藏量就更少。儘管如此，這50餘種滿文輿圖，或者只言現藏國家圖書館的20餘種300餘幅滿文輿圖，也是從康熙到光緒，從全國到某一省區，從山川河流到邊關海防，從形象繪畫到經緯網控制，從單一滿文到多種文字混合，從單色墨繪到多色彩繪，從手繪本到刻印本，從絹地到紙地，多種樣本均存，是學界多方面多角度研究清代歷史的珍貴史料。

國家圖書館的滿文藏書歷史始於建館之初。早在宣統三年（1911），清政府在籌備京師圖書館時，曾將內閣大庫40多箱滿文圖書撥交圖書館，後來殖邊學校又贈送了四、五箱滿蒙文圖書，從此開了國圖收藏民族文字圖書的先河。後又陸續搜求，年有所獲。

在國家圖書館的前身之一北海圖書館時代，便十分注意滿文圖書的採集，建館數年之間已積有百餘種之多，其中不乏珍稀孤本，如《呻吟語摘》、《晏子春秋》、《同音合璧》、《皇輿山河地名考》、《滿洲祭祀圖說》等書。滿文圖書的收藏與當時主持館務的袁同禮先生的重視是分不開的。當時袁先生看到清朝滅亡不久，社會上流散許多滿文圖書遭人敝棄，而外國人卻仗其財力，廣事購求，認為如不趁此時機，盡力訪求，則數十年後，這些滿文圖書即使不是散若風煙，也要求諸異域。如坐視散失，將是圖書館工作者之羞慚。於是派出專人，擠出經費，竭盡全力收集。[①]館藏滿文圖書的採訪編目工作與前輩于道泉、李德啟先生幾十年的辛勤工作密不可分。于道泉先生是國際著名的藏學家，1926年進北海圖書館時還是一名25歲的青年人，主攻藏文，但他興趣廣泛，對許多語文均有涉獵，對滿蒙文尤為熟悉。于先生入館次年，一位25歲的青年人李德啟也進館了，他當時只是一個級別最低的書記員，但聰明好學，在于道泉的指導下，開始自學滿文，他十分勤奮，每日自學至深夜。一年多以後，已能閱讀滿文書籍，日後成為著名的滿文學家。李德啟先生直至1965年方退休，他為館藏滿文圖書的採訪編目獻出了畢生的精力。

---

① 李德啟：《國立北平圖書館、故宮博物院圖書館滿文書籍聯合目錄》，1933年，于序、李序。

近百年來，前賢篳路藍縷，後人持續努力，幾代人的辛勤工作，使國家圖書館的滿文藏書無論是數量之多，還是品位之高，在世界上均久享盛名。

辛亥革命後，有關滿族文化的研究沉寂了半個多世紀，至20世紀60年代初，為整理庋藏在故宮的幾百萬件滿文檔案，國家在中央民族學院（今中央民族大學）開設滿文專業，培養了一批滿文人才。至1975年，中國第一歷史檔案館（當時為故宮博物院明清檔案部）又開班招生，此後，中央民族大學等高等學校辦了多期各種類型的滿文班，為滿族研究培養了一批研究人員，有關滿族的研究機構和學術團體也紛紛建立。自20世紀70年代末以來，滿學研究方興未艾，在有關滿族的語言、歷史、文化、宗教、民俗、文學、藝術等方面湧現出一批研究成果。中國的滿學水準達到了一個新階段。很多研究人員對滿文古籍有了較多瞭解，對其中一些名著也耳熟能詳，但是限於種種條件，未必都能看到原書，多是“只聞其聲，未見其人”。為了展示滿文古籍的多姿多彩，使對其有興趣的朋友能一睹芳容，有一個直觀的瞭解，以期進一步推動對滿學的研究，我們利用國內滿文古籍收藏最為豐富的國家圖書館館藏，選編了這部圖錄，以饗讀者。儘管只用一個單位的藏書會產生某些局限，不能把所有最好的滿文古籍列入，但就代表性而言可以說是基本上達到目的了。

這部圖錄在20世紀90年代中期便蘊釀編纂，一開始便得到北京市民族古籍整理出版規劃小組辦公室的大力支持。建立於20世紀80年代中期的北京市民族古籍整理出版規劃小組辦公室自成立之初對北京地區的民族古籍研究工作便非常關心，當時在經費十分緊張的情況下，仍然擠出資金對一些科研成果的出版予以扶持，於是在90年代初北京地區有一批民族古籍整理研究圖書問世。時任北京市民族事務委員會副主任、北京市民族古籍整理出版規劃小組辦公室主任、已故著名滿族民俗學家張壽崇先生對編纂本圖錄的創意十分讚賞，並撥出專款予以支持。現任北京市民委副主任、市民族古籍辦主任金毓嶂先生，原民族古籍辦副主任張炳宇先生及其前任皮光裕先生多年來一直關注這部圖錄的編纂，做了大量促進工作。現任民族古籍辦副主任馬蘭女士上任伊始對這部圖錄也十分關心，並追加經費，親自落實具體出版工作。

北京圖書館出版社對這部圖錄一直十分重視，1997年時任社長的曹鶴龍先生同意出版此書，至2005年，社長兼總編郭又陵先生、副總編徐蜀先生在困難的條件下，仍然信守諾言，支持出版，這種一諾千金的誠意令人十分感動。

國家圖書館善本特藏部是編者工作過的部門，現任領導張志清、陳紅彥和蘇品紅等同仁始終支持本圖錄的出版，在提供資料、拍攝圖片等方面給予了優惠、方便的條件，這是編者難以忘懷的。

限於編者水準，本圖錄在選材、編輯、撰寫等方面肯定存在不少缺點，望讀者不吝指正。

黃潤華識

2006年10月26日

目　録

刻　本

抄　本

檔案

拓片

輿圖

刻本

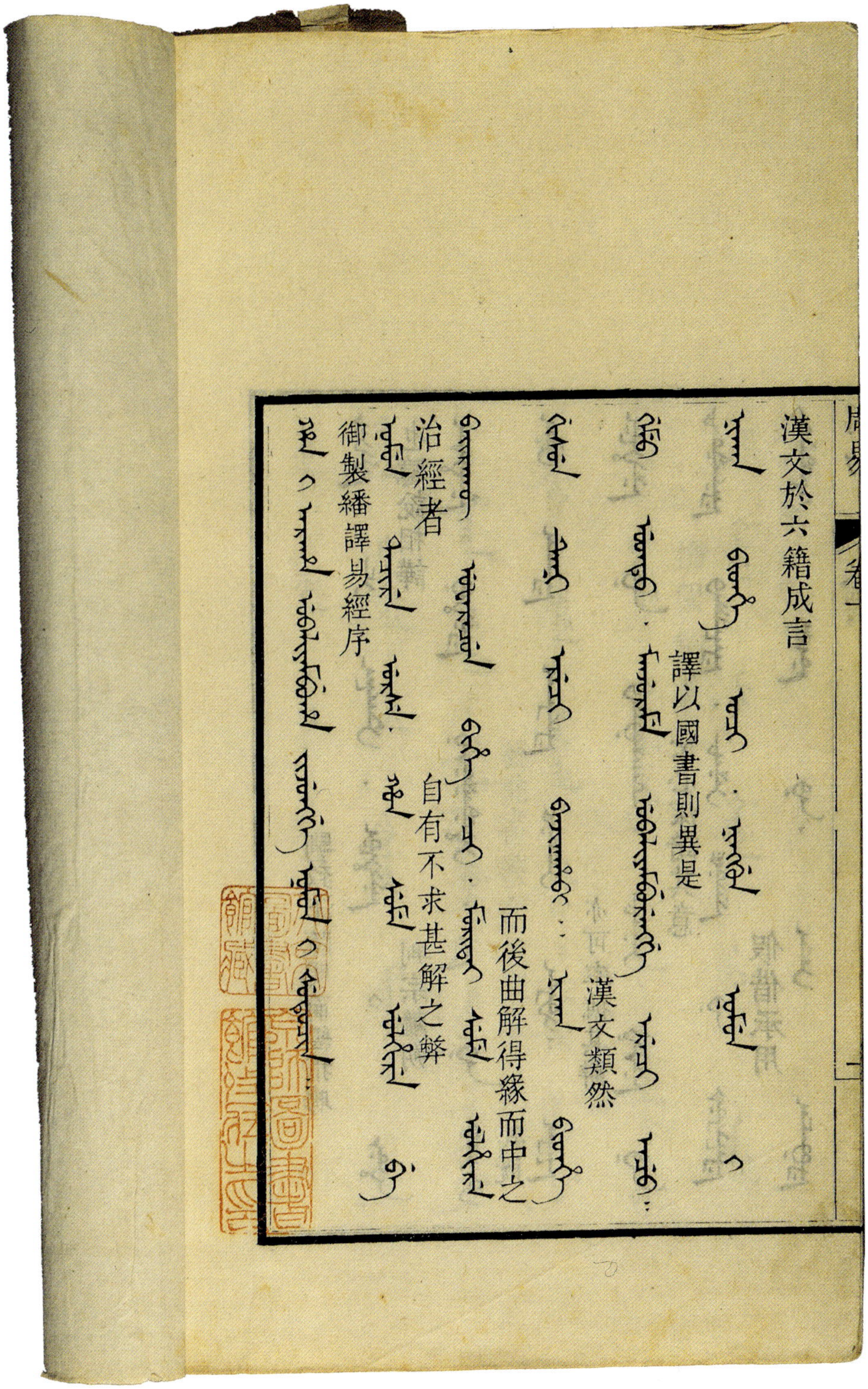

御製翻譯易經四卷　滿漢合璧

乾隆三十年（1765）刻本, 正文半葉14行, 白口, 單魚尾, 四周雙邊, 框高18.8厘米，寬13.9厘米。

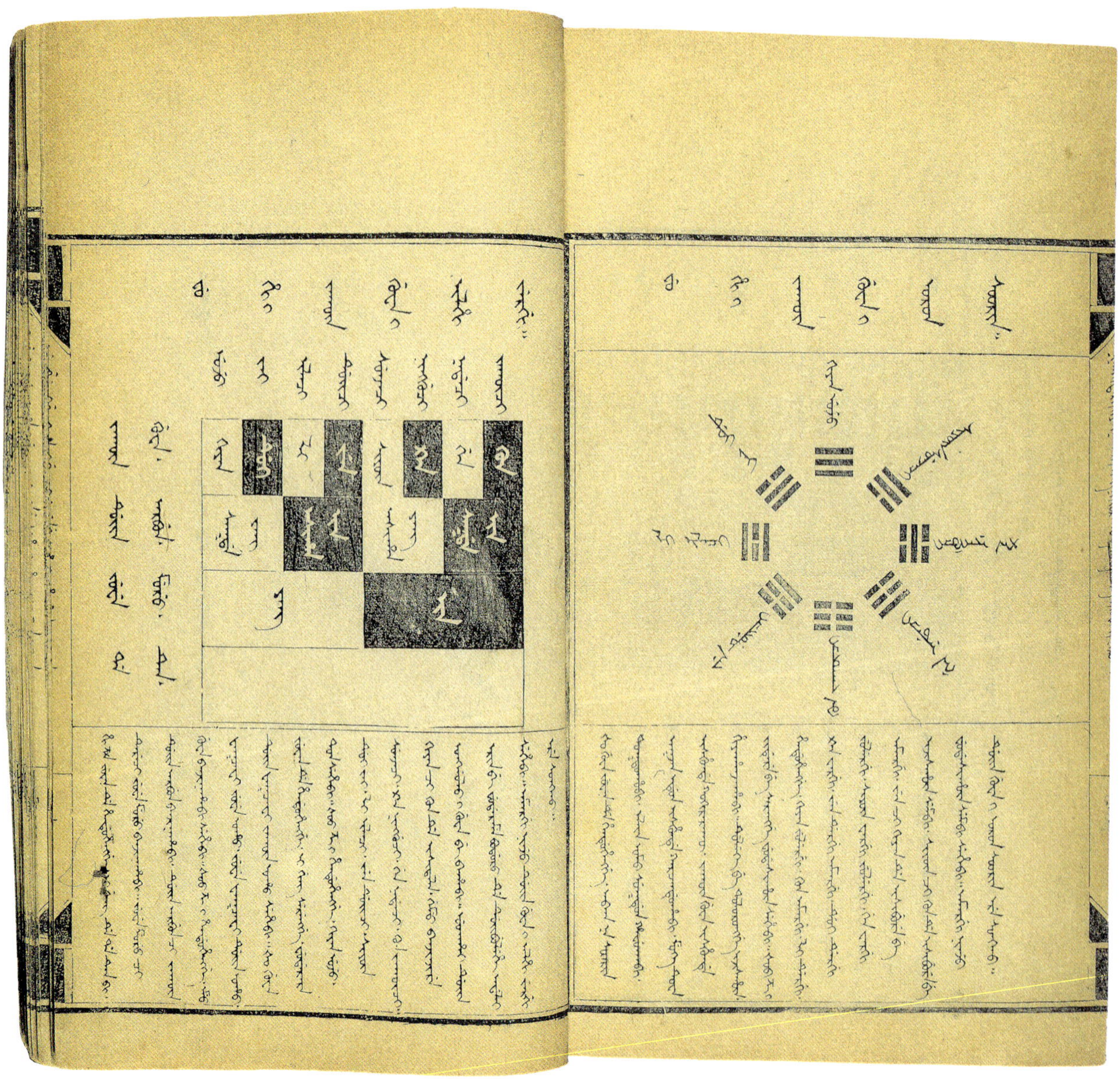

日講易經解義十八卷　滿文

牛紐等輯，康熙二十二年（1683）殿刻本，正文半葉7行，黑口，雙魚尾，四周雙邊，框高25.2厘米，寬18.7厘米。本書被列入第二批國家珍貴古籍名録。

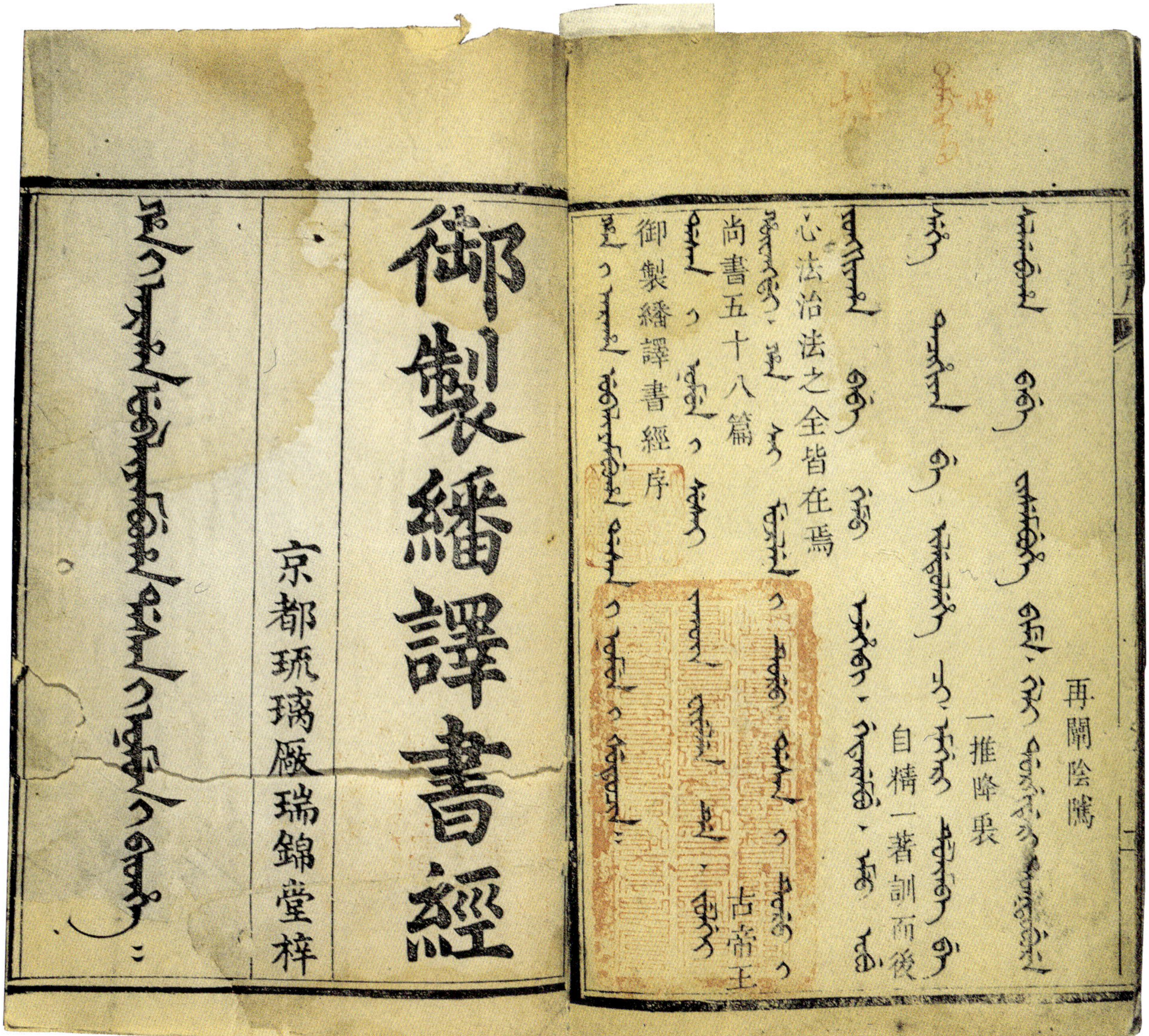

御製翻譯書經六卷　滿漢合璧

乾隆二十五年（1760）瑞錦堂刻本，正文半葉14行，白口，單魚尾，四周雙邊，框高18.9厘米，寬13.9厘米。

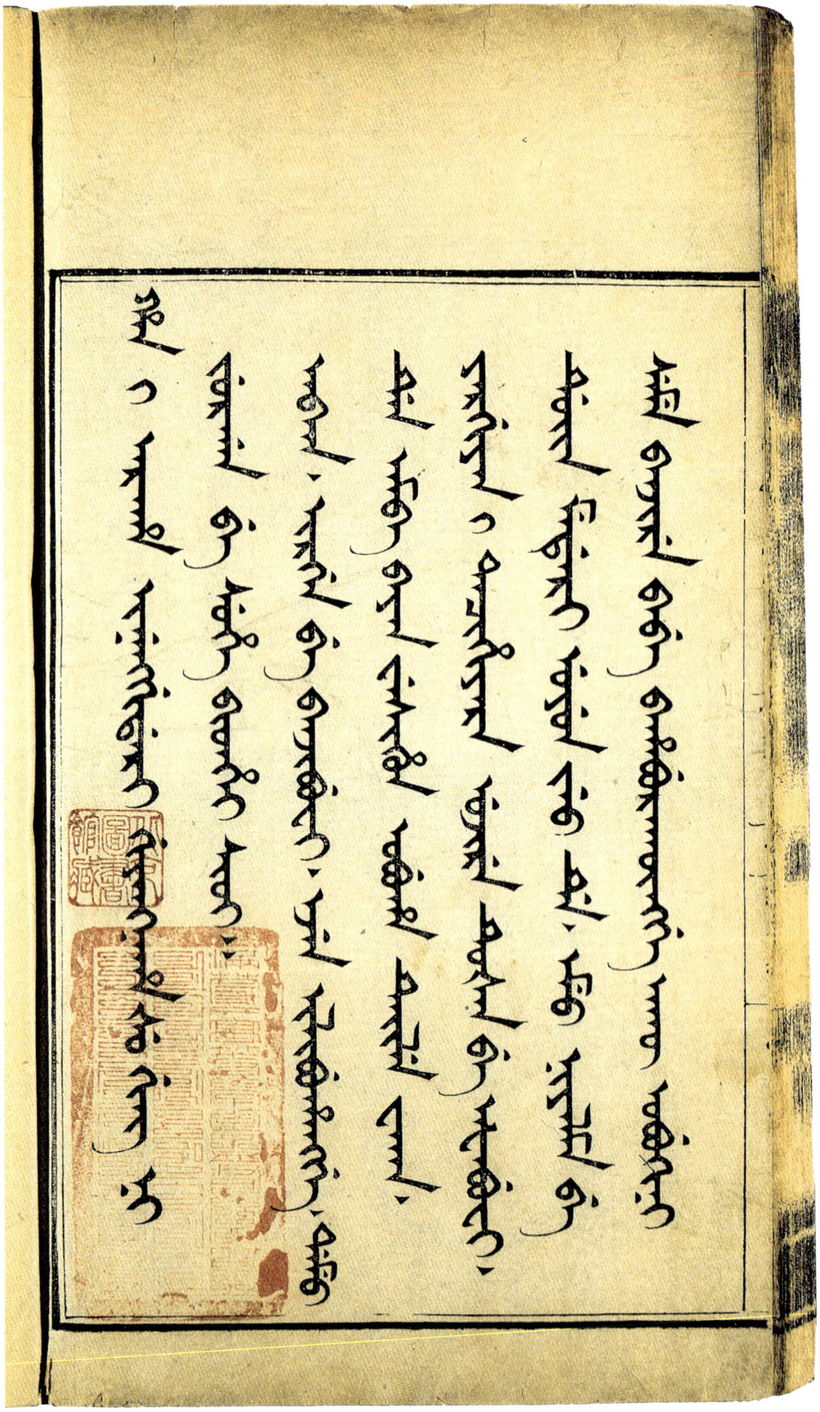

日講書經解義十三卷 滿文

庫勒訥等輯，康熙十九年（1680）殿刻本，正文半葉7行，黑口，雙魚尾，四周雙邊，框高26厘米，寬18.7厘米。本書被列入第二批國家珍貴古籍名錄。

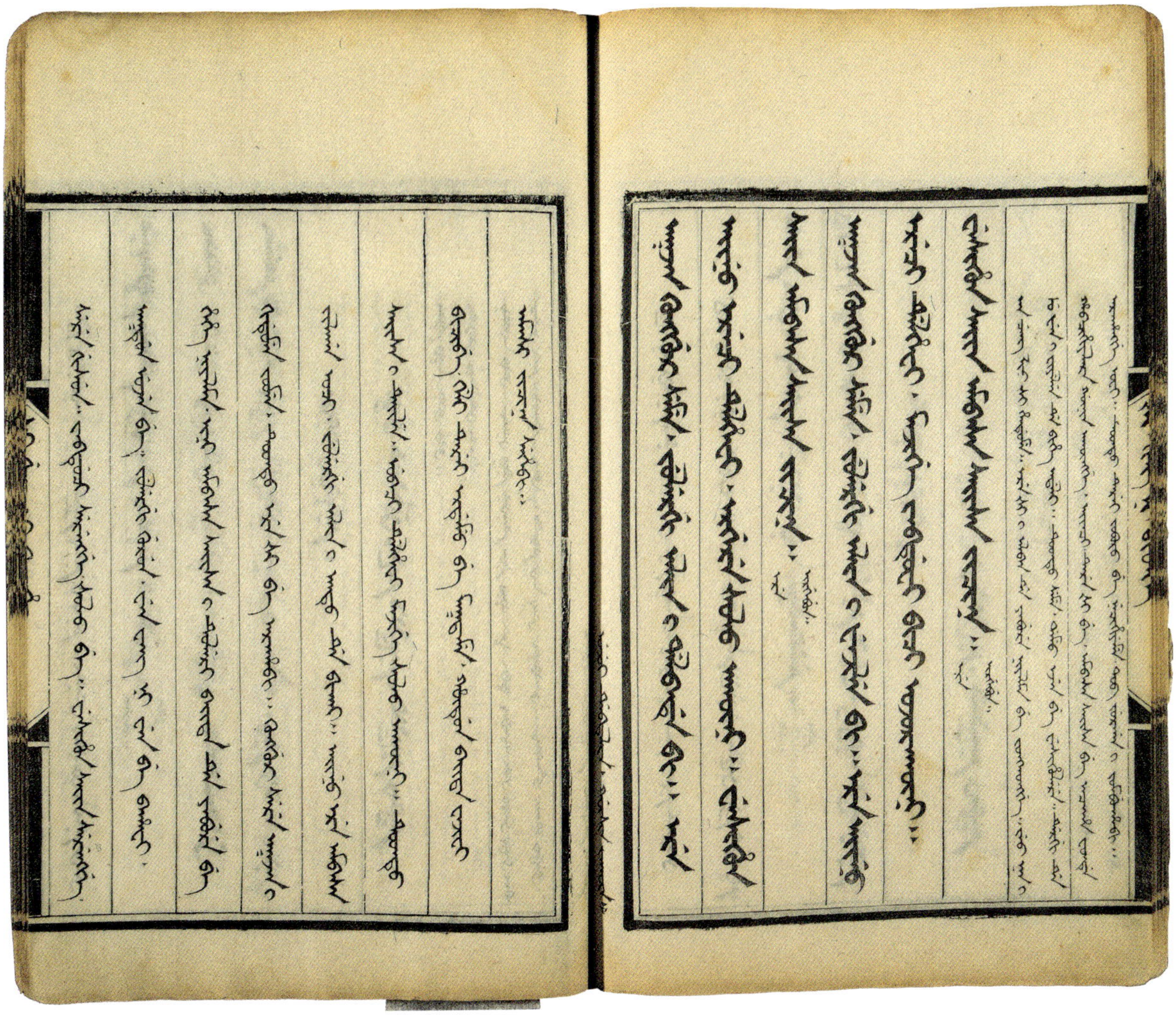

詩經二十卷 滿文

順治十一年（1654）刻本，正文半葉8行，小字雙行，黑口，雙魚尾，四周雙邊，框高22.7厘米，寬17.1厘米。本書被列入第二批國家珍貴古籍名録。

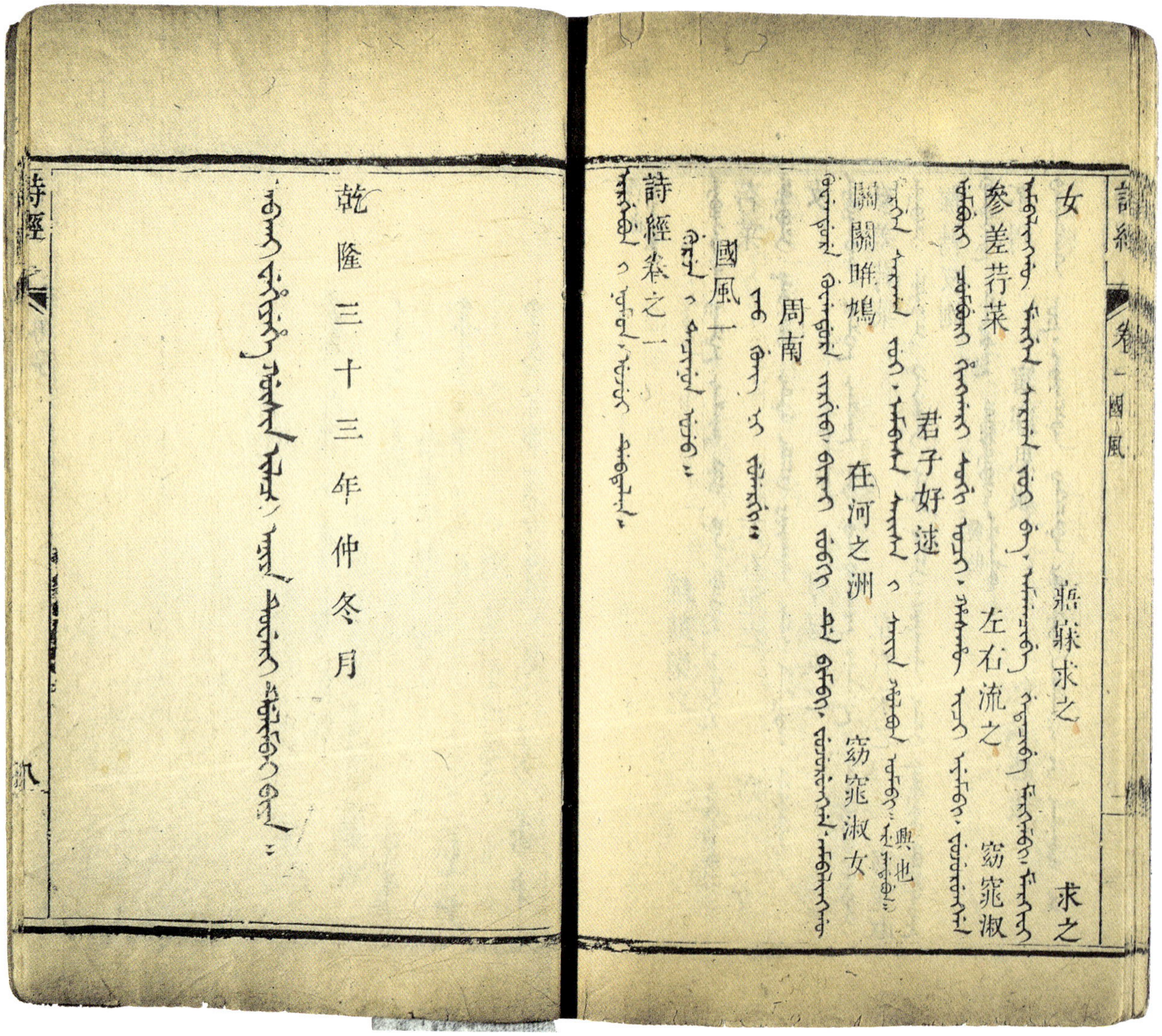

詩經八卷　滿漢合璧

乾隆三十三年（1768）刻本，正文半葉14行，白口，單魚尾，四周雙邊，框高19厘米，寬14厘米。

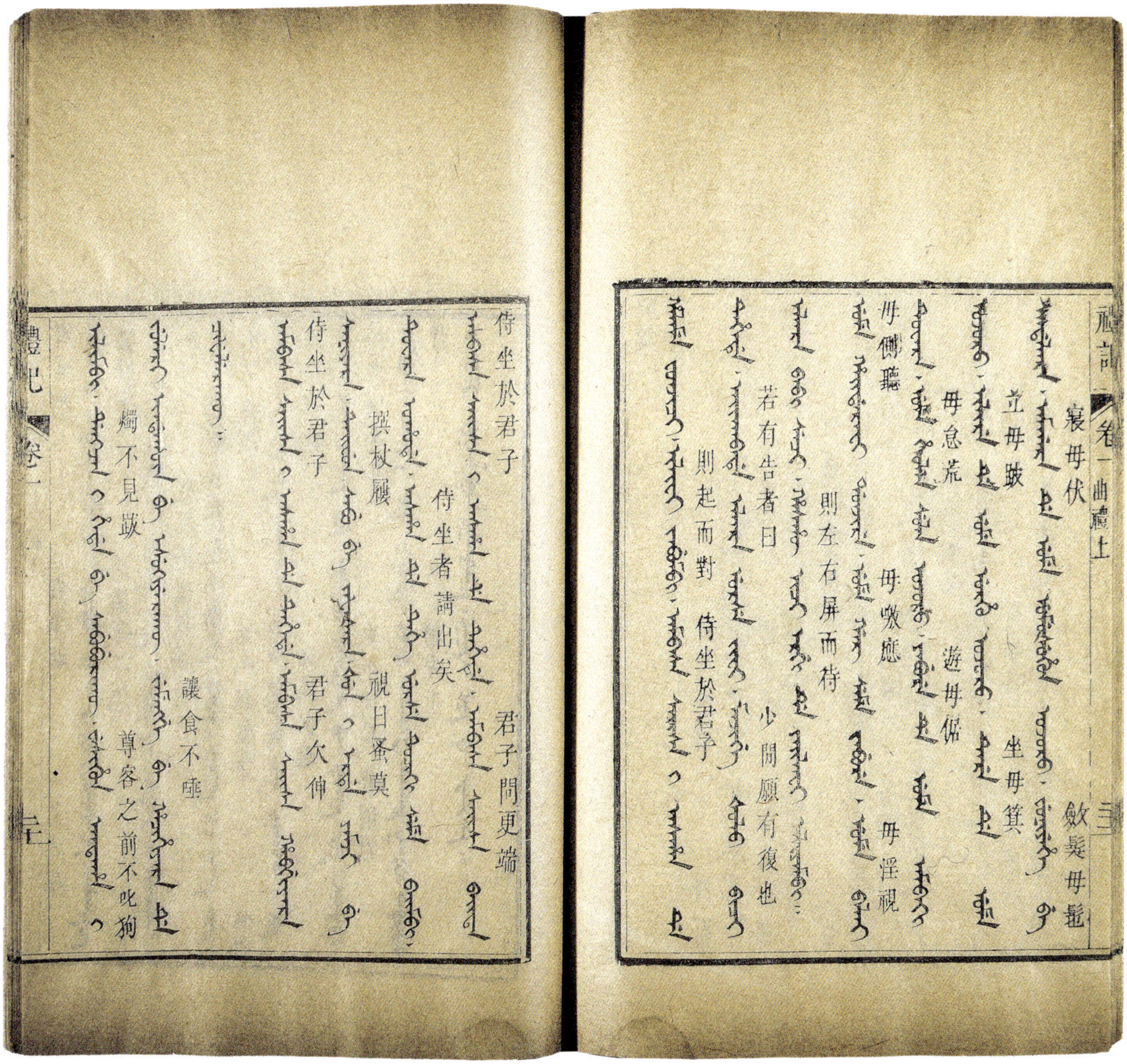

御製翻譯禮記三十卷 滿漢合璧

乾隆四十八年（1783）刻本，正文半葉14行，白口，單魚尾，四周雙邊，框高17.9厘米，寬14厘米。

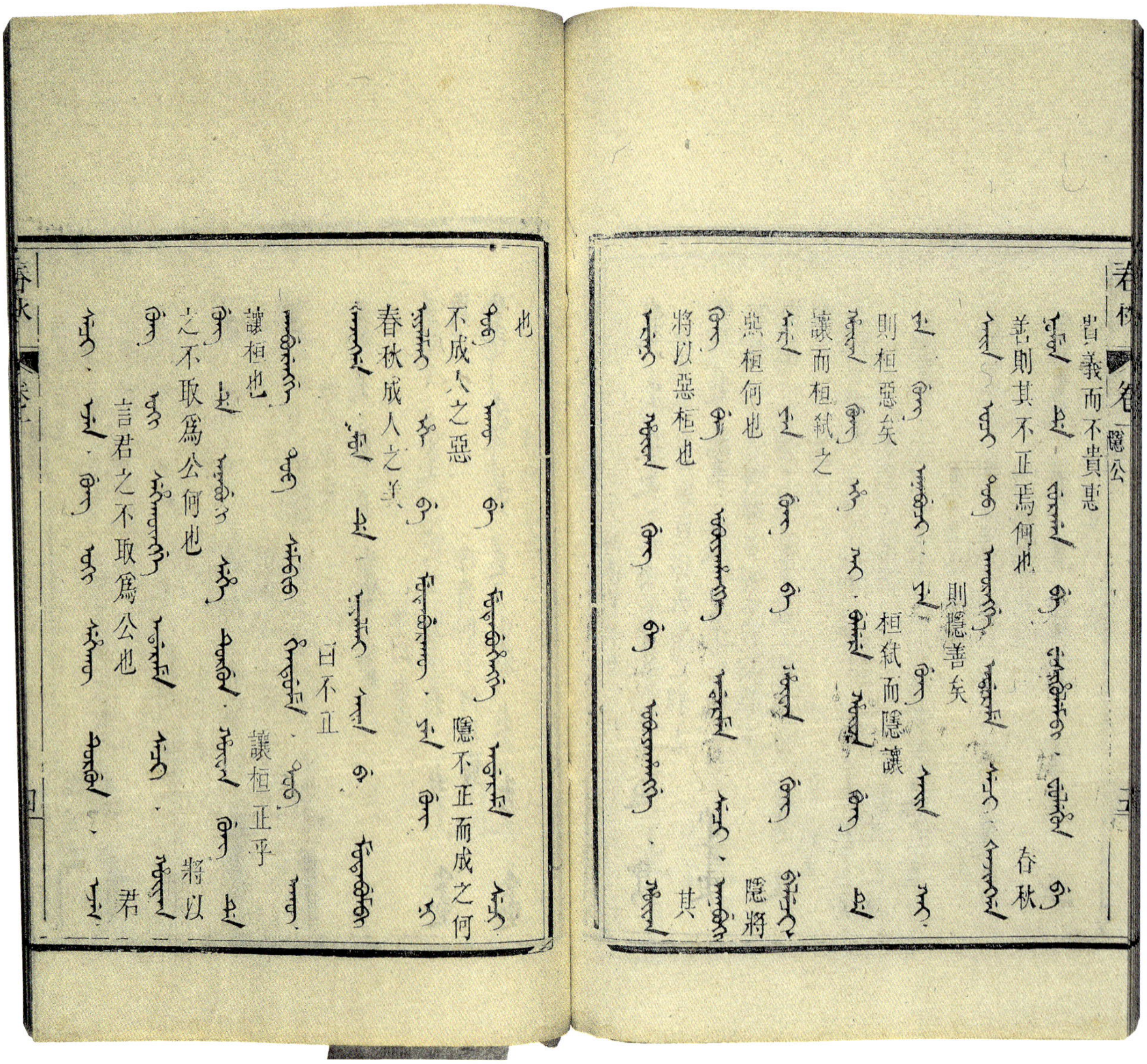

春秋六十四卷　滿漢合璧

乾隆四十九年（1784）殿刻本，正文半葉14行，白口，單魚尾，四周雙邊，框高17.4厘米，寬13.8厘米。

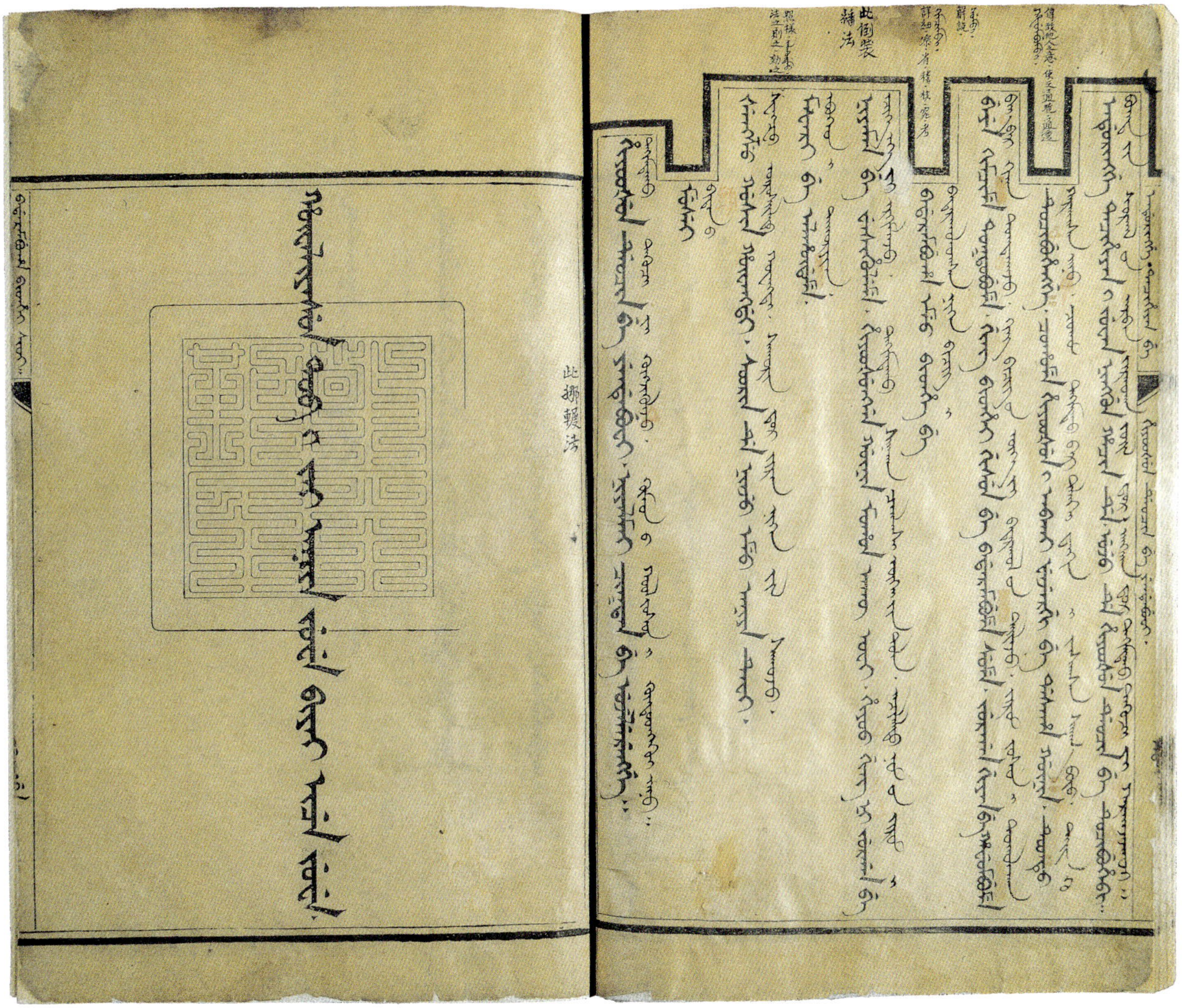

孝經集注不分卷　滿蒙合璧

清世宗（胤禛）鳌定，雍正五年（1727）滿文刻本，嘉慶十七年（1812）在滿文旁譯寫蒙文，正文半葉14行，小字雙行，白口，單魚尾，四周雙邊，框高21.3厘米，寬16.5厘米。

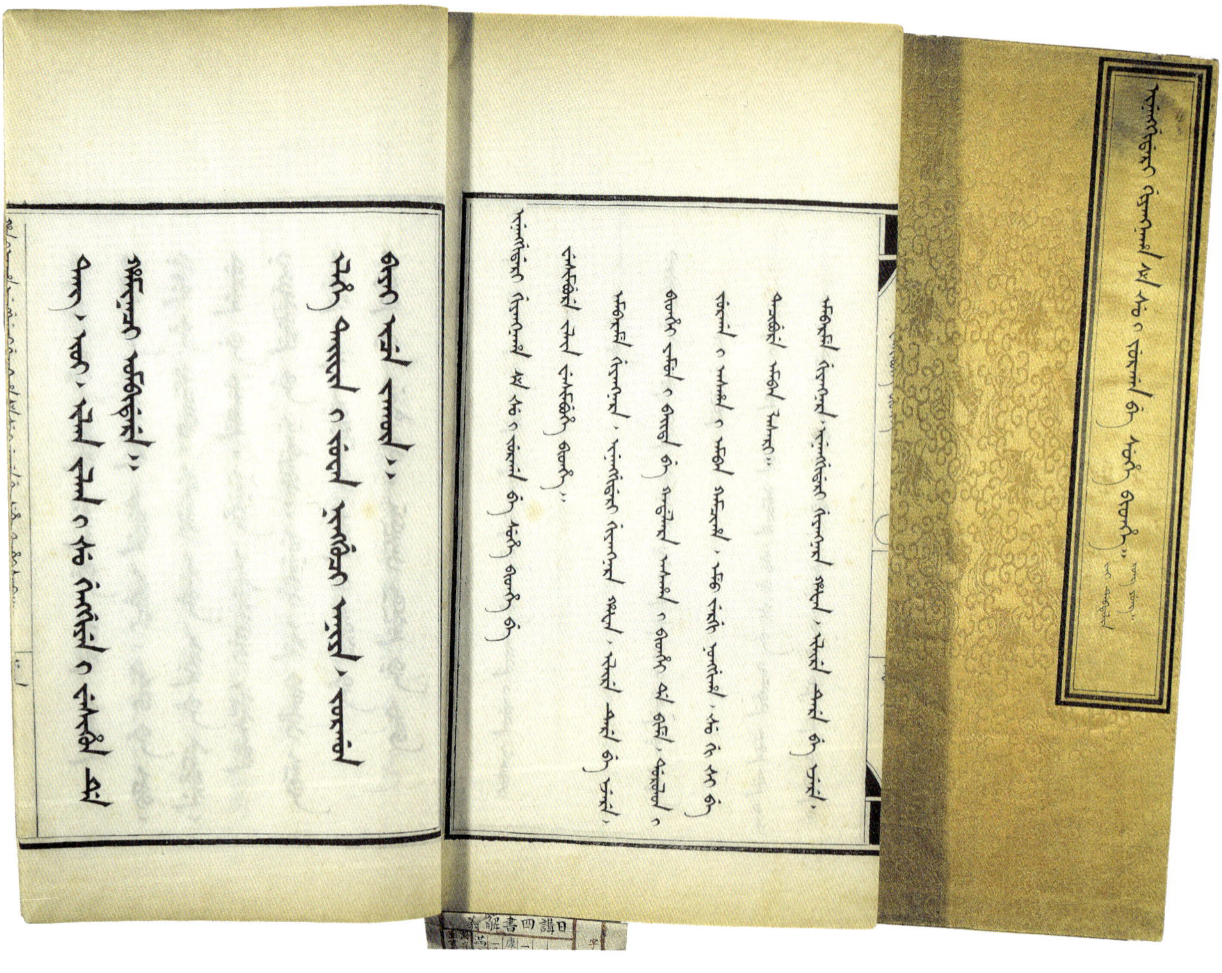

日講四書解義二十六卷　滿文

喇沙里等總校，康熙十六年（1677）殿刻本，正文半葉7行，黑口，雙魚尾，四周雙邊，框高26.2厘米，寬18.7厘米。本書被列入第二批國家珍貴古籍名録。

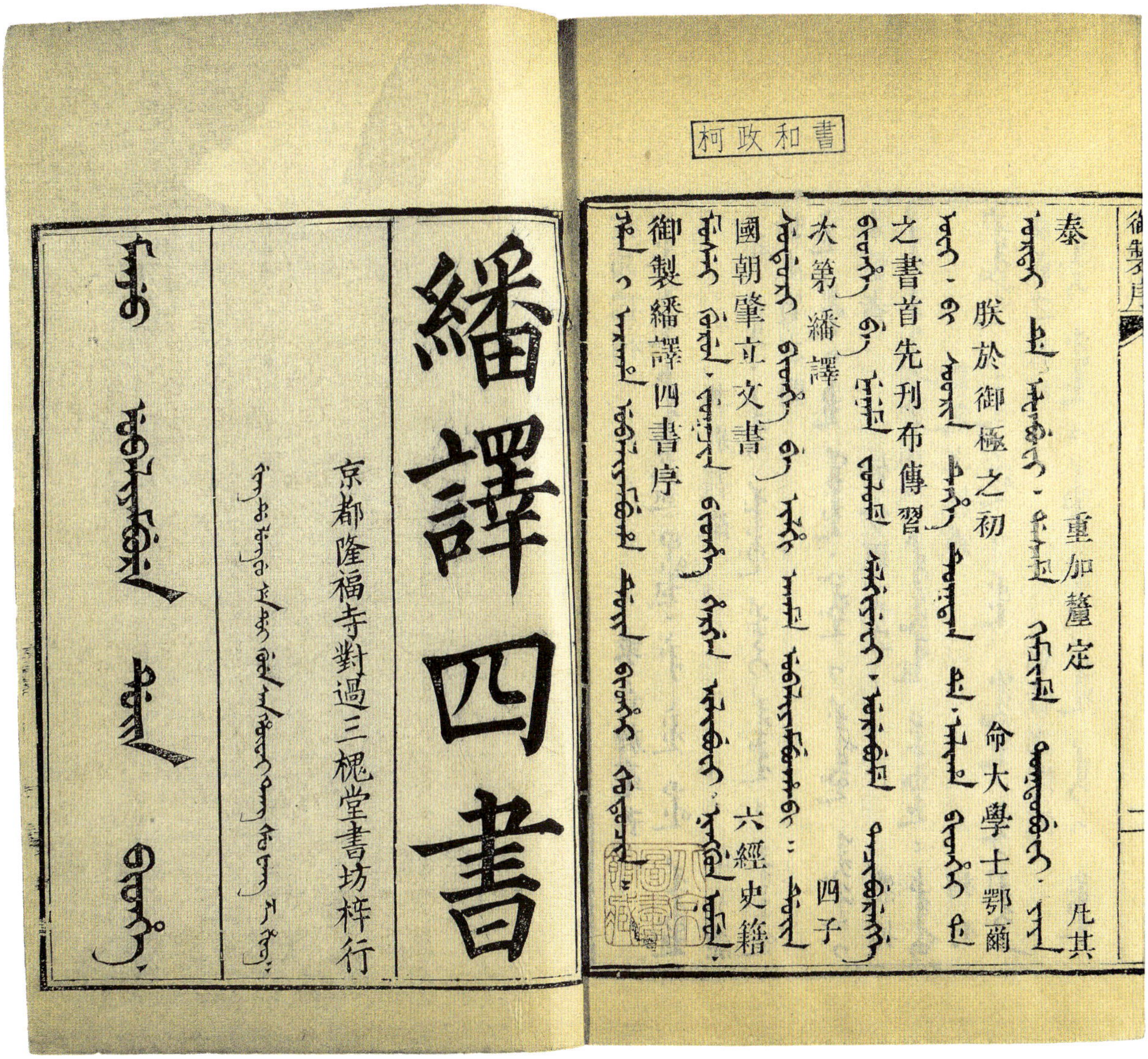
繙譯四書
京都隆福寺對過三槐堂書坊梓行
柯政和書
秦
重加釐定
凡其
朕於御極之初
命大學士鄂爾
之書首先刊布傳習
四子
次第繙譯
六經史籍
國朝肇立文書
御製繙譯四書序

御製翻譯四書六卷　滿漢合璧

乾隆二十年（1755）三槐堂刻本，正文半葉14行，白口，單魚尾，上下雙邊，框高18.4厘米。寬13.8厘米。

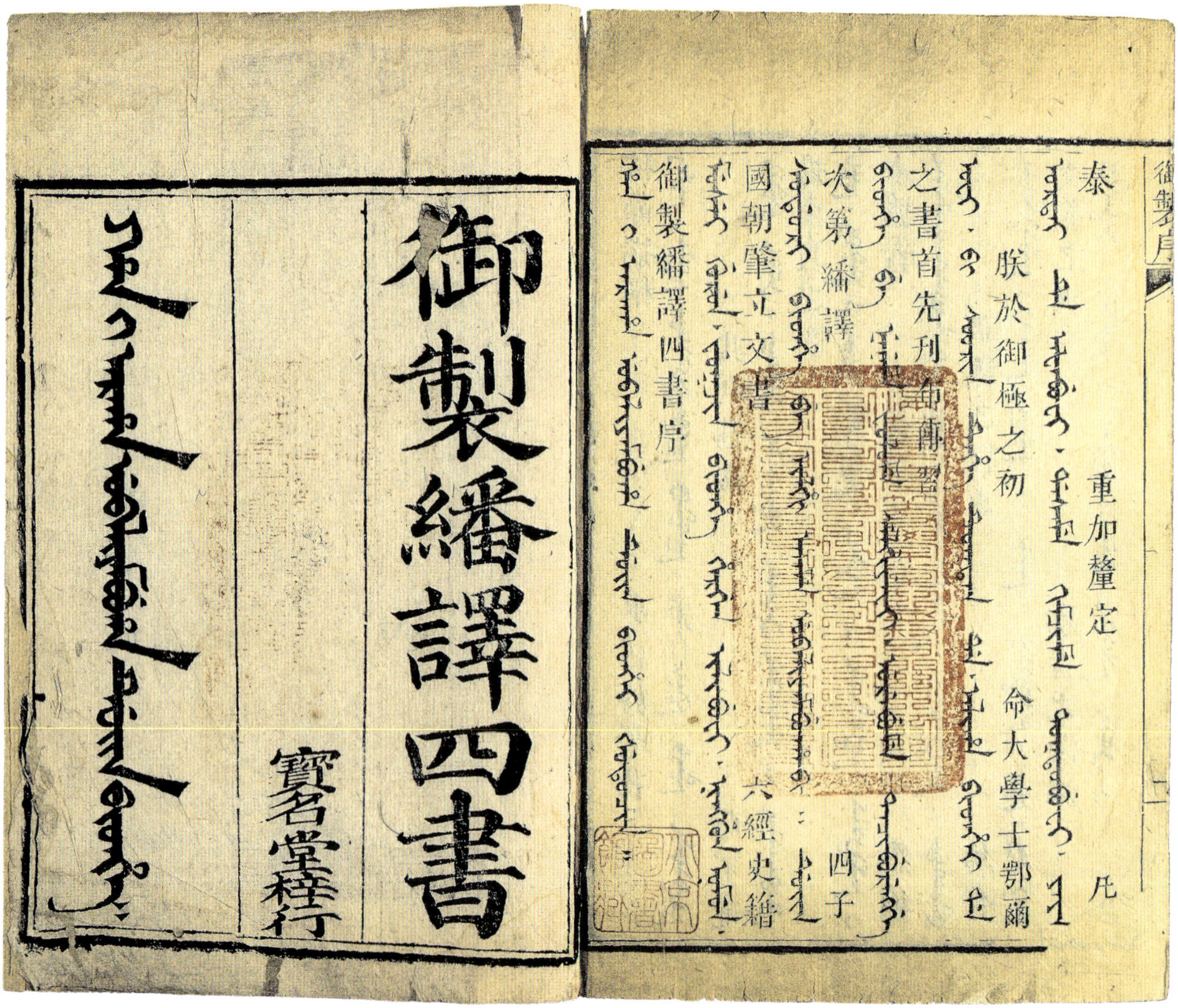
御製繙譯四書
寶名堂梓行
御製序
泰 重加釐定 凡
朕於御極之初 命大學士鄂爾
之書首先刊
次第繙譯 四子
國朝肇立文書 六經史籍
御製繙譯四書序

御製翻譯四書六卷　滿漢合璧

寶名堂刻本，正文半葉14行，白口，單魚尾，上下雙邊，框高18.4厘米，寬13.7厘米。

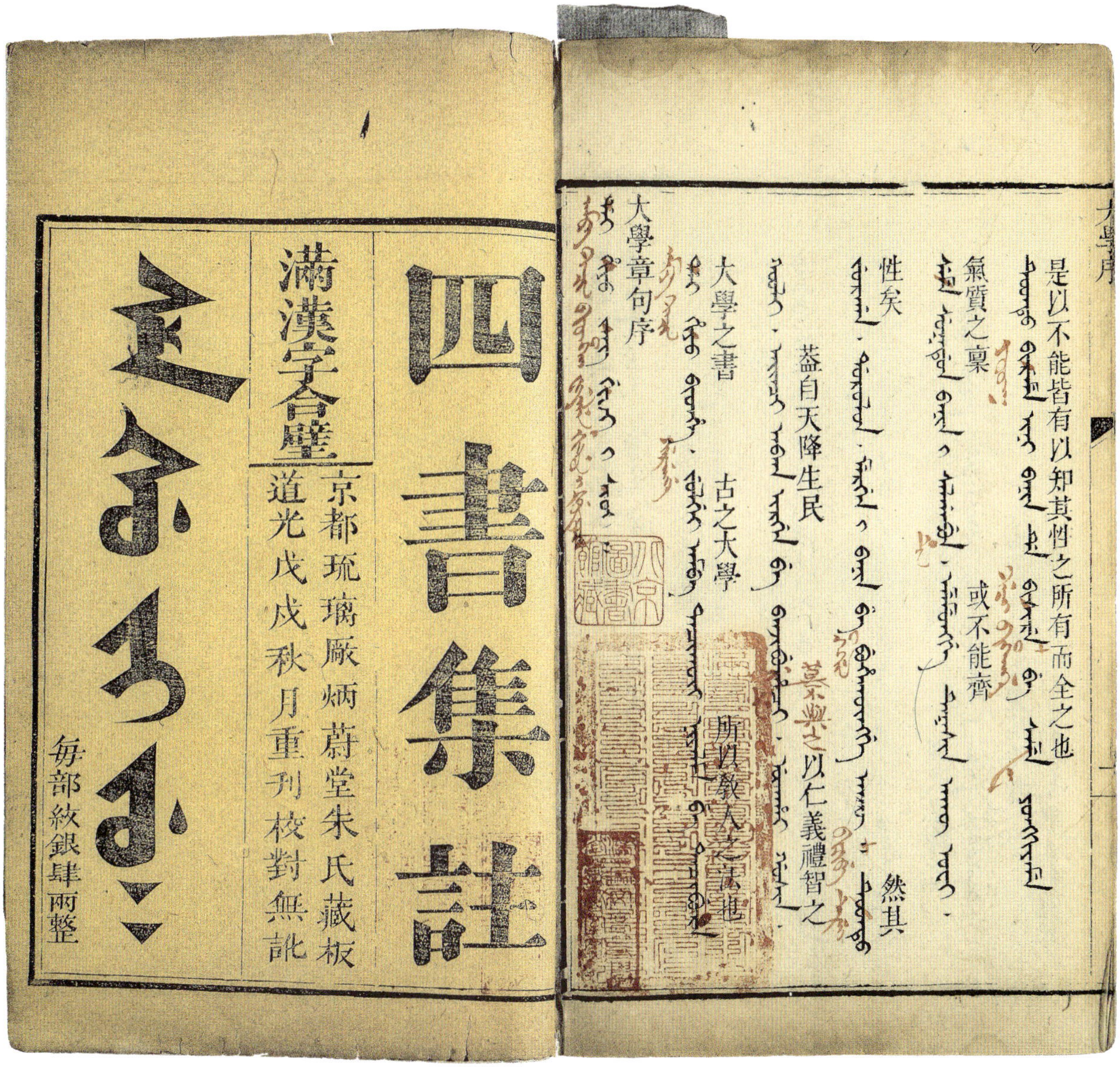
四書集註
滿漢字合璧
京都琉璃廠炳蔚堂朱氏藏板
道光戊戌秋月重刊校對無訛
每部紋銀肆兩整
大學章句序
大學之書
古之大學
所以教人之法也
蓋自天降生民
以仁義禮智之
性矣
然其
氣質之稟
或不能齊
是以不能皆有以知其性之所有而全之也

四書集注十七卷 滿漢合璧

（宋）朱熹集注，道光十八年（1838）炳蔚堂朱氏刻本，正文半葉12行，白口，單魚尾，四周雙邊，框高22.4厘米，寬15.7厘米。

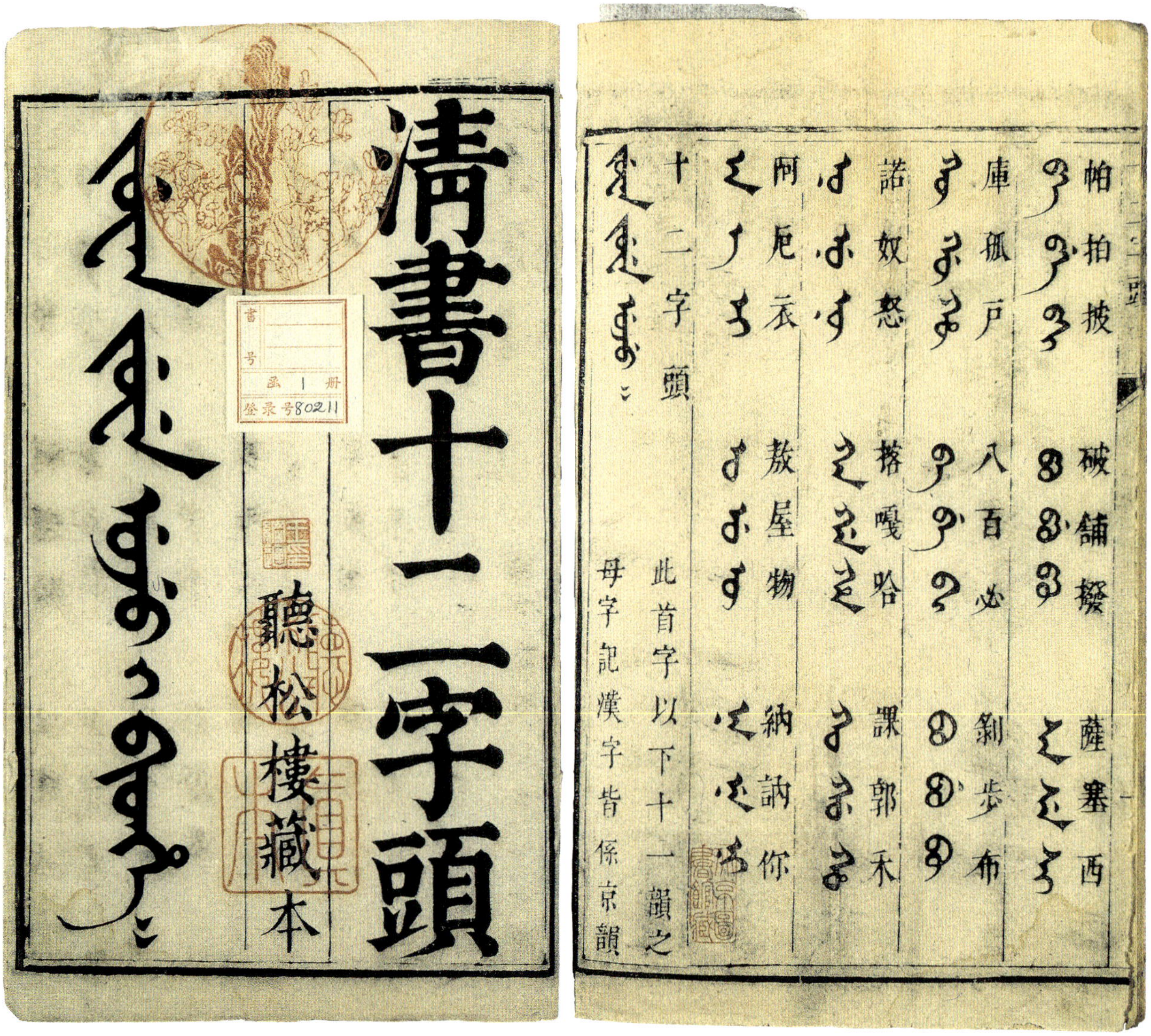

清書十二字頭不分卷　滿漢合璧

康熙三十八年（1699）聽松樓刻本，正文半葉5行，白口，單魚尾，四周雙邊，框高20.8厘米，寬14.1厘米。

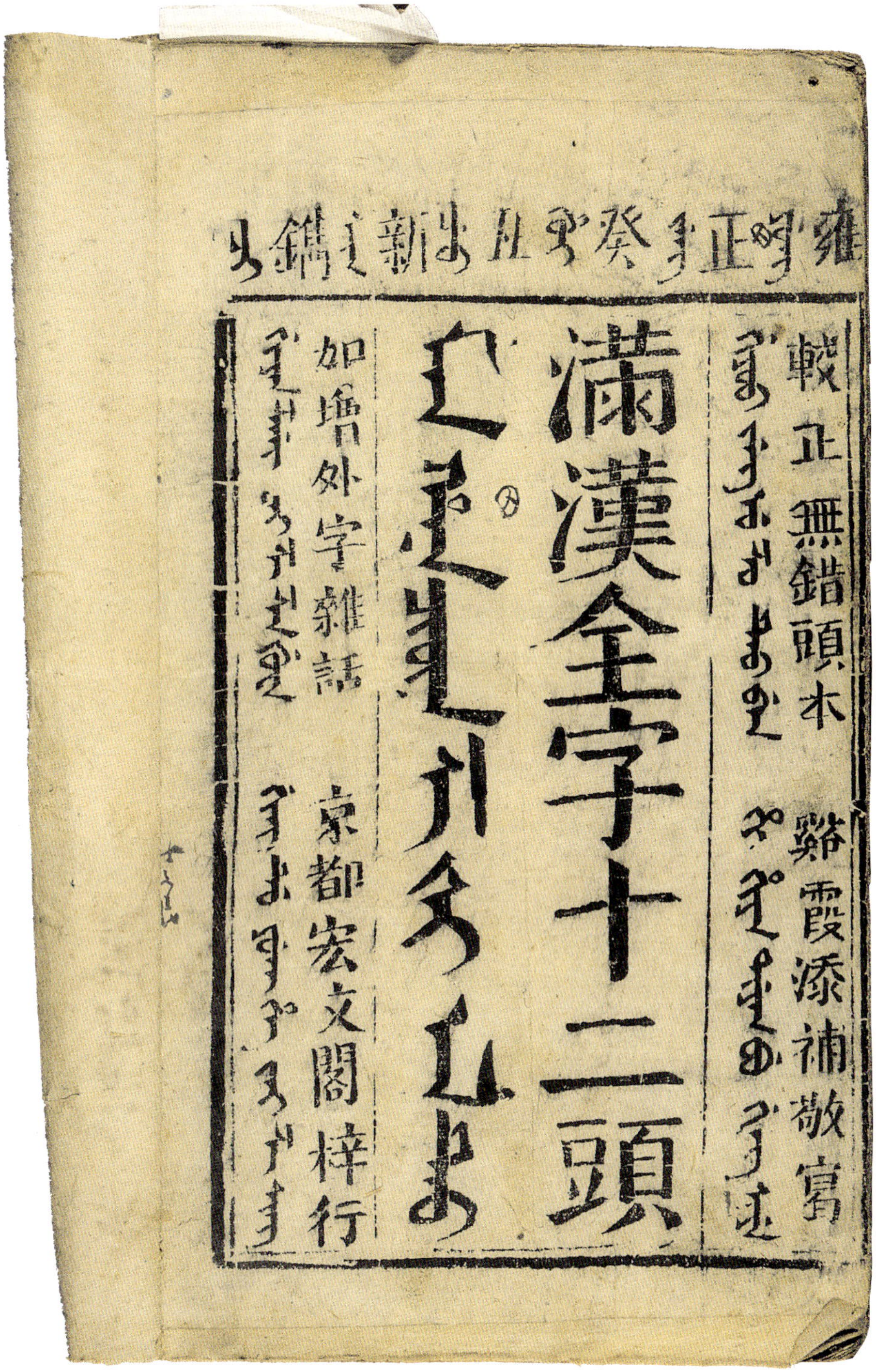
雍正癸丑新鐫
較正無錯頭本
谿霞添補敬寫
滿漢全字十二頭
加增外字雜話
京都宏文閣梓行

滿漢全字十二頭二卷 滿漢合璧

谿霞添補，雍正十一年（1733）京都宏文閣刻本，正文半葉12行，白口，無魚尾，四周單邊，框高17.8厘米，寬11.8厘米。此書又名《清漢對學千話譜》。

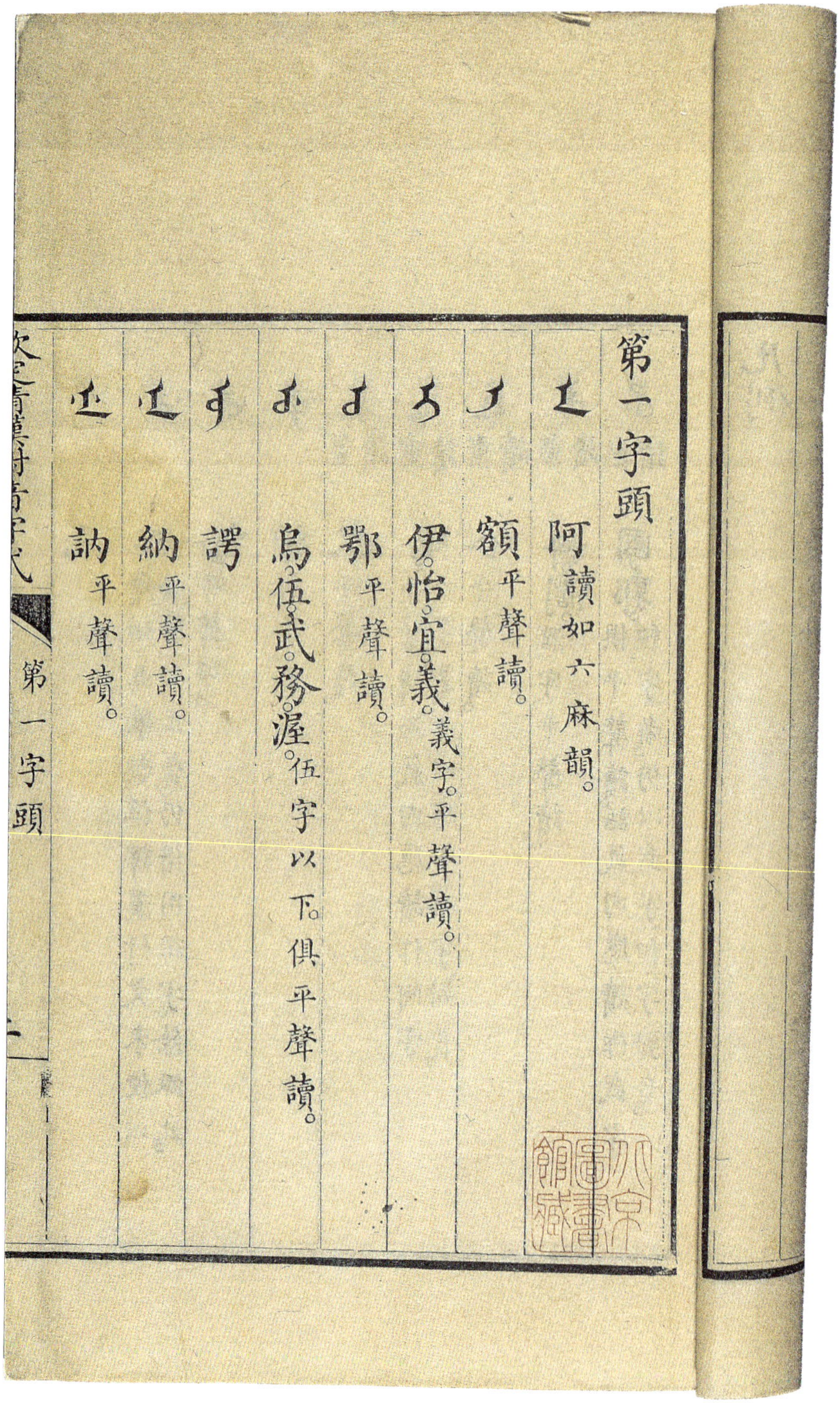

欽定清漢對音字式不分卷 滿漢合璧

乾隆三十七年（1772）殿刻本，正文半葉9行，白口，單魚尾，四周雙邊，框高19.4厘米，寬14.1厘米。

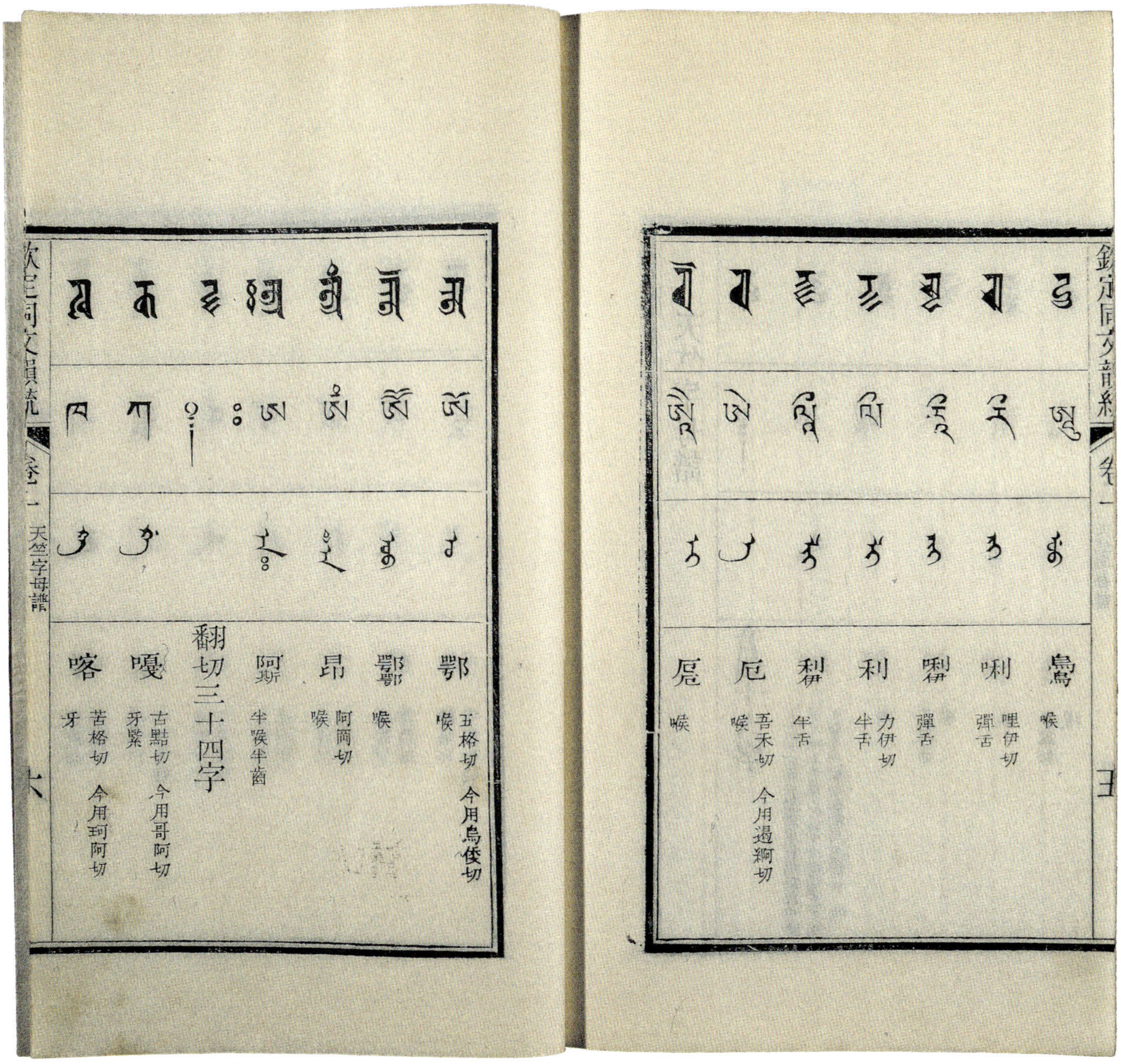

欽定同文韻統六卷　梵藏滿漢合璧

允祿等輯，1925年蒙藏院重印本，據宣統二年（1910）理藩部仿殿本重印，正文半葉7–10行不等，白口，單魚尾，四周雙邊，框高20.5厘米，寬13.6厘米。

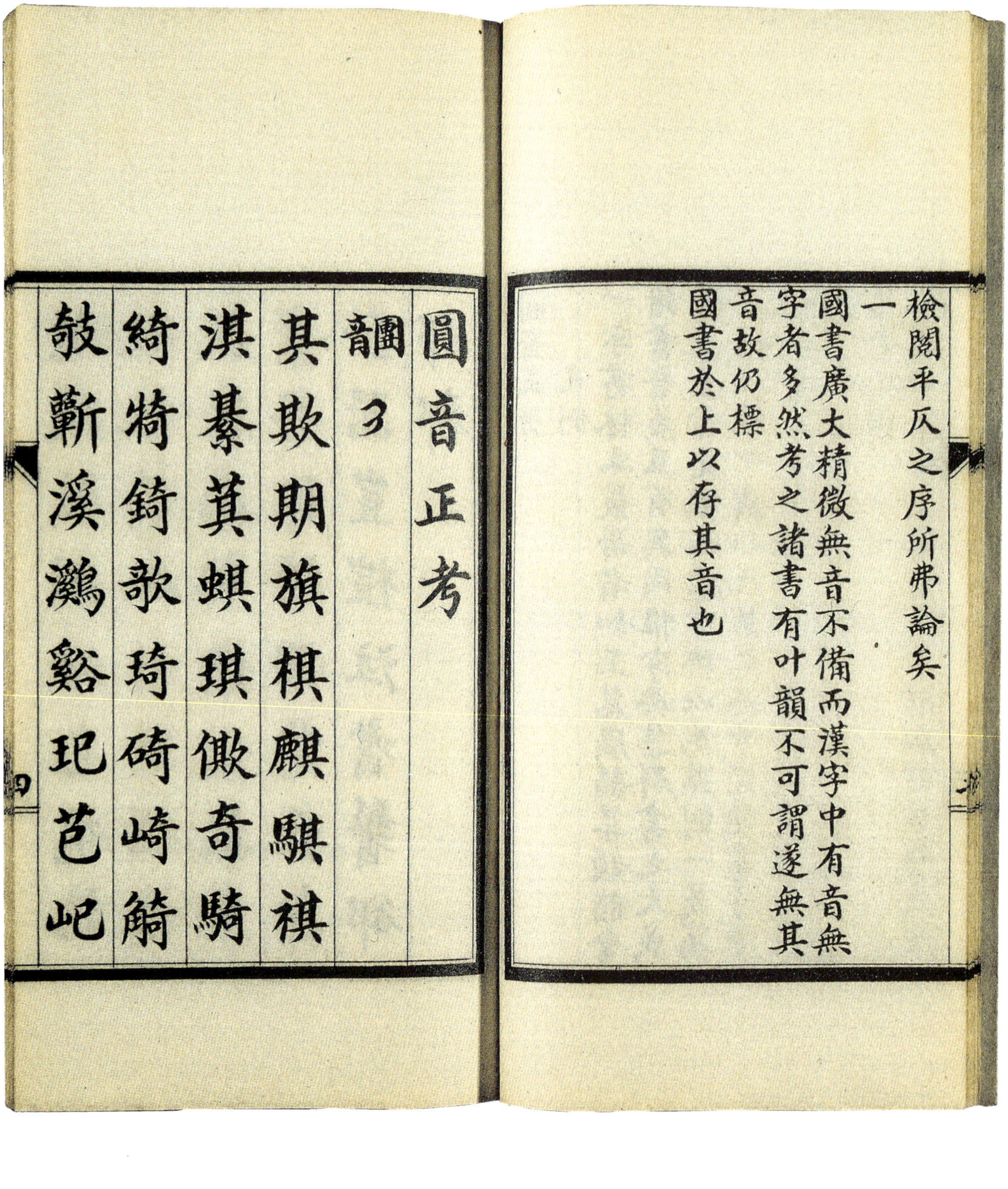
檢閱平仄之序所弗論矣
一
國書廣大精微無音不備而漢字中有音無
字者多然考之諸書有叶韻不可謂遂無其
音故仍標
國書於上以存其音也
圓音正考
其欺期旗棋麒騏祺
淇綦萁蜞琪僛奇騎
綺犄錡欹琦碕崎觭
敧蘄溪鸂谿玘芑屺

圓音正考不分卷　滿漢合璧

1929年石印本，正文半葉6行，白口，單魚尾，四周雙邊，框高12.8厘米，寬8.9厘米。

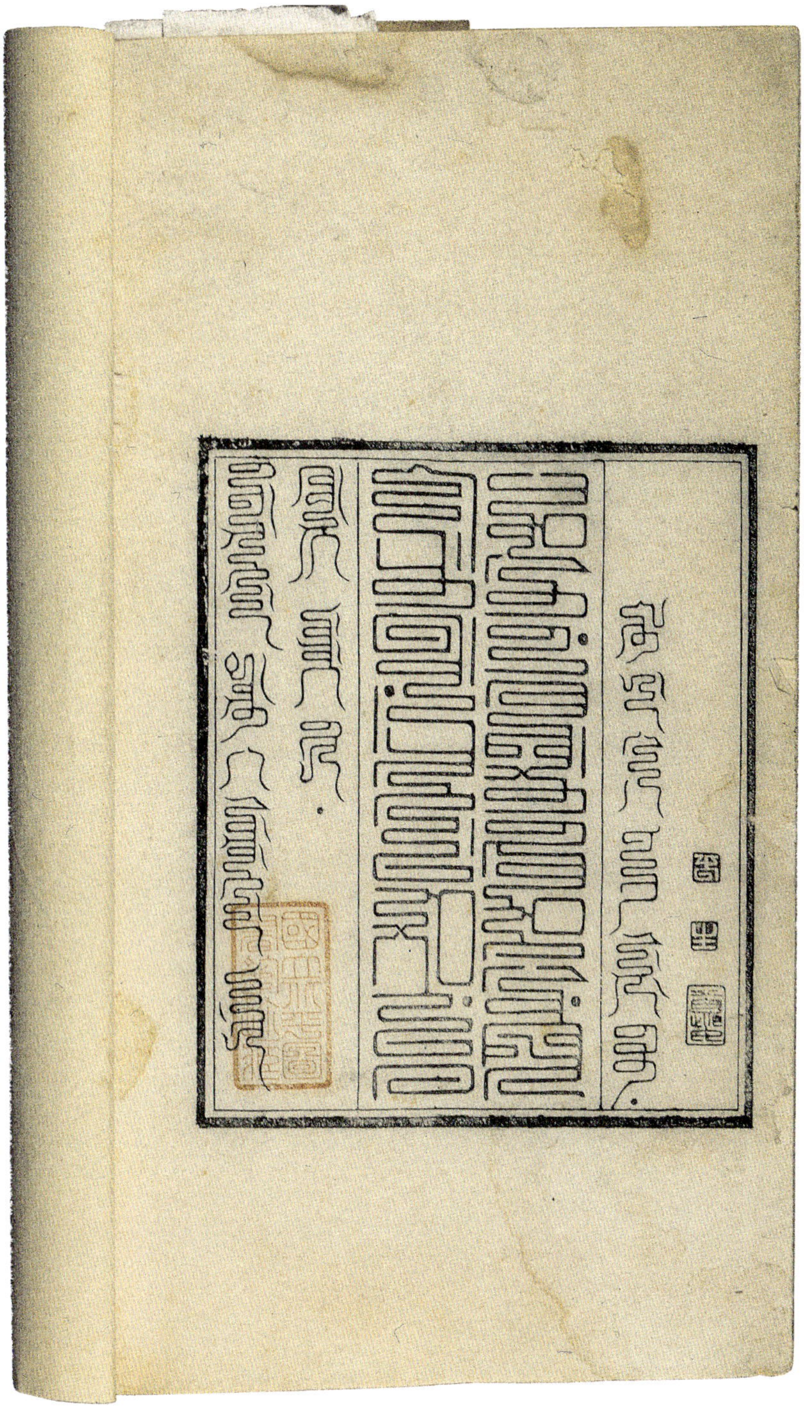

清篆舉隅不分卷　滿文

文夔輯，道光元年（1821）柳蔭山房刻本，正文半葉4行，白口，無魚尾，四周雙邊，框高12.8厘米，寬11.6厘米。

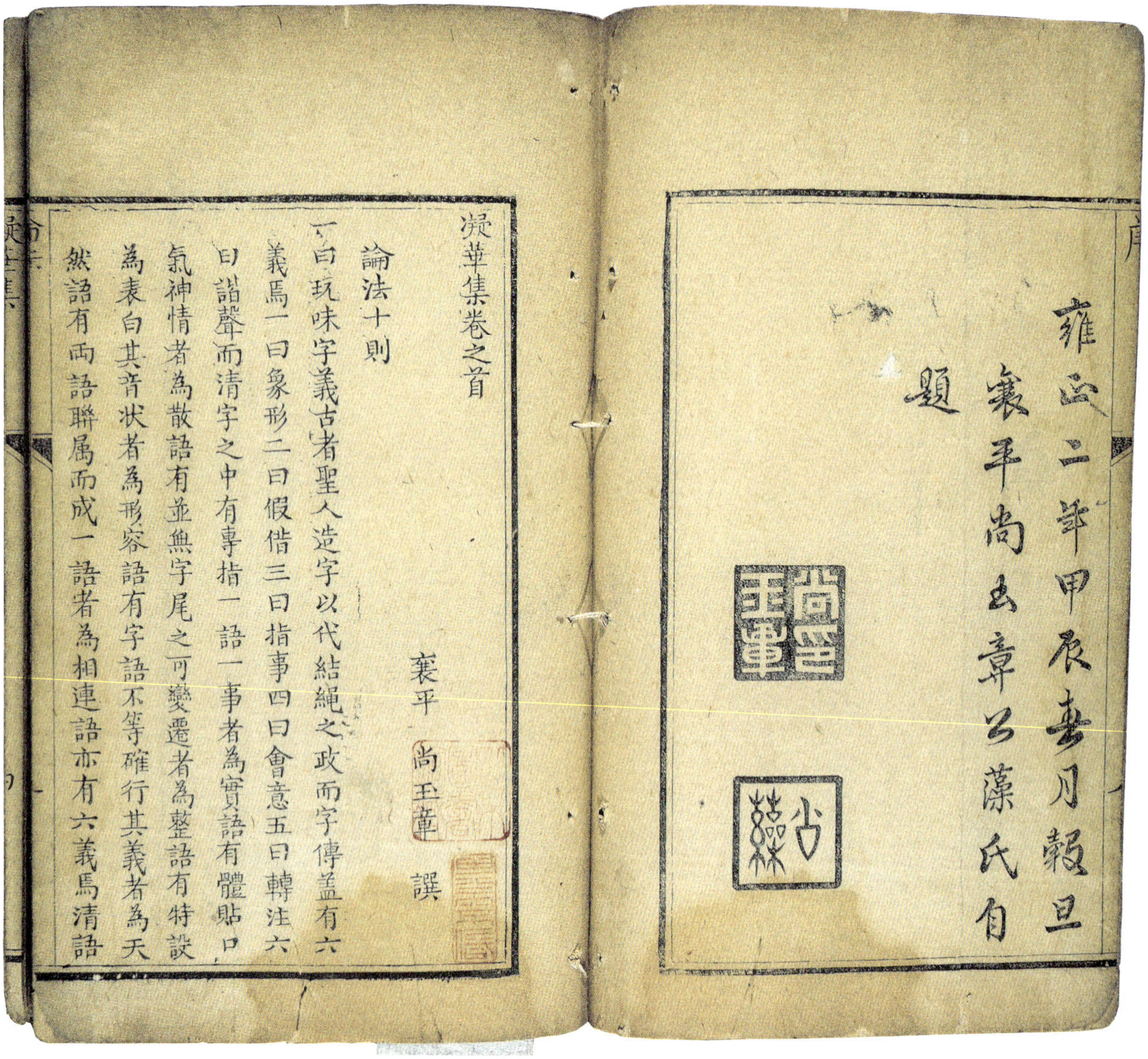

凝華集二十卷　滿漢合璧

尚玉章撰，雍正二年（1724）刻本，正文半葉9行，白口，單魚尾，四周雙邊，框高19厘米，寬12.1厘米。

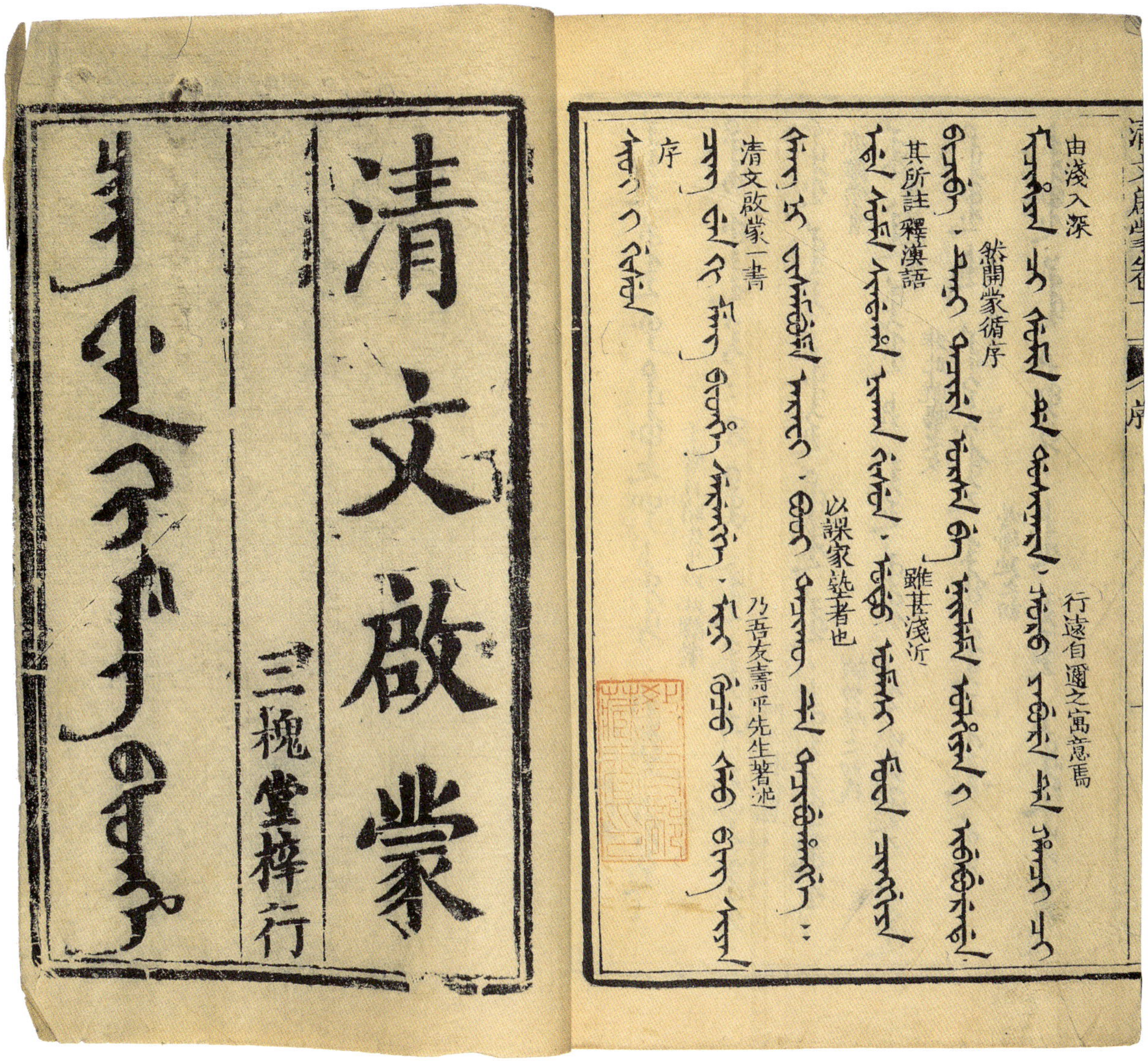

清文啟蒙四卷　滿漢合璧

舞格撰，雍正八年（1750）三槐堂刻本，正文半葉12行，白口，單魚尾，四周雙邊，框高20.9厘米，寬14.5厘米。

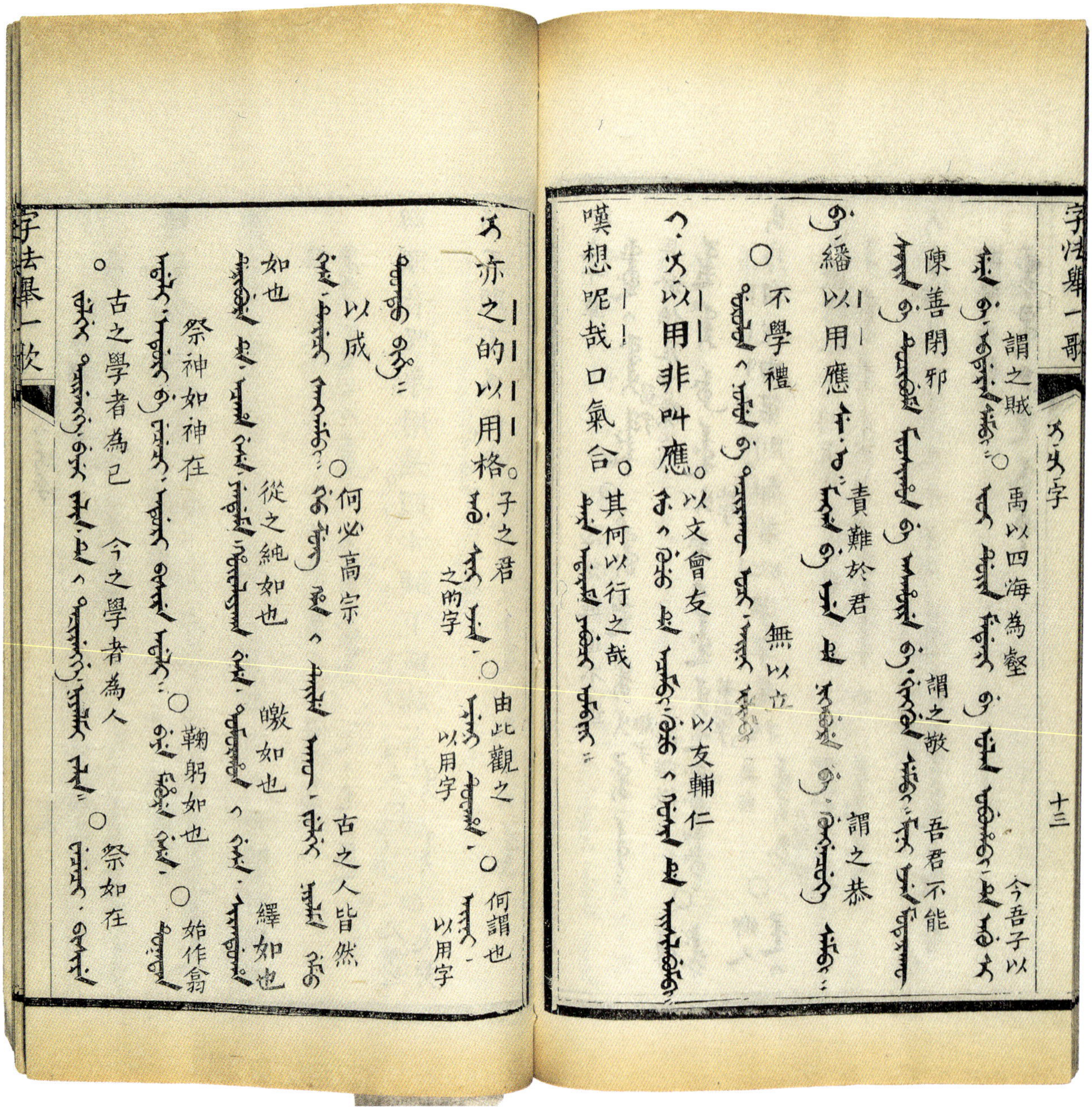

字法舉一歌不分卷　滿漢合璧

徐隆泰撰，光緒十一年（1885）文寶堂刻本，正文半葉12行，白口，單魚尾，四周雙邊，框高19.8厘米，寬13.7厘米。

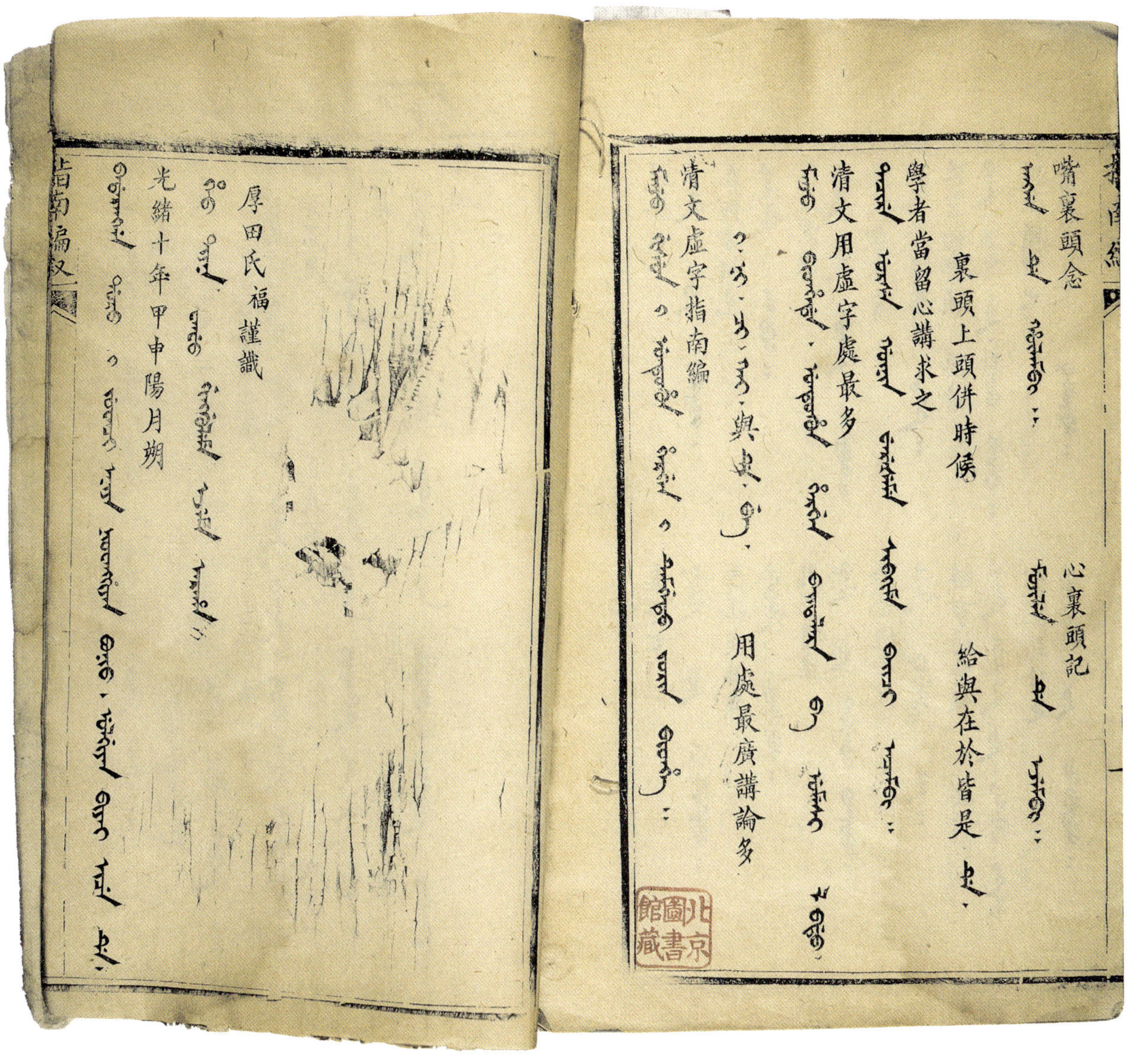
嘴裏頭念
心裏頭記
裏頭上頭併時候
給與在於皆是
學者當留心講求之
清文用虛字處最多
用處最廣講論多
清文虛字指南編
北京圖書館藏
厚田氏福謹識
光緒十年甲申陽月朔
指南編敘

清文虛字指南編二卷　滿漢合璧

萬福編，光緒十一年（1885）刻本，正文半葉12行，白口，單魚尾，四周雙邊，框高26.5厘米，寬16.4厘米。

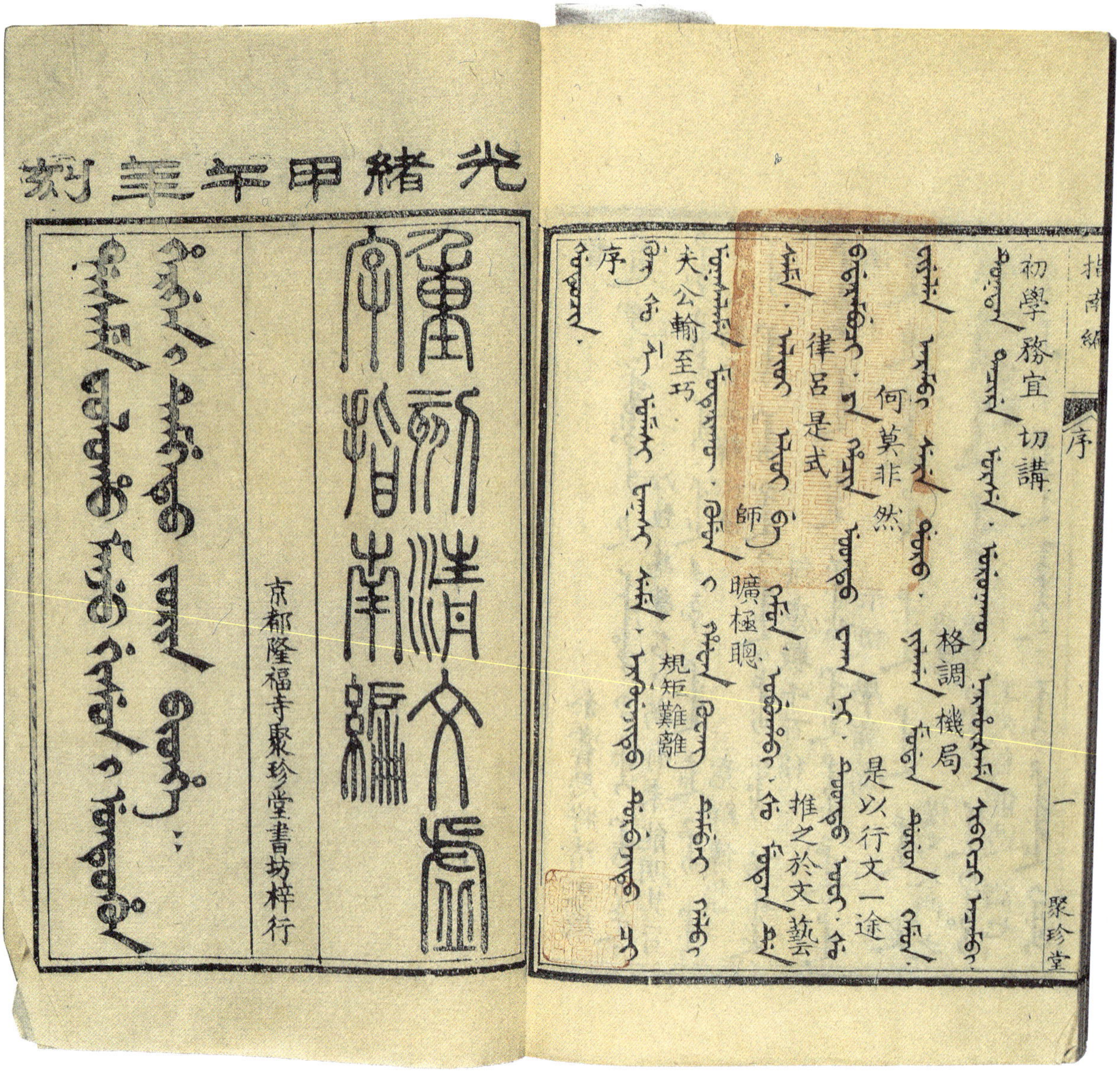

重刻清文虛字指南編二卷　滿漢合璧

萬福編，西山訂，光緒二十年（1894）聚珍堂刻本，正文半葉14行，白口，單魚尾，四周雙邊，框高19.3厘米，寬15厘米。

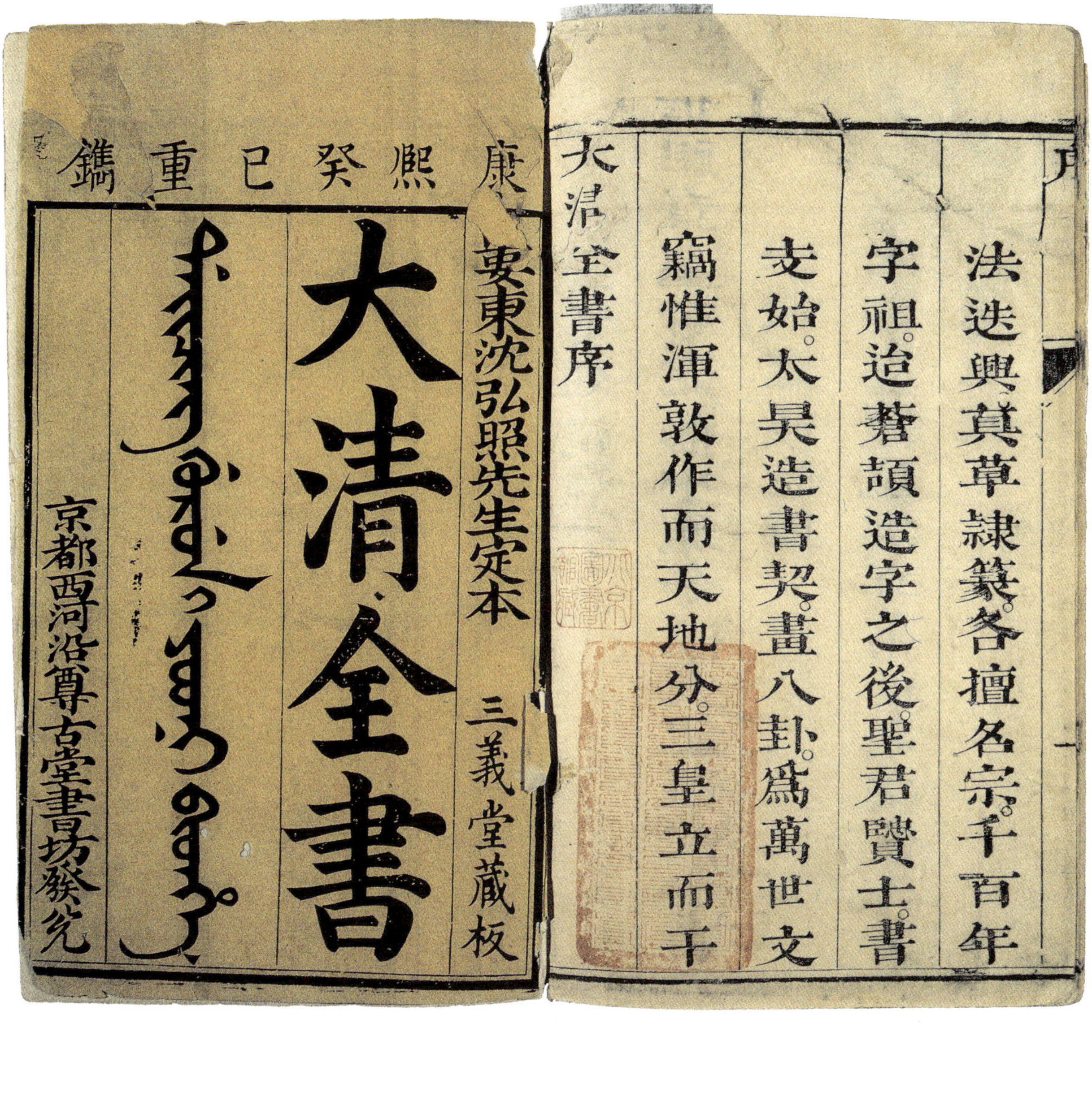
康熙癸巳重鐫
晏東沈弘照先生定本
大清全書
三義堂藏板
京都西河沿尊古堂書坊發兌
大清全書序
法迭興箕草隸篆各擅名宗千百年
字祖迨蒼頡造字之後聖君賢士書
支始太昊造書契畫八卦爲萬世文
竊惟渾敦作而天地分三皇立而干

大清全書十四卷附《清書指南》三卷 滿漢合璧

康熙五十二年（1713）三義堂重刻本，正文半葉5行，小字雙行，白口，單魚尾，四周雙邊，框高26厘米，寬17.3厘米。

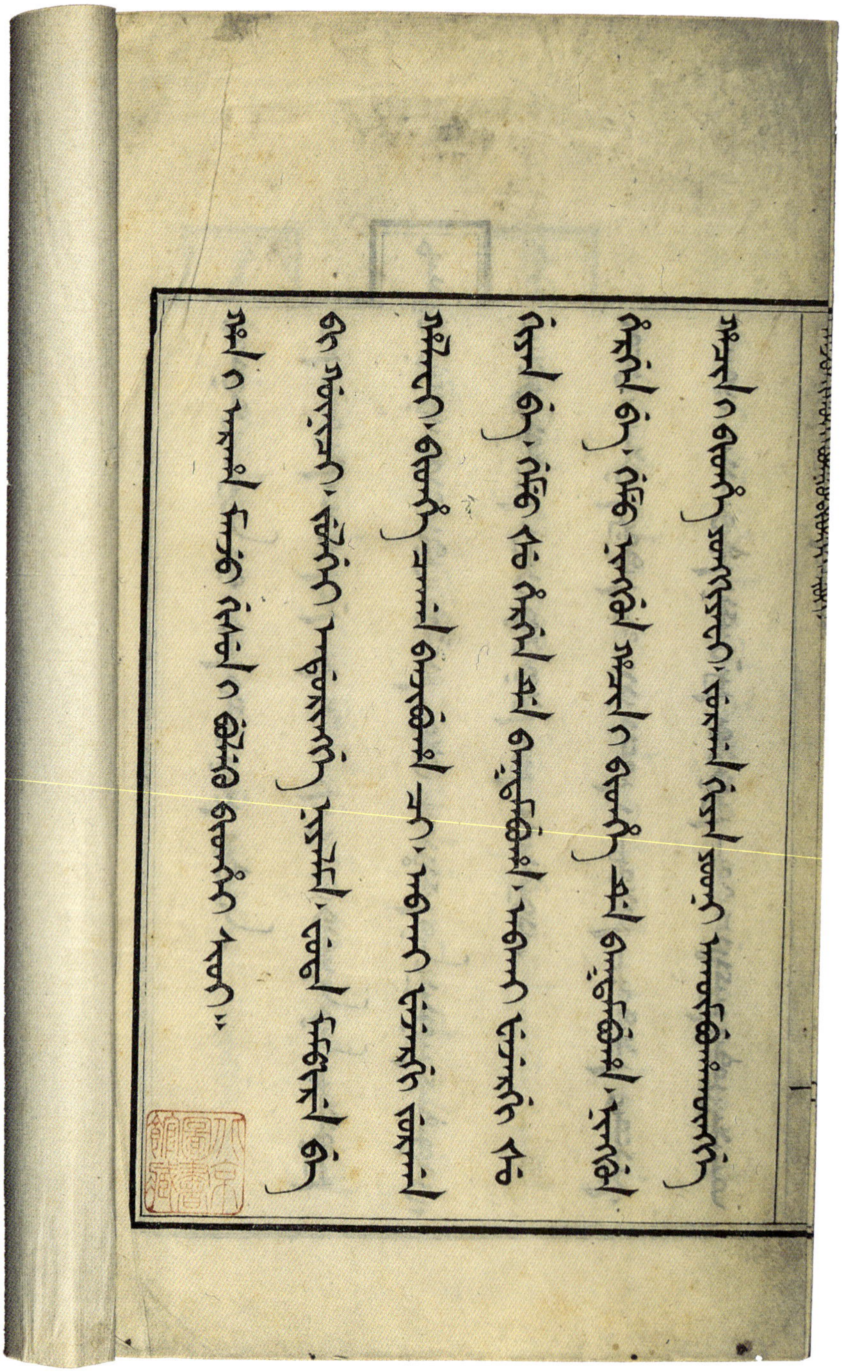

御製清文鑑二十五卷 滿文

清聖祖（玄燁）敕撰，康熙四十七年（1708）殿刻本，正文半葉6行，小字雙行，白口，無魚尾，四周雙邊，框高22厘米，寬16.5厘米。本書被列入第二批國家珍貴古籍名録。

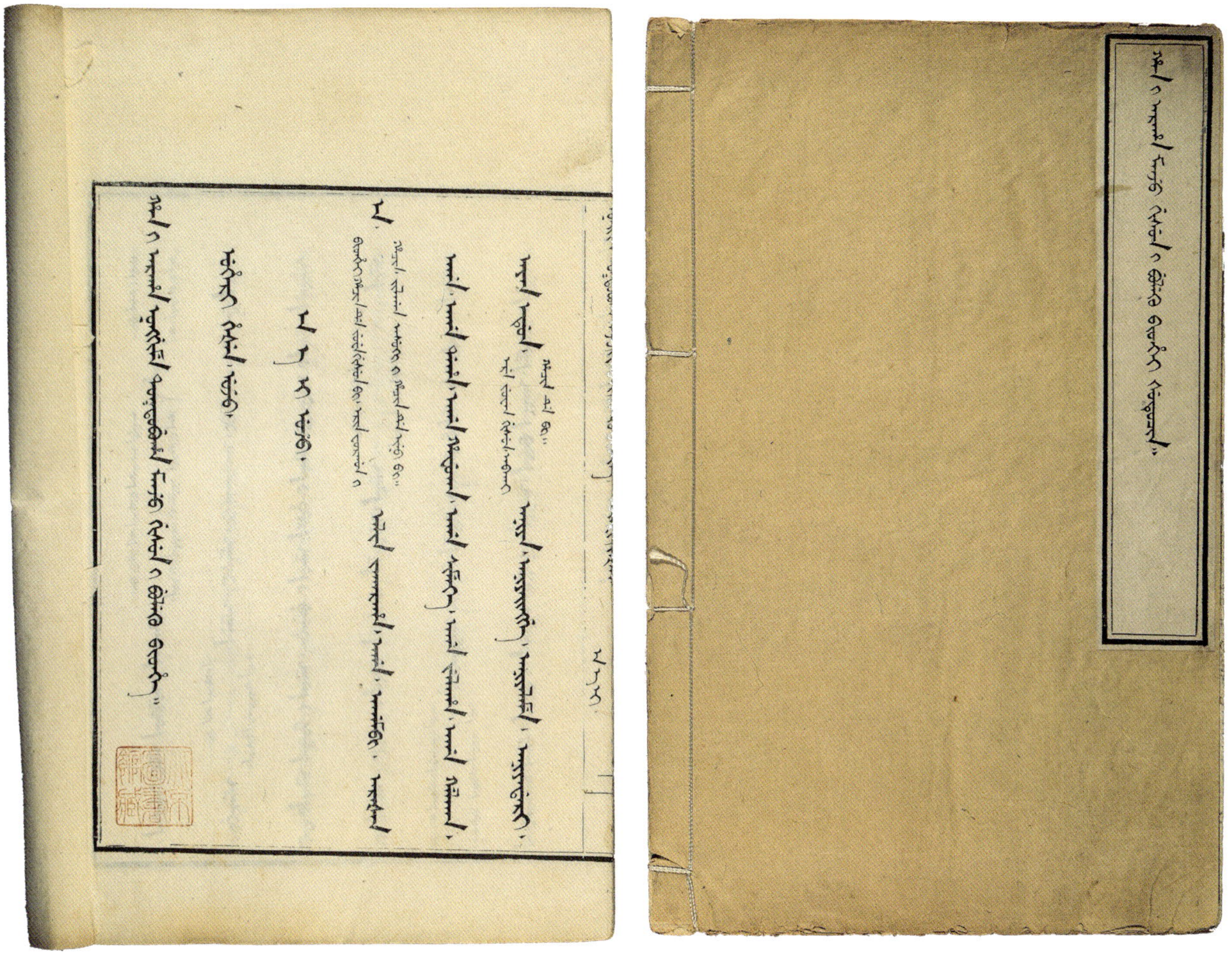

御製增訂清文鑑四十六卷　滿漢合璧

傅恒等輯，乾隆三十六年（1771）殿刻本，正文半葉16行，小字雙行，白口，無魚尾，四周雙邊，框高22.3厘米，寬17.8厘米。

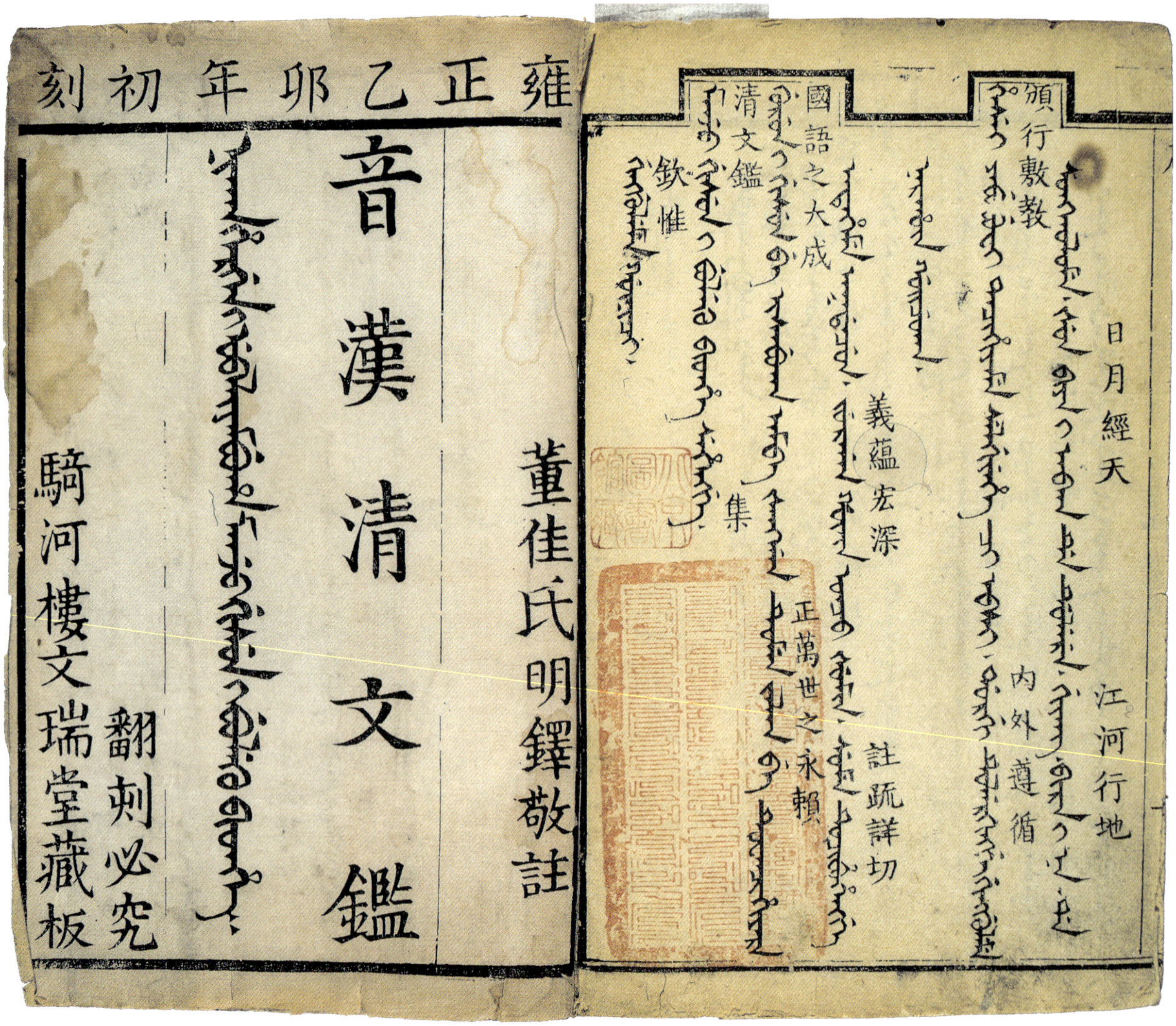

音漢清文鑑二十卷　滿漢合璧

董佳氏明鐸注，雍正十三年（1735）文瑞堂刻本，正文半葉8行，小字雙行，白口，無魚尾，左右單邊，框高 20.9 厘米，寬14.5厘米。

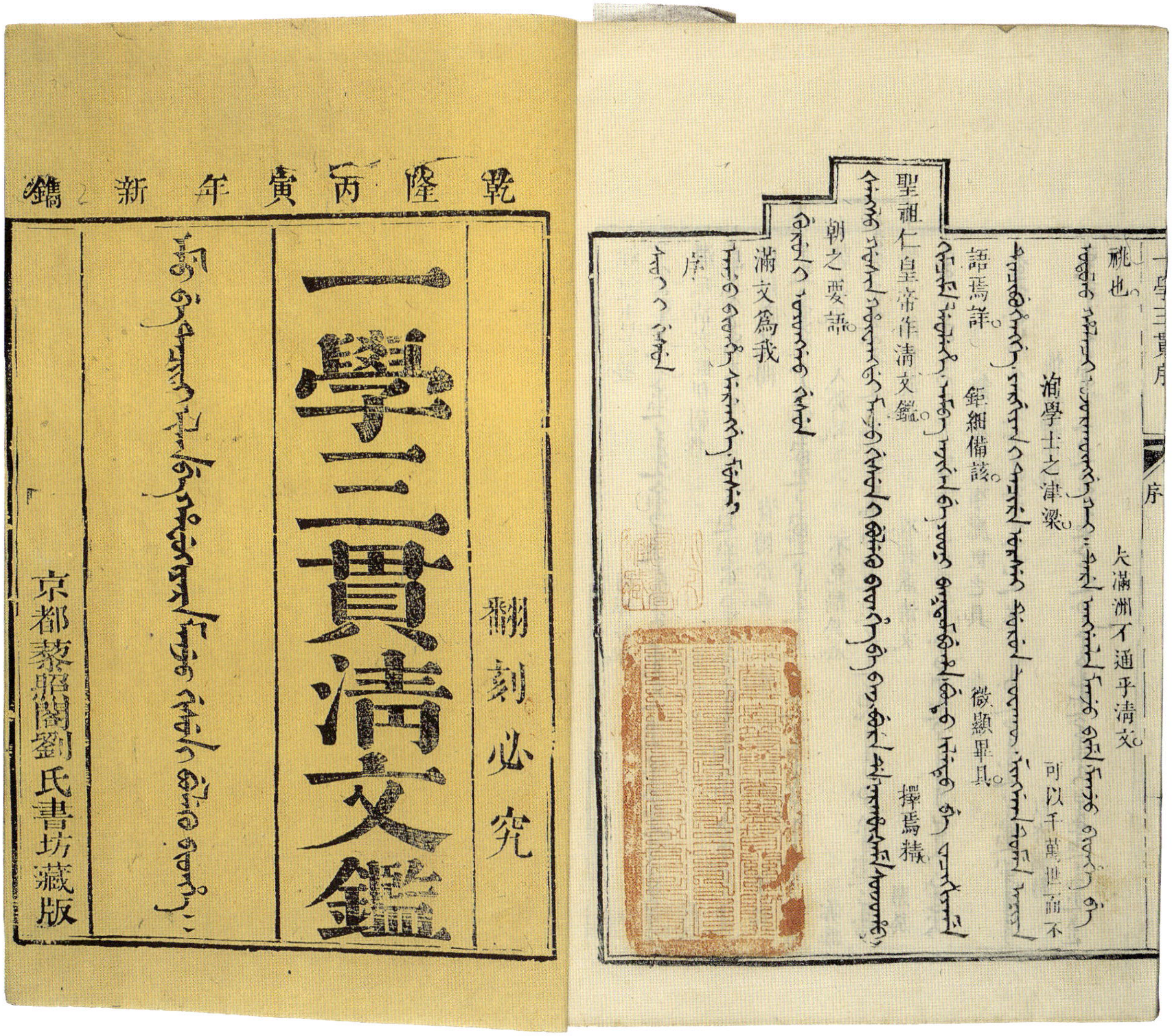

一學三貫清文鑑四卷　滿漢合璧

屯圖輯，乾隆十一年（1746）藜照閣刻本，正文半葉14行，白口，單魚尾，四周雙邊，框高21.6厘米，寬17.5厘米。

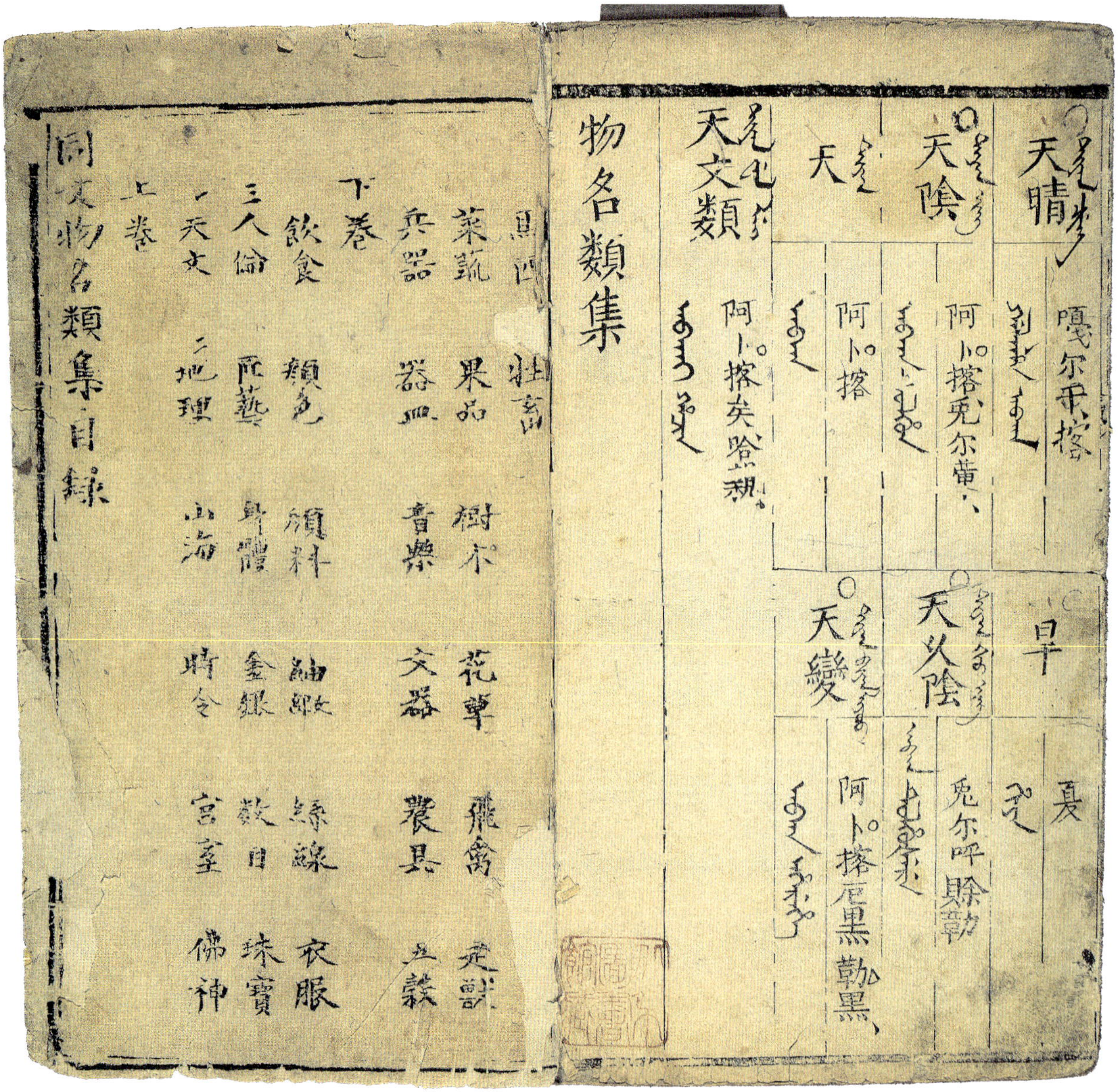
同文物名類集目錄
上卷
一天文　二地理　山海　時令　宮室　佛神
三人倫　所藝　身體　金銀　數目　珠寶
下卷
飲食　顏色　顏料　紬緞　絲線　衣服
兵器　器皿　音樂　文器　農具　五穀
菜蔬　果品　樹木　花草　飛禽　走獸
牲畜
物名類集
天文類
天
天陰
天晴
天變
天久陰
旱

同文物名類集二卷　滿漢合璧

刻本，分上下欄，正文半葉5行，黑口，單魚尾，四周單邊（目録頁除外），框高21.4厘米，寬12.7厘米。

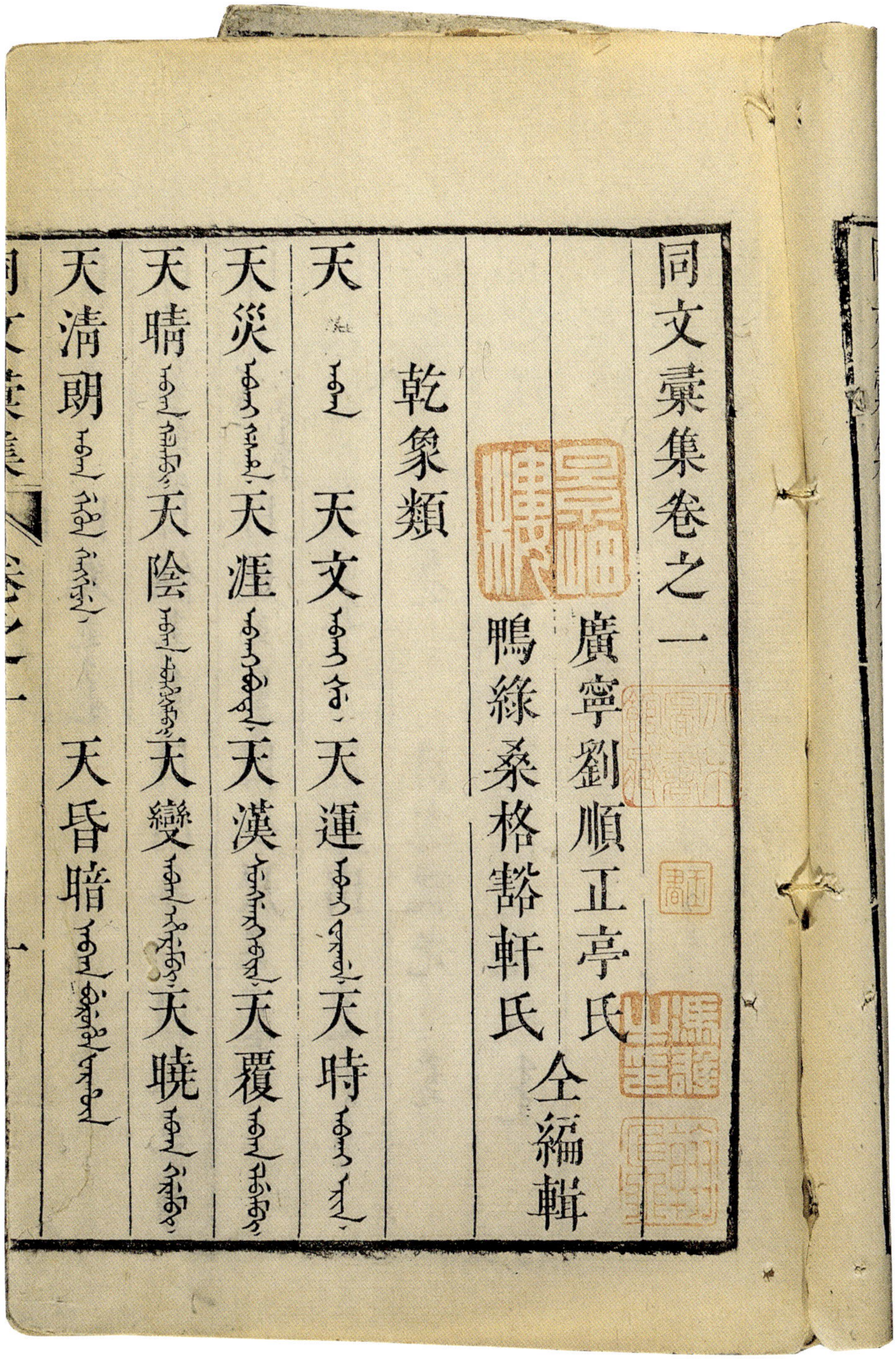

同文廣彙全書四卷 滿漢合璧

阿敦等輯，康熙三十二年（1693）天繪閣刻本，正文半葉8行，白口，單魚尾，四周單邊，框高20.3厘米，寬15.2厘米。

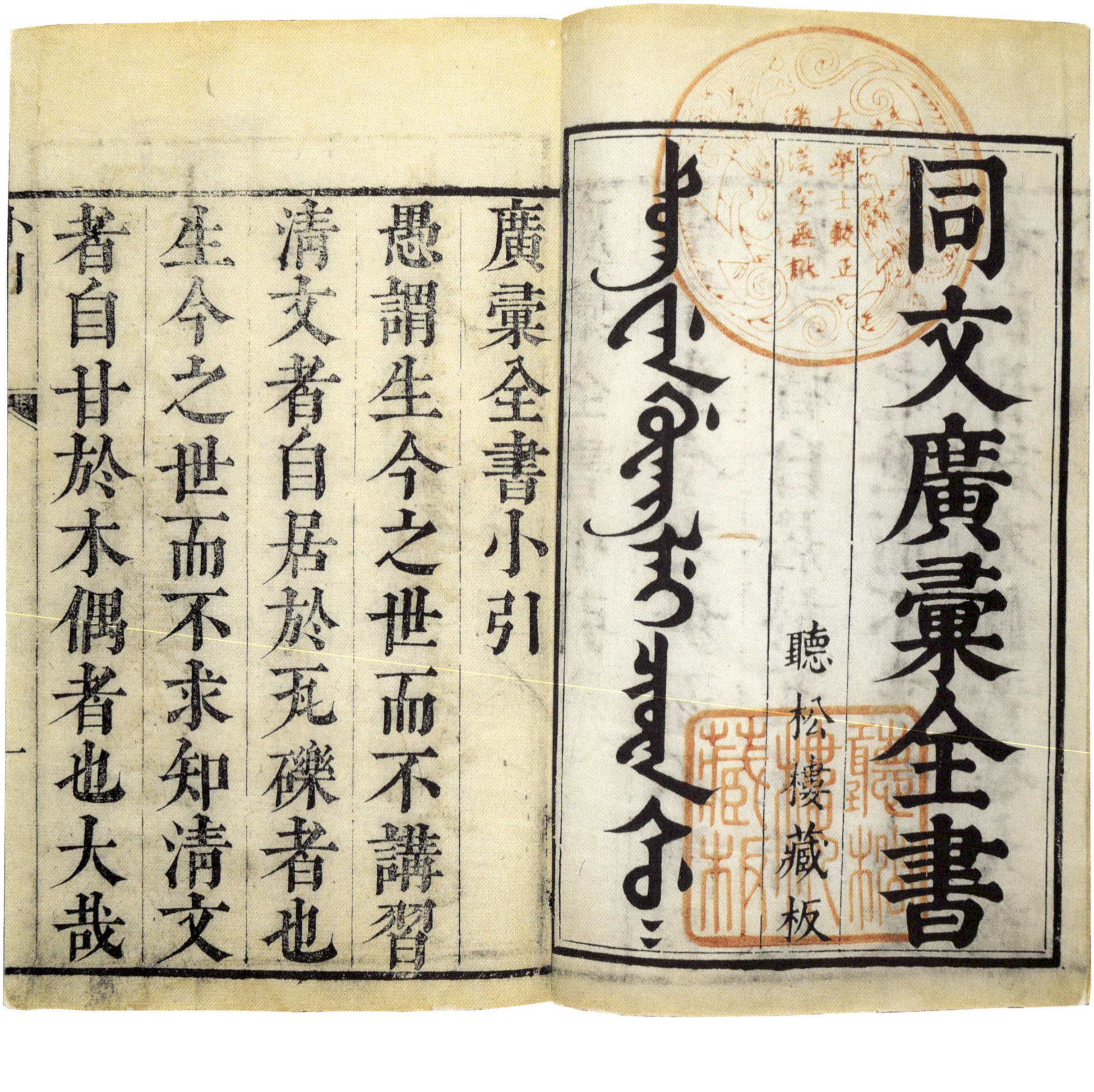
同文廣彙全書
聽松樓藏板
廣彙全書小引
愚謂生今之世而不講習
清文者自居於瓦礫者也
生今之世而不求知清文
者自甘於木偶者也大哉

同文廣彙全書四卷 滿漢合璧

阿敦等輯，康熙四十一年（1702）聽松樓刻本，正文半葉8行，白口，單魚尾，四周單邊，框高20.9厘米，寬15.2厘米。本書被列入第二批國家珍貴古籍名録。

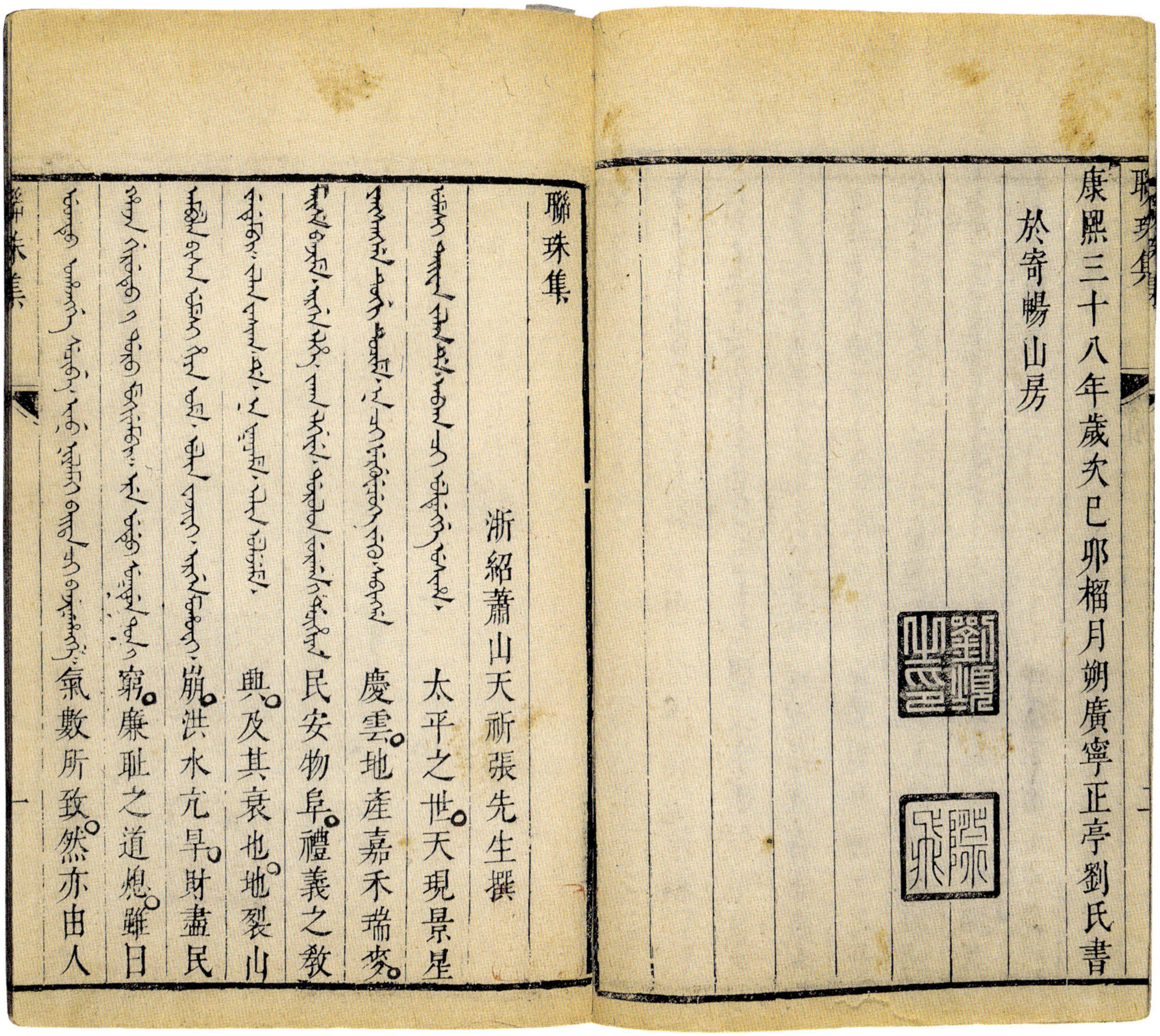
康熙三十八年歲次己卯榴月朔廣寧正亭劉氏書
於寄暢山房
聯珠集
浙紹蕭山天祈張先生撰
太平之世。天現景星
慶雲。地產嘉禾瑞麥。
民安物阜。禮義之教
興。及其衰也。地裂山
崩。洪水亢旱。財盡民
窮。廉恥之道熄。雖日
氣數所致。然亦由人

聯珠集一卷　滿漢合璧

張天祈撰，劉順譯，康熙四十一年（1702）聽松樓刻本，正文半葉9行，白口，單魚尾，四周單邊，框高20.4厘米，寬15厘米。附《同文廣彙全書》後。

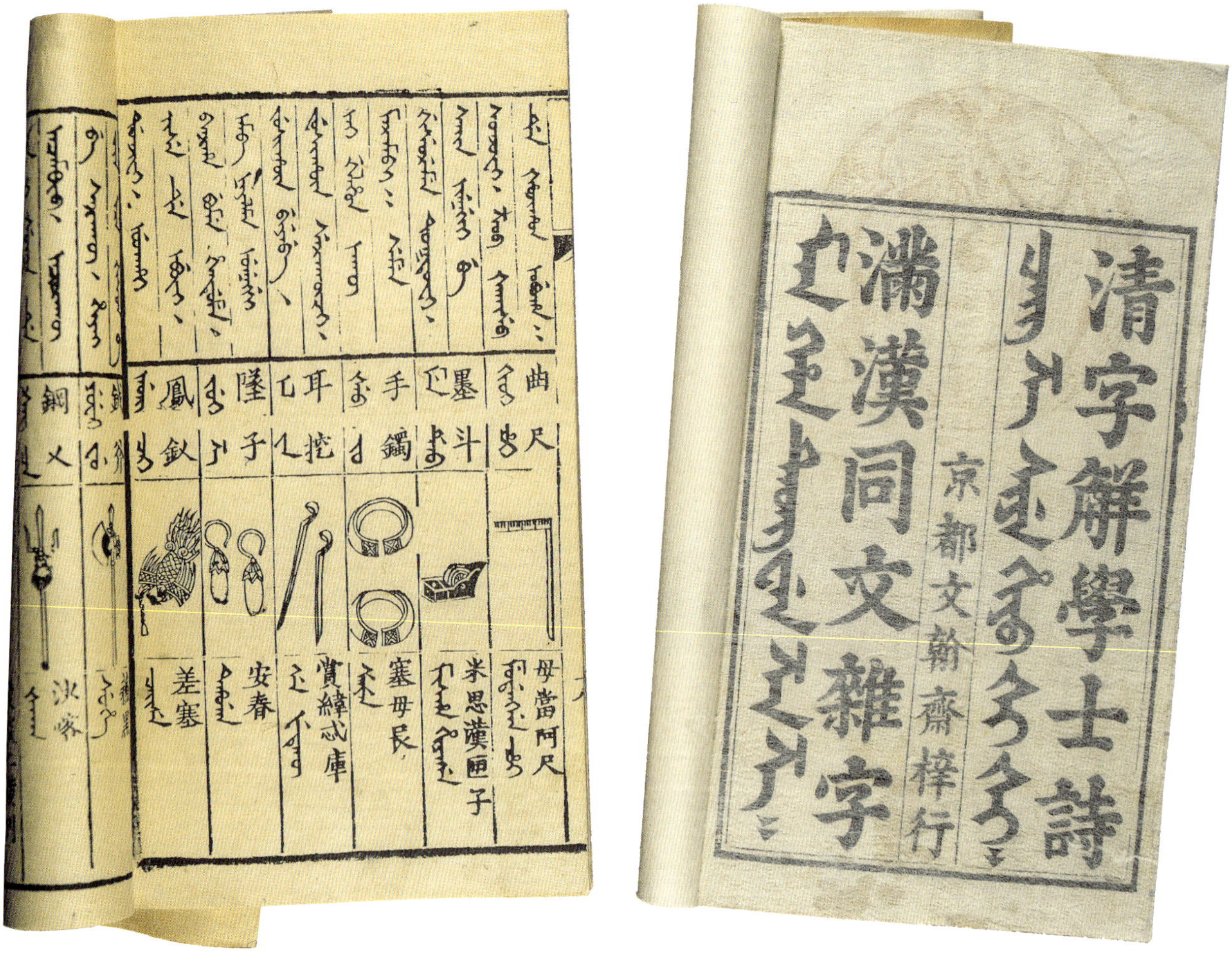
清字解學士詩
滿漢同文雜字
京都文翰齋梓行

滿漢同文雜字不分卷附清字解學士詩　滿漢合璧

文翰齋刻本，上欄《清字解學士詩》，下欄《滿漢同文雜字》，正文半葉6行，白口，單魚尾，四周單邊，框高19.1厘米，寬11.9厘米。

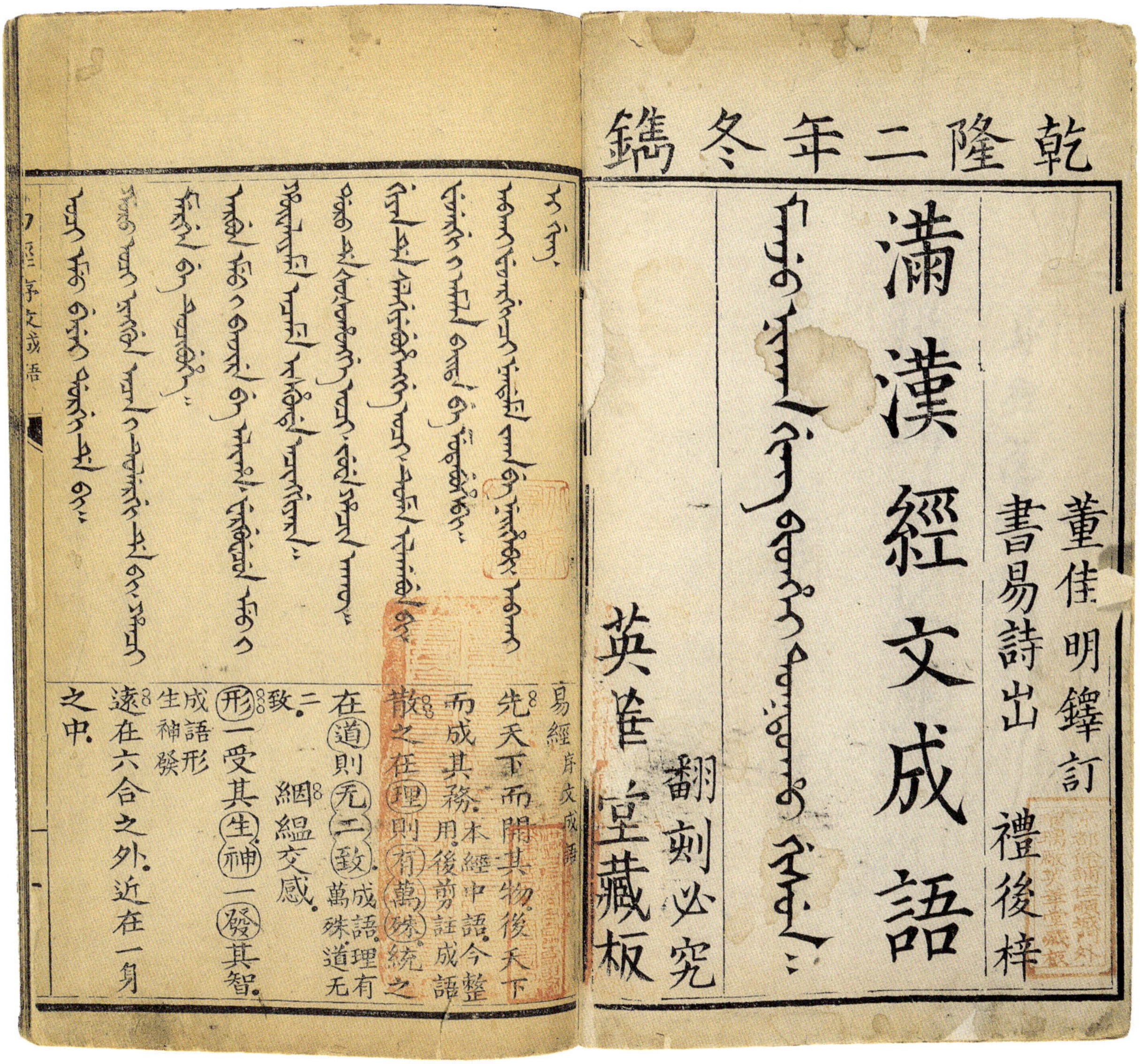

經文成語不分卷　滿漢合璧

董佳氏明鐸訂，乾隆二年（1737）英華堂刻本，正文半葉10行，白口，單魚尾，四周雙邊，框高20.7厘米，寬14.7厘米。

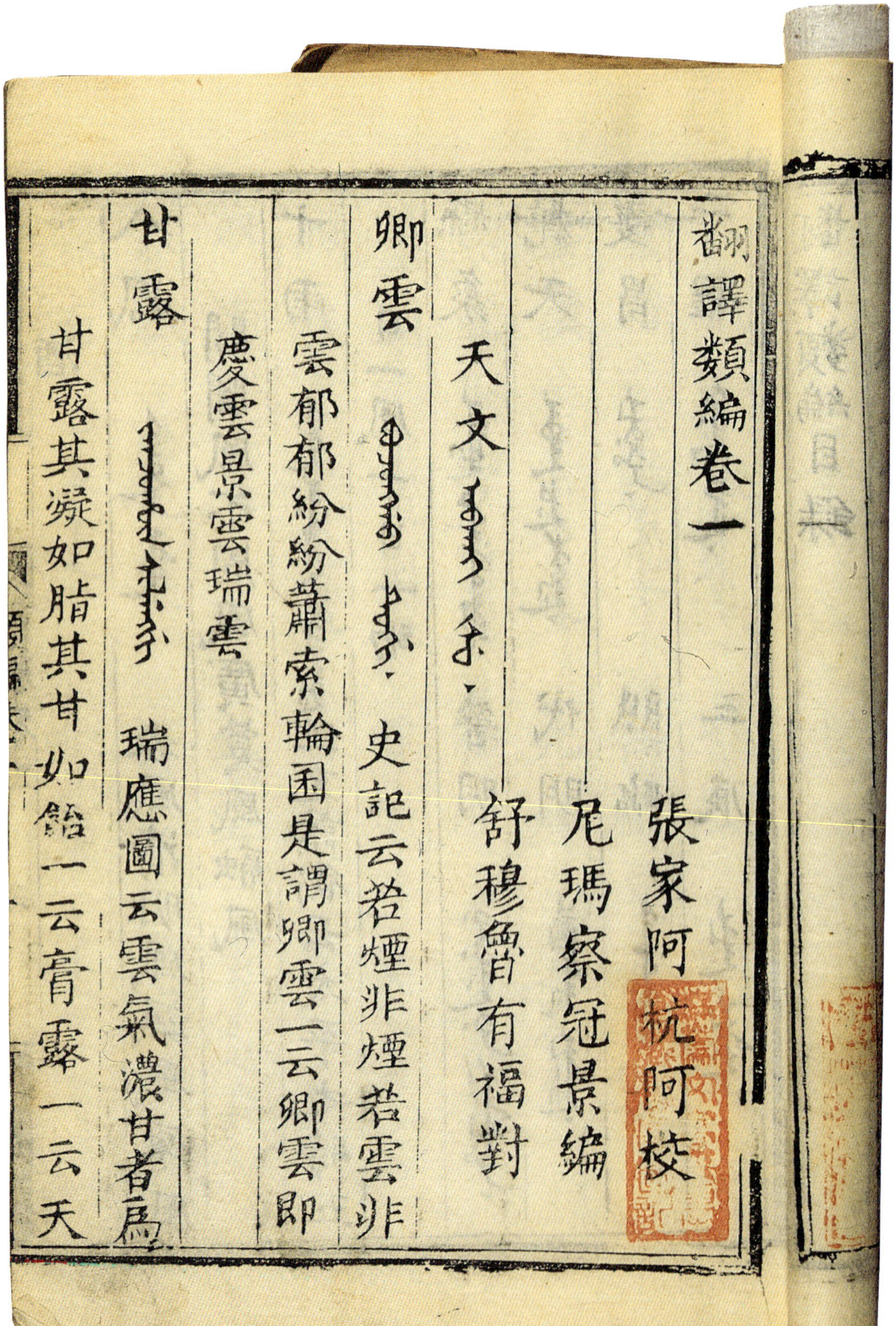

翻譯類編卷一

張家阿杭阿校

尼瑪察冠景編

舒穆魯有福對

天文

卿雲　史記云若煙非煙若雲非雲郁郁紛紛蕭索輪囷是謂卿雲一云卿雲即慶雲景雲瑞雲

甘露　瑞應圖云雲氣濃甘者爲甘露其凝如脂其甘如飴一云膏露一云天

翻譯類編四卷　滿漢合璧

尼瑪察冠景輯，文淵堂刻本，正文半葉9行，黑口，單魚尾，四周雙邊，框高17.8厘米，寬12.9厘米。

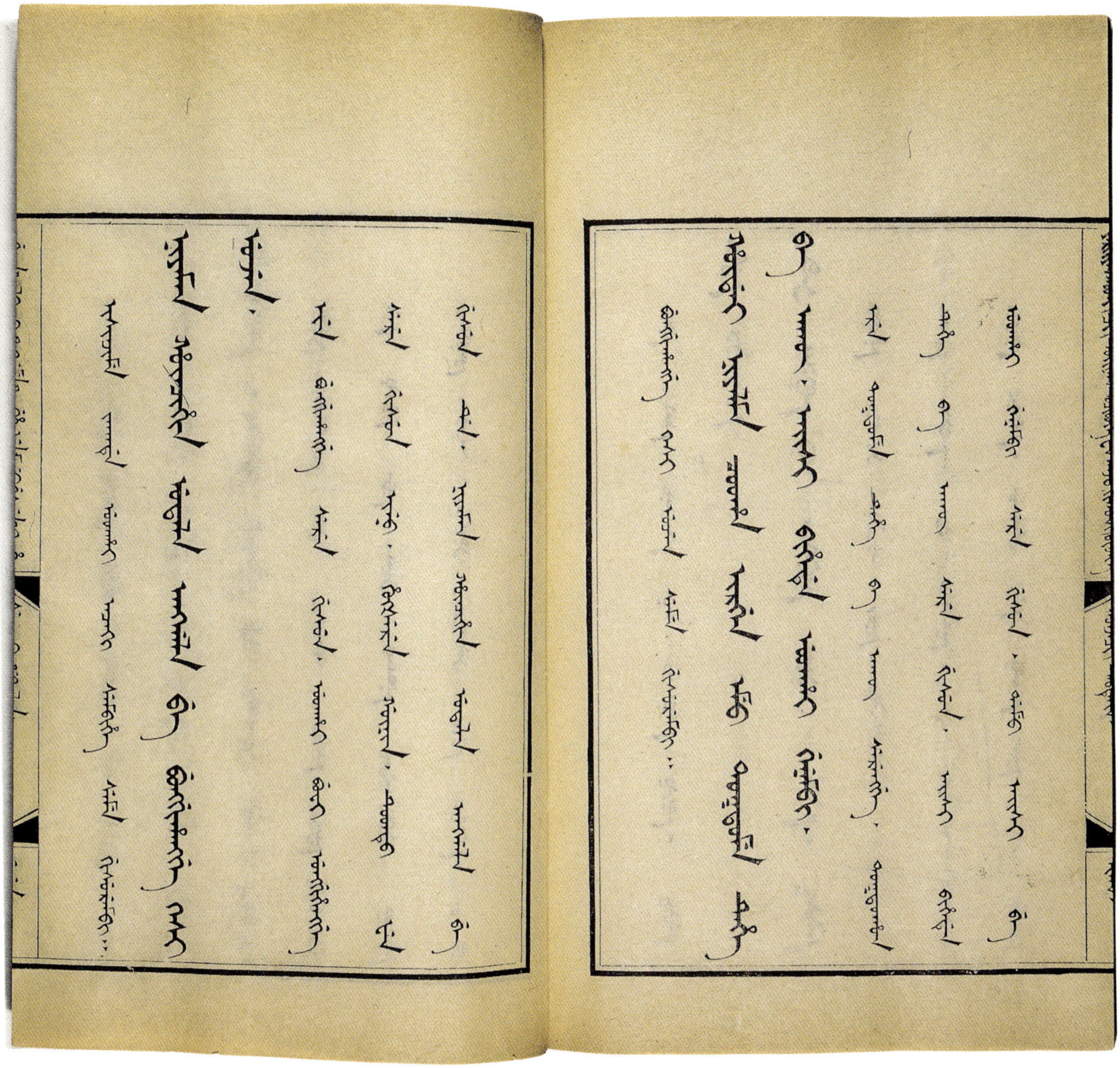

實録内摘出舊清語十四卷 滿文

乾隆殿刻本，正文半葉6行，白口，雙魚尾，四周雙邊，框高20.1厘米，寬14.5厘米。

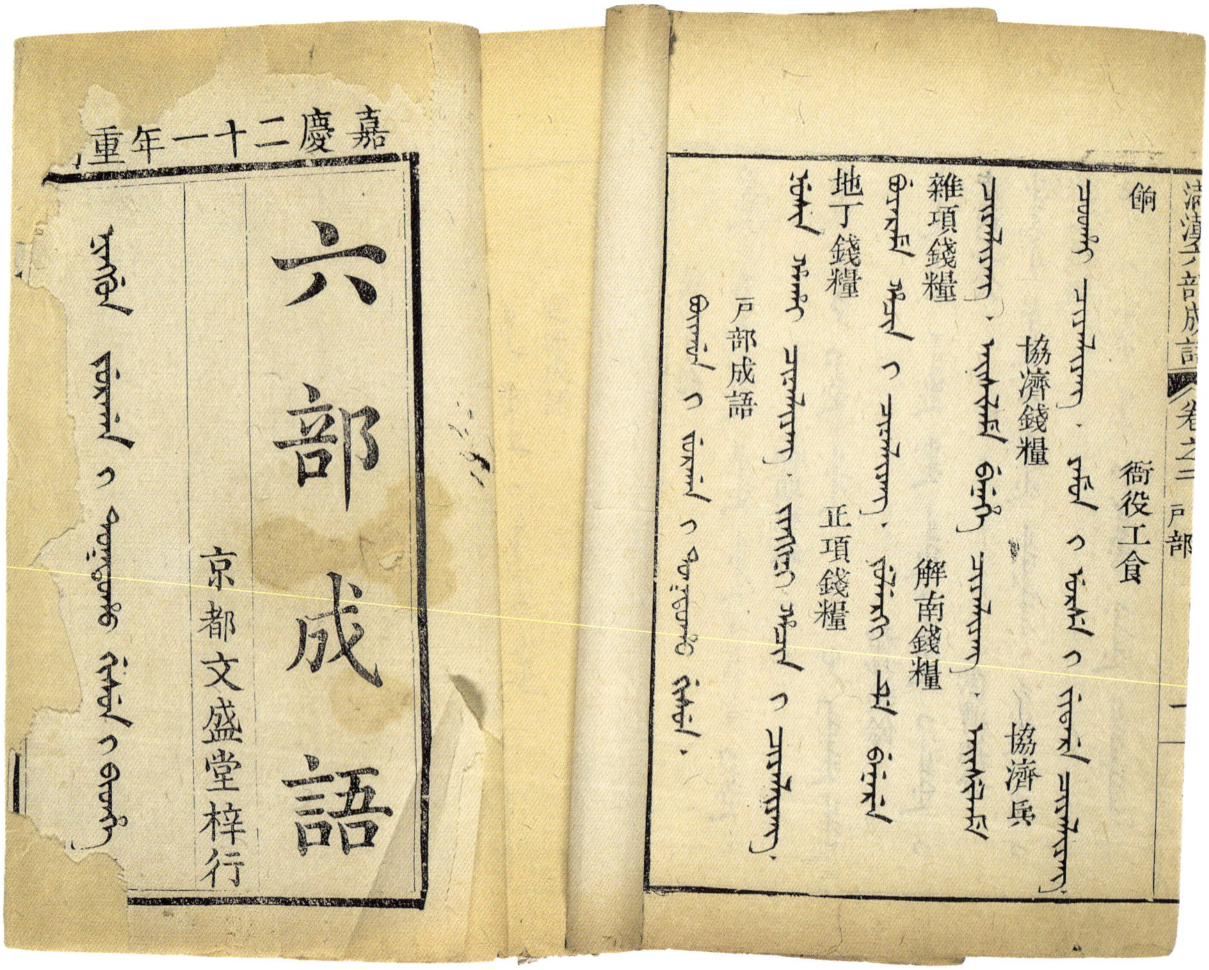
嘉慶二十一年重
六部成語
京都文盛堂梓行
滿漢六部成語
卷之二 戸部
餉
衙役工食
協濟錢糧
協濟兵
雜項錢糧
解南錢糧
地丁錢糧
正項錢糧
戸部成語

六部成語六卷　滿漢合璧

嘉慶二十一年（1816）文盛堂刻本，正文半葉10行，白口，單魚尾，四周單邊，框高19厘米，寬14.3厘米。

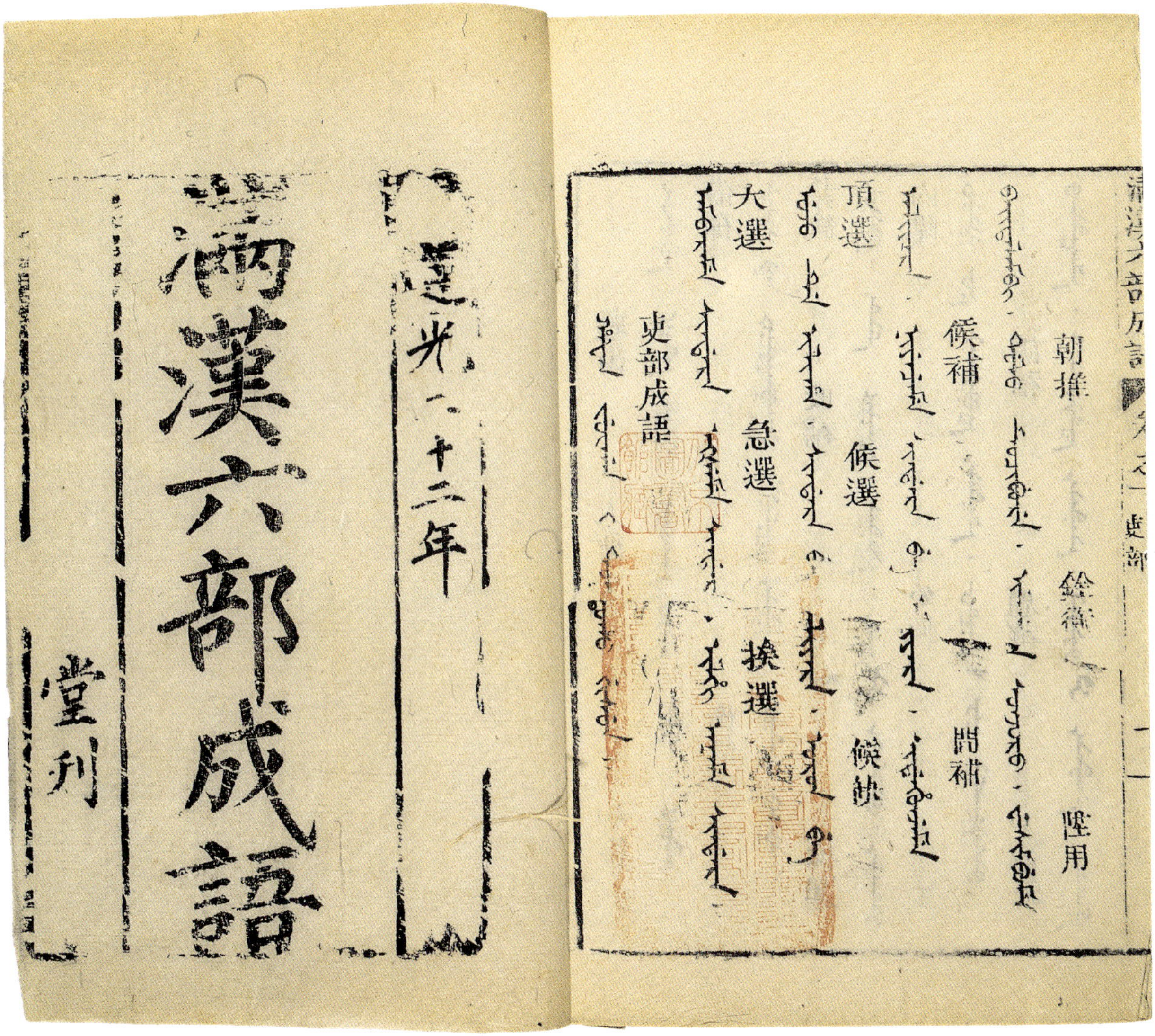

六部成語六卷　滿漢合璧

道光二十二年（1842）刻本，正文半葉10行，白口，單魚尾，四周單邊，框高18.9厘米，寬14.3厘米。

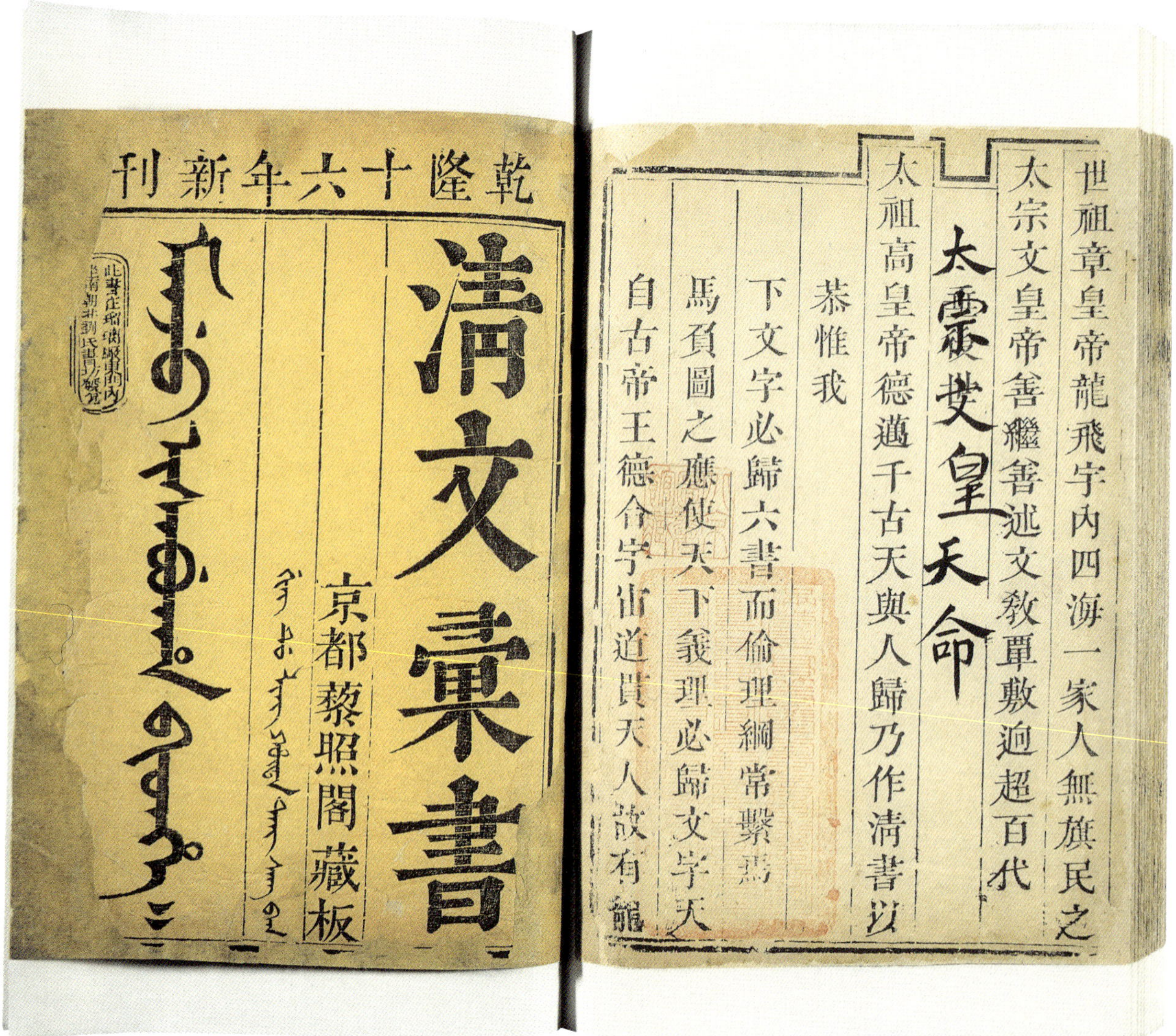

清文彙書十二卷　滿漢合璧

李延基輯，乾隆十六年（1751）藜照閣刻本，正文半葉8行，漢字釋文小字雙行，白口，單魚尾，四周雙邊，框高20.9厘米，寬14.8厘米。

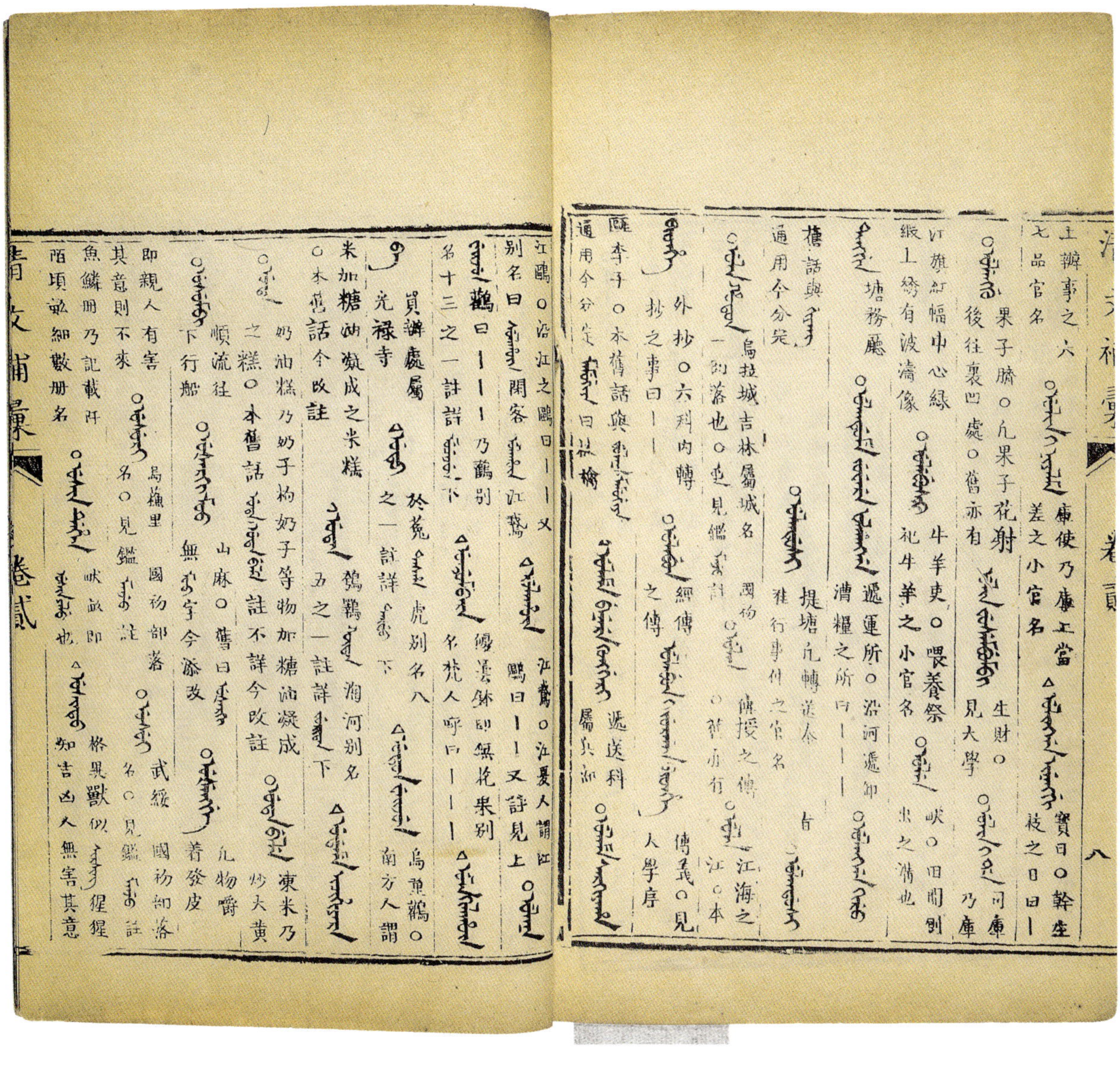

清文補彙八卷　滿漢合璧

宜興輯，嘉慶七年（1802）刻本，正文半葉8行，漢字釋文小字雙行，白口，單魚尾，四周雙邊，框高20.2厘米，寬15.1厘米。

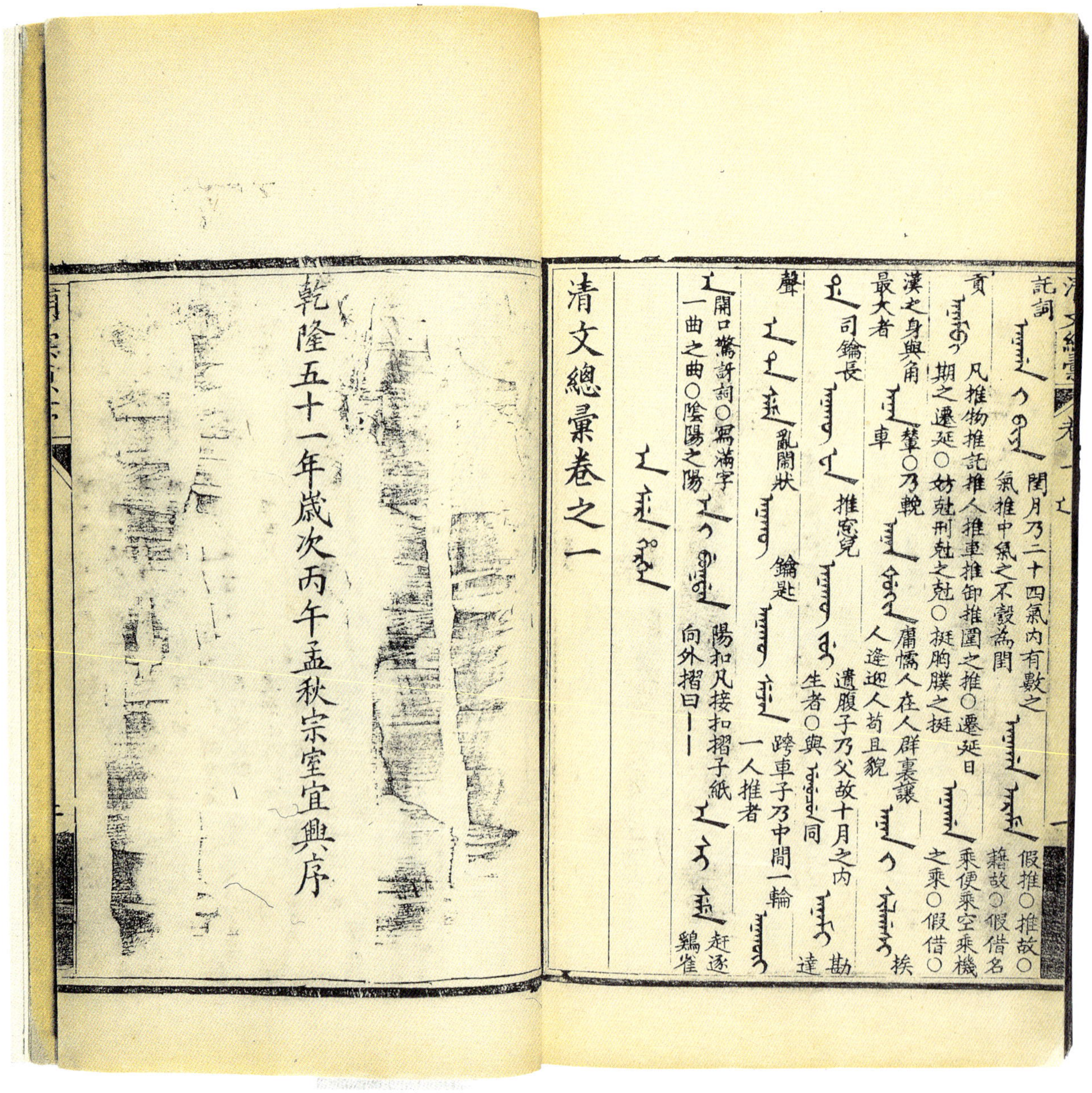

清文總彙十二卷　滿漢合璧

志寬等輯，光緒二十三年（1897）荆州駐防翻譯總學刻本，正文半葉8行，漢字釋文小字雙行，黑口，單魚尾，四周雙邊，框高18.7厘米，寬14厘米。

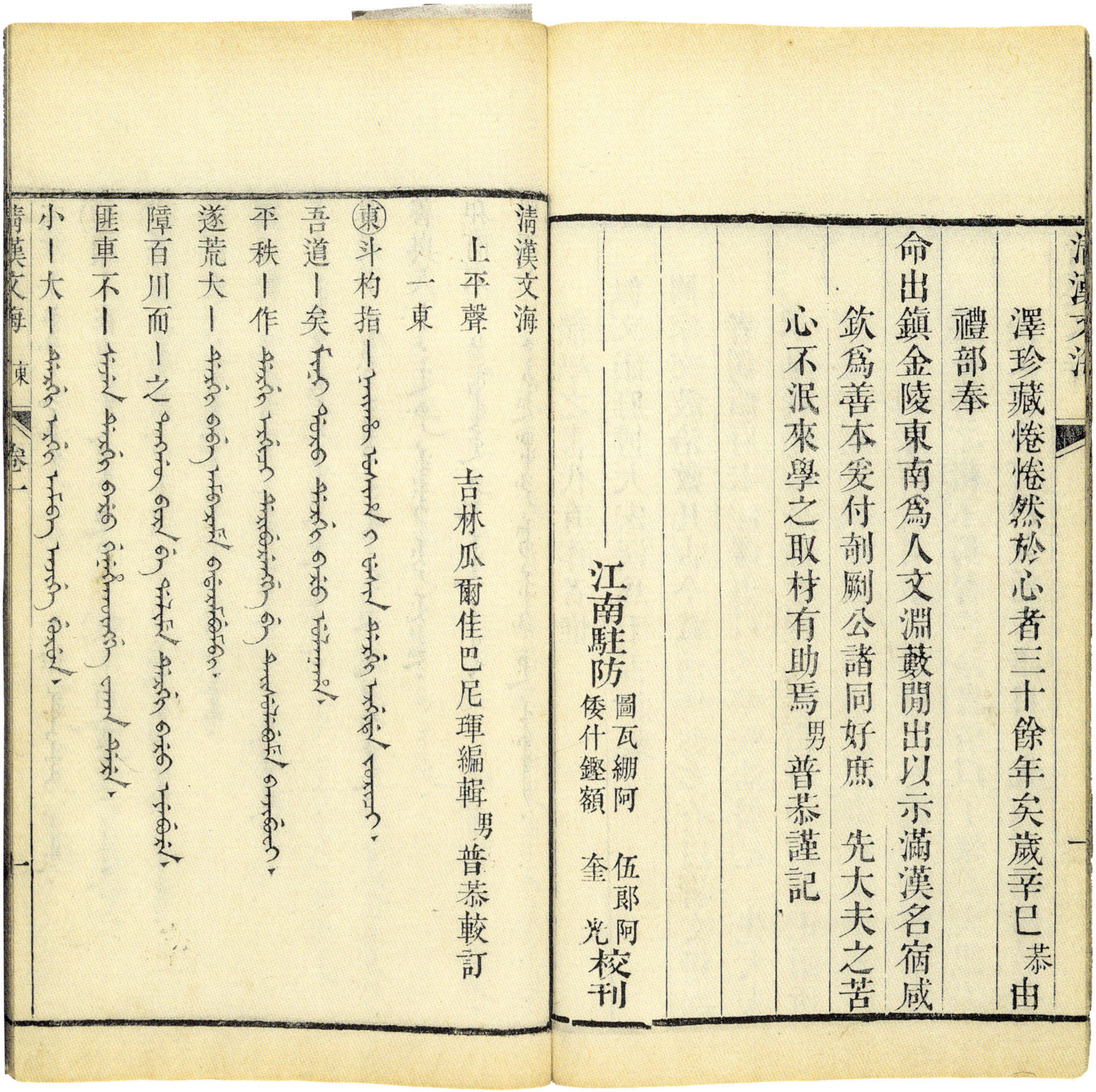

清漢文海四十卷　滿漢合璧

瓜爾佳巴尼琿輯，普恭校訂，道光元年（1821）江南駐防衙門刻本，正文半葉10行，白口，單魚尾，左右雙邊，框高20.5厘米，寬14厘米。

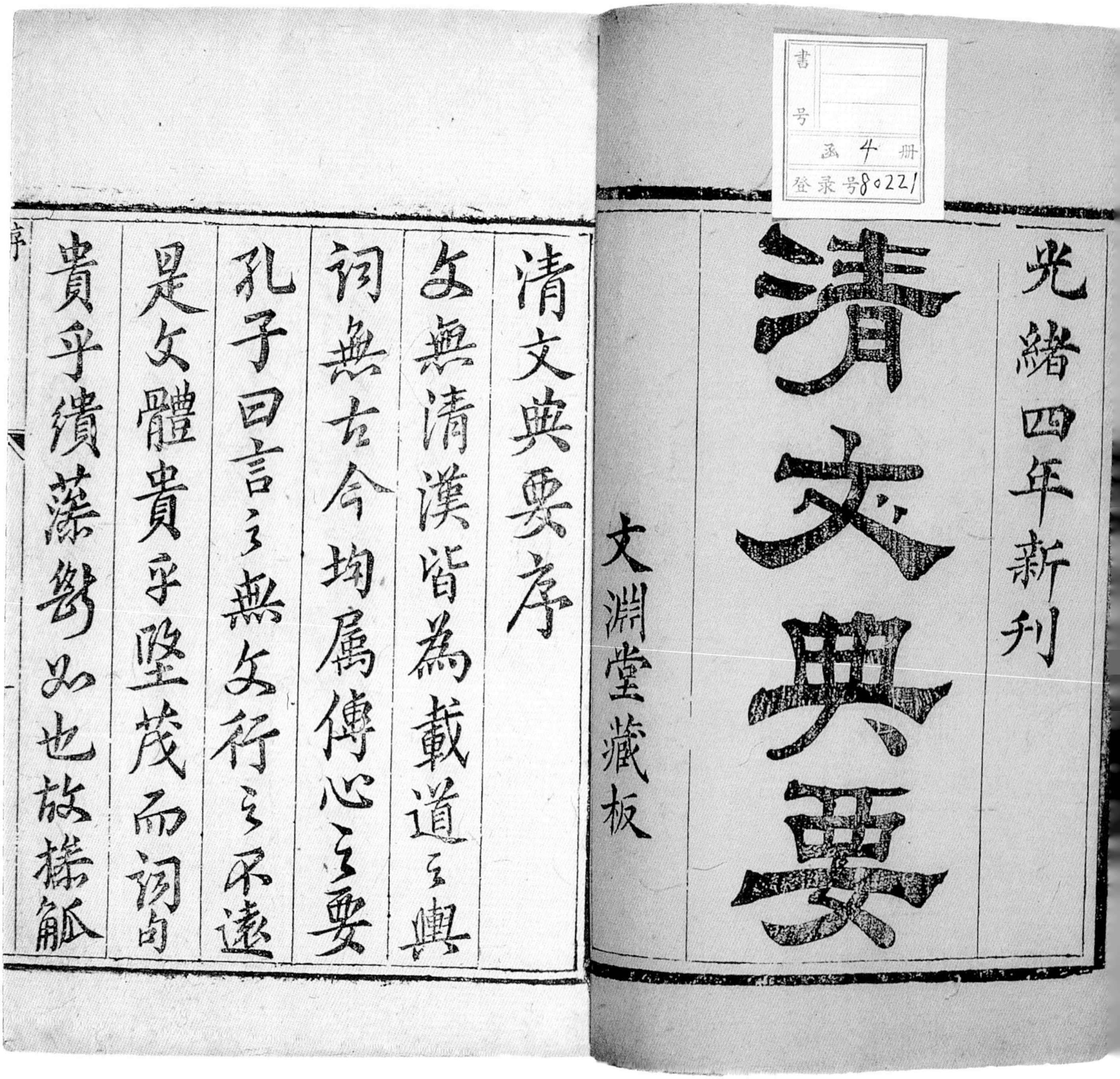
光緒四年新刊
清文典要
文淵堂藏板
書号
函 4 冊
登录号80221
清文典要序
文無清漢皆為載道之輿
詞無古今均屬傳心之要
孔子曰言之無文行之不遠
是文體貴乎堅茂而詞句
貴乎繢藻斲以也故操觚
序

清文典要四卷（之一）　滿漢合璧

秋芳堂主人輯，光緒四年（1878）文淵堂刻本，正文半葉14行，白口，單魚尾，四周雙邊，框高14.3厘米，寬11.5厘米。

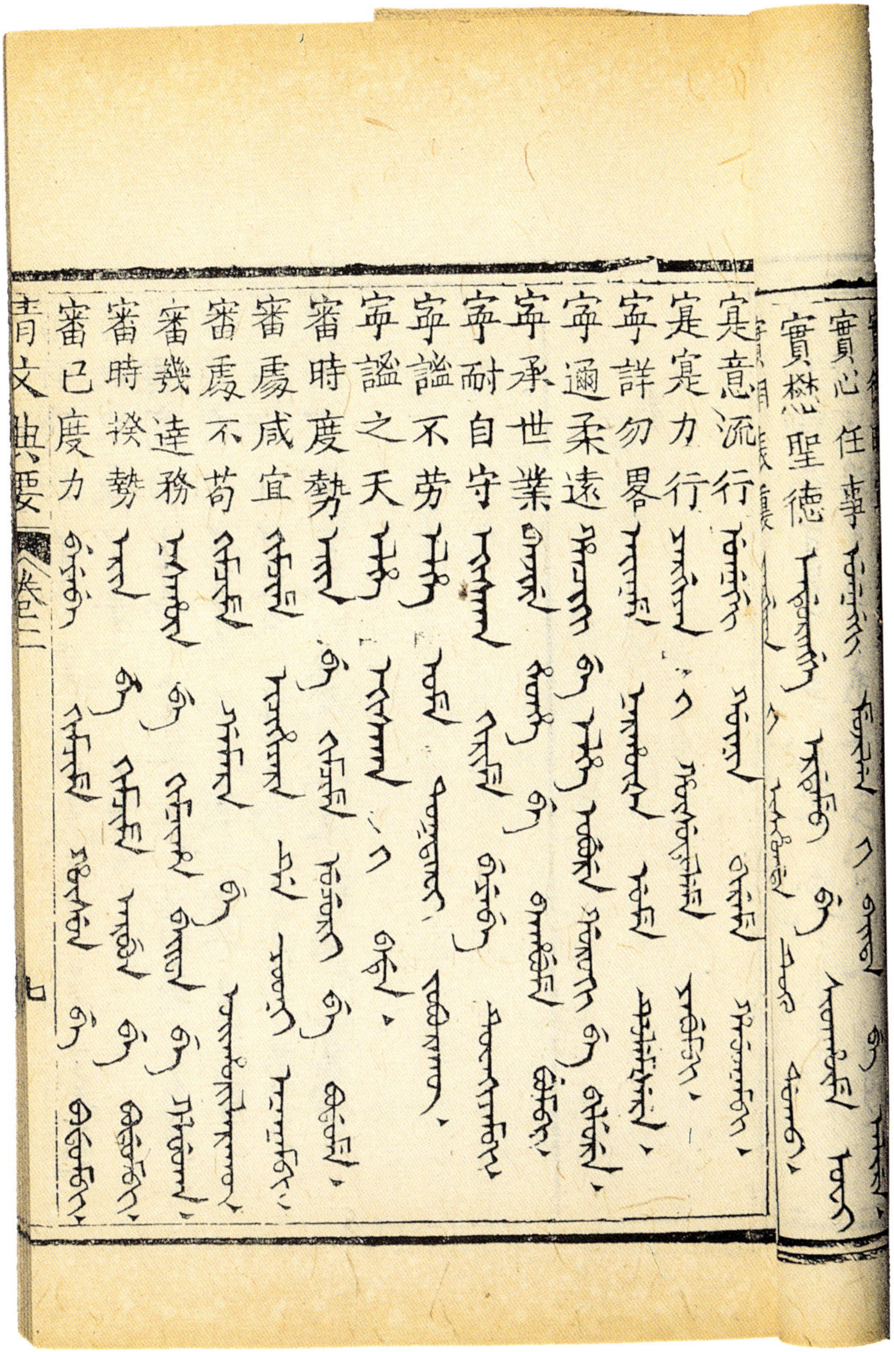
實心任事
實懋聖德
寔意流行
寔寔力行
寗詳勿畧
寗涵柔遠
寗承世業
寗耐自守
寗謐不勞
寗謐之天
審時度勢
審處咸宜
審處不苟
審幾達務
審時揆勢
審已度力
清文典要 卷二

清文典要四卷（之二）

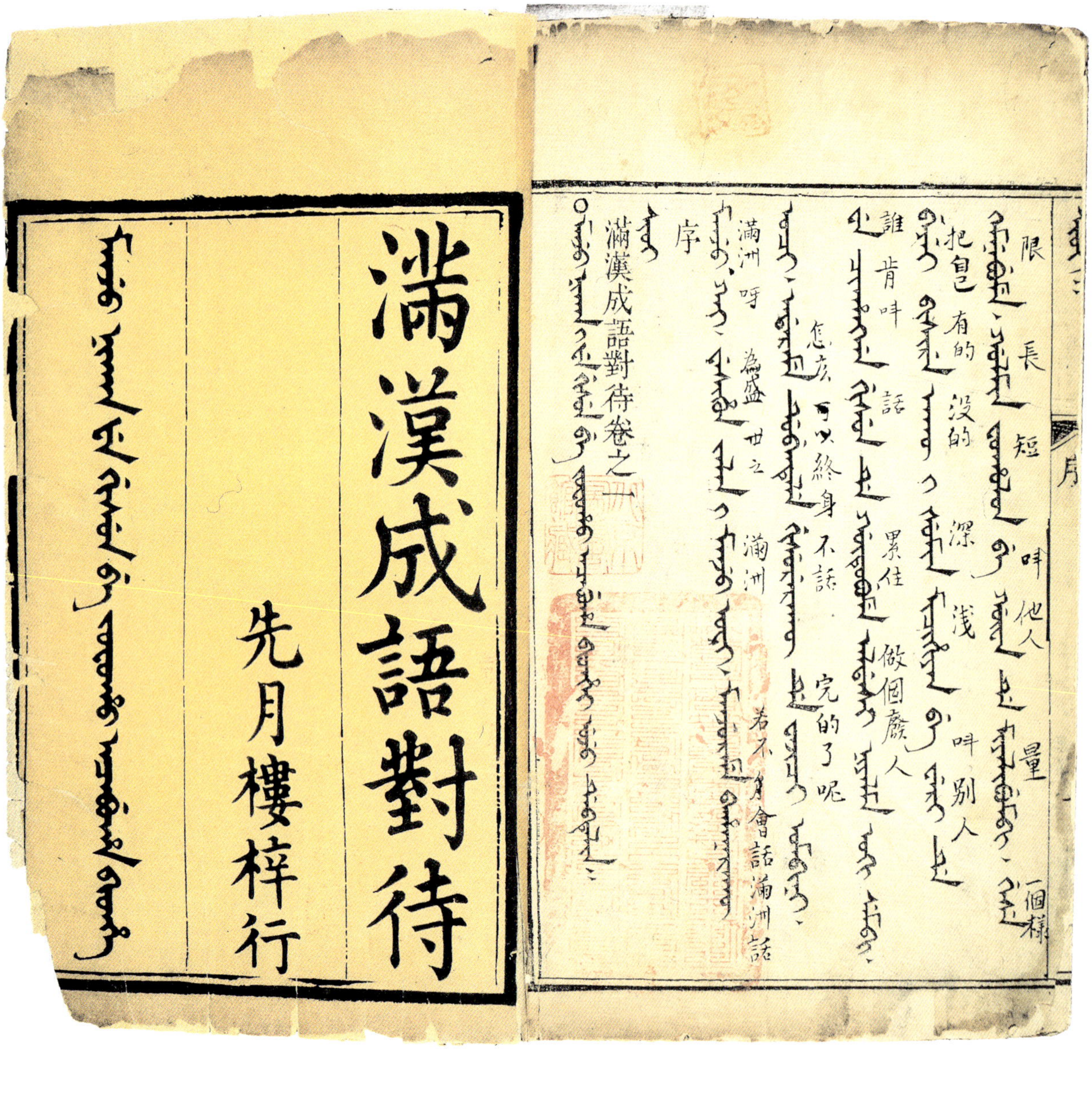
滿漢成語對待
先月樓梓行
滿漢成語對待卷之一
序

滿漢成語對待四卷　滿漢合璧

先月樓刻本，正文半葉14行，白口，單魚尾，四周雙邊，框高19.7厘米，寬14.7厘米。

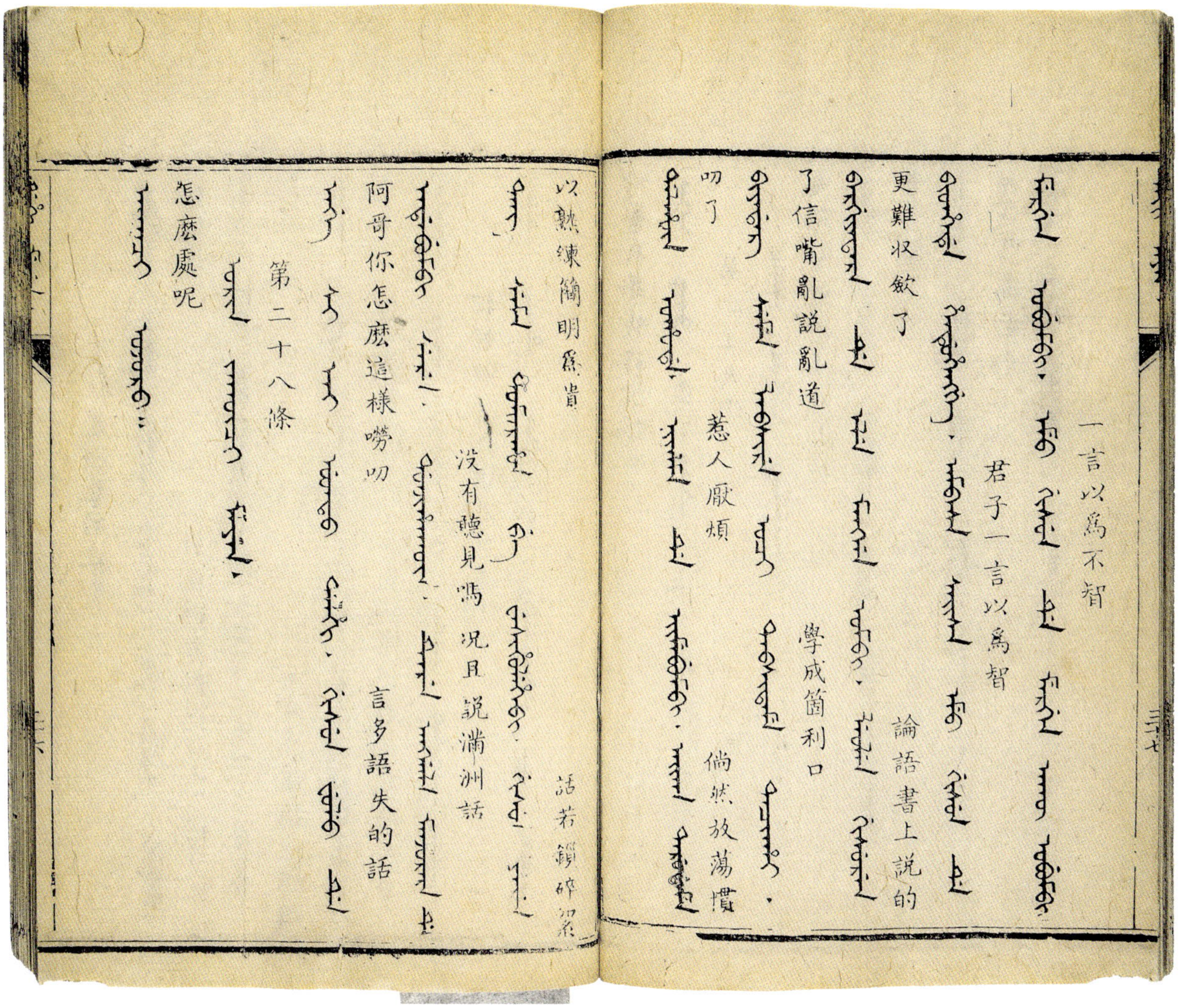
一言以爲不智
君子一言以爲智
論語書上說的
更難収斂了
了信嘴亂說亂道
學成箇利口
叨了
惹人厭煩
倘然放蕩慣
以熟練簡明爲貴
話若鎖碎累
沒有聽見嗎
況且說滿洲話
阿哥你怎麽這樣嘮叨
言多語失的話
第二十八條
怎麽處呢

清語問答四十條不分卷　滿漢合璧

那拉氏常鈞輯，乾隆二十三年（1758）刻本，正文半葉10行，白口，單魚尾，四周雙邊，框高19.5厘米，寬15.1厘米。

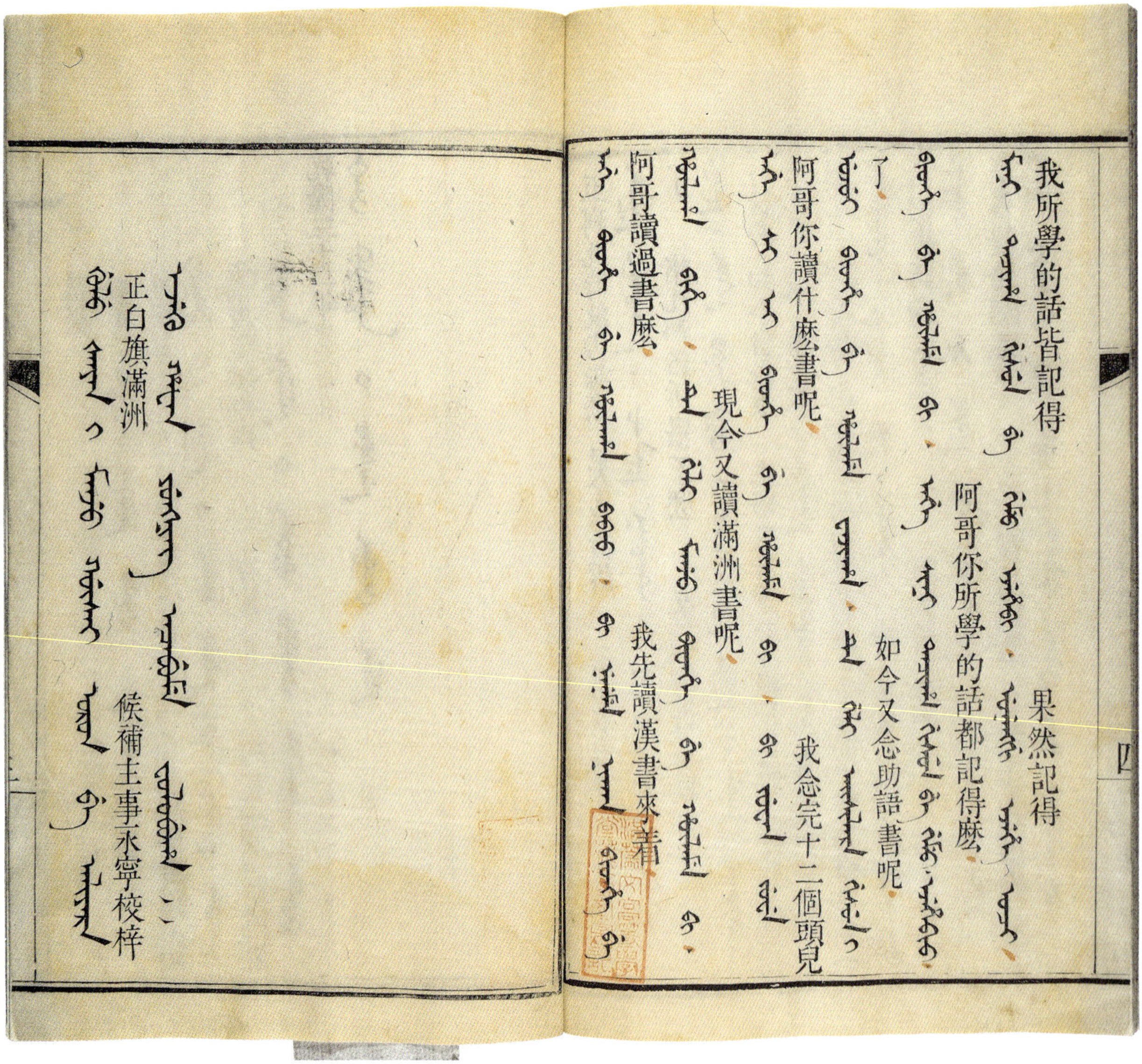
我所學的話皆記得
果然記得
阿哥你所學的話都記得麽
如今又念助語書呢
阿哥你讀什麽書呢
我念完十二個頭兒
現今又讀滿洲書呢
阿哥讀過書麽
我先讀漢書來着
四
正白旗滿洲
候補主事永寧校梓

清語易言不分卷　滿漢合璧

博赫輯，乾隆三十一年（1766）刻本，正文半葉12行，白口，單魚尾，四周雙邊，框高21.3厘米，寬14.9厘米。

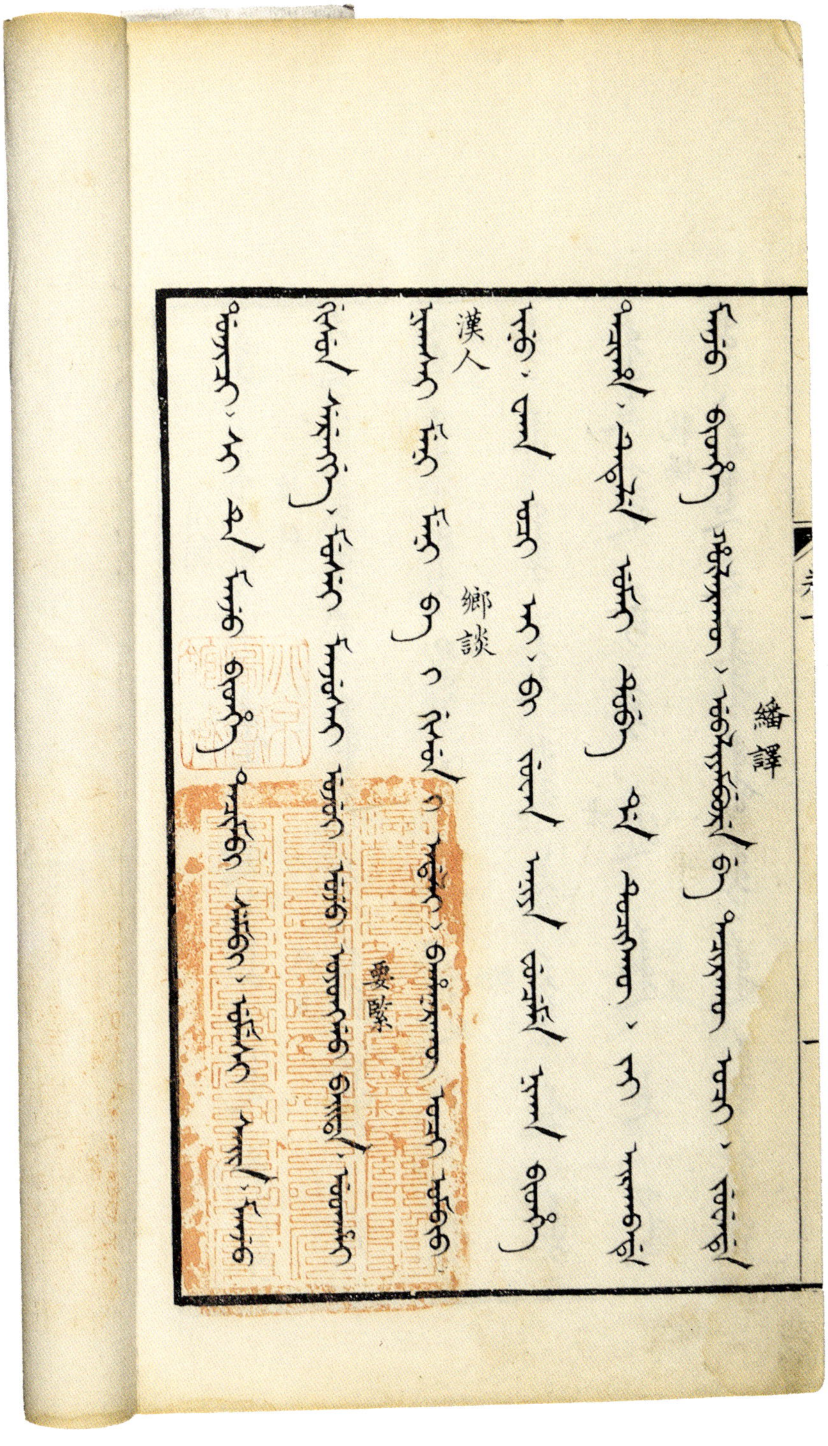
繙譯
漢人
鄉談
要緊

一百條不分卷 滿文

刻本，正文半葉6行，白口，單魚尾，四周單邊，框高18.5厘米，寬12.3厘米。部分辭彙旁有漢文釋義。

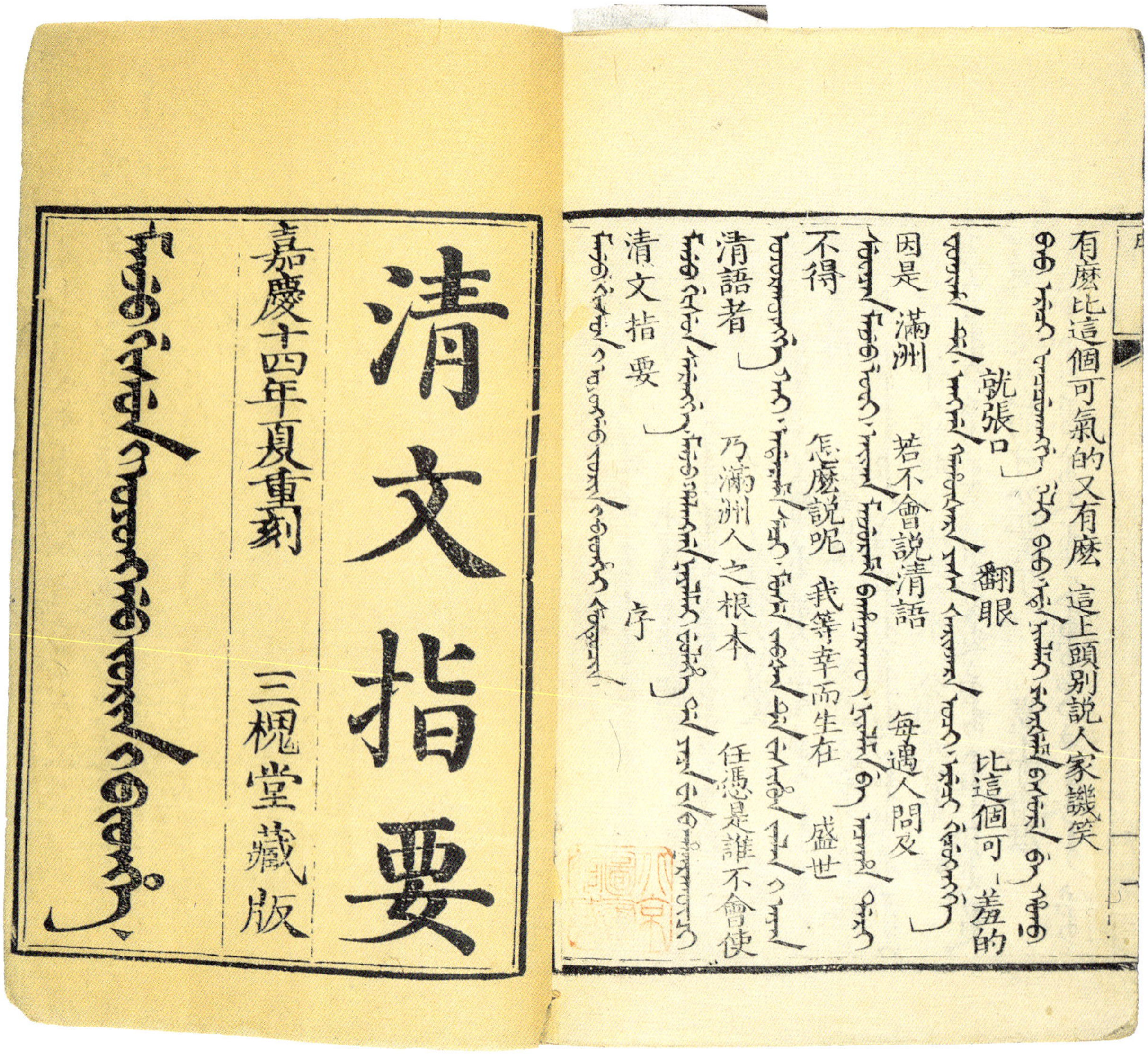

清文指要五卷 滿漢合璧

嘉慶十四年（1809）三槐堂重刻本，正文半葉8或14行，白口，單魚尾，四周雙邊，框高17.2厘米，寬13.9厘米。

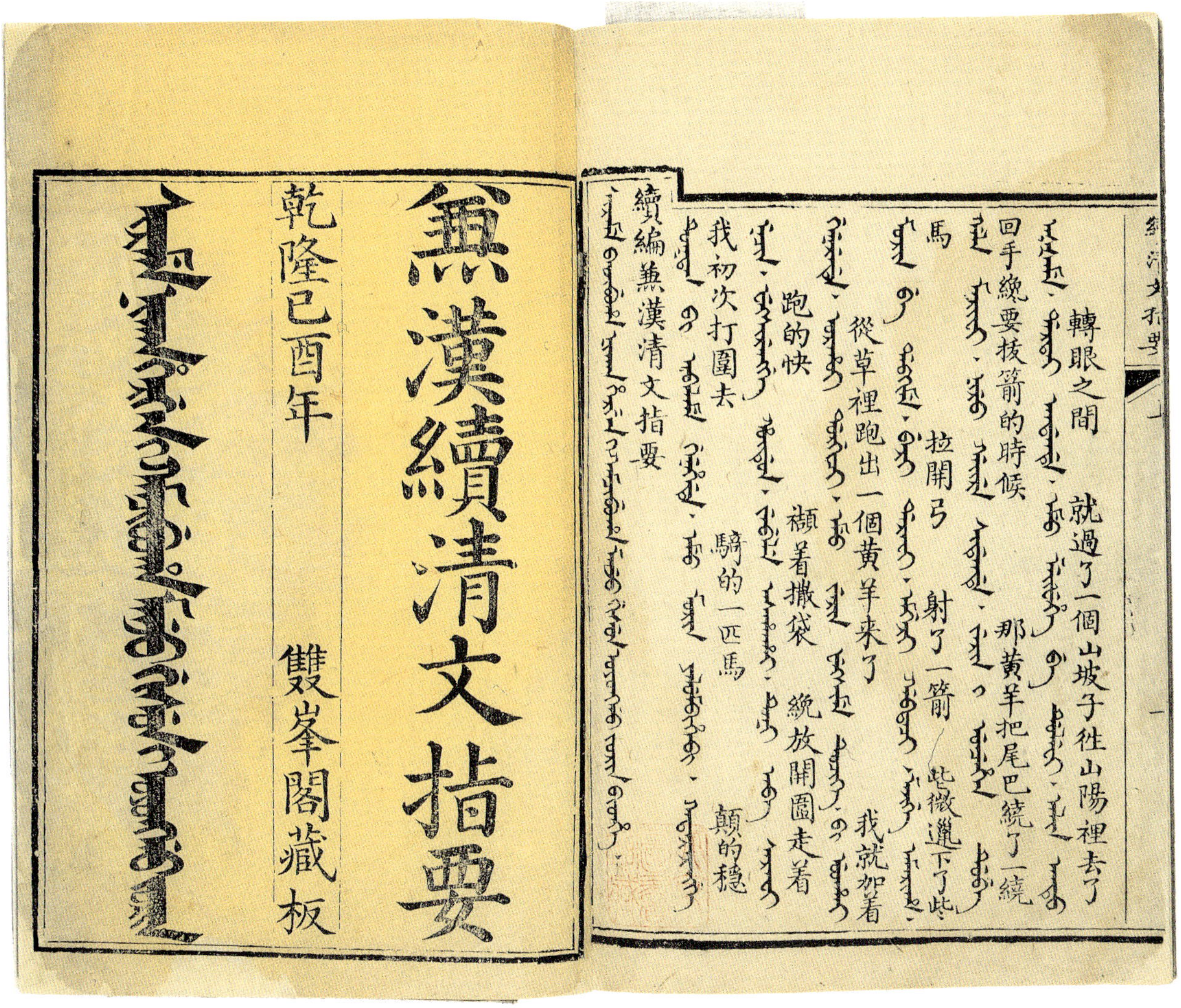

續編兼漢清文指要二卷　滿漢合璧

乾隆五十四年（1789）雙峯閣刻本，正文半葉14行，白口，單魚尾，四周雙邊，框高17.2厘米，寬14厘米。取卷首書名。

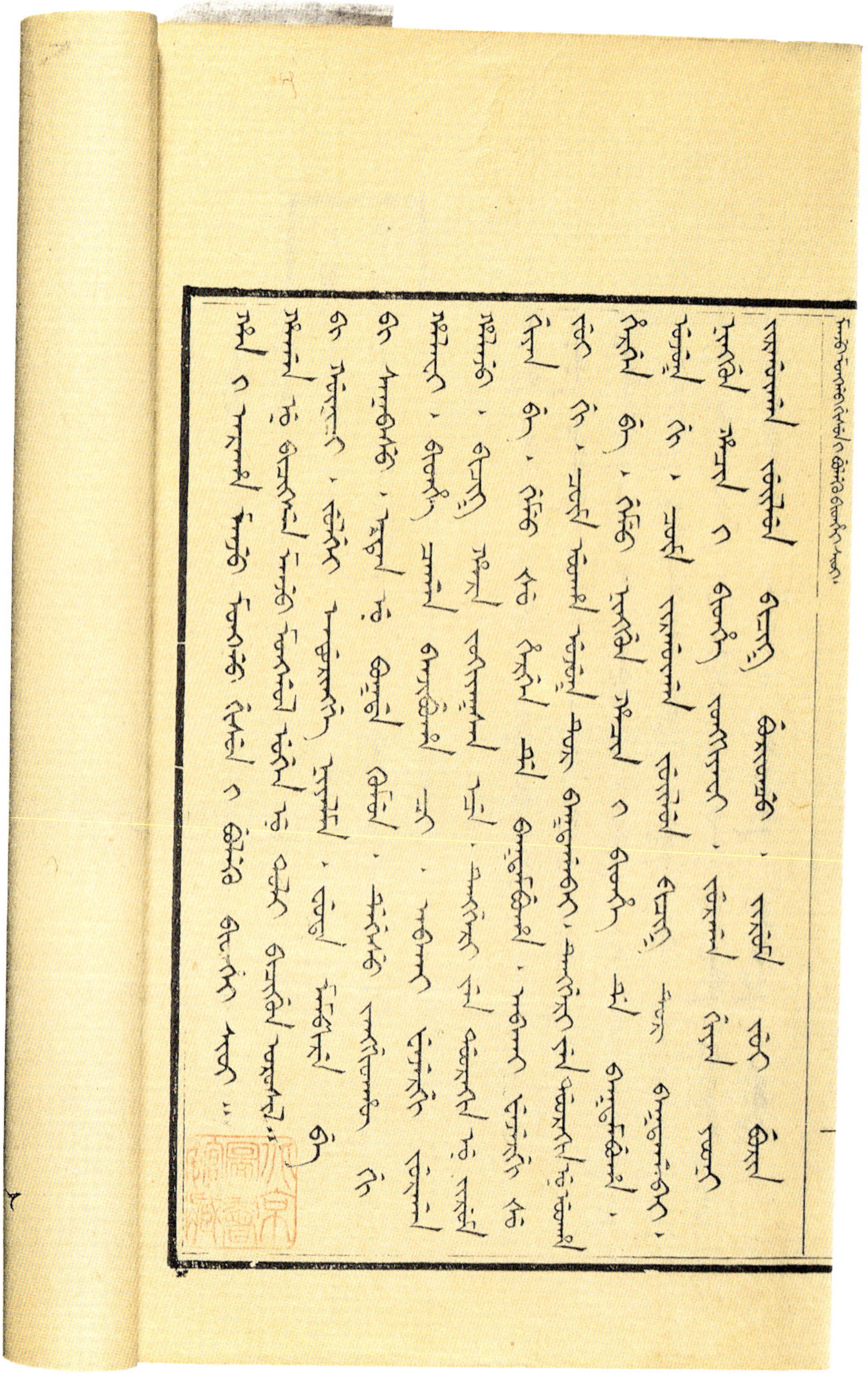

御製滿蒙文鑑二十卷總綱八卷後序一卷　滿漢合璧

拉錫等譯，班第等注音，乾隆八年（1743）殿刻本，正文半葉12行，白口，無魚尾，四周雙邊，框高21.2厘米，寬14.8厘米。

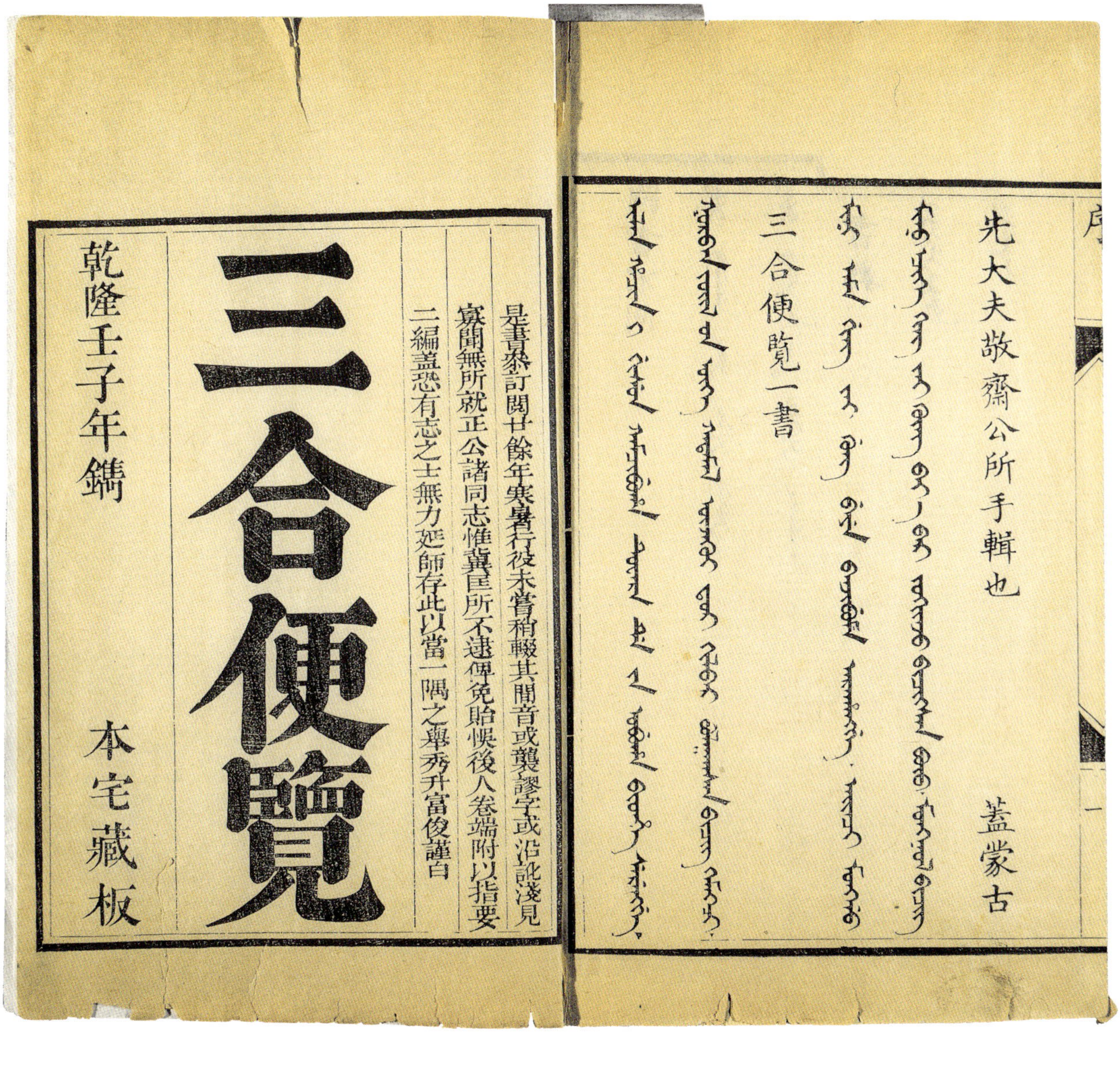

三合便覽不分卷　滿漢蒙合璧

敬齋輯，富俊增補，乾隆五十七年（1792）富氏刻本，正文半葉8行，　白口，雙魚尾，四周雙邊，框高20.5厘米，寬15.5厘米。

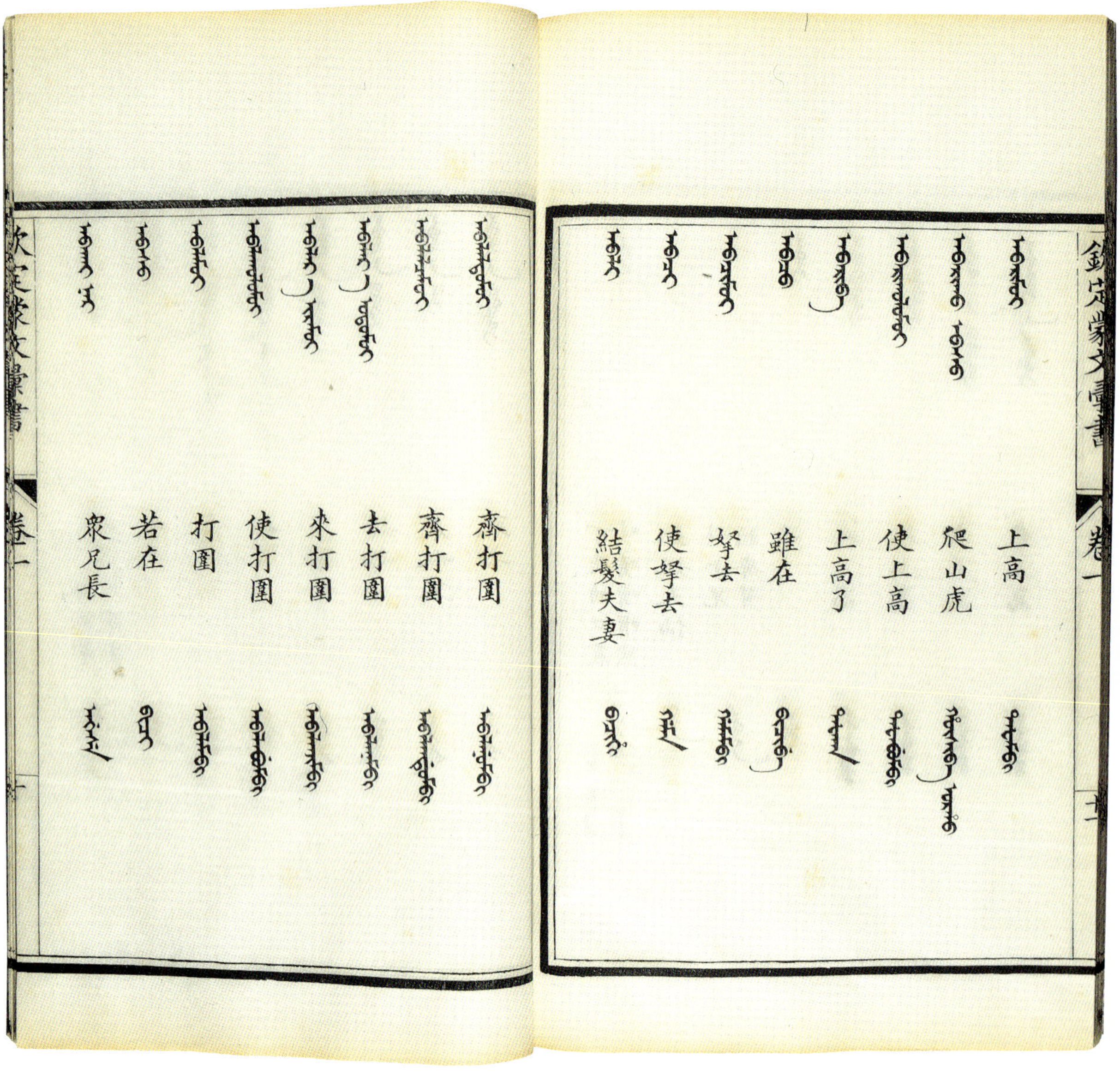

欽定蒙文彙書十六卷　蒙漢滿合璧

賽尚阿原編，松森等重編，光緒十七年（1891）理藩院刻本，正文半葉8行，白口，單魚尾，四周雙邊，框高26.1厘米，寬18.9厘米。

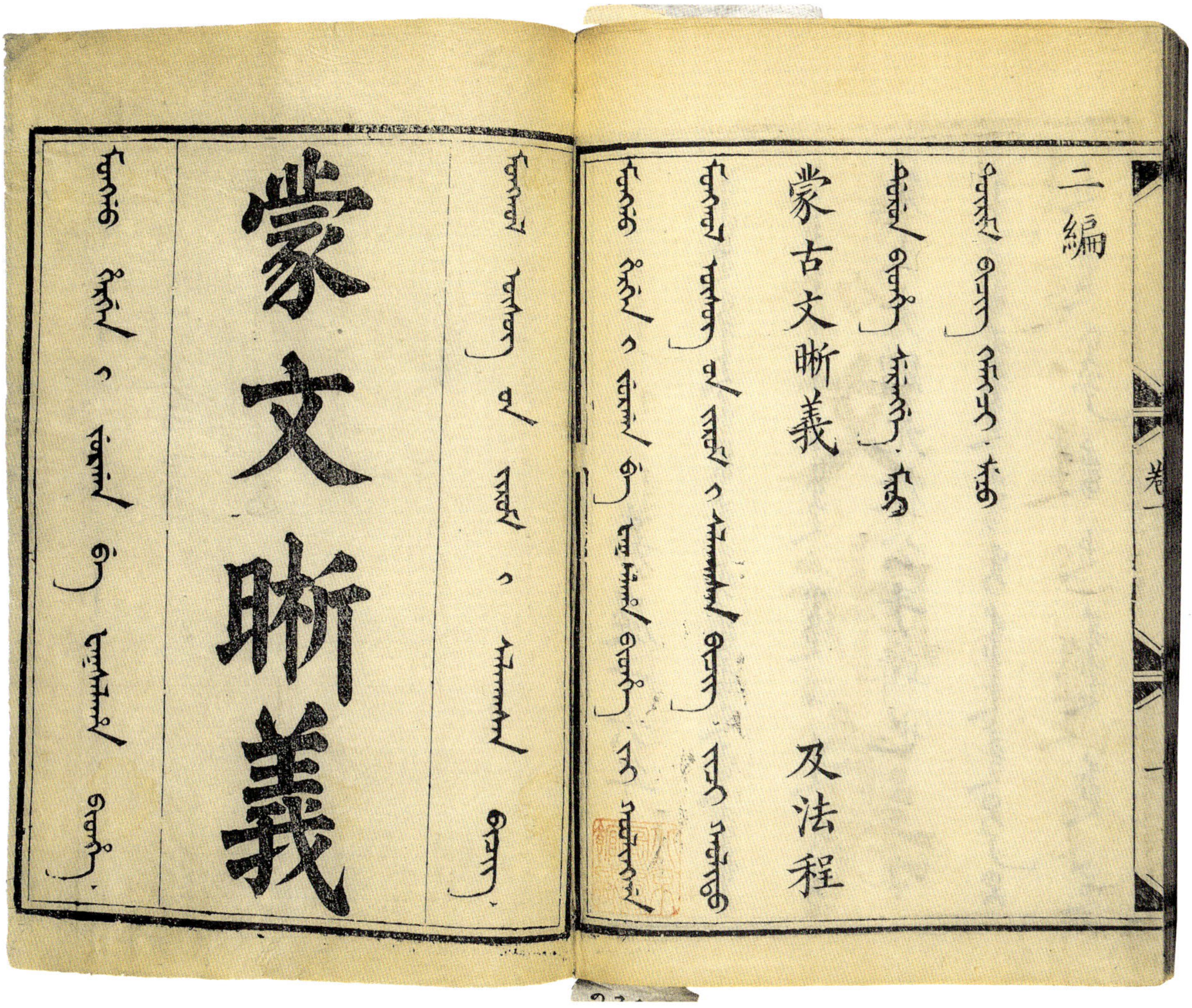

蒙文晰義二卷　滿蒙漢合璧

賽尚阿輯，道光二十八年（1848）刻本，正文半葉8行，白口，六魚尾，四周雙邊，框高20.5厘米，寬15.6厘米。此書為《蒙文指要》中之一種。

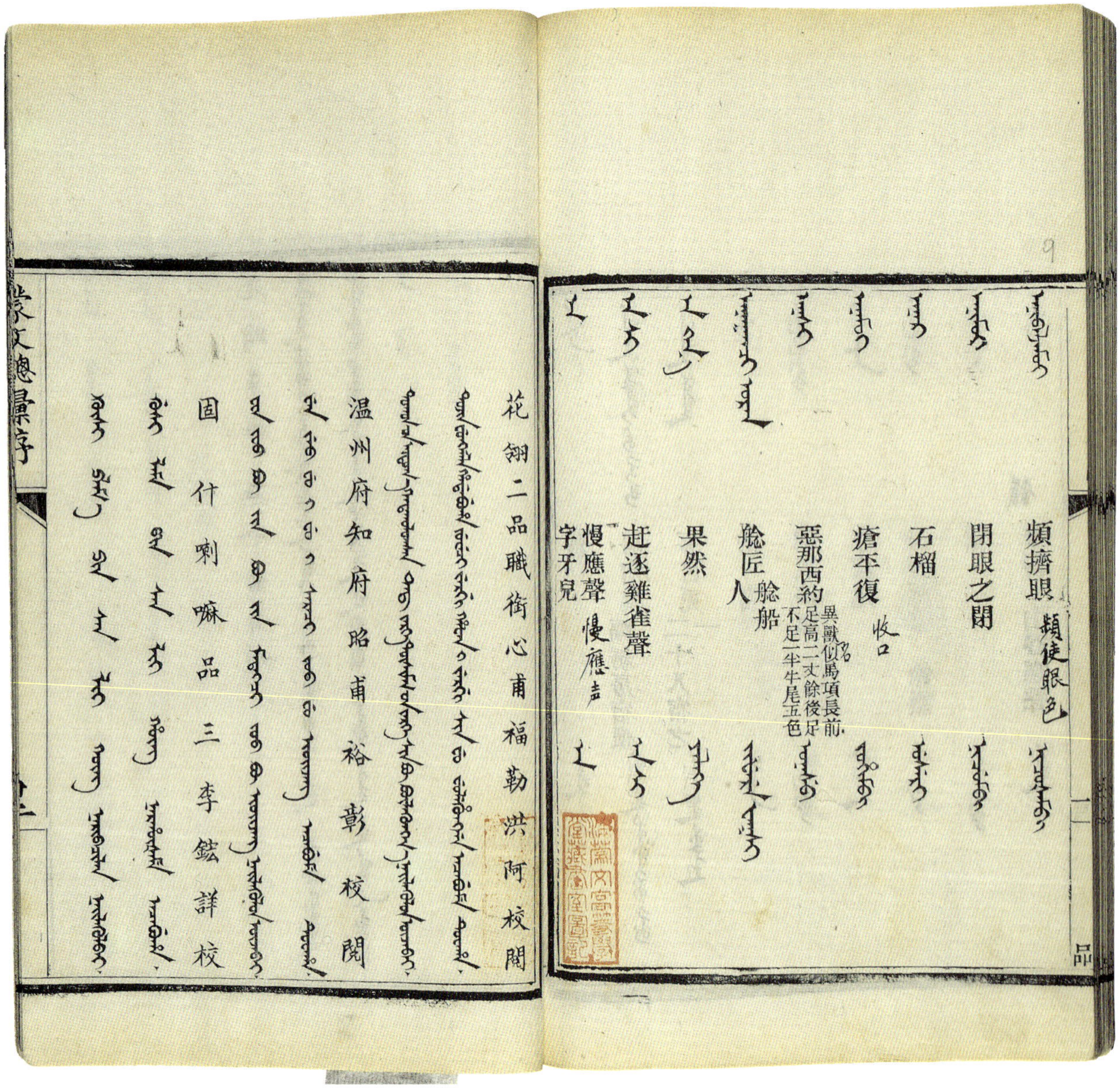

蒙文總彙不分卷　蒙漢滿合璧

李鋐等校訂，光緒十七年（1891）刻本，正文半葉9行，白口，單魚尾，四周雙邊，框高20厘米，寬16.1厘米。

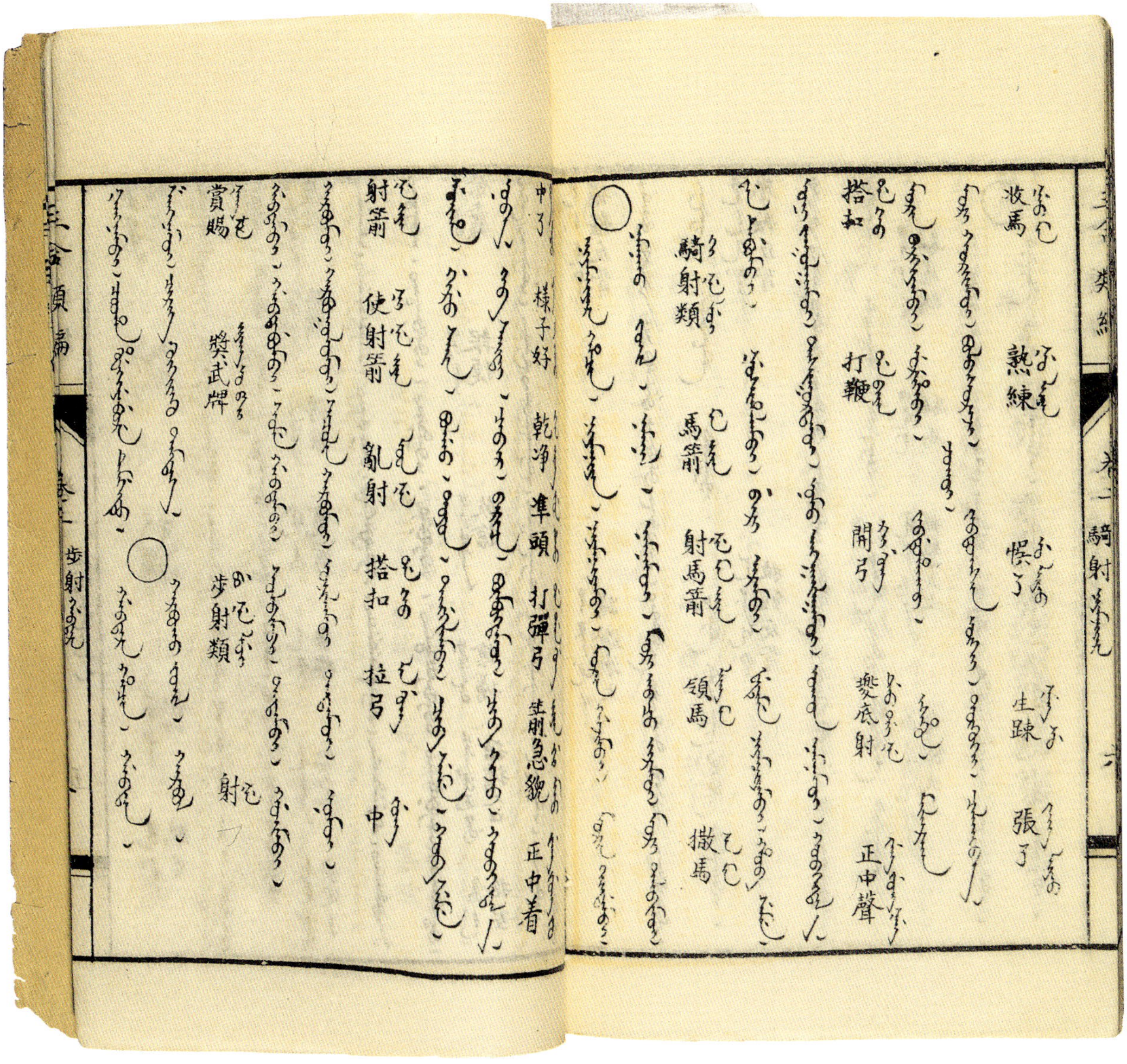

三合類編四卷　滿蒙漢合璧

民國元年（1912）石印本，正文半葉12行，白口，單魚尾，四周單邊，框高15厘米，寬11.6厘米。漢文旁以滿文注音。

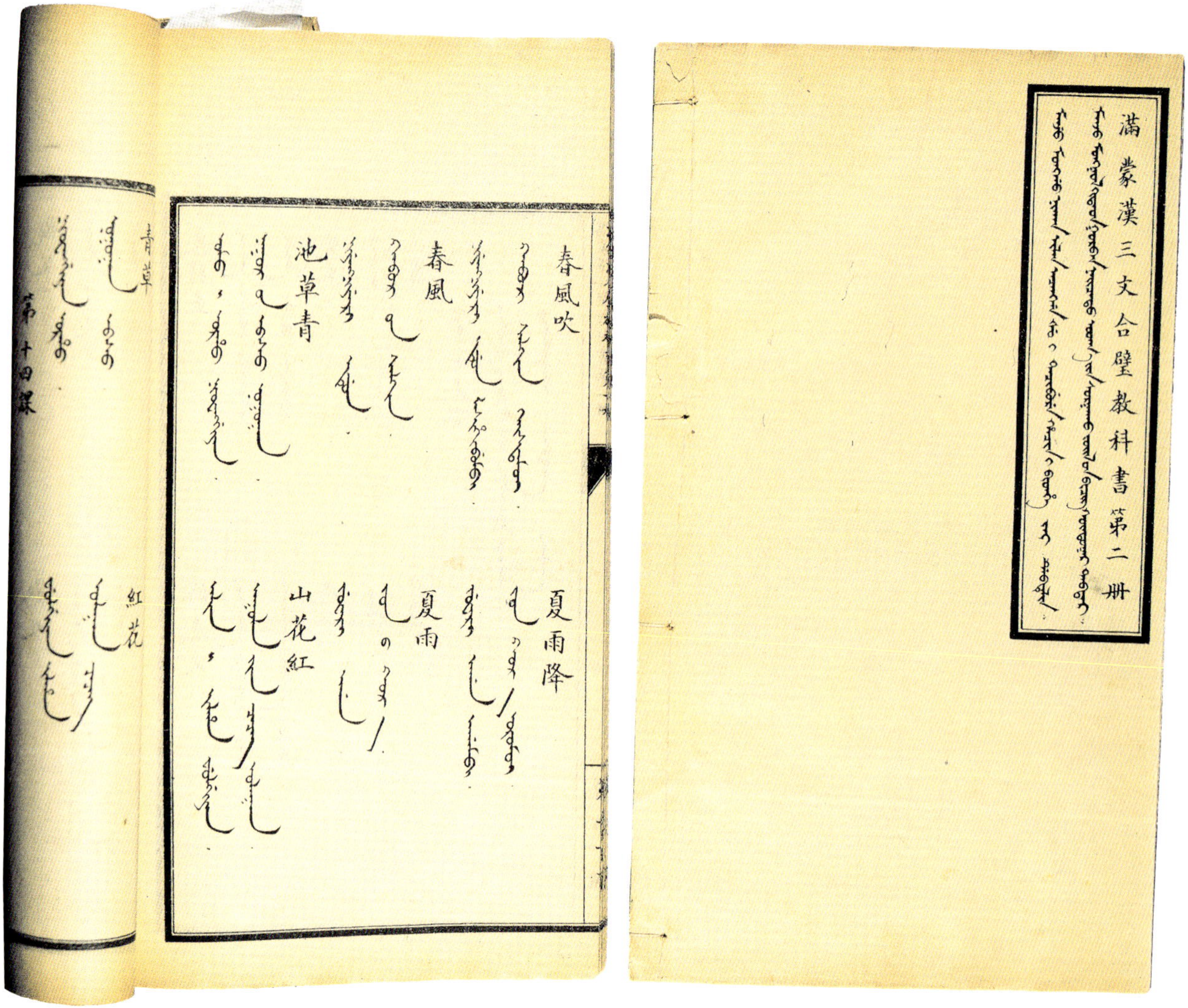
青草
第十四課
紅花
春風吹
春風
池草青
夏雨降
夏雨
山花紅
滿蒙漢三文合璧教科書第二册

滿蒙漢三文合璧教科書不分卷　滿蒙漢合璧

蔣維喬、莊俞原編，榮德譯，宣統元年（1909）石印本，正文半葉9行，白口，單魚尾，四周雙邊，框高23.1厘米，寬14.4厘米。

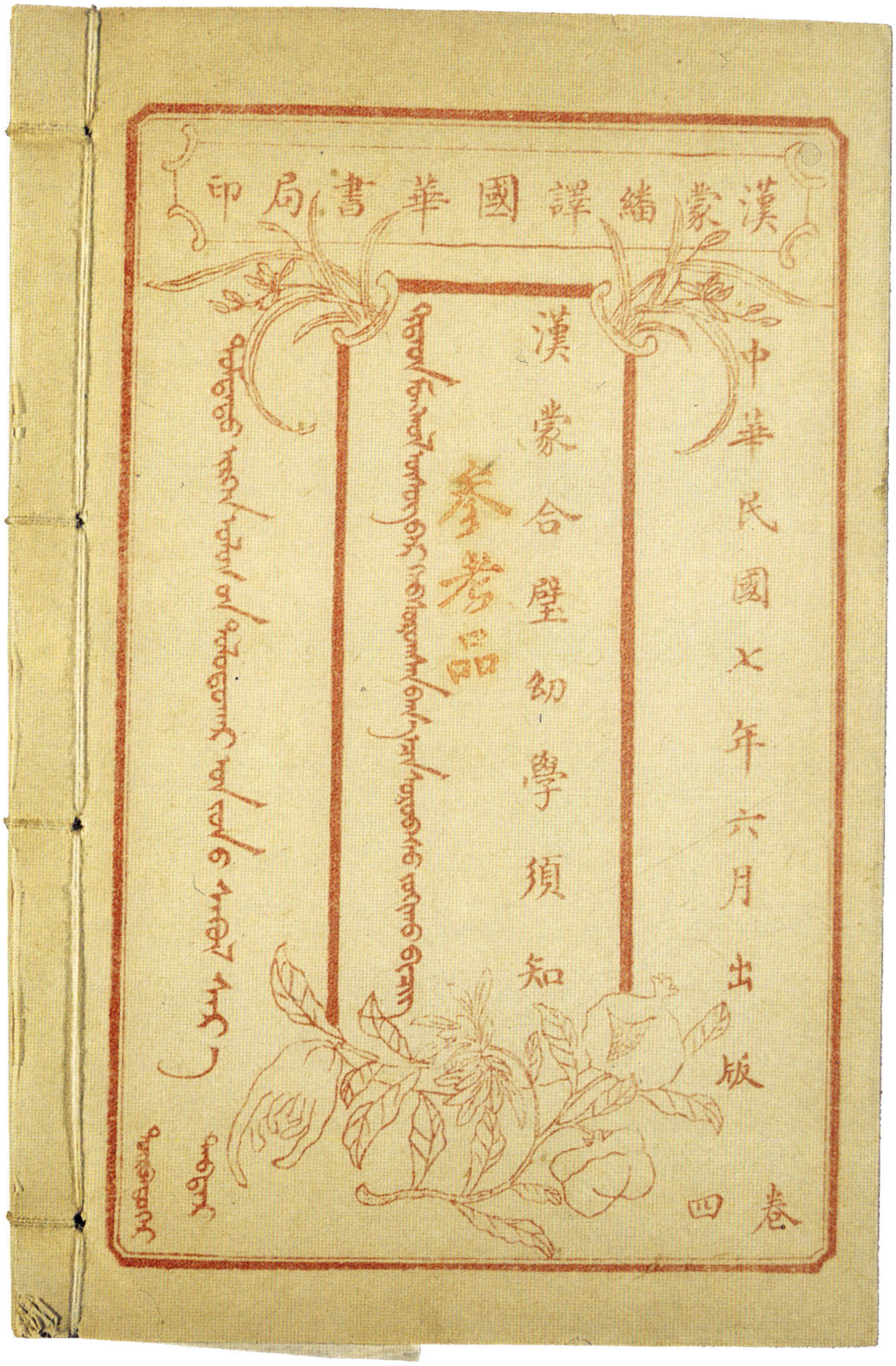
漢蒙繙譯國華書局印
漢蒙合壁幼學須知
中華民國七年六月出版
四卷

幼學須知四卷　滿蒙漢合璧

（明）程登吉編，漢蒙翻譯國華書局民國七年（1918）石印本，正文半葉9行，白口，單魚尾，四周雙邊，框高16.8厘米，寬11.6厘米。此書又名《幼學瓊林》。

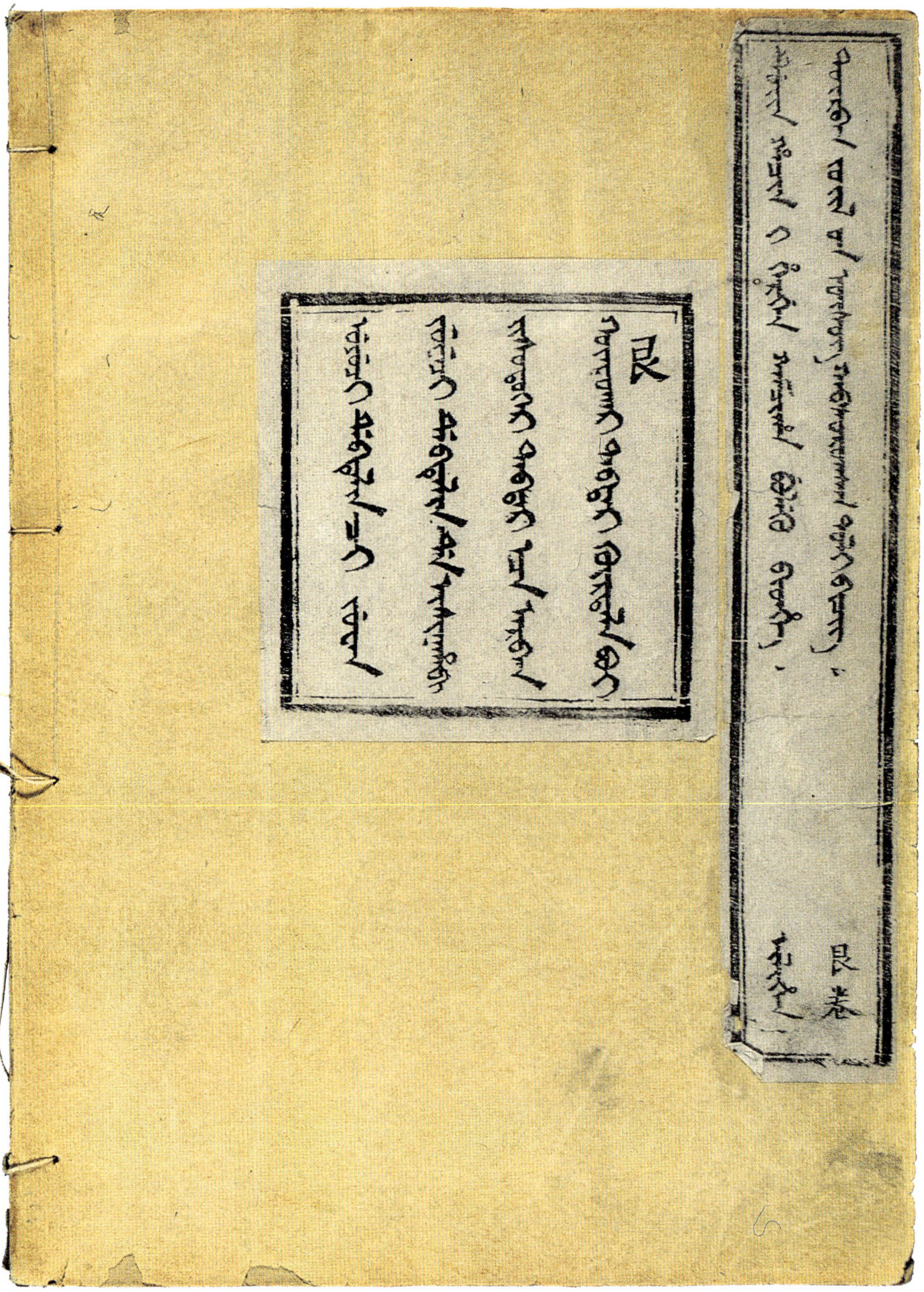
艮
艮卷

四體合璧文鑑三十二卷附編四卷　滿蒙藏漢合璧

嵩祝寺天清番經局刻本，正文半葉12行，白口，單魚尾，四周雙邊，　框高21.2厘米，寬16.7厘米。漢文旁以滿文注音。

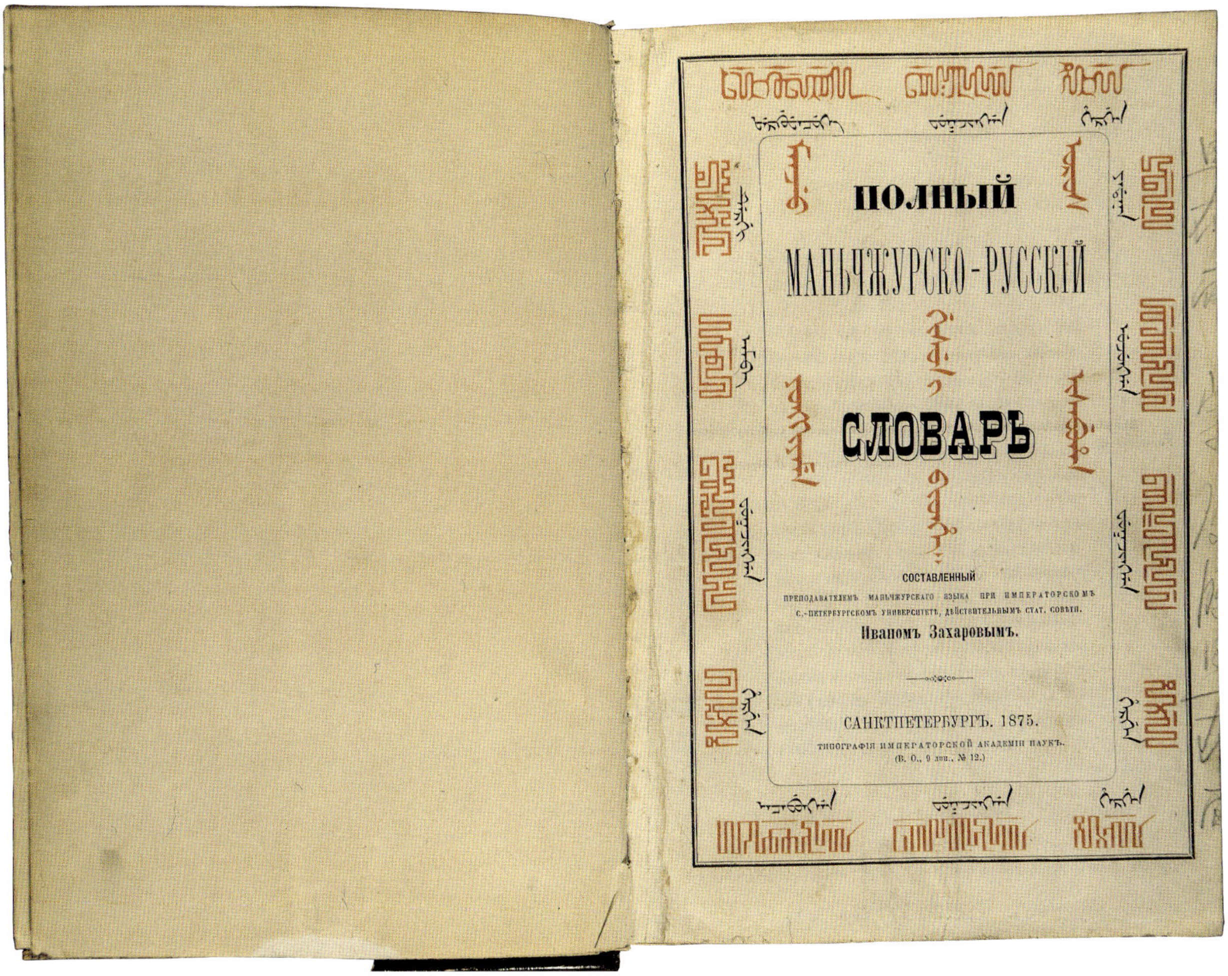
ПОЛНЫЙ
МАНЬЧЖУРСКО-РУССКІЙ
СЛОВАРЬ
СОСТАВЛЕННЫЙ
Иваномъ Захаровымъ.
САНКТПЕТЕРБУРГЪ. 1875.

滿俄彙書不分卷　滿俄合璧

（俄）伊·扎哈洛夫編，1875年鉛印本。此書又名《滿俄詞典》。

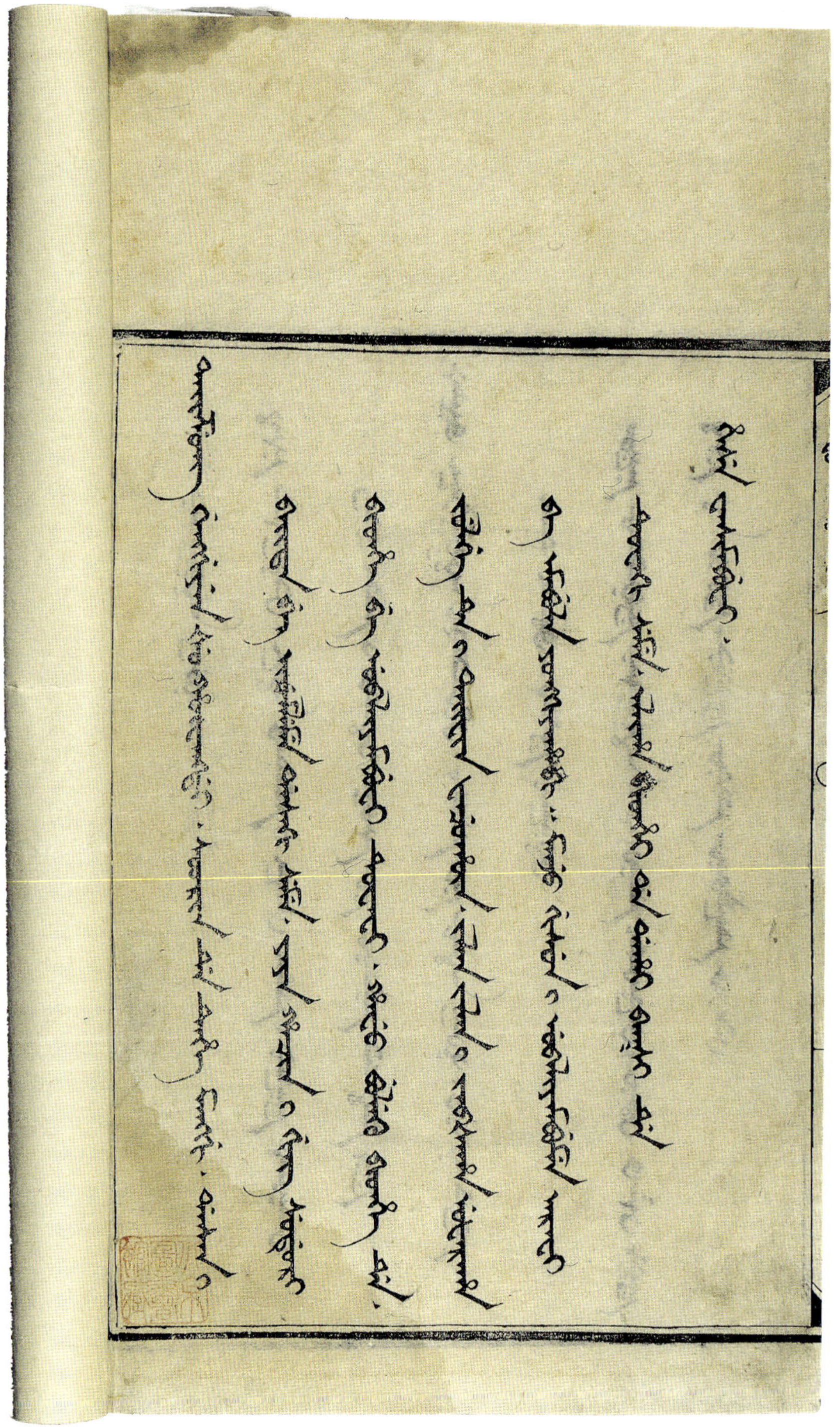

綱鑑會纂不分卷 滿文

（明）王世貞編，達海等譯，康熙三年（1664）刻本，正文半葉7行， 小字雙行，白口，雙魚尾，四周雙邊，框高28.2厘米，寬20.2厘米。

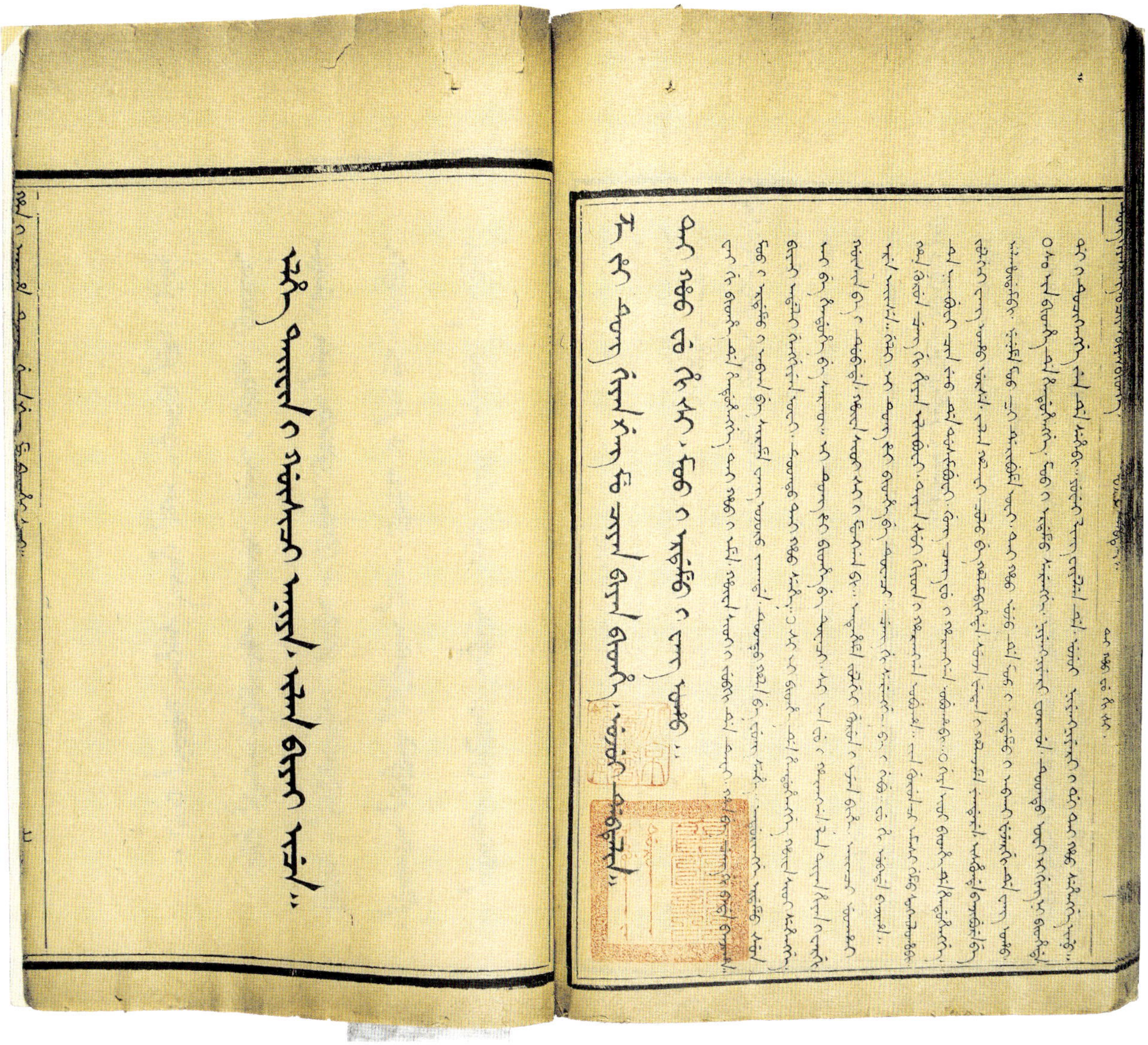

資治通鑑綱目一百十一卷　滿文

和素譯，康熙三十年（1691）殿刻本，正文半葉8行，小字雙行，白口，無魚尾，四周雙邊，框高22.9厘米，寬16.5厘米。本書被列入第二批國家珍貴古籍名録。

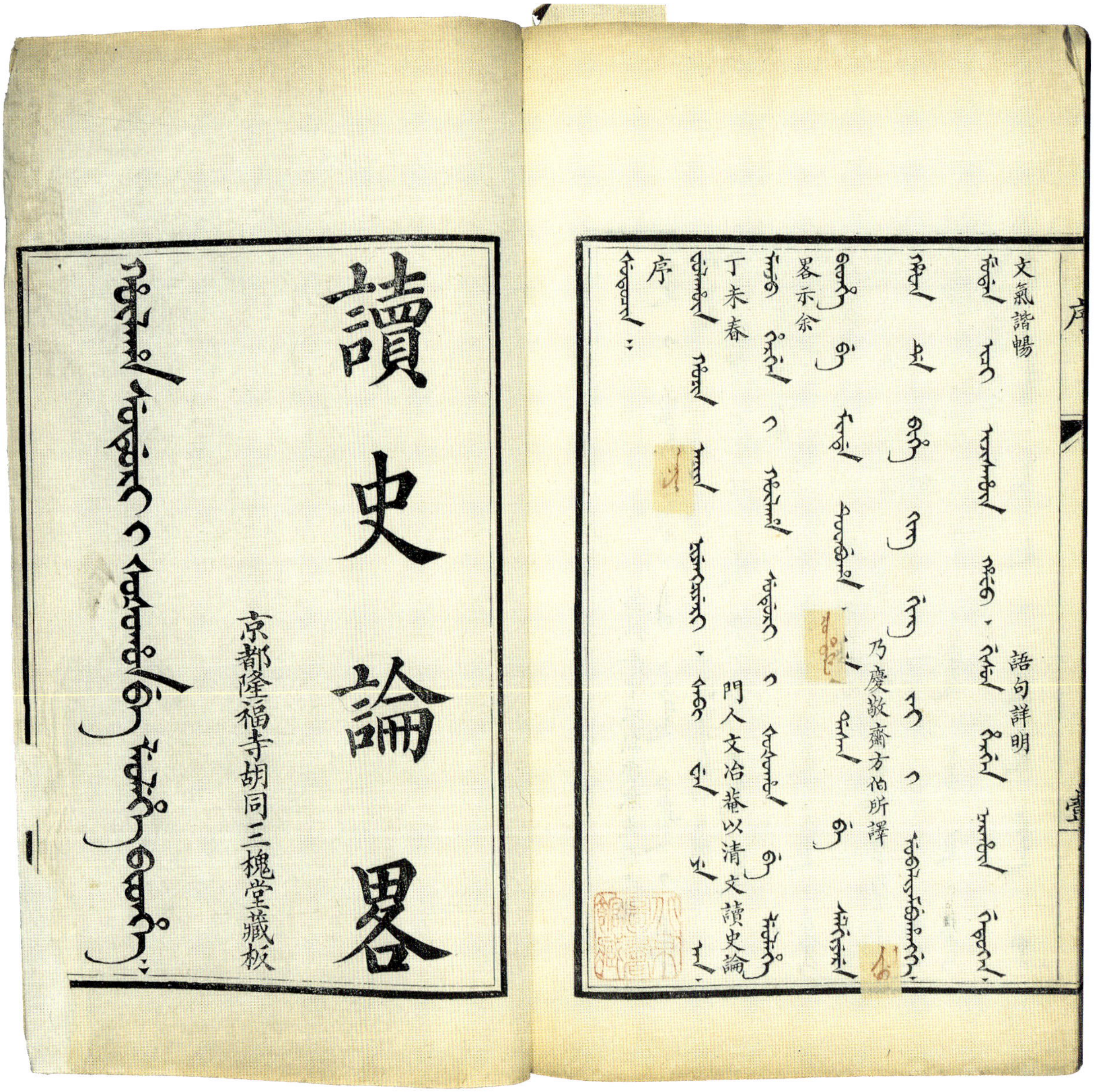

讀史論略二卷 滿漢合璧

杜詔撰，慶敬齋譯，道光二十九年（1849）三槐堂刻本，正文半葉12行，白口，單魚尾，四周雙邊，框高20.6厘米，寬14.3厘米。

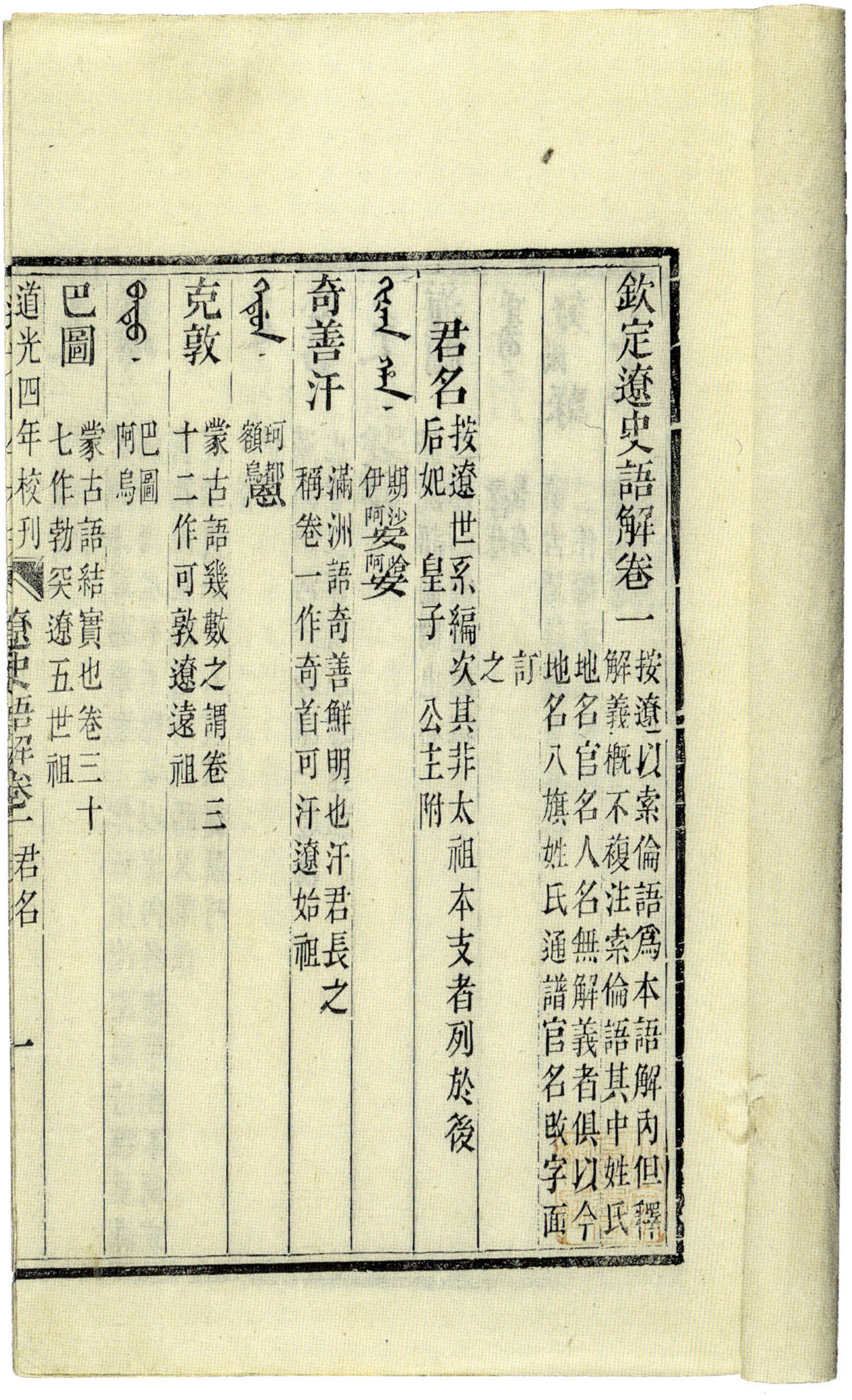

欽定遼史語解卷一 按遼以索倫語爲本語解內但釋解義槪不複注索倫語其中姓氏地名官名人名無解義者俱以今地名八旗姓氏通譜官名改字面訂之

君名 按遼世系編次其非太祖本支者列於後 后妃皇子公主附

奇善汗 滿洲語奇善解明也汗君長之稱卷一作奇首可汗遼始祖

克敦 蒙古語幾數之謂卷三十二作可敦遼遠祖

巴圖 巴圖阿烏 蒙古語結實也卷三十七作勃突遼五世祖

道光四年校刊 遼史語解卷一 君名 一

欽定遼金元三史語解四十六卷（之一）　滿漢合璧

乾隆四十六年（1781）敕撰，道光四年（1824）刻本，正文半葉10行，小字雙行，白口，單魚尾，四周雙邊，框高21.5厘米，寬14.8厘米。

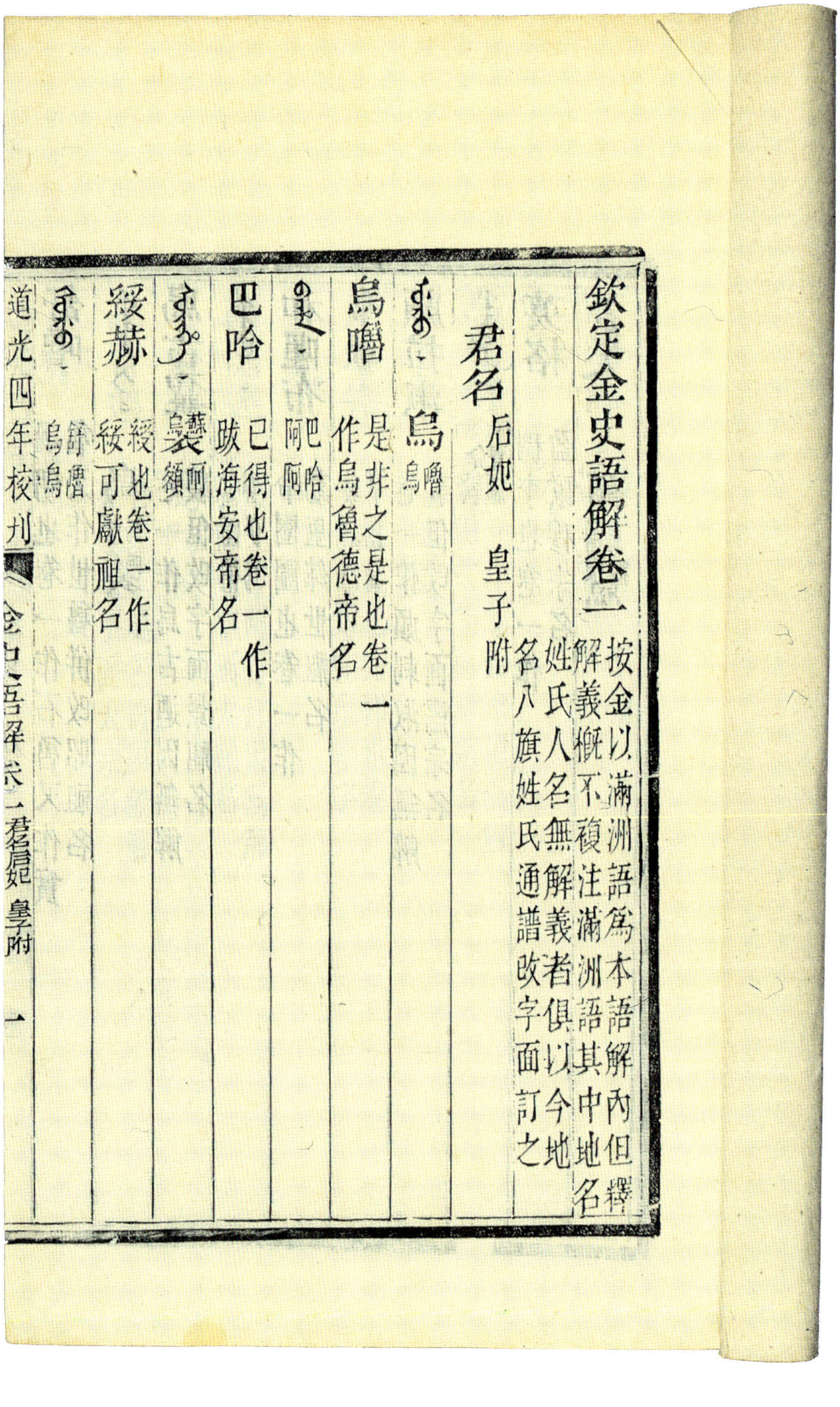
欽定金史語解卷一

按金以滿洲語為本語解內但釋解義概不復注滿洲語其中地名姓氏人名無解義者俱以今地名八旗姓氏通譜改字面訂之

君名 后妃 皇子附

烏 烏嚕

烏嚕 是非之是也卷一作烏魯德帝名

巴哈 阿阿

巴哈 已得也卷一作跋海安帝名

蘇呵 烏額

綏赫 綏也卷一作綏可獻祖名

舒嚕 烏烏

道光四年校刊

金史語解卷一 君名后妃 皇子附 一

欽定遼金元三史語解四十六卷（之二）

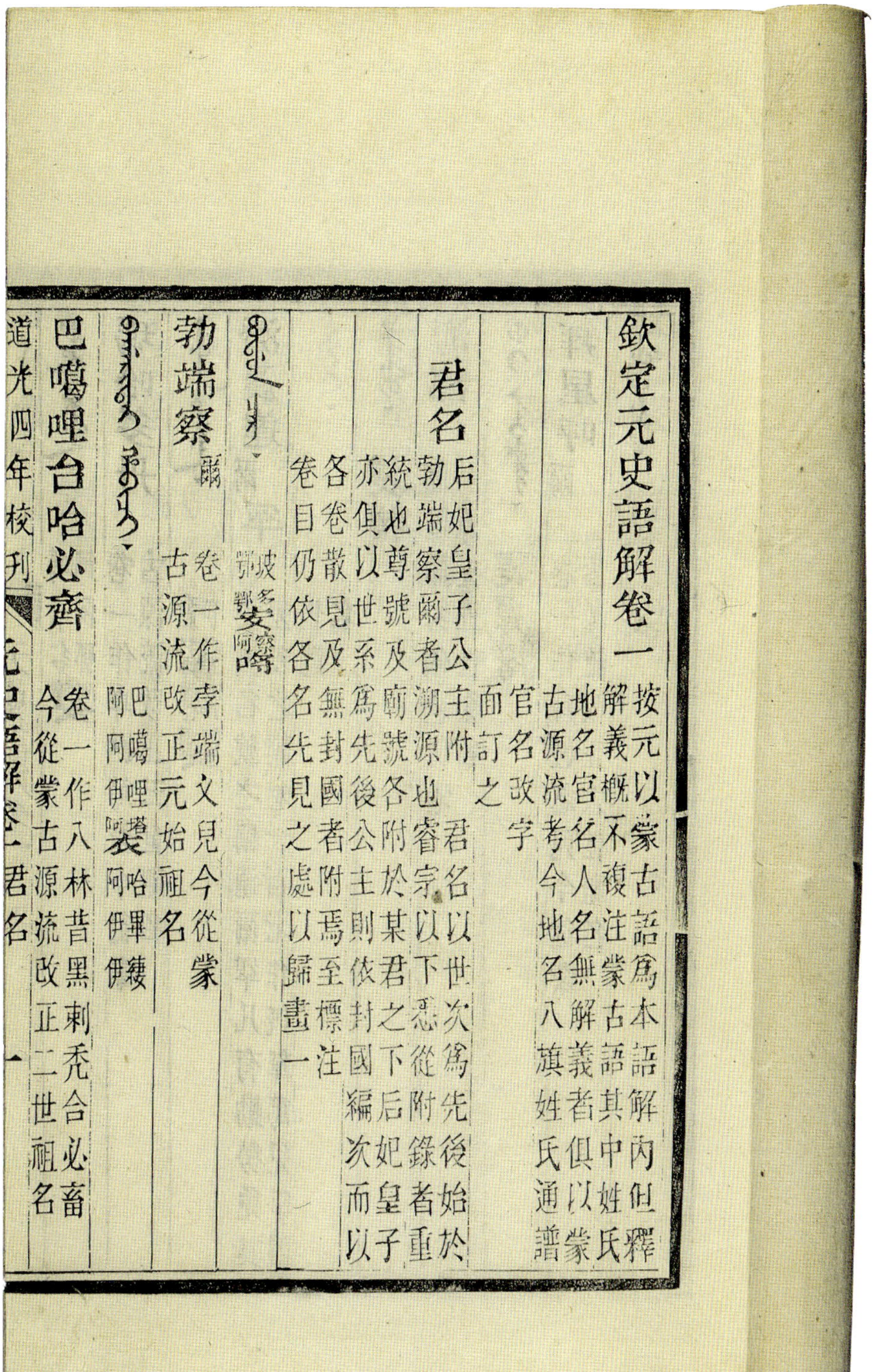

欽定元史語解卷一

按元以蒙古語爲本語解內但釋解義概不複注蒙古語其中姓氏地名官名人名無解義者俱以蒙古源流考今地名八旗姓氏通譜官名改字面訂之

君名

后妃皇子公主附君名以世次爲先後始於勃端察爾者溯源也睿宗以下悉從附錄者重統也尊號及廟號各附於某君之下后妃皇子亦俱以世系爲先後公主則依封國編次而以各卷散見及無封國者附焉至標注卷目仍依各名先見之處以歸畫一

勃端察爾 鄂波多鄂爾察阿爾 卷一作孛端文見今從蒙古源流改正元始祖名

巴噶哩台哈必齊 巴噶阿阿哩伊阿塔伊哈阿畢伊齊伊 卷一作八林昔黑剌禿合必畜今從蒙古源流改正二世祖名

道光四年校刊

元史語解卷一 君名 一

欽定遼金元三史語解四十六卷（之三）

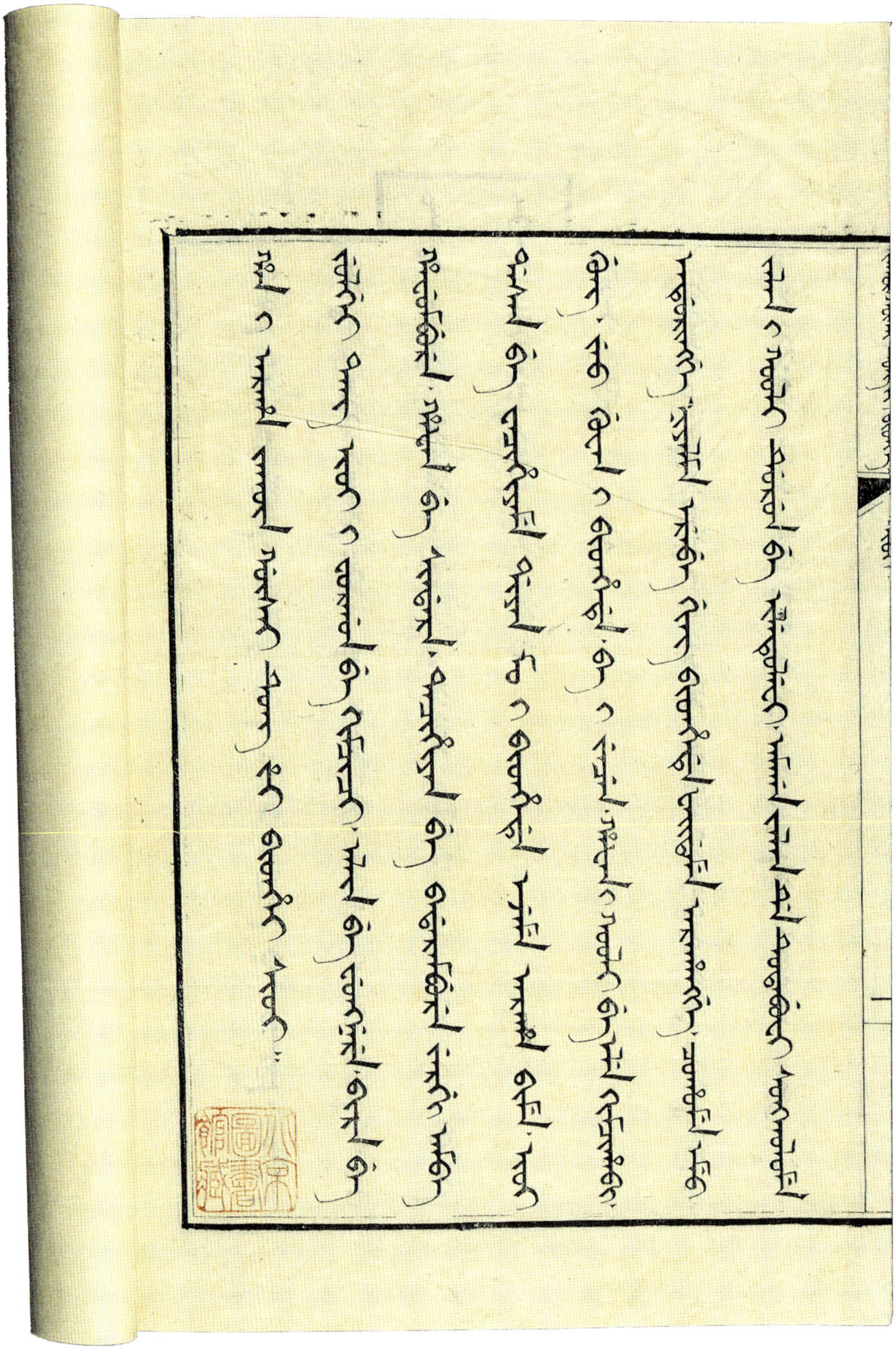

八旗通志初集二百五十卷存二百三十卷（之一）　滿文

鄂爾泰等撰，乾隆四年（1739）殿刻本，正文半葉10行，白口，單魚尾，四周雙邊，框高23.3厘米，寬17.3厘米。（圖爲序頁）

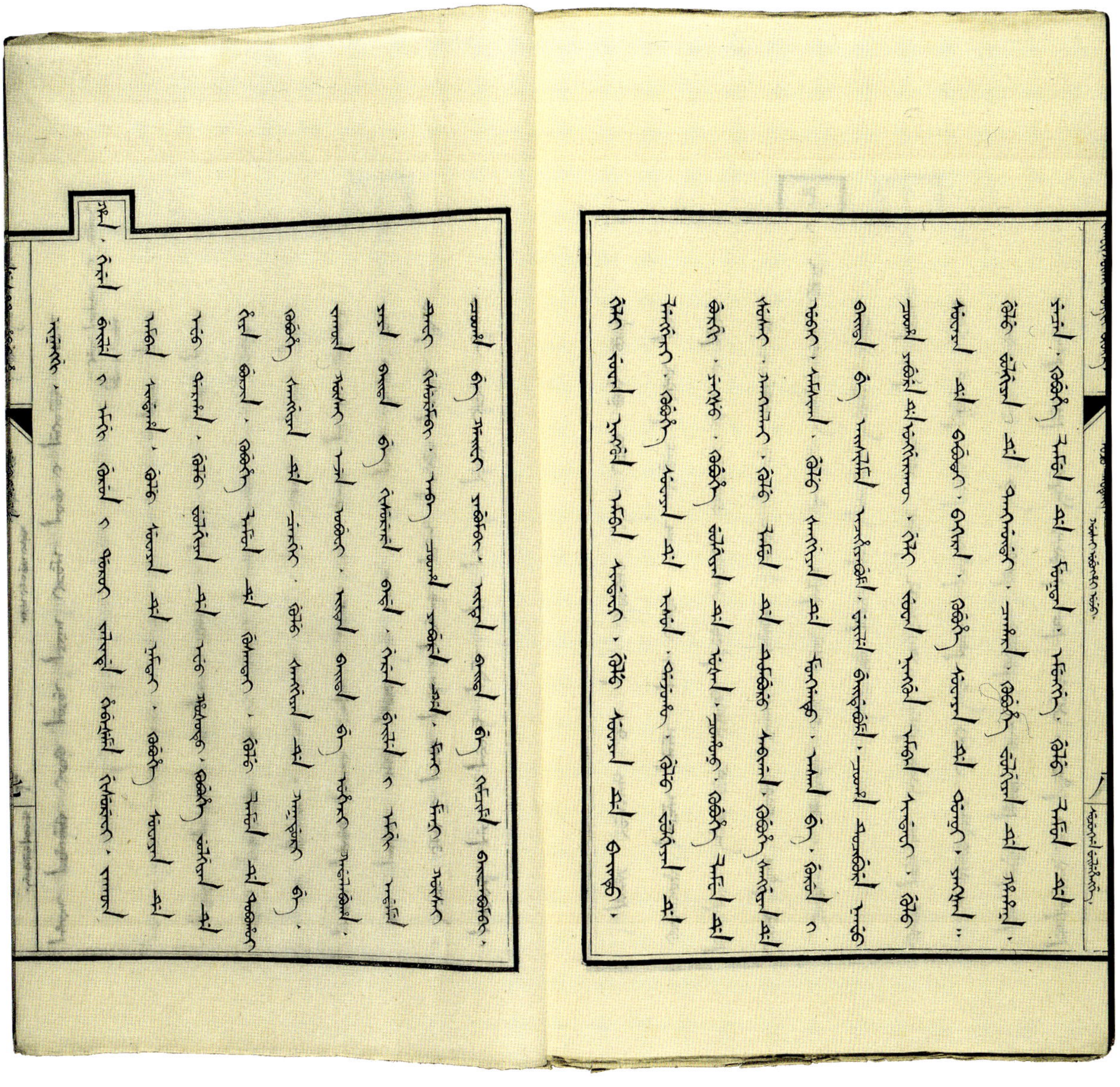

八旗通志初集二百五十卷存二百三十卷（之二）

（圖爲正文頁）

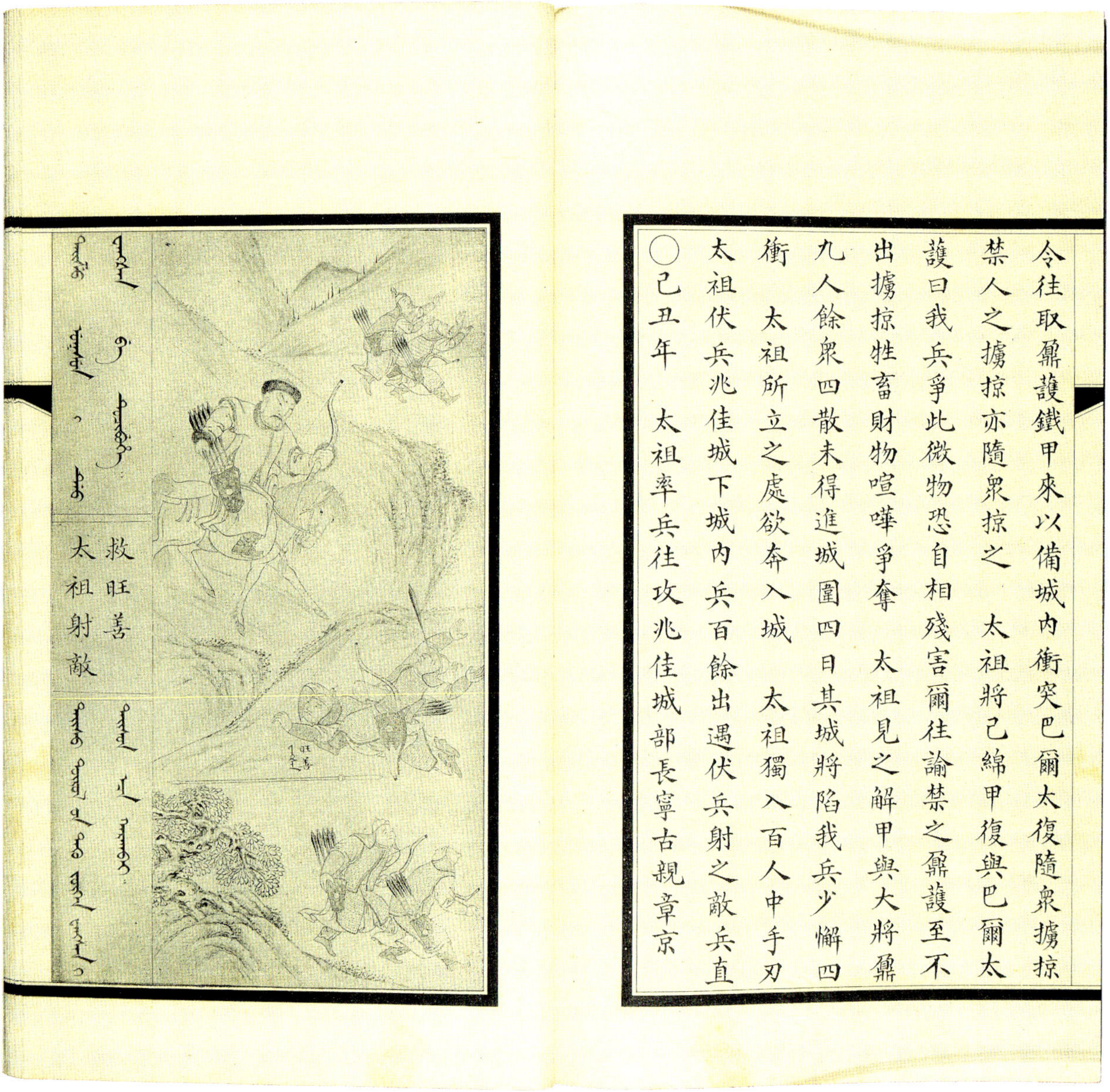
救旺善
太祖射敵
令往取鼐護鐵甲來以備城內衝突巴爾太復隨衆擄掠
禁人之擄掠亦隨衆掠之 太祖將己綿甲復與巴爾太
護曰我兵爭此微物恐自相殘害爾往諭禁之鼐護至不
出擄掠牲畜財物喧嘩爭奪 太祖見之解甲與大將鼐
九人餘衆四散未得進城圍四日其城將陷我兵少懈四
衝 太祖所立之處欲奔入城 太祖獨入百人中手刃
太祖伏兵兆佳城下城內兵百餘出遇伏兵射之敵兵直
○己丑年 太祖率兵往攻兆佳城部長寧古親章京

滿洲實録八卷 滿漢蒙合璧

遼寧通志館民國19年（1930）石印本，正文半葉8行，白口，單魚尾，四周雙邊，框高27.2厘米，寬17.4厘米。

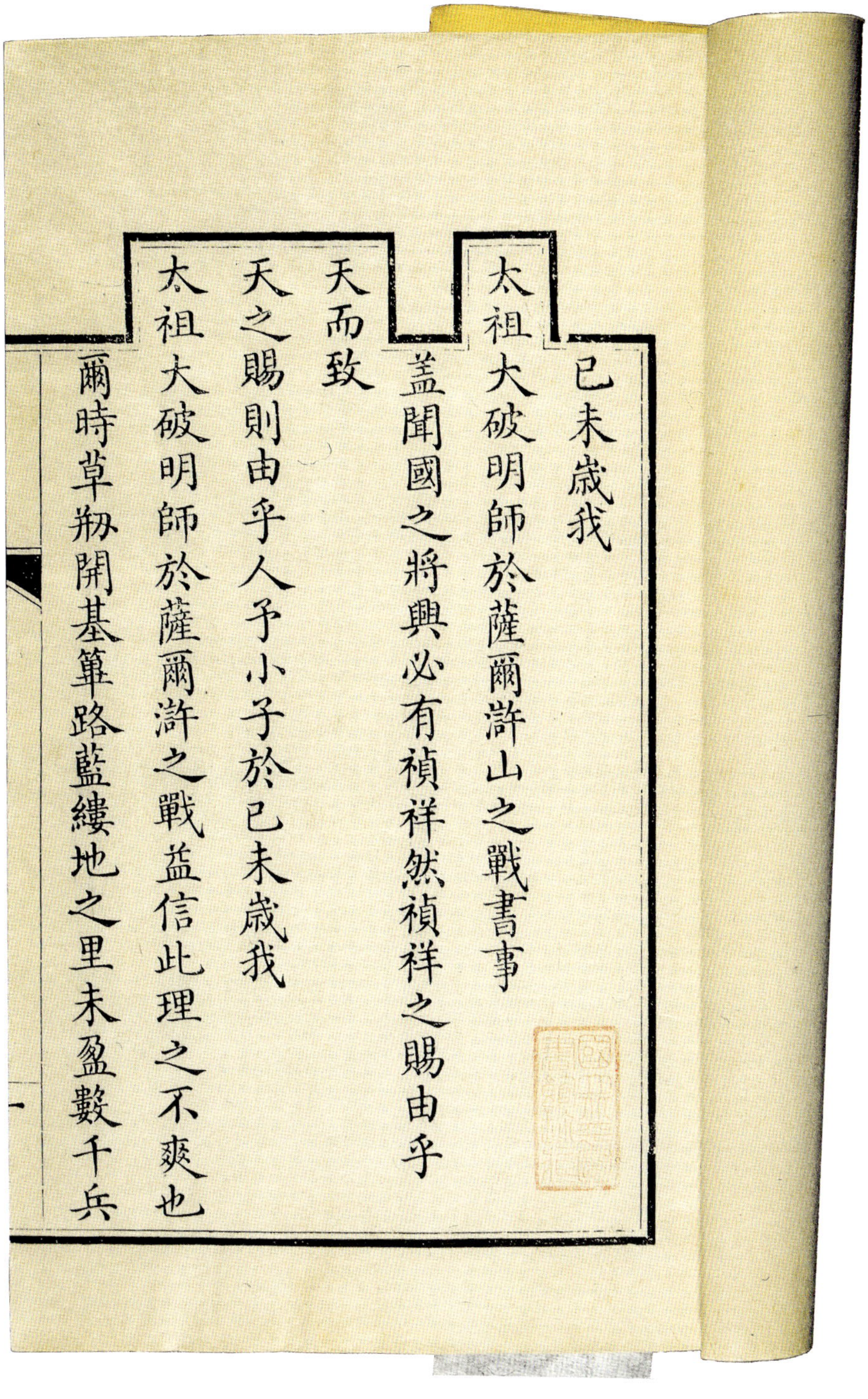

已未歲我
太祖大破明師於薩爾滸山之戰書事
蓋聞國之將興必有禎祥然禎祥之賜由乎
天而致
天之賜則由乎人予小子於已未歲我
太祖大破明師於薩爾滸之戰益信此理之不爽也
爾時草剏開基篳路藍縷地之里未盈數千兵

太祖皇帝大破明師於薩爾滸山之戰書事文一卷（之一）　滿漢合集

清高宗（弘曆）撰，嘉慶殿刻本，正文半葉7行，小字雙行，白口，單魚尾，四周雙邊，框高19.2厘米，寬14厘米。（圖爲漢文本）

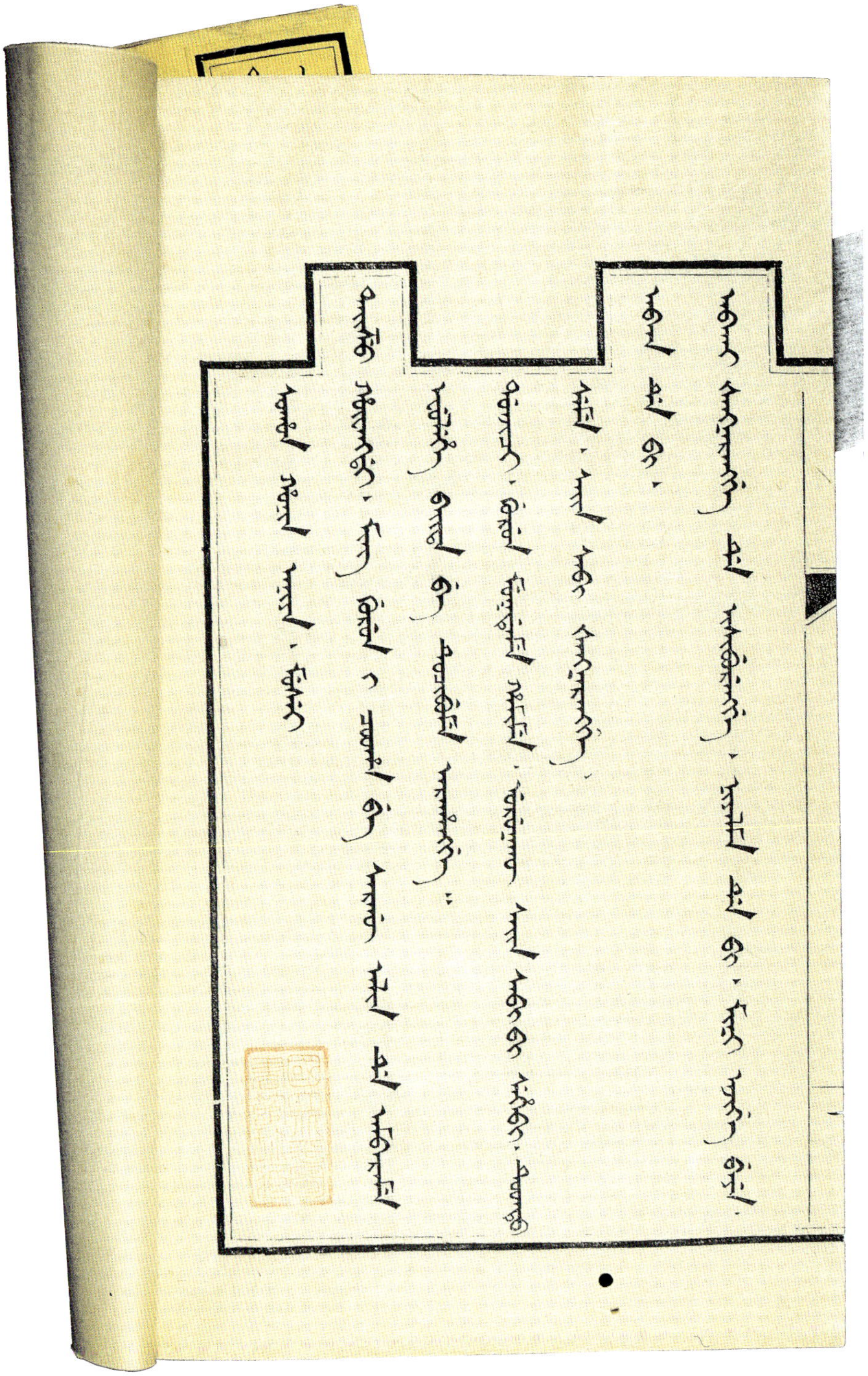

太祖皇帝大破明師於薩爾滸山之戰書事文一卷（之二）

（圖爲滿文本）

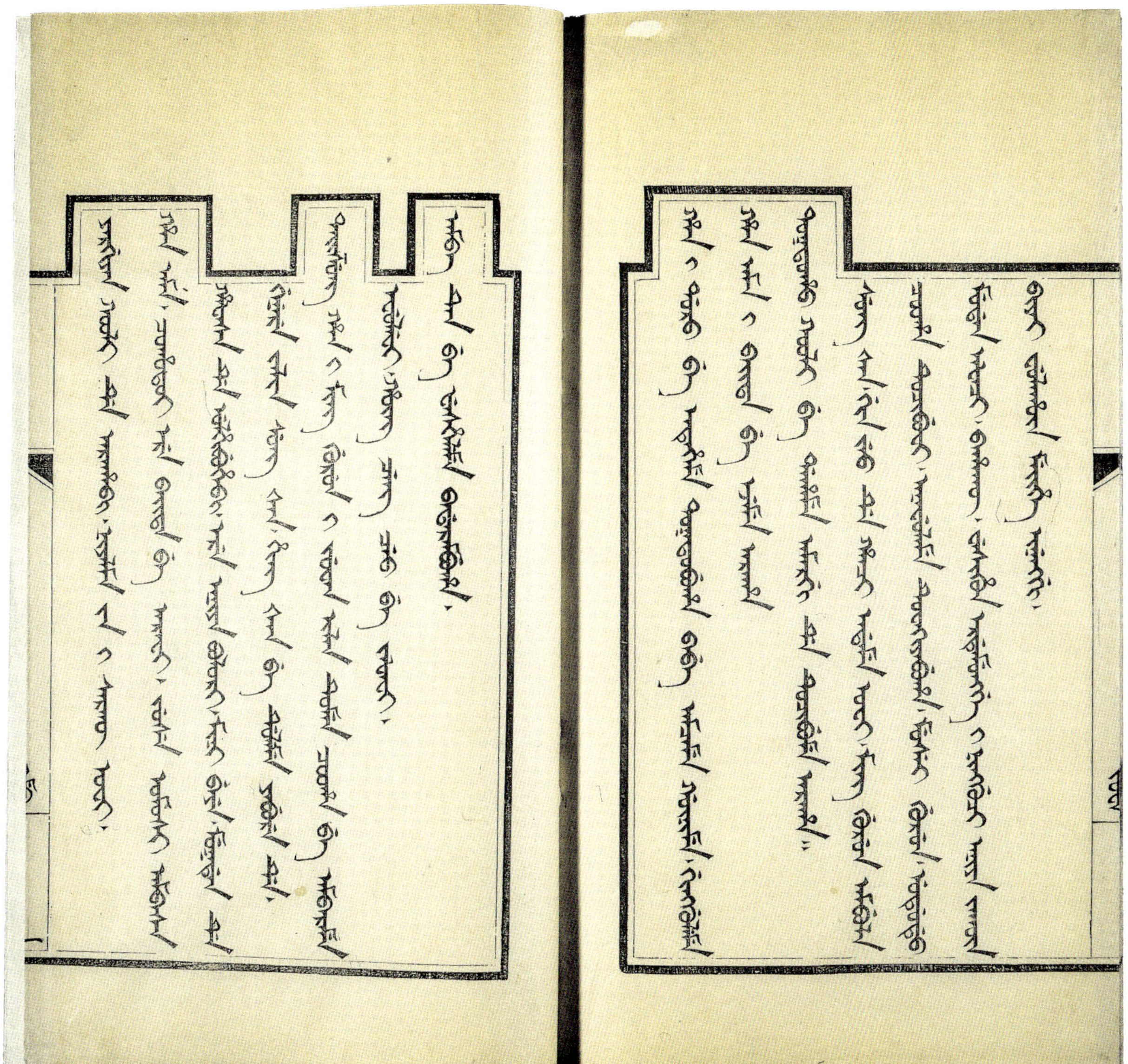

太宗皇帝大破明師於松山之戰書事文一卷　滿文

清仁宗（顒琰）撰，嘉慶殿刻本，正文半葉7行，白口，單魚尾，四周雙邊，框高19.3厘米，寬14.1厘米。

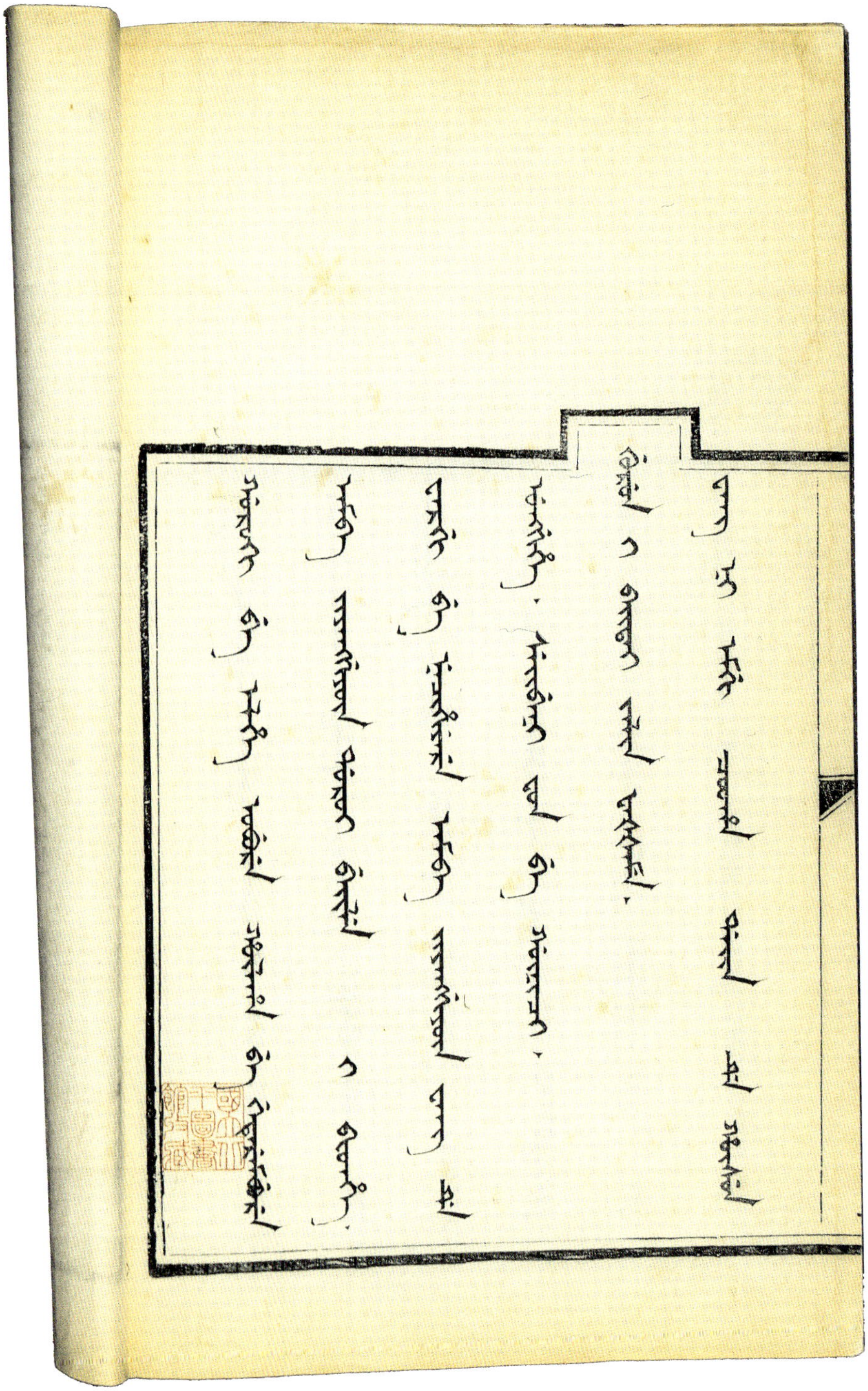

定南大將軍兼多羅貝勒致吳三桂約戰書不分卷　滿漢合集

尚善撰，康熙十三年（1674）刻本，正文半葉滿文6行，漢文7行，白口，單魚尾，四周雙邊，框高18.2厘米，寬16.6厘米。（圖爲滿文本）

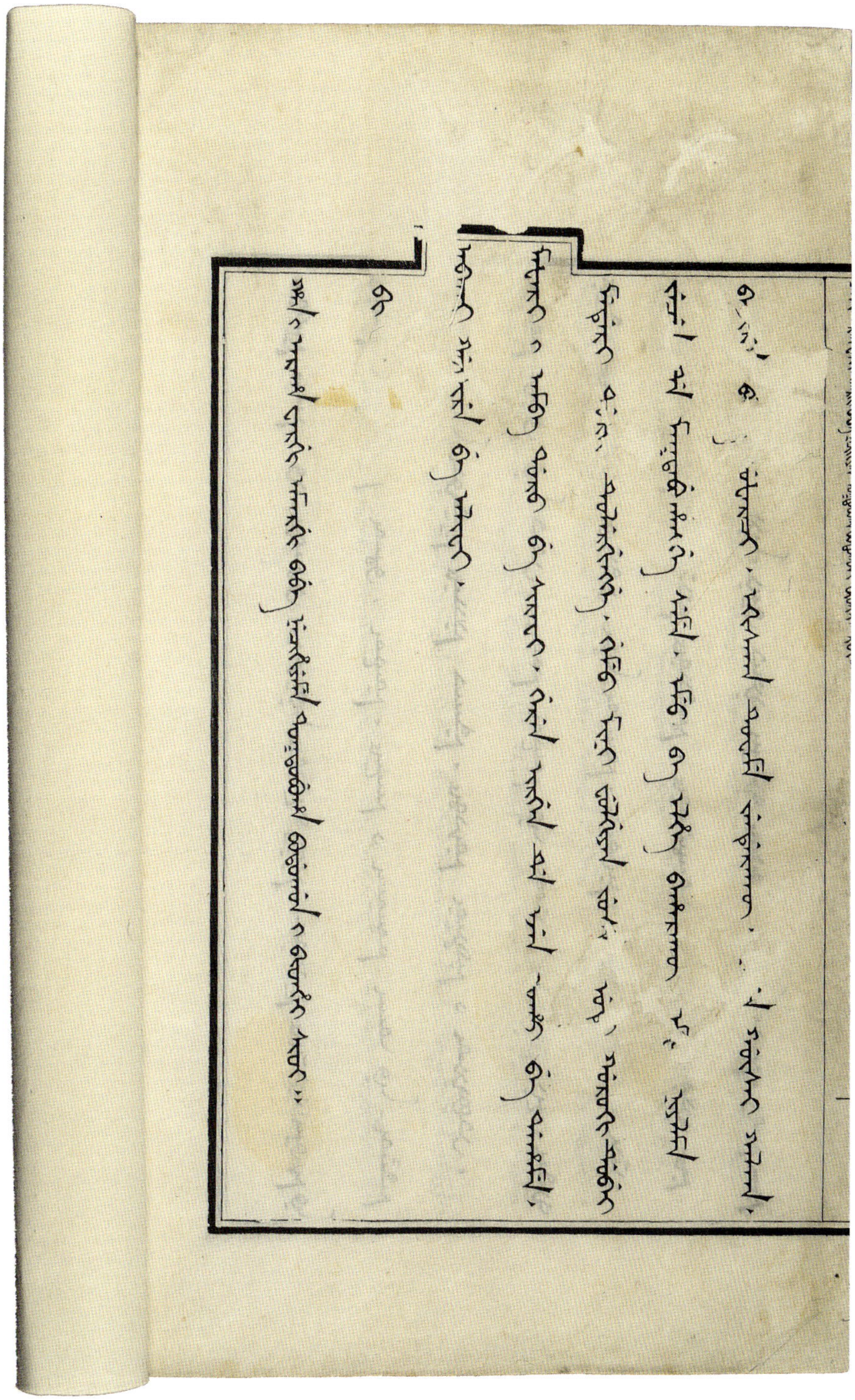

親征平定朔漠方略四十八卷　滿文

溫達等撰，康熙四十八年（1709）殿刻本，正文半葉7行，白口， 無魚尾，四周雙邊，框高24.6厘米，寬16.7厘米。本書被列入第二批國家珍貴古籍名録。

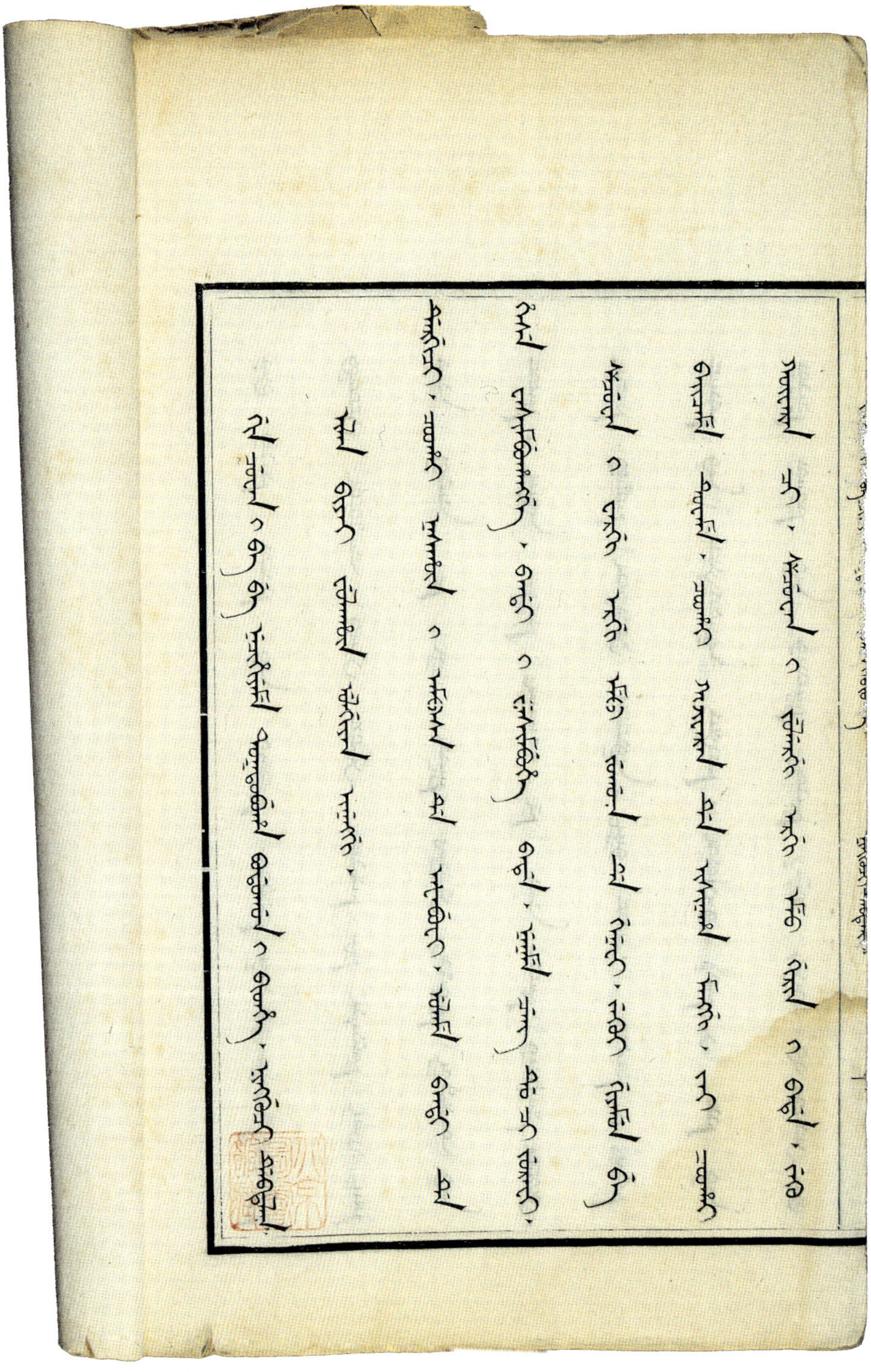

平定金川方略二十六卷　滿文

來保等撰，乾隆十七年（1752）殿刻本，正文半葉7行，白口，無魚尾，四周雙邊，框高23.1厘米，寬16.7厘米。

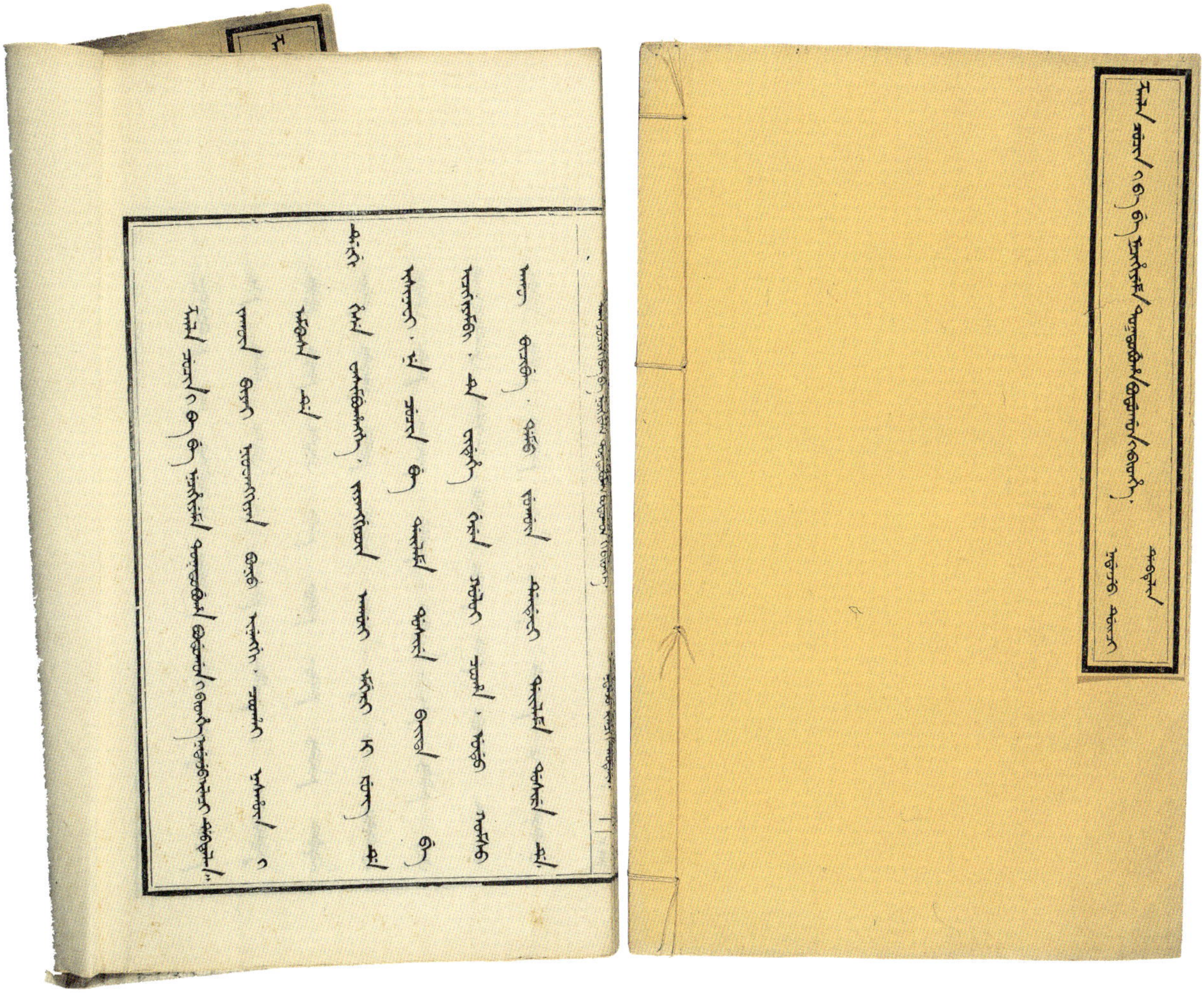

平定兩金川方略一百三十六卷 滿文

阿桂等撰，乾隆四十六年（1781）殿刻本，正文半葉7行，白口，無魚尾，四周雙邊，框高23.2厘米，寬16.2厘米。

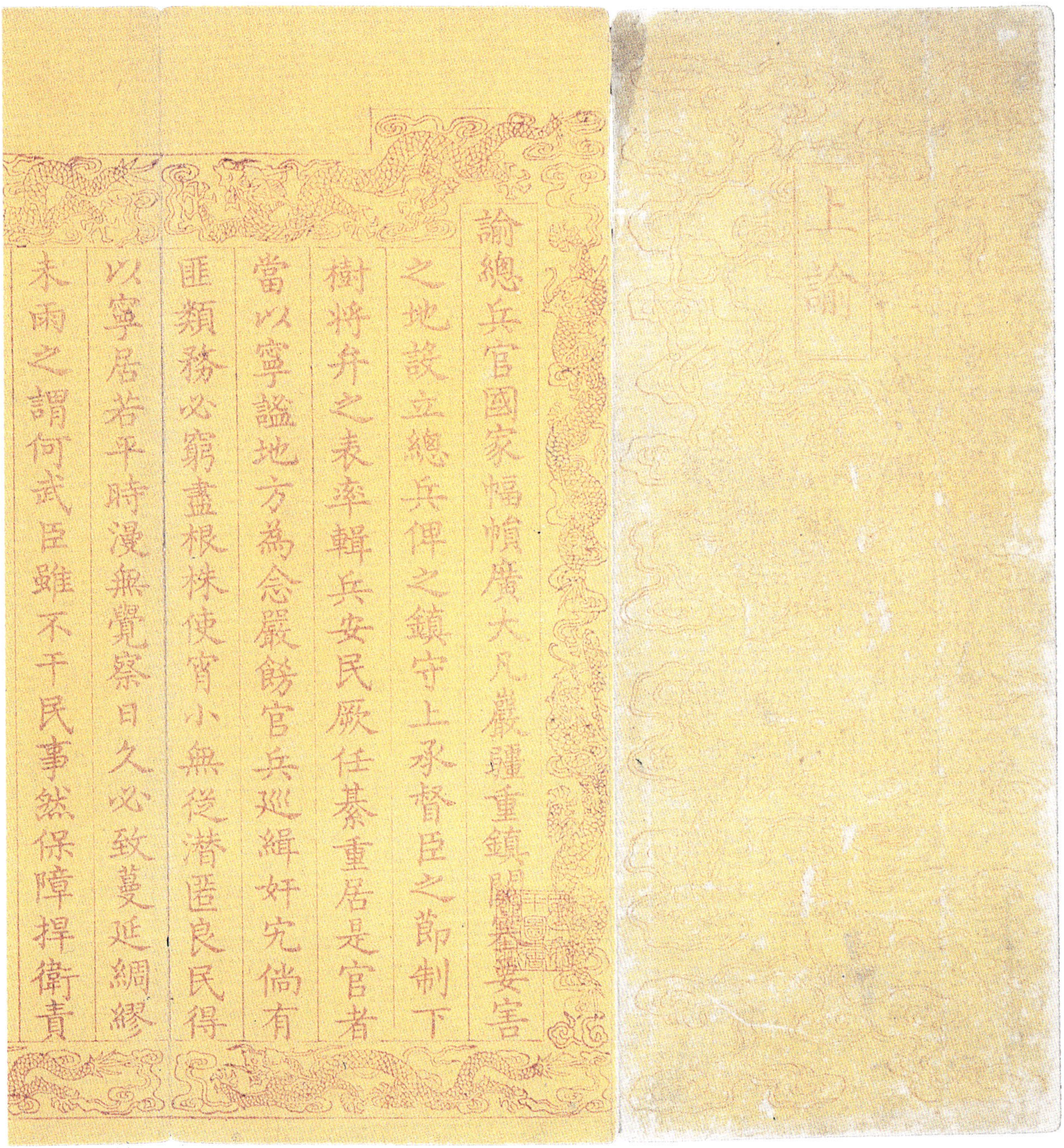
上諭

諭總兵官國家幅幀廣大凡嚴疆重鎮關塞要害
之地設立總兵俾之鎮守上承督臣之節制下
樹將弁之表率輯兵安民厥任綦重居是官者
當以寧謐地方為念嚴飭官兵巡緝奸宄倘有
匪類務必窮盡根株使宵小無從潛匿良民得
以寧居若平時漫無覺察日久必致蔓延綢繆
未雨之謂何武臣雖不干民事然保障捍衛責

上諭不分卷（之　）　滿漢合集

雍正二年（1724）朱印本，經摺裝，半開6行，四周花邊，框高23.2厘米。此為雍正元年正月初一日上諭。（漢文本部分）

上諭不分卷（之二）

（滿文本部分）

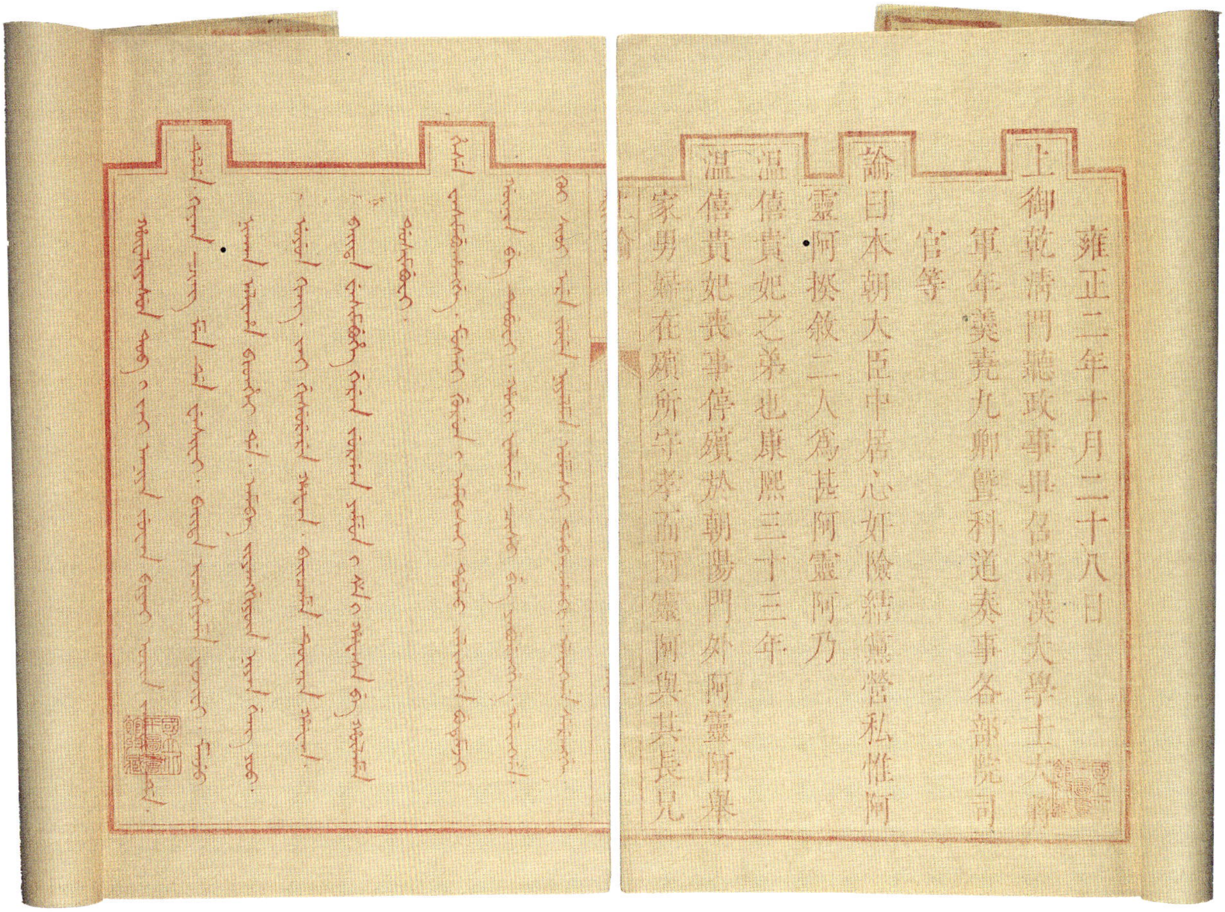

上諭不分卷　滿漢合集

雍正三年（1725）朱印本，正文半葉9行，白口，單魚尾，四周雙邊，框高22.1厘米，寬17.1厘米。此為雍正二年十月二十八日上諭。

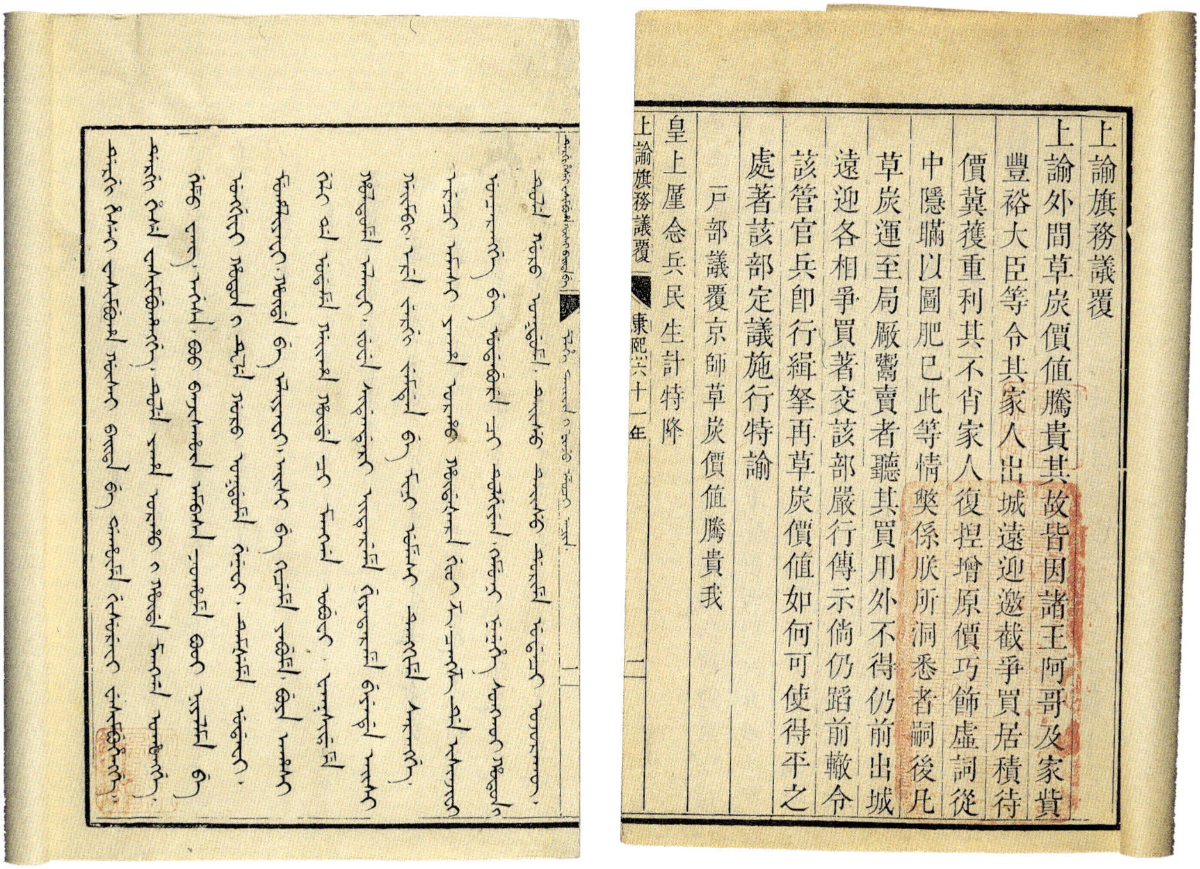

上諭旗務議覆十二卷　滿漢合集

允祿等編，雍正殿刻本，正文半葉11行，白口，單魚尾，四周雙邊，框高20厘米，寬14.7厘米。

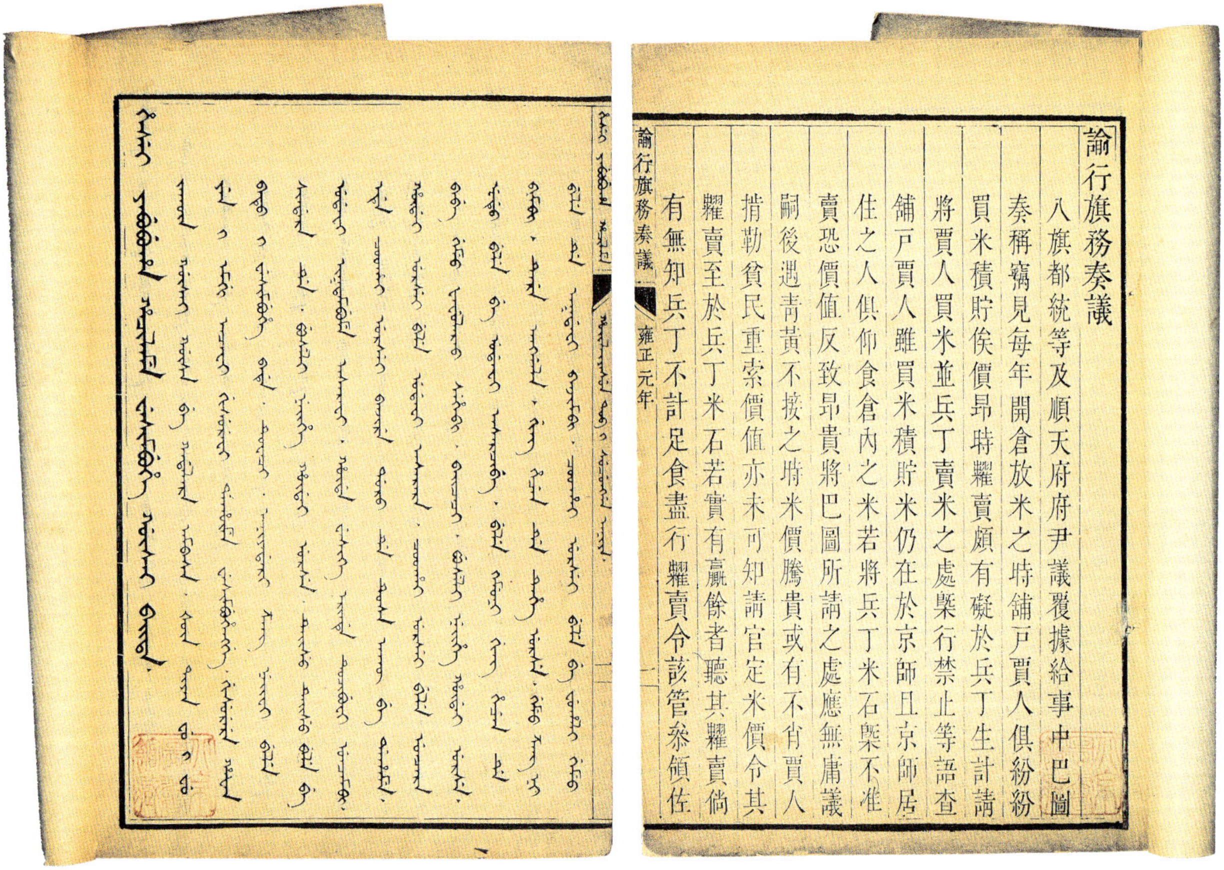

諭行旗務奏議十三卷　滿漢合集

允祿等編，雍正殿刻本，正文半葉12行，白口，單魚尾，四周雙邊，框高21.1厘米，寬14.8厘米。

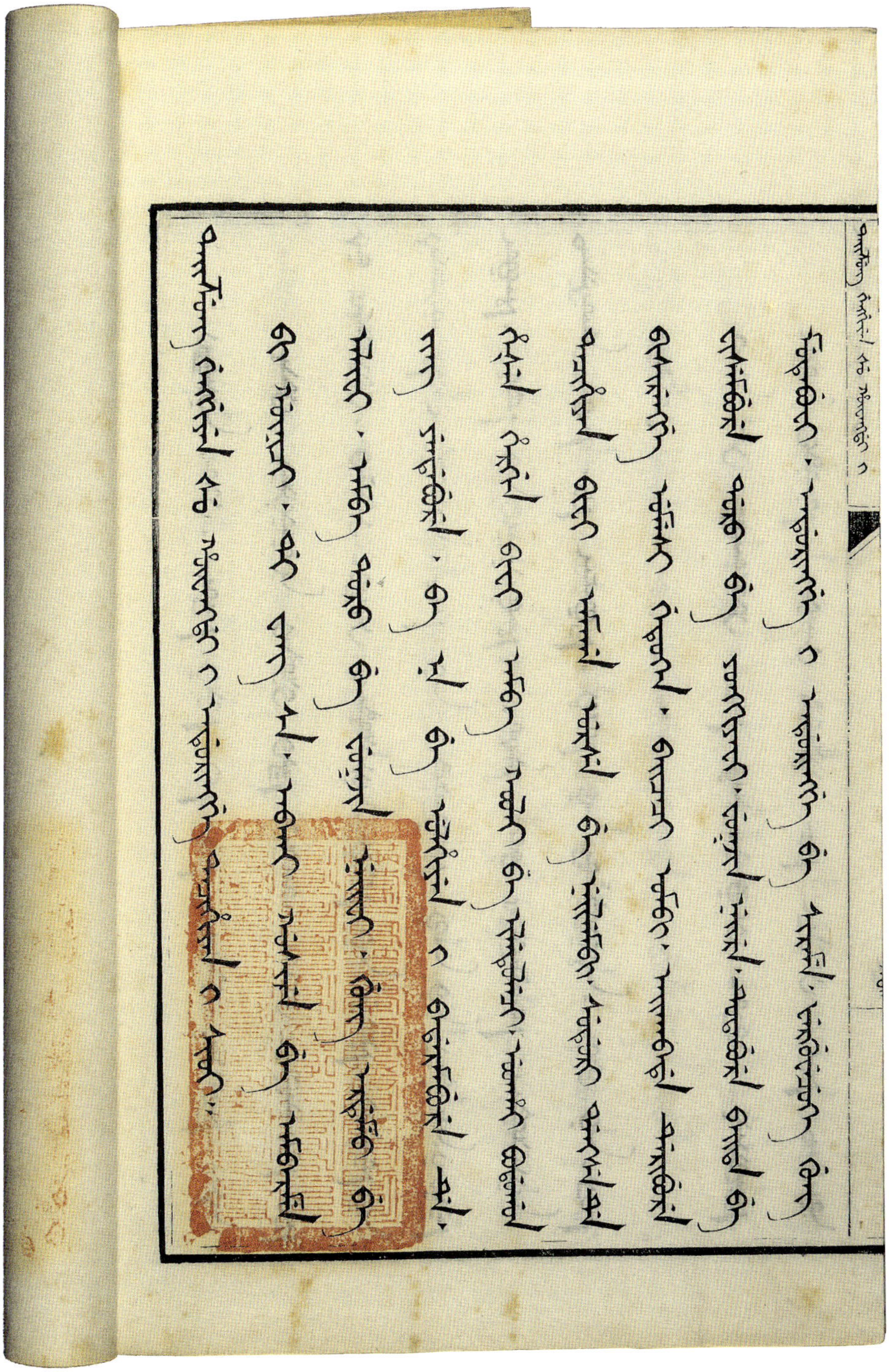

大清太宗文皇帝聖訓六卷　滿文

乾隆四年（1739）殿刻本，正文半葉9行，白口，單魚尾，四周雙邊，框高24.1厘米，寬17.1厘米。

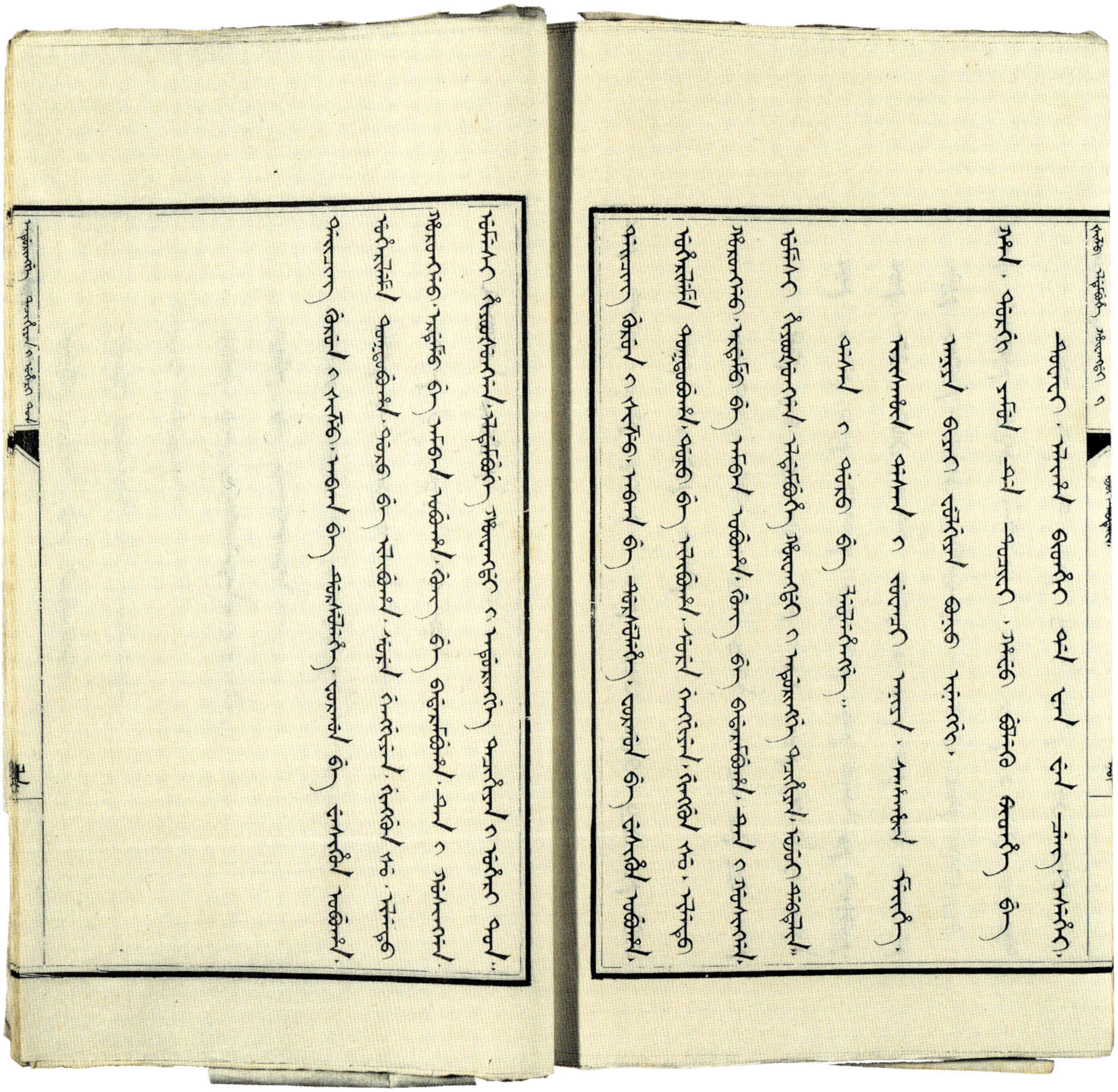

大清世祖章皇帝聖訓六卷　滿文

乾隆四年（1739）殿刻本，正文半葉9行，白口，單魚尾，四周雙邊，框高24.4厘米，寬17.1厘米。

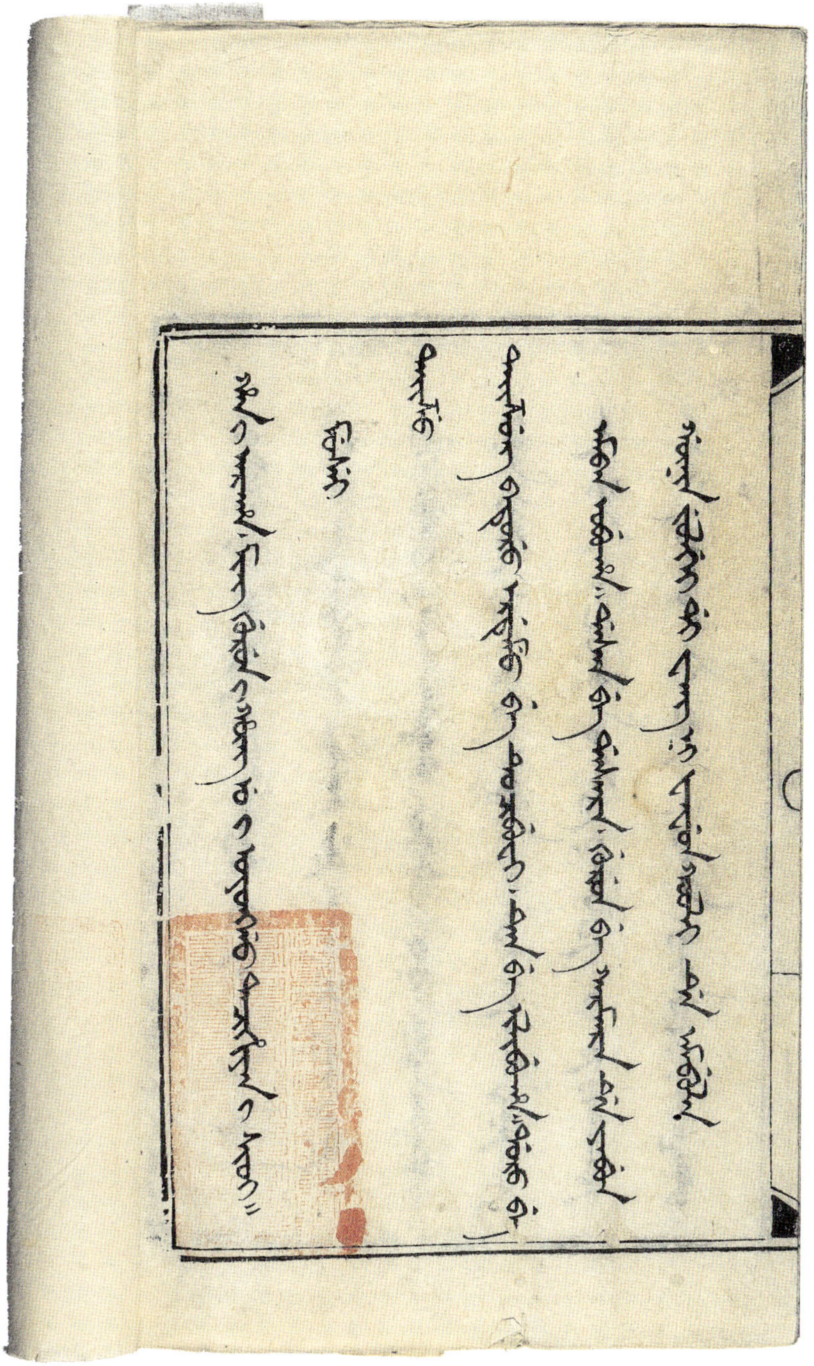

洪武要訓六卷　滿文

剛林等譯，順治三年（1646）内府刻本，正文半葉8行，白口，雙魚尾，四周雙邊，框高26.3厘米，寬18.8厘米。此書又名《洪武寶訓》。已被列入首批國家珍貴古籍名録。

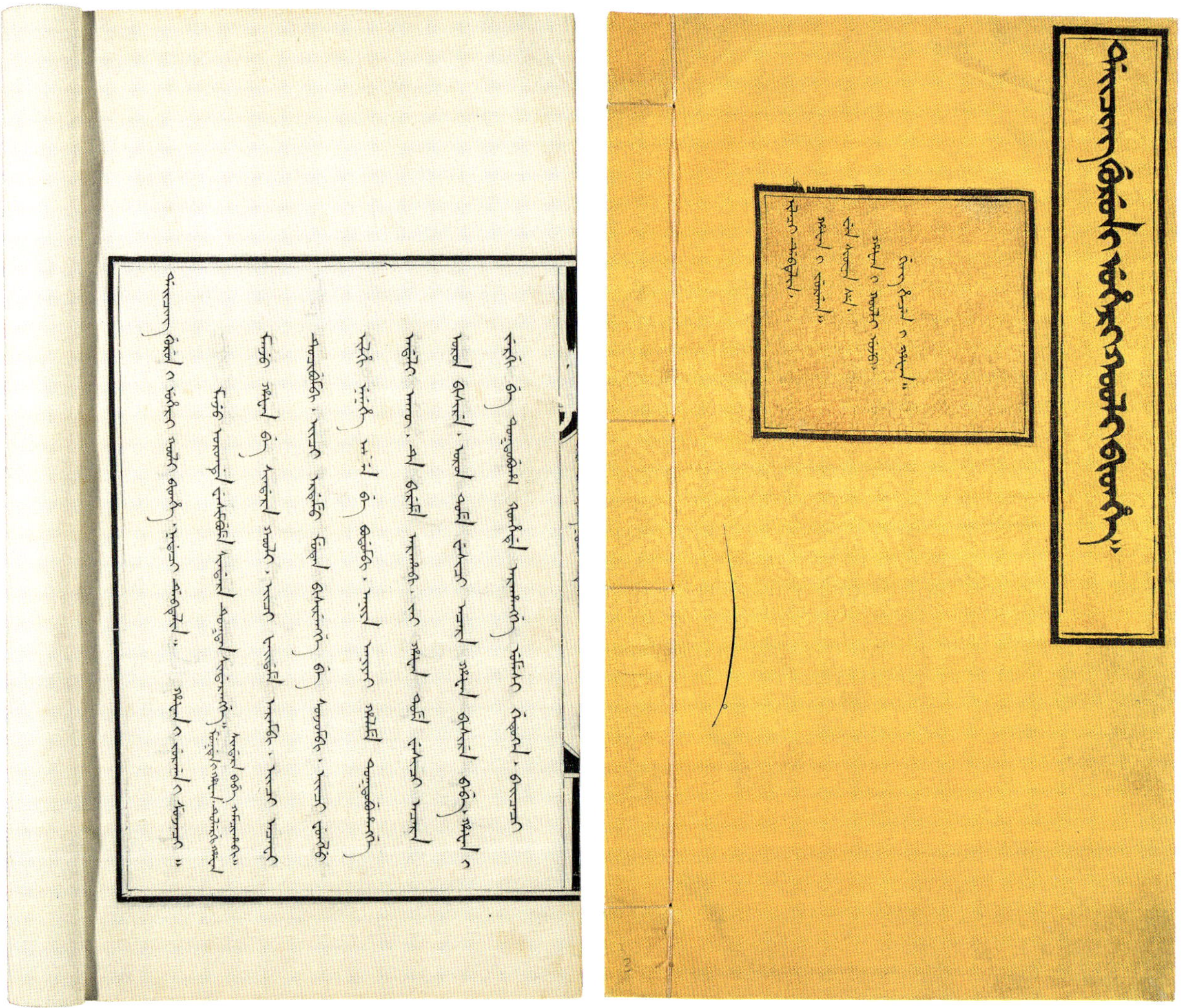

大清會典一百六十二卷 滿文

伊桑阿等撰，康熙二十九年（1690）内府刻本，正文半葉8行，黑口， 雙魚尾，四周雙邊，框高25厘米，寬18.3厘米。

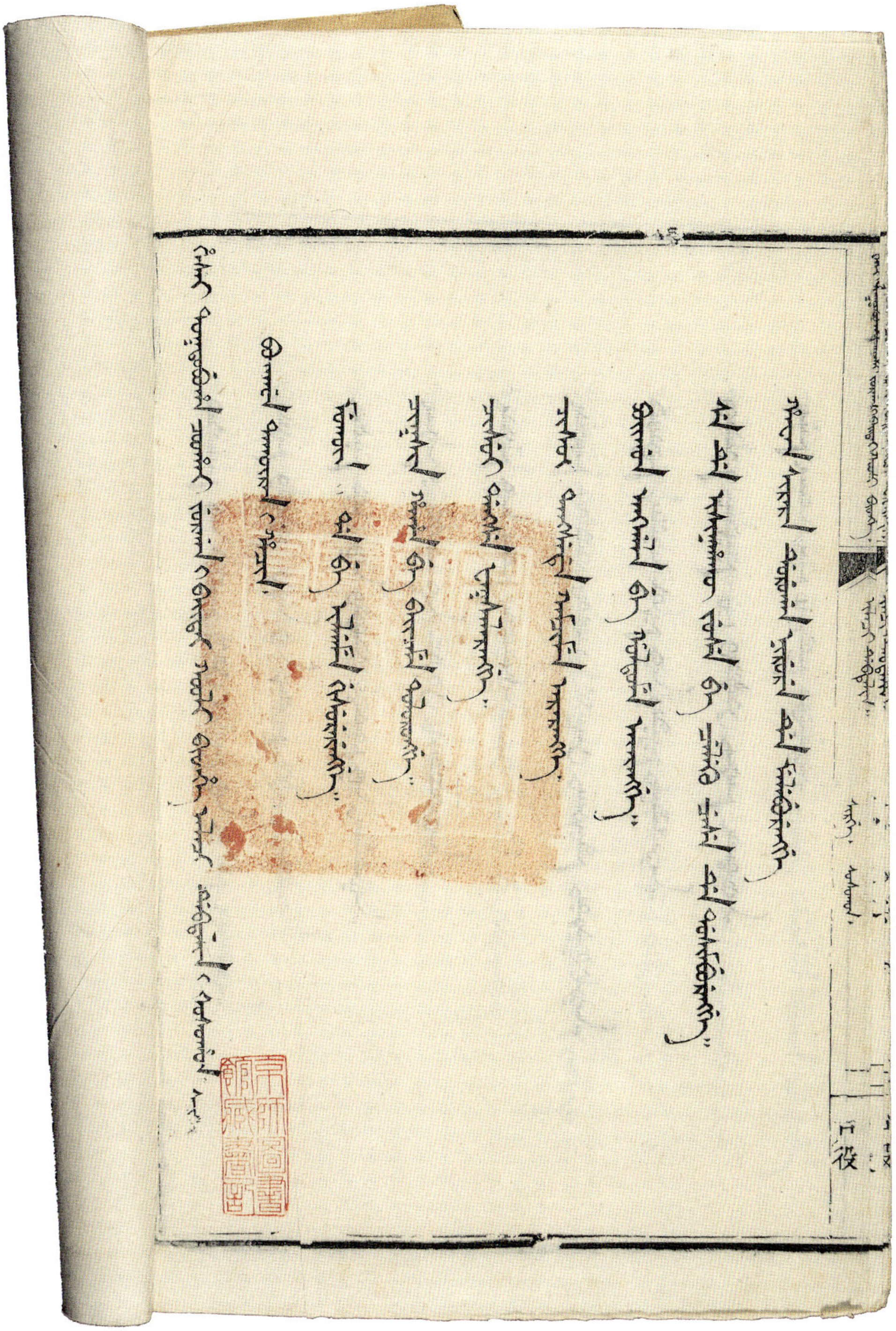

欽定中樞政考三十一卷　滿漢合集

尹繼善等撰，乾隆三十九年（1774）殿刻本，正文半葉9行，白口，單魚尾，四周雙邊，框高22.6厘米，寬17.2厘米。（圖爲滿文本）

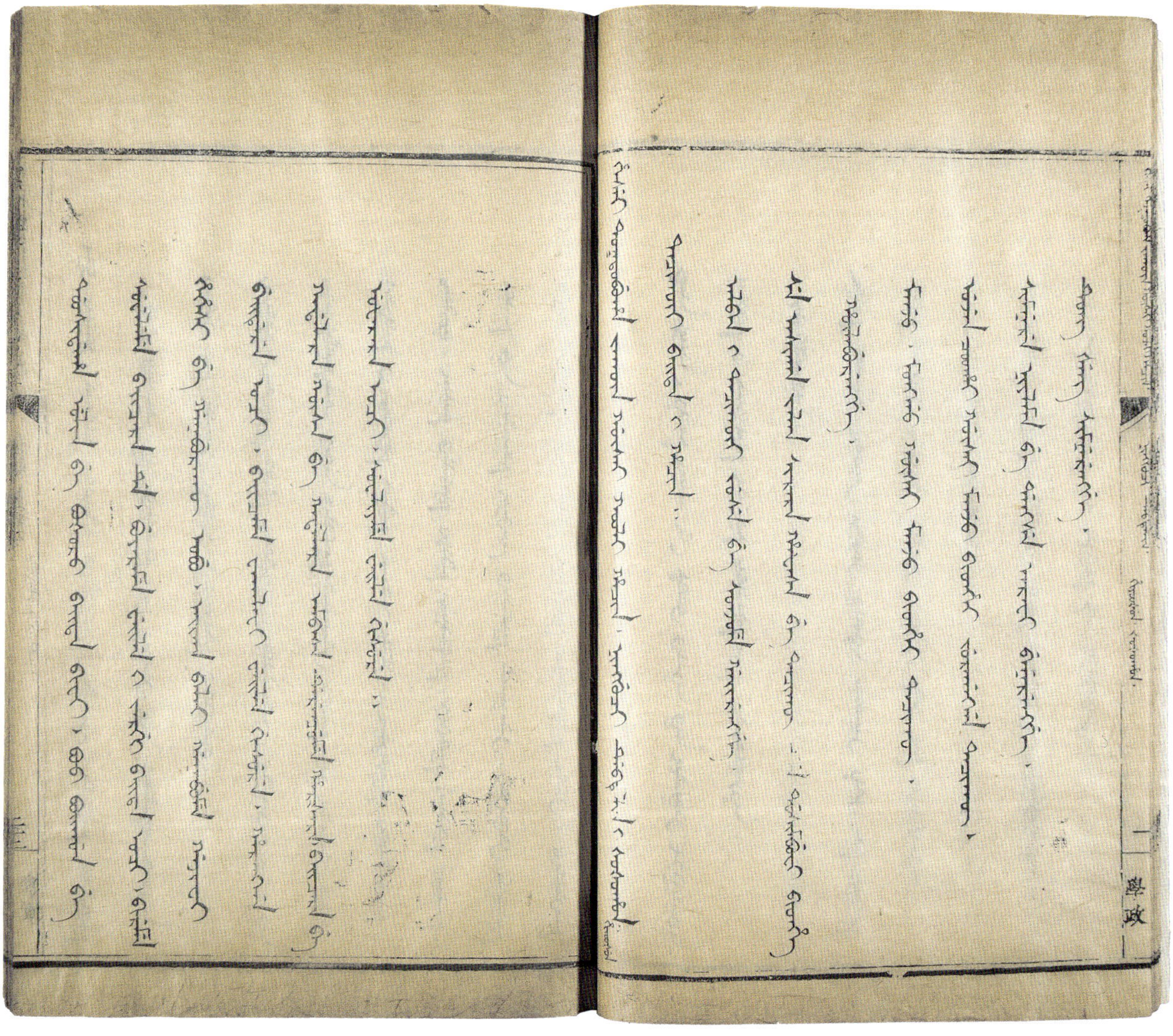

欽定八旗則例十二卷 滿文

鄂爾泰等撰，乾隆七年（1742）殿刻本，正文半葉9行，白口，單魚尾，四周雙邊，框高22.8厘米，寬17厘米。

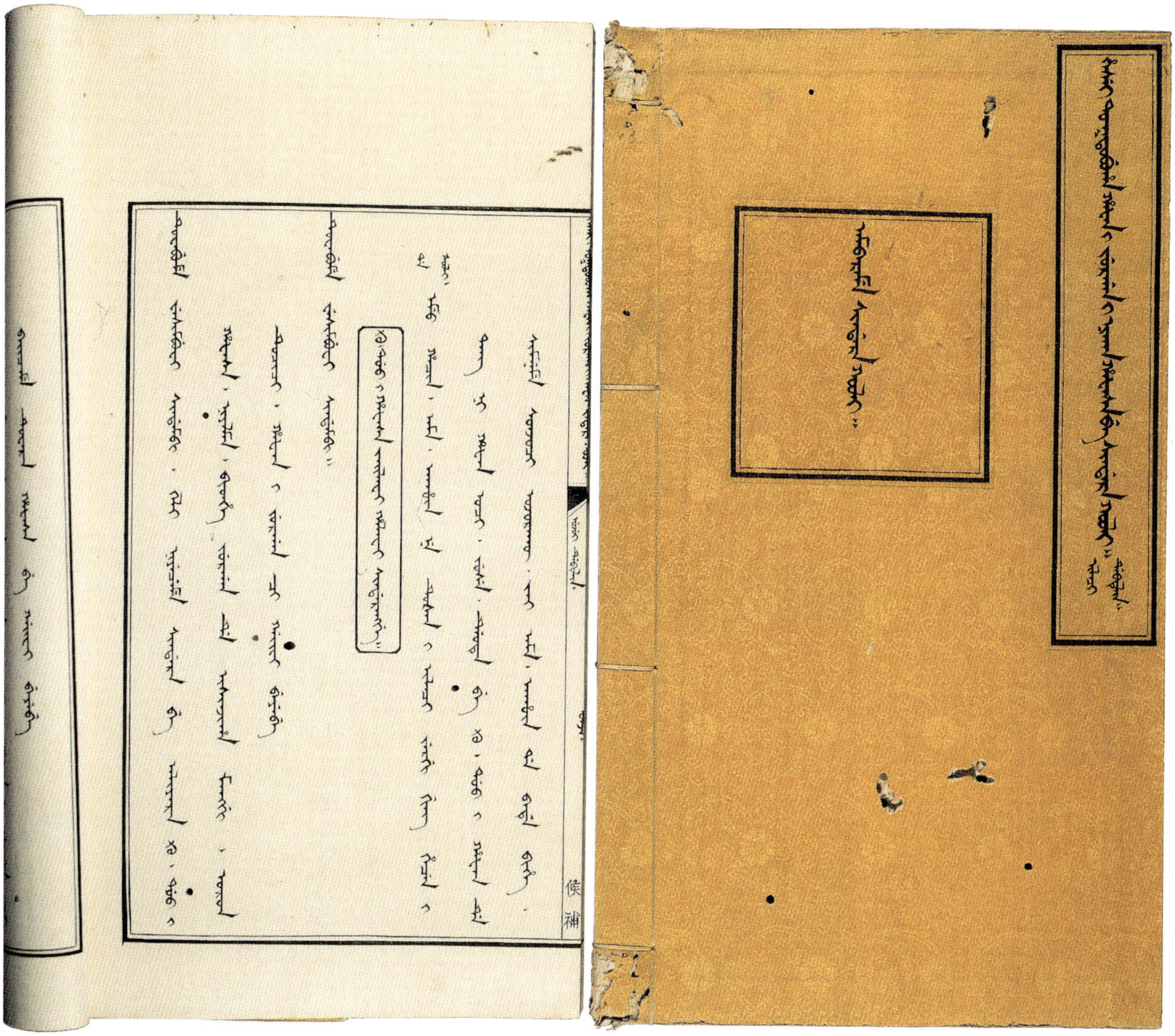

欽定吏部銓選官員則例四卷 滿文

雍正三年（1725）殿刻本，正文半葉8行，白口，單魚尾，四周雙邊， 框高28.6厘米，寬19厘米。

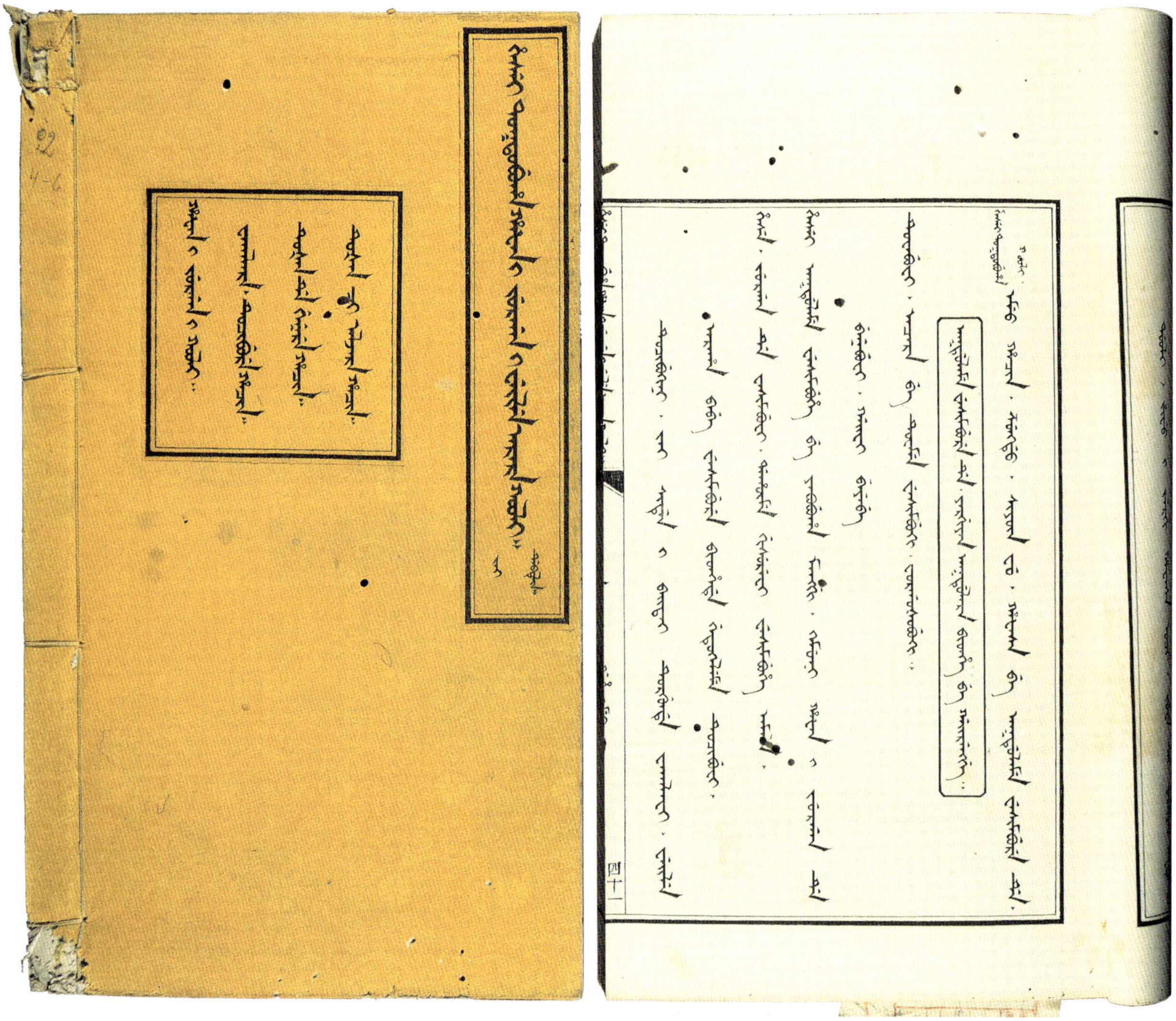

欽定吏部處分則例四十七卷　滿文

雍正三年（1725）殿刻本，正文半葉8行，白口，單魚尾，四周雙邊，框高29.3厘米，寬19厘米。

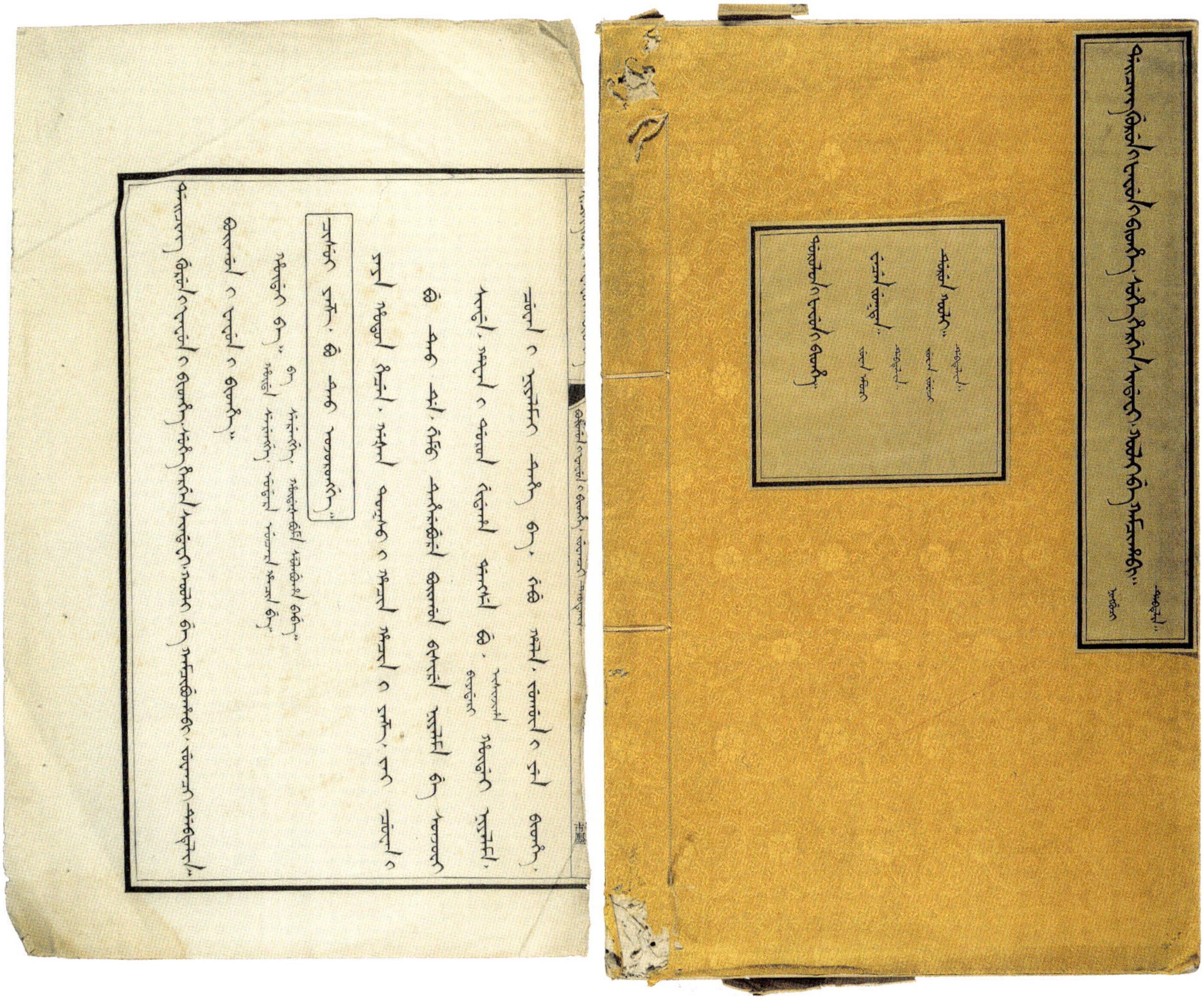

大清律集解附例三十六卷　滿文

朱軾等奉敕撰，雍正三年（1725）殿刻本，正文半葉8行，白口，單魚尾，四周雙邊，框高31厘米，寬20.9厘米。

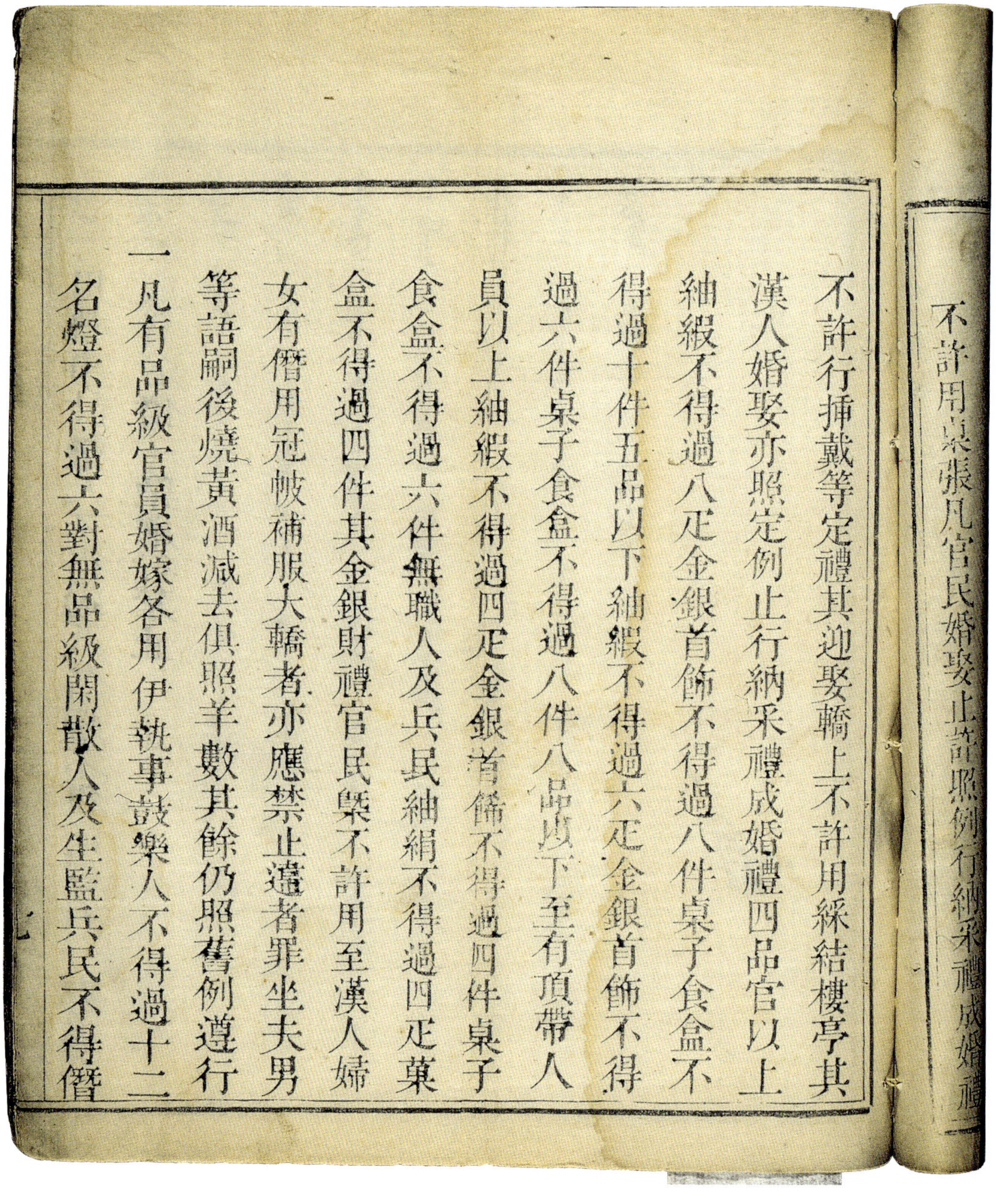

不許用桌張凡官民婚娶止許照例行納采禮成婚禮

不許行揷戴等定禮其迎娶轎上不許用綵結樓亭其
漢人婚娶亦照定例止行納采禮成婚禮四品官以上
紬緞不得過八疋金銀首飾不得過八件桌子食盒不
得過十件五品以下紬緞不得過六疋金銀首飾不得
過六件桌子食盒不得過八件八品以下至有頂帶人
員以上紬緞不得過四疋金銀首飾不得過四件桌子
食盒不得過六件無職人及兵民紬絹不得過四疋菓
盒不得過四件其金銀財禮官民槩不許用至漢人婦
女有僭用冠帔補服大轎者亦應禁止違者罪坐夫男
等語嗣後燒黃酒減去俱照羊數其餘仍照舊例遵行
一凡有品級官員婚嫁各用伊執事鼓樂人不得過十二
名燈不得過六對無品級閑散人及生監兵民不得僭

喪葬婚嫁之儀禮不分卷（之一）　滿漢合集

（清）禮部擬訂，雍正元年（1723）刻本，正文半葉滿文11行，漢文12行，白口，無魚尾，四周雙邊，框高25.7厘米，寬21厘米。（圖爲漢文本）

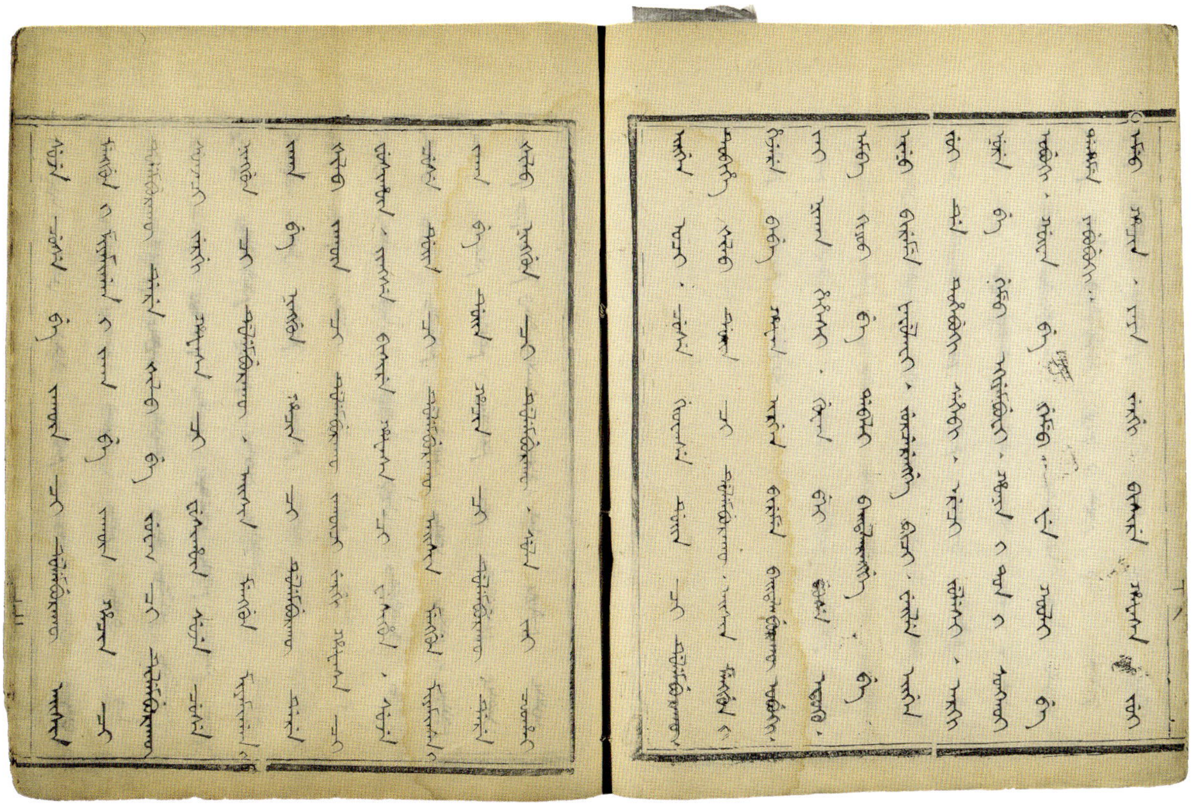

喪葬婚嫁之儀禮不分卷（之二）

（圖爲滿文本）

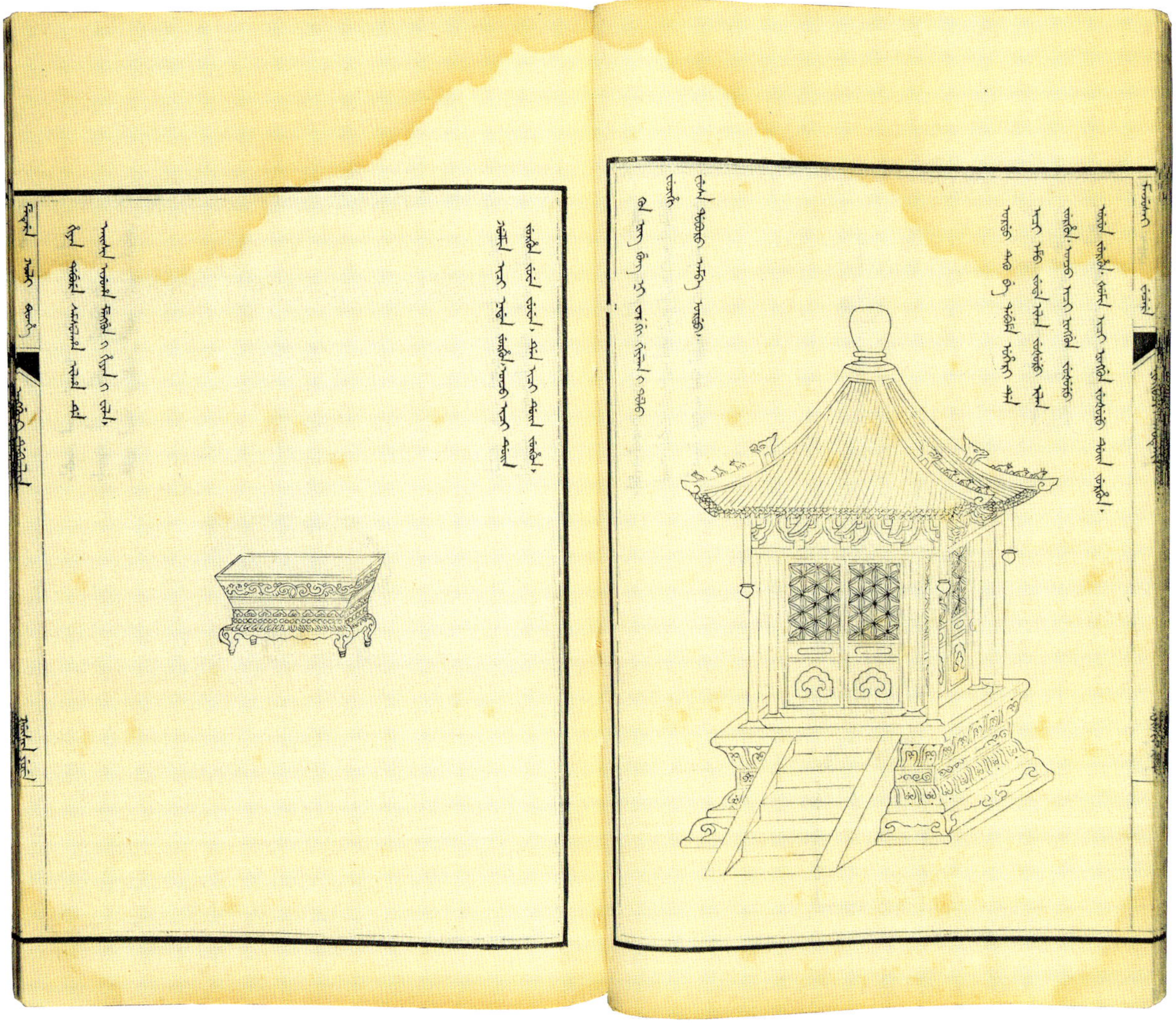

欽定滿洲祭祀條例六卷　滿文

允祿等撰，乾隆十二年（1747）殿刻本，正文半葉9行，白口，單魚尾，四周雙邊，框高22.5厘米，寬17.3厘米。此書又名《欽定滿洲祭神祭天典禮》，有圖。

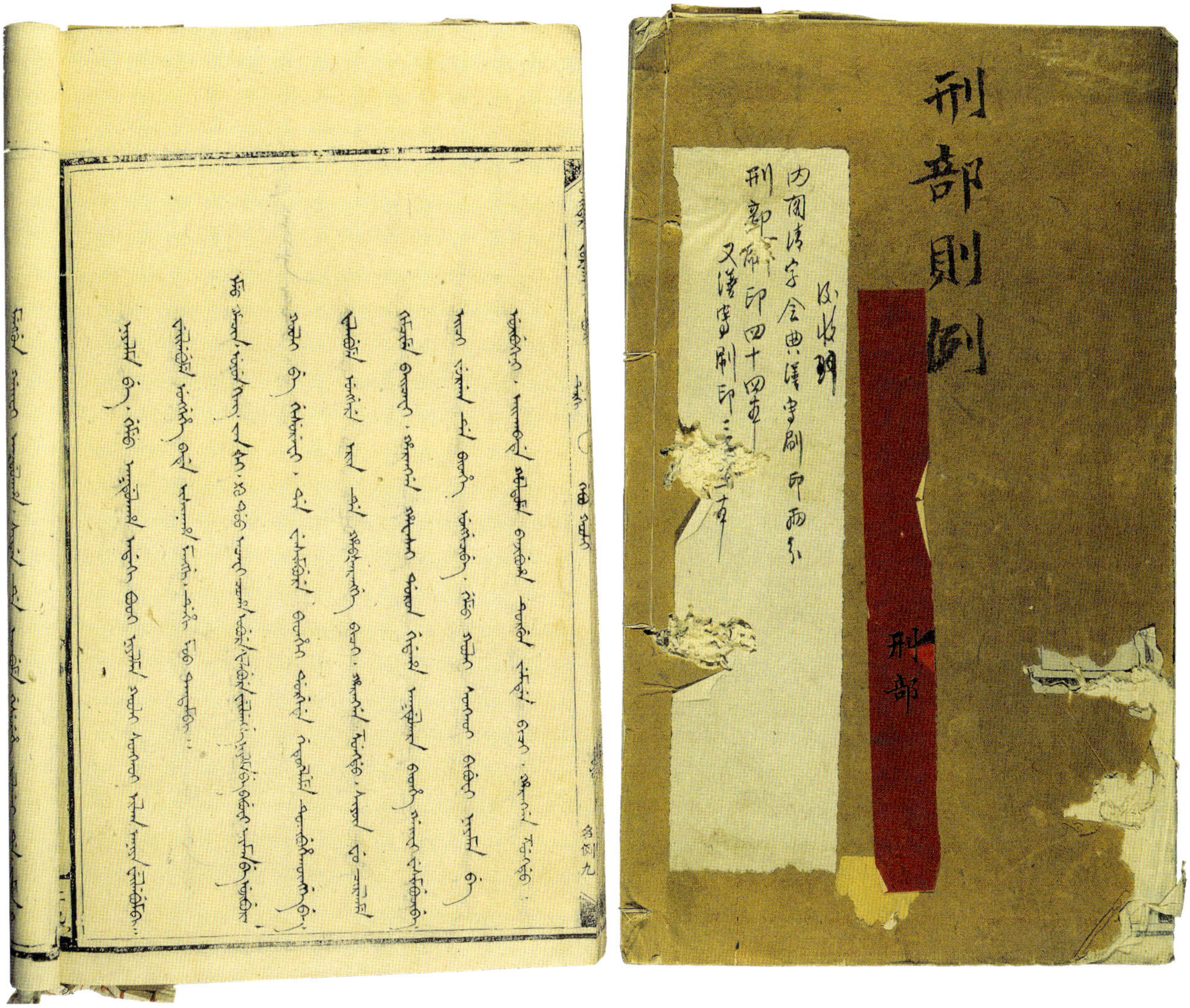

刑部新定現行例二卷　滿文

黄機等撰，康熙十九年（1680）殿刻本，正文半葉8行，白口，雙魚尾，四周雙邊，框高31厘米，寬20.9厘米。

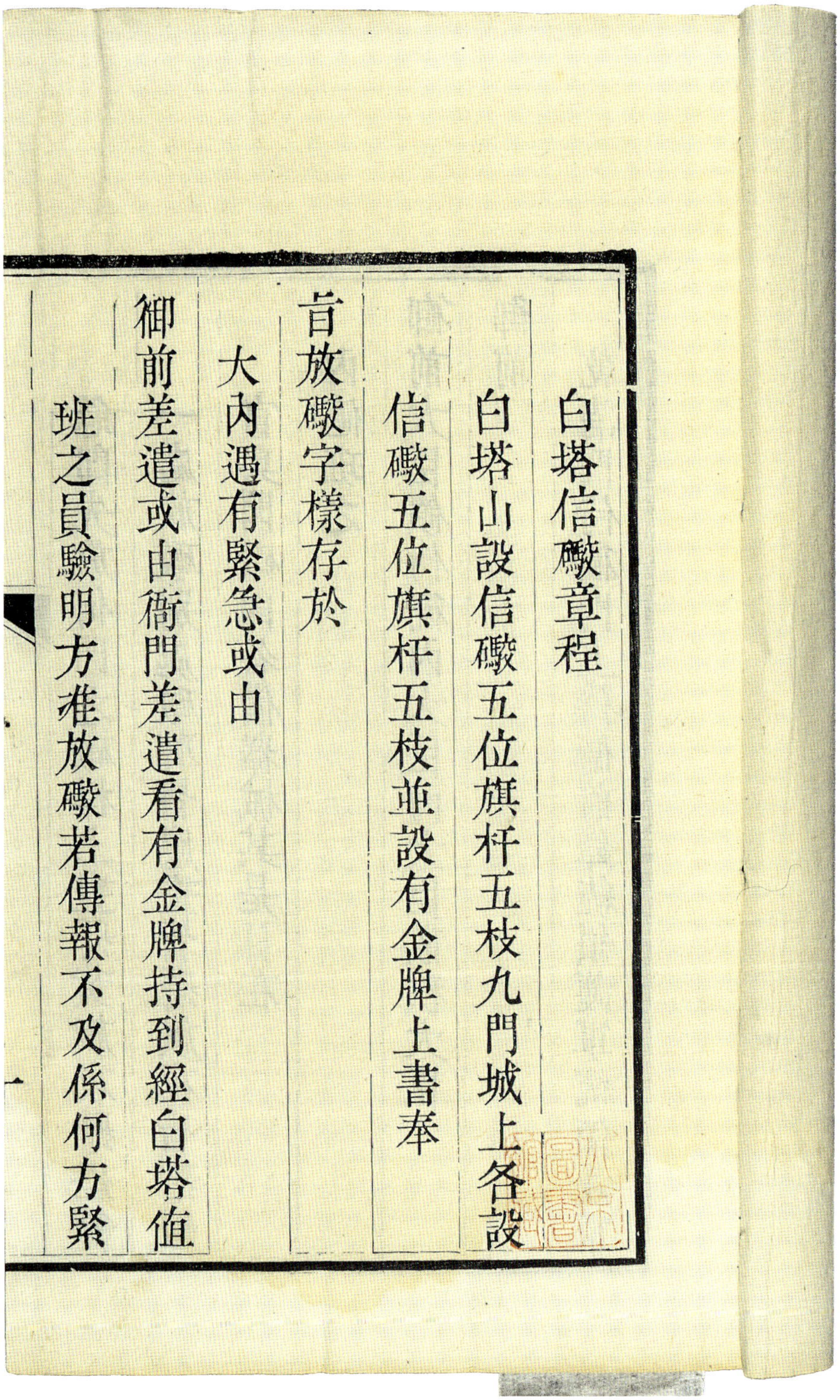
白塔信礮章程
白塔山設信礮五位旗杆五枝九門城上各設
信礮五位旗杆五枝並設有金牌上書奉
旨放礮字樣存於
大內遇有緊急或由
御前差遣或由衙門差遣看有金牌持到經白塔值
班之員驗明方准放礮若傳報不及係何方緊

白塔信礮章程不分卷（之一）　滿漢合集

內府刻本，正文半葉7行，白口，單魚尾，四周雙邊，框高21.7厘米，寬14厘米。（圖爲漢文本）

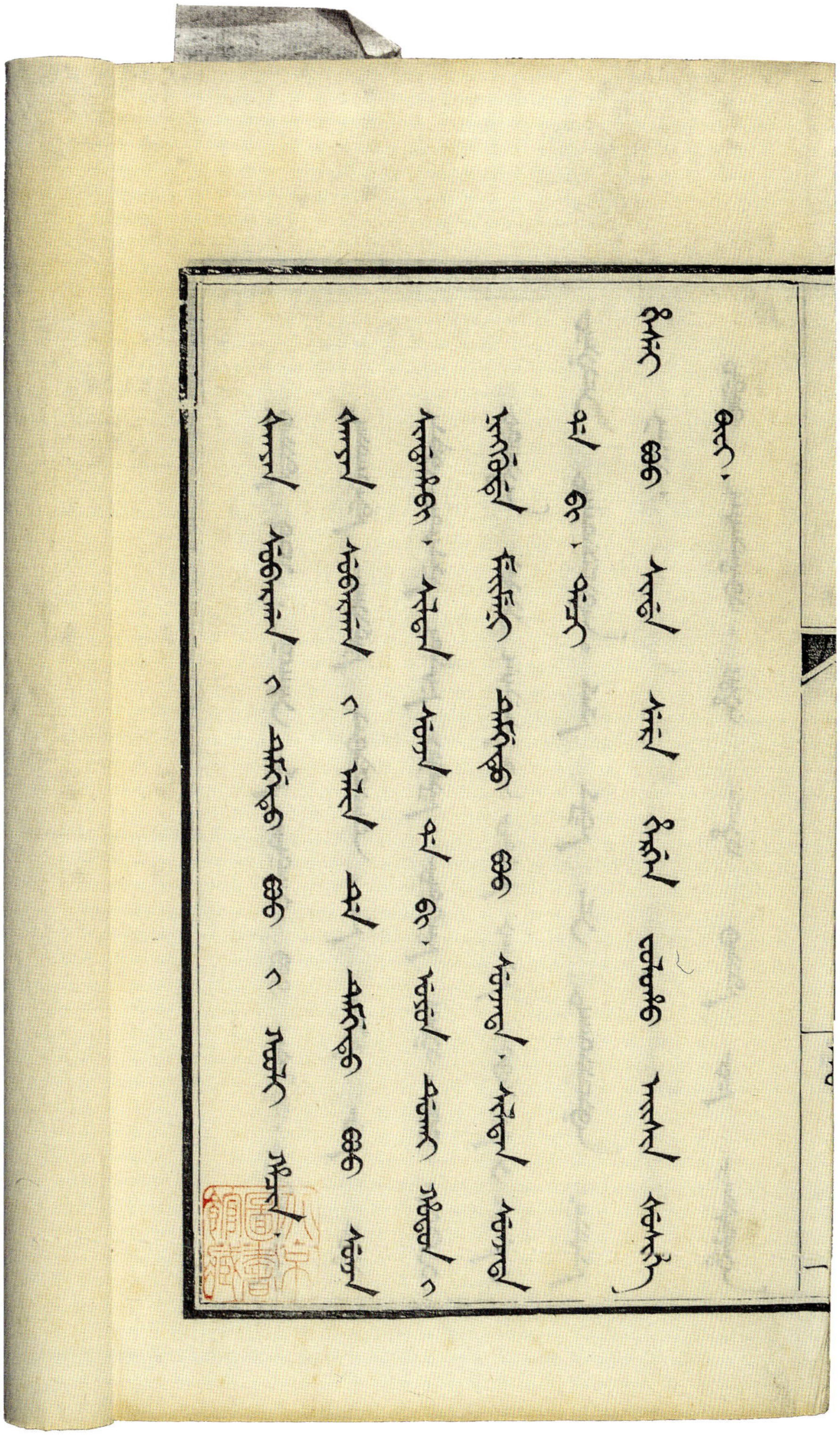

白塔信礮章程不分卷（之二）

（圖爲滿文本）

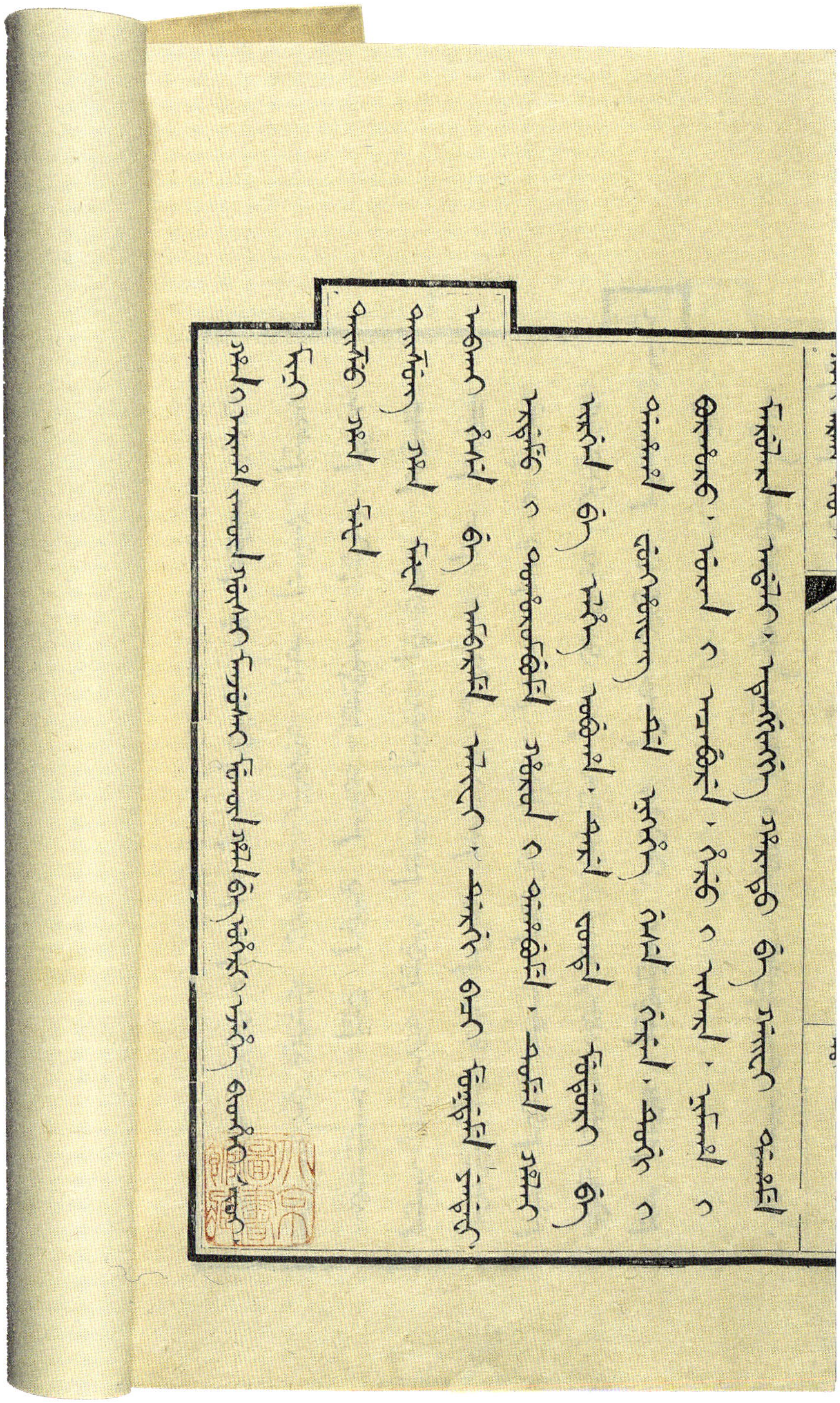

八旗滿洲氏族通譜八十卷　滿文

鄂爾泰等撰，乾隆九年（1744）殿刻本，正文半葉10行，小字雙行，白口，單魚尾，四周雙邊，框高20.1厘米，寬14.2厘米。

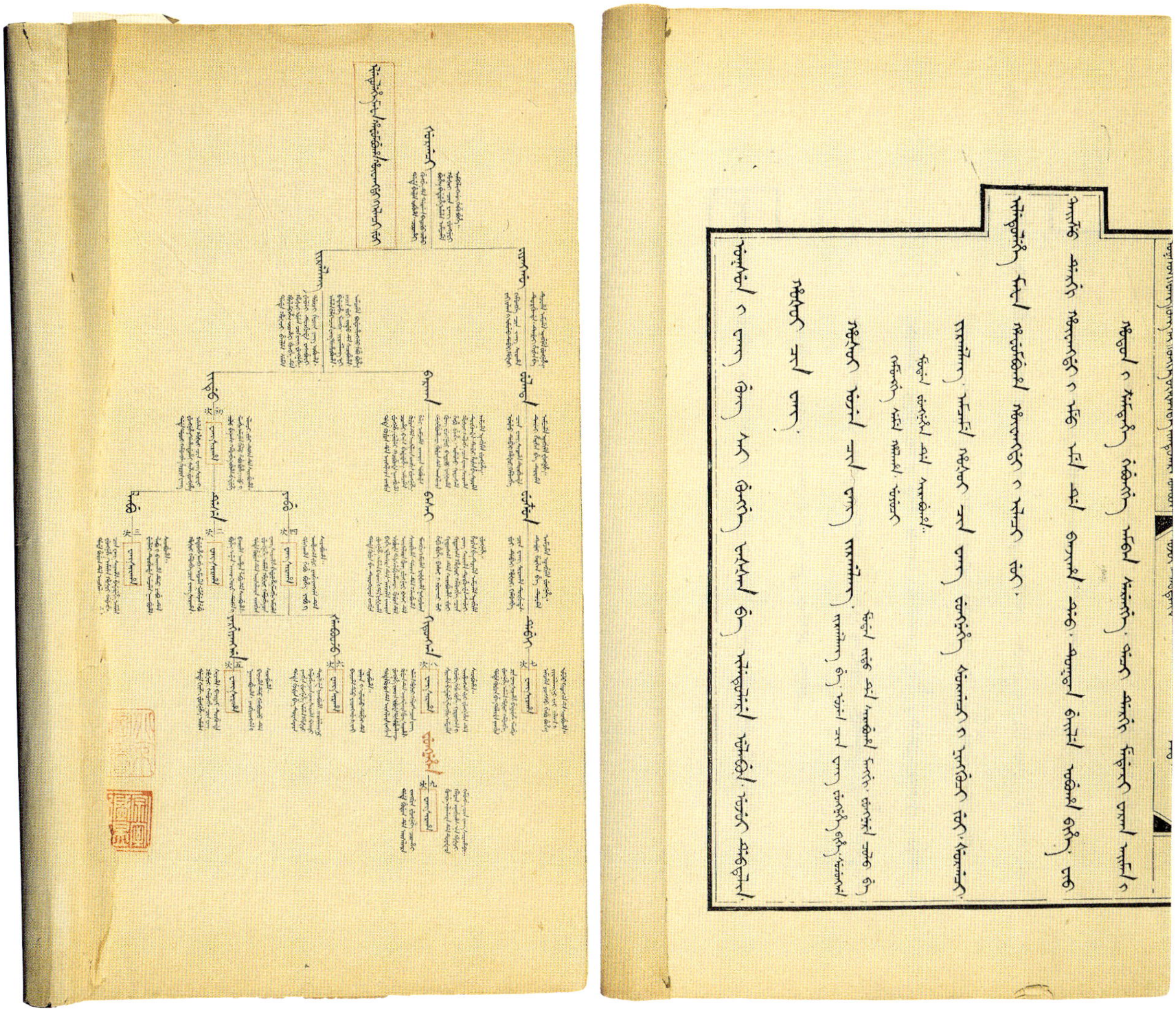

宗室王公功績表傳六卷　滿文

允祕等撰，乾隆二十九年（1764）殿刻本，《傳》正文半葉8行，小字雙行，白口，雙魚尾，四周雙邊，框高23.8厘米，寬16.9厘米。《表》行數不等。

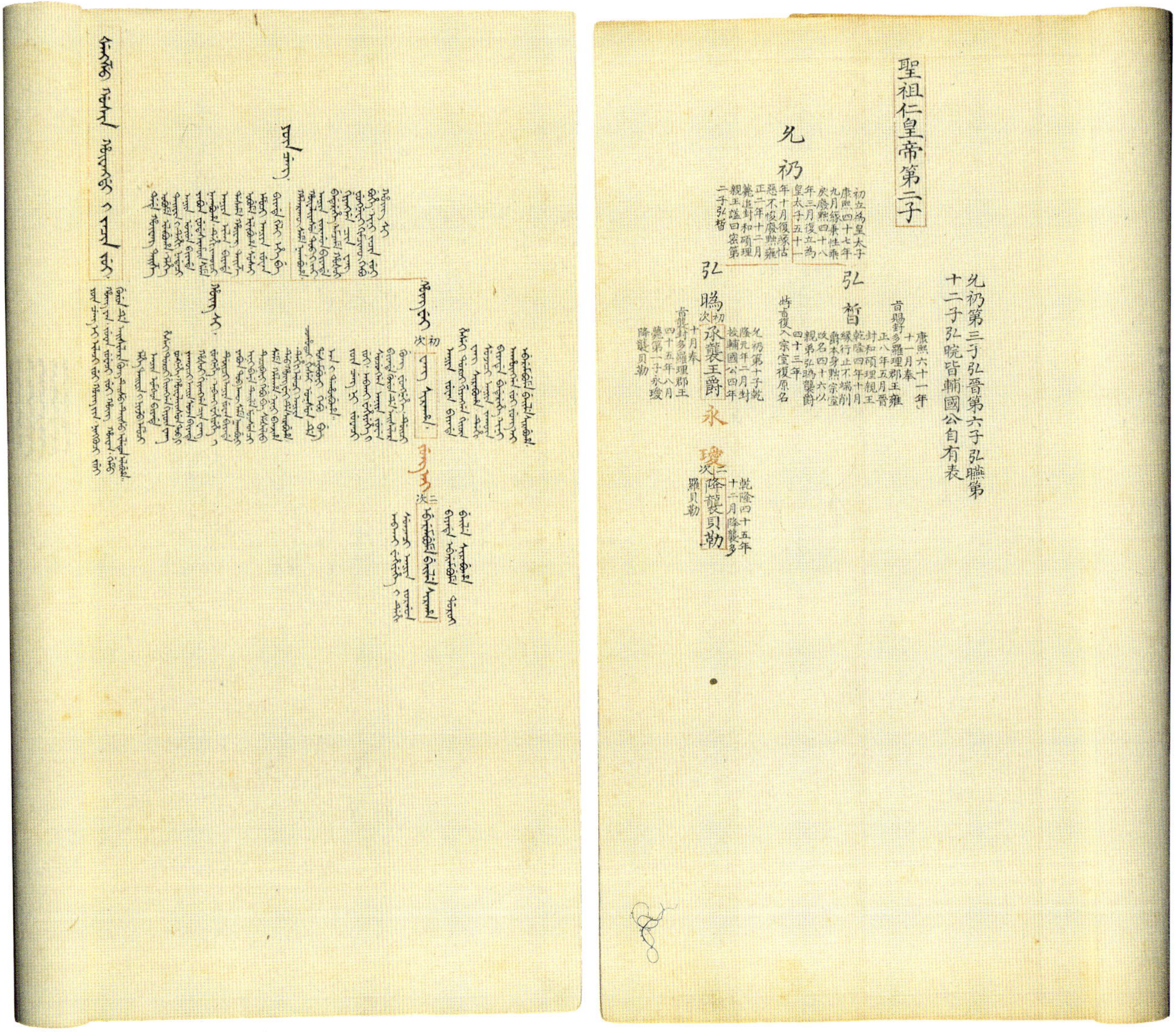

恩封宗室王公表不分卷　滿漢合集

永瑢等奉敕撰，乾隆四十一年（1776）殿刻本，無邊框。

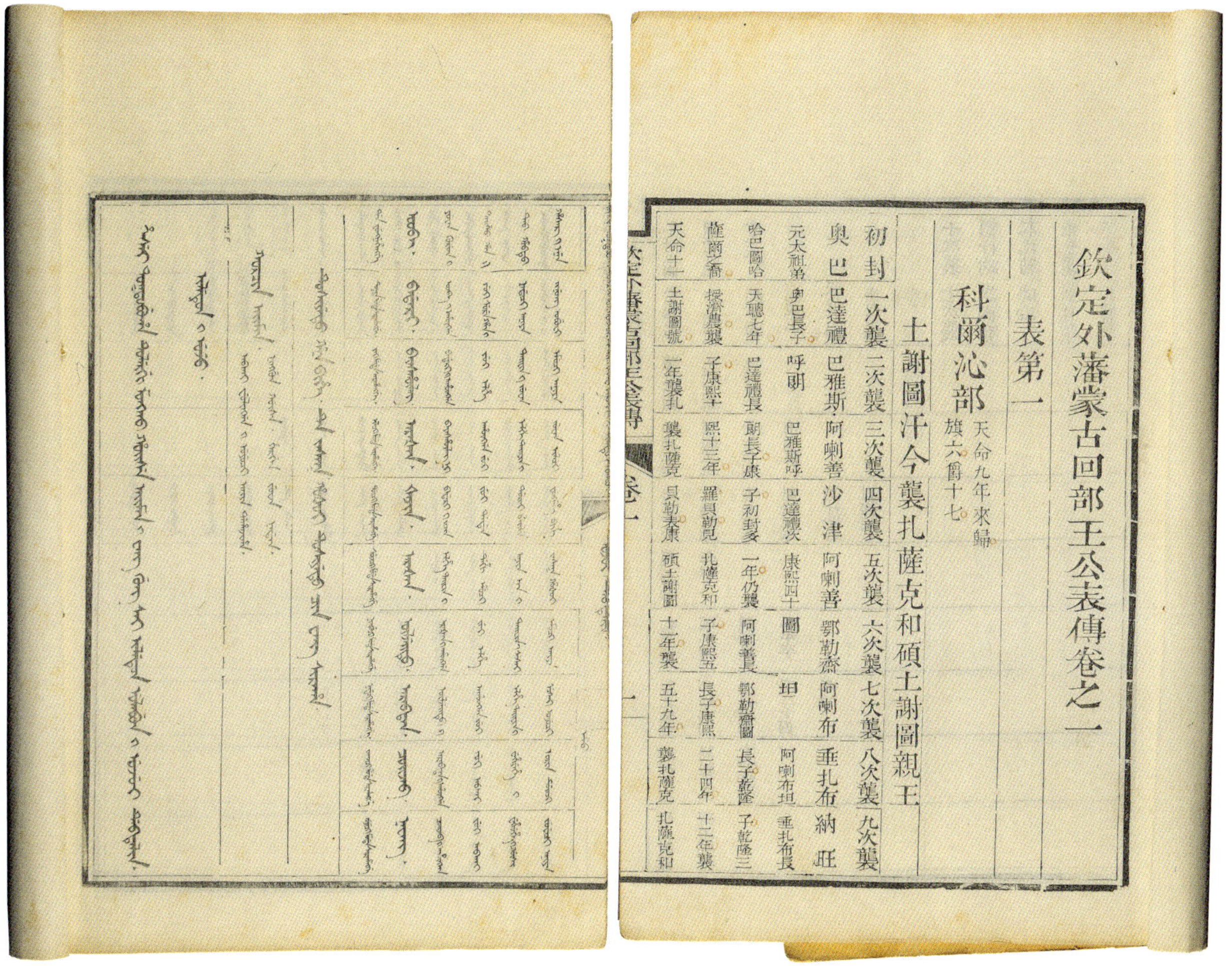

欽定外藩蒙古回部王公表傳一百二十卷 滿漢合集

乾隆六十年（1795）殿刻本，《傳》正文半葉8行，小字雙行，白口，單魚尾，四周雙邊，框高24.1厘米，寬19.6厘米。

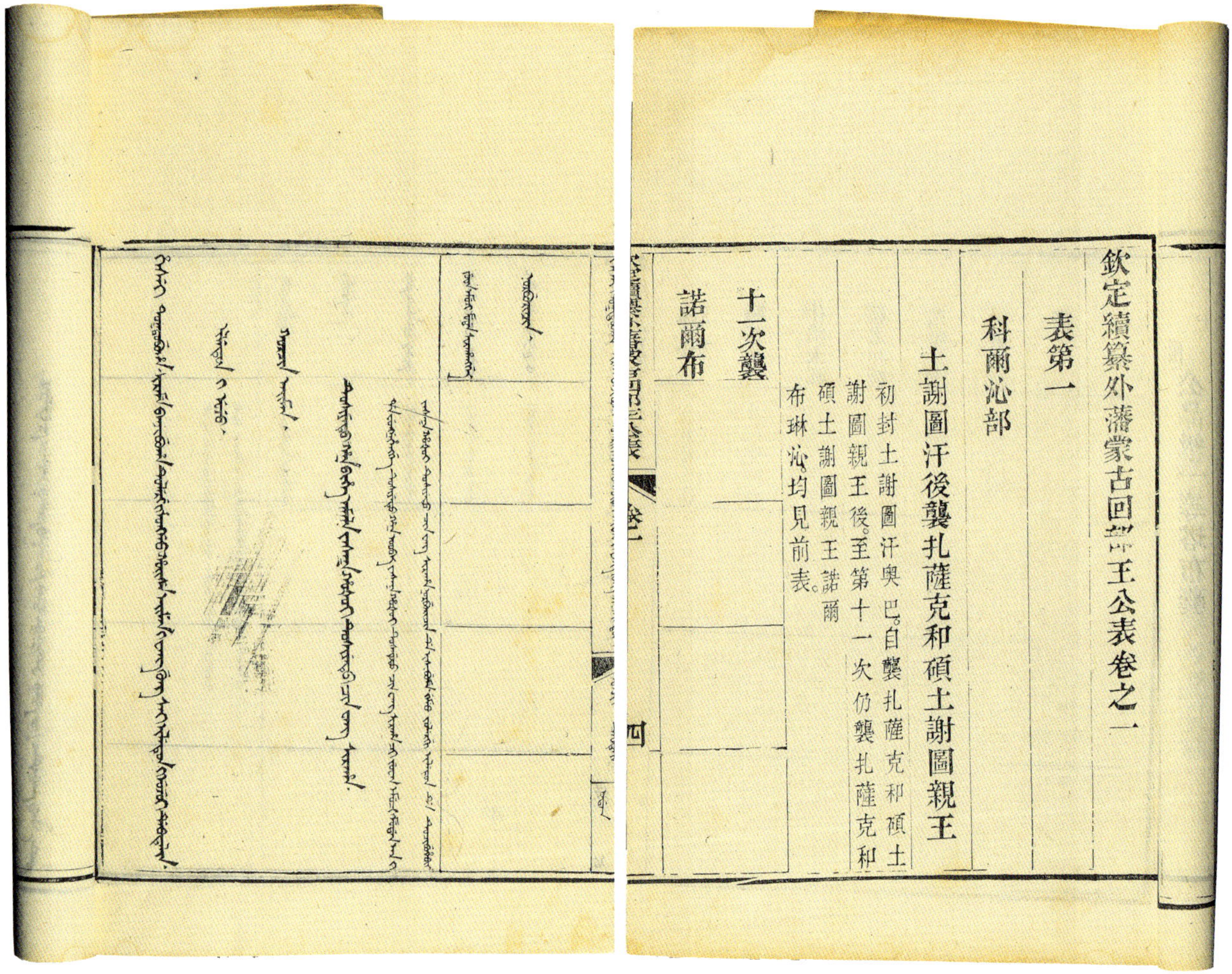

欽定續纂外藩蒙古回部王公表傳四十八卷　滿漢合集

慶桂等纂，嘉慶十九年（1814）殿刻本，《傳》正文半葉7行，小字雙行，白口，單魚尾，四周雙邊，框高22厘米，寬19.5厘米。

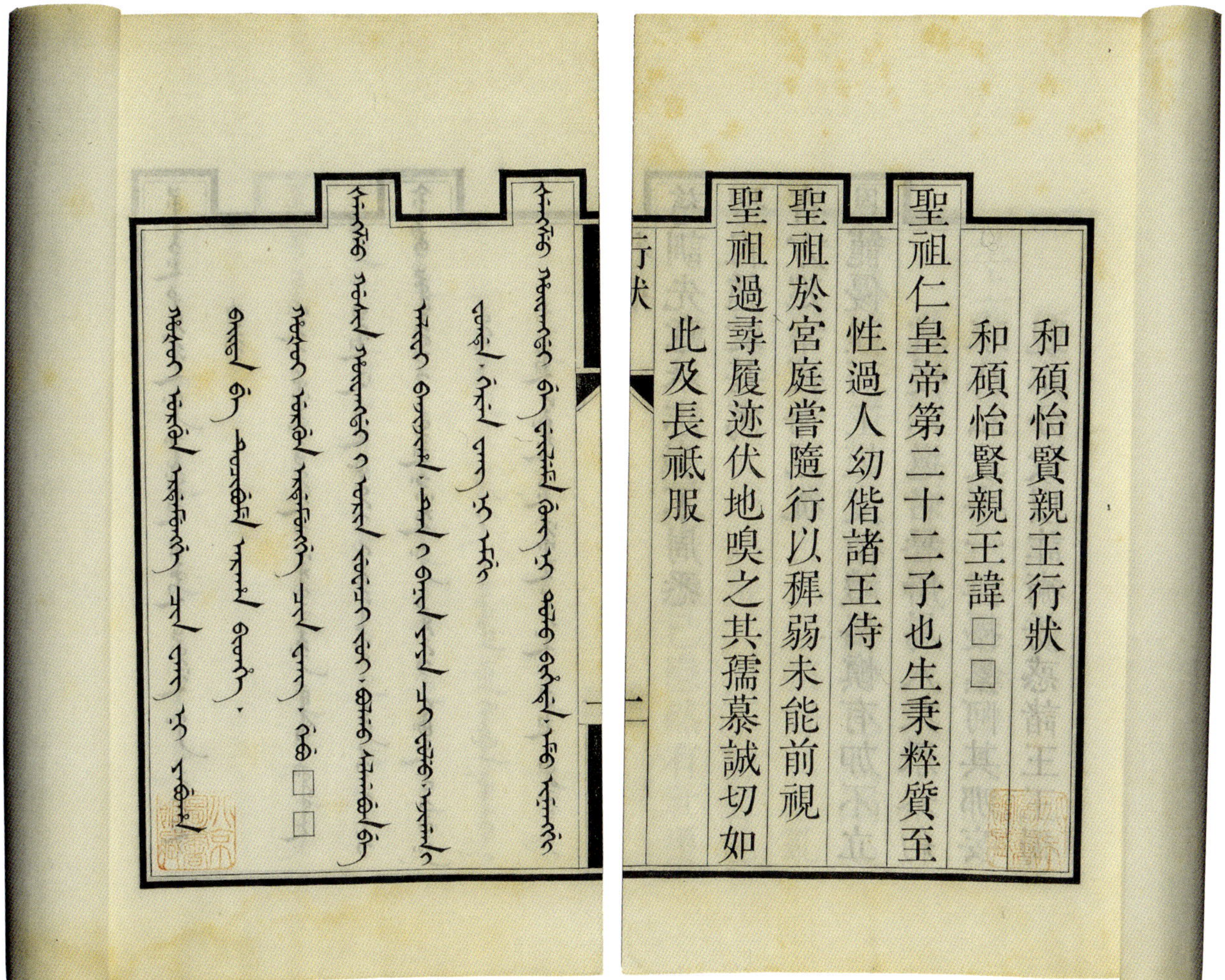
行狀 一

和碩怡賢親王行狀

和碩怡賢親王諱□□

聖祖仁皇帝第二十二子也生秉粹質至性過人幼偕諸王侍

聖祖於宮庭嘗隨行以稺弱未能前視

聖祖過壽履迹伏地嗅之其孺慕誠切如此及長祇服

和碩怡賢親王行狀不分卷 滿漢合集

張廷玉撰，雍正刻本，正文半葉7行，滿文黑口，漢文白口，單魚尾 四周雙邊，框高20.4厘米，寬14.5厘米。

異域錄二卷 滿文

圖理琛撰，攝影本，據雍正元年（1723）殿刻本攝影，正文半葉7行，白口，單魚尾，四周雙邊。此書有漢文本，滿文本原書不知下落，惟以此攝影本存世。

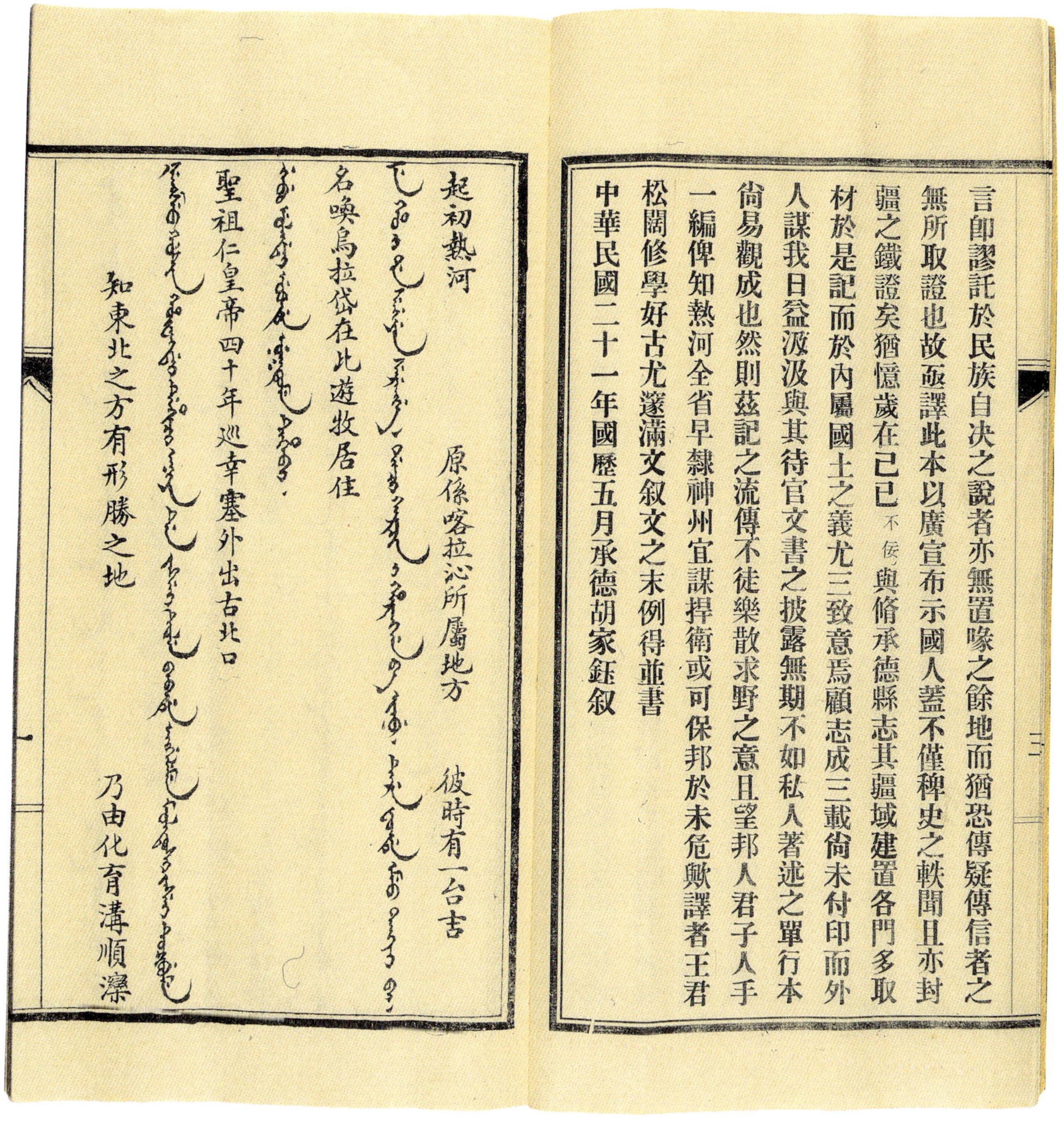
言卽謬託於民族自決之說者亦無置喙之餘地而猶恐傳疑傳信者之無所取證也故亟譯此本以廣宣布示國人蓋不僅稗史之軼聞且亦封疆之鐵證矣猶憶歲在已巳不佞與脩承德縣志其疆域建置各門多取材於是記而於內屬國土之義尤三致意焉顧志成三載尙未付印而外人謀我日益汲汲與其待官文書之披露無期不如私人著述之單行本尙易觀成也然則茲記之流傳不徒樂散求野之意且望邦人君子人手一編俾知熱河全省早隸神州宜謀捍衛或可保邦於未危歟譯者王君松闊修學好古尤邃滿文敘文之末例得並書

中華民國二十一年國歷五月承德胡家鈺敘

三

起初熱河 原係喀拉沁所屬地方 彼時有一台吉名喚烏拉岱在此遊牧居住

聖祖仁皇帝四十年巡幸塞外出古北口 知東北之方有形勝之地 乃由化育溝順灤

熱河內屬中國及行宮駐防始末記不分卷 滿漢合璧

曼殊逸叟撰，王松闊譯漢，民國21年（1932）石印本，正文半葉6－8行不等，白口，單魚尾，四周雙邊，框高22.1厘米，寬13.2厘米。

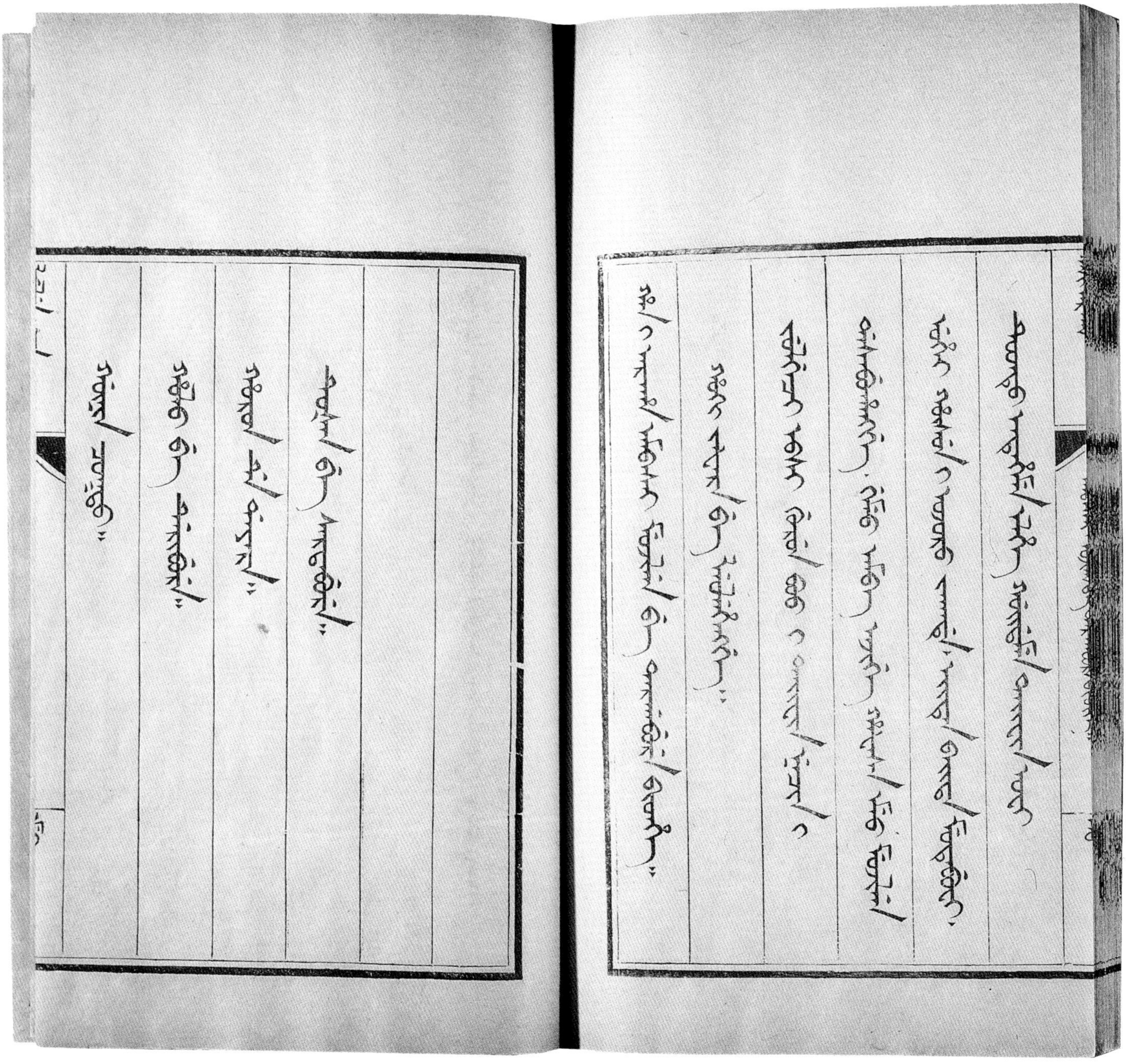

御製人臣儆心録不分卷（之一）　滿漢合集

清世祖（福臨）撰，順治十二年（1655）刻本，正文半葉6行，白口，單魚尾，四周雙邊，框高16.4厘米，寬11.5厘米。此書被列入第二批國家珍貴古籍名録。（圖爲滿文本）

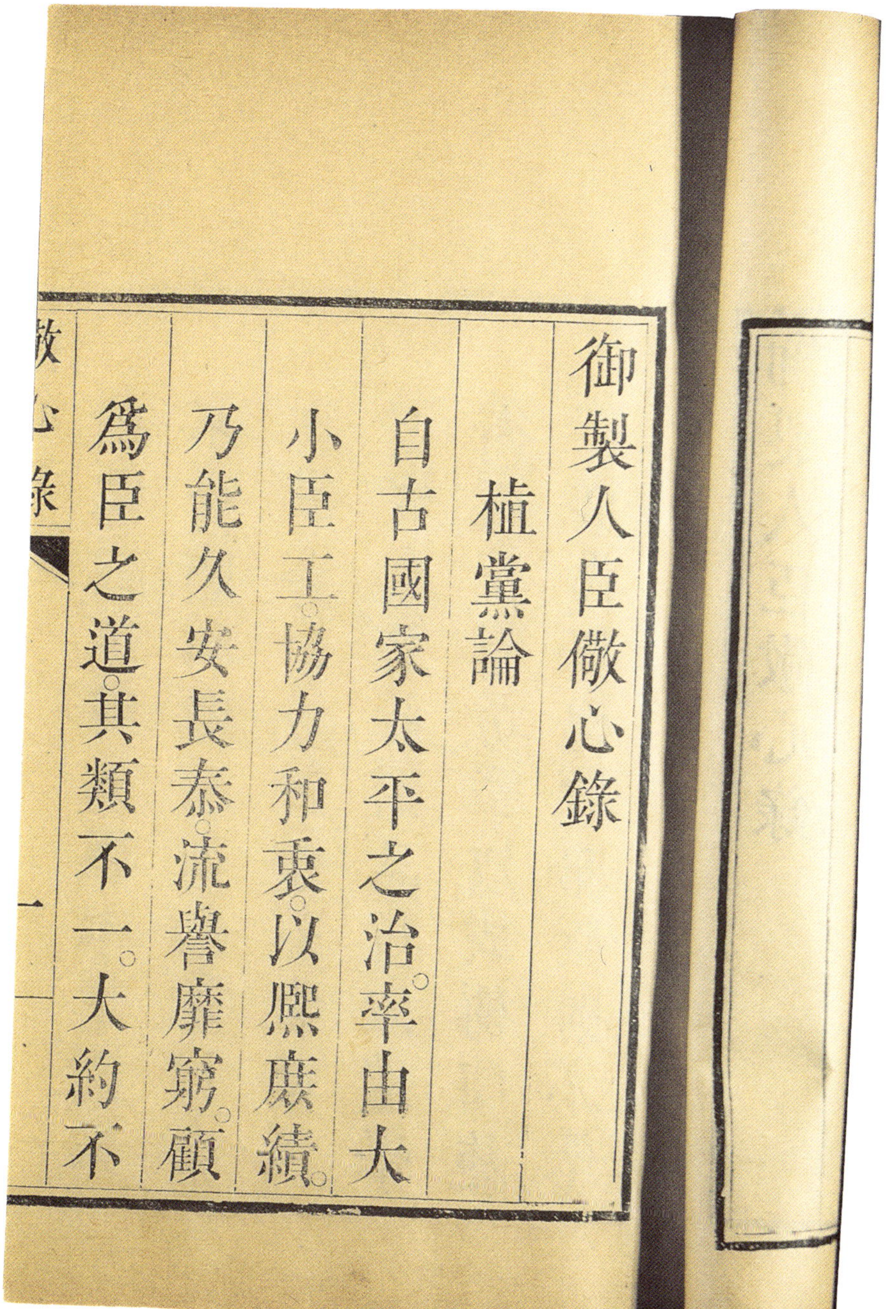
御製人臣儆心錄

植黨論

自古國家太平之治。率由大小臣工。協力和衷。以熙庶績。乃能久安長泰。流譽靡窮。顧爲臣之道。其類不一。大約不

儆心錄　一

御製人臣儆心錄不分卷（之二）

（圖爲漢文本）

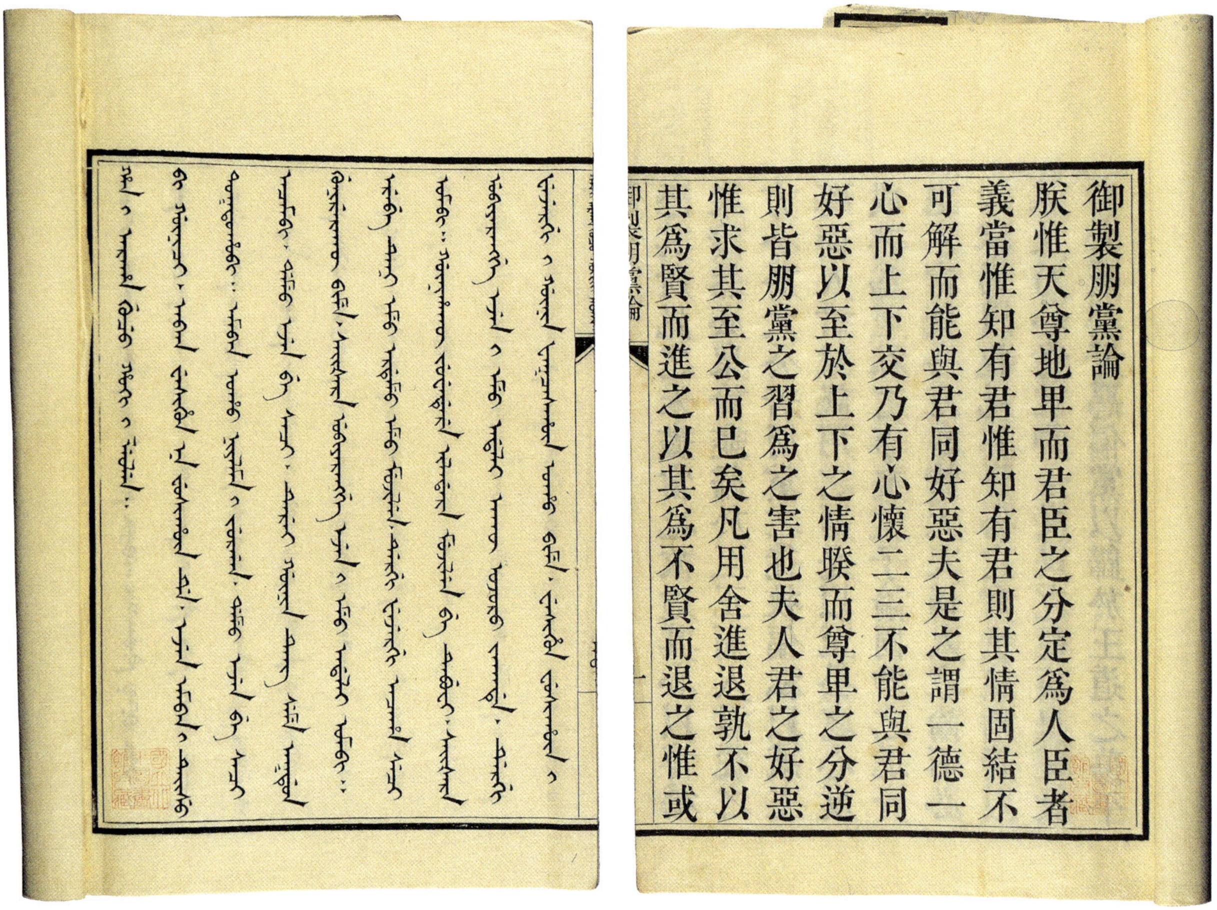

御製朋黨論

朕惟天尊地卑而君臣之分定爲人臣者義當惟知有君惟知有君則其情固結不可解而能與君同好惡夫是之謂一德一心而上下交乃有心懷二三不能與君同好惡以至於上下之情睽而尊卑之分逆則皆朋黨之習爲之害也夫人君之好惡惟求其至公而已矣凡用舍進退孰不以其爲賢而進之以其爲不賢而退之惟或

御製朋黨論不分卷　滿漢合集

清世宗（胤禛）撰，雍正二年（1724）刻本，正文半葉9行，白口，單魚尾，四周雙邊，框高22.1厘米，寬17厘米。

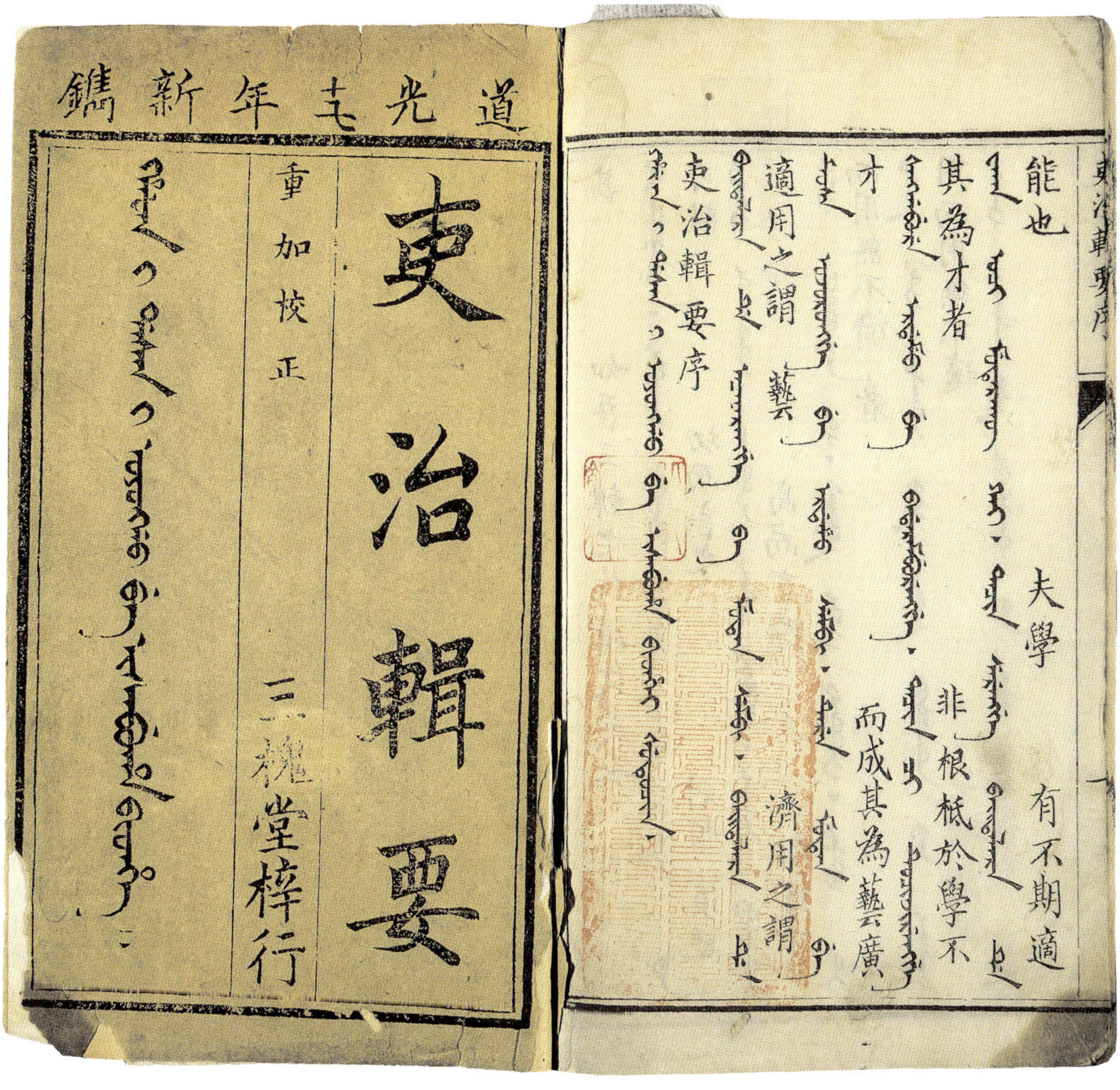

吏治輯要不分卷　滿漢合璧

高鶚撰，通瑞譯，明敘校正，道光三年（1823）三槐堂重刻本，正文半葉10行，白口，單魚尾，四周雙邊，框高20.2厘米，寬13.2厘米。

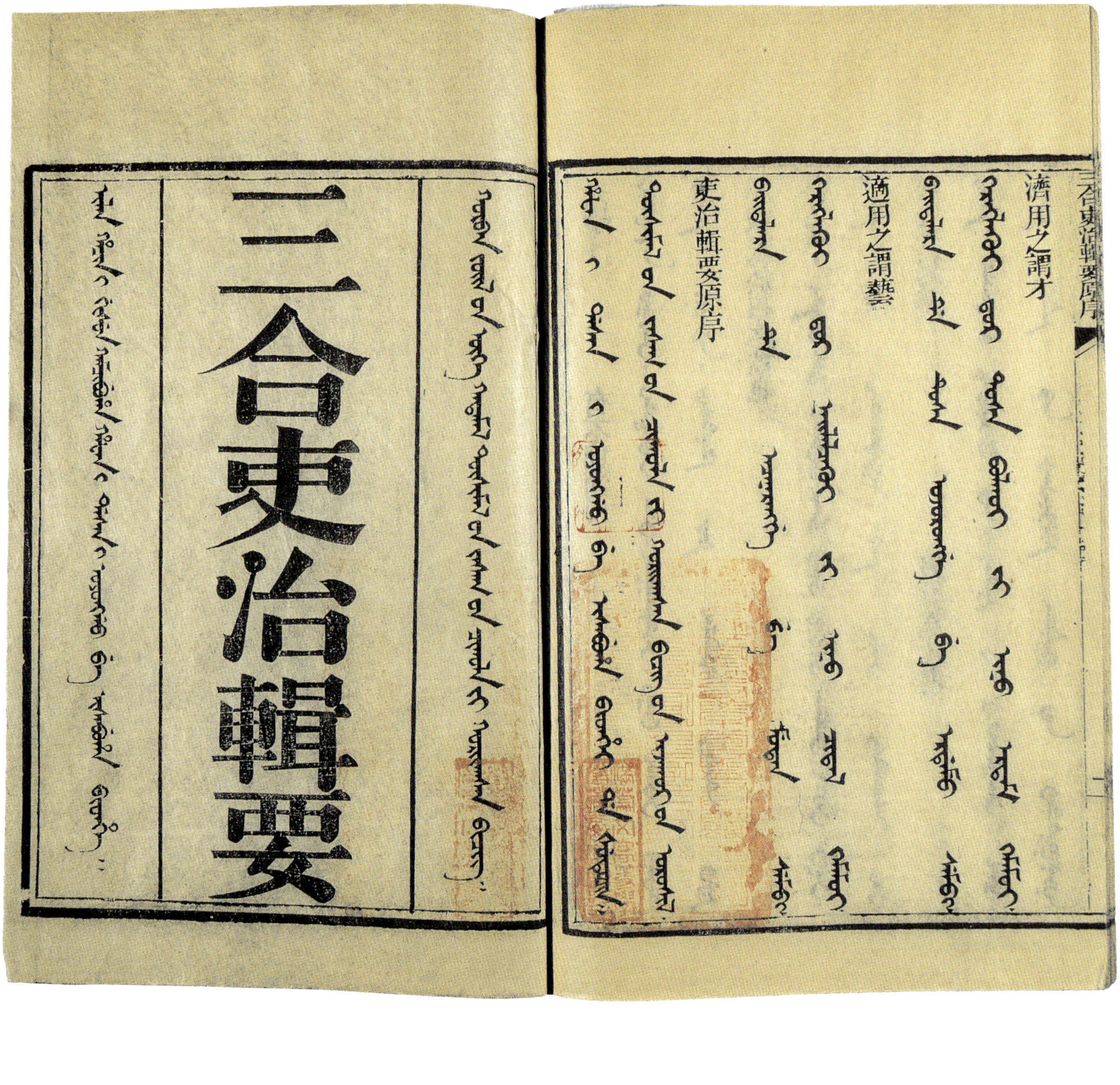

三合吏治輯要不分卷　滿蒙漢合璧

高鶚撰，通瑞譯滿，孟保譯蒙，咸豐七年（1857）刻本，正文半葉9行，白口，單魚尾，四周雙邊，框高20.5厘米，寬14.6厘米。

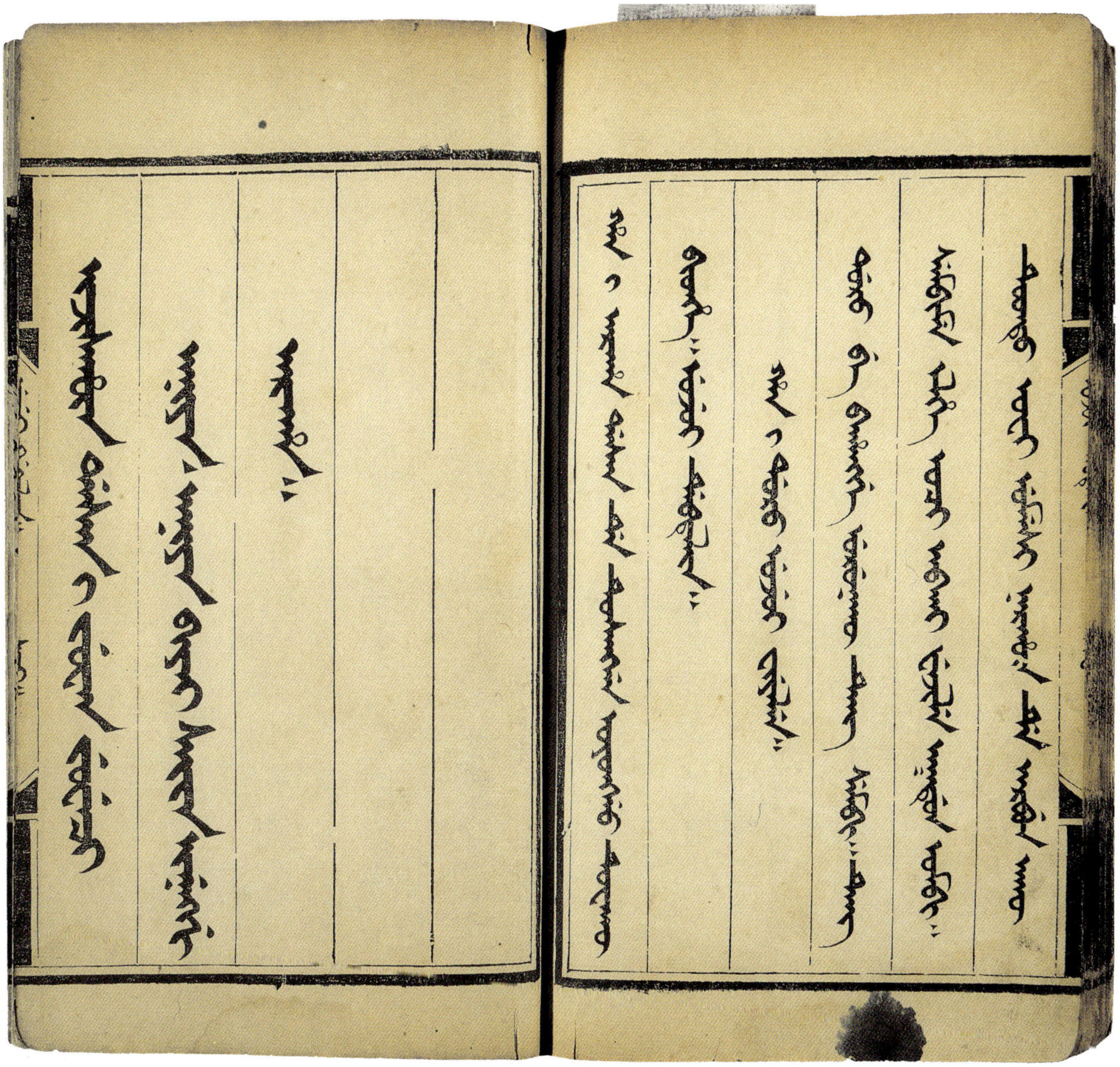

資政要覽四卷　滿文

清世祖（福臨）撰，順治十二年（1655）内府刻本，正文半葉6行，小字雙行，黑口，雙魚尾，四周雙邊，框高18.3厘米，寬12.1厘米。

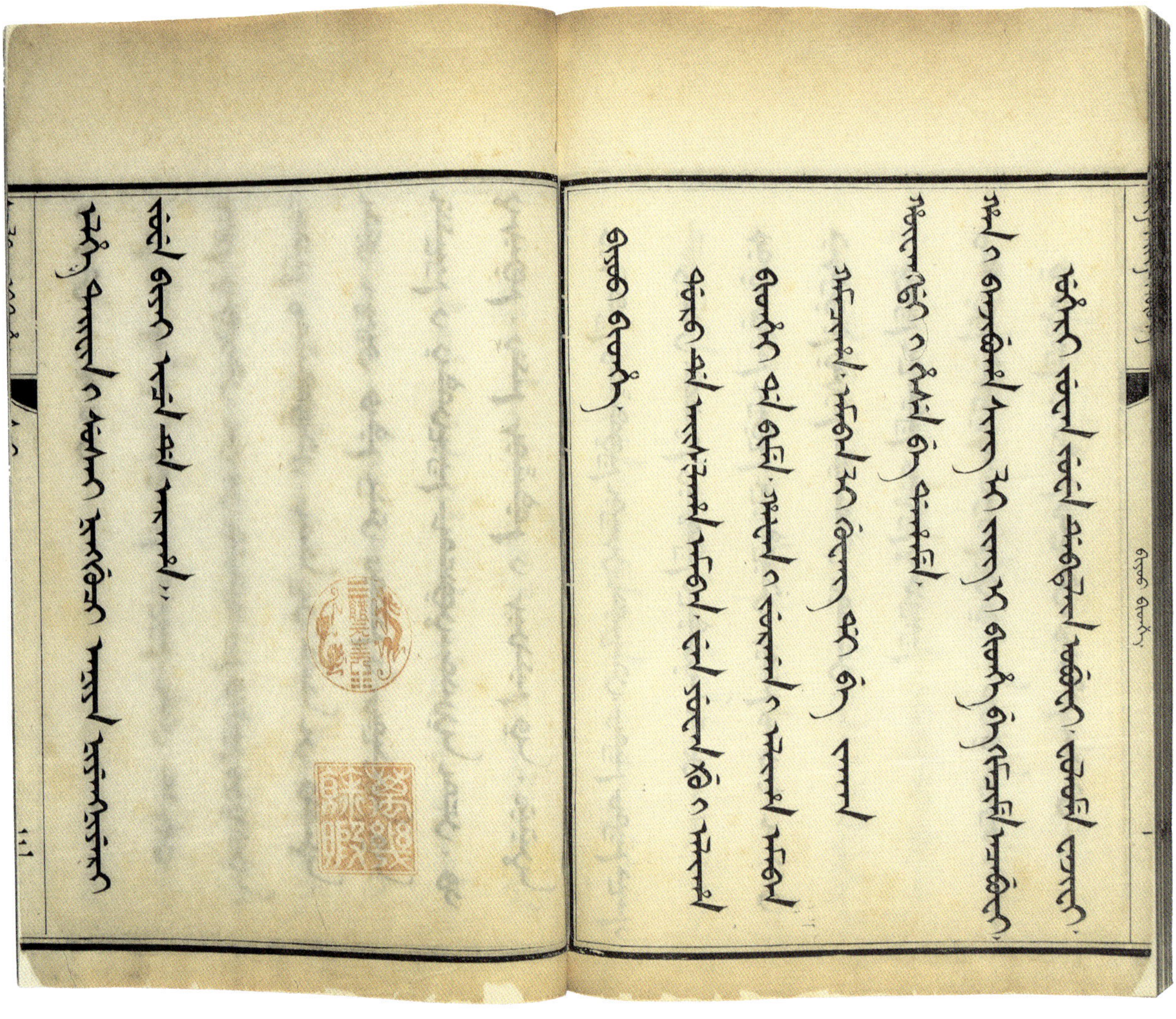

御纂性理精義十二卷 滿文

李光地等編，康熙五十六年（1717）殿刻本，正文半葉7行，小字雙行，白口，單魚尾，四周雙邊，框高21.6厘米，寬16.7厘米。

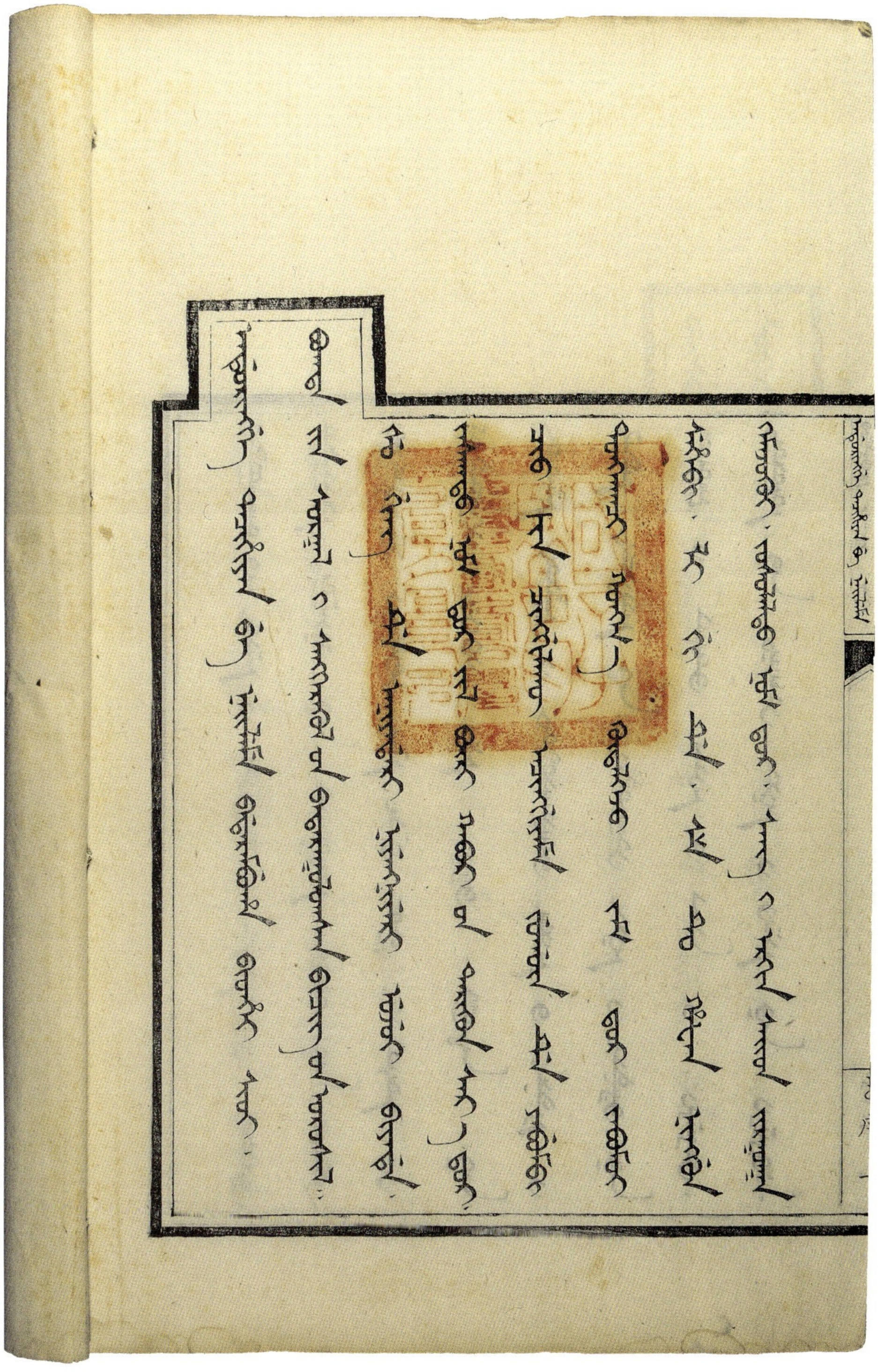

聖諭廣訓二卷　滿蒙合璧

清世宗（胤禛）撰，雍正二年（1724）殿刻本，正文半葉10行，白口，單魚尾，四周雙邊，框高22.8厘米，寬20.3厘米。

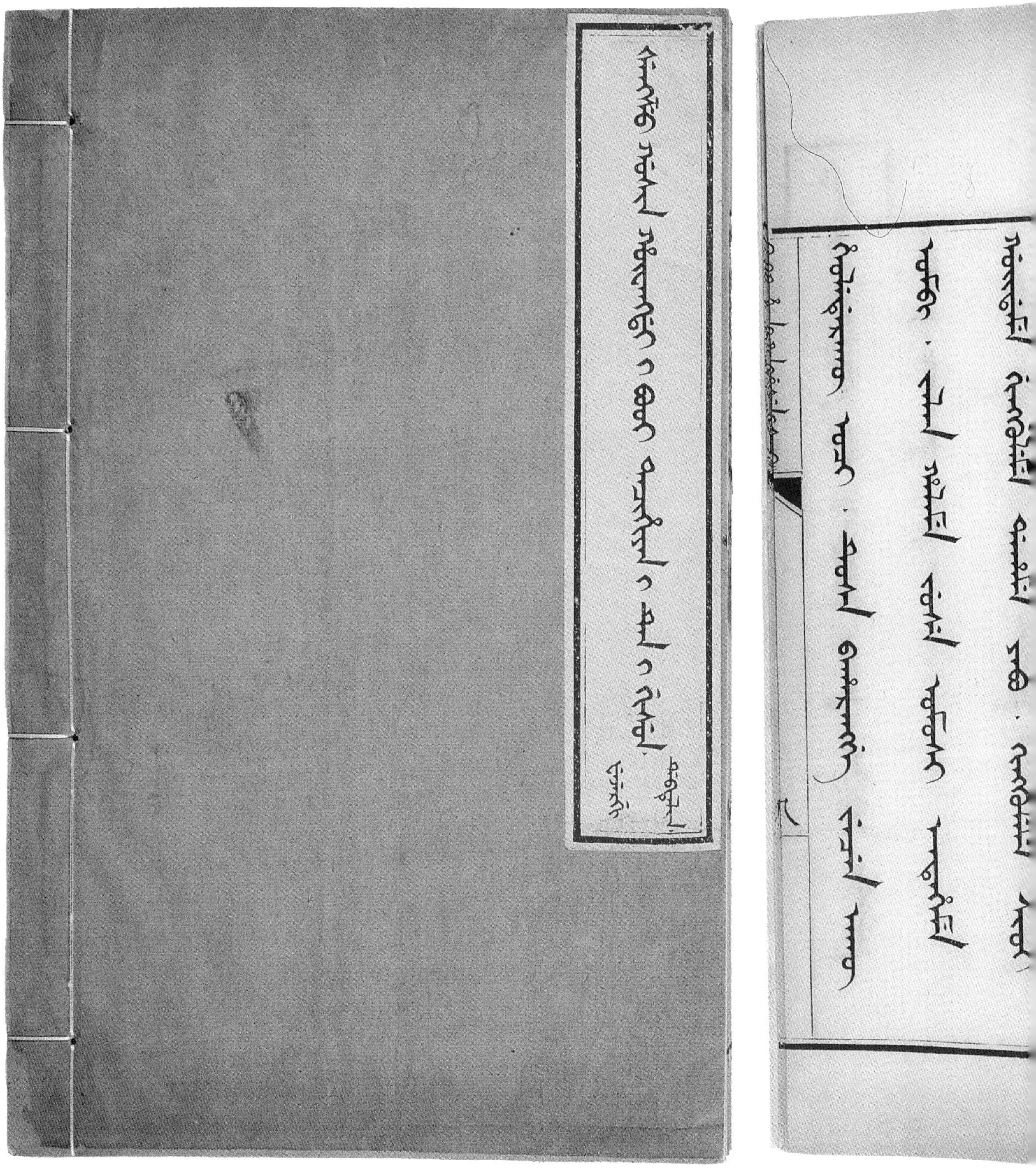

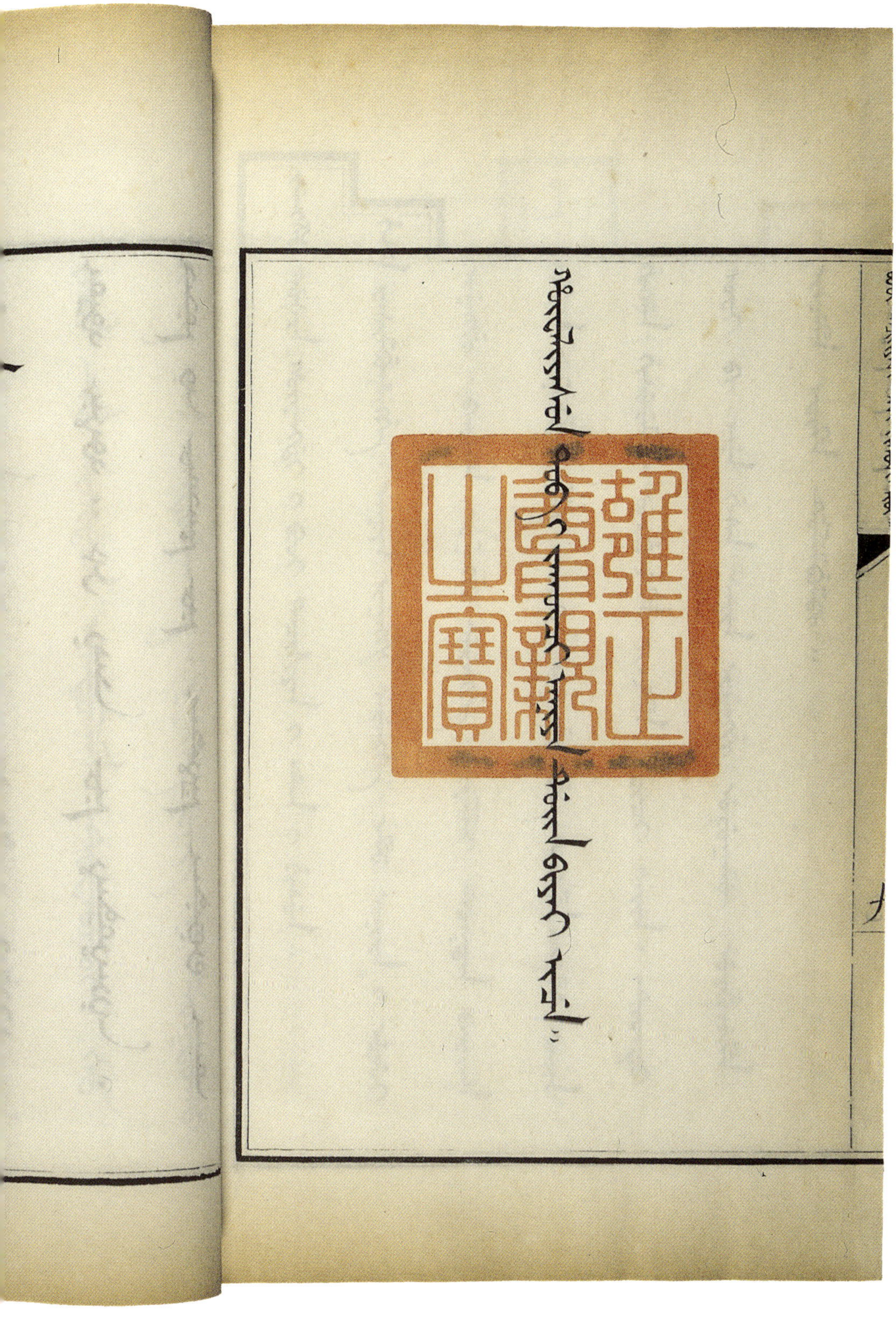

聖祖仁皇帝庭訓格言二卷 滿文

清世宗（胤禛）輯，雍正八年（1730）殿刻本，正文半葉7行，白口，單魚尾，四周雙邊，框高21.3厘米，寬15.7厘米。

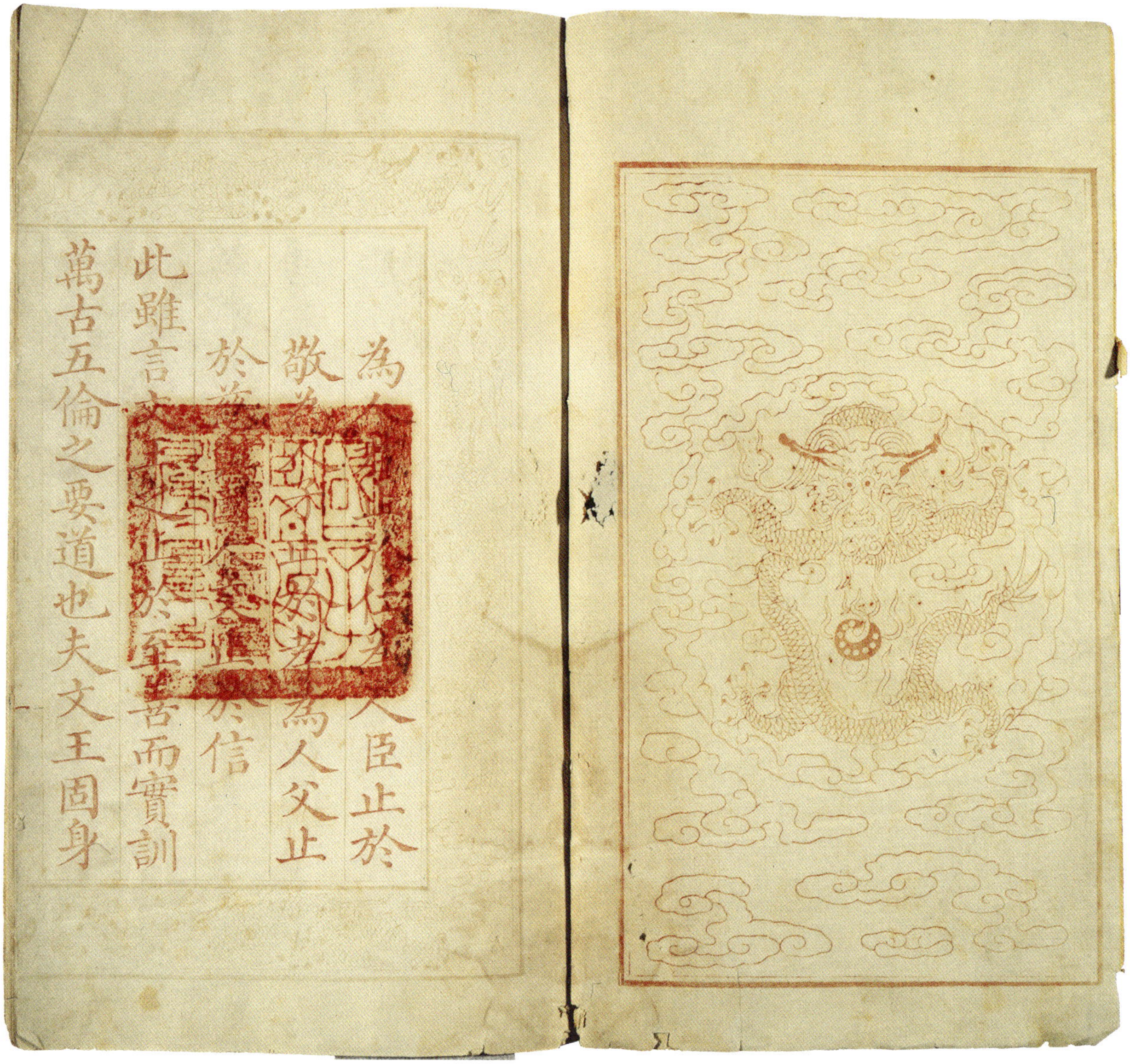
萬古五倫之要道也夫文王固身

御論附講章不分卷（之一）　滿漢合集

清高宗（弘曆）撰，鄂爾泰等講，乾隆刻朱墨印本，《御論》朱印，正文半葉5行，《講章》墨印，正文半葉8行，白口，無魚尾，《御論》字框外罩祥雲行龍圖案，《講章》四周雙邊，框高24厘米，寬14.8厘米。（圖爲漢文本）

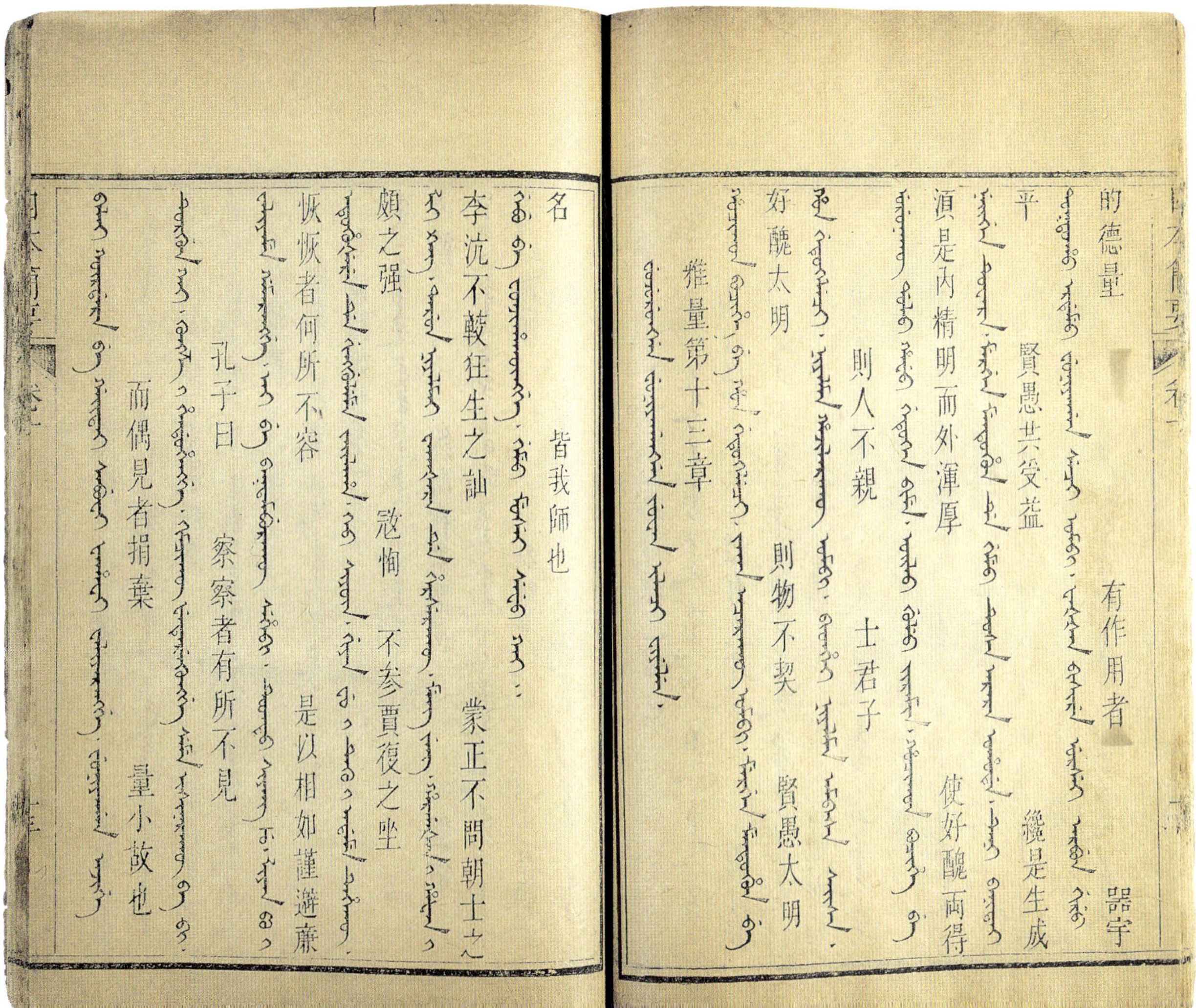

四本簡要四卷 滿漢合璧

富公魯輯，富明安譯，乾隆三十三年（1768）刻本，正文半葉12行，白口，單魚尾，四周雙邊，框高18.2厘米，寬13.9厘米。

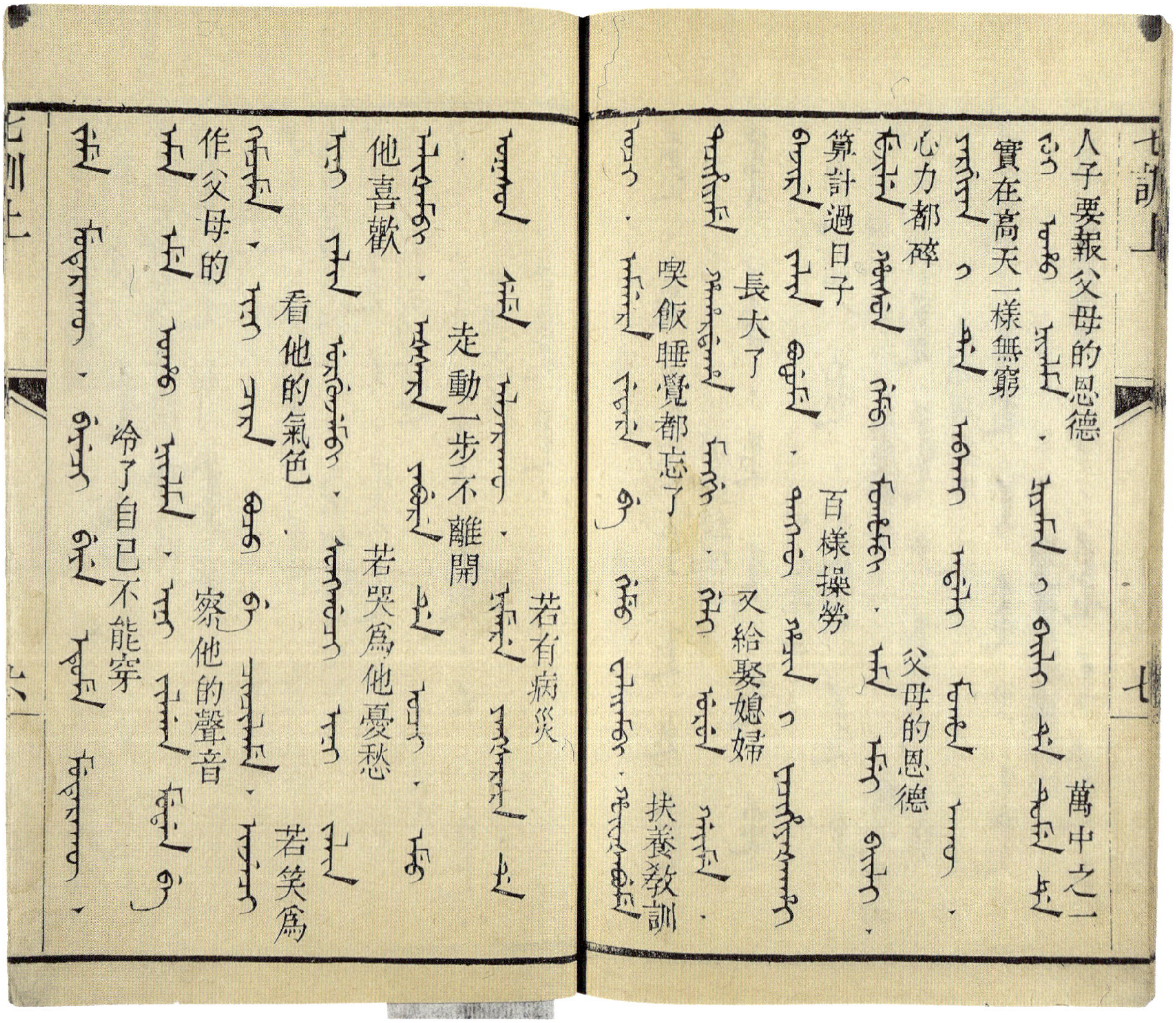
七訓上　七

人子要報父母的恩德　萬中之一

實在高天一樣無窮

心力都碎　父母的恩德

算計過日子　百樣操勞

長大了　又給娶媳婦

喫飯睡覺都忘了　扶養教訓

若有病災

走動一步不離開

他喜歡　若哭爲他憂愁

看他的氣色　若笑爲

作父母的　察他的聲音

冷了自己不能穿

七訓上　六

七訓二卷　滿漢合璧

博赫輯，乾隆二十九年（1764）刻本，正文半葉12行，白口，單魚尾，左右雙邊，框高20.6厘米，寬15厘米。

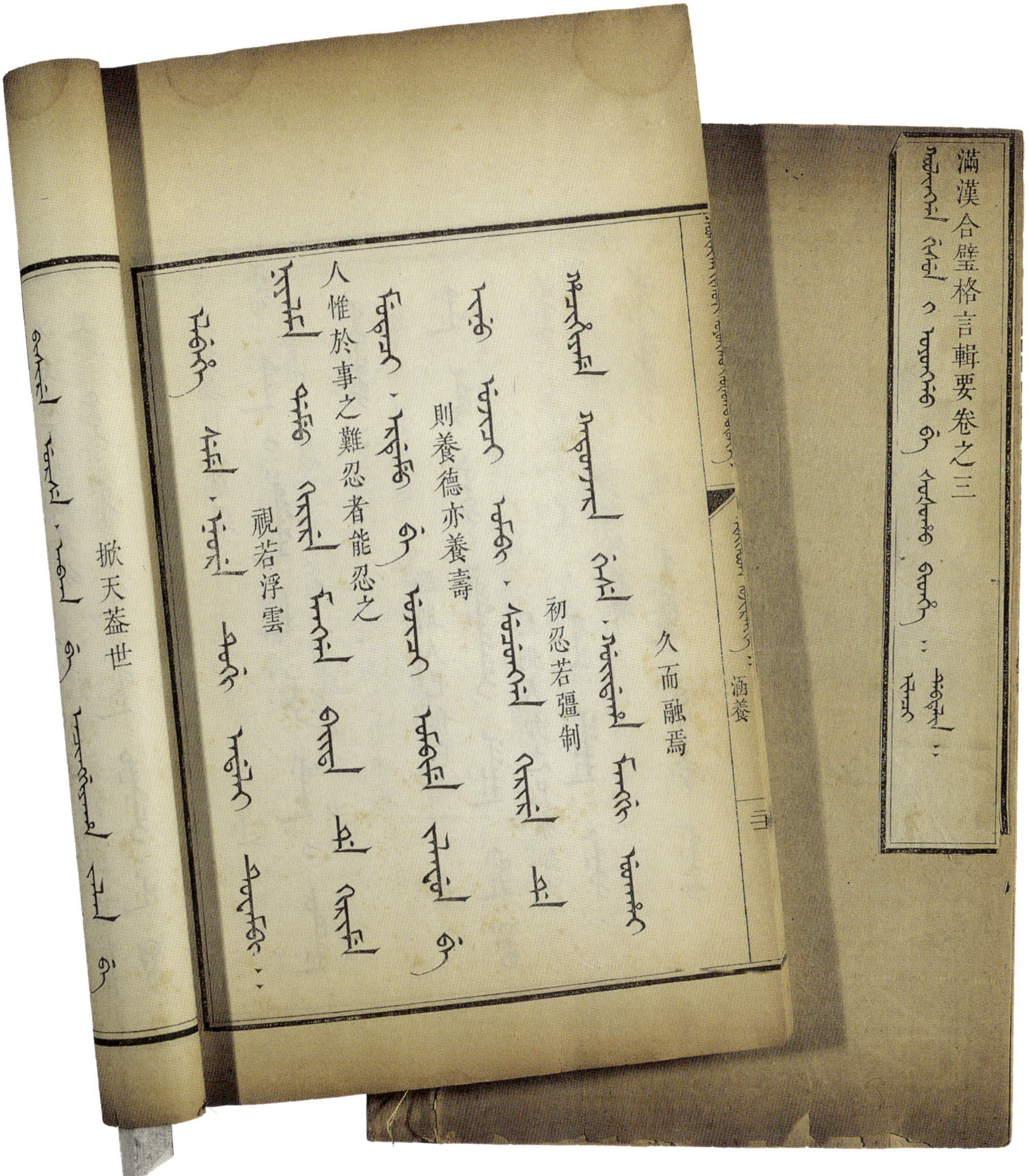

格言輯要四卷 滿漢合璧

刻本，正文半葉10行，白口，單魚尾，四周雙邊，框高20.1厘米，寬15.7厘米。

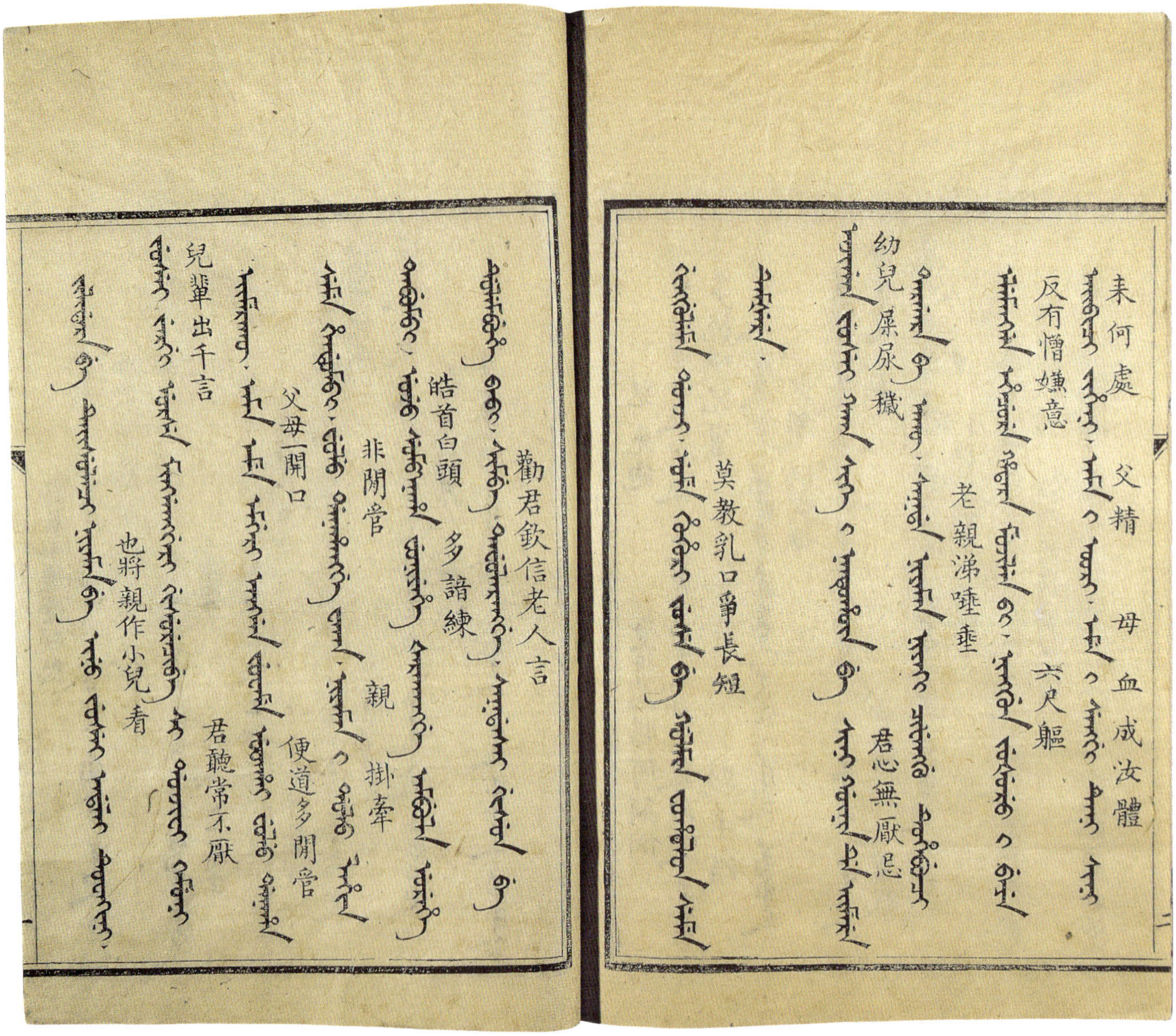
来何處 父精 母血成汝體
反有憎嫌意 六尺軀
老親涕唾垂
幼兒屎尿穢 君心無厭忌
莫教乳口爭長短

勸君欽信老人言
皓首白頭 多語練
非閒管 親 掛牽
父母一開口 便道多閒管
兒輩出千言 君聽常不厭
也將親作小兒看

王中書勸孝八反歌不分卷 滿蒙漢合璧

噶勒桑譯，嵩祝寺天清經局刻本，正文半葉12行，白口，單魚尾，四周雙邊，框高19.6厘米，寬14.9厘米。此書後附蒙文，簽題《滿蒙漢合璧思孝歌》。

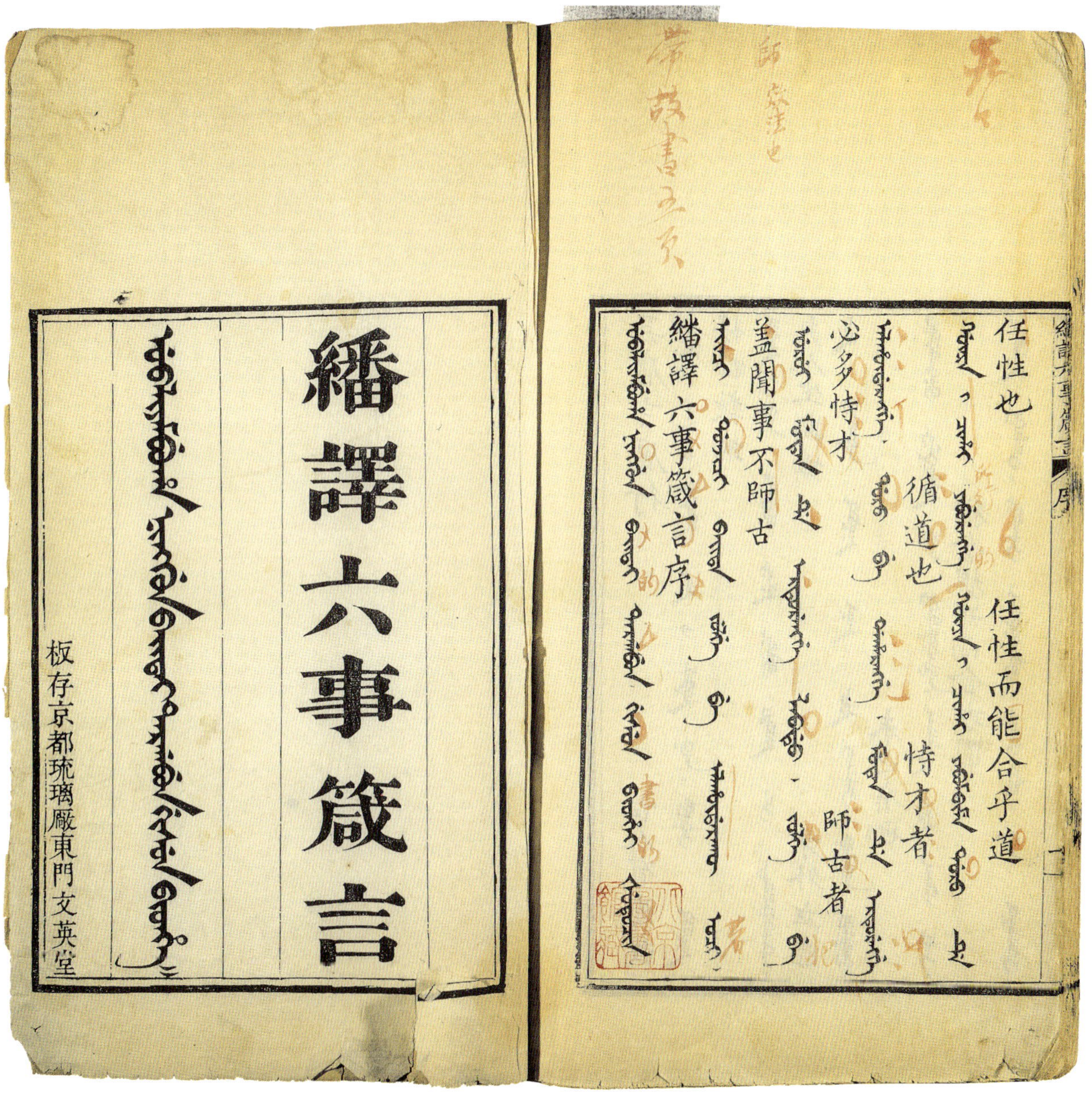
繙譯六事箴言
板存京都琉璃厰東門文英堂
任性也
循道也
任性而能合乎道
恃才者
師古者
必多恃才
盖聞事不師古
繙譯六事箴言序

六事箴言四卷　滿漢合璧

葉玉屏輯，孟保譯，咸豐元年（1851）文英堂刻本，正文半葉8行，白口，單魚尾，左右雙邊，框高20.1厘米，寬14.6厘米。

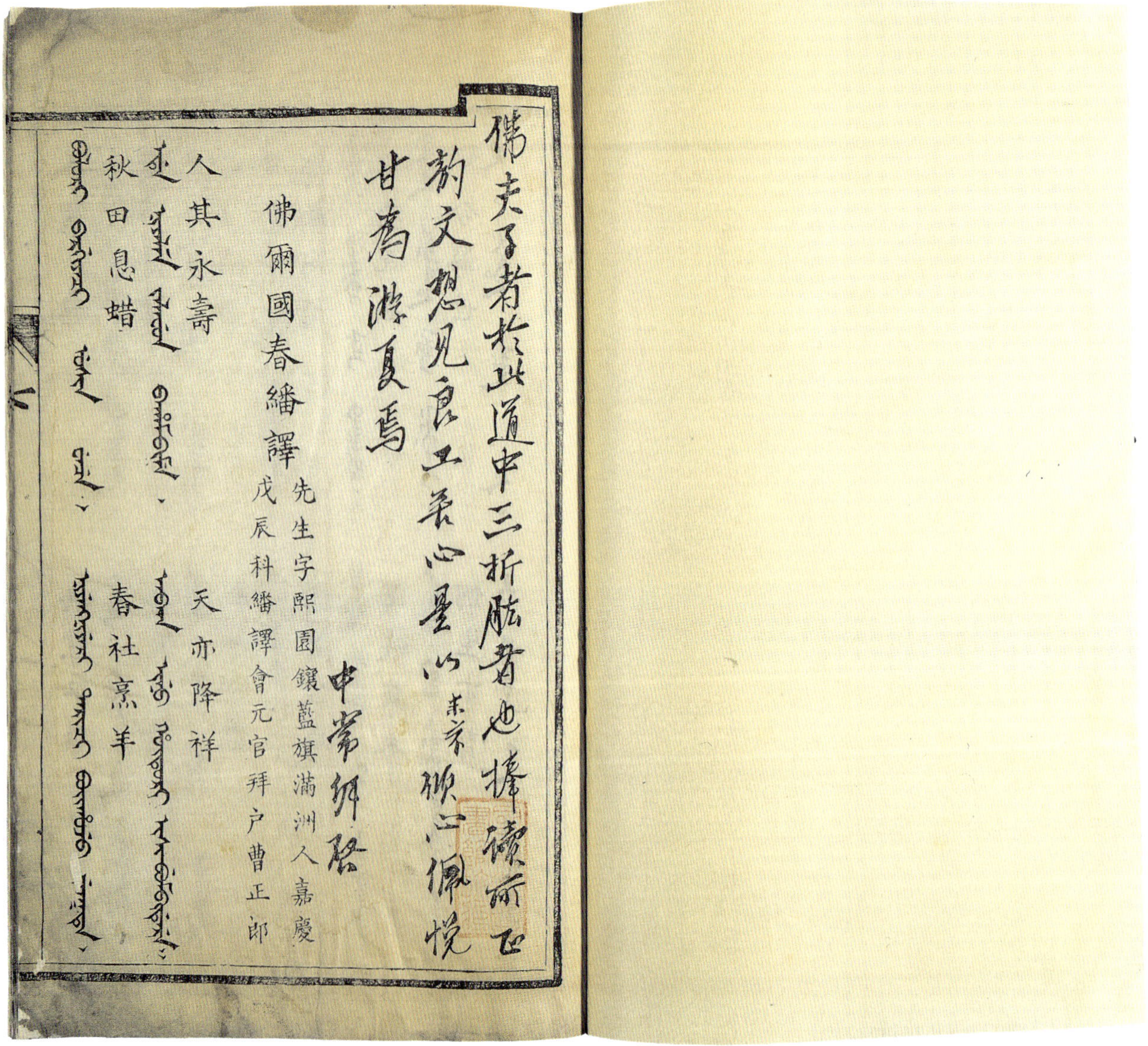
佛夫子者於此道中三折肱者也捧讀所正
韵文想見良工苦心是以
甘為游夏焉
中常緝啓
佛爾國春繙譯
先生字熙園鑲藍旗滿洲人嘉慶
戊辰科繙譯會元官拜户曹正郎
人其永壽
天亦降祥
秋田息蜡
春社烹羊

欽頒四言韻文不分卷 滿漢合璧

佛爾國春譯，刻本，正文半葉12行，白口，單魚尾，四周雙邊，框高21.8厘米，寬14.4厘米。

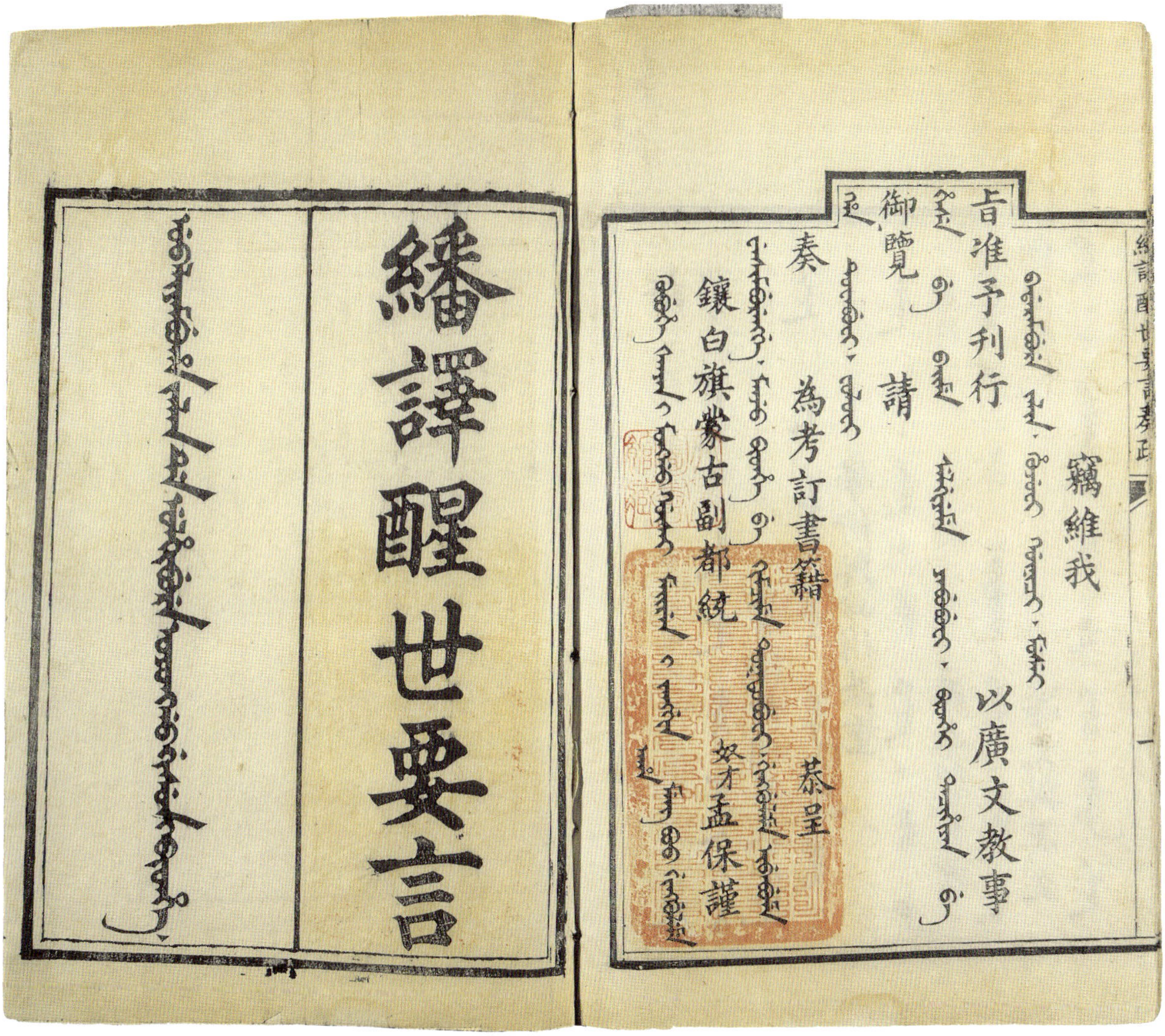

醒世要言四卷　滿漢合璧

（明）呂坤撰，和素輯譯，孟保校譯，同治六年（1867）殿刻本，正文半葉10行，白口，單魚尾，四周雙邊，框高18.8厘米，寬13.9厘米。

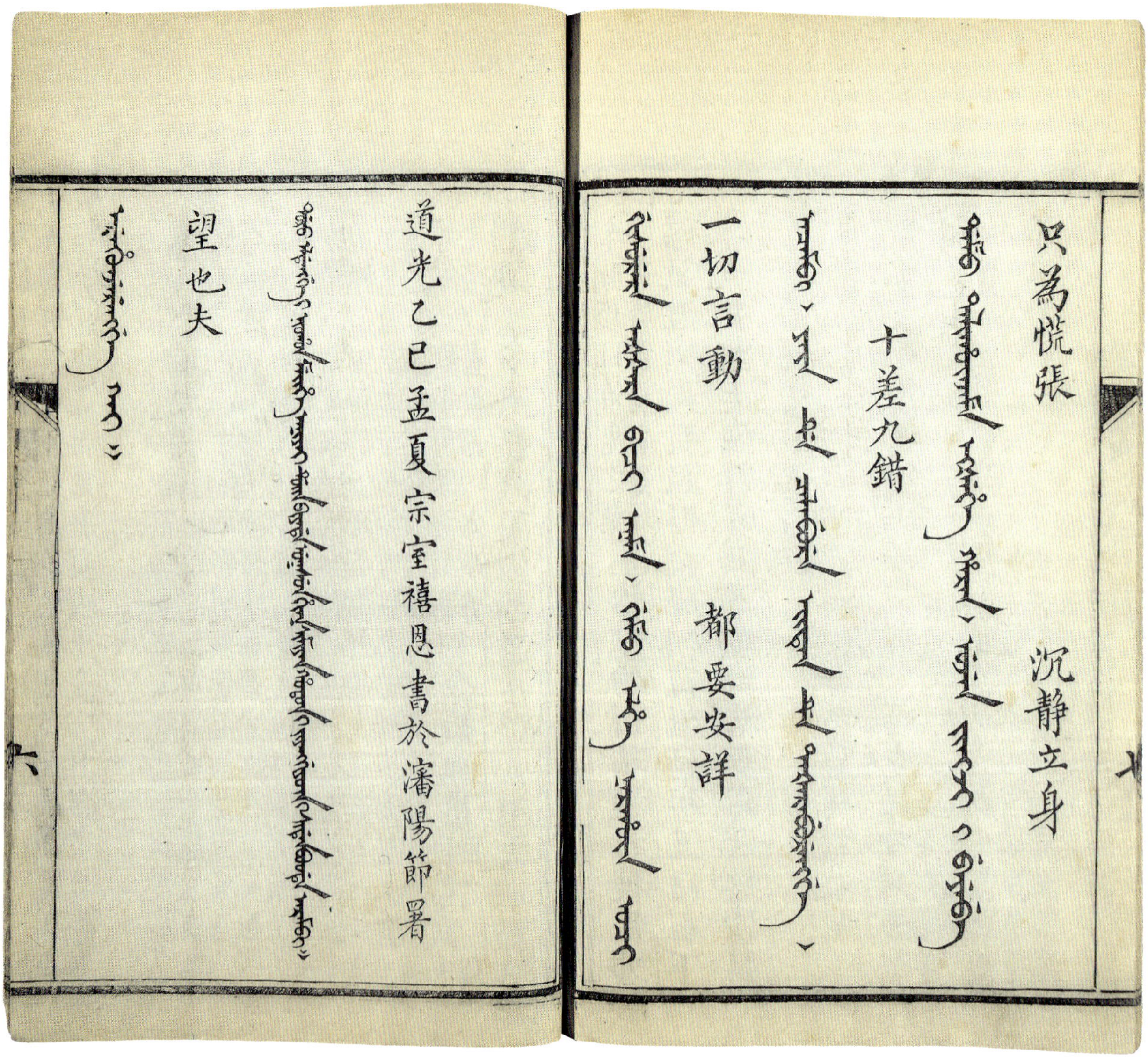
只為慌張 沉靜立身
十差九錯
一切言動 都要安詳
道光乙巳孟夏宗室禧恩書於瀋陽節署
望也夫

童諺不分卷　滿漢合璧

（明）呂得勝撰，禧恩譯，道光二十五年（1845）刻本，正文半葉6行，白口，單魚尾，四周雙邊，框高20.9厘米，寬14.8厘米。此書又名《小兒語》。

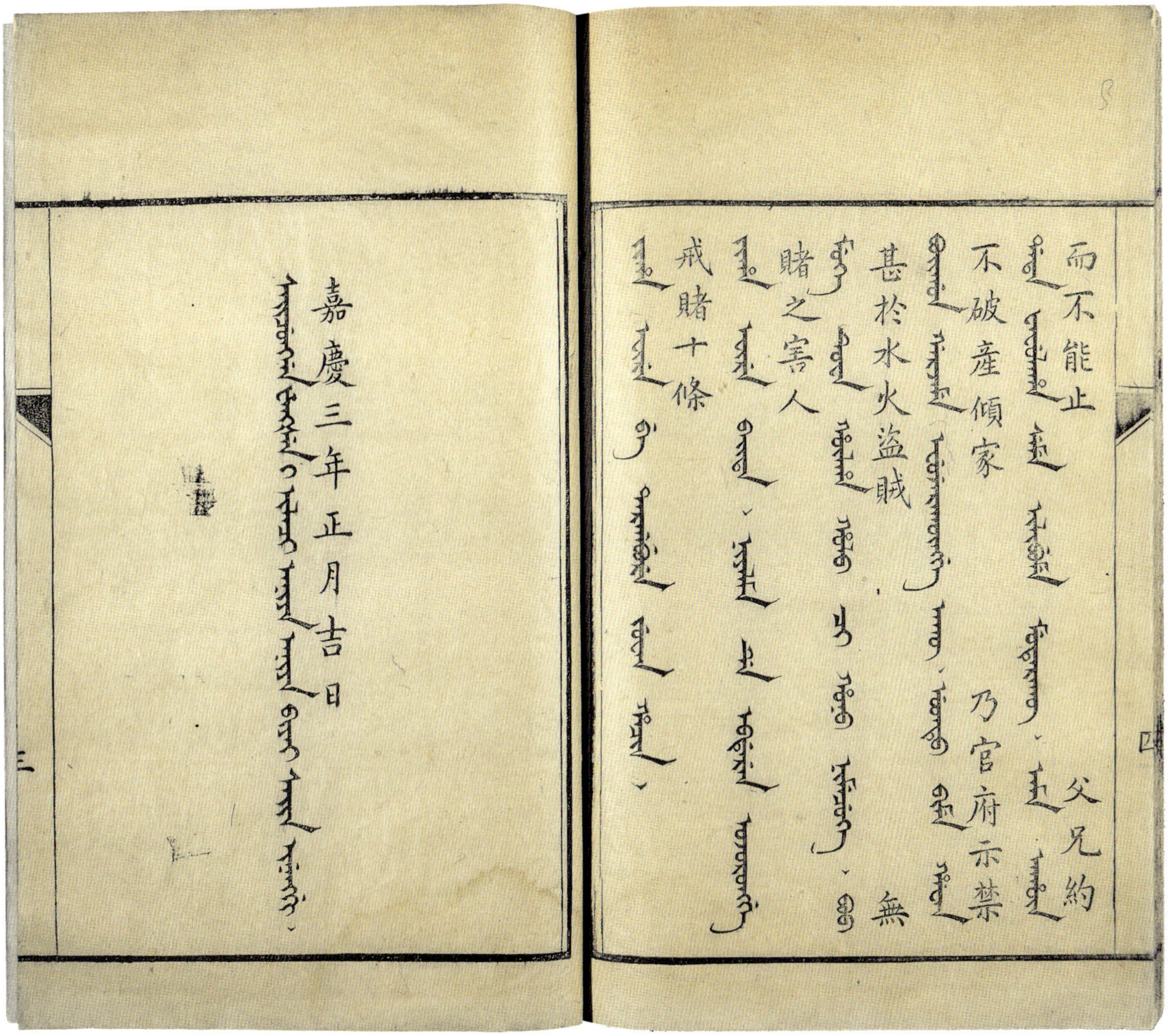
而不能止
父兄約
不破産傾家
乃官府示禁
甚於水火盜賊
無
賭之害人
戒賭十條
嘉慶三年正月吉日

戒賭十則不分卷　滿漢合璧

九甭譯，嘉慶三年（1798）鎮浙將軍薩秉阿重刻本，正文半葉10行，白口，單魚尾，左右雙邊，框高20厘米，寬15.6厘米。

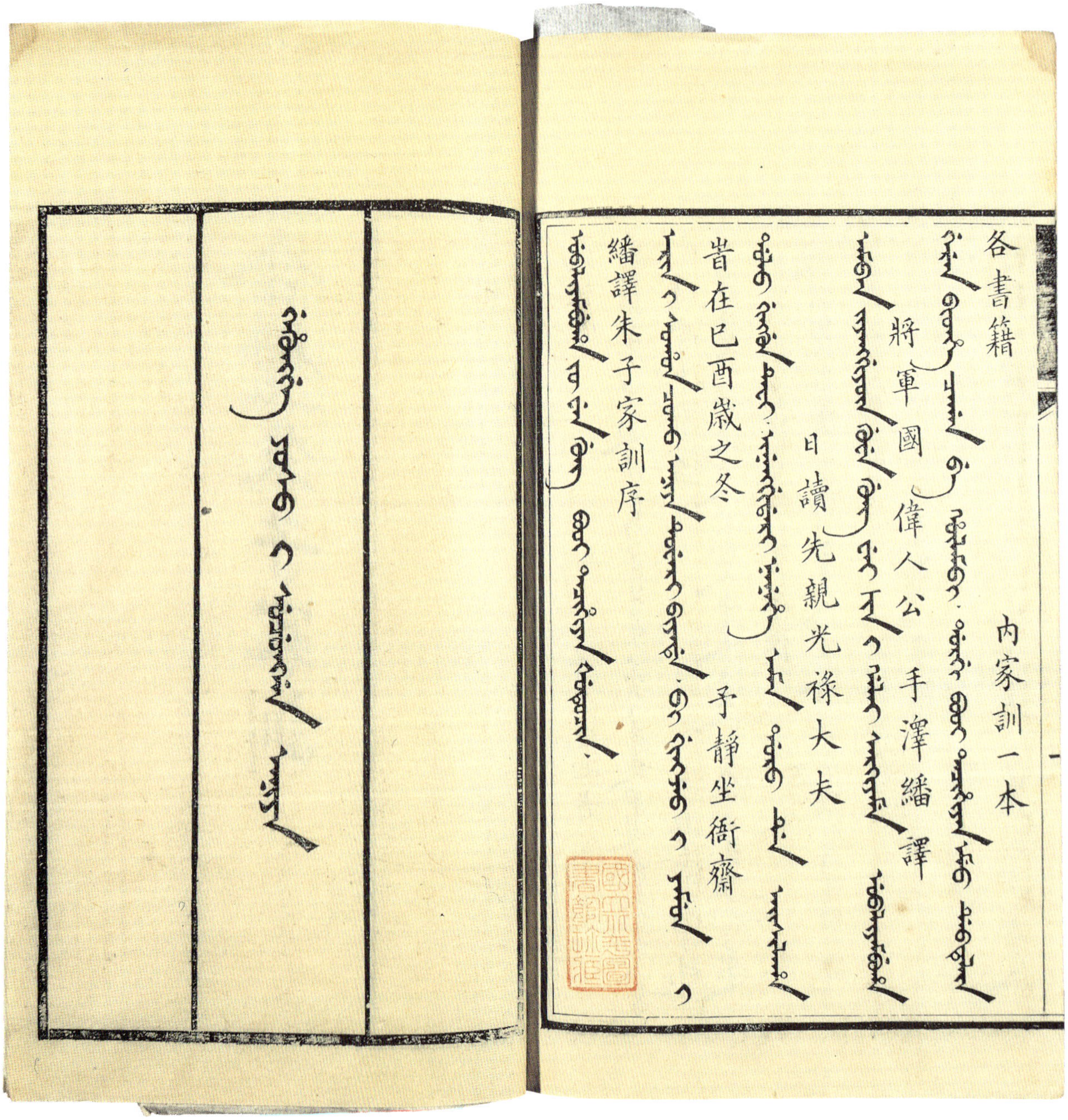
繙譯朱子家訓序
旹在巳酉歲之冬 予靜坐衙齋
日讀先親光祿大夫
將軍國偉人公手澤繙譯
各書籍 内家訓一本

朱子家訓不分卷 滿漢合璧

朱用純（柏廬）撰，德保譯，松和校，宣統二年（1910）荆防廣化善堂刻本，正文半葉10行，黑口，單魚尾，四周雙邊，框高21厘米，寬13.8厘米。

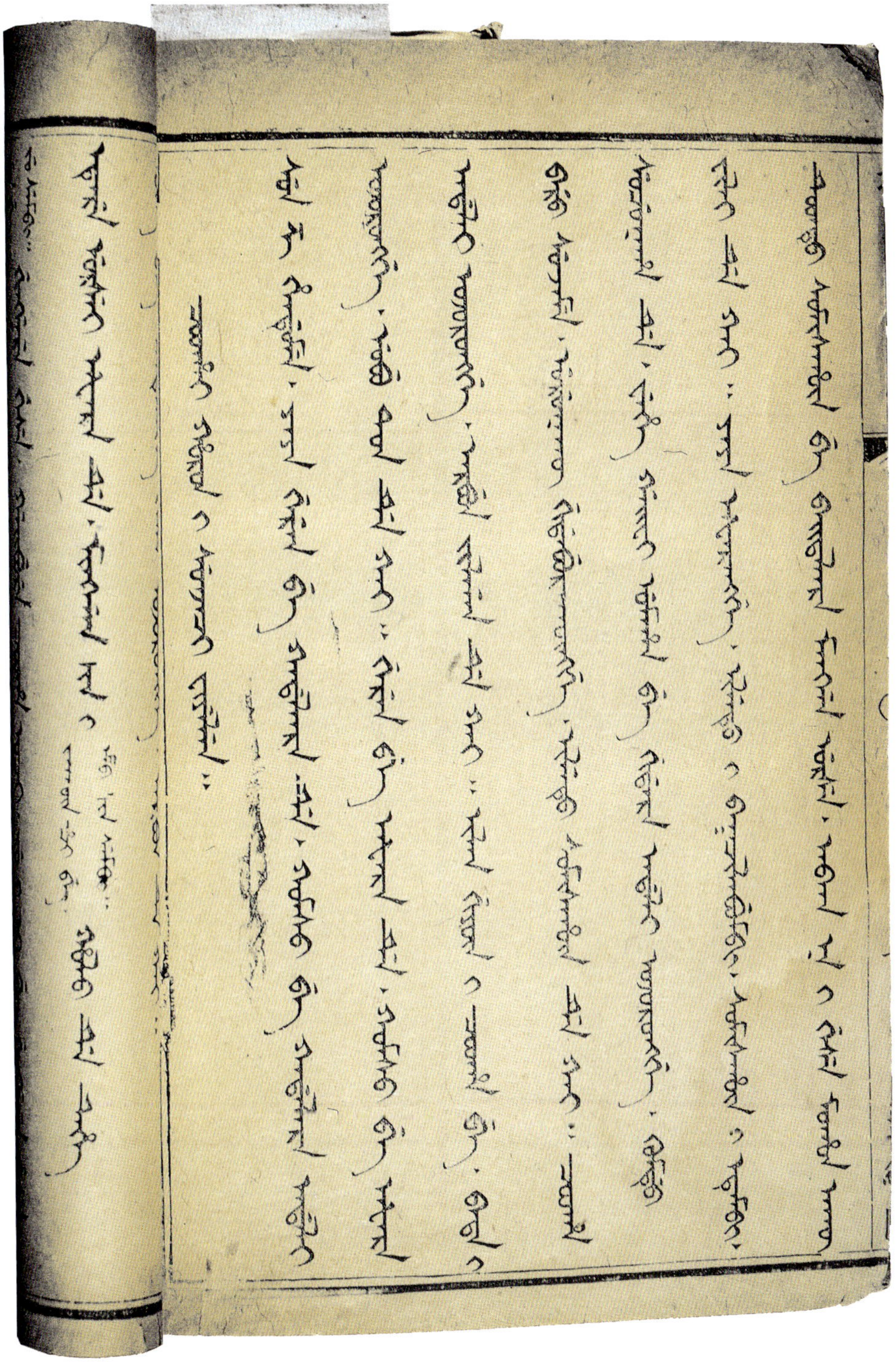

孫吳子兵法不分卷（之一）　滿文

（春秋）孫武、（戰國）吳起撰，桑額譯，康熙四十九年（1710）京都天繪閣刻本，正文半葉8行，白口，單魚尾，四周雙邊，框高22.5厘米，寬15.2厘米。

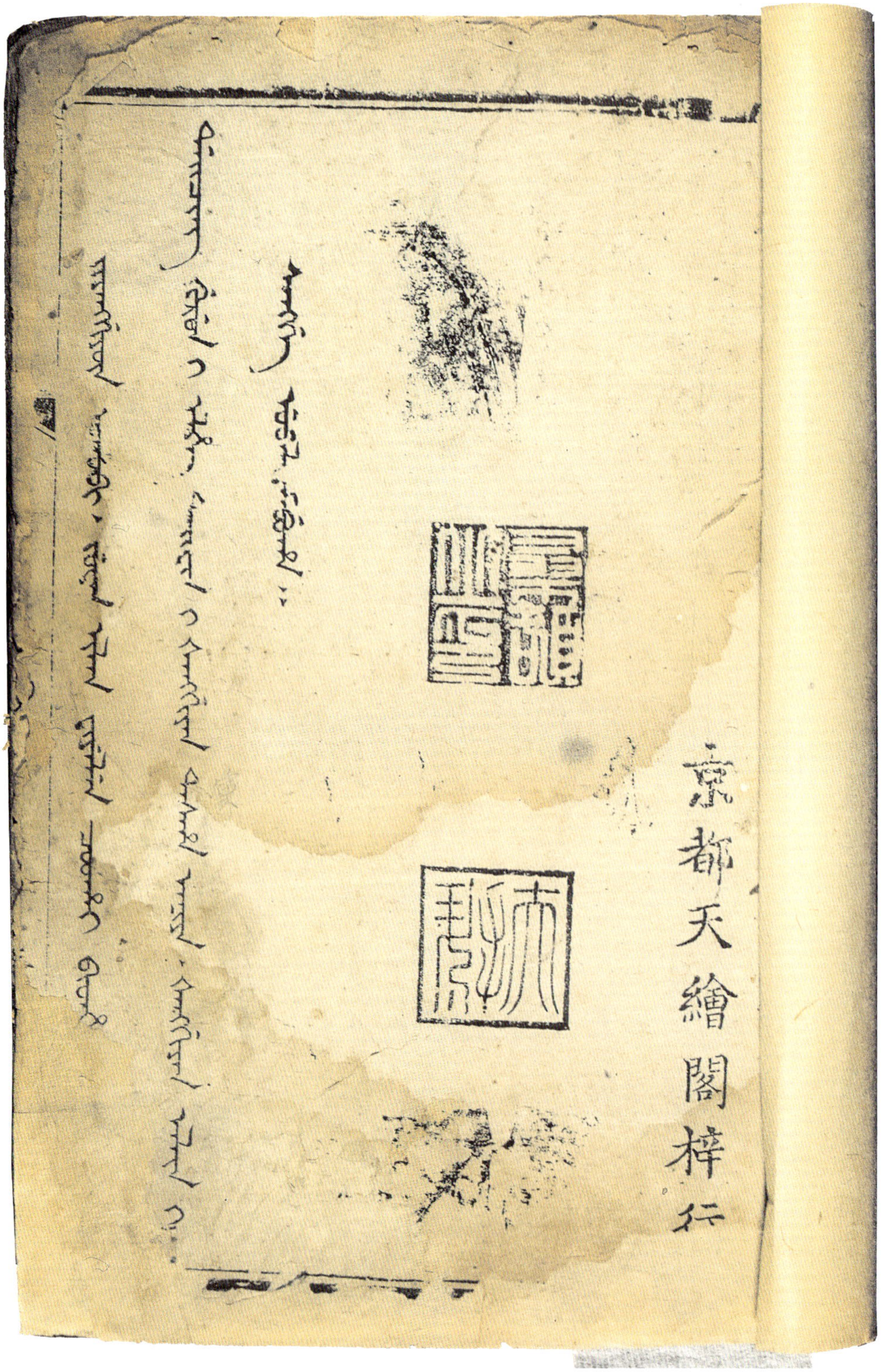
京都天繪閣梓行

孫吳子兵法不分卷（之二）

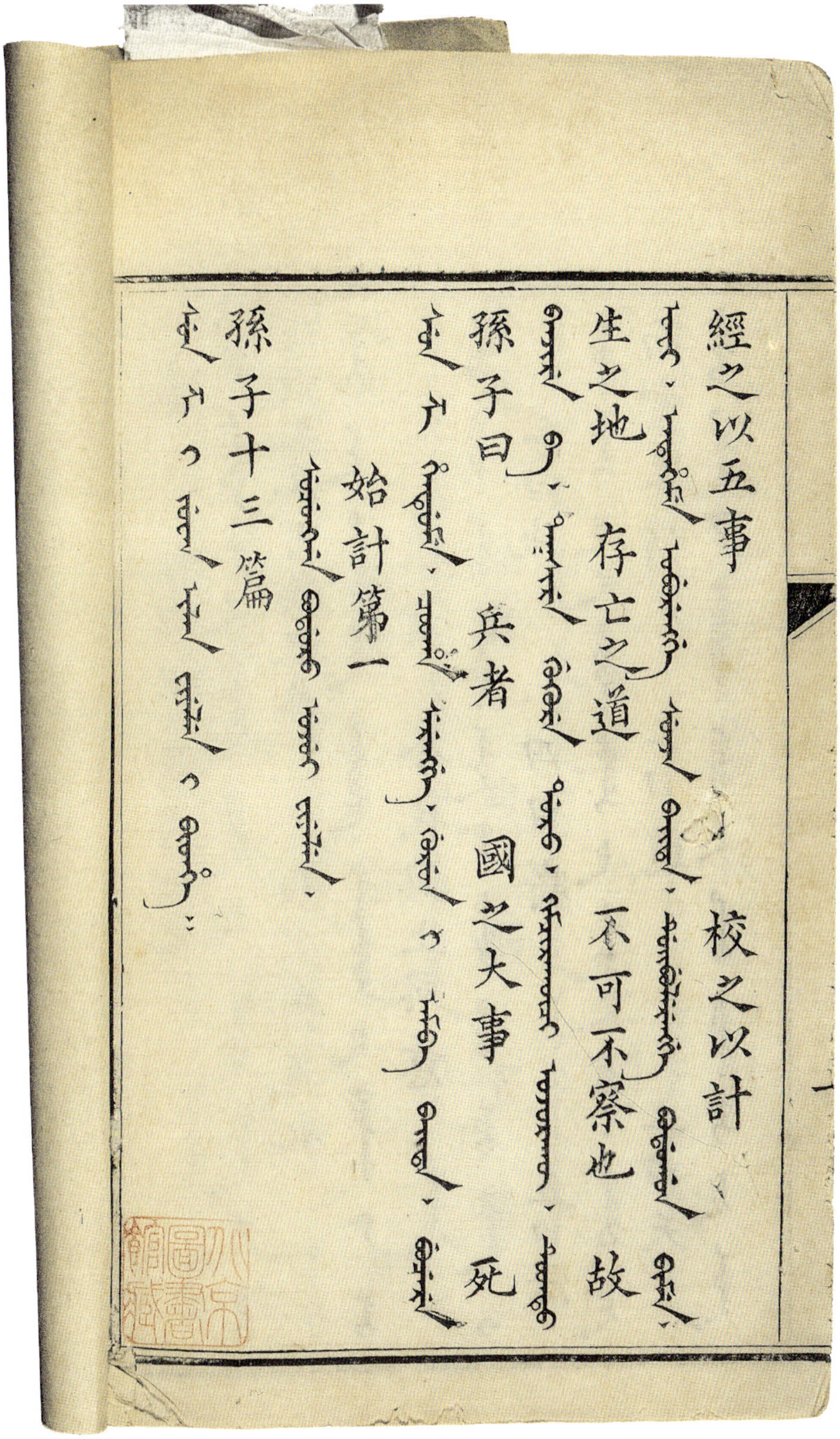

孫子十三篇不分卷（之一）　滿漢合璧

（春秋）孫武撰，三格譯，刻本，正文半葉10行，白口，單魚尾，四周雙邊，框高20.5厘米，寬14.2厘米。

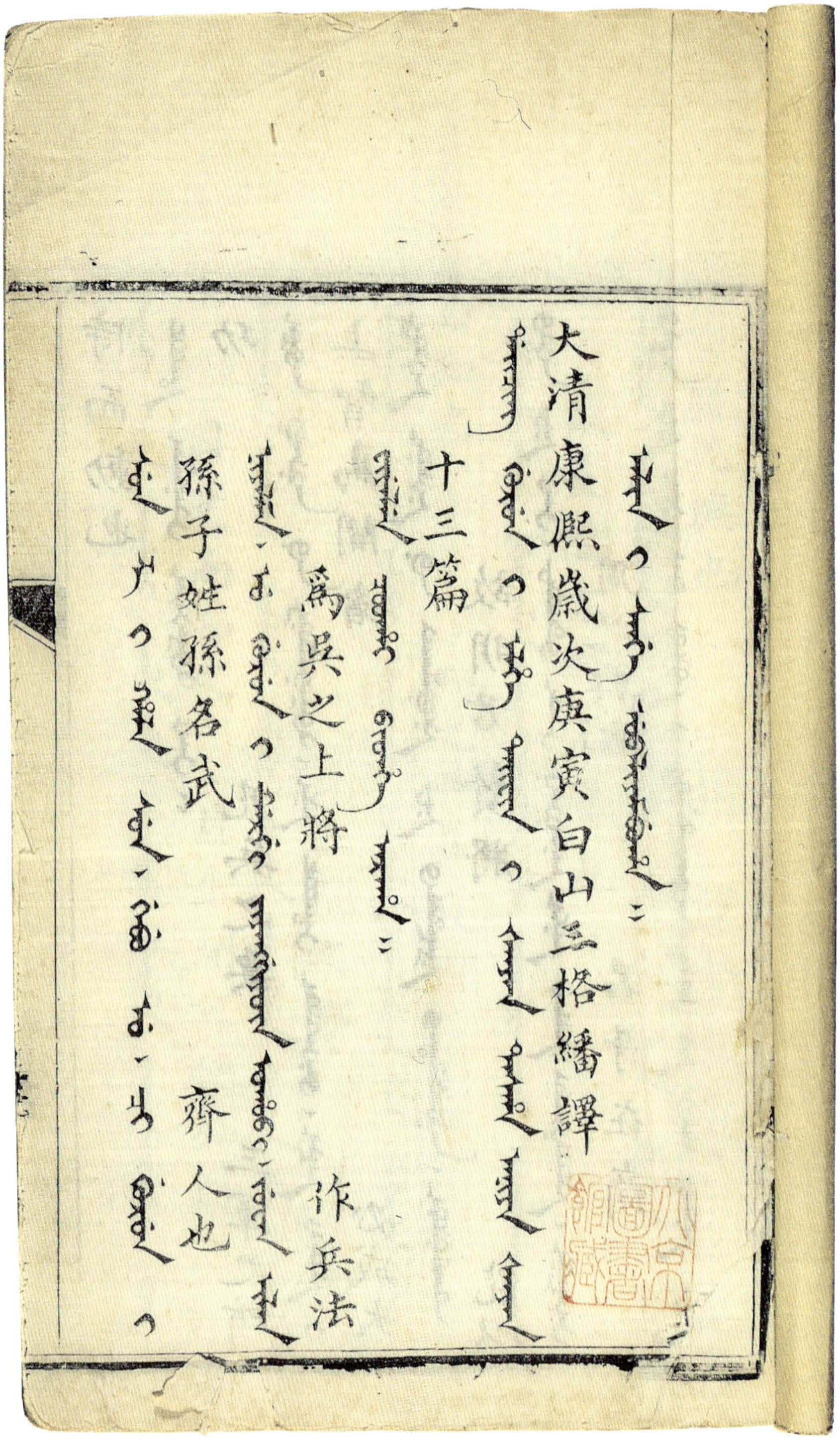
大清康熙歲次庚寅白山三格繙譯

十三篇

爲吳之上將 作兵法

孫子姓孫名武 齊人也

孫子十三篇不分卷（之二）

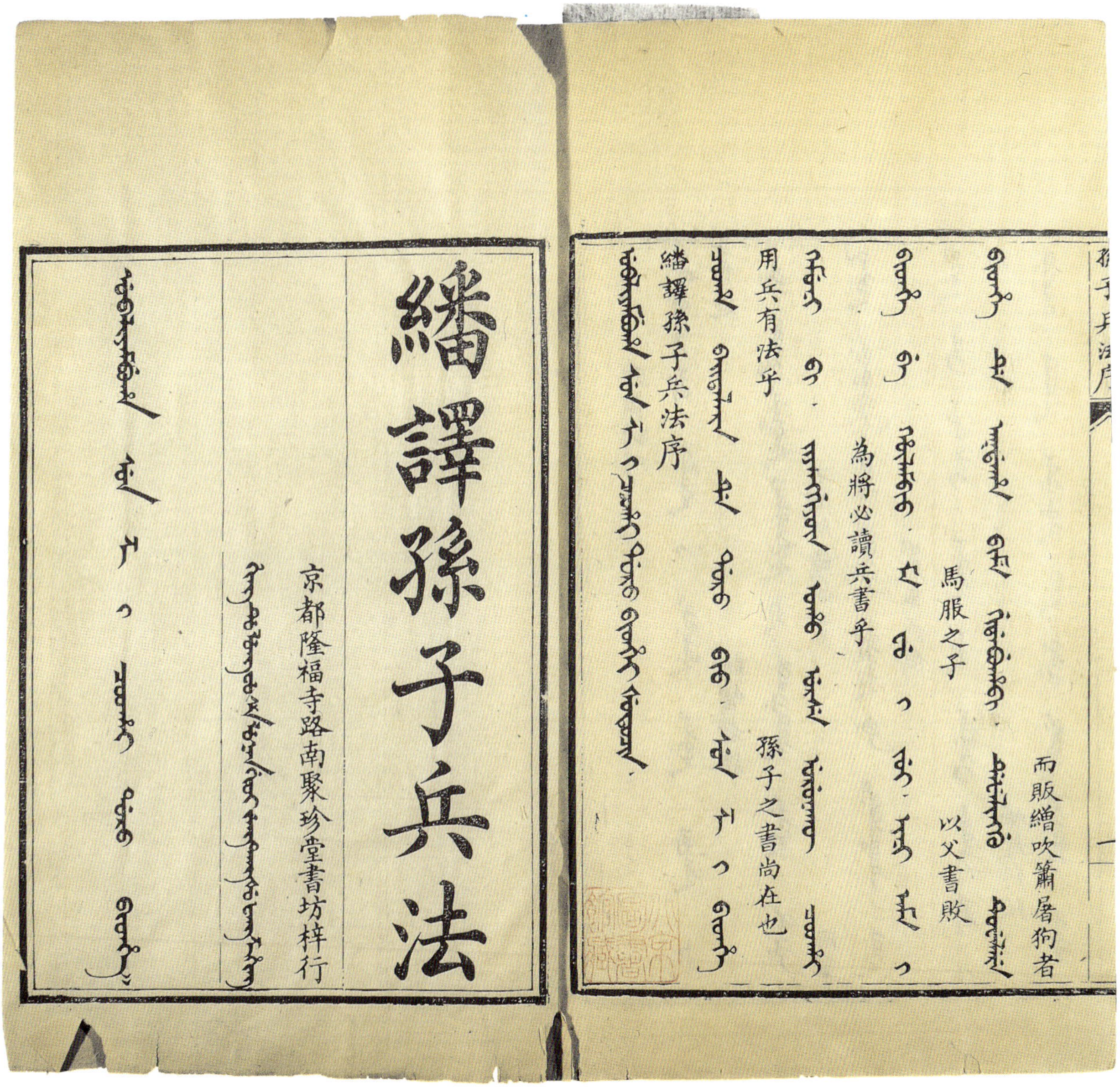
繙譯孫子兵法
京都隆福寺路南聚珍堂書坊梓行
孫子兵法序
而販繒吹簫屠狗者
馬服之子 以父書敗
為將必讀兵書乎
孫子之書尚在也
用兵有法乎
繙譯孫子兵法序

孫子兵法四卷（之一）　滿漢合璧

（春秋）孫武撰，耆英譯，道光二十六年（1846）聚珍堂刻本，正文半葉10行，白口，單魚，四周雙邊，框高20.3厘米，寬14.3厘米。

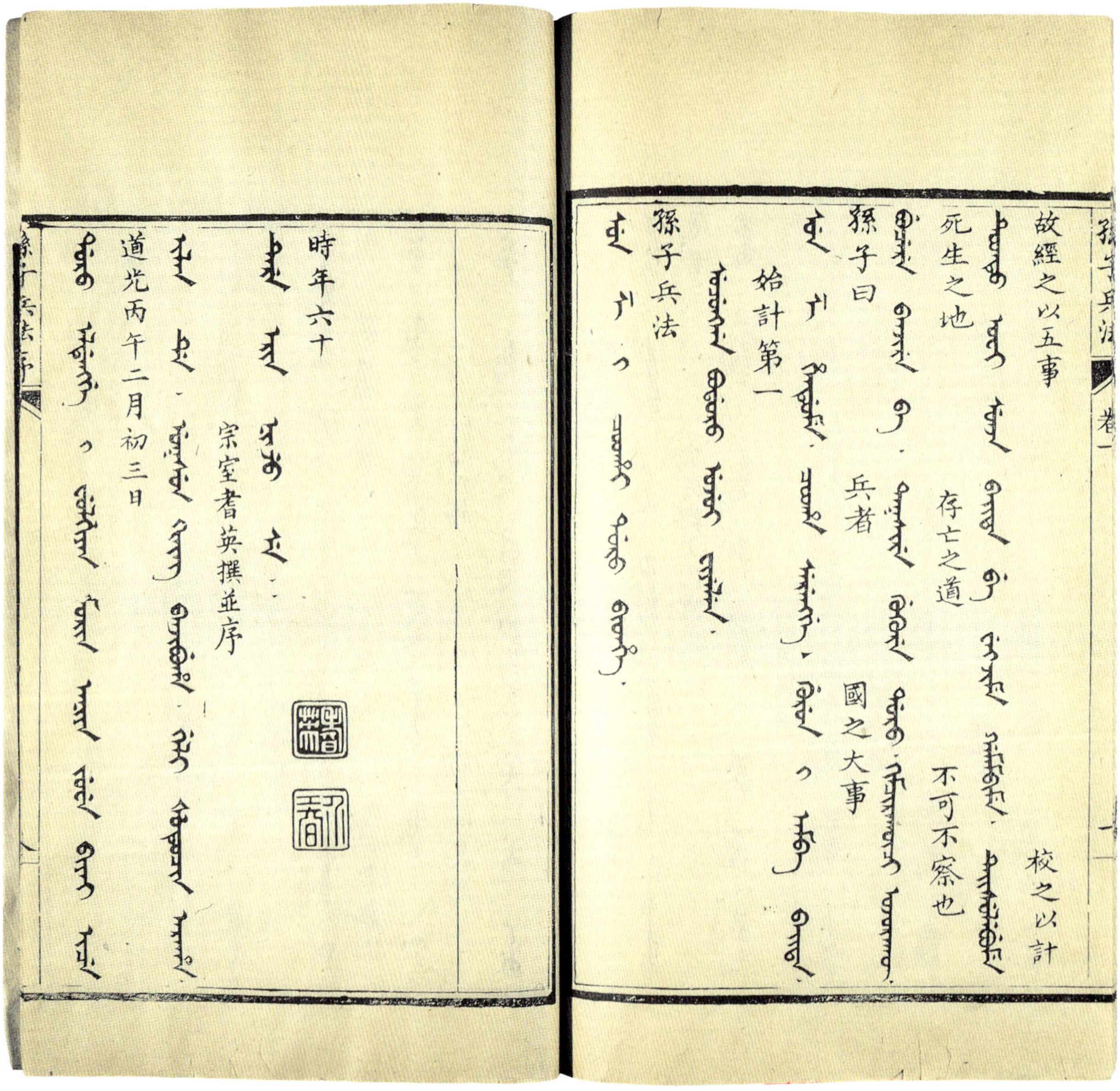
孫子兵法 卷一
孫子兵法
始計第一
孫子曰 兵者 國之大事
死生之地 存亡之道 不可不察也
故經之以五事 校之以計
時年六十 宗室耆英撰並序
道光丙午二月初三日

孫子兵法四卷（之二）

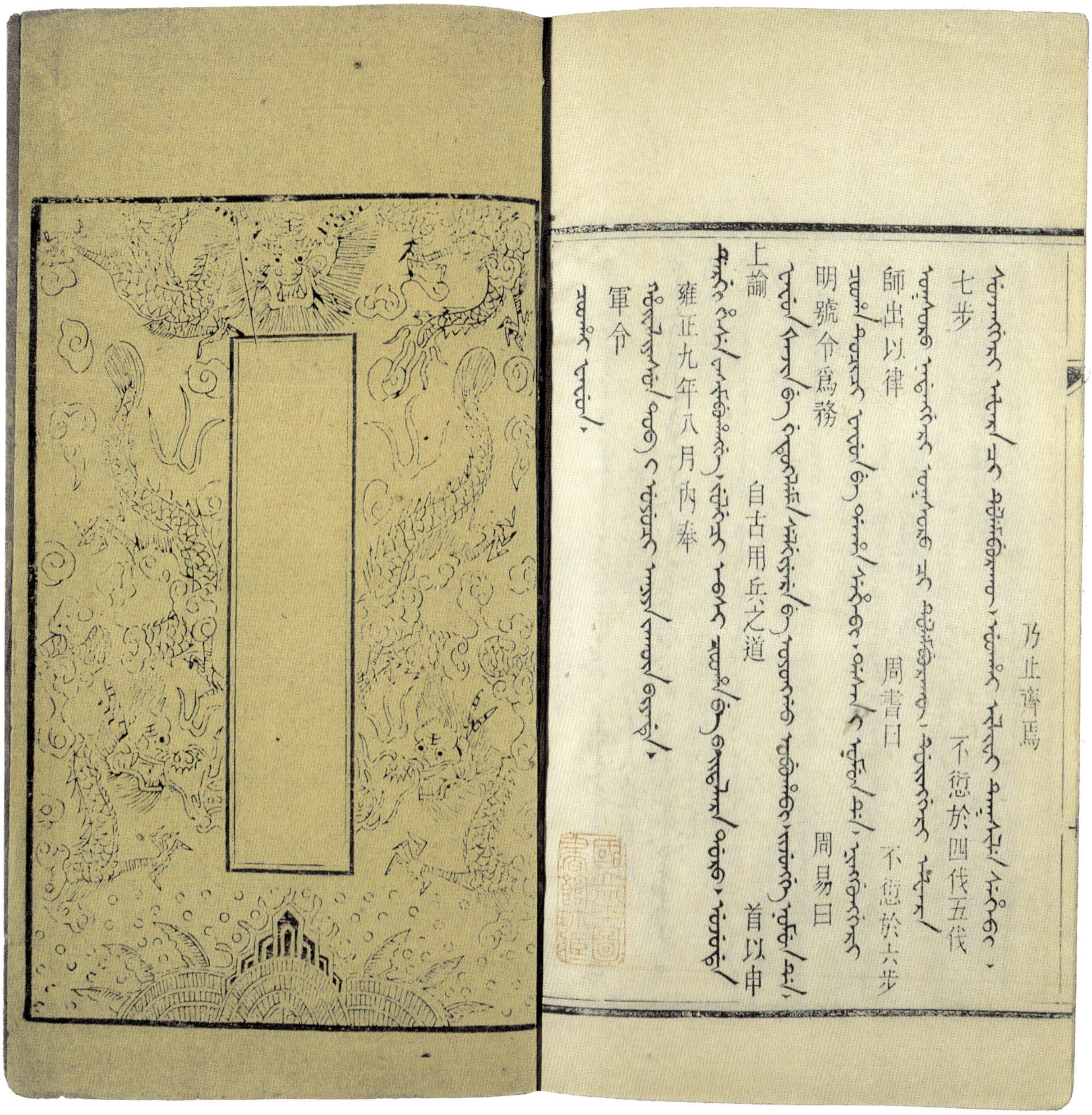

軍令不分卷　滿漢合璧

雍正九年（1731）殿刻本，正文半葉14行，白口，單魚尾，四周雙邊，框高19.3厘米，寬13.9厘米。

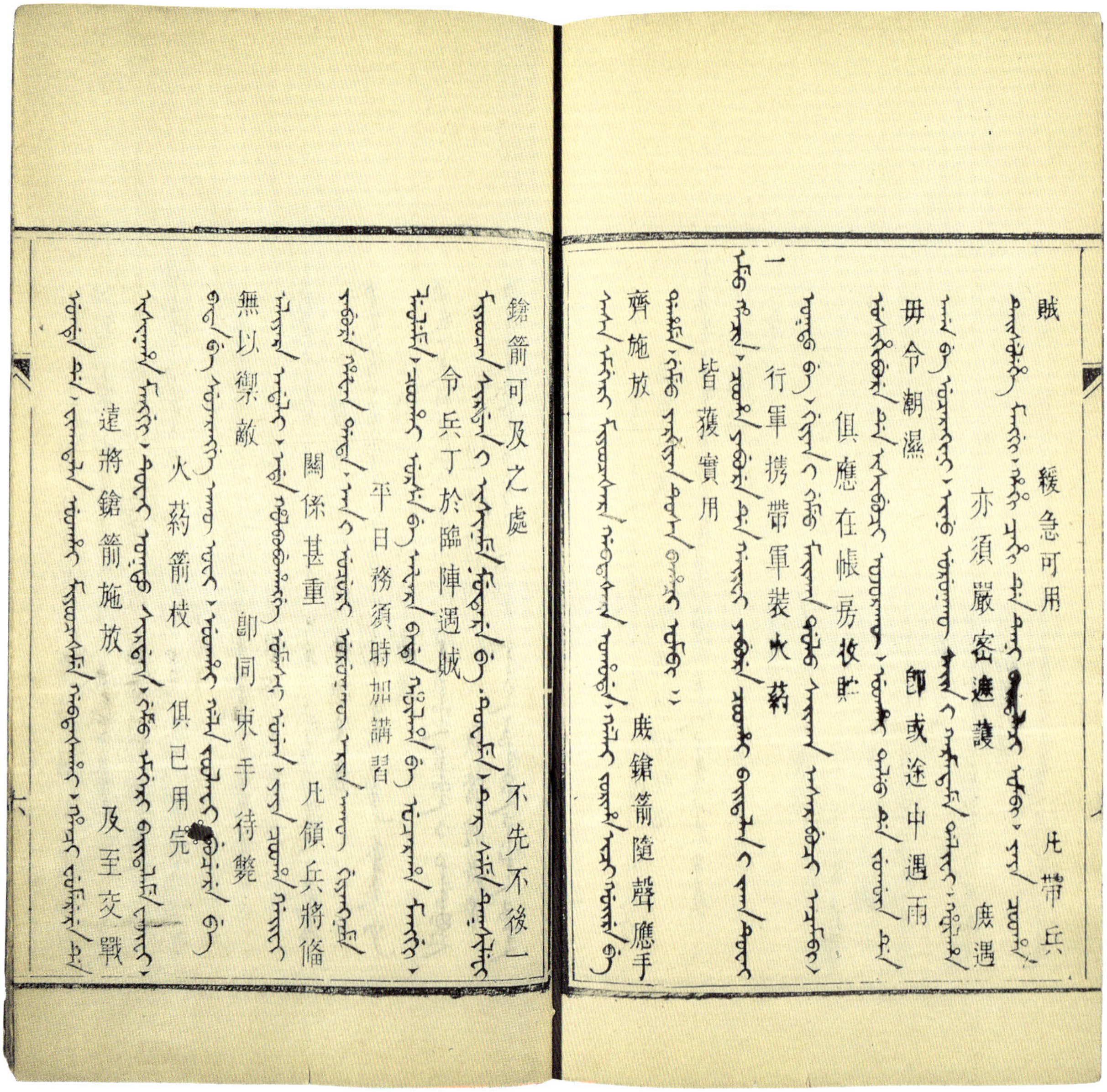

賊　緩急可用　凡帶兵
亦須嚴密遮護　庶遇
毋令潮濕　即或途中遇雨
俱應在帳房收貯
一　行軍携帶軍裝火藥
皆獲實用
齊施放　庶鎗箭隨聲應手
鎗箭可及之處　不先不後一
令兵丁於臨陣遇賊
平日務須時加講習
關係甚重　凡領兵將脩
無以禦敵　即同束手待斃
火藥箭枝　俱已用完
遠將鎗箭施放　及至交戰

行軍紀律不分卷　滿漢合璧

乾隆殿刻本，正文半葉14行，白口，單魚尾，四周雙邊，框高18.9厘米，寬13.9厘米。

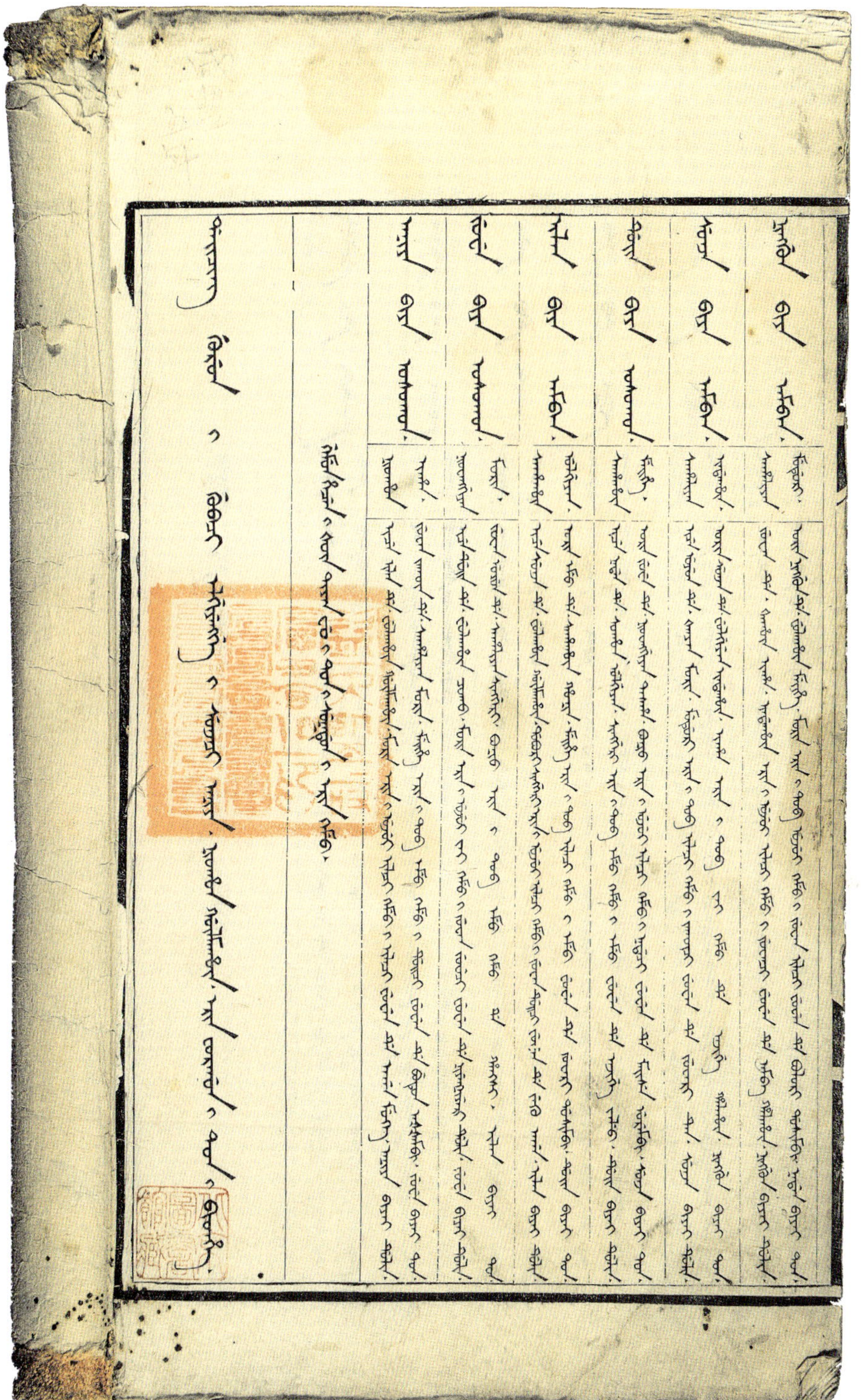

大清咸豐五年乙卯時憲書不分卷 滿文

咸豐四年（1854）刻本，行款不等，黑口，雙魚尾，四周雙邊，框高28.6厘米，寬19.6厘米。

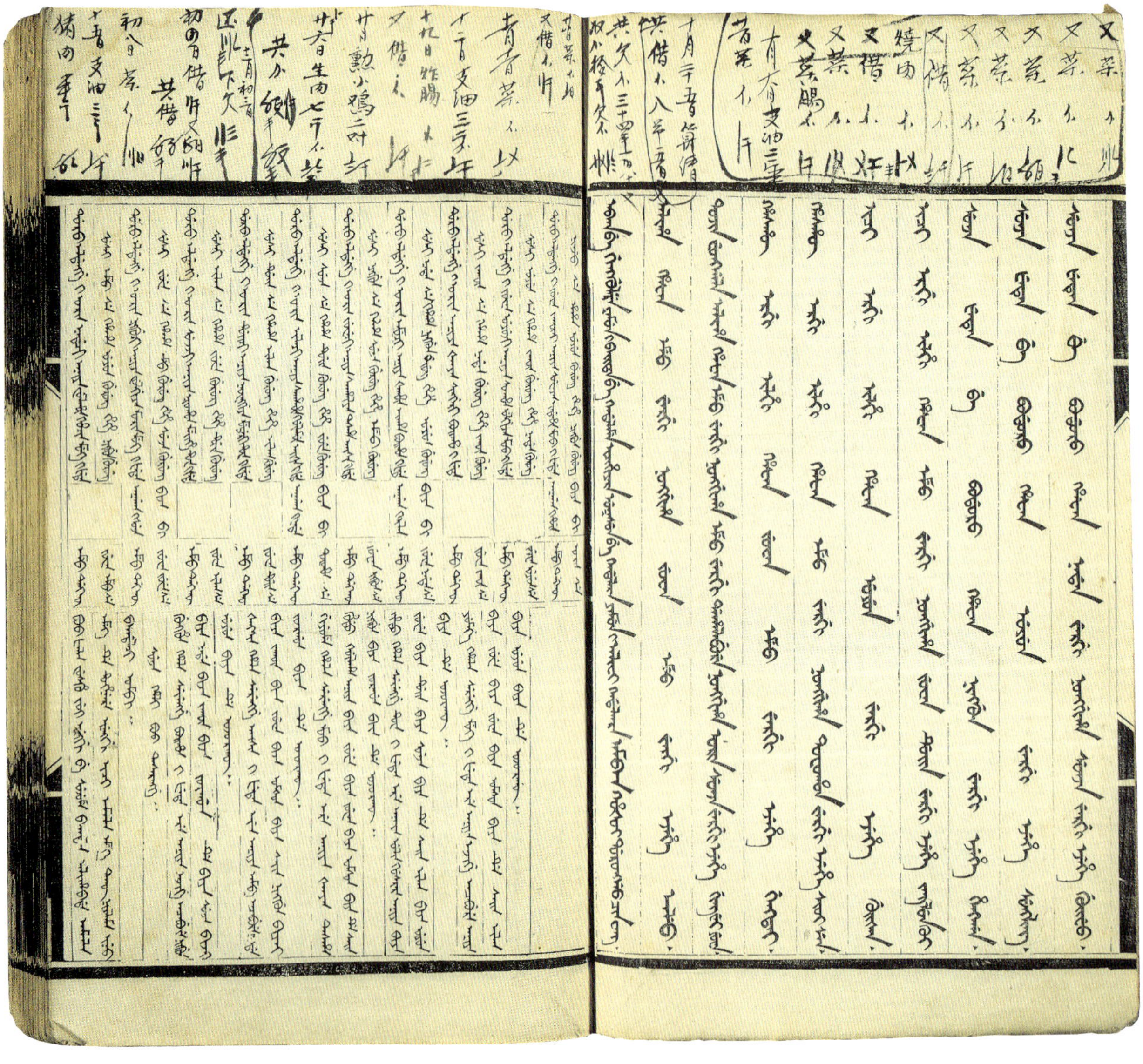

大清光緒二十三年丁酉時憲書不分卷　滿文

光緒二十二年（1896）刻本，行款不等，黑口，雙魚尾，四周雙邊，框高25.7厘米，寬19厘米。此書末頁記有當年賬單。

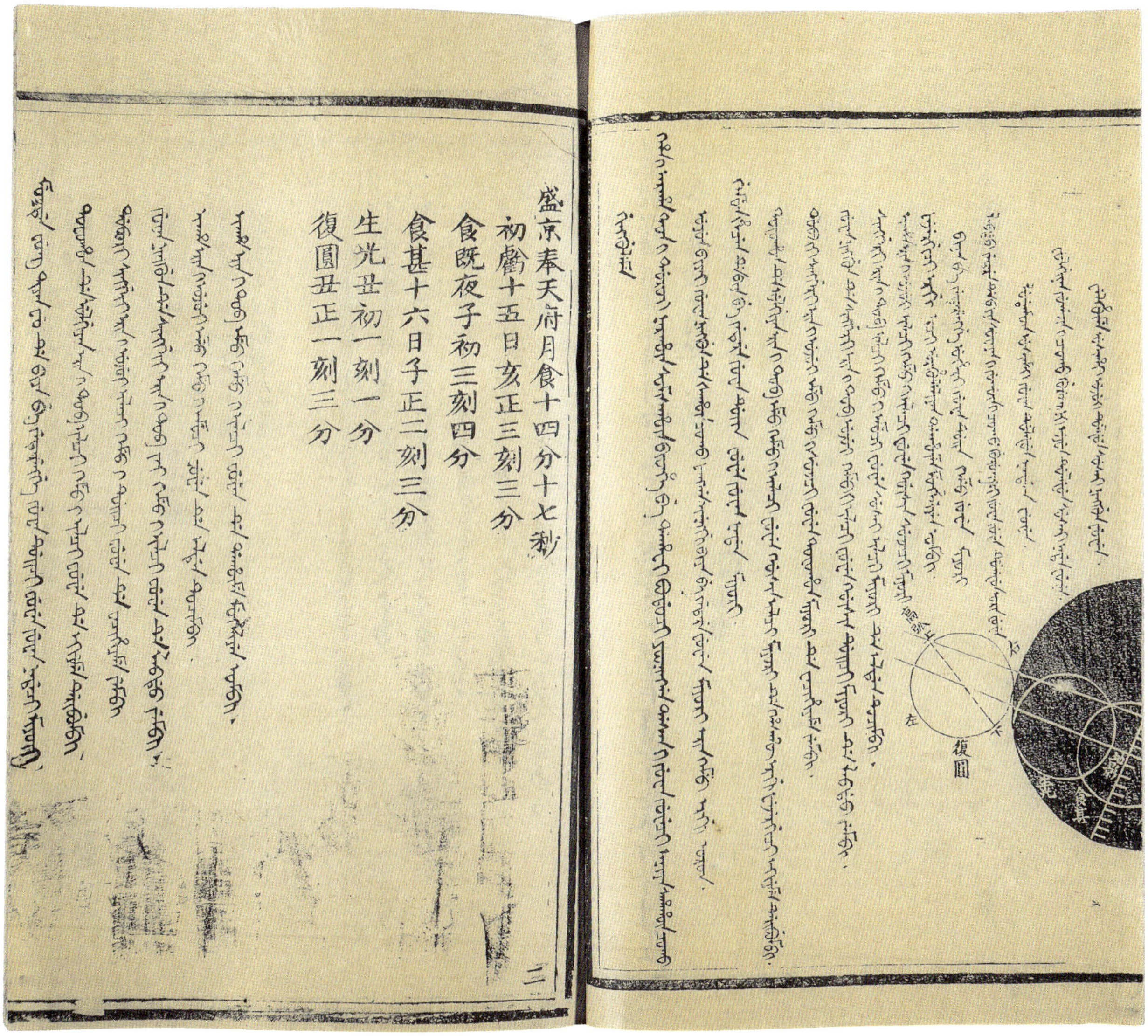

盛京奉天府月食十四分十七秒
初虧十五日亥正三刻三分
食既夜子初三刻四分
食甚十六日子正二刻三分
生光丑初一刻一分
復圓丑正一刻三分

二

復圓
左

同治十二年九月十六日辛酉望月食圖不分卷　滿漢合璧

同治刻本，正文半葉12或15行，無版口，四周雙邊，框高19.9厘米，寬13.3厘米。有圖。

御製番藏經序　上二

番文如來大藏經序　滿文

清聖祖（玄燁）撰，康熙二十三年（1684）北京朱印本，梵夾裝，頁27行，四周雙邊，框高16.4厘米，寬67厘米。此爲康熙朝所刊藏文《甘珠爾》之御製序，序另有漢、蒙、藏文。

御譯大藏經二千五百十三卷首四卷 滿文

紫禁城出版社2002年影印本，據乾隆五十五年（1790）内府朱印本影印，梵夾裝，頁22行，四周雙邊，框高16.8厘米，寬59.7厘米。

此書俗稱滿文大藏經，全套一百零捌函，北京故宫博物館圖書館存七十六函，餘在臺北故宫博物院。西藏布達拉宫藏有全套。此書已列入首批國家珍貴古籍名録。

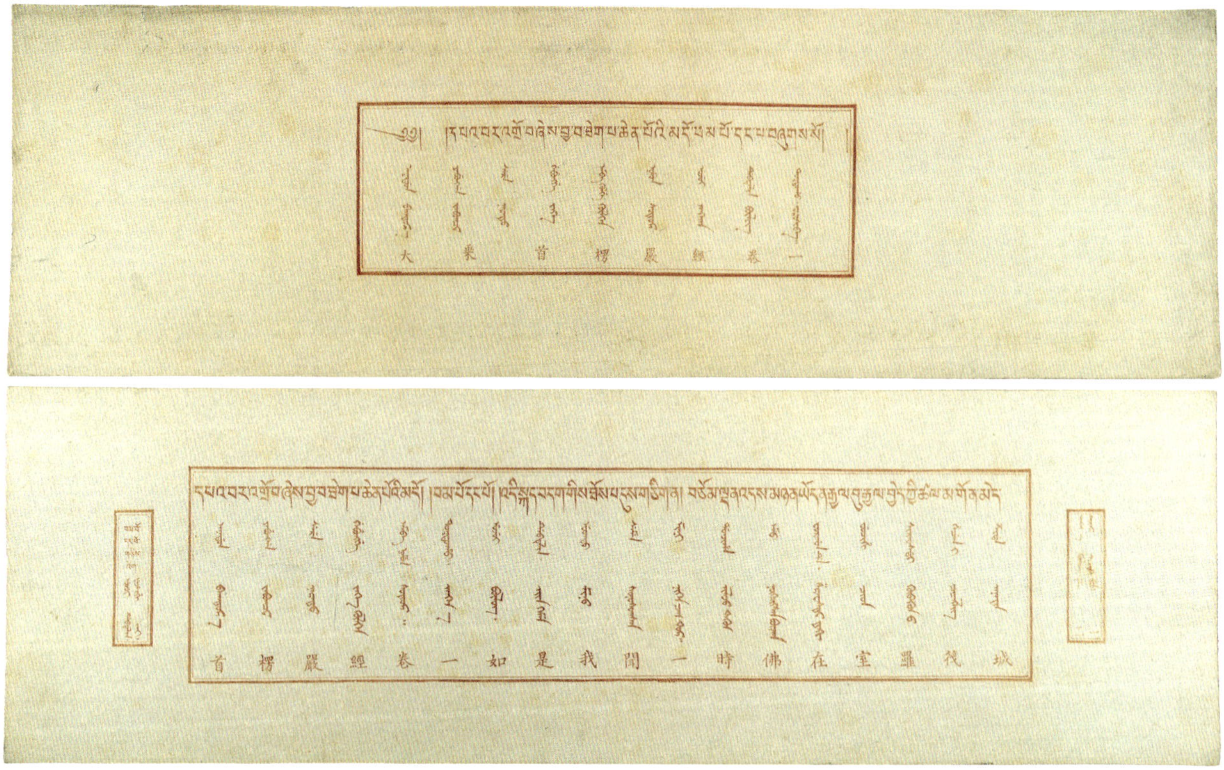
大乘首楞嚴經卷一
首楞嚴經卷一如是我聞一時佛在室羅筏城

御製大乘首楞嚴經十卷序一卷（之一）　藏滿蒙漢合璧

乾隆二十八年（1763）朱印本，梵夾裝，頁4行，四周雙邊，框高12.3厘米，寬50.1厘米。

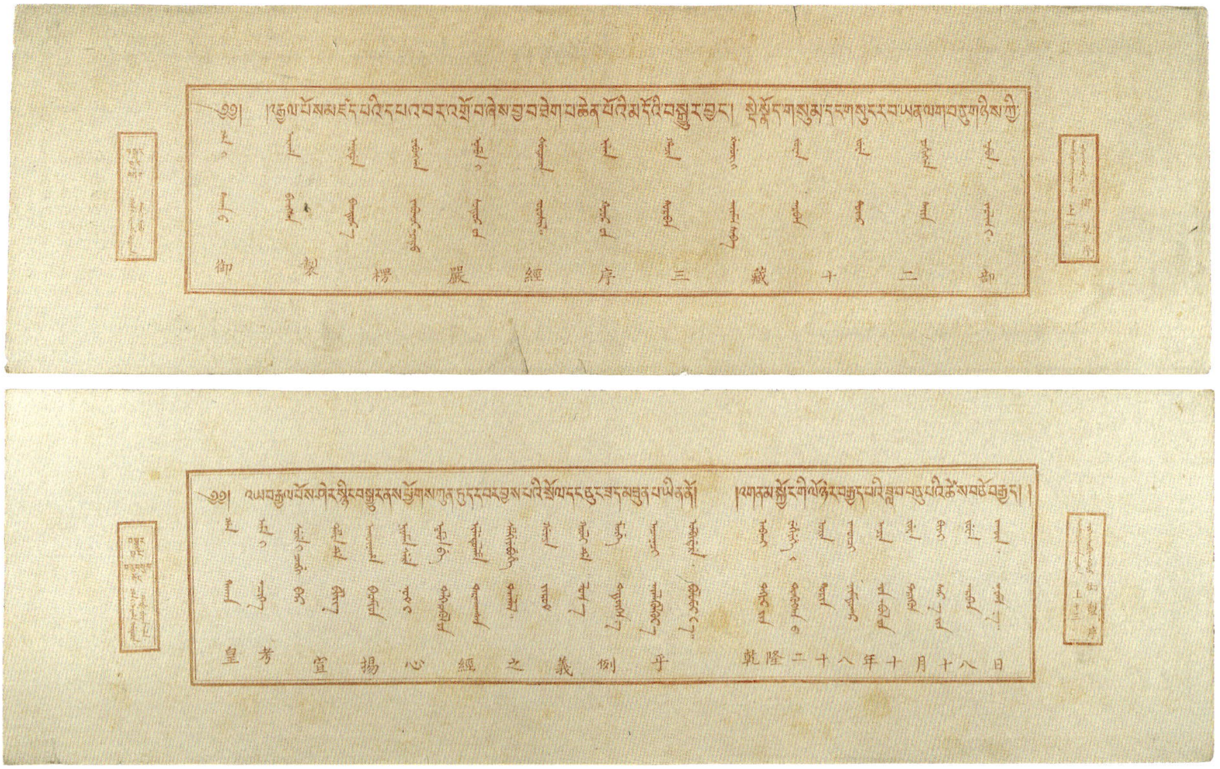

御製大乘首楞嚴經十卷序一卷（之二）

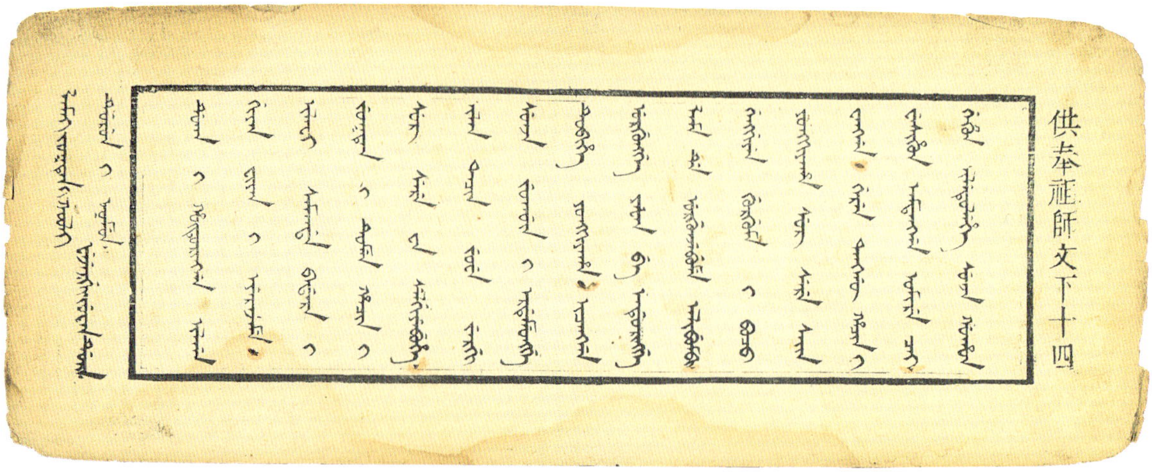
供奉祖師文下十四

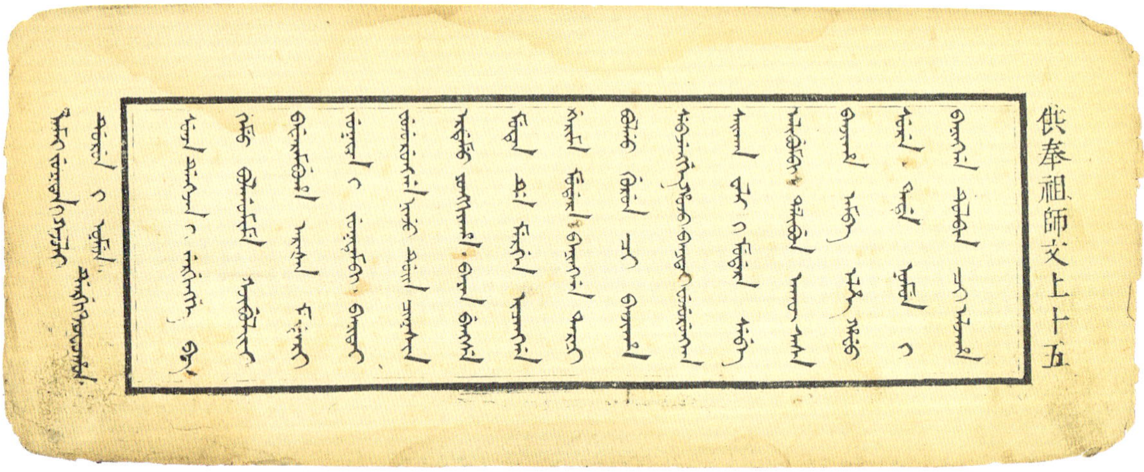
供奉祖師文上十五

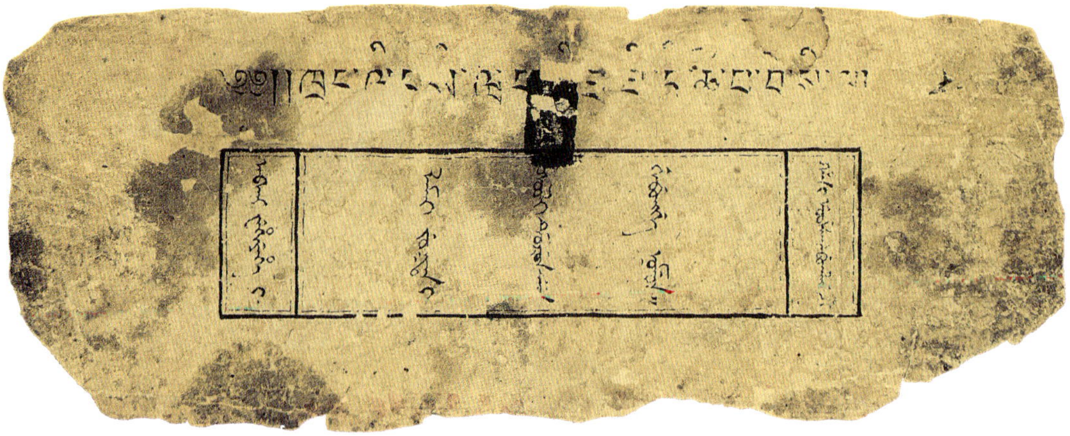

供奉祖師文一卷　滿文

乾隆刻本，梵夾裝，頁15行，四周雙邊，框高6.8厘米，寬21.3厘米。

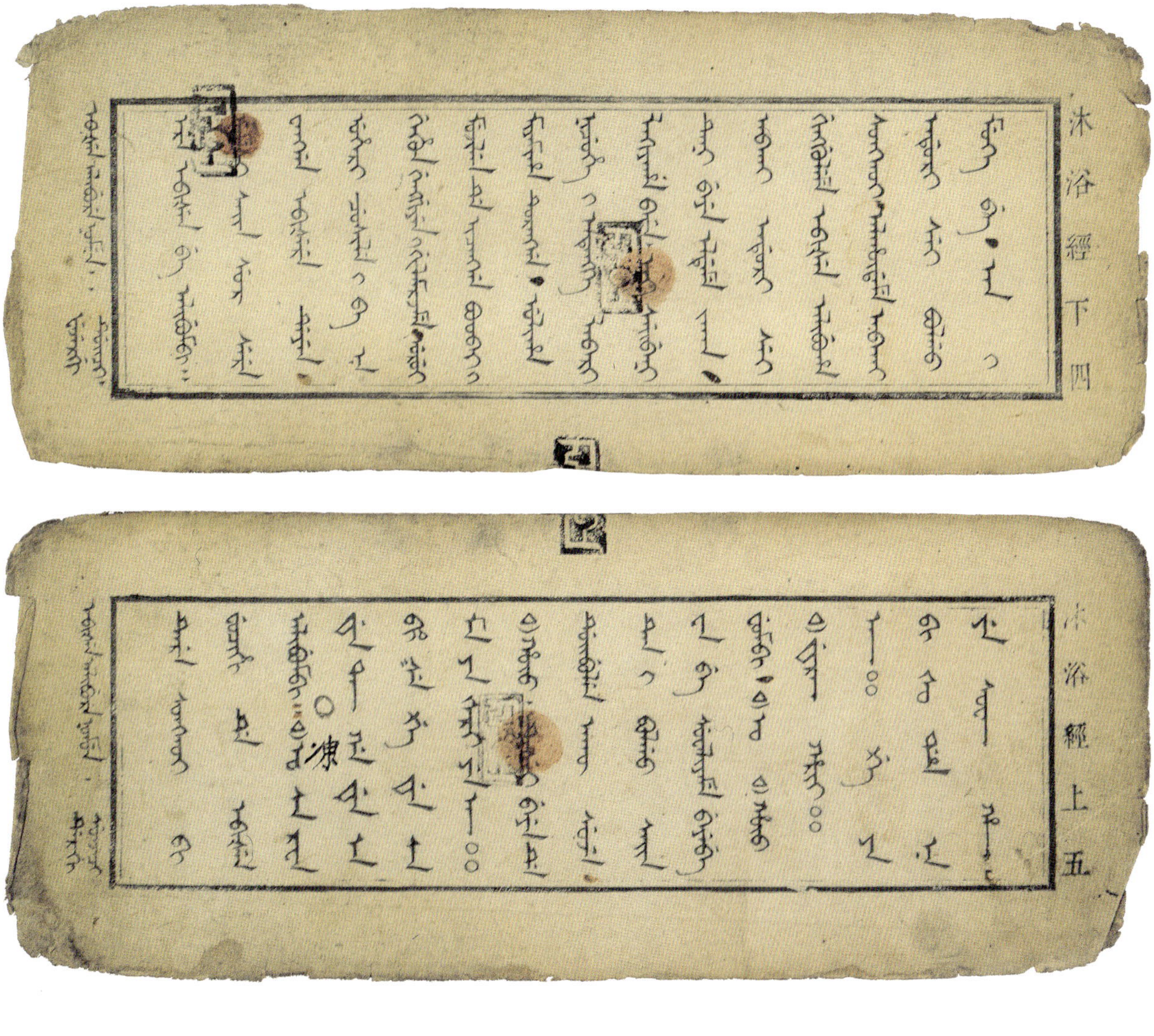
沐浴經下四
沐浴經上五

沐浴經一卷　滿文

乾隆刻本，梵夾裝，頁15行，四周雙邊，框高6.6厘米，寬21.3厘米。

白文殊經下十七
白文殊經上十八

白文殊經一卷　滿文

乾隆刻本，梵夾裝，頁15行，四周雙邊，框高6.6厘米，寬21.3厘米。

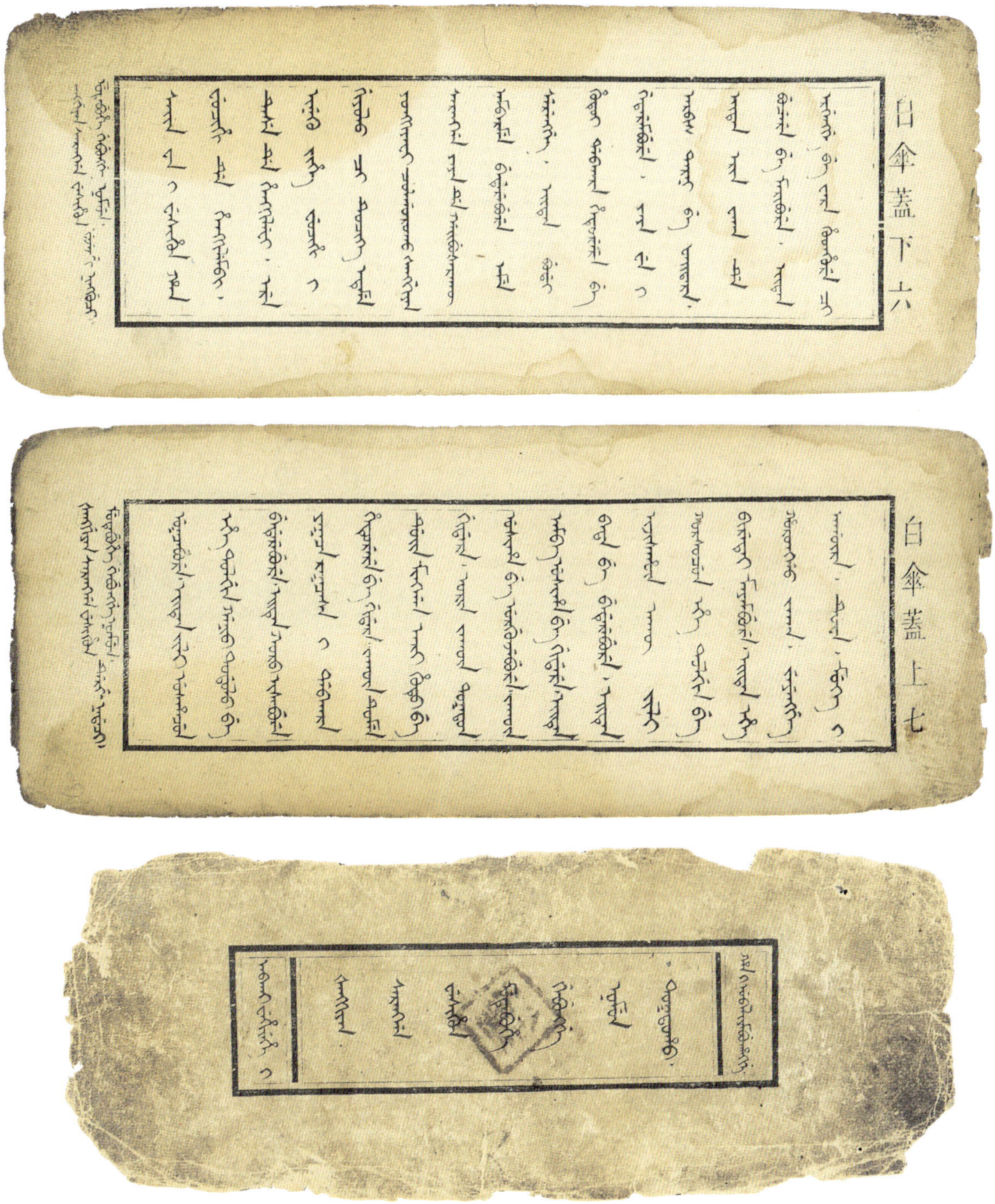
白傘蓋下六
白傘蓋上七

白傘蓋經一卷　滿文

乾隆刻本，梵夾裝，頁15行，四周雙邊，框高6.7厘米，寬21厘米。

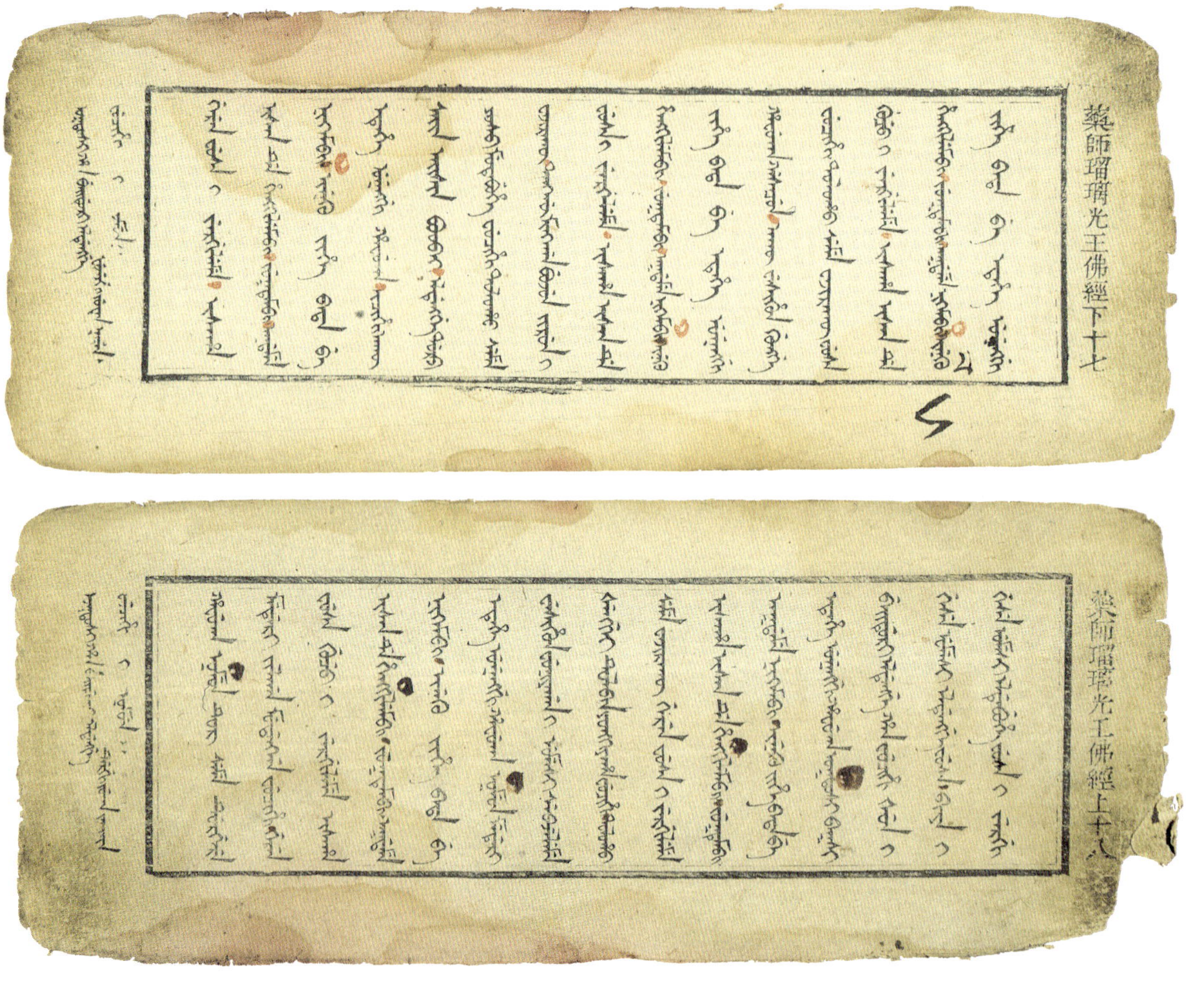
藥師瑠璃光王佛經下十七
藥師瑠璃光王佛經上十八

藥師瑠璃光王佛經一卷　滿文

乾隆刻本，梵夾裝，頁15行，四周雙邊，框高6.5厘米，寬20.9 厘米。

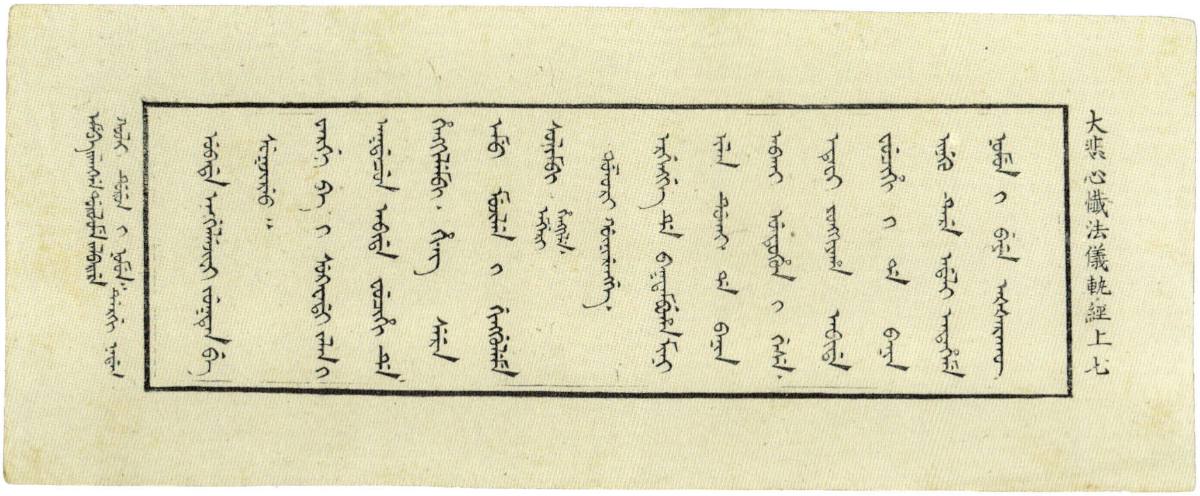
大悲心懺法儀軌經上七

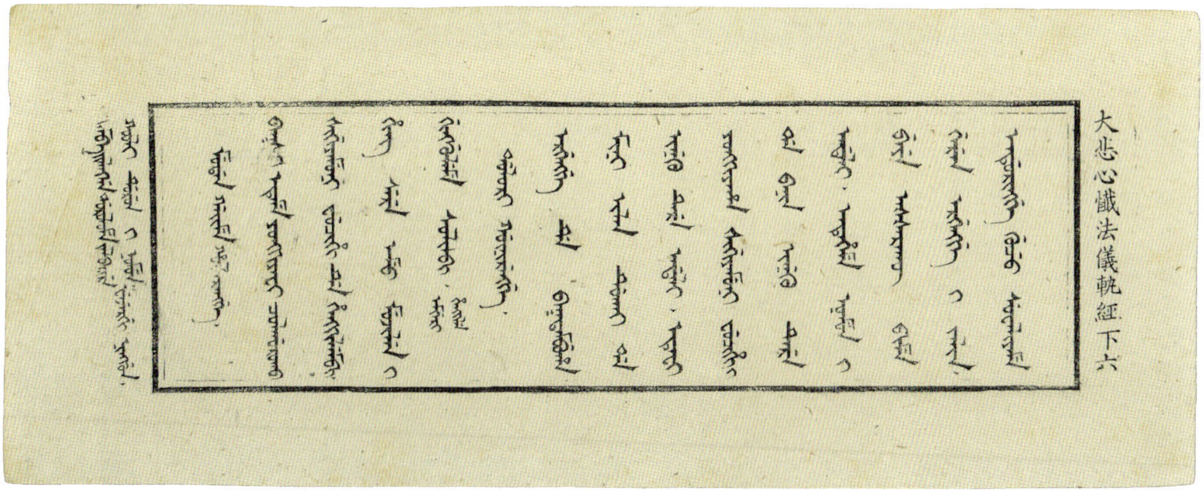
大悲心懺法儀軌經下六

大悲心懺法儀軌經一卷　滿文

乾隆刻本，梵夾裝，頁15行，四周雙邊，框高 6.6厘米，寬21.3 厘米。

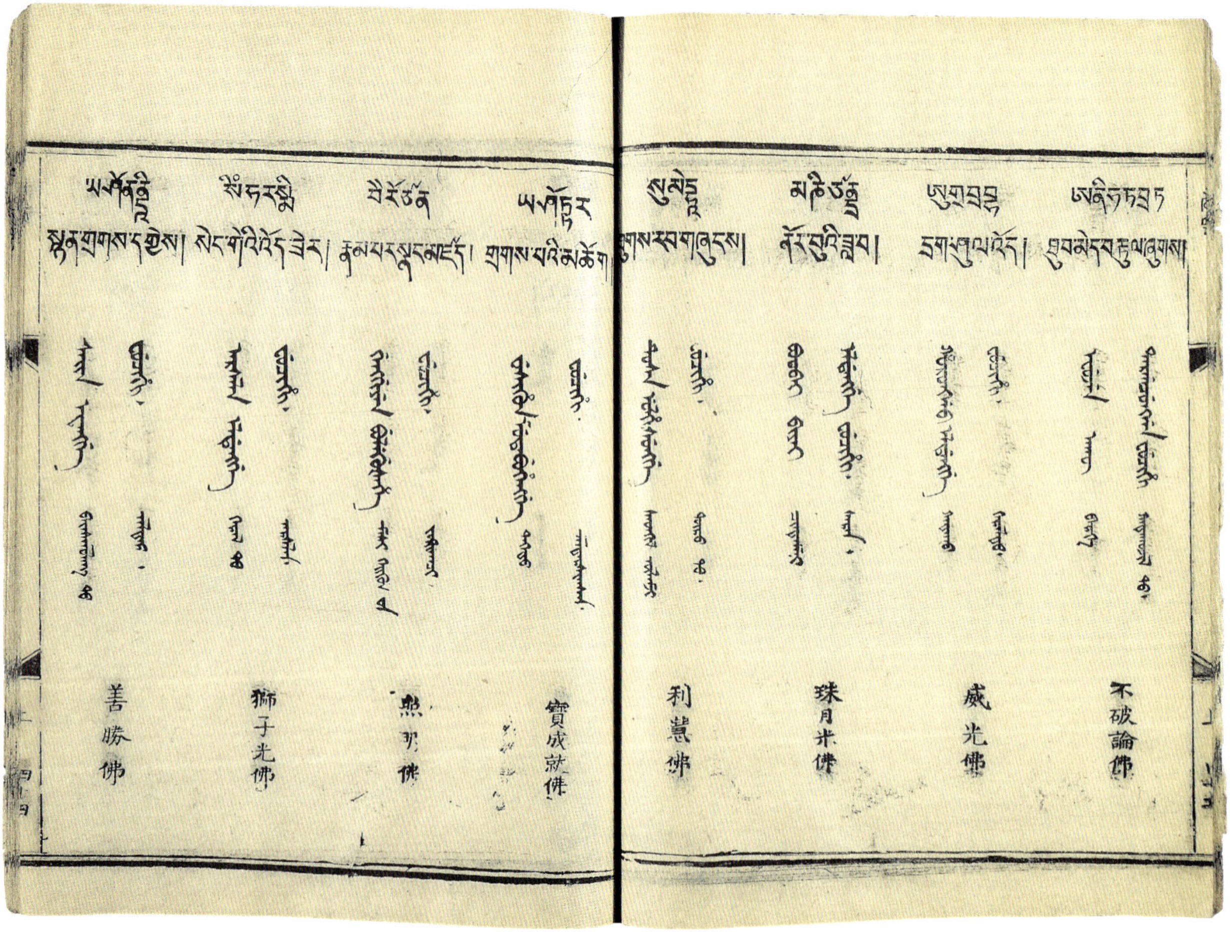

賢劫千佛號二卷　梵藏滿蒙漢合璧

章嘉喇嘛譯，刻本，白口，雙魚尾，四周雙邊，框高20.8厘米，寬18.4厘米。其中梵文為藏文轉寫。

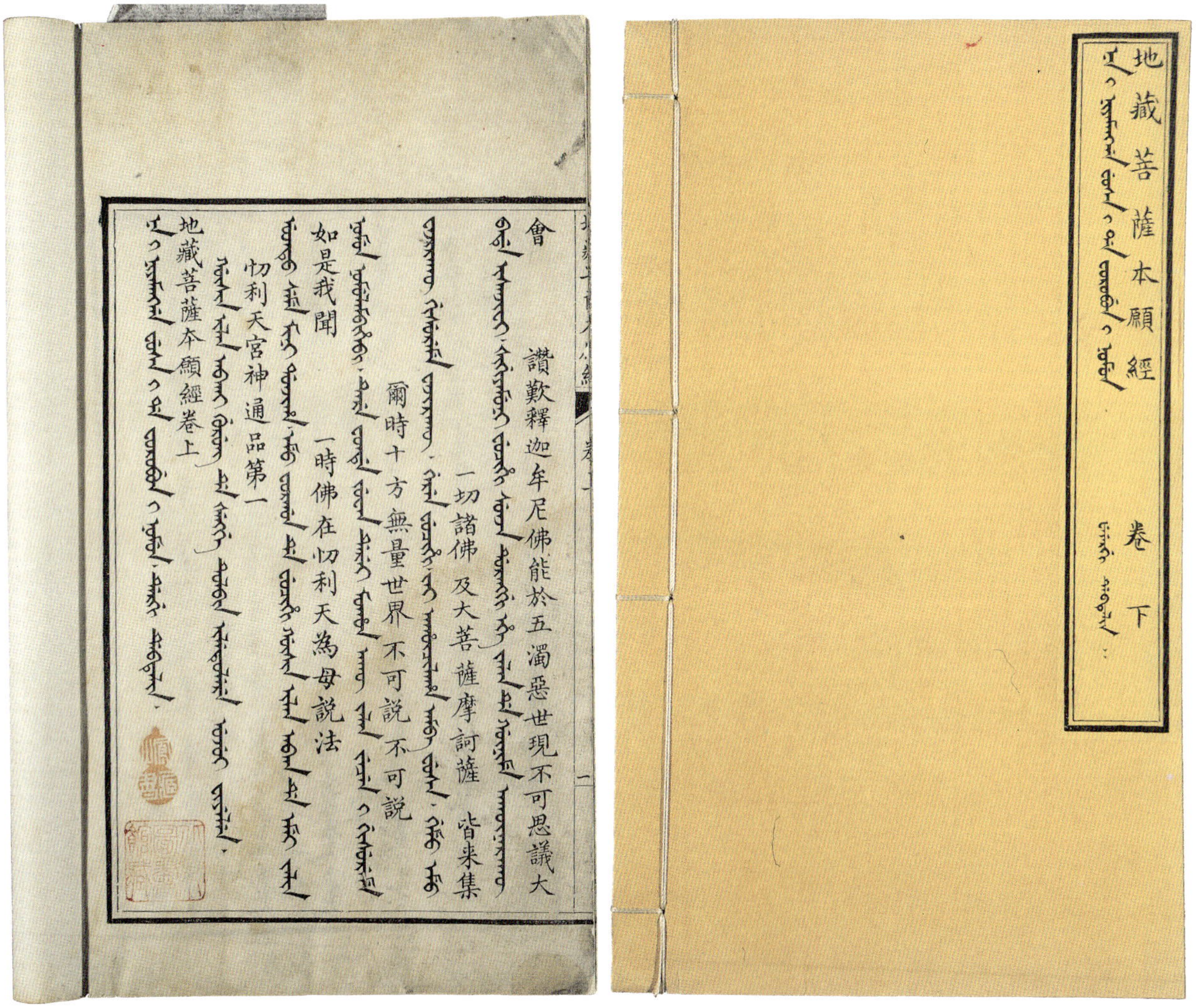

地藏菩薩本願經二卷　滿漢合璧

刻本，正文半葉12行，白口，單魚尾，四周雙邊，框高21.7厘米，寬15厘米。

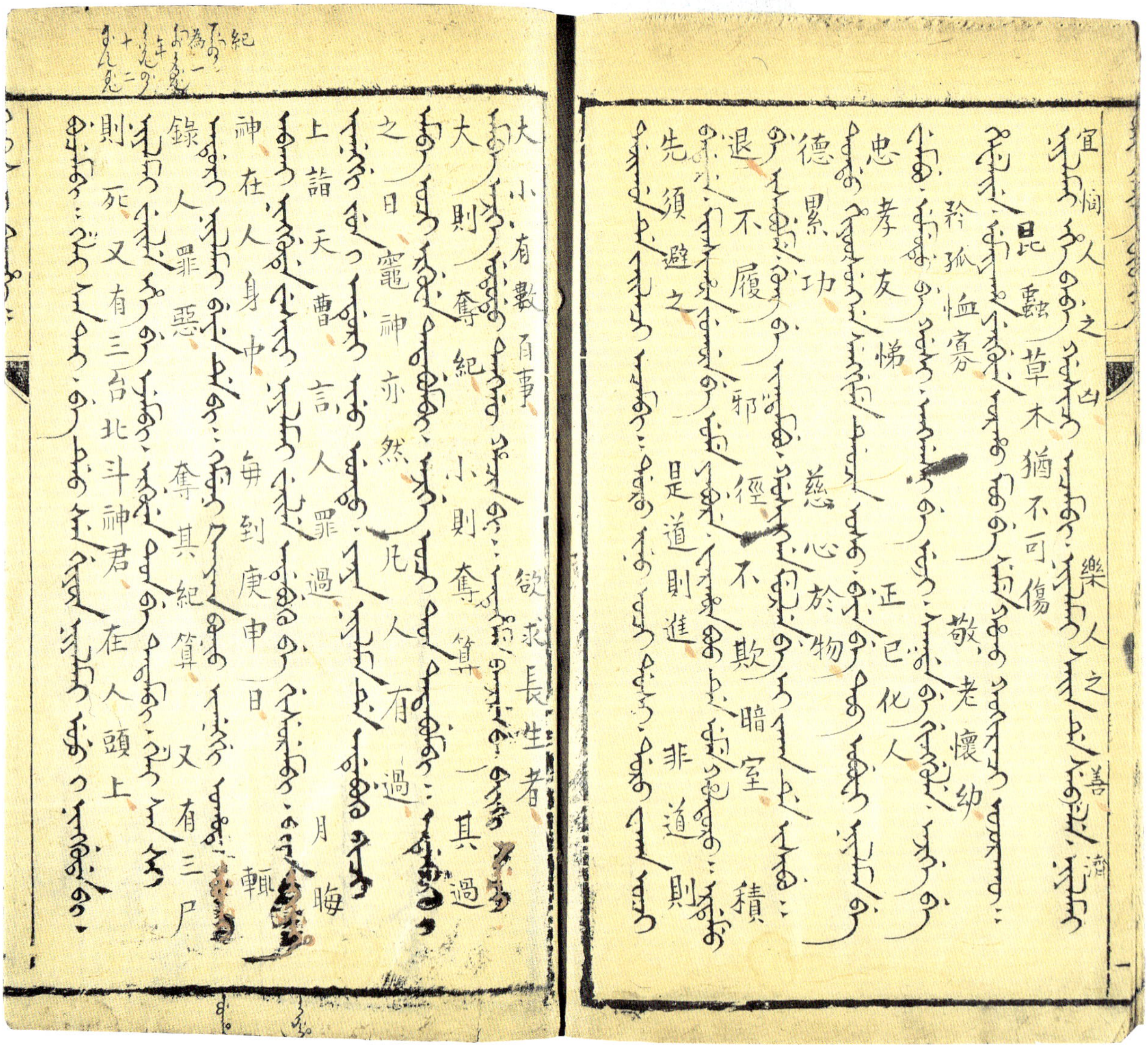

太上感應篇四卷 滿文

刻本，正文半葉7行，白口，單魚尾，四周單邊，框高21.3厘米，寬13.1厘米。首章滿文旁書有漢文。

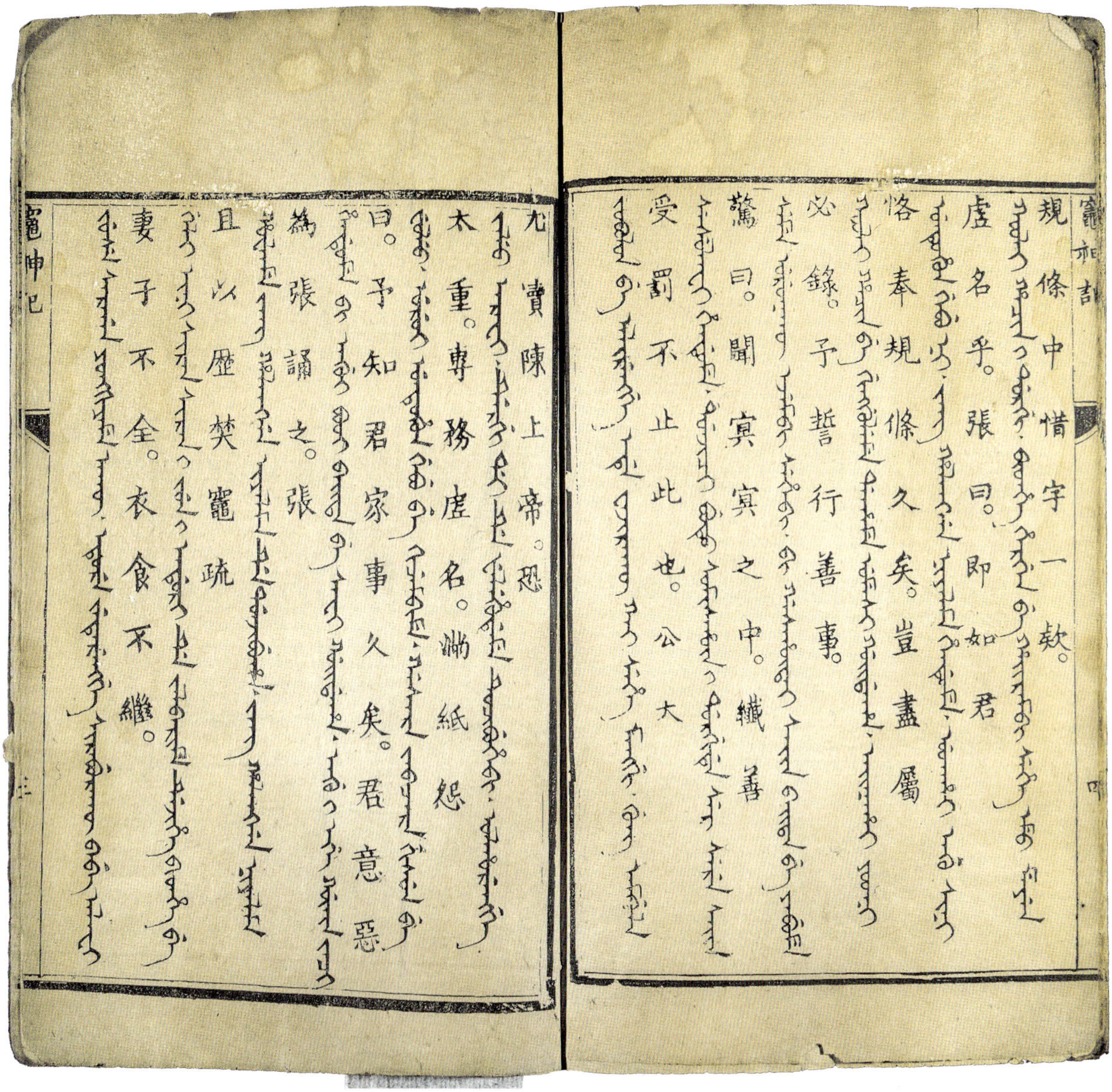
竈神記
規條中惜字一欵。
虛名乎。張曰。即如君
恪奉規條久矣。豈盡屬
必錄。予誓行善事。
驚曰。闢寔寔之中。纖善
受罰不止此也。公大
竈神記
尤瀆陳上帝。恐
太重。専務虛名。淄紙怨
曰。予知君家事久矣。君意惡
為張誦之。張
且以歷焚竈疏
妻子不全。衣食不繼。

俞公遇灶神記一卷　滿漢合璧

刻本，正文半葉12行，白口，單魚尾，四周雙邊，框高19.4厘米，寬13.4厘米。

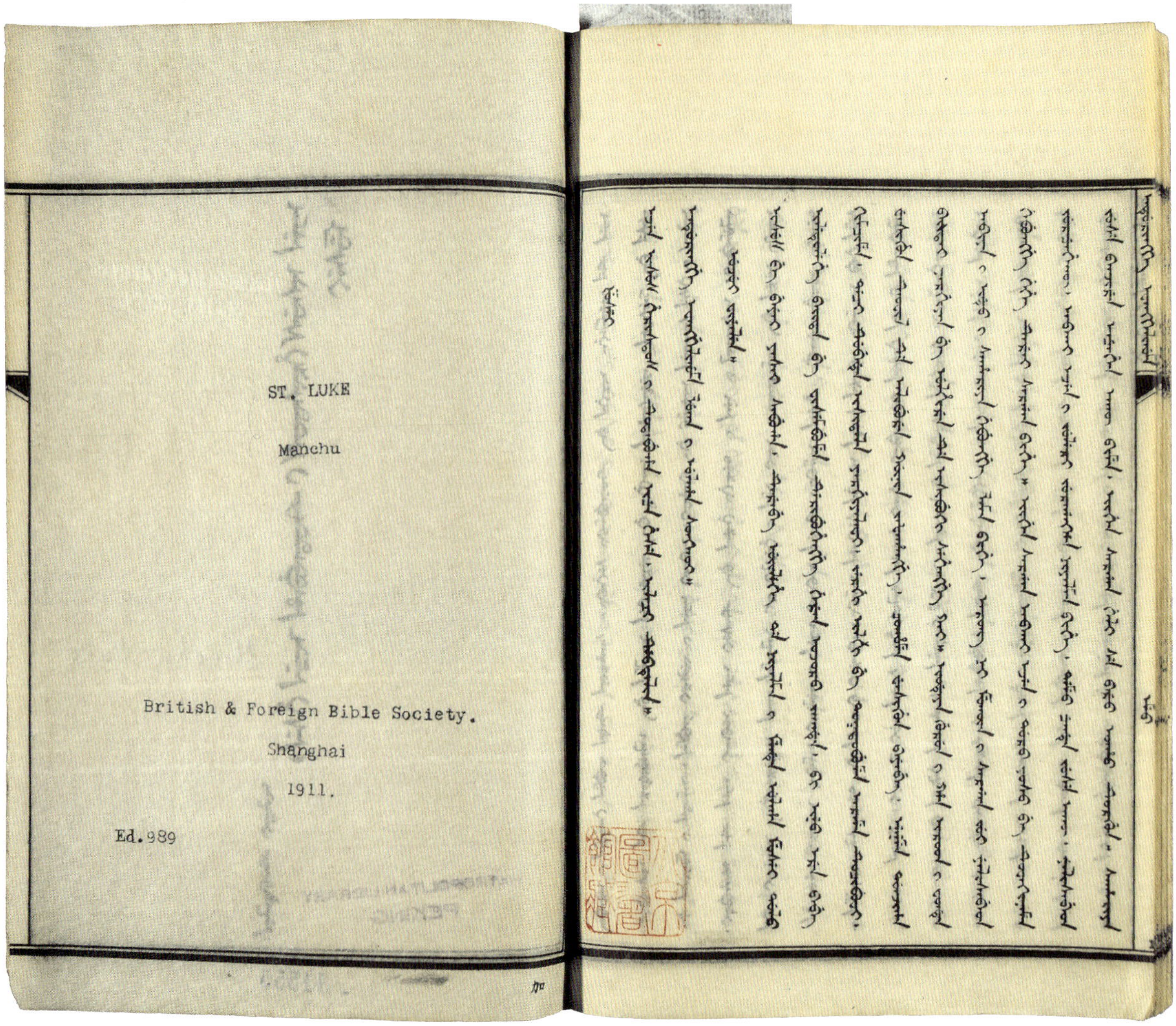
ST. LUKE
Manchu
British & Foreign Bible Society.
Shanghai
1911.
Ed.989

路加傳福音書（新約卷三）一卷　滿文

1911年上海聖公會鉛印本，正文半葉13行，白口，單魚尾，四周雙邊，框高17.7厘米，寬13.9厘米。

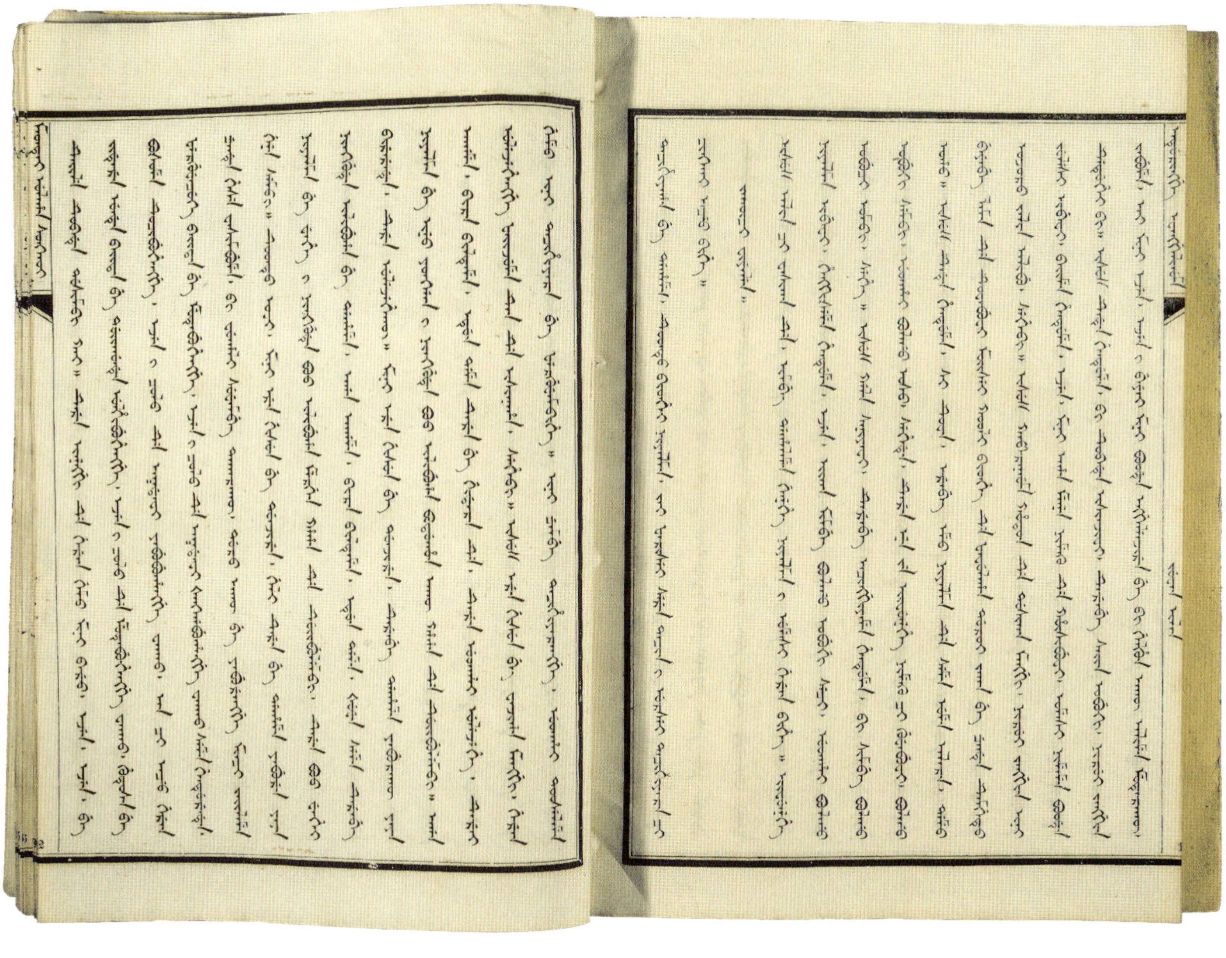

馬太傳福音書（新約卷一）一卷 滿文

1911年上海聖公會鉛印本，正文半葉13行，白口，單魚尾，四周雙邊，框高22厘米，寬17.1厘米。

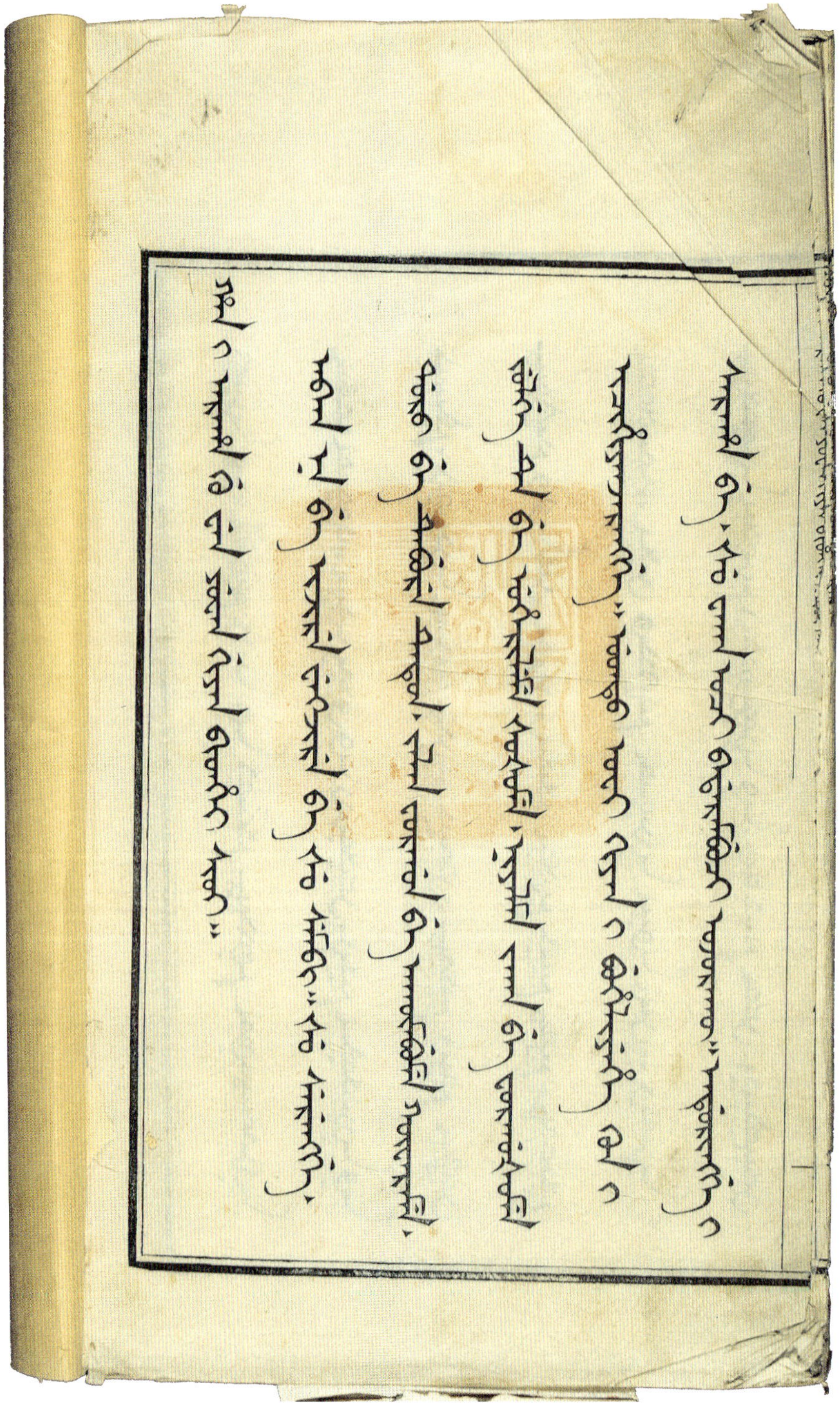

古文淵鑑六十四卷　滿文

徐乾學等編注，康熙二十四年（1685）内府刻本，正文半葉8行，小字雙行，白口，無魚尾，四周雙邊，框高24.2厘米，寬16.6厘米。本書被列入第二批國家珍貴古籍名録。

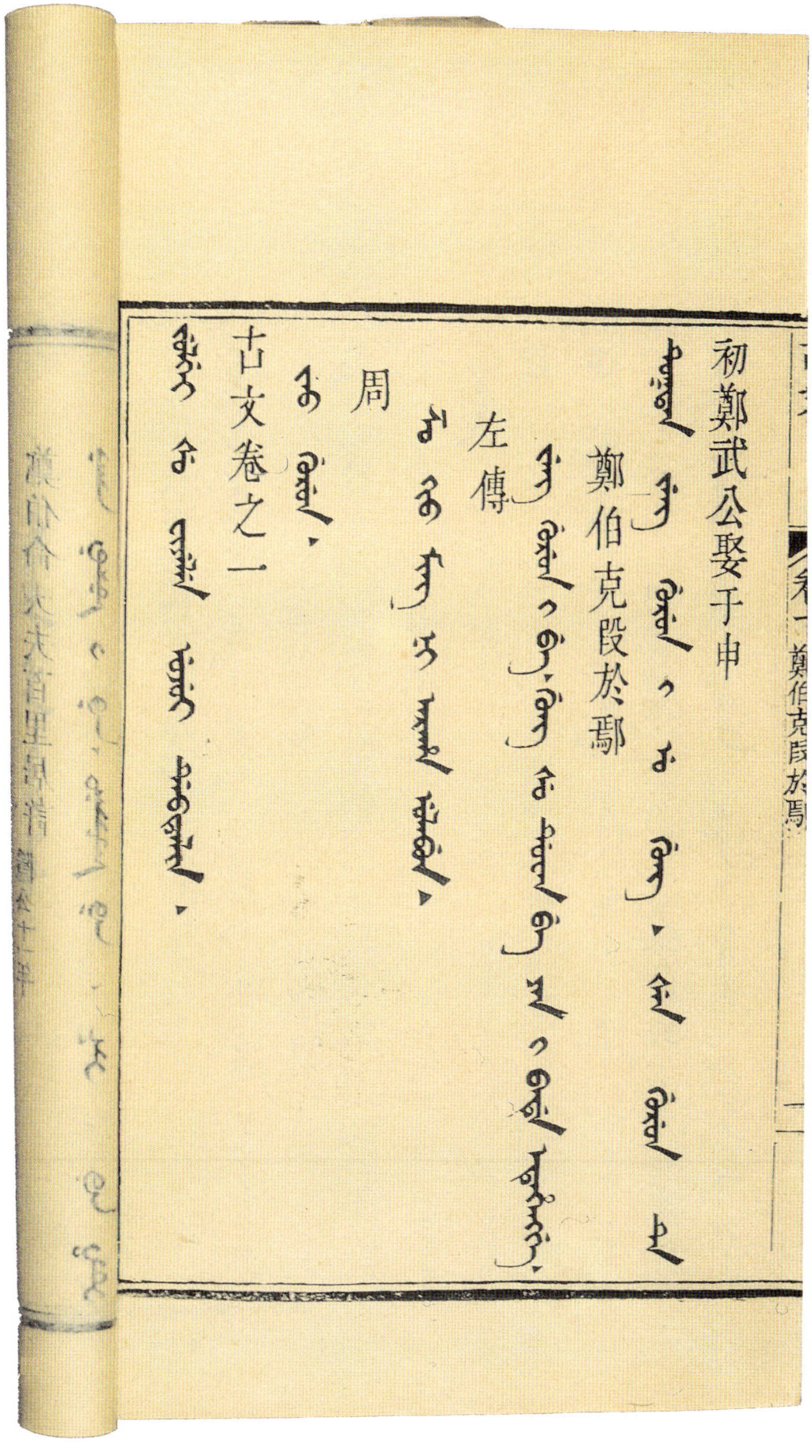
初鄭武公娶于申
鄭伯克段於鄢
左傳
周
古文卷之一

古文十六卷　滿漢合璧

孟保譯，咸豐元年（1851）刻本，正文半葉10行，白口，單魚尾，四周雙邊，框高19.3厘米，寬14.1厘米。

避暑山莊詩二卷（之一）　滿文

清聖祖（玄燁）撰，康熙五十一年（1721）殿刻本，正文半葉6行，小字雙行，白口，單魚尾，四周雙邊，框高19.5厘米，寬13.5厘米。有圖。本書被列入第二批國家珍貴古籍名録。

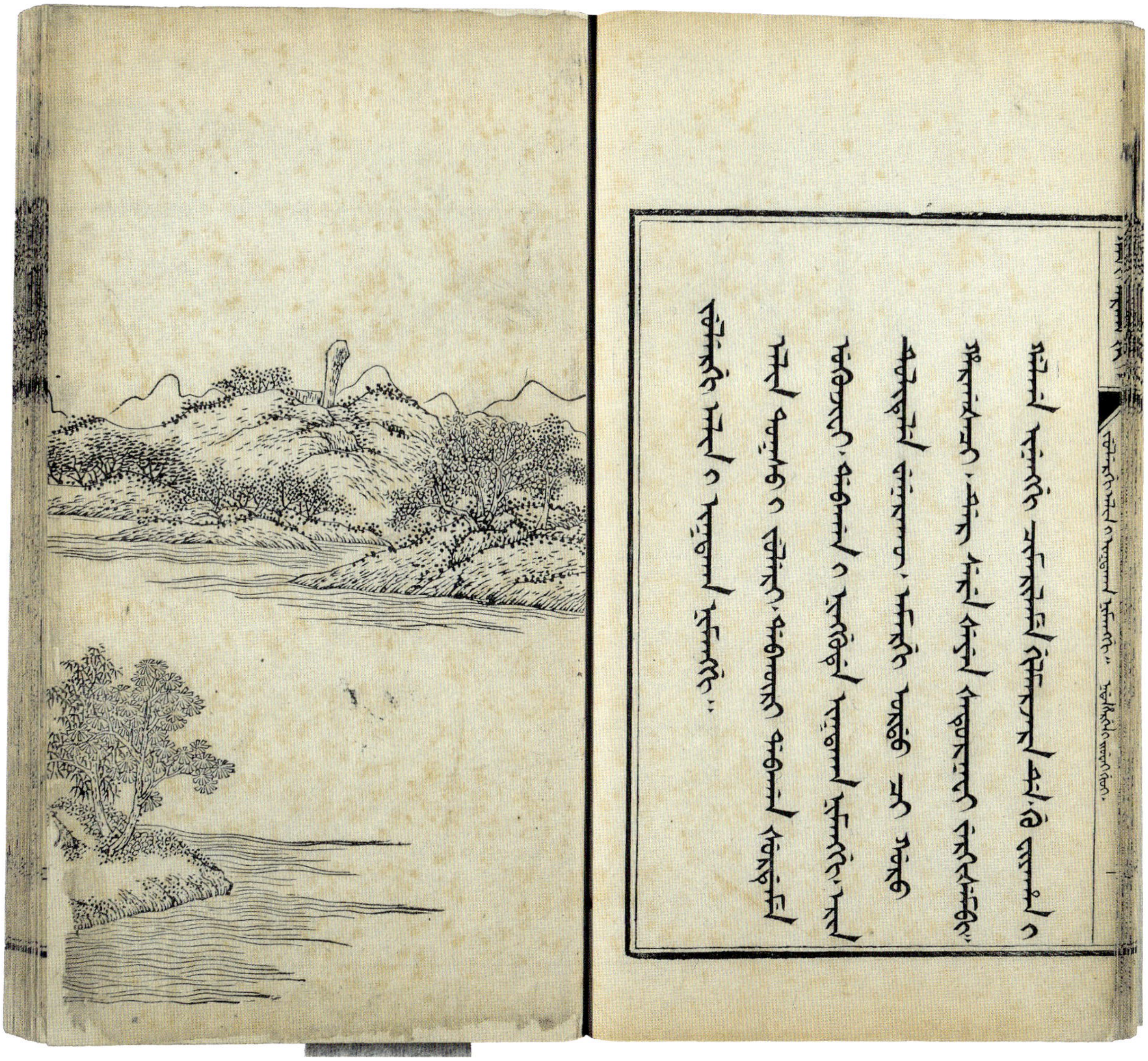

避暑山莊詩二卷（之二）

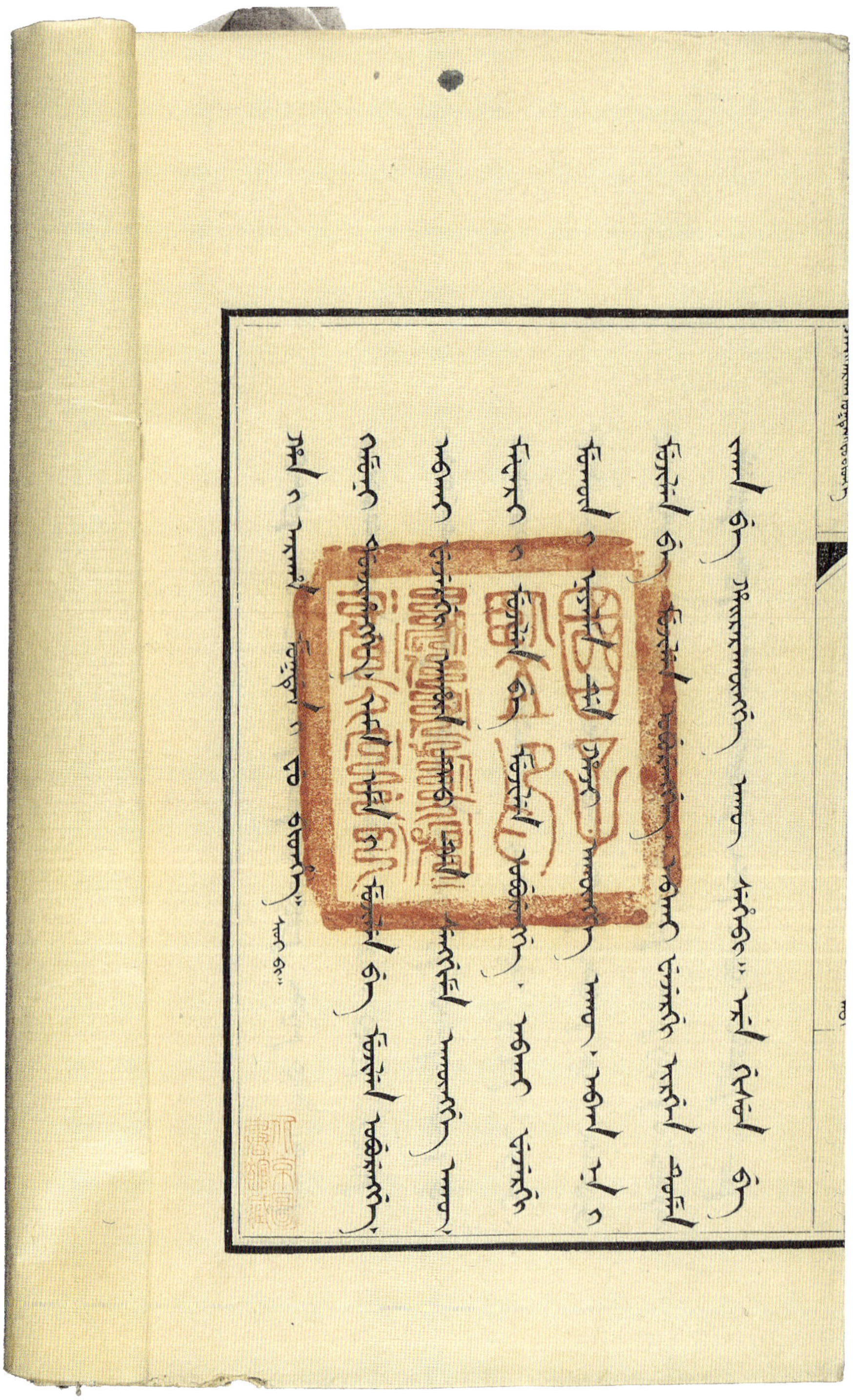

盛京賦一卷（之一）　滿文

清高宗（弘曆）撰，鄂爾泰等輯注，乾隆八年（1741）殿刻本，正文半葉7行，小字雙行，白口，單魚尾，四周雙邊，框高19.7厘米，寬13.5厘米。

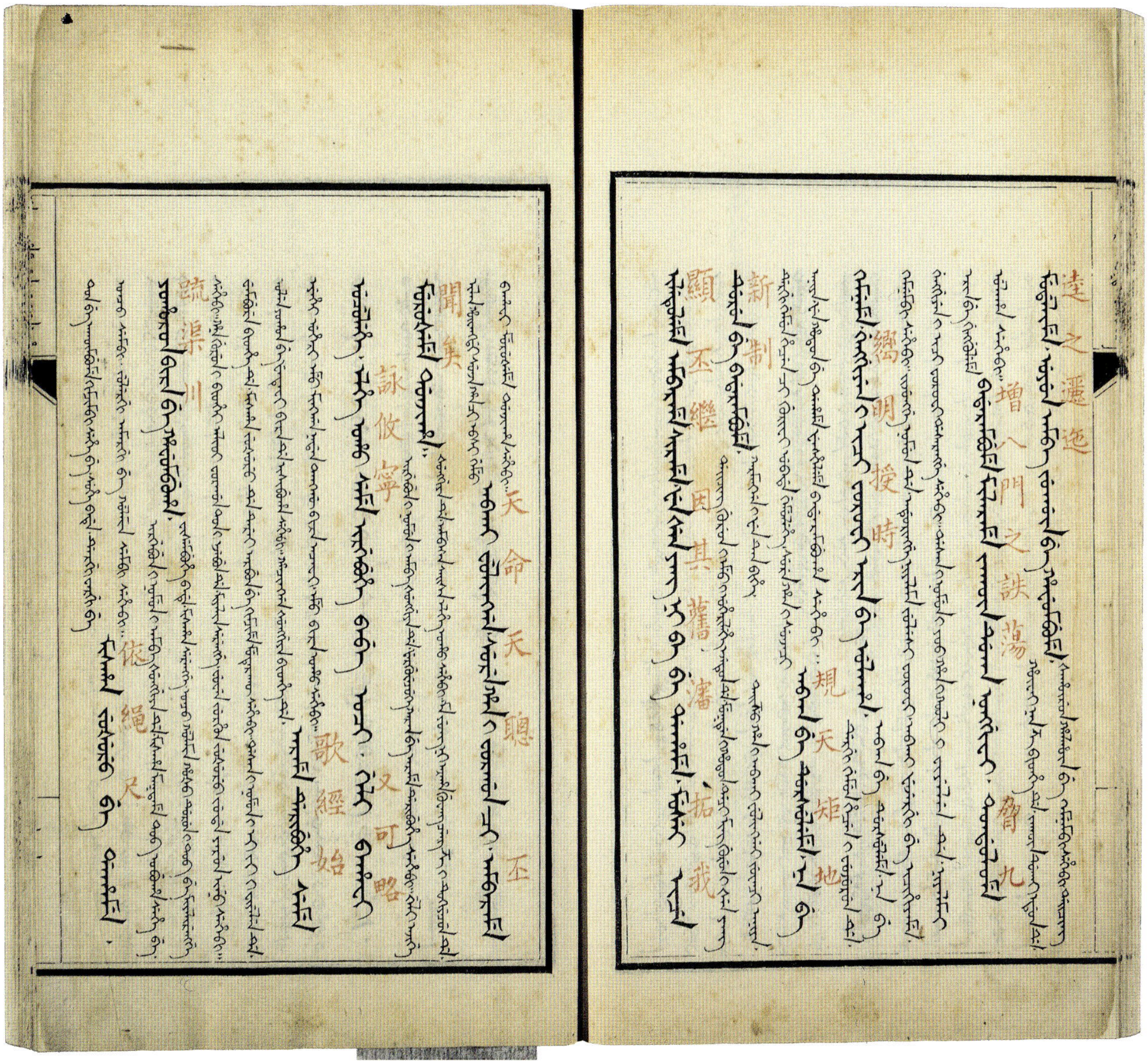

盛京賦一卷（之二）

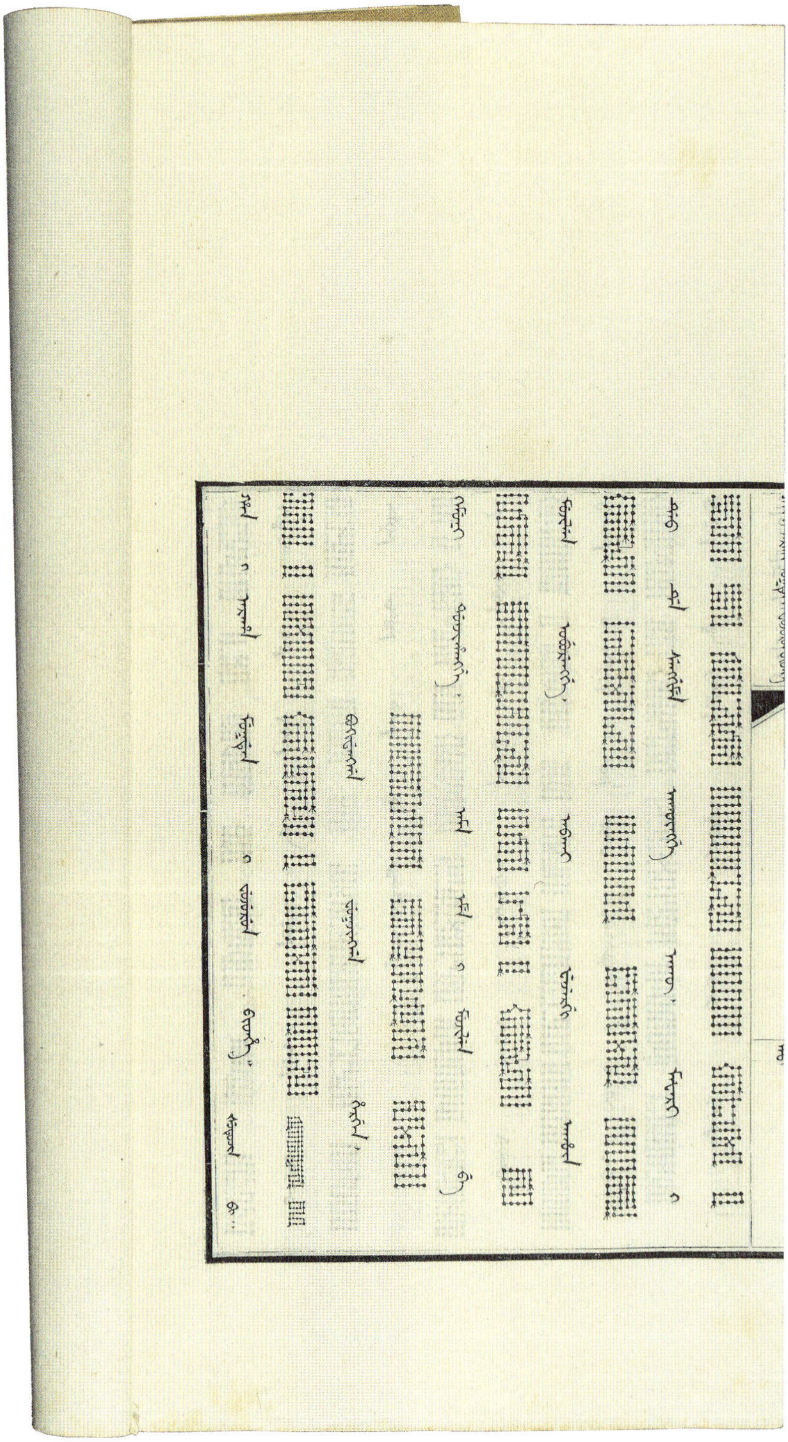

（篆字）盛京賦三十二卷（之一）　滿文

傅恒等繕寫，乾隆十三年（1748）殿刻本，正文半葉10行，白口，單魚尾，四周雙邊，框高21.6厘米，寬16.7厘米。

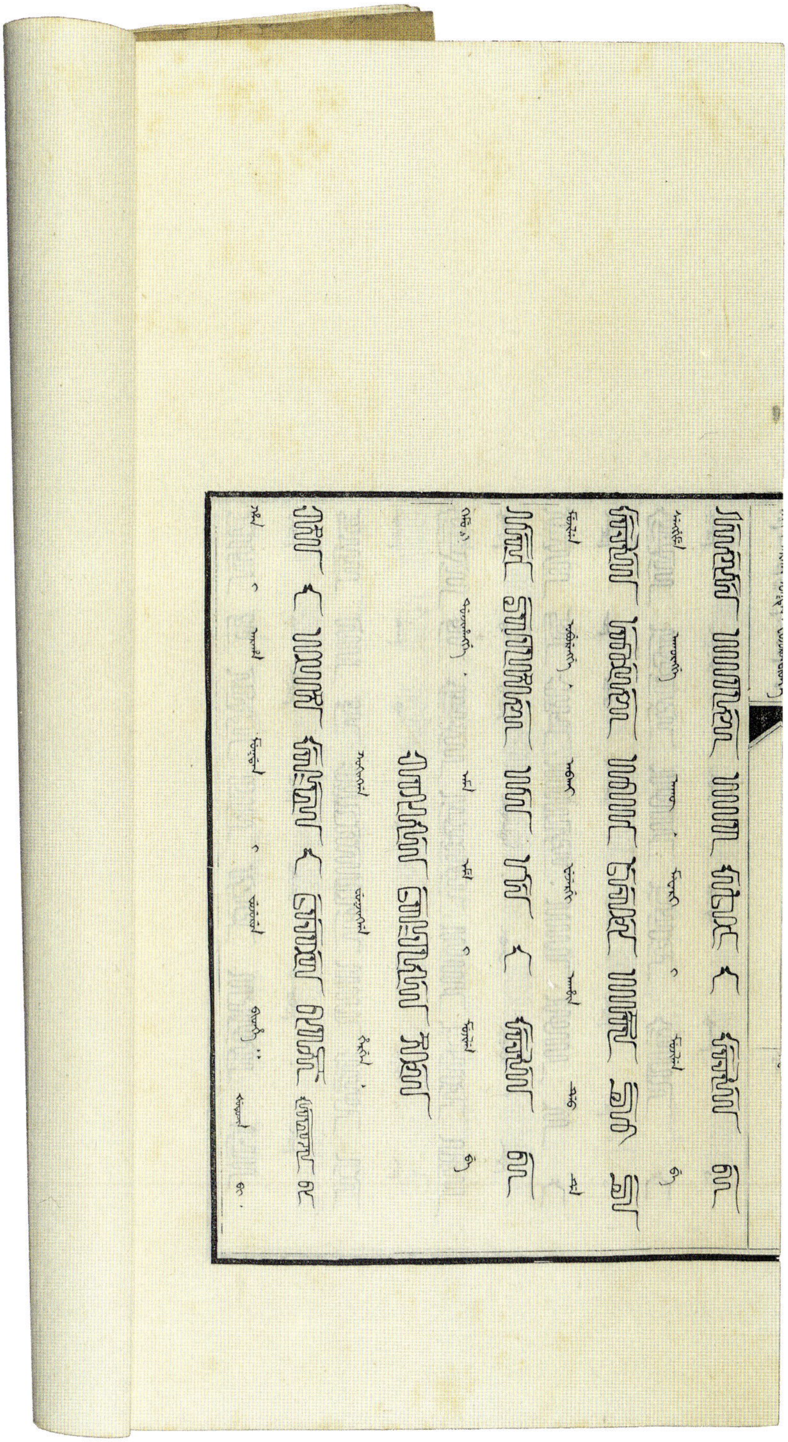

（篆字）盛京賦三十二卷（之二）

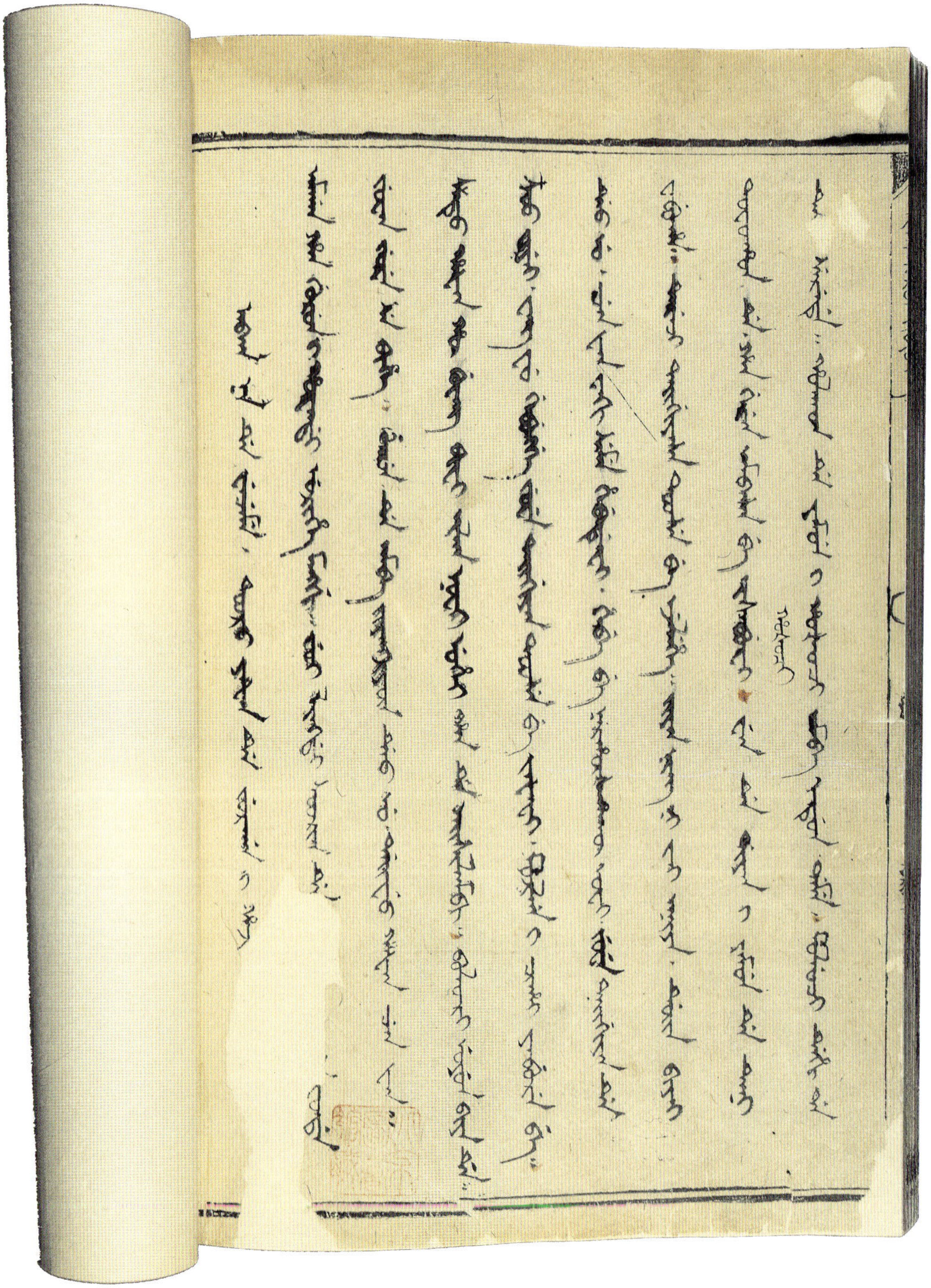

三國志演義二十四卷　滿文

（元）羅貫中撰，祁充格等譯，順治七年（1650）刻本，正文半葉9行，白口，雙魚尾，四周雙邊，框高28.9厘米，寬20.9厘米。此書已列入首批國家珍貴古籍名録。

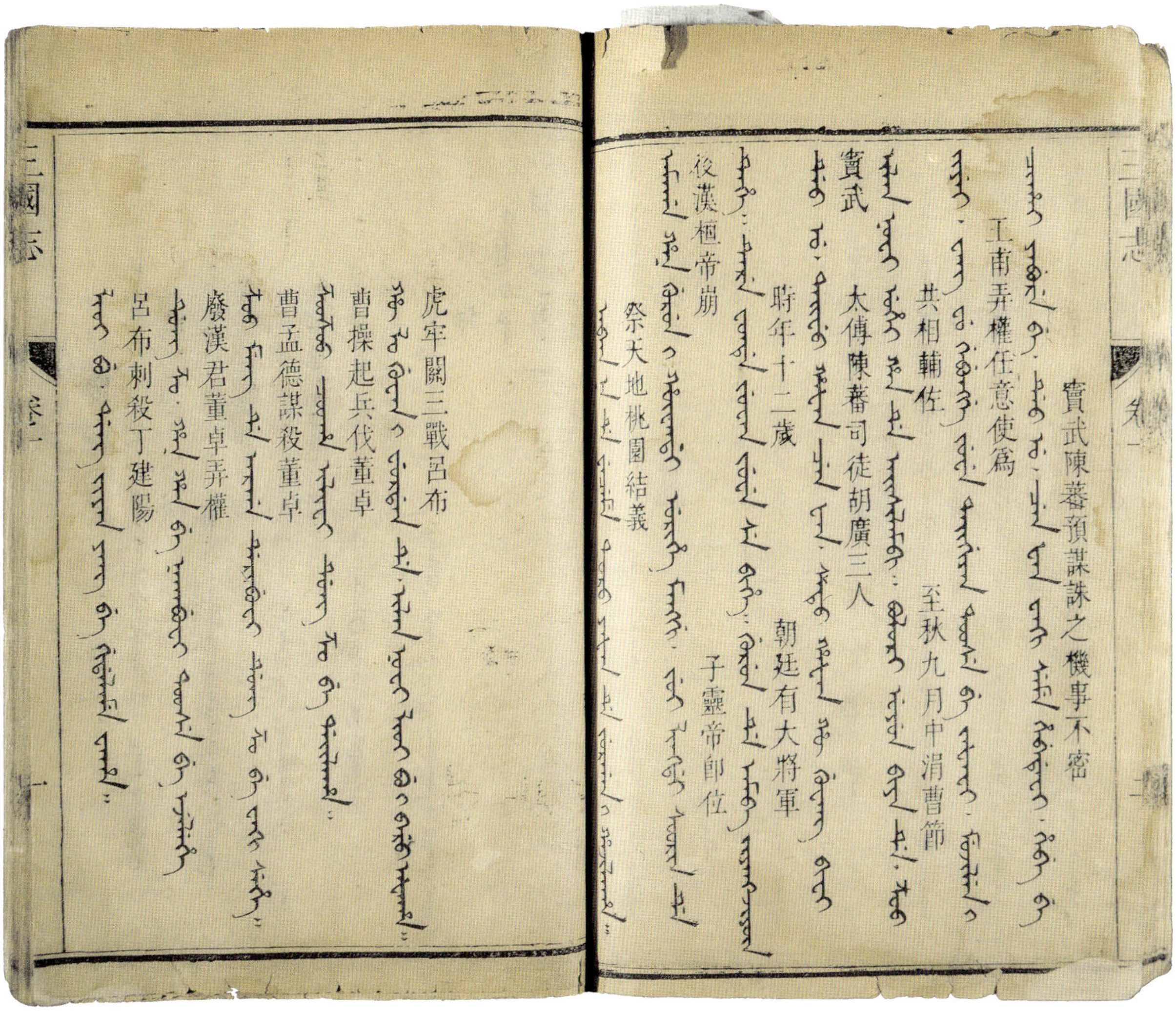
三國志 卷一

竇武陳蕃預謀誅之機事不密
王甫弄權任意使爲
共相輔佐 至秋九月中涓曹節
竇武 太傅陳蕃司徒胡廣三人
時年十二歲 朝廷有大將軍
後漢桓帝崩 子靈帝卽位
祭天地桃園結義

虎牢關三戰呂布
曹操起兵伐董卓
曹孟德謀殺董卓
廢漢君董卓弄權
呂布刺殺丁建陽

三國志 卷一

三國志演義二十四卷 滿漢合璧

（元）羅貫中撰，雍正刻本，正文半葉14行，白口，單魚尾，四周雙邊，框高21.9厘米，寬15.5厘米。

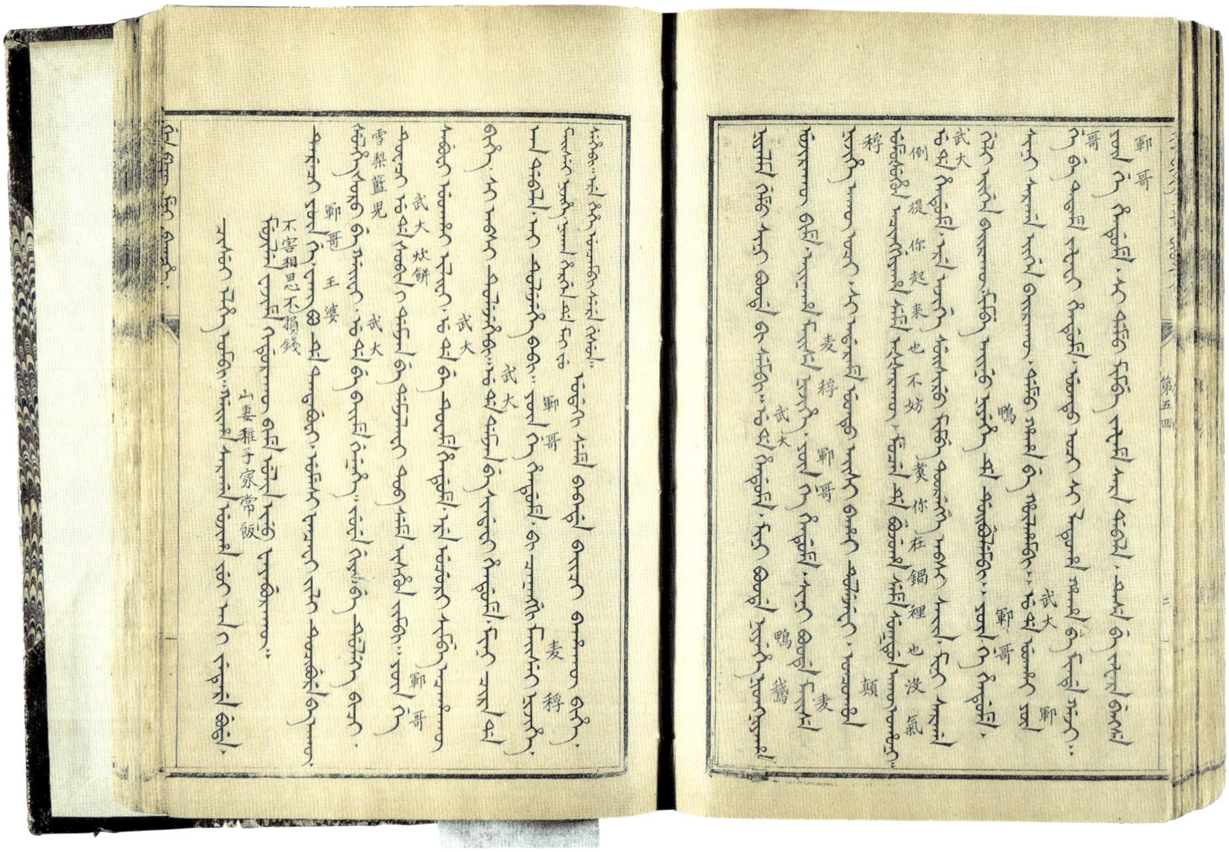

金瓶梅四十卷 滿文

康熙四十七年（1708）刻本，正文半葉9行，白口，單魚尾，四周雙邊，框高19.8厘米，寬14.2厘米。有部分漢字釋義。本書被列入第二批國家珍貴古籍名録。

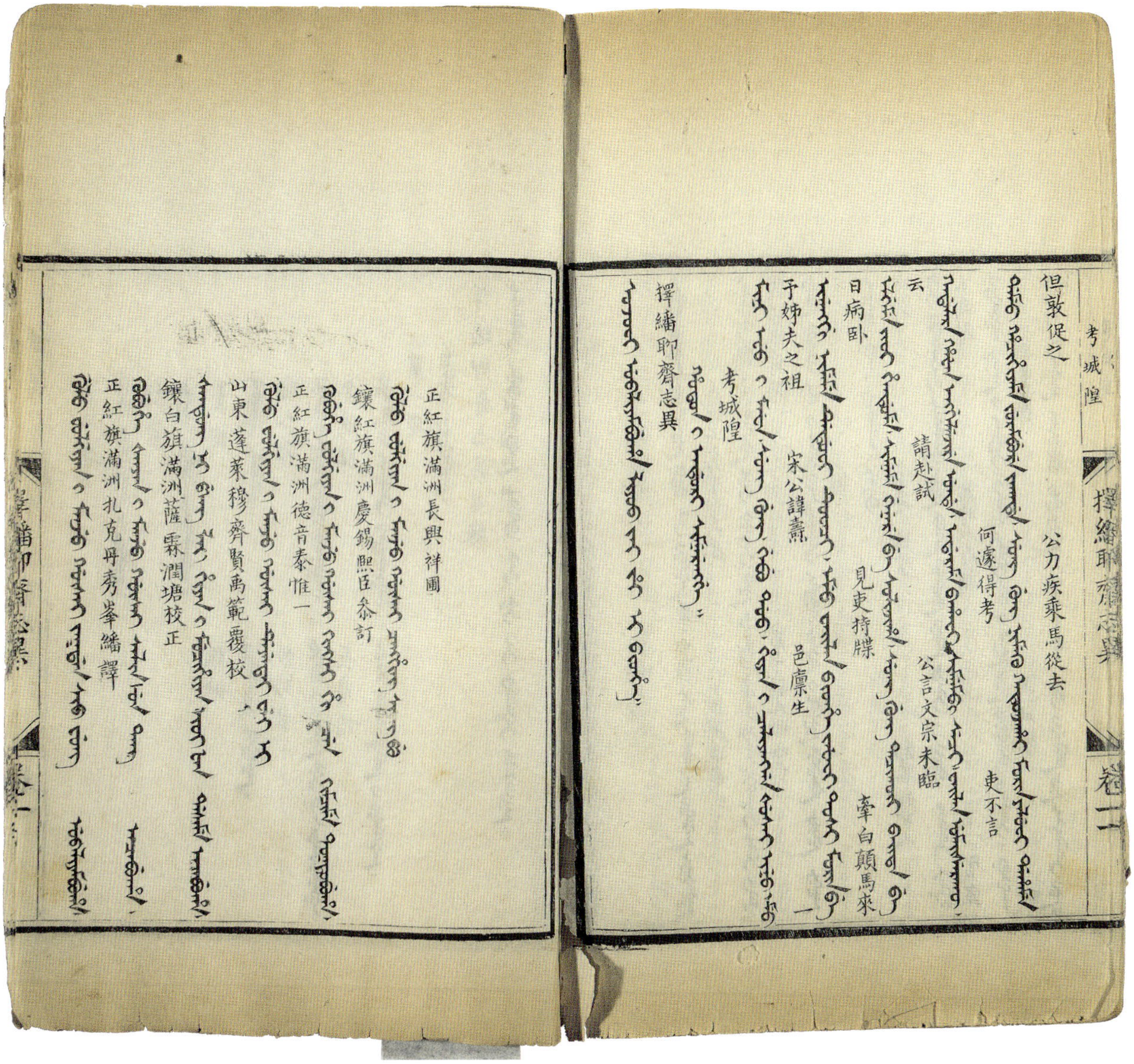

擇翻聊齋志異二十四卷　滿漢合璧

蒲松齡撰，扎克丹譯，道光二十八年（1848）刻本，正文半葉14行，白口，雙魚尾，四周雙邊，框高19.4厘米，寬16.1厘米。

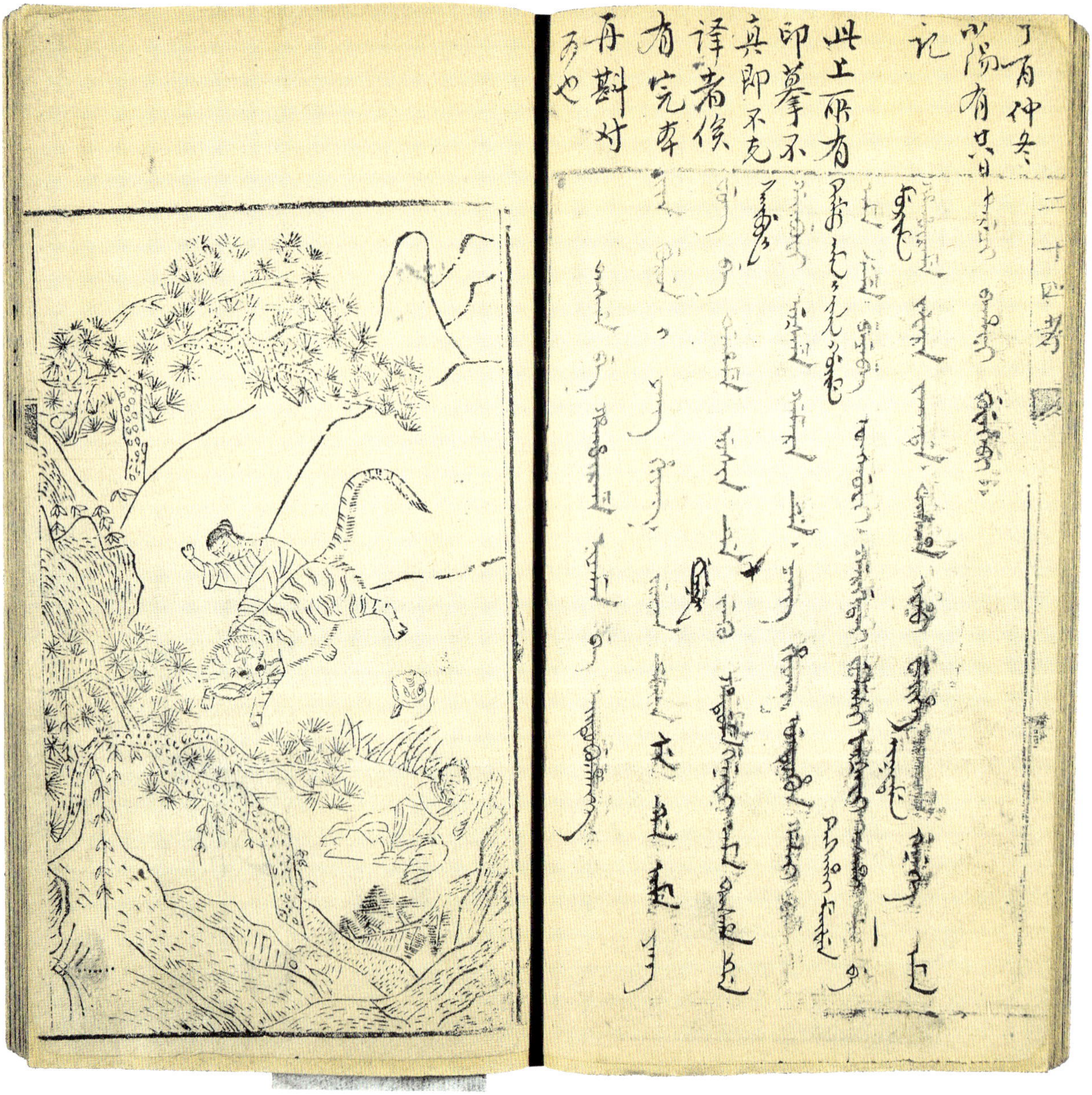

二十四孝圖說不分卷 滿漢合集

乾隆元年（1736）刻本，正文滿文半葉7行，漢文半葉9行，小字雙行，白口，單魚尾，左右雙邊，框高18.3厘米，寬11.7厘米。有圖。（圖爲滿文本）

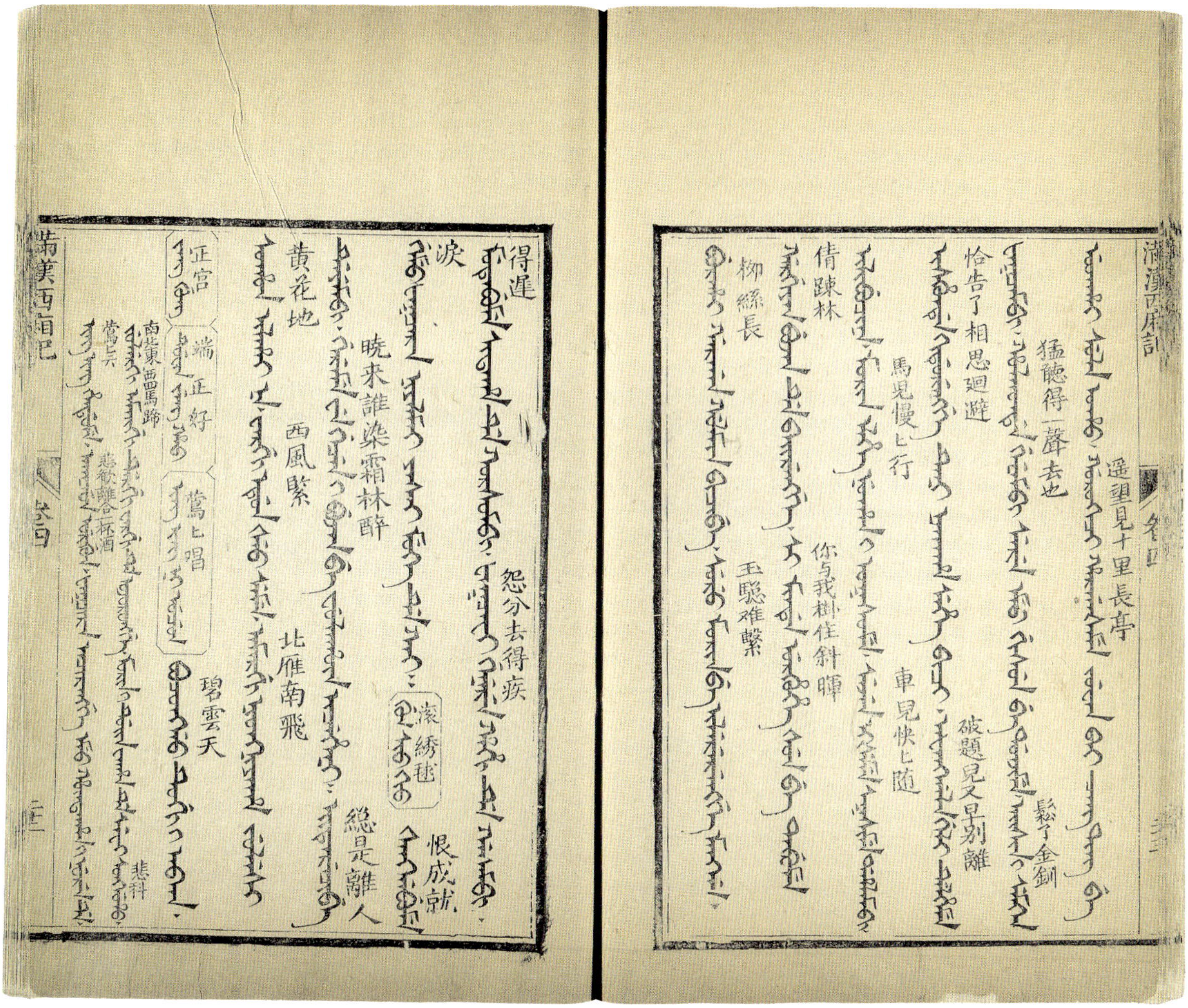

西廂記四卷　滿漢合璧

（元）王實甫撰，康熙四十九年（ 1710 ）刻本，正文半葉12行，小字雙行，白口，單魚尾，四周雙邊，框高16.5厘米，寬12厘米。本書被列入第二批國家珍貴古籍名録。

御製三角形論 文章一篇 性理一則
滿漢潘氏總論

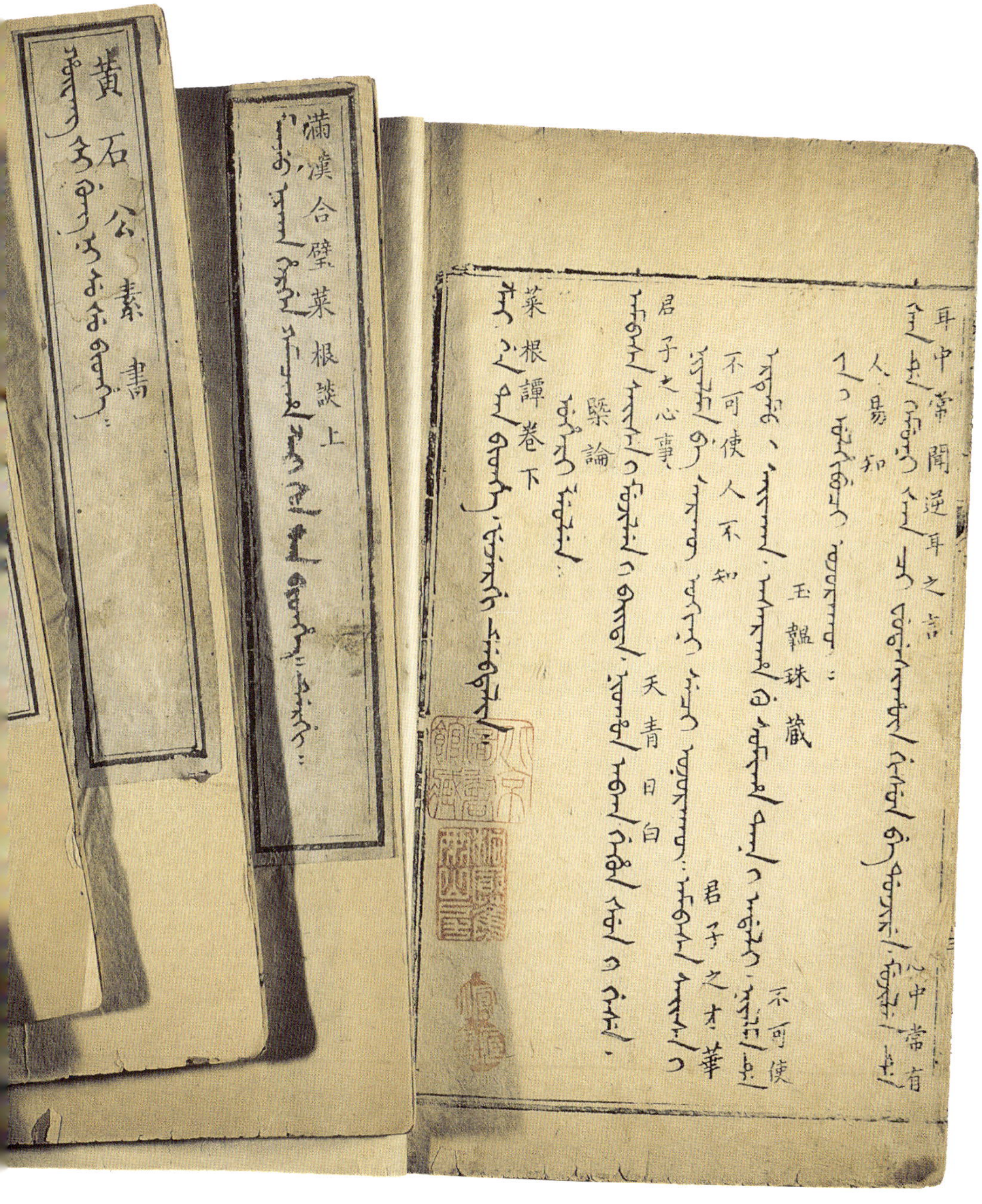

七本頭不分卷　滿漢合璧

和素輯譯，康熙刻本，包括《黄石公素書》、《潘氏總論》、《性理一則》、《御製三角形推算法論》、《孝經》、《菜根譚》、《醒世要言》七種，七種書行款不等，白口，除《菜根談》單魚尾外，其餘均無魚尾，四周雙邊，框高16.5厘米，寬11.2厘米。

抄本

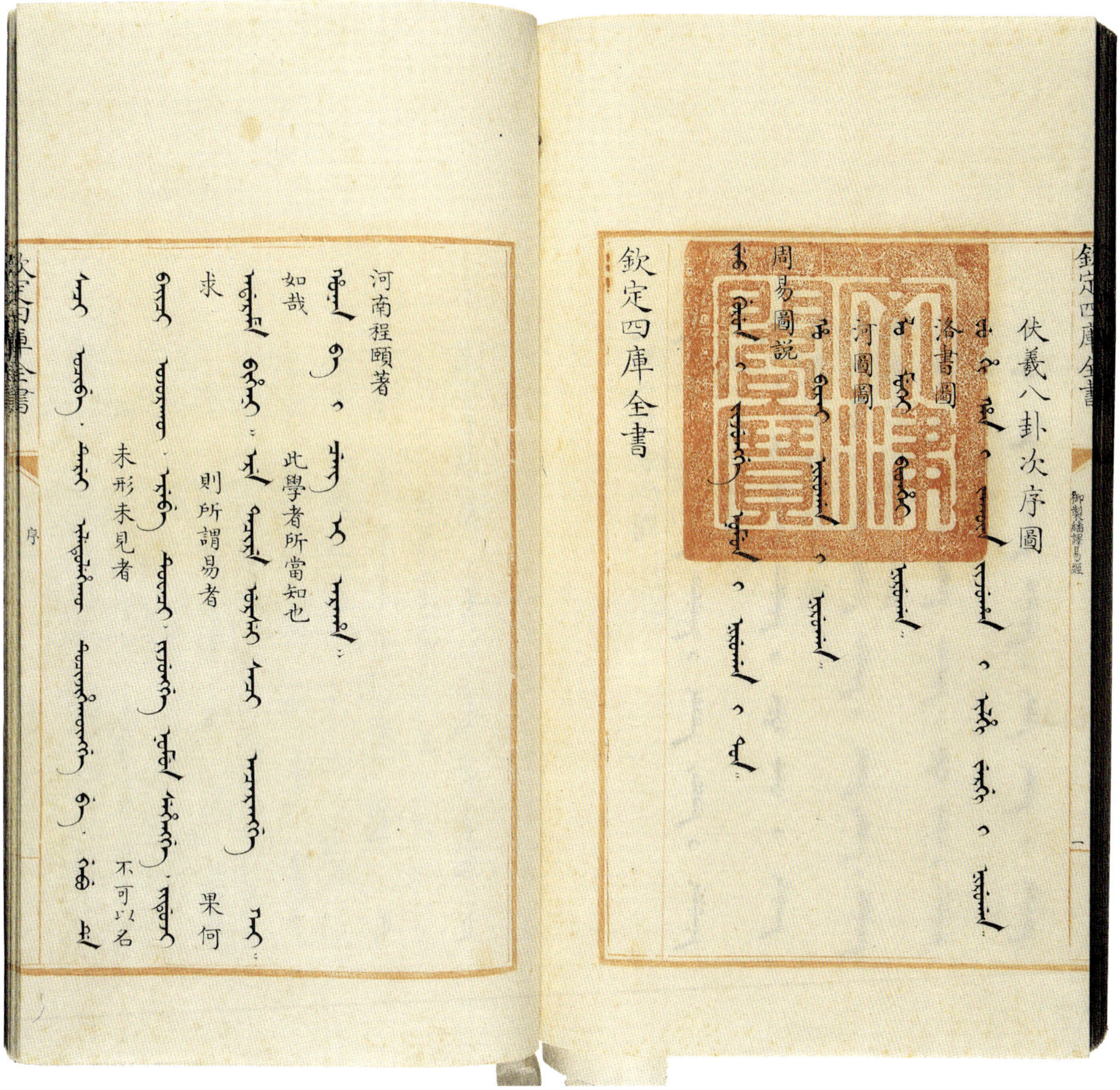
欽定四庫全書
序
河南程頤著
如哉
此學者所當知也
求
則所謂易者
未形未見者
果何
不可以名
欽定四庫全書
伏羲八卦次序圖
洛書圖
河圖圖
周易圖說
欽定四庫全書
御製繙譯易經

御製翻譯易經四卷　滿漢合璧

文津閣四庫全書抄本，正文半葉10行，白口，單魚尾，朱絲欄，四周雙邊，框高23厘米，寬15.5厘米。

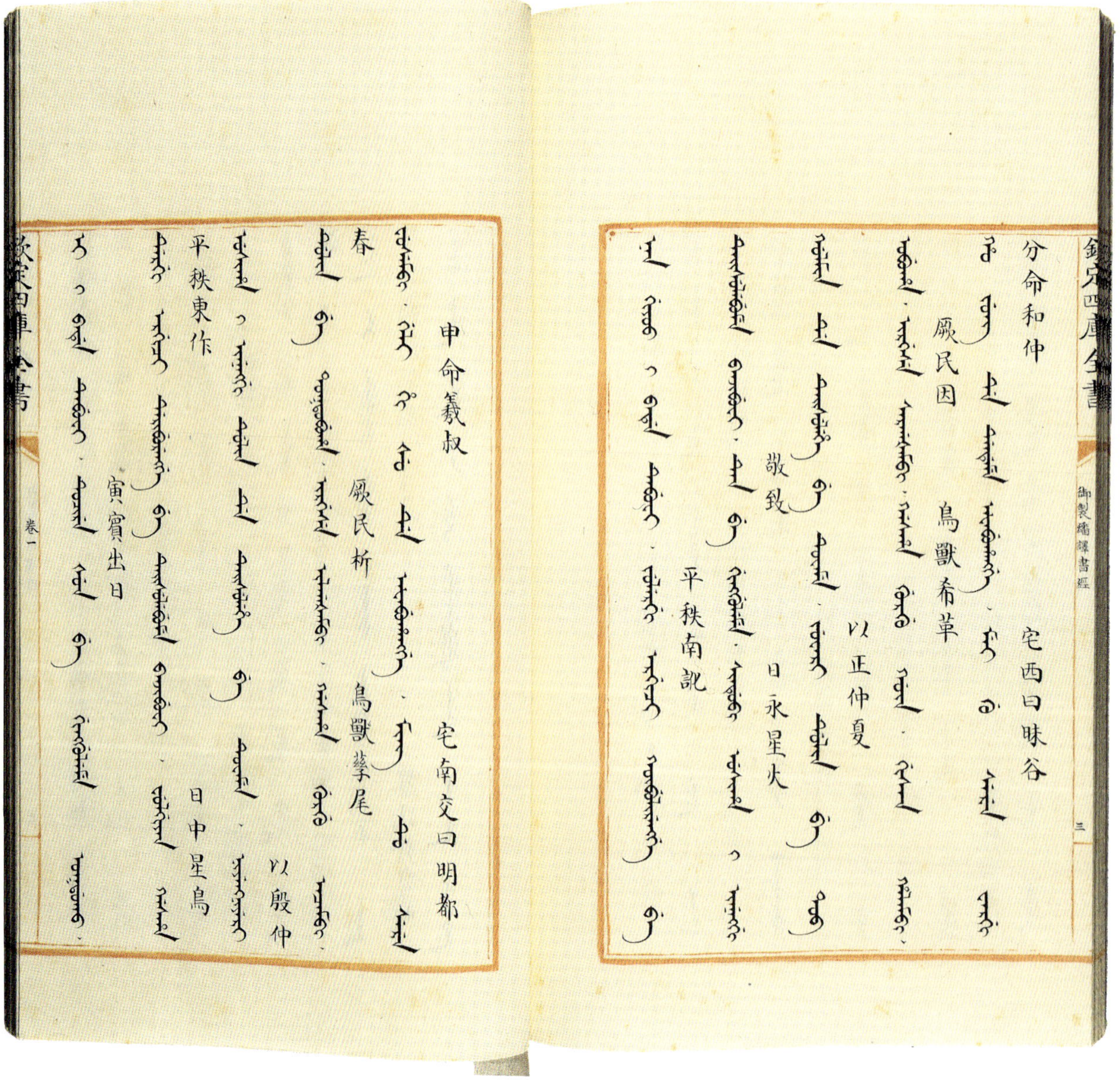

御製翻譯書經六卷 滿漢合璧

文津閣四庫全書抄本，正文半葉10行，白口，單魚尾，朱絲欄，四周雙邊，框高23厘米，寬15.5厘米。

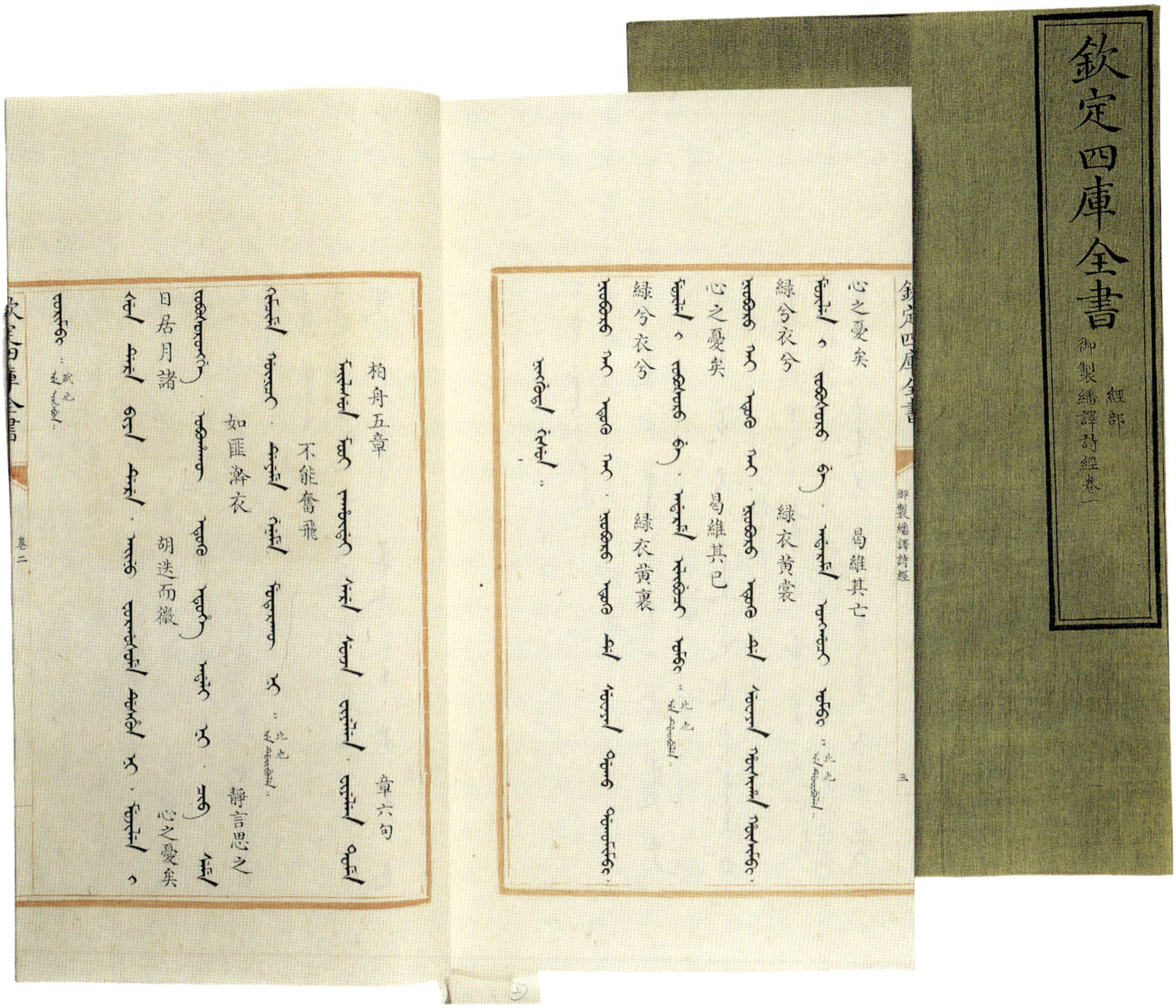

御製翻譯詩經八卷　滿漢合璧

文津閣四庫全書抄本，正文半葉10行，白口，單魚尾，朱絲欄，四周雙邊，框高23厘米，寬15.5厘米。

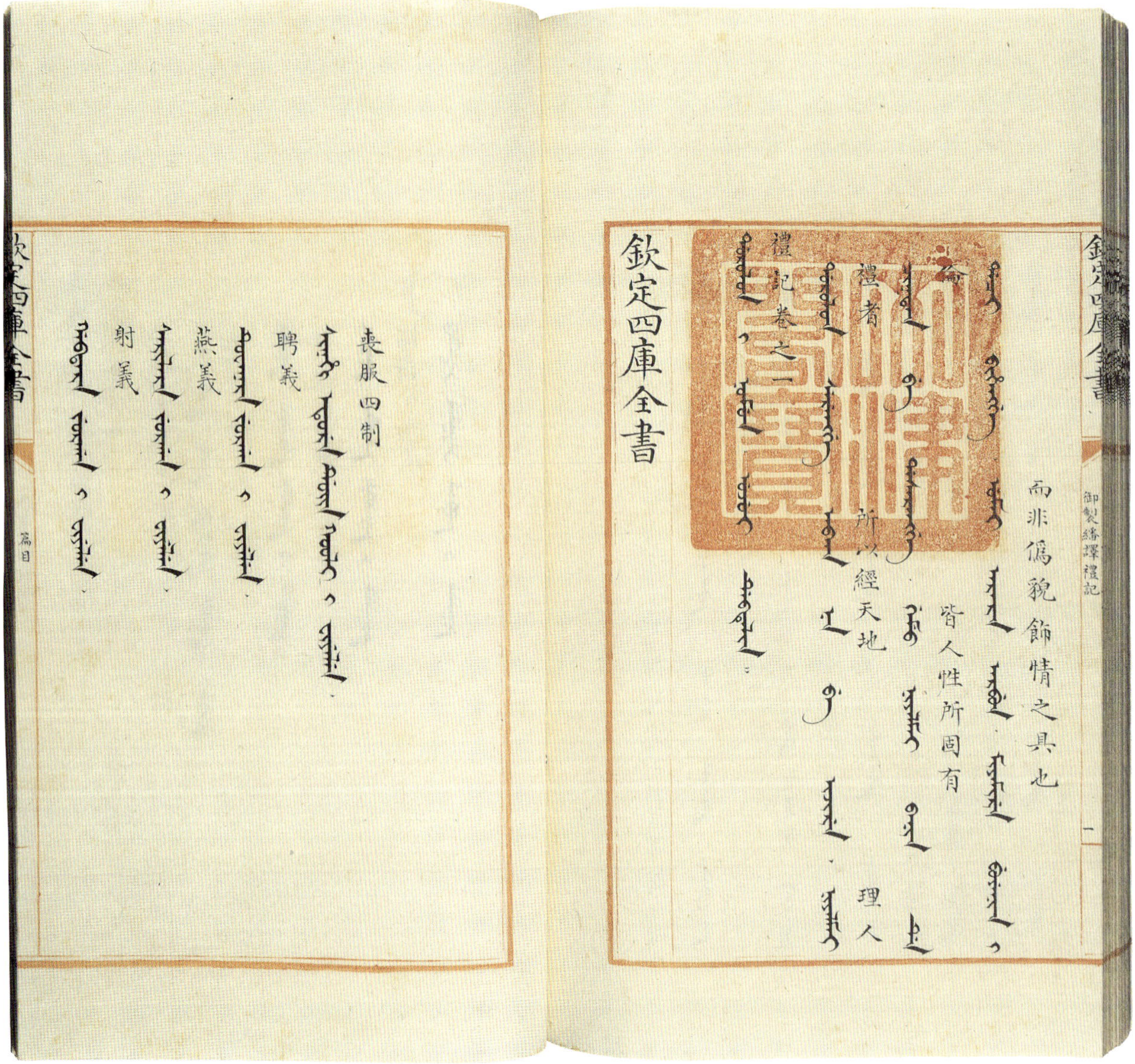

欽定四庫全書
喪服四制
聘義
燕義
射義
篇目
欽定四庫全書
禮記卷之一
禮者
所以經天地
理人
皆人性所固有
而非僞貌飾情之具也
御製繙譯禮記

御製翻譯禮記三十卷　滿漢合璧

文津閣四庫全書抄本，正文半葉10行，白口，單魚尾，朱絲欄，四周雙邊，框高23厘米，寬15.5厘米。

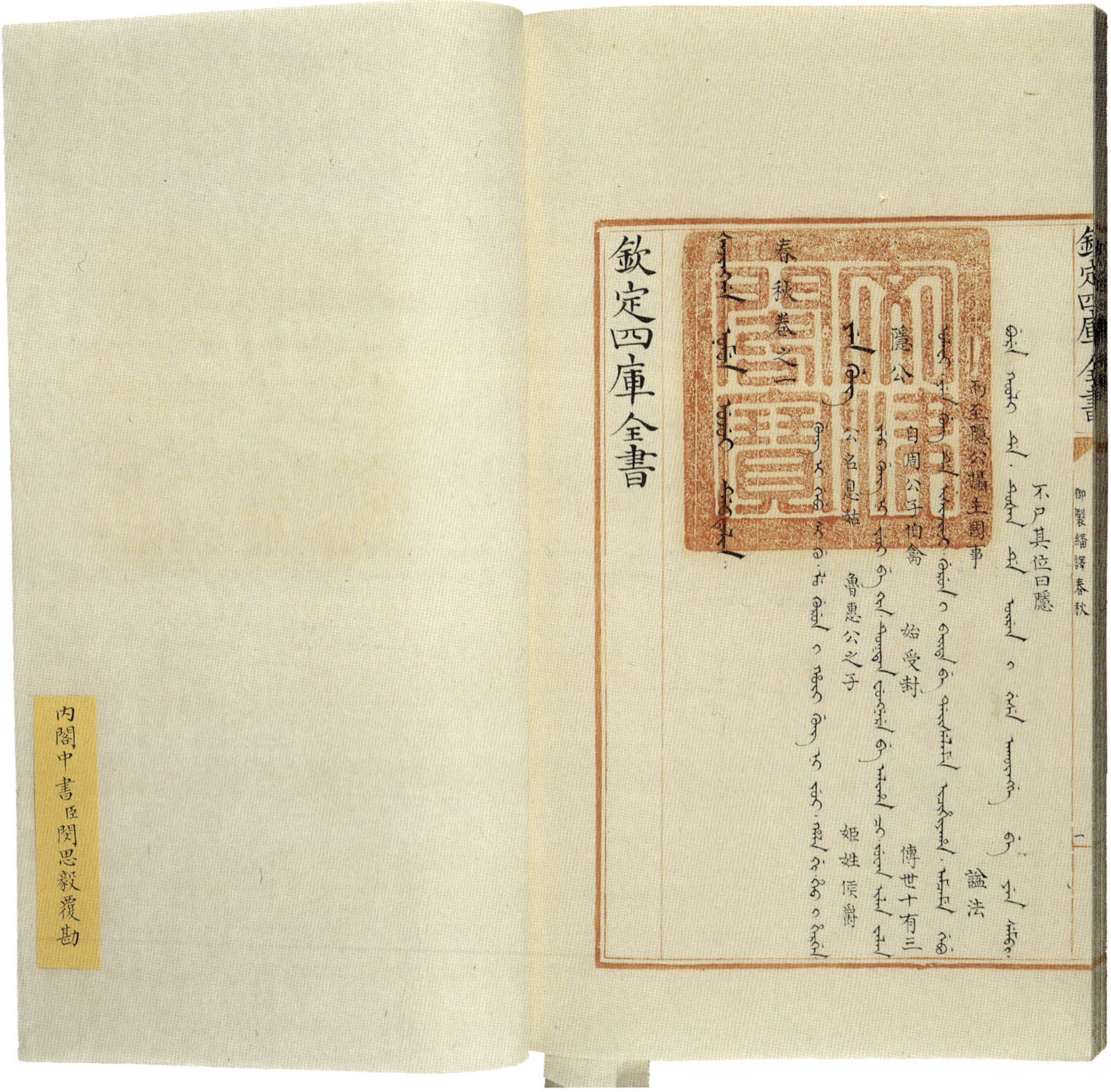

御製翻譯春秋六十四卷 滿漢合璧

文津閣四庫全書抄本，白口，單魚尾，朱絲欄，四周雙邊，框高23厘米，寬15.5厘米。

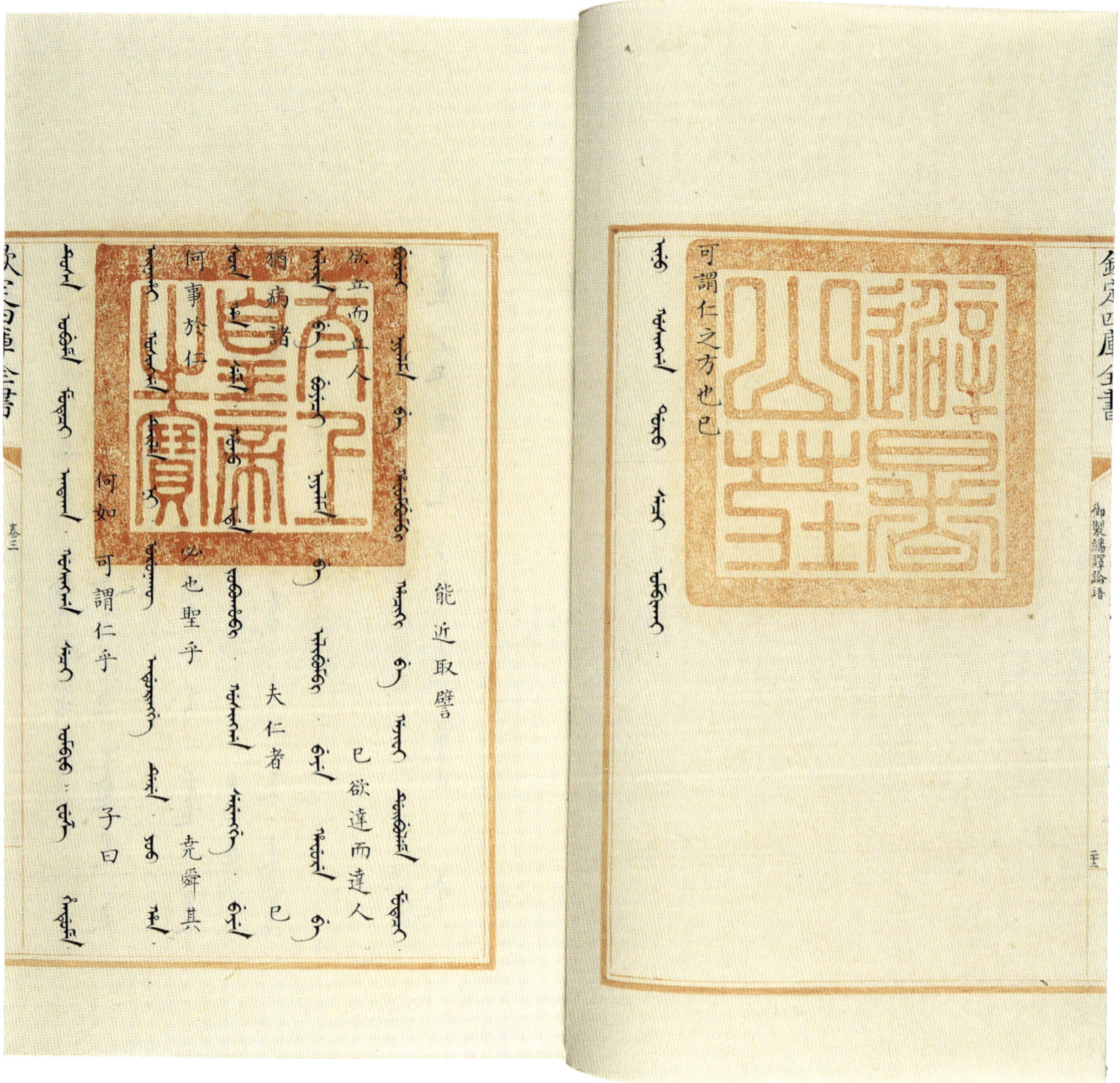

御製翻譯論語十卷 滿漢合璧

文津閣四庫全書抄本，正文半葉10行，白口，單魚尾，朱絲欄，四周雙邊，框高23厘米，寬15.5厘米。

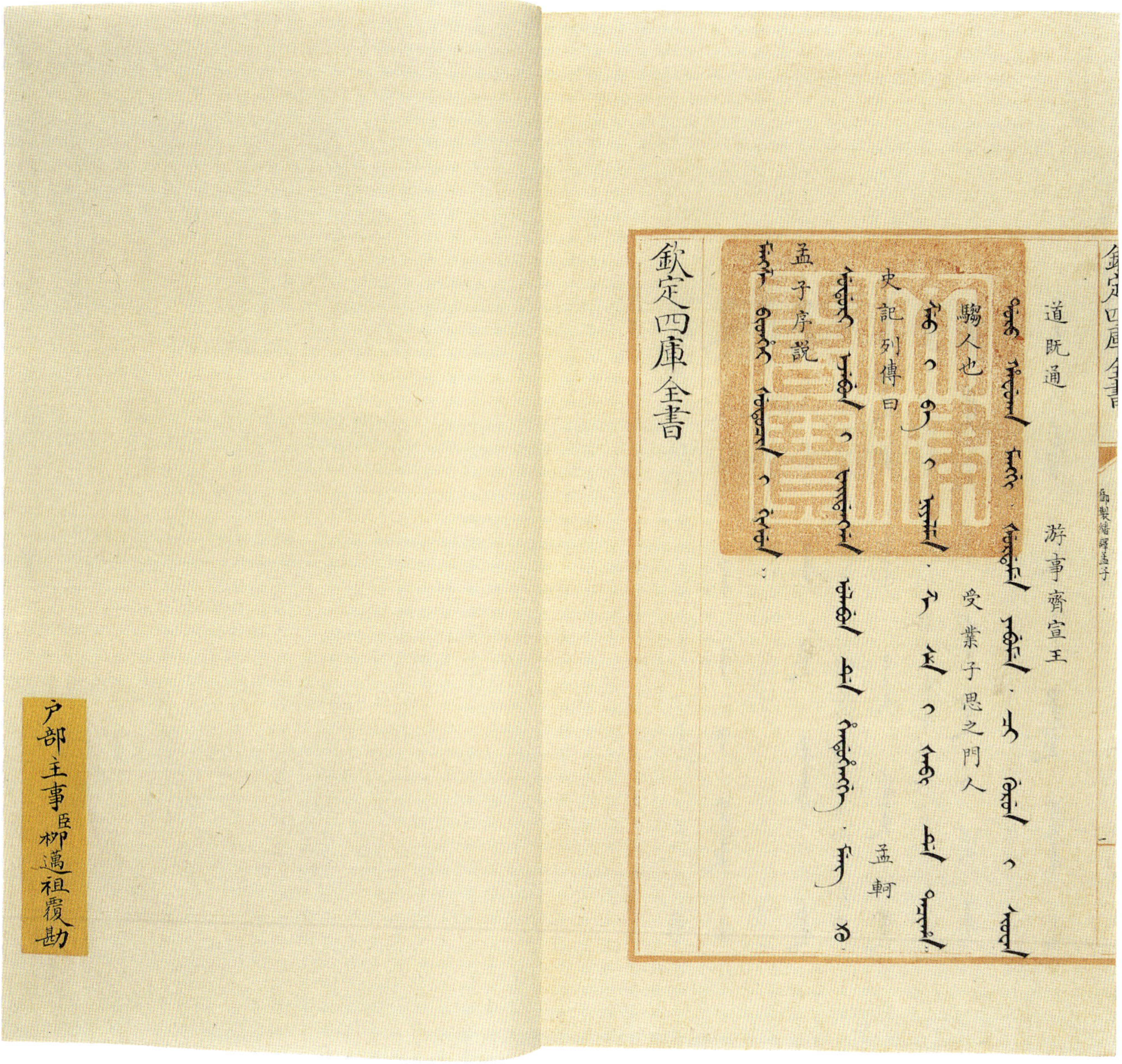

御製翻譯孟子七卷　滿漢合璧

文津閣四庫全書抄本，正文半葉10行，白口，單魚尾，朱絲欄，四周雙邊，框高23厘米，寬15.5厘米。

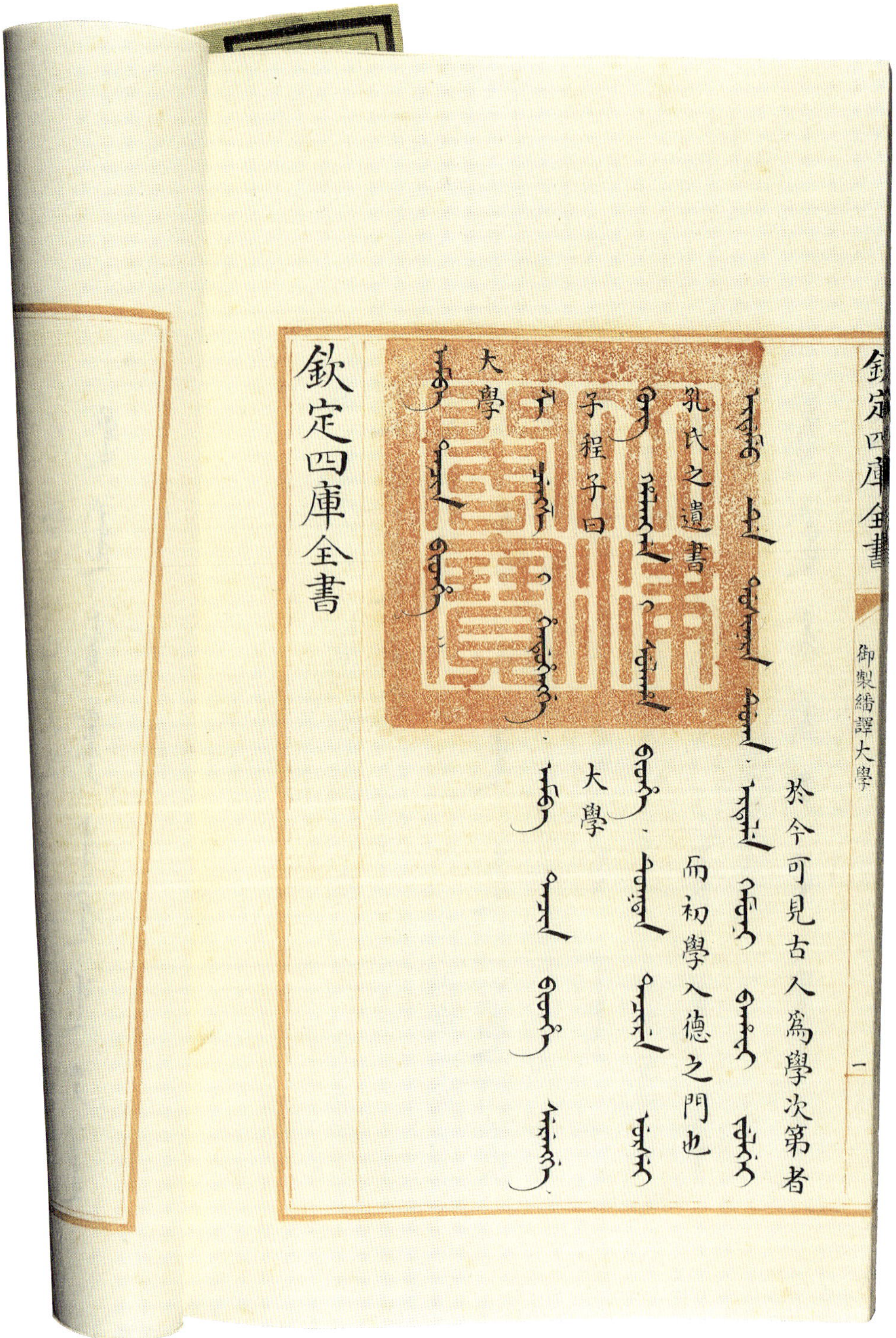
欽定四庫全書
御製繙譯大學
一
於今可見古人爲學次第者
而初學入德之門也
大學
子程子曰
孔氏之遺書
大學
欽定四庫全書

御製翻譯大學一卷　滿漢合璧

文津閣四庫全書抄本，正文半葉10行，白口，單魚尾，朱絲欄，四周雙邊，框高23厘米，寬15.5厘米。

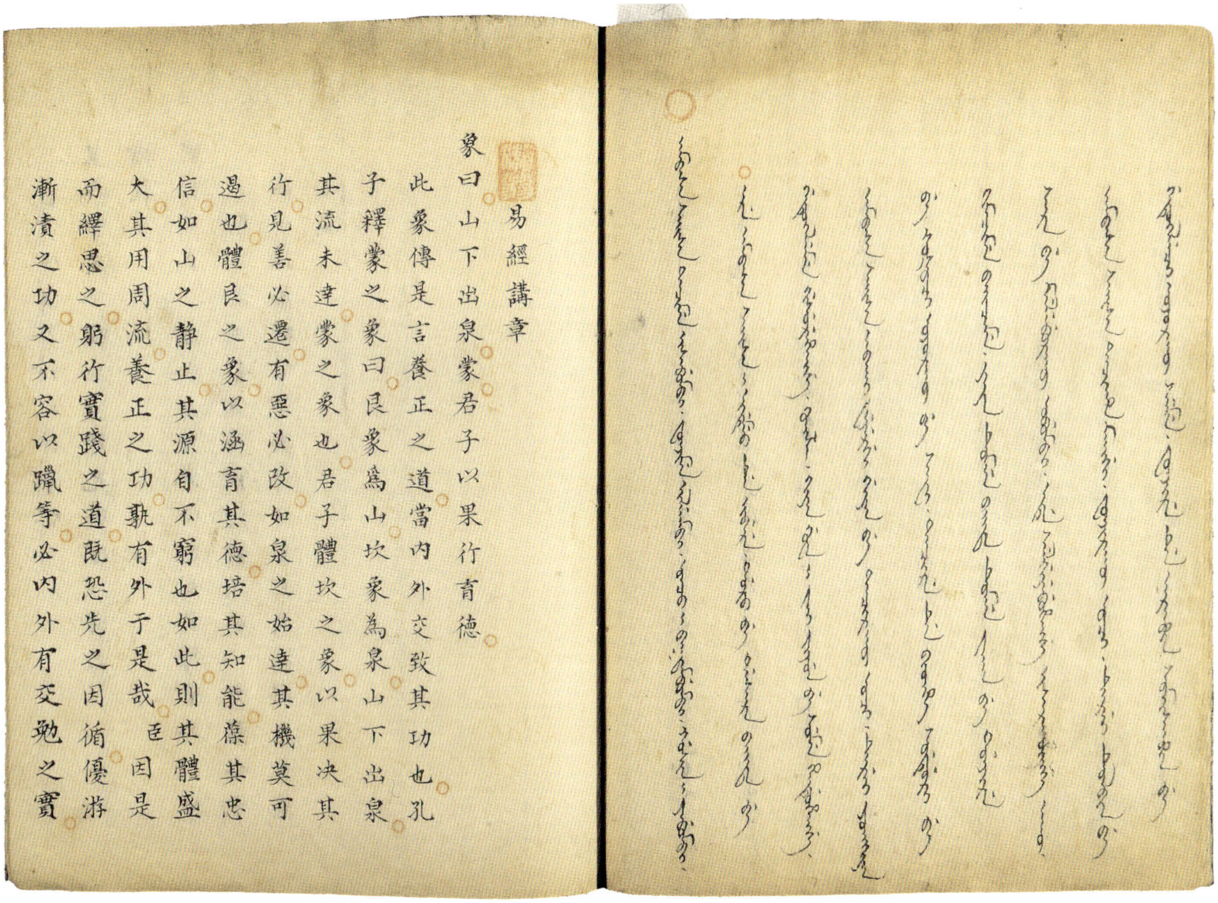

易經講章

象曰山下出泉蒙君子以果行育德

此象傳是言養正之道當內外交致其功也孔子釋蒙之象曰艮象為山坎象為泉山下出泉其流未達蒙之象也君子體坎之象以果決其行見善必遷有惡必改如泉之始達其機莫可遏也體艮之象以涵育其德培其知能蓄其忠信如山之靜止其源自不窮也如此則其體盛大其用周流養正之功孰有外于是哉 臣因是而繹思之躬行實踐之道既恐先之因循優游漸漬之功又不容以躐等必內外有交勉之實

易經講章不分卷 滿漢合璧

抄本，正文半葉滿文9行，漢文11行，無版框。

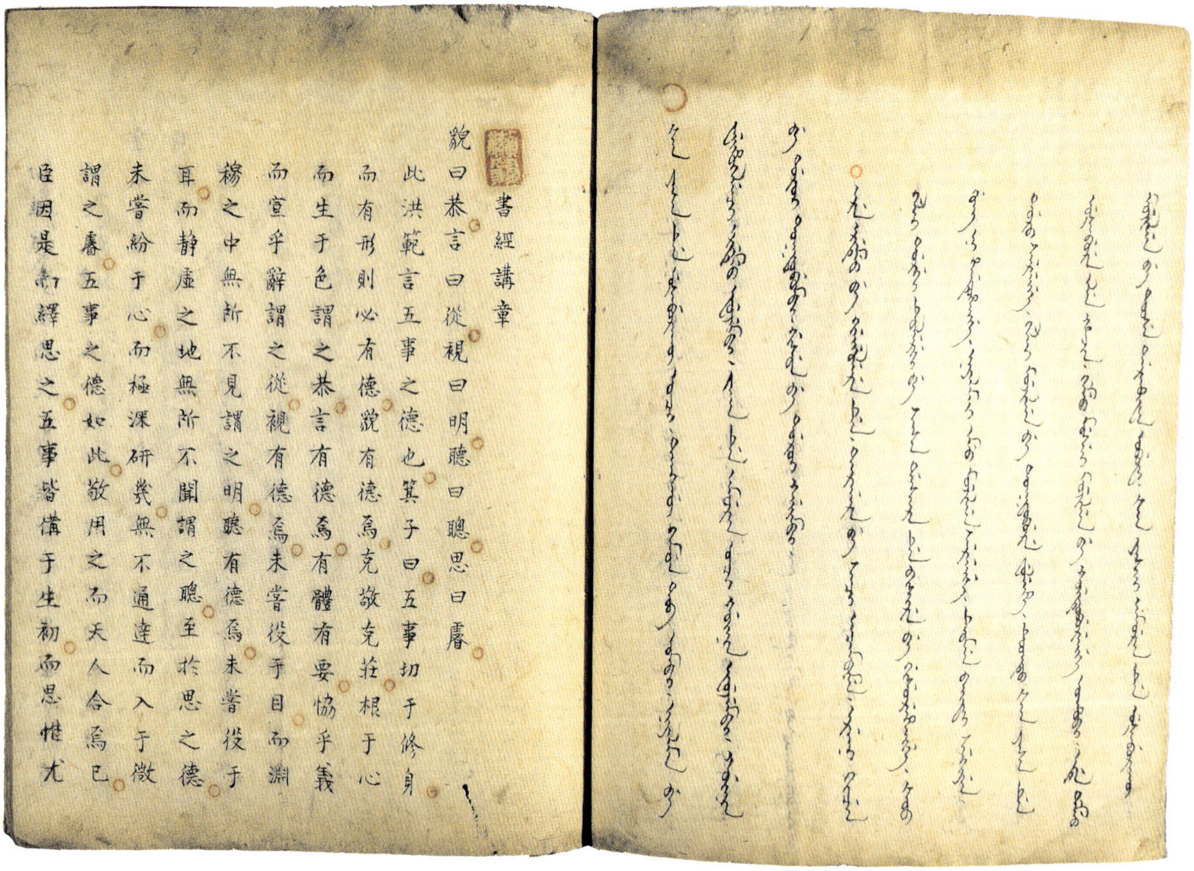

書經講章不分卷　滿漢合璧

抄本，正文半葉滿文9行，漢文11行，無版框。

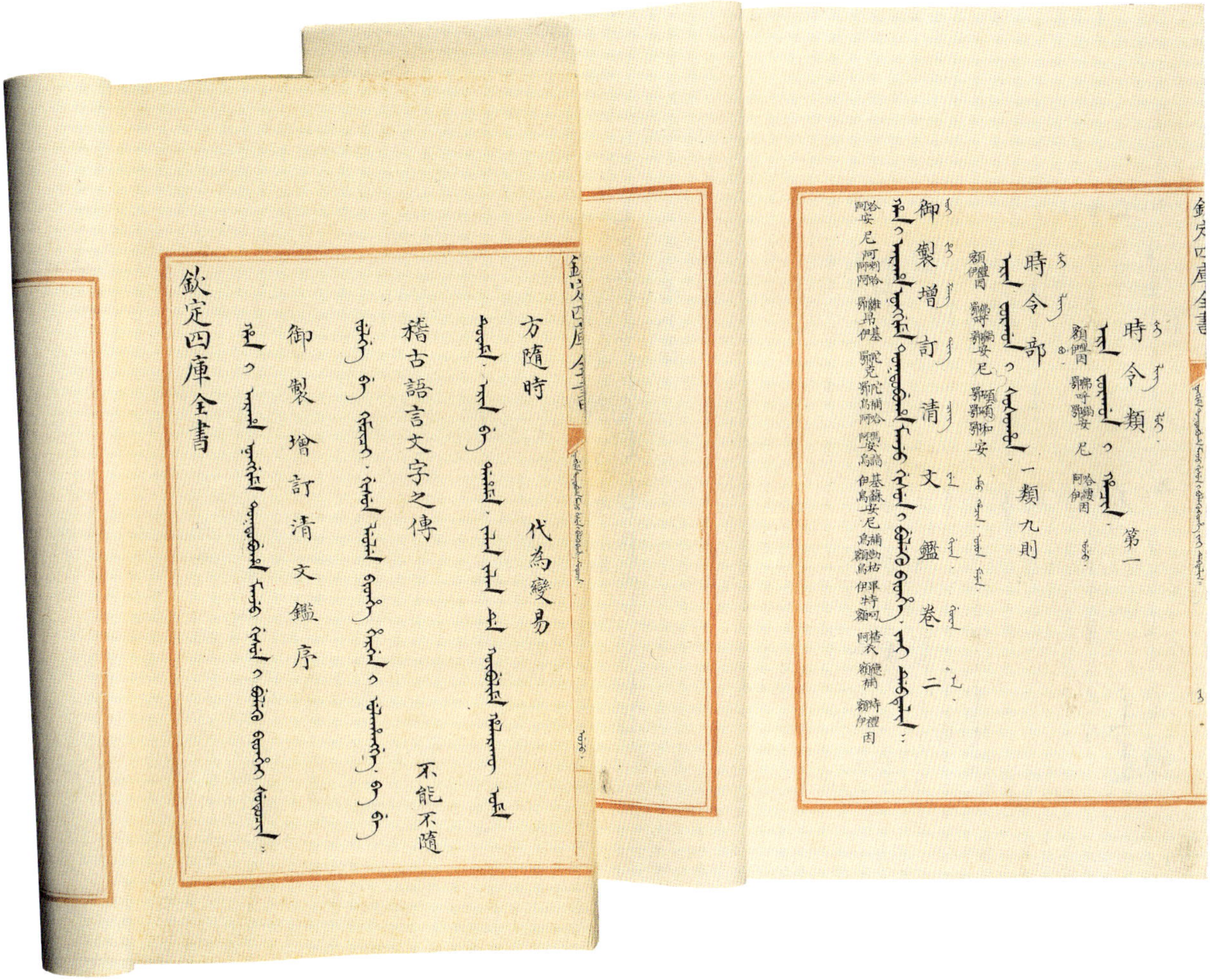

御製增訂清文鑑三十二卷補編四卷總綱八卷補編總綱二卷 滿漢合璧

文津閣四庫全書抄本，白口，單魚尾，朱絲欄，四周雙邊，框高23厘米，寬15.5厘米。

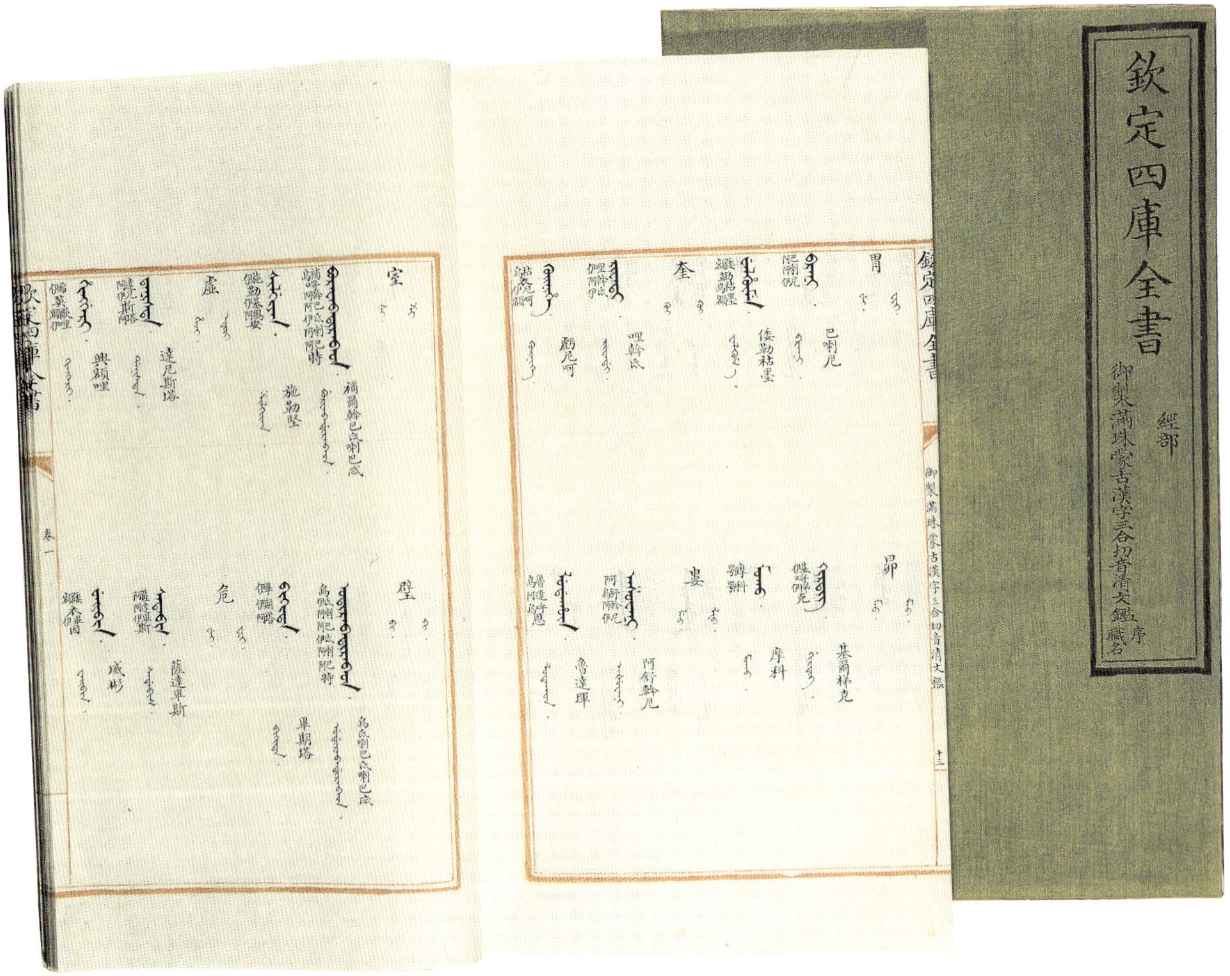
欽定四庫全書
經部
御製滿珠蒙古漢字三合切音清文鑑 序 職名

御製滿珠蒙古漢字三合切音清文鑑三十一卷　滿蒙漢合璧

文津閣四庫全書抄本，正文半葉上下欄，每欄兩詞，白口，單魚尾，朱絲欄，四周雙邊，框高23厘米，寬15.5厘米。

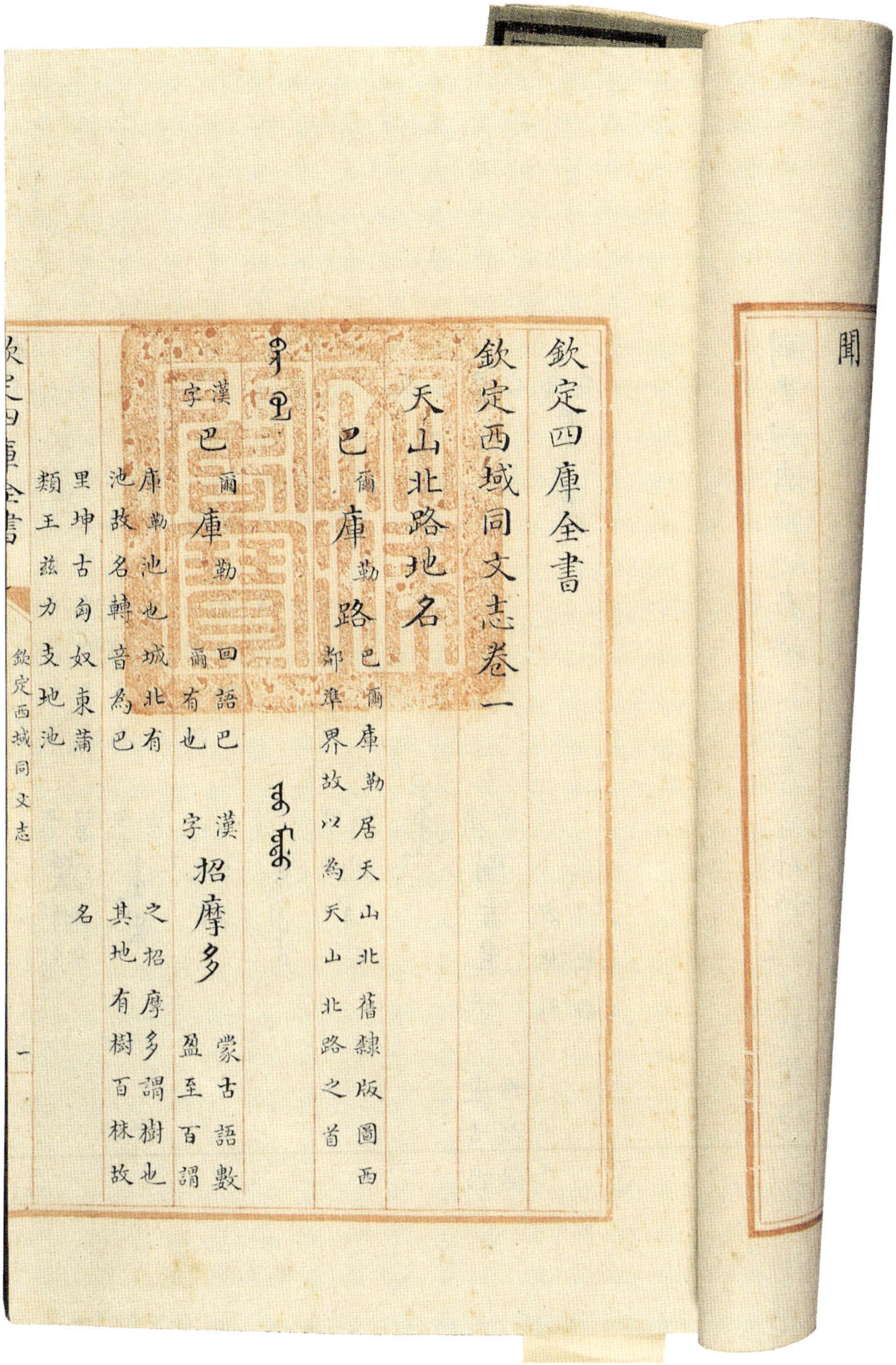

欽定西域同文志二十四卷　滿漢蒙藏托忒蒙古維合璧

傅恒等纂，文津閣四庫全書抄本，正文半葉8行，小字雙行，白口，單魚尾，朱絲欄，四周雙邊，框高23厘米，寬15.5厘米。

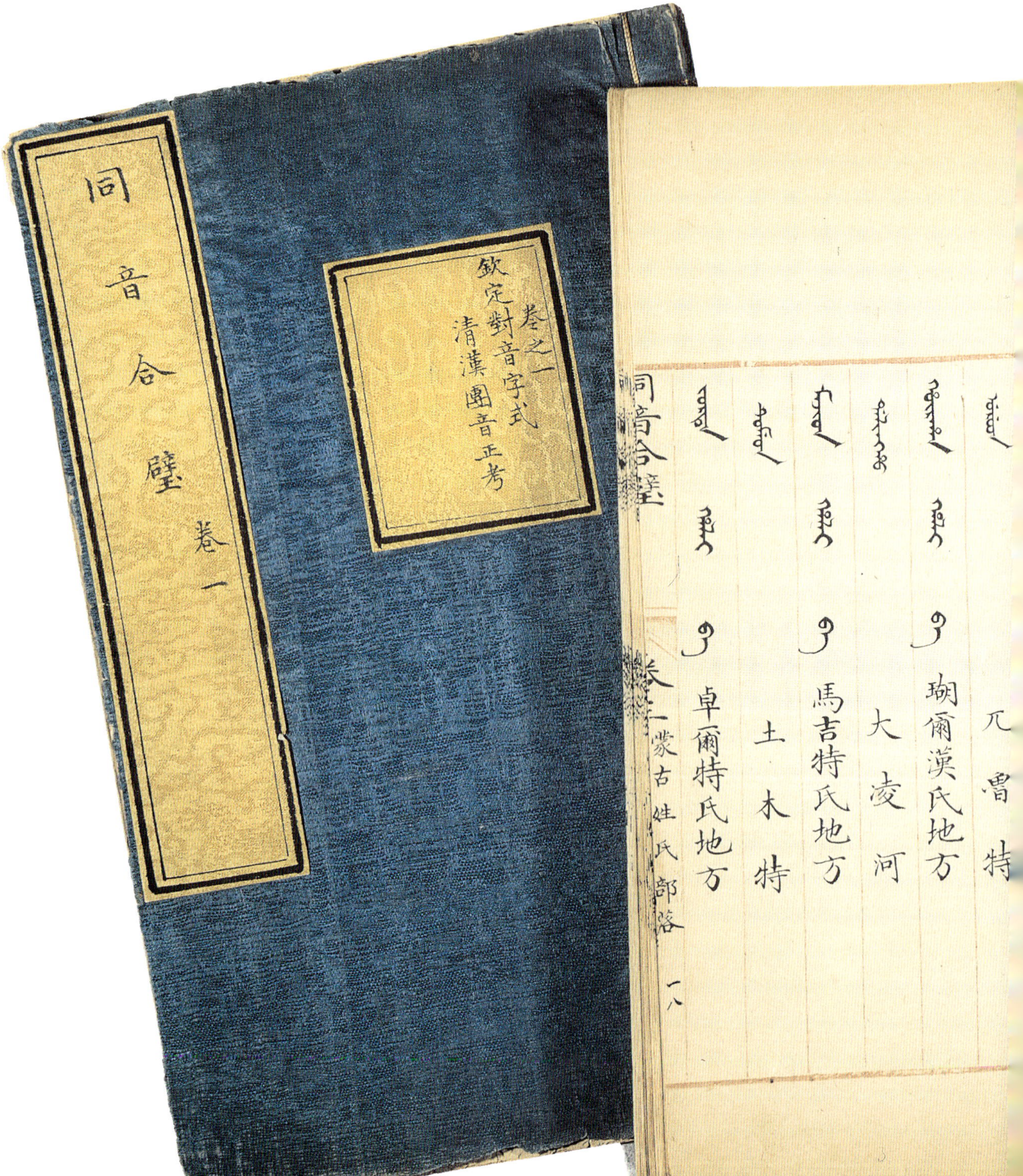
同音合壁 卷一
欽定對音字式
卷之一
清漢國音正考
同音合璧
卷一蒙古姓氏部落
一八
卓爾特氏地方
土木特
馬吉特氏地方
大凌河
瑚爾漢氏地方

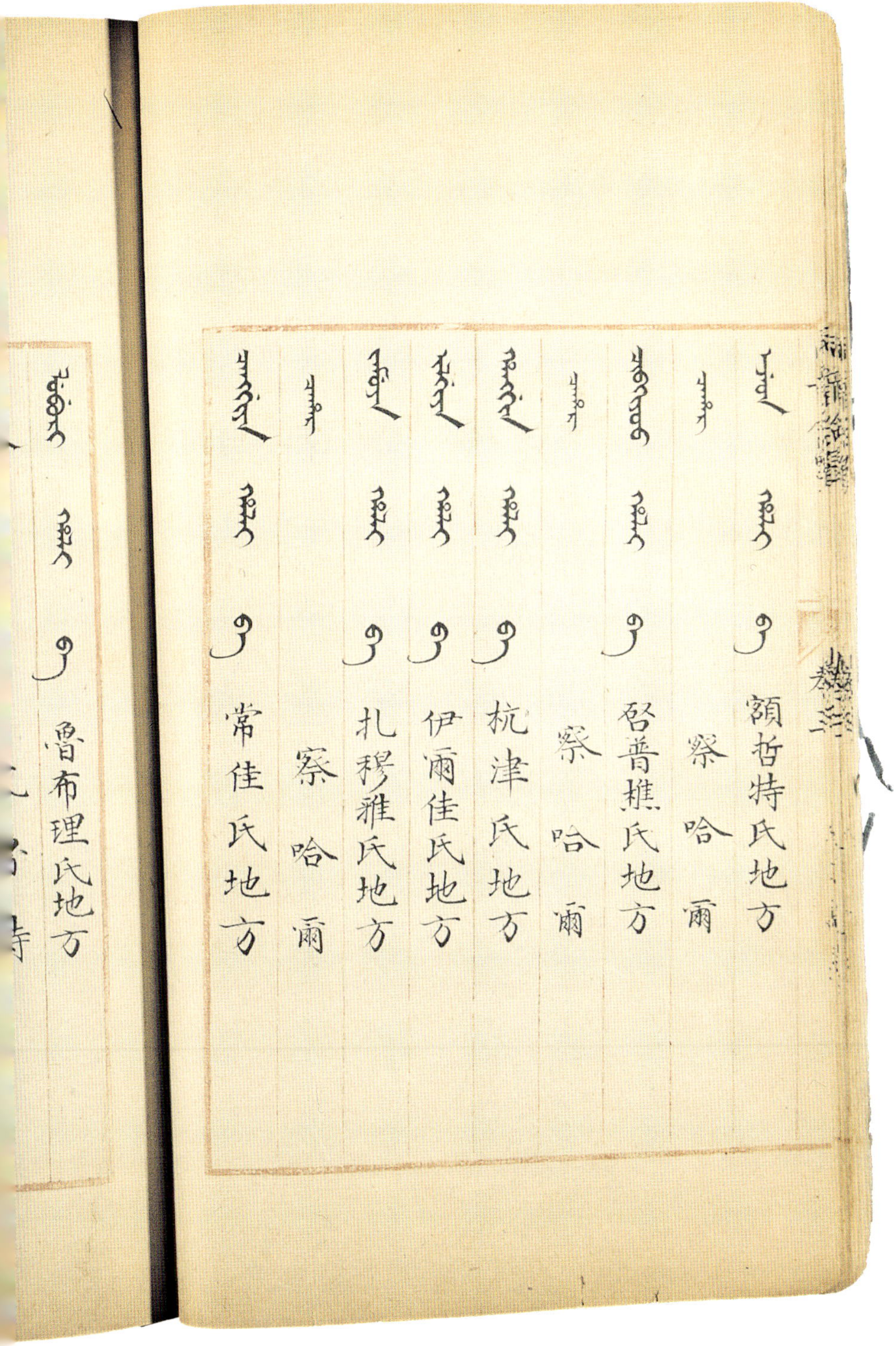

同音合璧五卷　滿漢合璧

和精額輯，道光五年（1821）抄本，正文半葉9行，白口，單魚尾，朱絲欄，四周單邊，框高18.1厘米，寬14.4厘米。

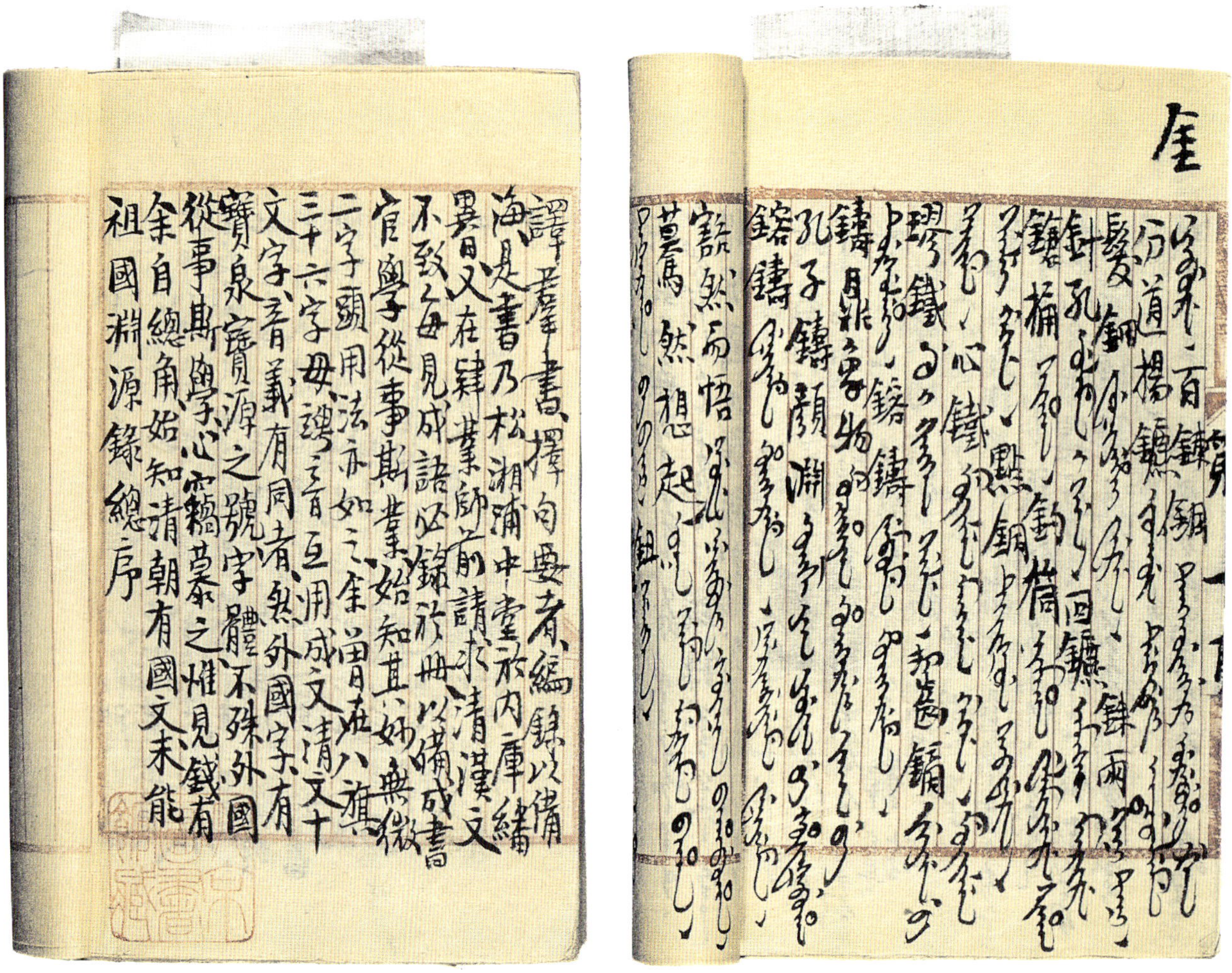

祖國淵源錄二十卷　滿漢合璧

松賢編，民國抄本，正文半葉12行，紅口，單魚尾，朱絲欄，四周單邊，框高10.5厘米，寬8厘米。

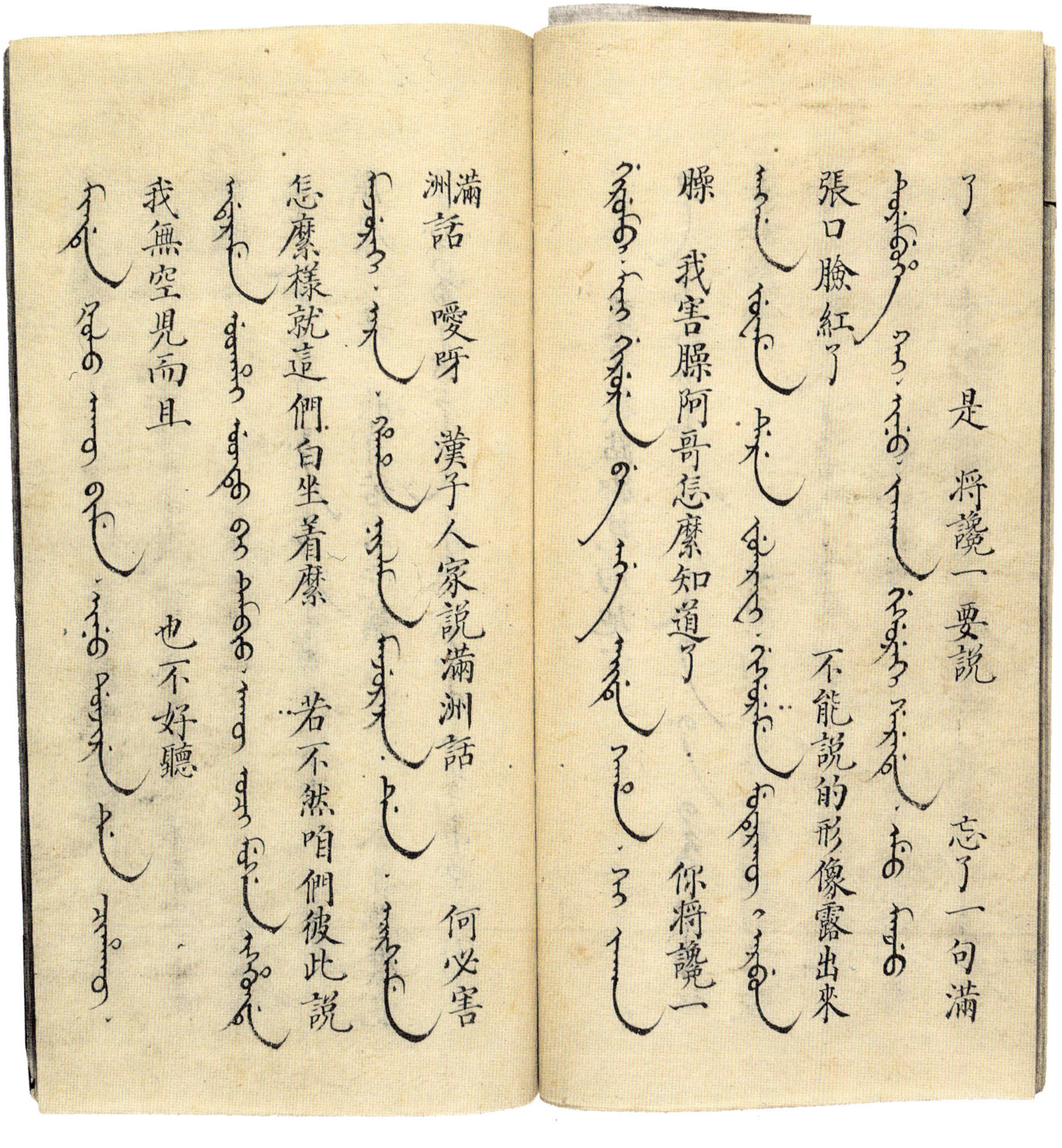
了 是 將譏一要說 忘了一句滿
張口臉紅了 不能說的形像露出來
臊 我害臊阿哥怎麼知道了 你將譏一
滿洲話 噯呀 漢子人家說滿洲話 何必害
怎麼樣就這們白坐着麼 若不然咱們彼此說
我無空見而且 也不好聽

問答話條不分卷 滿漢合璧

抄本，正文半葉6行，無版框。

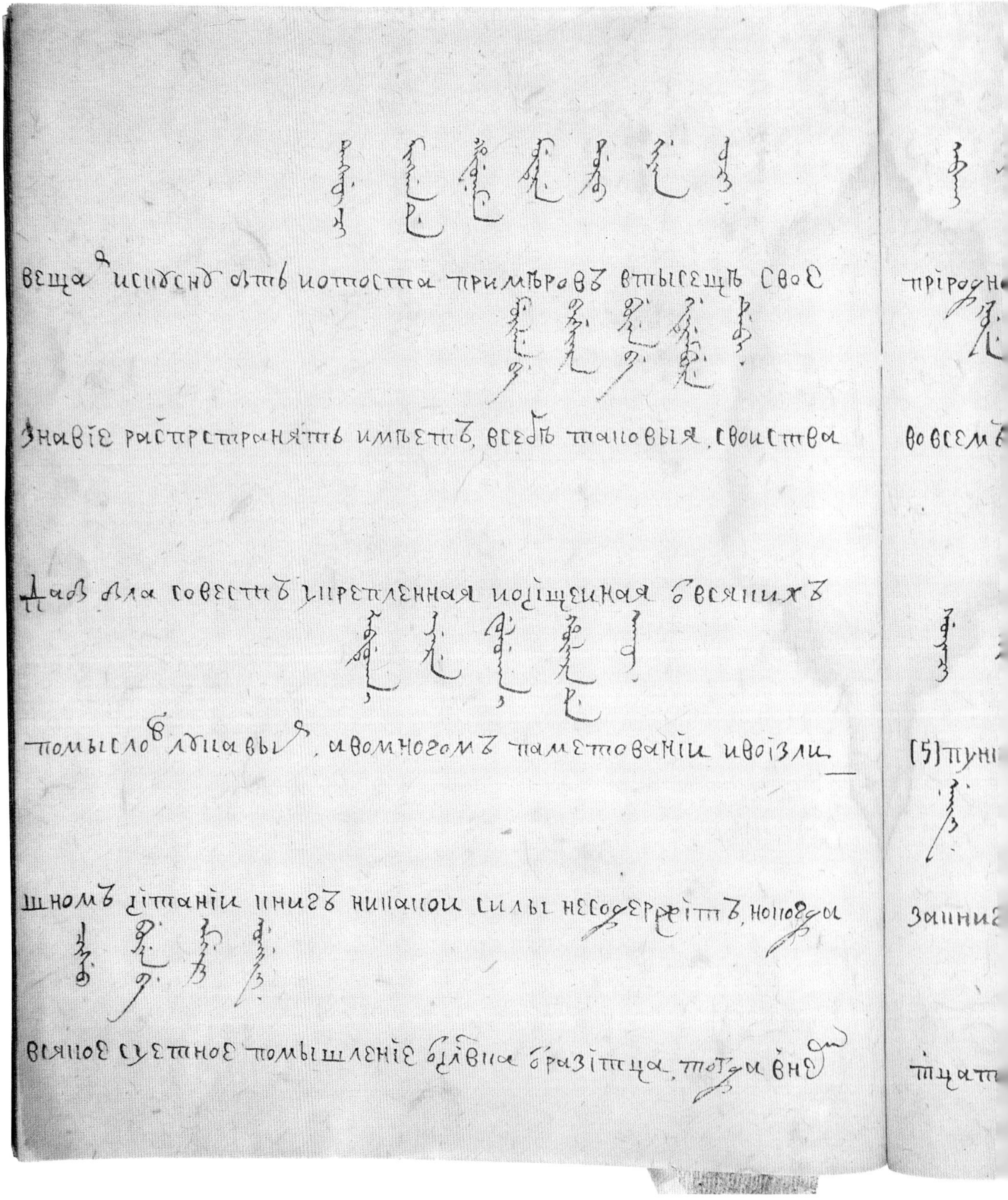

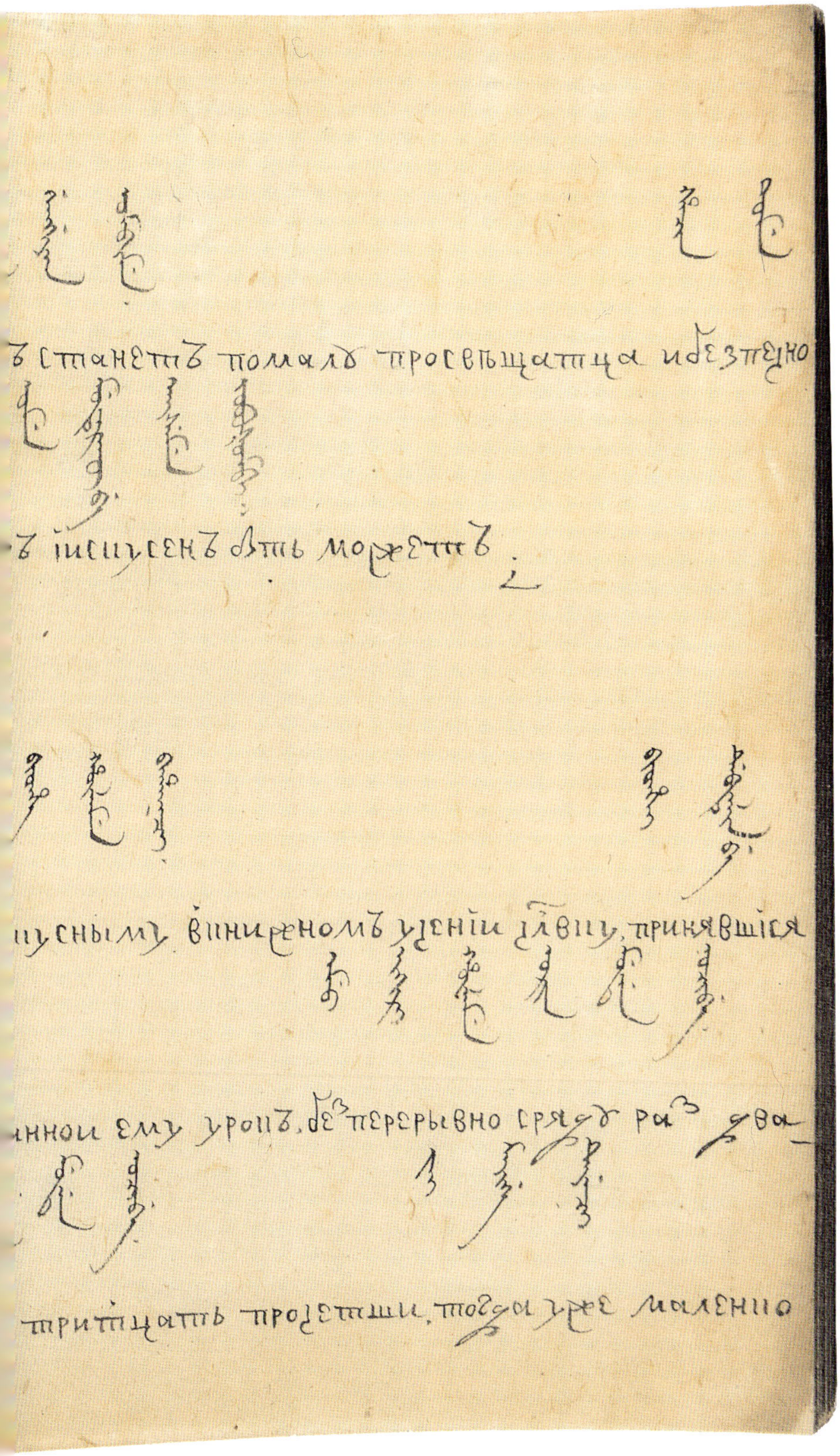
ъ станетъ помалу просвѣщатца и безпечно
ъ исцусенъ быть можетъ
пусным вниреномъ ученіи главы, принявшіся
нной ему урокъ безперерывно срядъ раз два-
тритцать проѣтши. тогда уже маленко

讀書要道不分卷　滿俄合璧

抄本，無版框。

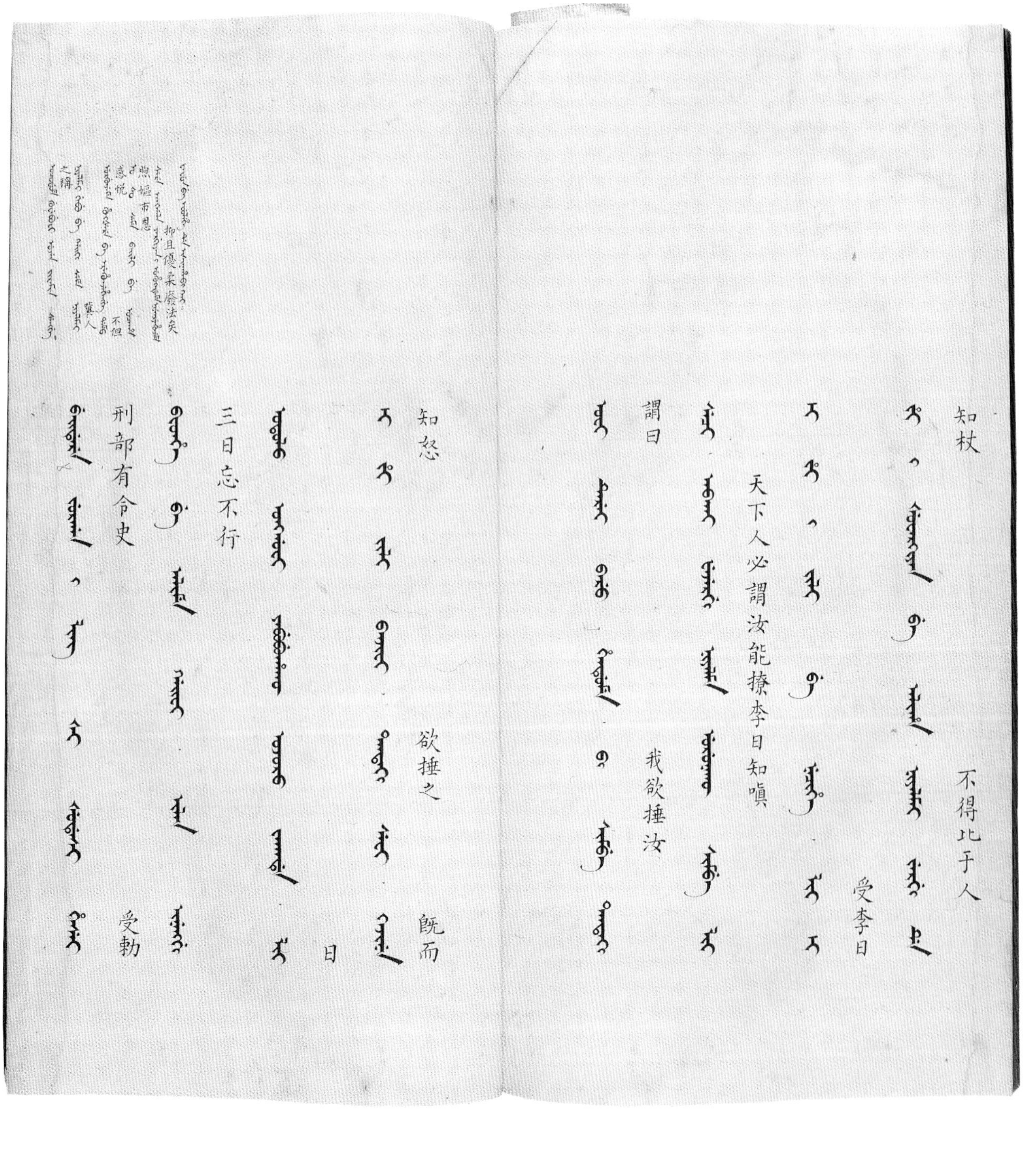
知杖
不得比于人
受李日
天下人必謂汝能撩李日知嗔
謂曰
我欲捶汝
知怒
欲捶之
既而
日
三日忘不行
刑部有令史
受勅

御批歷代通鑑輯覽存一卷 滿漢合璧

傅恒等編，抄本，正文半葉8行，無版框。

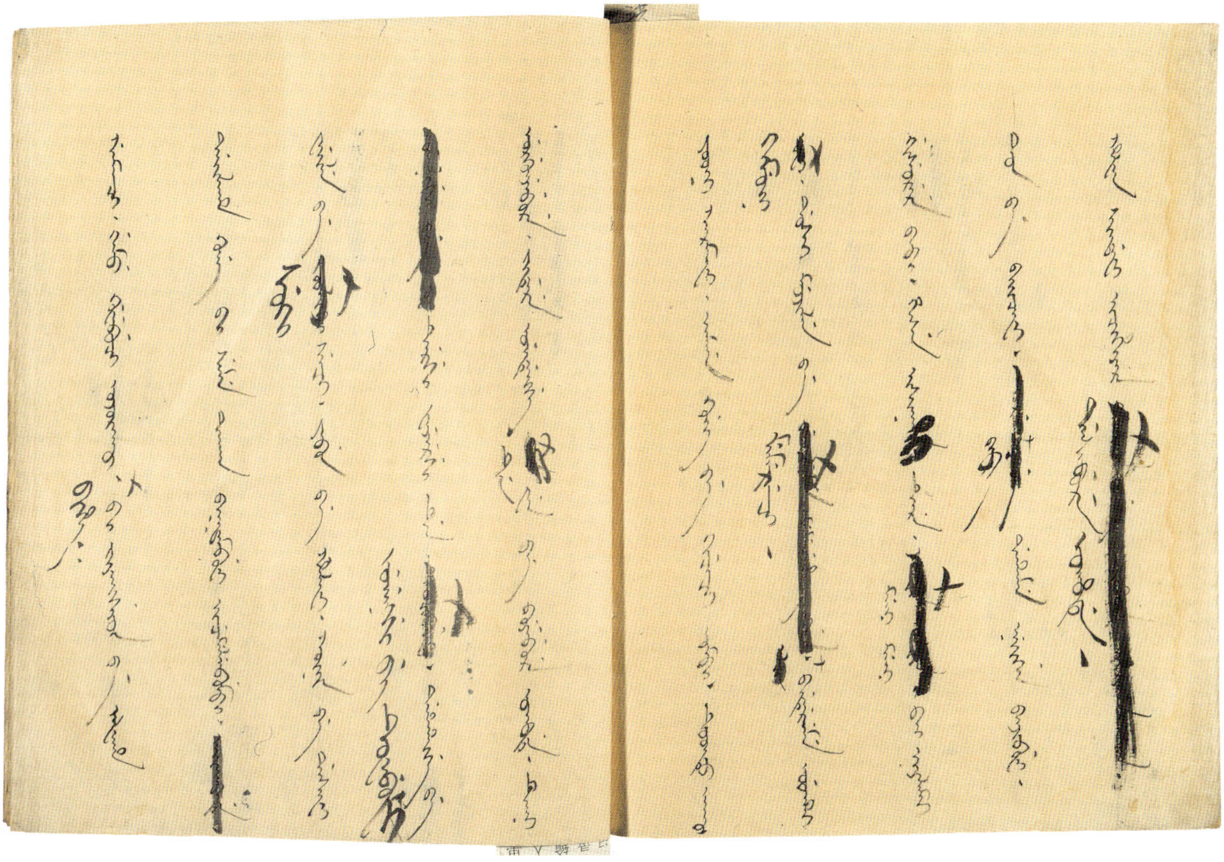

明朝實錄不分卷　滿文

（明）姚廣孝等撰，翻譯稿本，正文半葉5行，無版框。

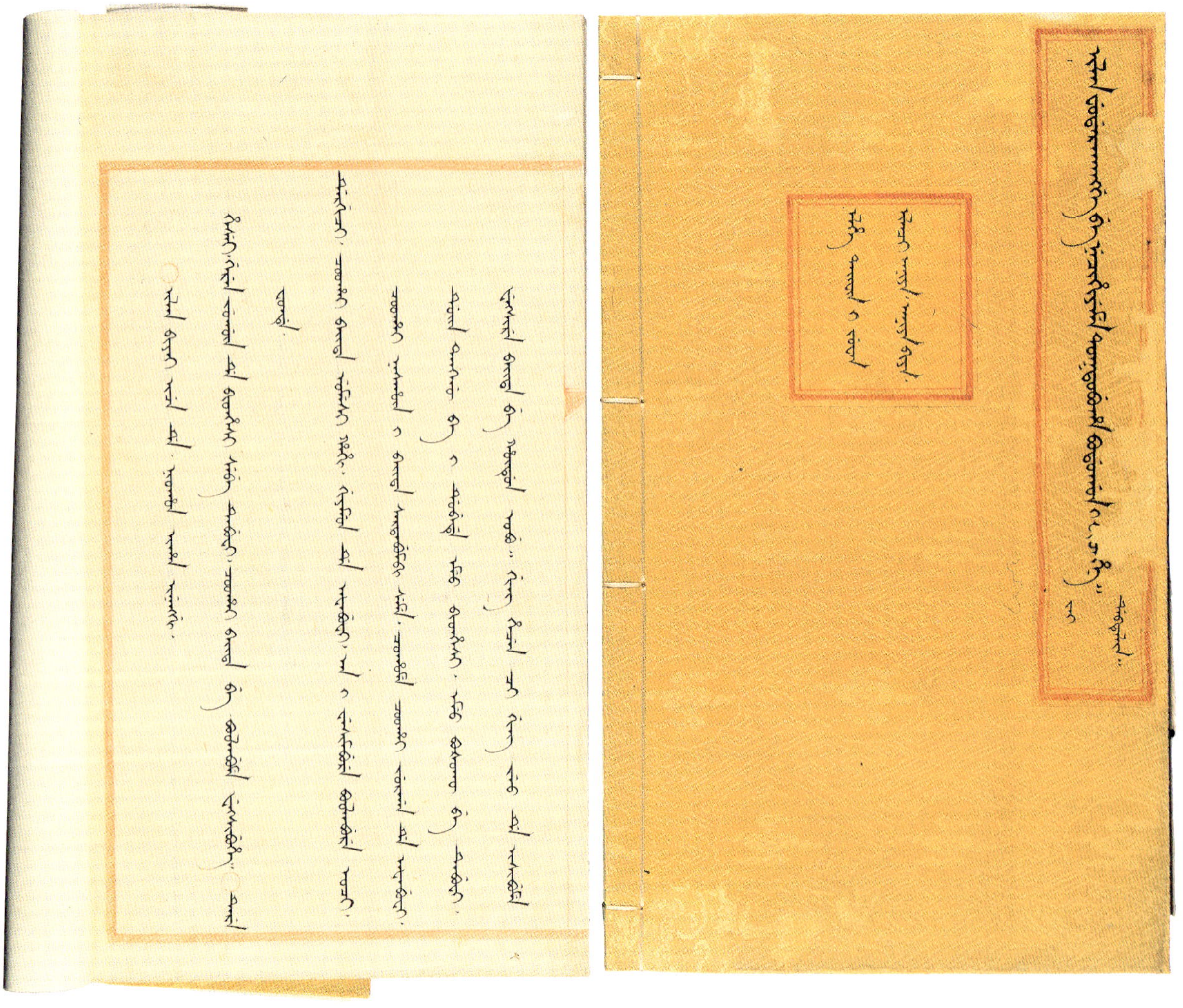

平定三逆方略六十卷存一至四卷 滿文

勒德洪等撰，康熙二十五年（1686）稿本，正文半葉7行，白口，單魚尾，朱絲欄，四周單邊，框高25.6厘米，寬16.5厘米。

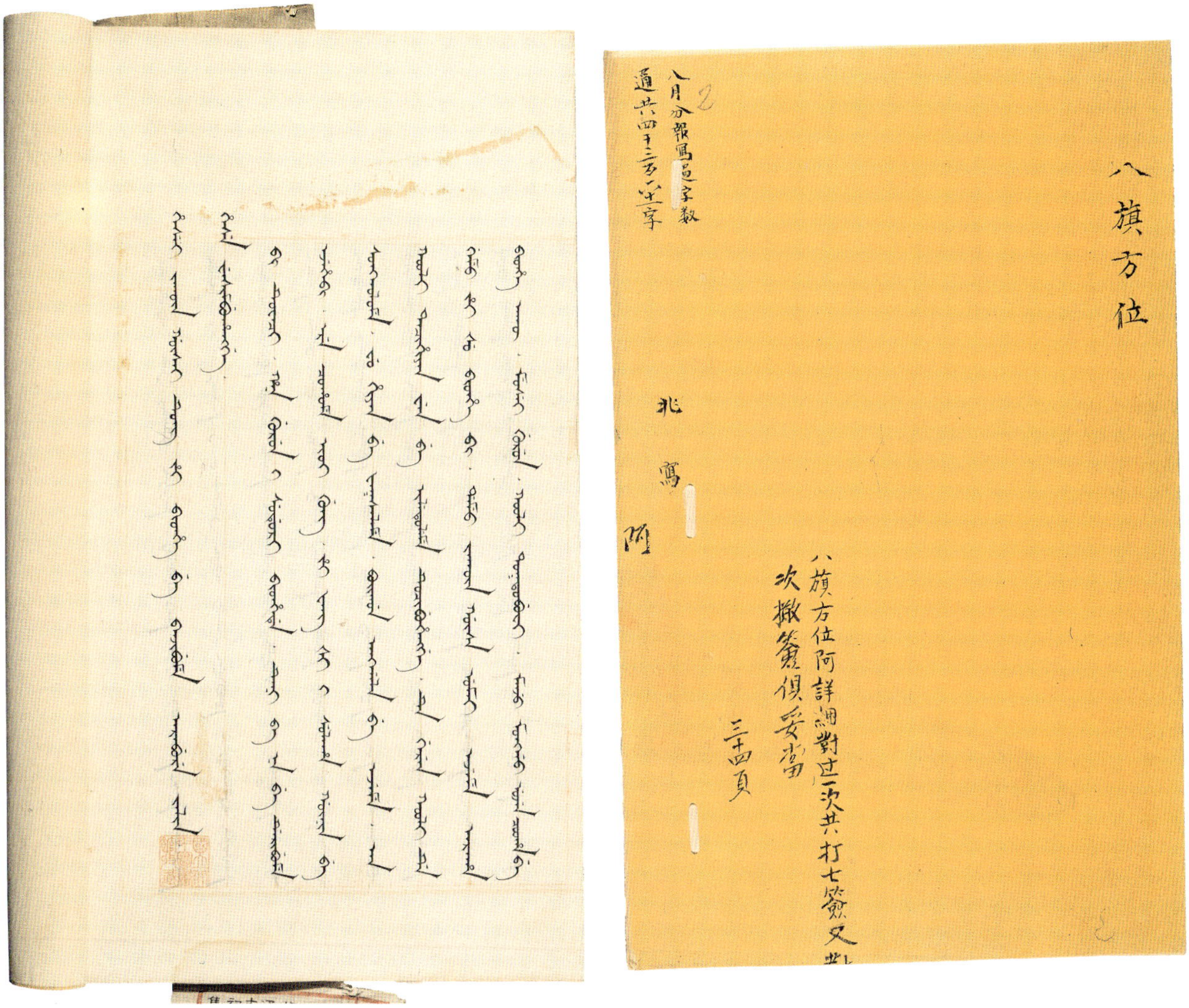

八旗通志初集二百五十卷存二百四十七卷　滿文

鄂爾泰等撰，乾隆年間稿本，正文半葉8行，白口，單魚尾，朱絲欄，四周雙邊，框高25.6厘米，寬18厘米。此書毛裝，封面猶存當年鈔寫、校對等信息。

八旗通志初集二百五十卷存二百四十七卷 滿文

鄂爾泰等撰，乾隆抄本，正文半葉8行，白口，單魚尾，朱絲欄，四周雙邊，框高25厘米，寬17.9厘米。

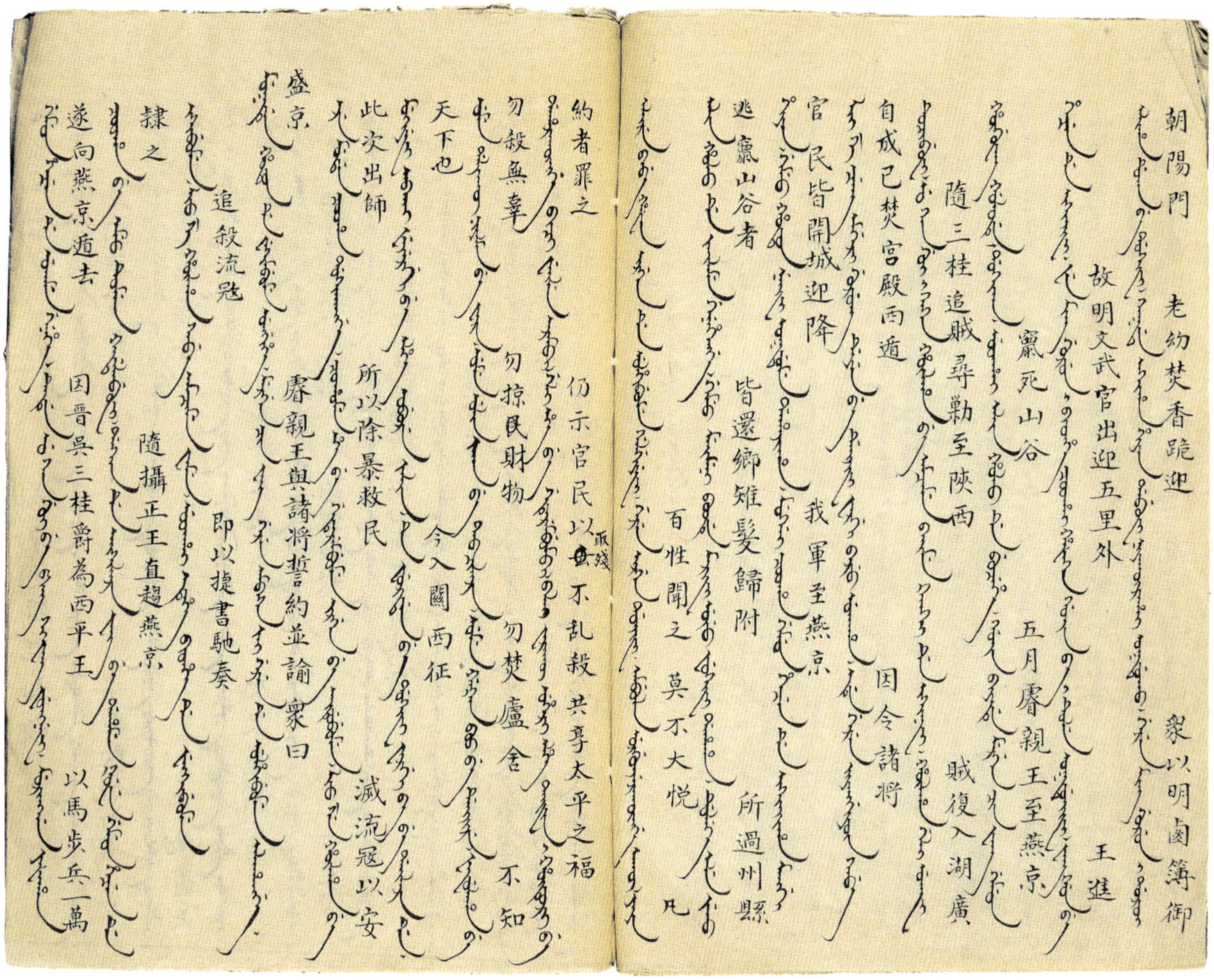

朝陽門 老幼焚香跪迎 衆以明鹵簿御
故明文武官出迎五里外 王進
竄死山谷 五月睿親王至燕京
隨三桂追賊尋勒至陝西 賊復入湖廣
自成已焚宮殿西遁 因令諸將
官民皆開城迎降 我軍至燕京
逃竄山谷者 皆還鄉雉髮歸附 所過州縣
百性聞之 莫不大悦 凡
約者罪之 仍示官民以 不亂殺 共享太平之福
勿殺無辜 勿掠民財物 勿焚盧舍 不知
天下也 今入關西征
此次出師 所以除暴救民 滅流寇以安
盛京 睿親王與諸將誓約並諭衆曰
追殺流寇 即以捷書馳奏
隸之 隨攝正王直趨燕京
遂向燕京遁去 因晋吳三桂爵為西平王 以馬步兵一萬

太祖紀略不分卷 滿漢合璧

抄本，正文半葉16行，無版框。

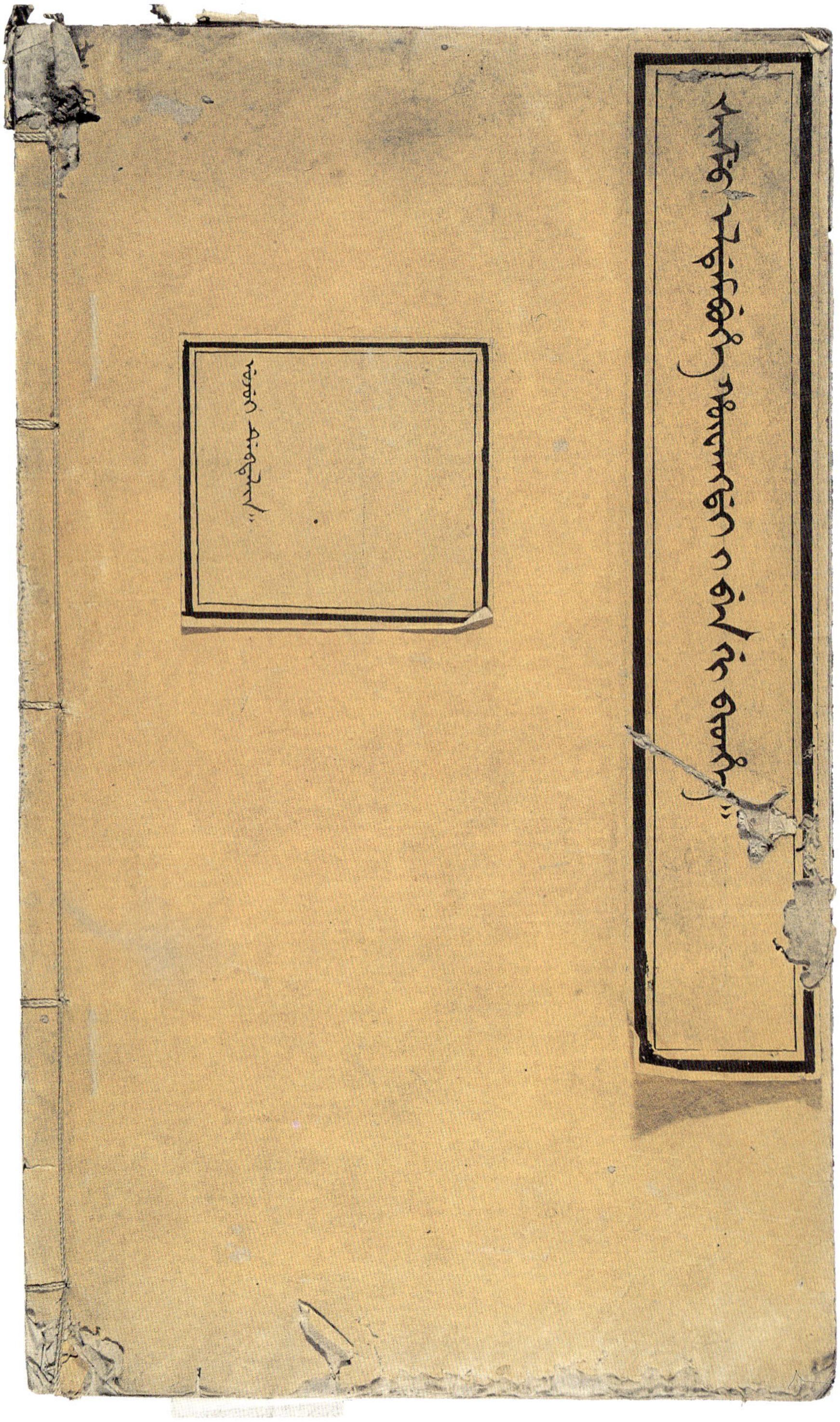

大清世祖章皇帝本紀不分卷 滿文

抄本，正文半葉7行，無版框。

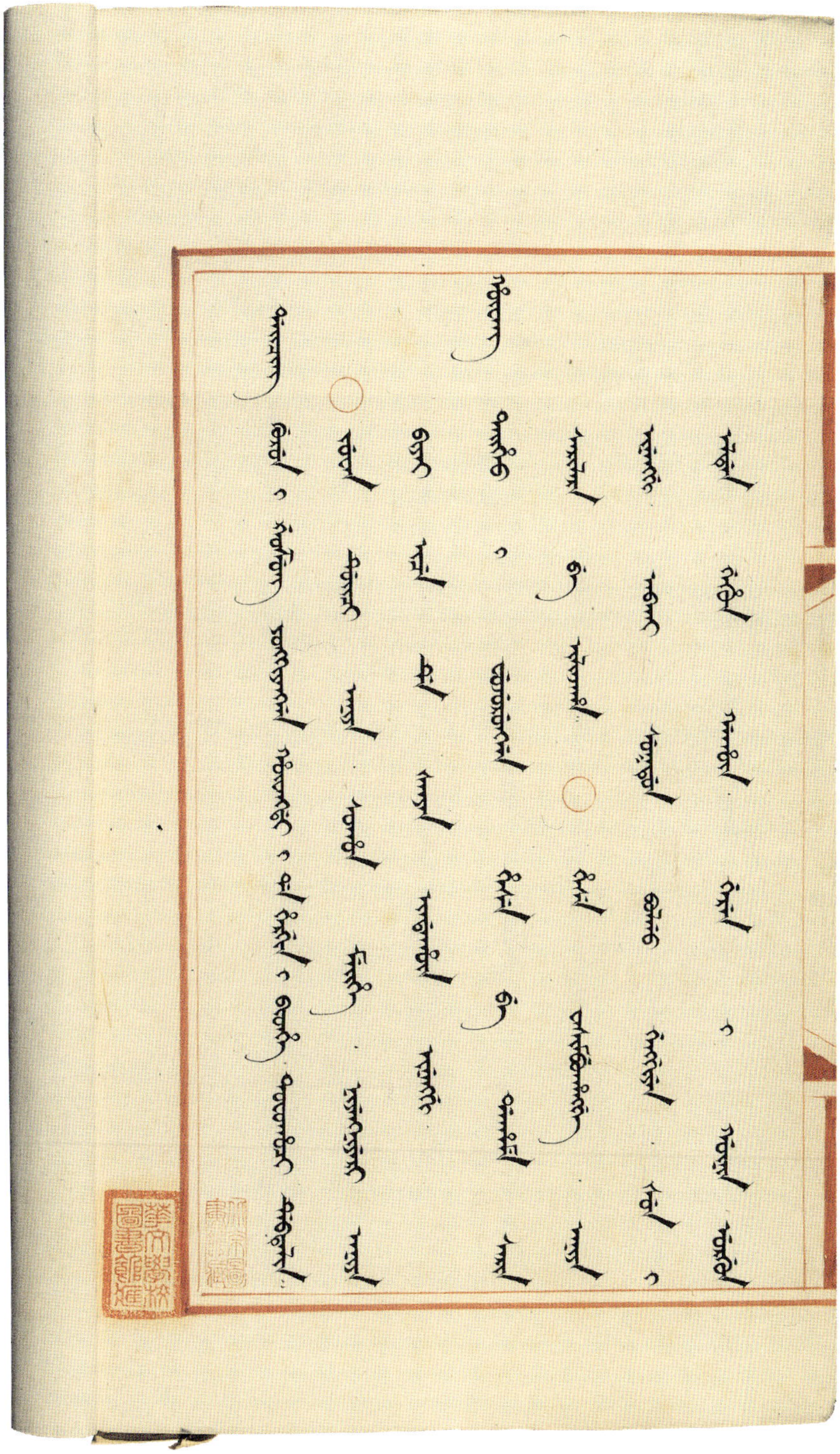

大清高宗純皇帝本紀不分卷 滿文

抄本，正文半葉7行，紅口，雙魚尾，朱絲欄，四周雙邊，框高28.2厘米，寬18.1厘米。

大清太祖武皇帝實錄四卷存三卷　滿文

清初抄本，正文半葉9行，紅口，雙魚尾，朱絲欄，四周雙邊，框高27.2厘米，寬18.2厘米。此書已列入首批國家珍貴古籍名録。

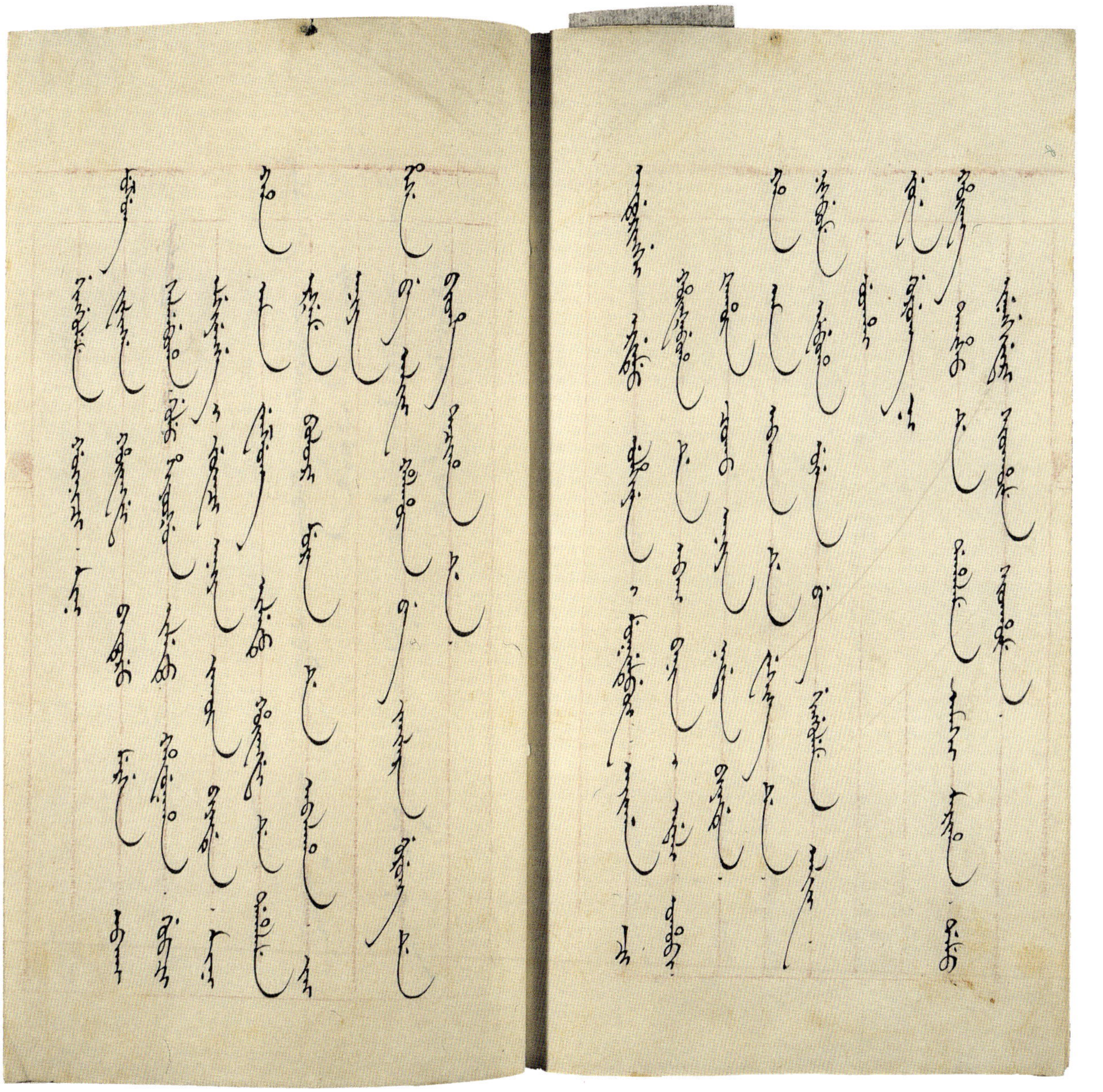

大清穆宗毅皇帝實錄三百七十四卷目錄四卷　滿文

稿本，正文半葉9行，白口，單魚尾，朱絲欄，四周單邊，框高24厘米，寬14.8厘米。

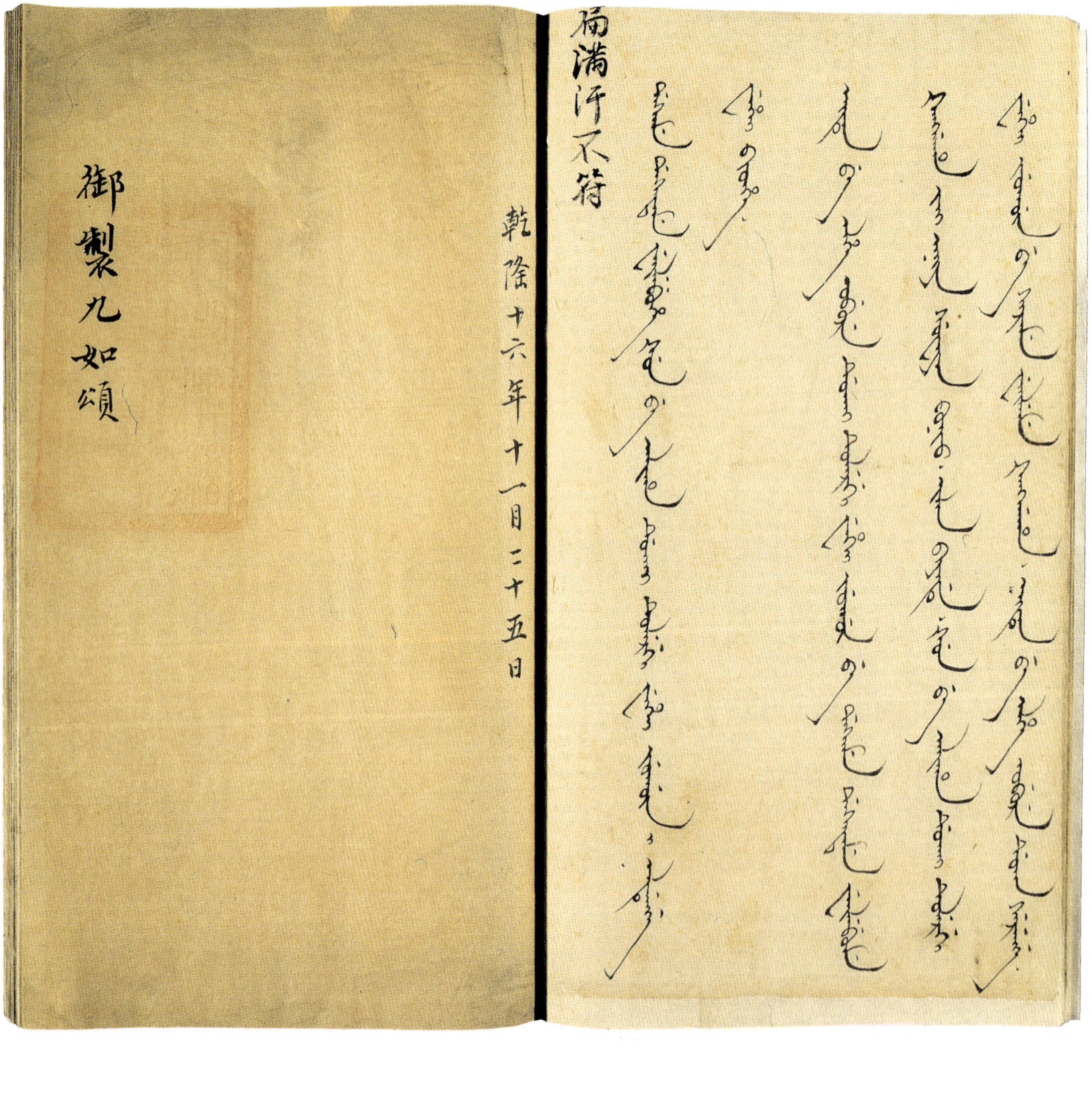
御製九如頌
乾隆十六年十一月二十五日

廟碑記事筆記不分卷　滿漢合璧

瑞保輯錄，乾隆抄本，正文半葉6行，無版框。

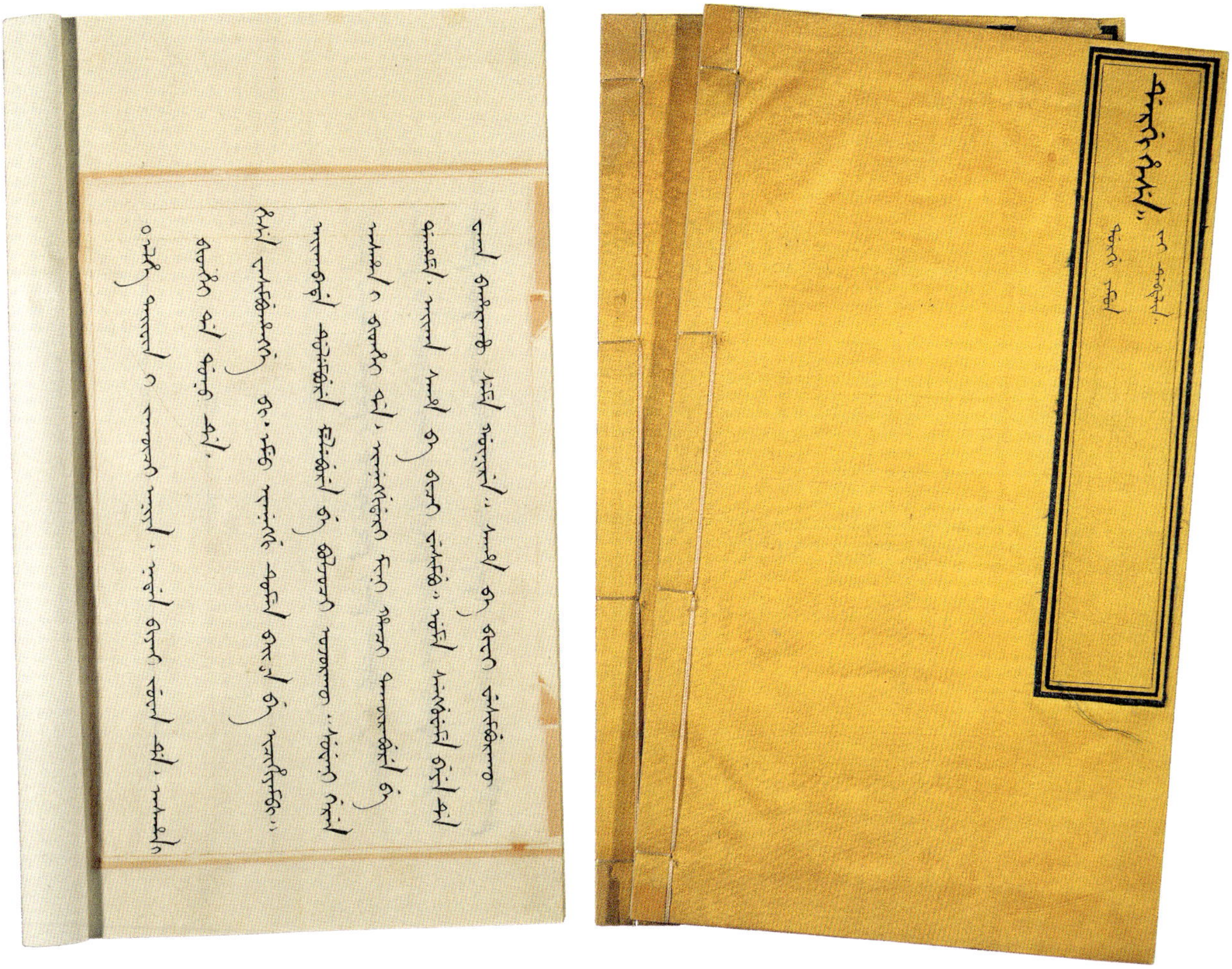

康熙上諭不分卷　滿文

康熙抄本，正文半葉7行，紅口，雙魚尾，朱絲欄，四周雙邊，框高24.8厘米，寬17.1厘米。

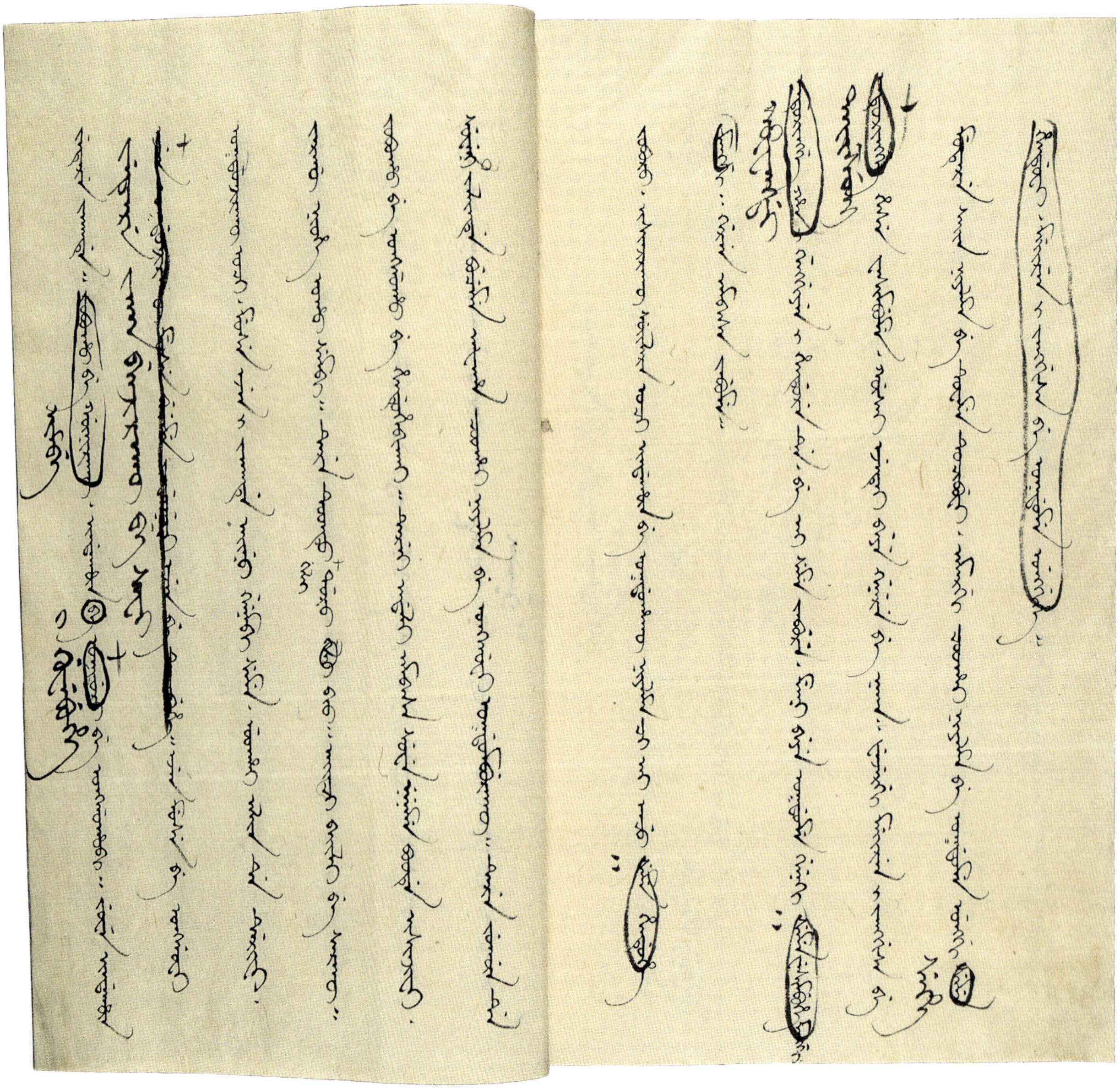

大清太宗文皇帝聖訓六卷　滿文

翻譯稿本，正文半葉6行，無版框。

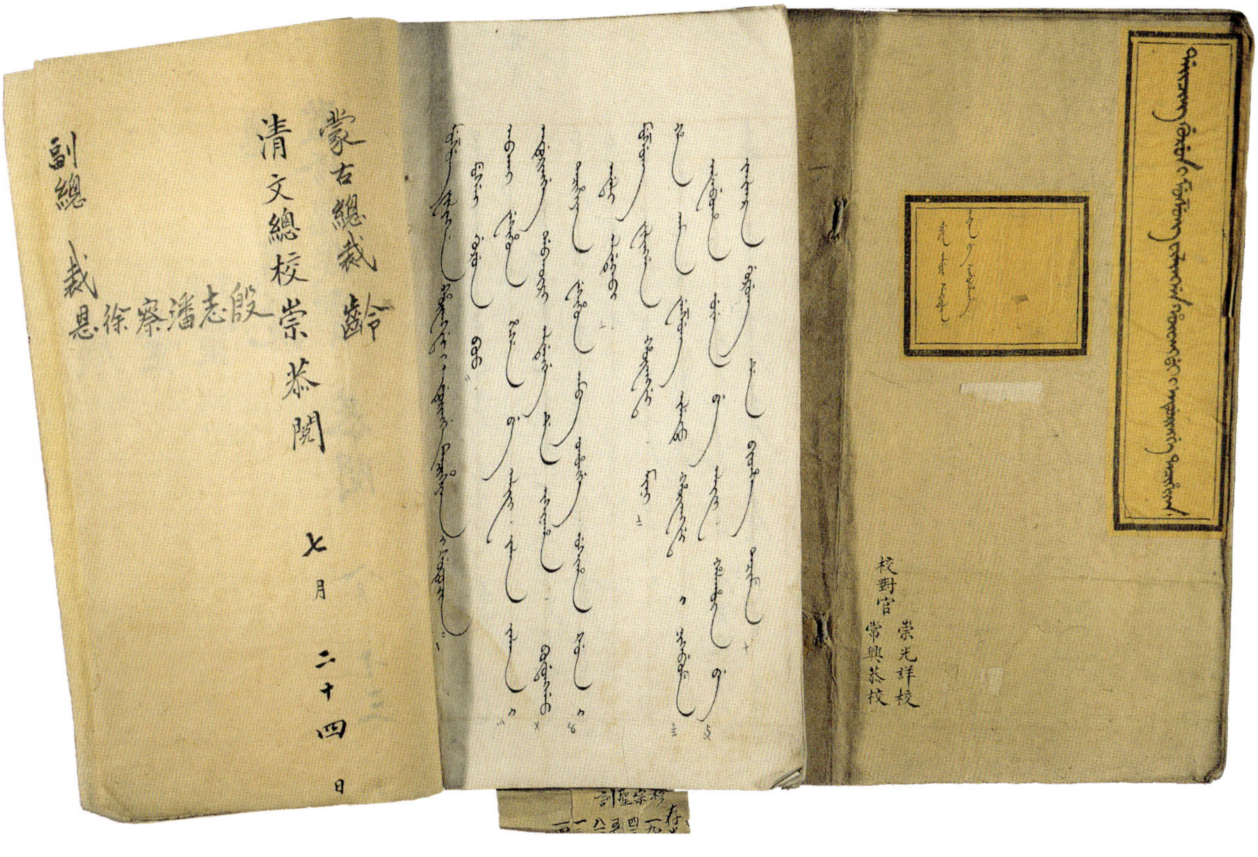
蒙古總裁 齡
清文總校 崇 恭閱
副總裁
七月二十四日
校對官 崇光祥校
常興恭校

大清穆宗毅皇帝聖訓一百六十卷 滿文

光緒年二次稿本，正文半葉9行，首葉10行，白口，單魚尾，四周單邊，框高24厘米，寬14.9厘米。

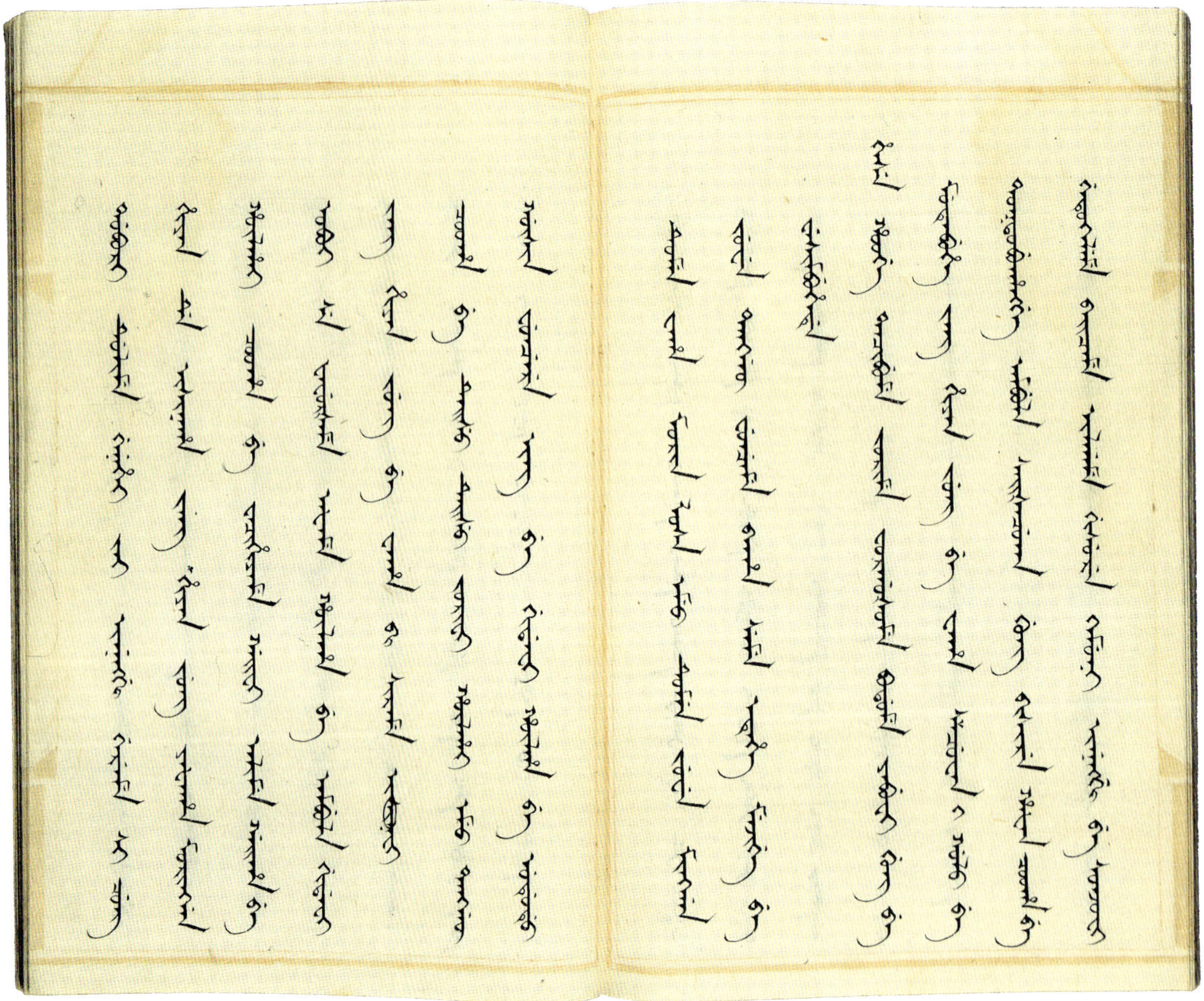

職方志不分卷 滿文

乾隆抄本，正文半葉7行，紅口，雙魚尾，朱絲欄，四周雙邊，框高26厘米，寬18厘米。此書記順治元年至十七年（1644–1660）開拓疆土、更立府縣及設置官員等事。

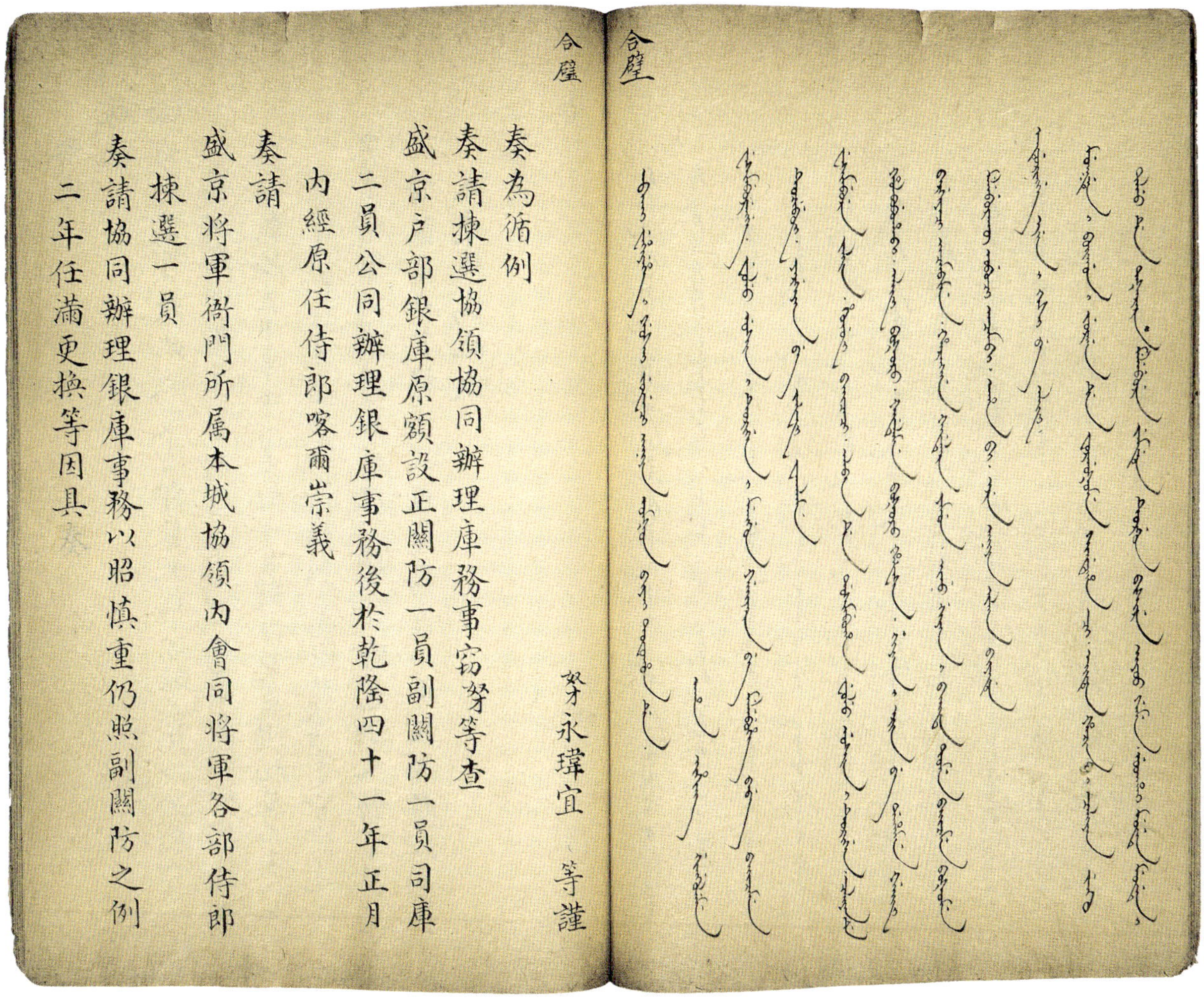

聽竹堂敬事錄六卷　滿漢合璧

抄本，正文半葉11行，無版框。記乾隆四十六年至五十九年（1781–1794）之奏事。

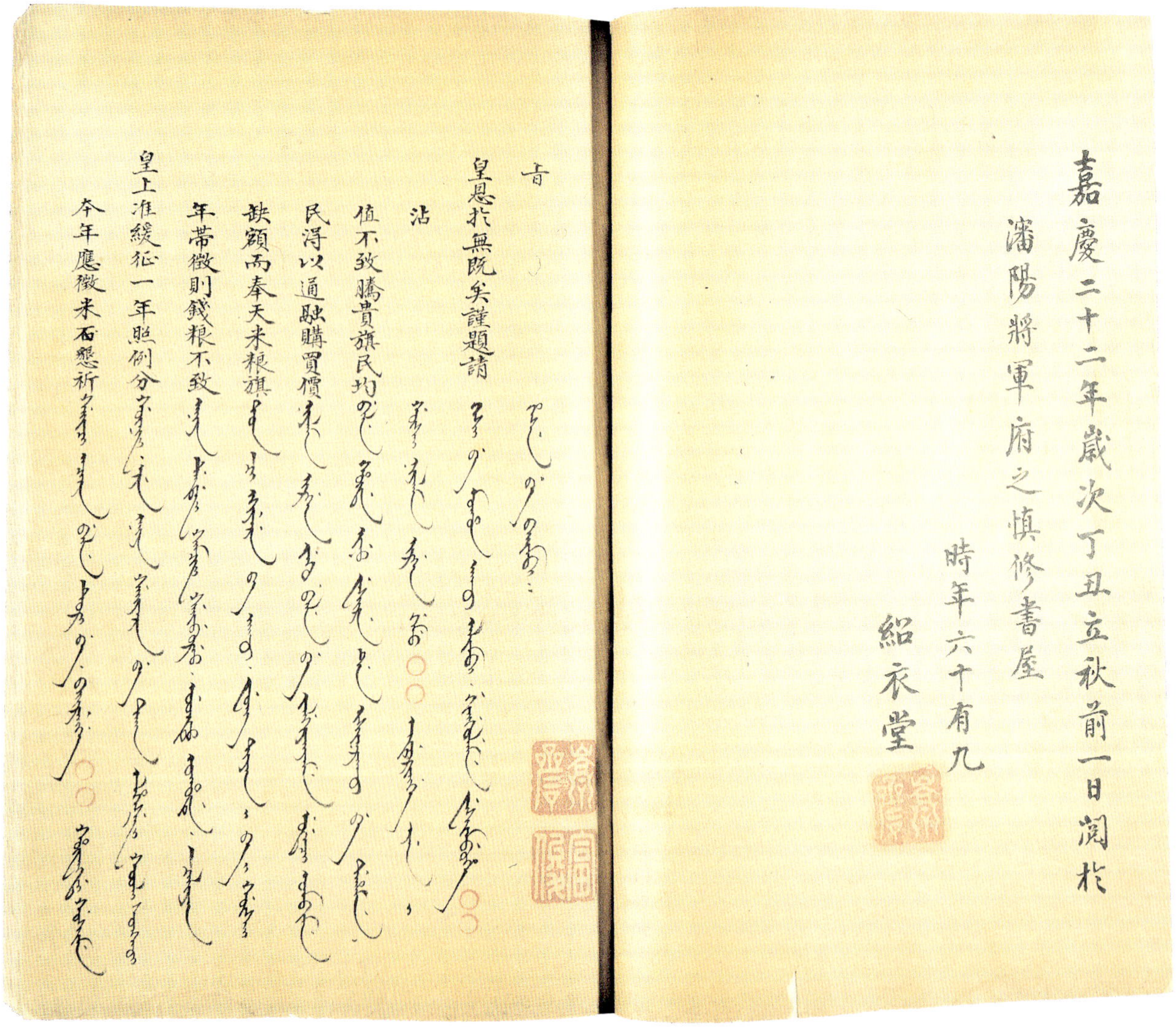

松窗集不分卷　滿漢合璧

富俊輯錄，乾隆四十八年（1783）抄本，正文半葉9行，無版框。作者自編之歷年奏摺集錄。

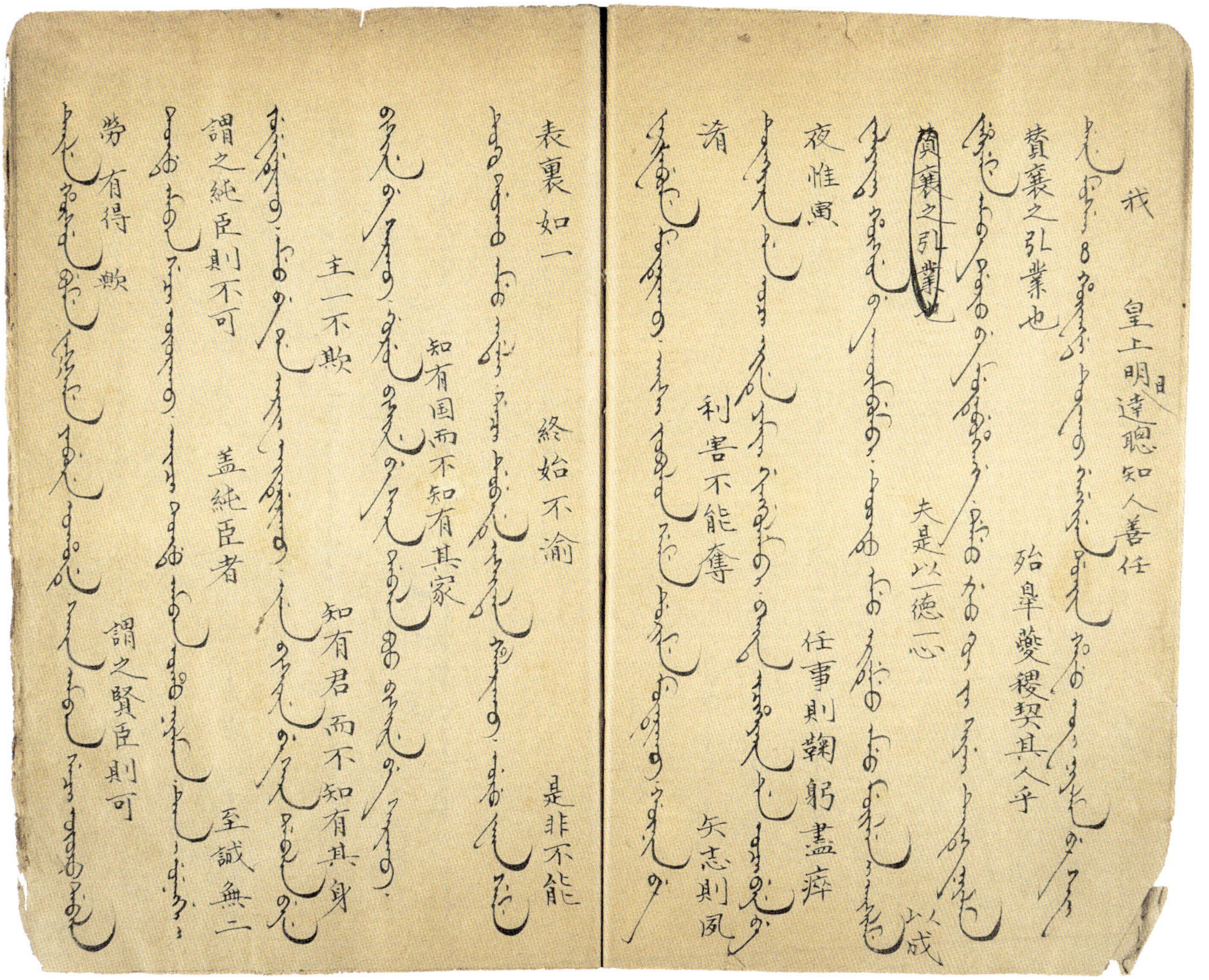
我
皇上明目達聰知人善任
殆皋夔稷契其人乎
賛襄之弘業也
賛襄之弘業
夫是以一德一心以成
夜惟寅
任事則鞠躬盡瘁
清
利害不能奪
矢志則夙
表裏如一
終始不渝
是非不能
知有国而不知有其家
主一不欺
知有君而不知有其身
謂之純臣則不可
蓋純臣者
至誠無二
勞有得歟
謂之賢臣則可

玉尺集二卷　滿漢合璧

抄本，正文半葉10行，無版框。此為科舉試題集錄。

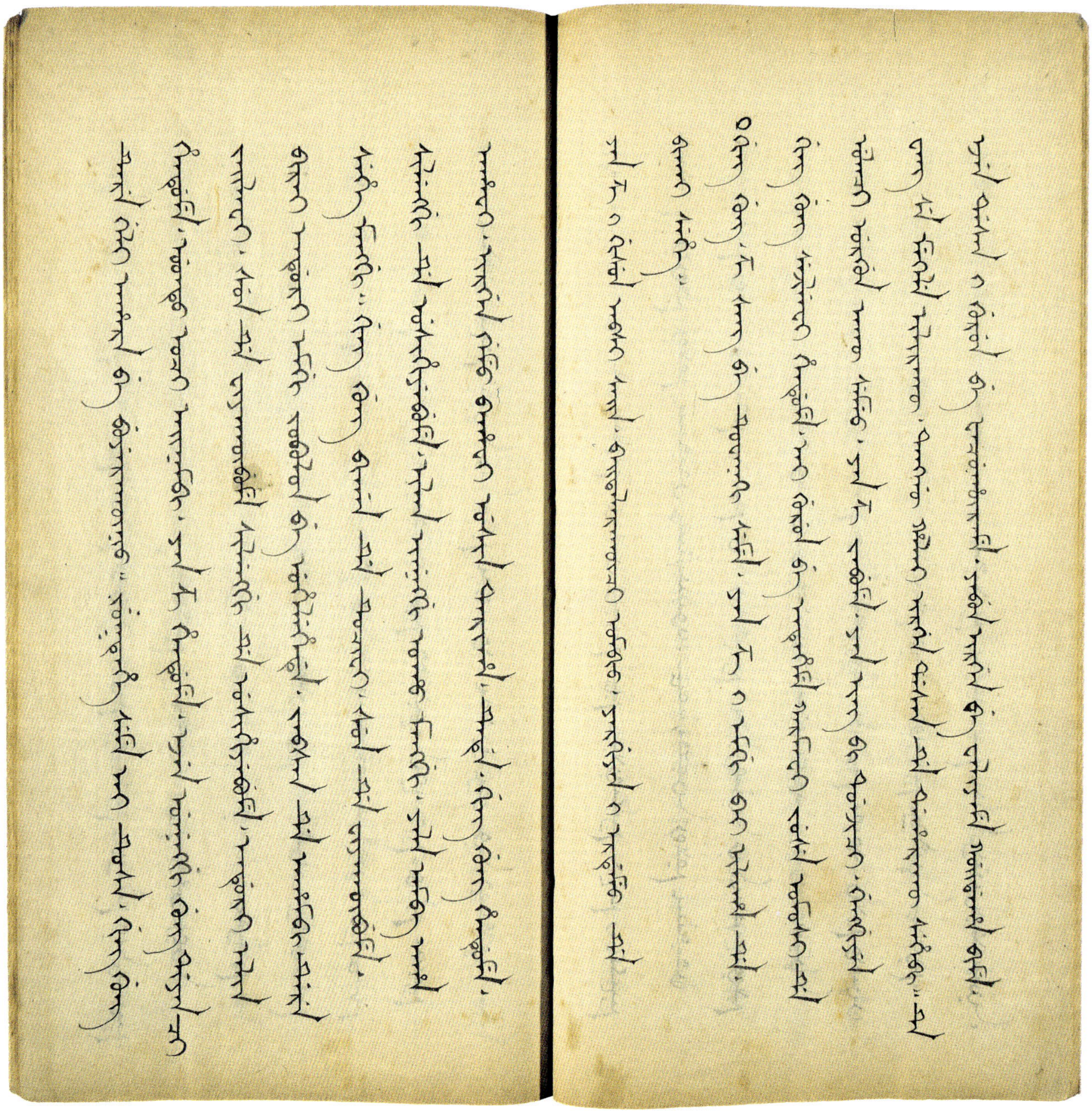

晏子春秋不分卷 滿文

抄本，正文半葉7行，無版框。

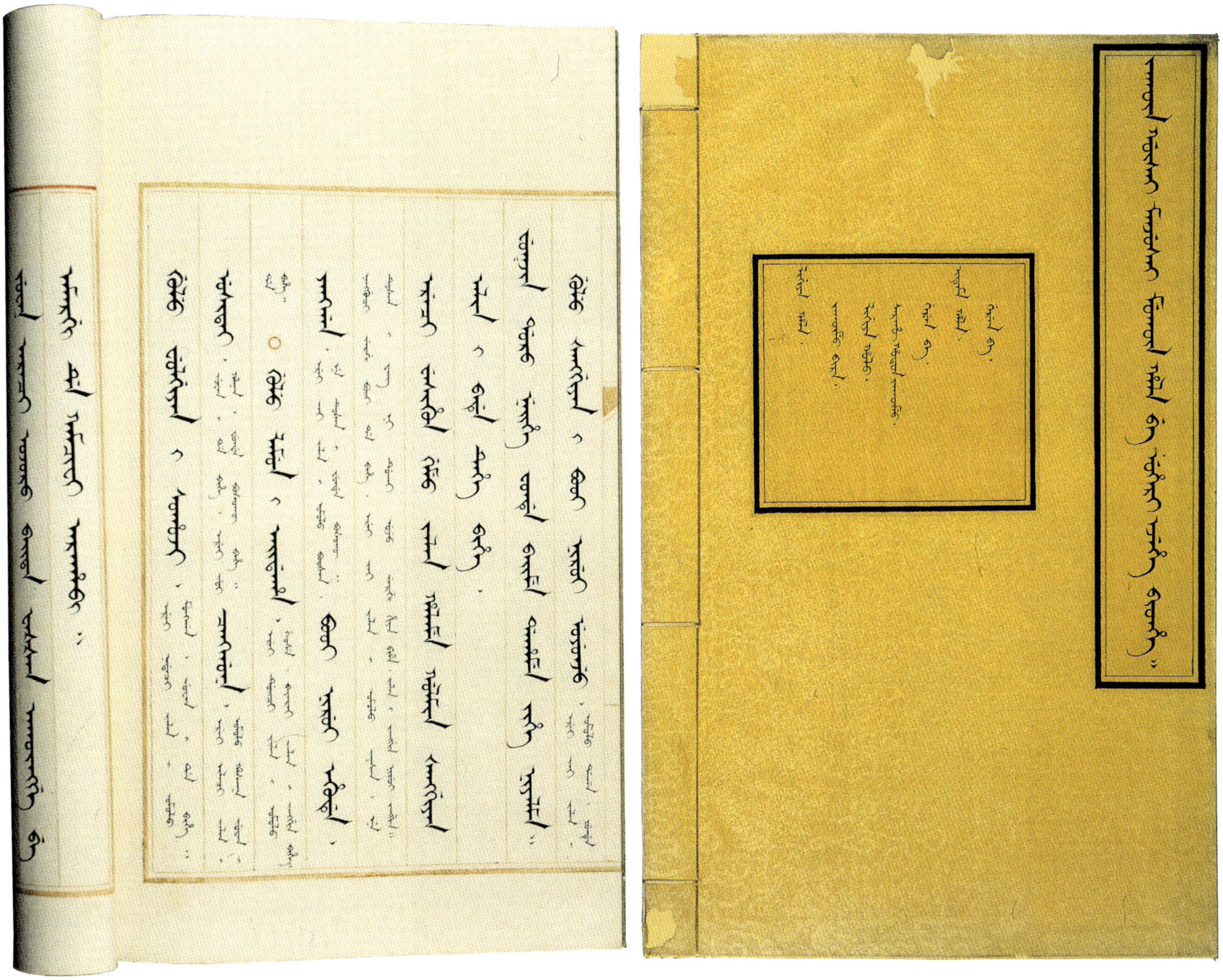

八旗滿洲氏族通譜八十卷　滿文

鄂爾泰等撰，覺羅塔爾布等譯，乾隆初次抄本，正文半葉9行，小字雙行, 紅口，單魚尾，朱絲欄，四周雙邊，框高25.1厘米，寬17.8厘米。

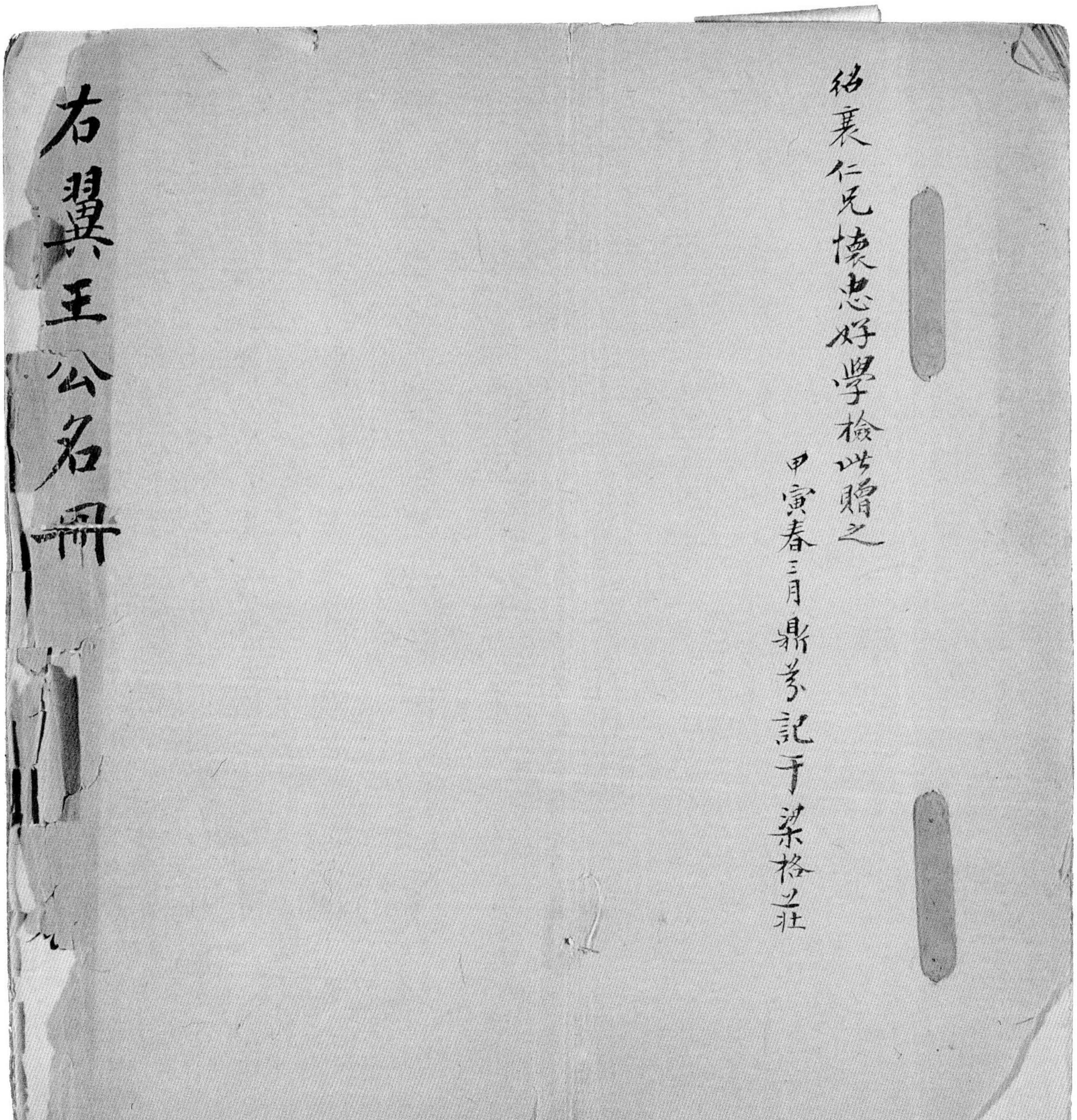
右翼王公名冊
甲寅春三月鼎芬記于梁格莊

右翼王公名冊不分卷　滿漢合璧

抄本，正文半葉10行，無版框。

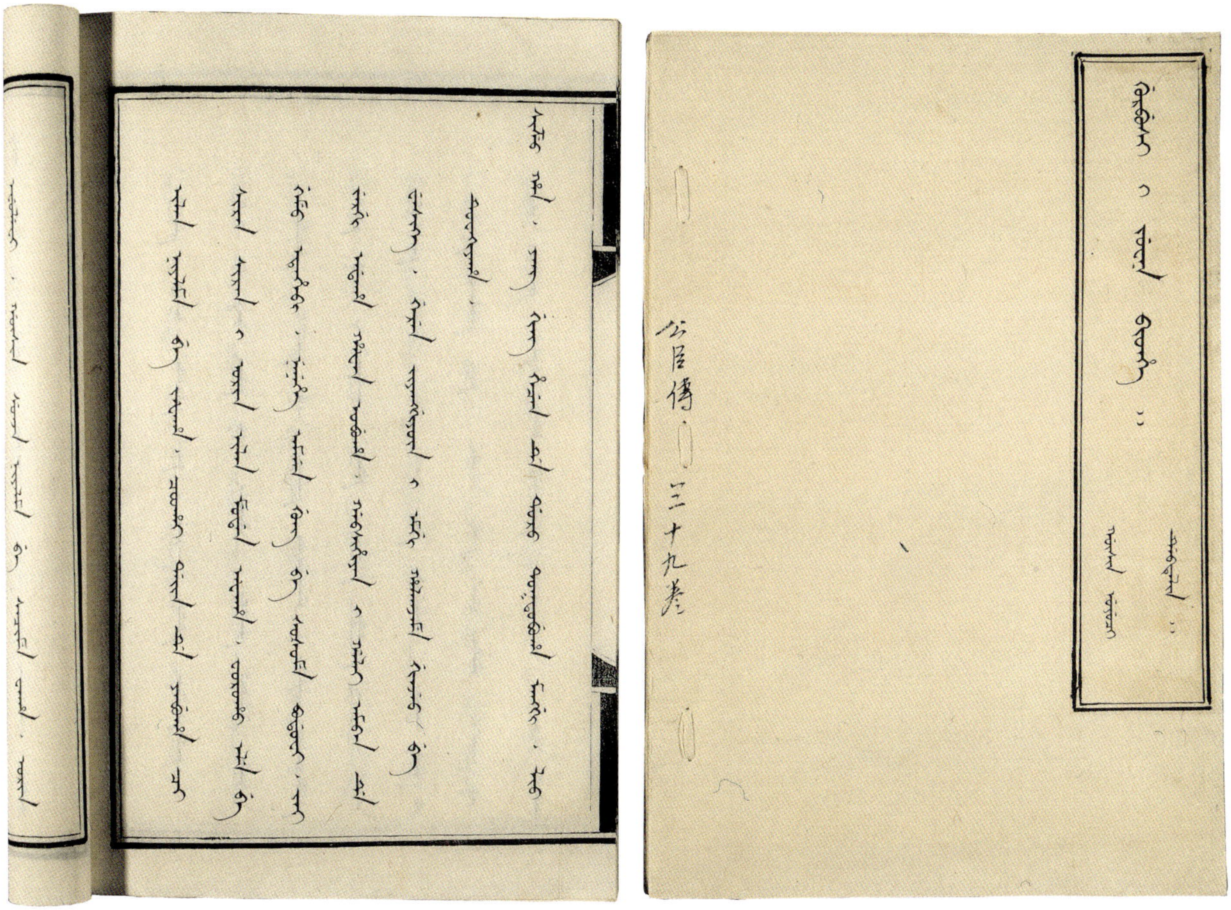
公臣傳
三十九卷

功臣傳存四十七卷　滿文

抄本，正文半葉7行，黑口，雙魚尾，四周雙邊，框高25.2厘米，寬18厘米。

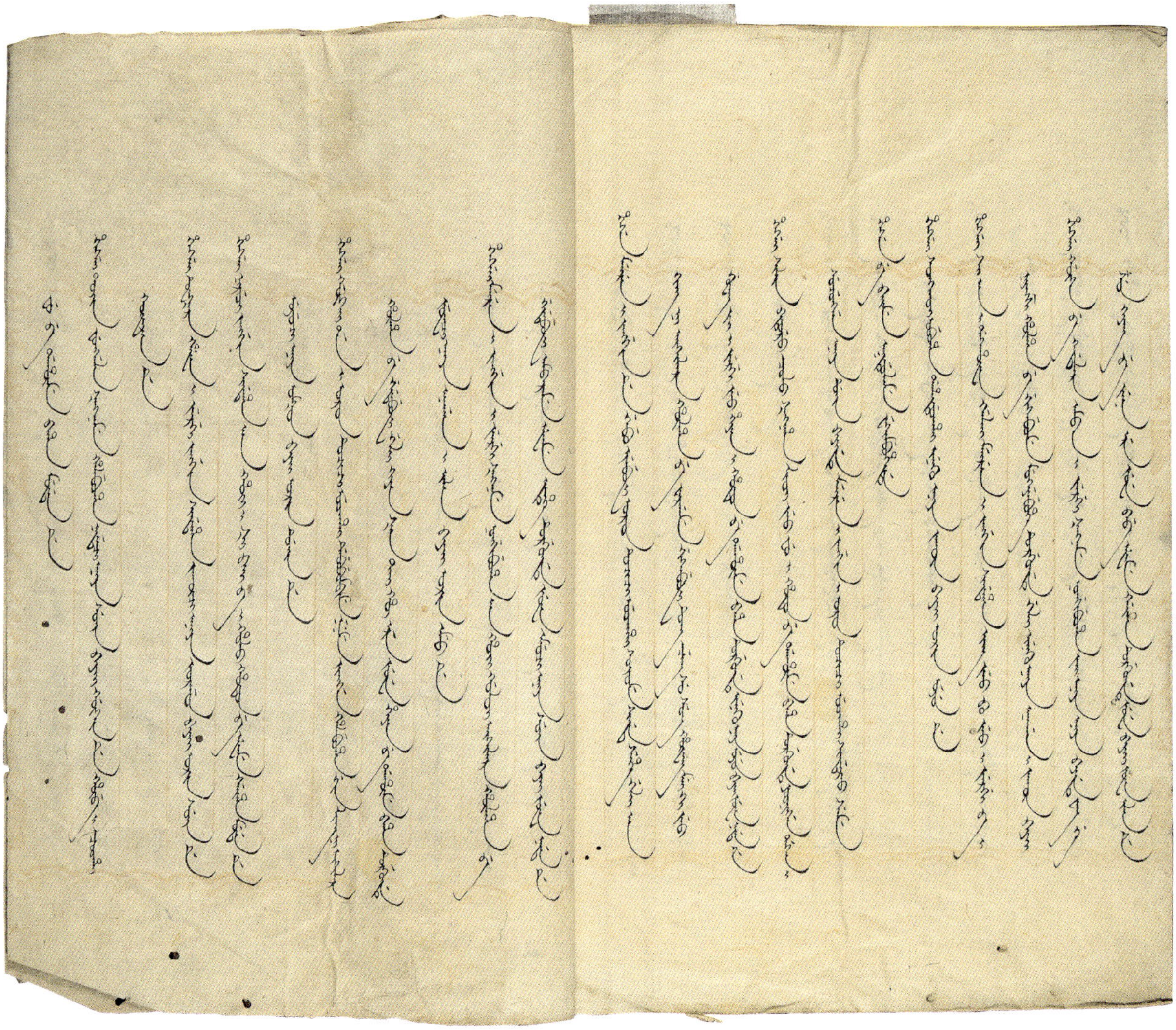

福州將軍穆公傳不分卷　滿漢合集

抄本，正文半葉11行，單魚尾，朱絲欄，上下花邊，框高19厘米，寬20.4厘米。傳主為穆圖善。（圖爲滿文本）

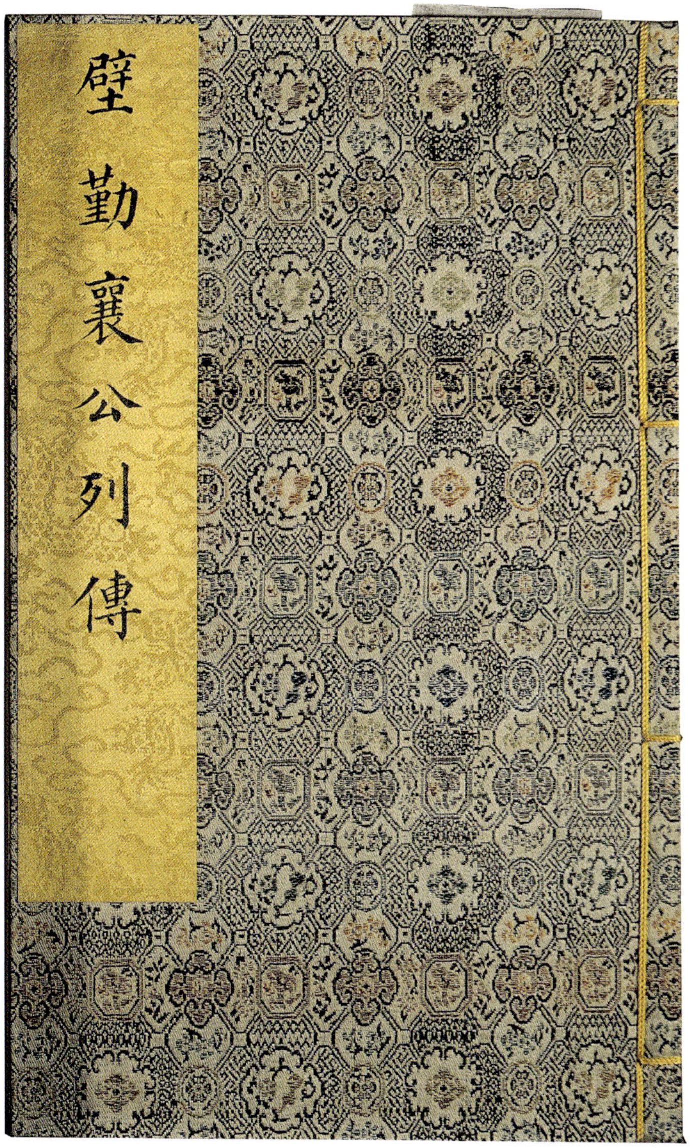
壁勤襄公列傳

壁勤襄公列傳不分卷（之一）　滿漢合集

咸豐七年（1857）抄本，正文半葉滿文7行，漢文8行，白口，單魚尾，朱絲欄，四周雙邊，框高22.4厘米，寬15.5厘米。傳主為璧昌。（封面作“壁”）

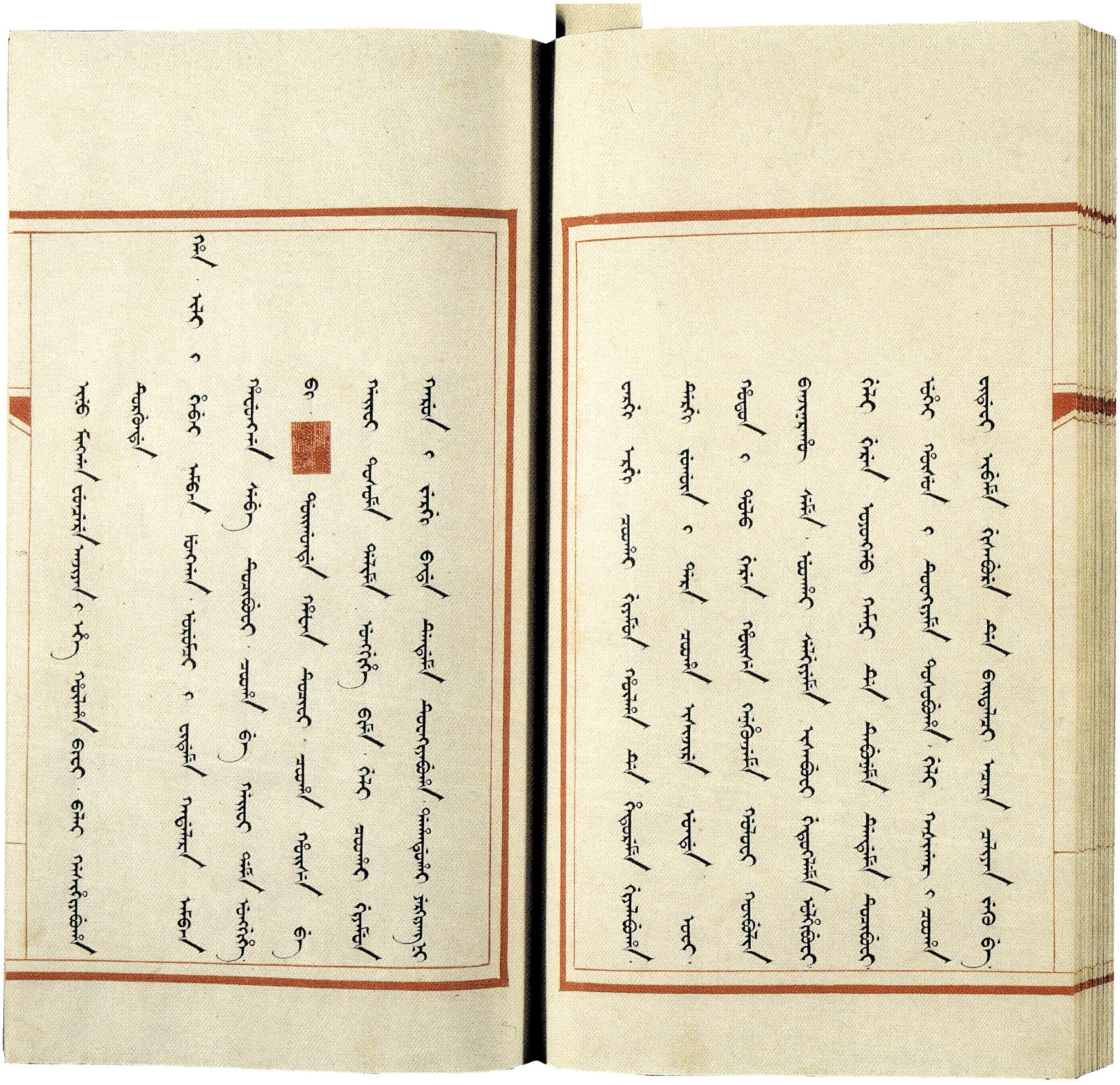

璧勤襄公列傳不分卷（之二）

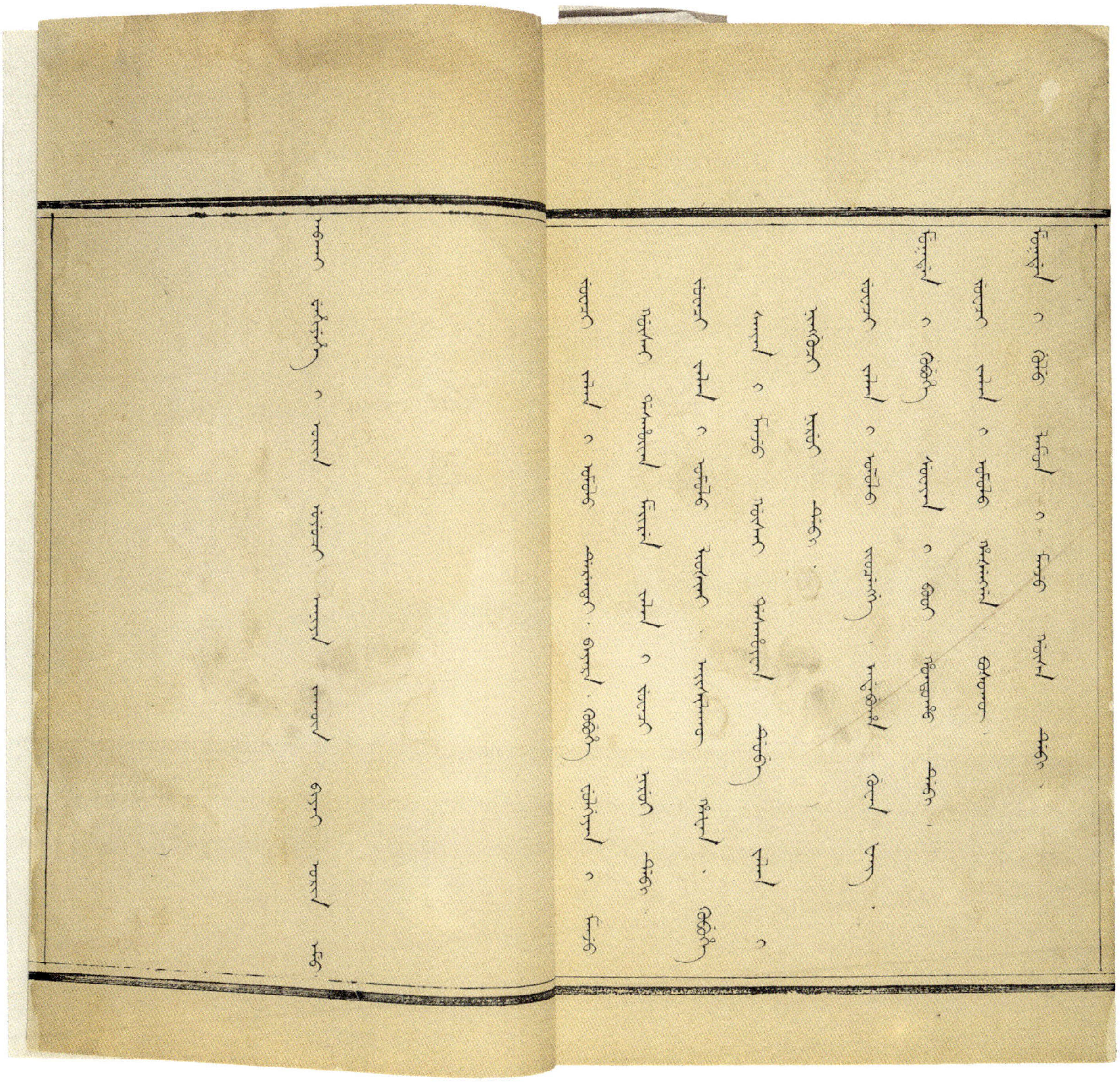

族譜不分卷 滿文

乾隆二十九年（1764）抄本，譜序半葉9行，白口，無魚尾，上下雙邊，高21.7厘米，左右無邊。

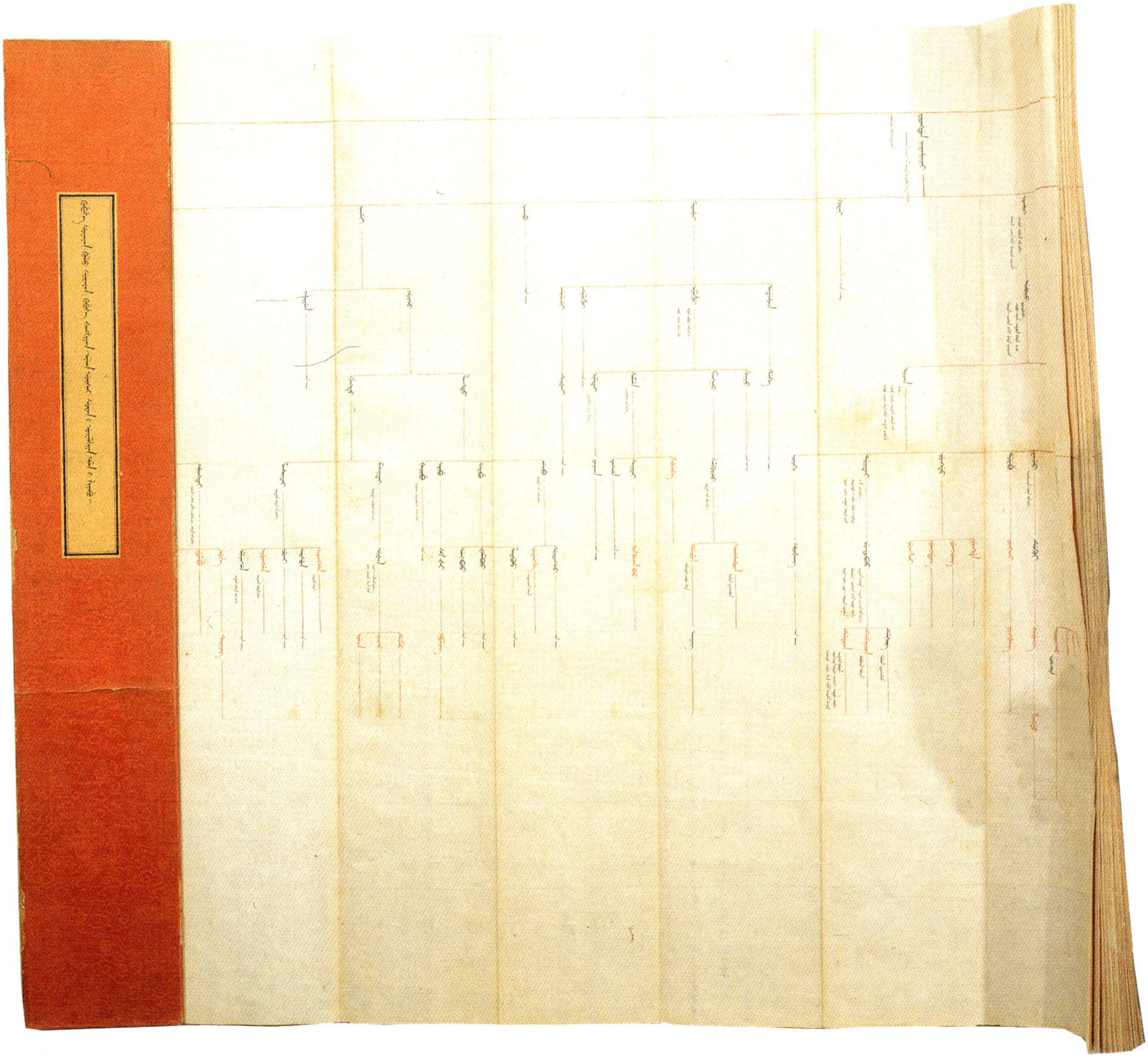

鑲黄正黄鑲白三旗蘇完瓜爾佳氏家譜不分卷 滿文

乾隆二十年（1755）抄本，經摺裝。

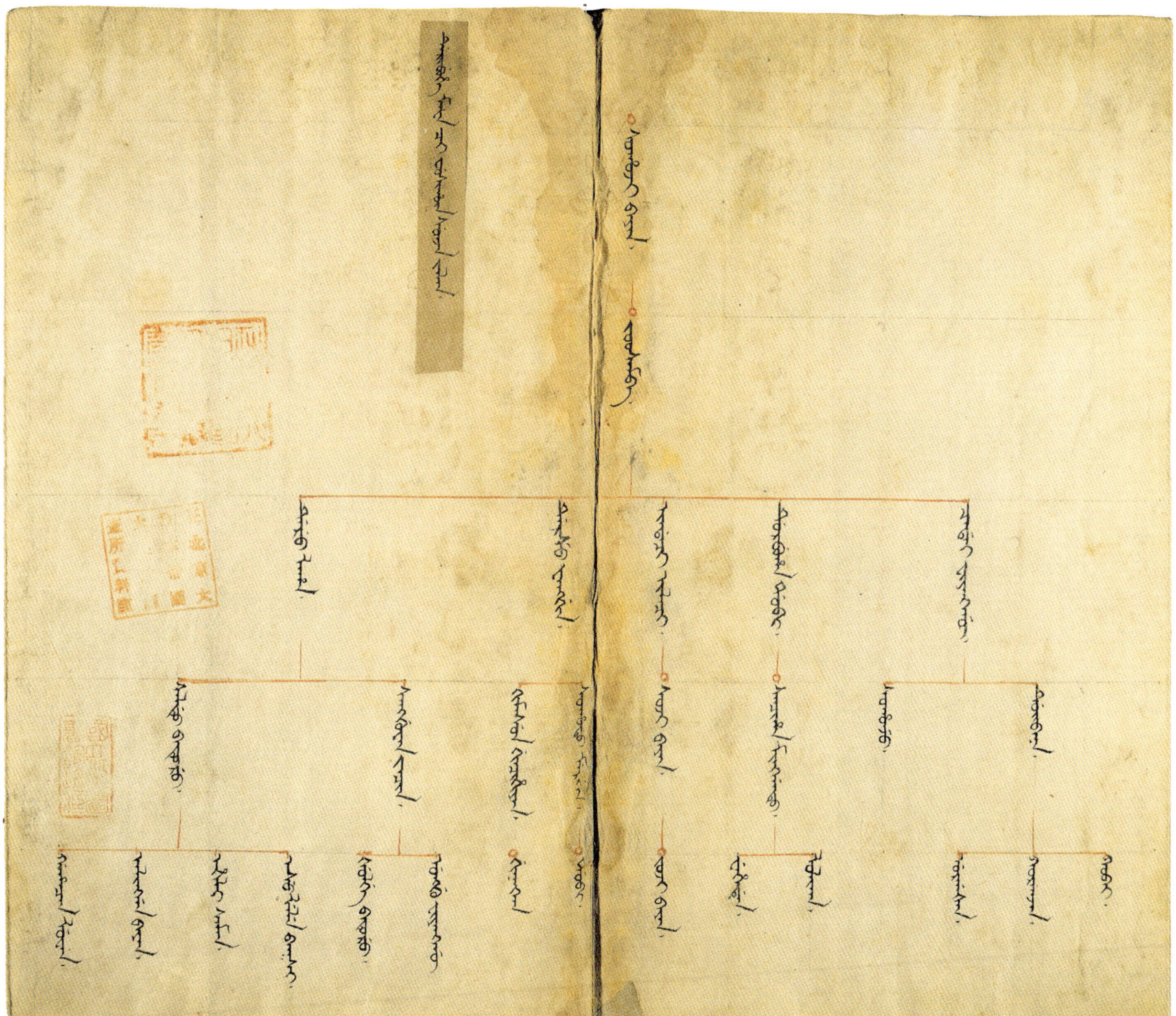

索和濟巴彥家譜圖不分卷 滿漢合集

抄本。

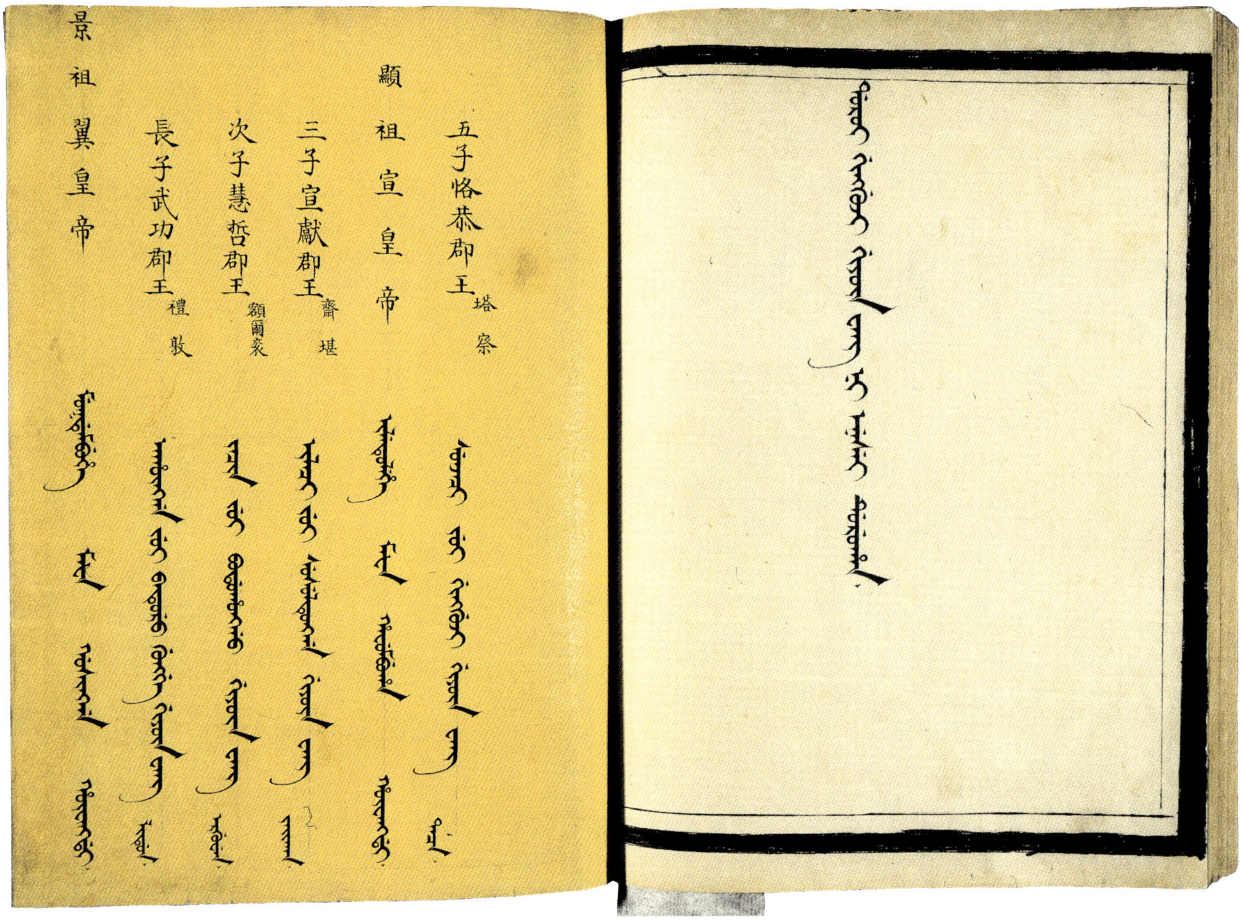
五子恪恭郡王 塔察
顯祖宣皇帝
三子宣獻郡王 齋堪
次子慧哲郡王 額爾袞
長子武功郡王 禮敦
景祖翼皇帝

多羅恪恭郡王裔譜不分卷　滿漢合璧

麟趾等修，乾隆五十七年（1792）抄本, 正文半葉5行, 小字不等, 無版框。

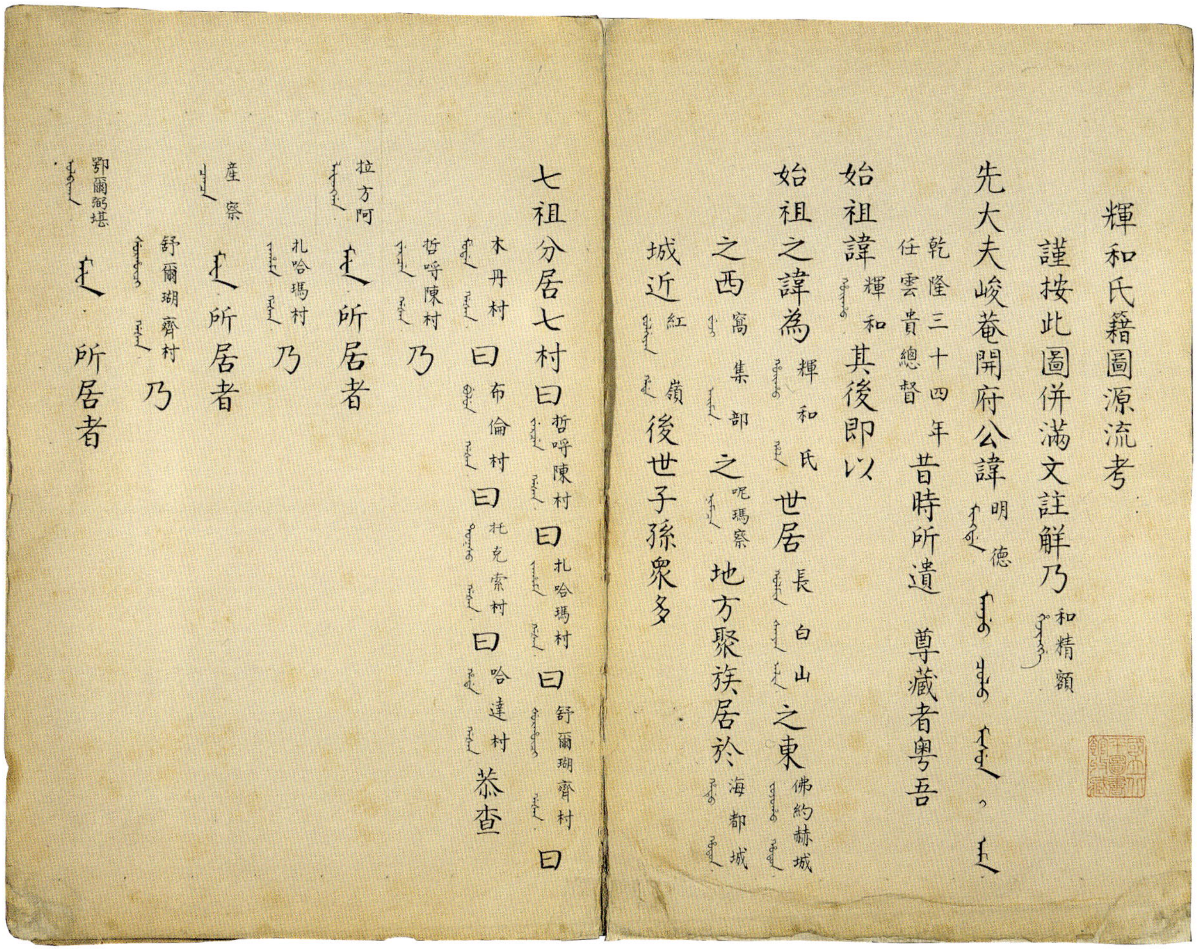
輝和氏籍圖源流考
謹按此圖併滿文註解乃和精額
先大夫峻菴開府公諱明德
乾隆三十四年任雲貴總督昔時所遺 尊藏者粵吾
始祖諱輝和其後即以
始祖之諱為輝和氏世居長白山之東佛約赫城
之西窩集部之呢瑪察地方聚族居於海都城
城近紅嶺後世子孫衆多
七祖分居七村曰哲呼陳村曰扎哈瑪村曰舒爾瑚齊村曰
木丹村曰布倫村曰扎克索村曰哈達村恭查
哲呼陳村乃
拉方阿所居者
扎哈瑪村乃
産察所居者
舒爾瑚齊村乃
鄂爾渾堪所居者

輝和氏籍圖源流考不分卷　滿漢合璧

克什布等修，抄本，正文半葉8行，小字雙行，無版框。

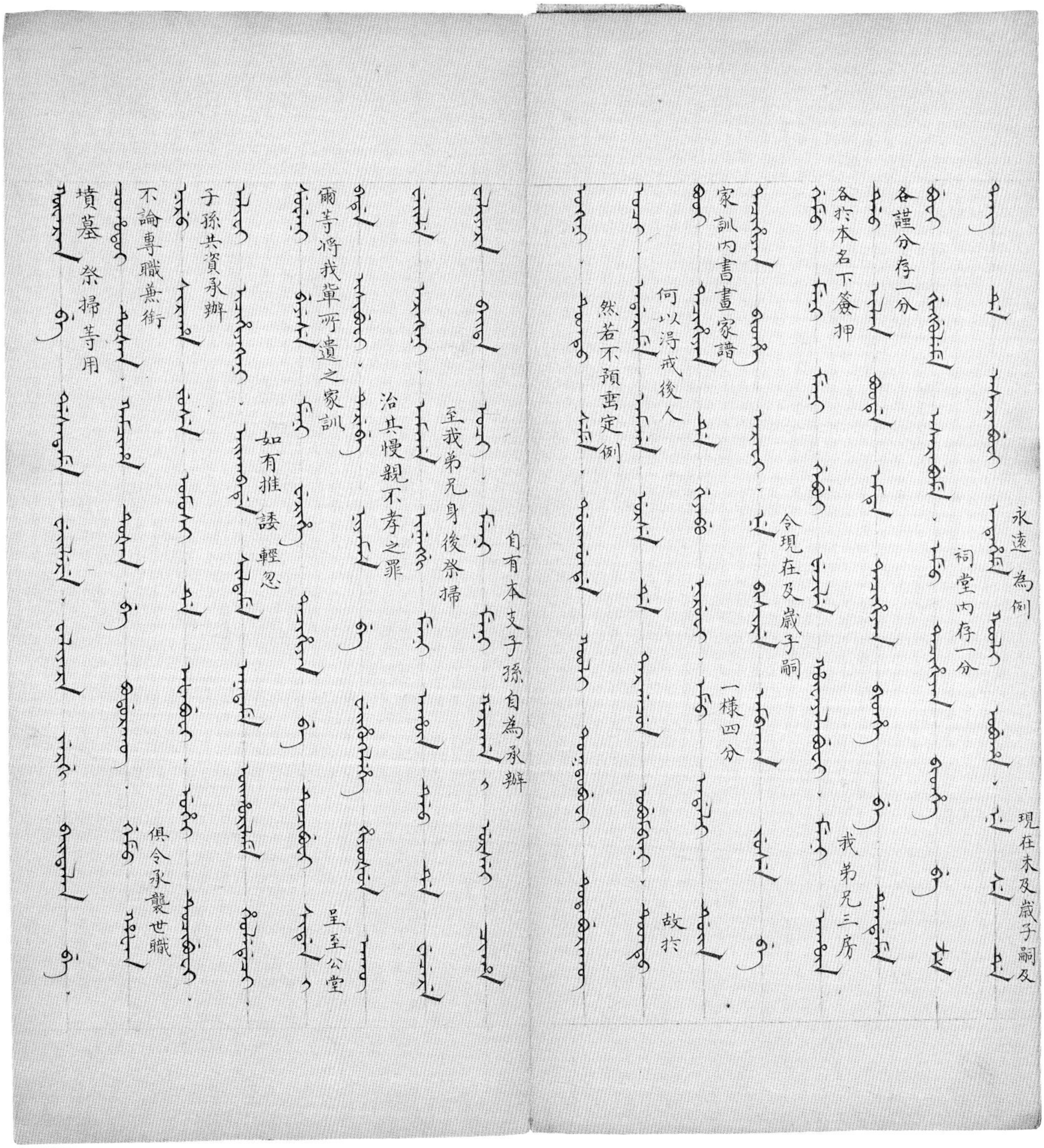
現在未及歲子嗣及
永遠為例
祠堂內存一分
各謹分存一分
我弟兄三房
各於本名下簽押
令現在及歲子嗣
一樣四分
家訓內書畫家譜
故於
何以得戒後人
然若不預需定例
自有本支子孫自為承辦
至我弟兄身後祭掃
治其慢親不孝之罪
呈至公堂
爾等將我輩所遺之家訓
如有推諉輕忽
子孫共資承辦
不論專職兼銜
俱令承襲世職
墳墓祭掃等用

阿什達爾漢家譜不分卷 滿文

乾隆五年（1740）抄本，譜序為滿漢合璧，半葉16行，無版框。

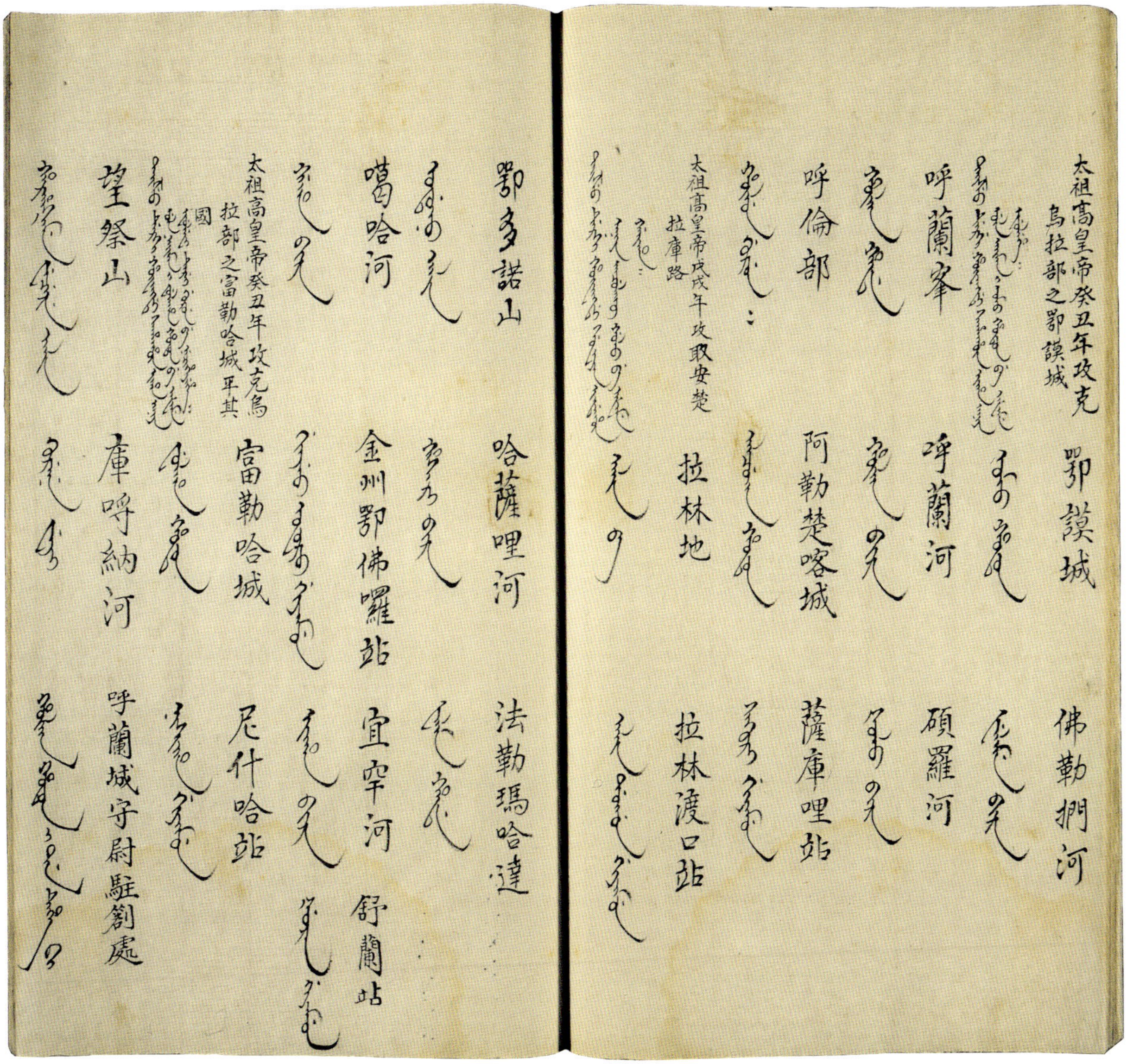

太祖高皇帝癸丑年攻克烏拉部之鄂謨城
鄂謨城
佛勒捫河
呼蘭峯
呼蘭河
碩羅河
呼倫部
阿勒楚喀城
薩庫哩站
太祖高皇帝戊戌年攻取安楚拉庫路
拉林地
拉林渡口站
鄂多諾山
哈薩哩河
法勒瑪哈達
噶哈河
金州鄂佛囉站
宜罕河
舒蘭站
太祖高皇帝癸丑年攻克烏拉部之富勒哈城平其國
富勒哈城
尼什哈站
望祭山
庫呼納河
呼蘭城守尉駐劄處

皇輿山河地名考不分卷　滿漢合璧

乾隆二十五年（1760）稿本，正文半葉8行，小字雙行，無版框。

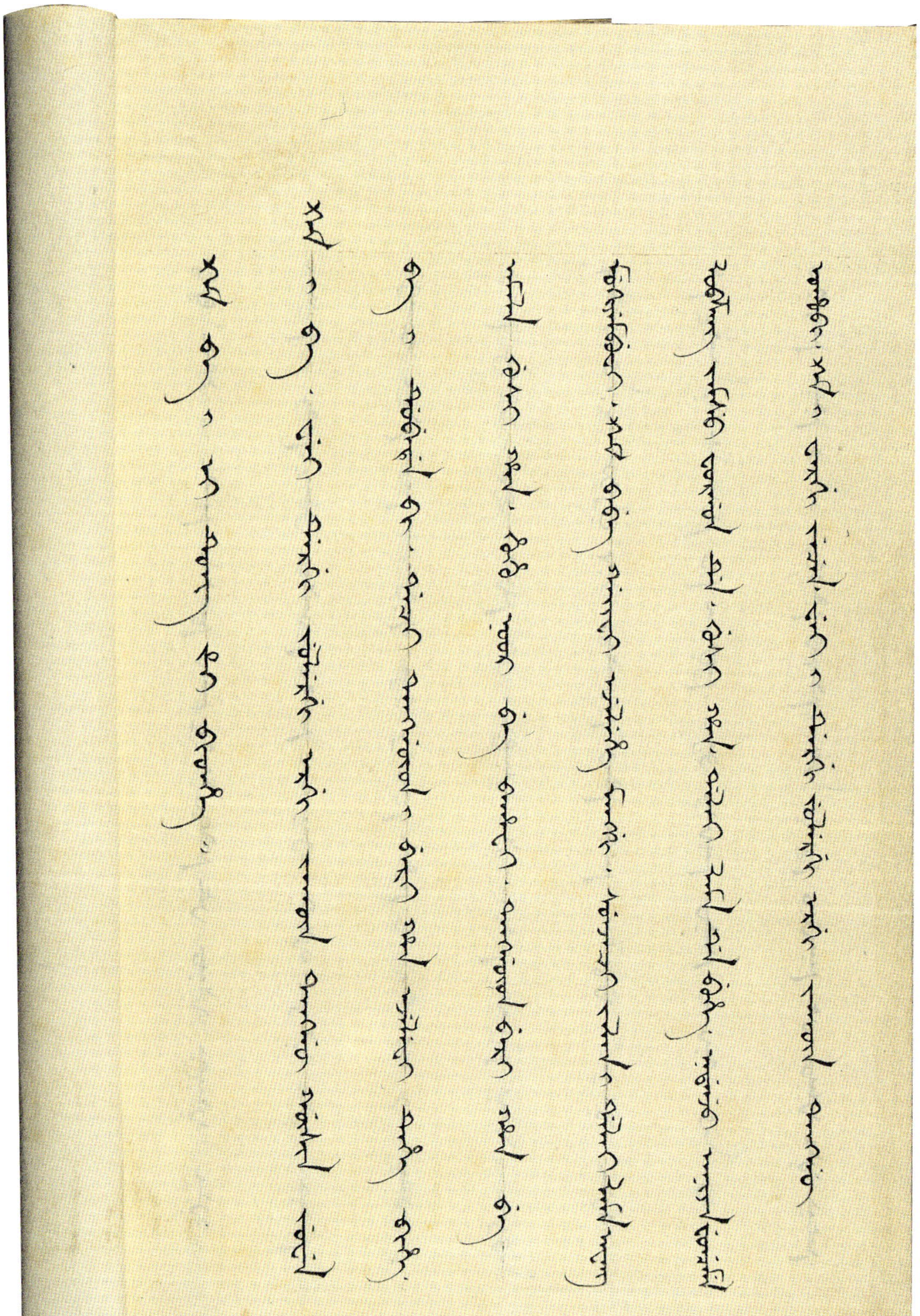

喀木地方一統志不分卷　滿文

康熙抄本，正文半葉5–7行，小字10–11行，無版框。

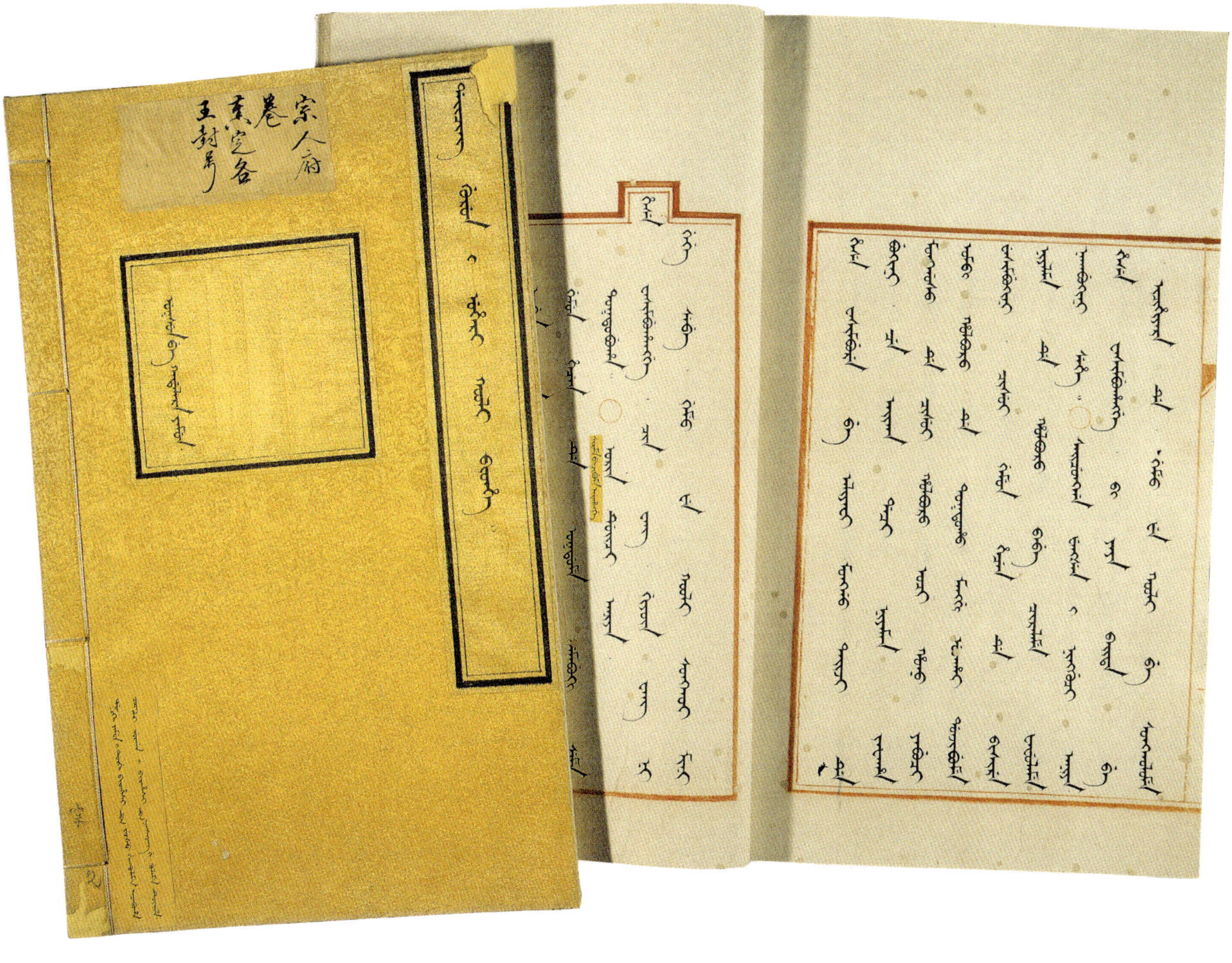

大清會典八十卷　滿文

托津等撰，嘉慶二十三年（1818）抄本，正文半葉9行，白口，單魚尾，朱絲欄，四周雙邊，框高23.3厘米，寬17.3厘米。

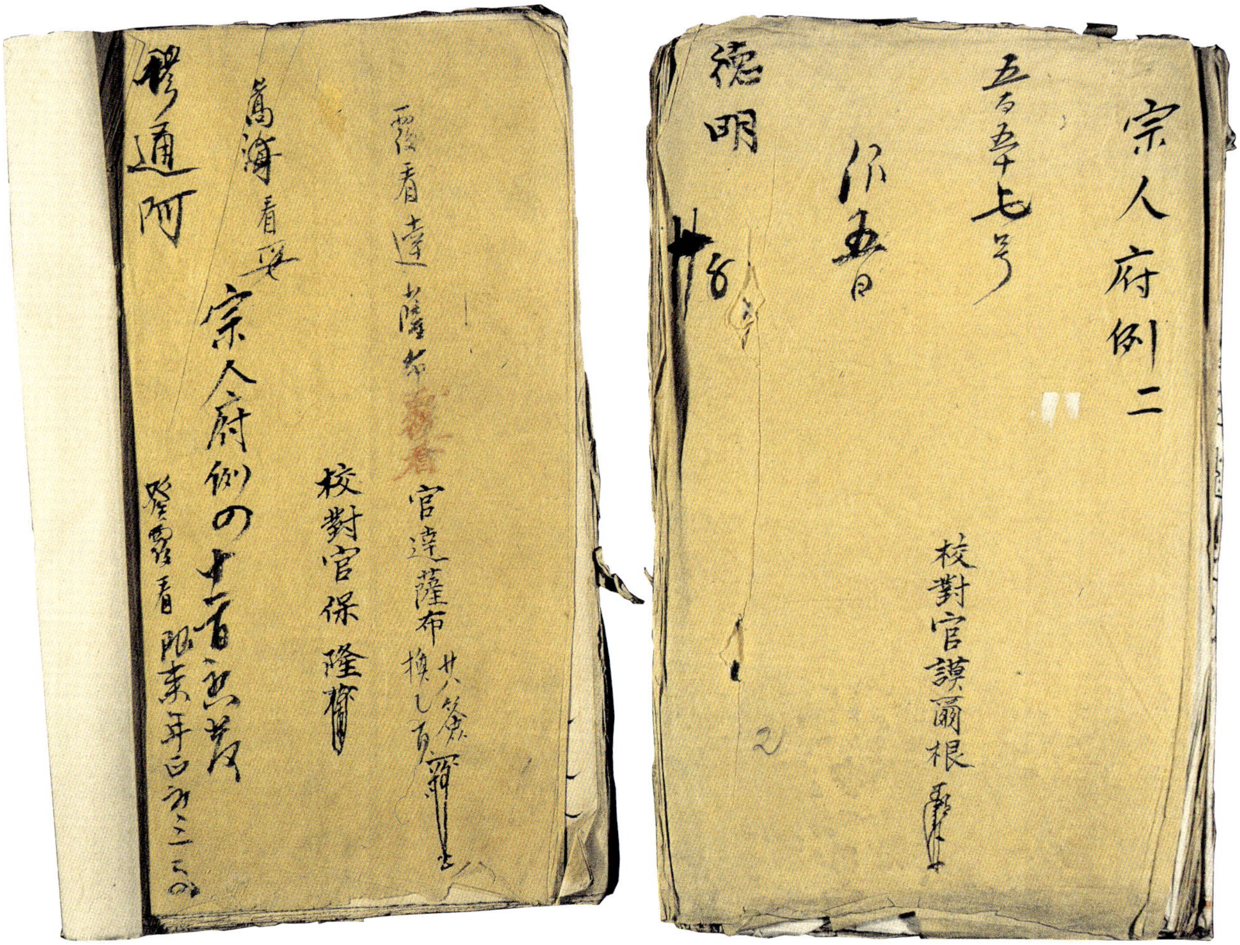

大清會典事例九百二十卷目録八卷存八百三十一卷　滿文

嘉慶稿本，正文半葉9行，白口，單魚尾，朱絲欄，四周雙邊，框高22.7厘米，寬16厘米。

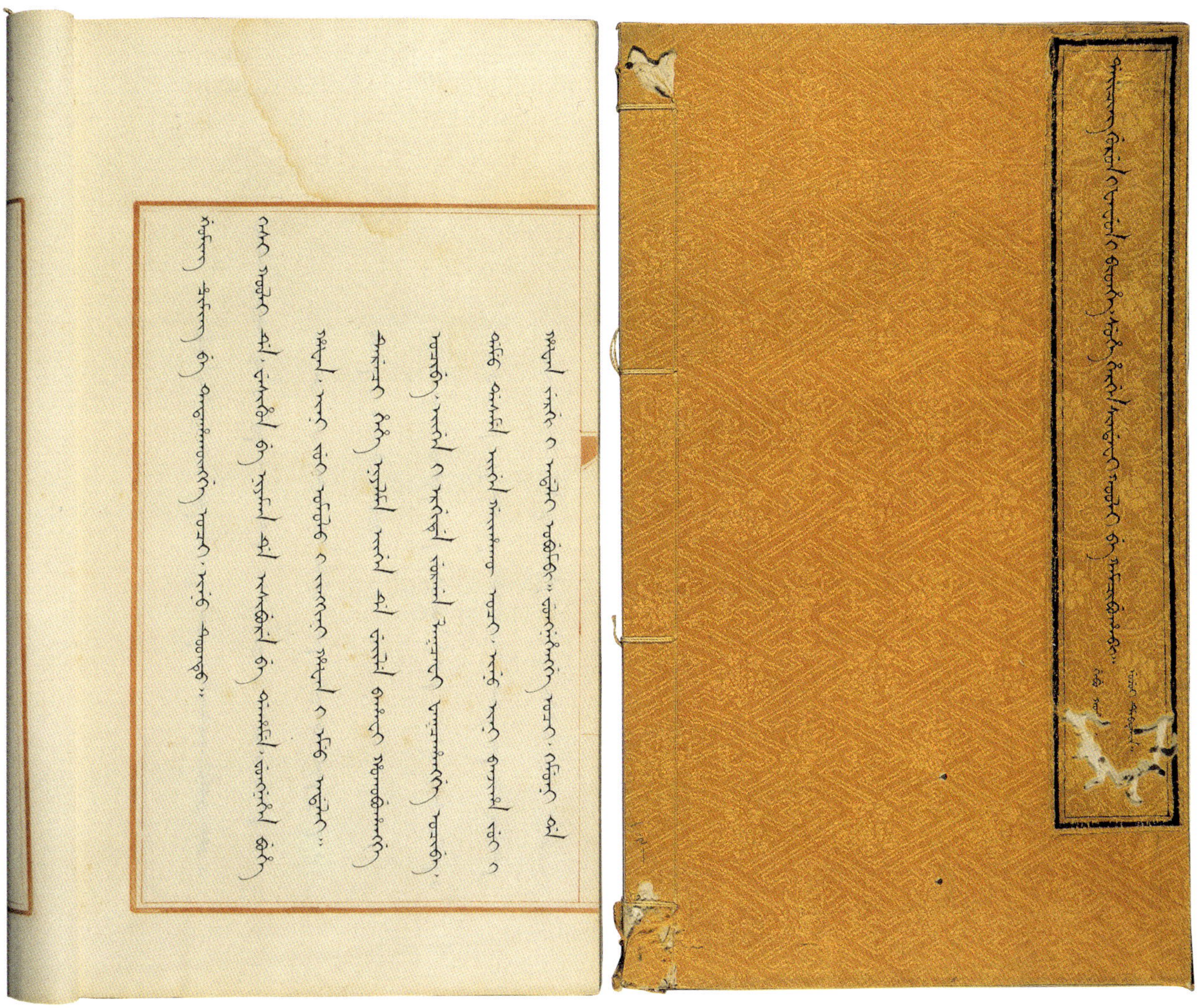

大清律集解附例三十卷　滿文

剛林等撰，馮普等修訂，康熙九年（1670）抄本，正文半葉7行，小字雙行，白口，單魚尾，朱絲欄，四周雙邊，框高27厘米，寬18厘米。

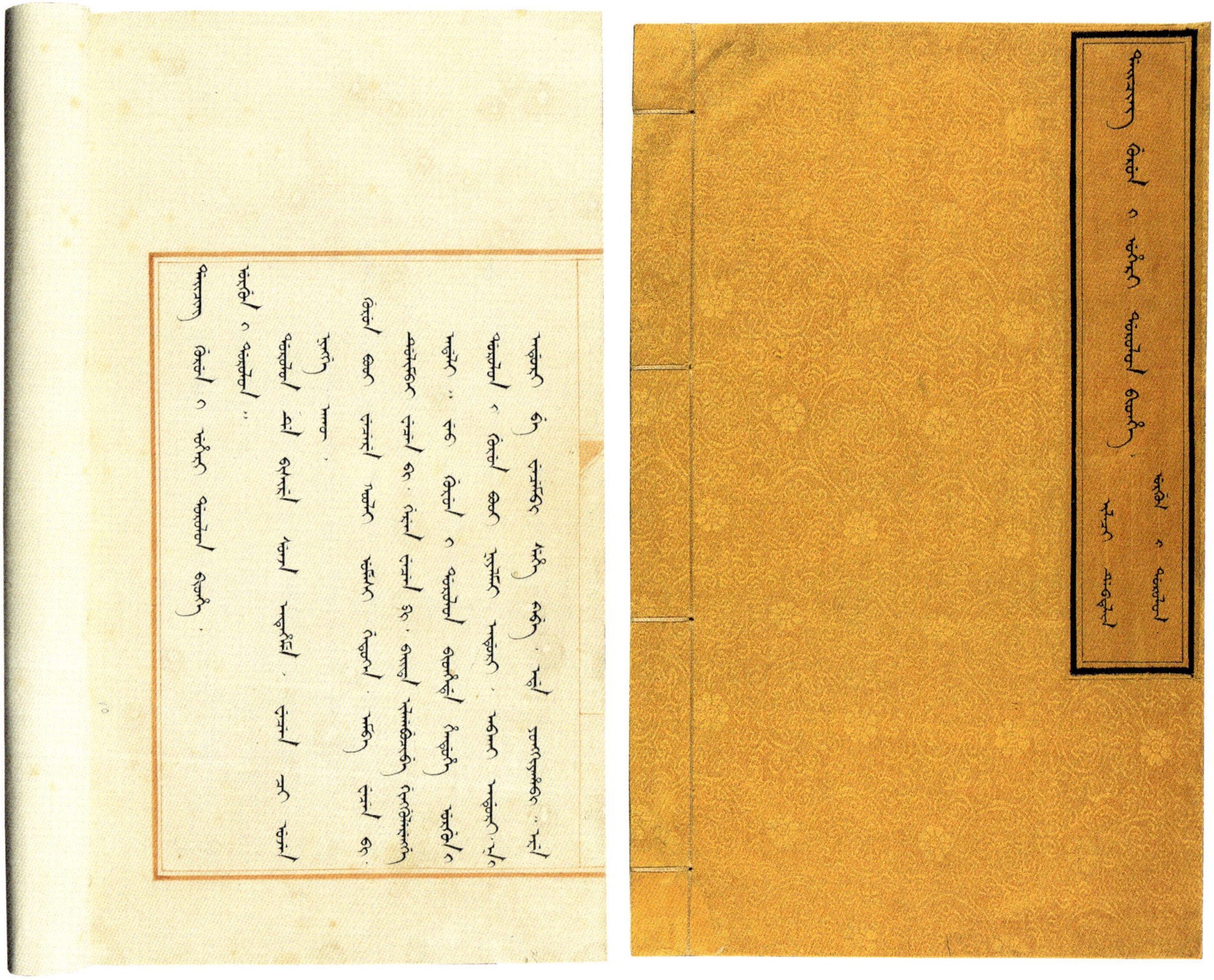

大清通禮五十卷 滿文

來保等撰，乾隆二十一年（1756）抄本，正文半葉9行，白口，單魚尾，朱絲欄，四周雙邊，框高22厘米，寬16.3厘米。

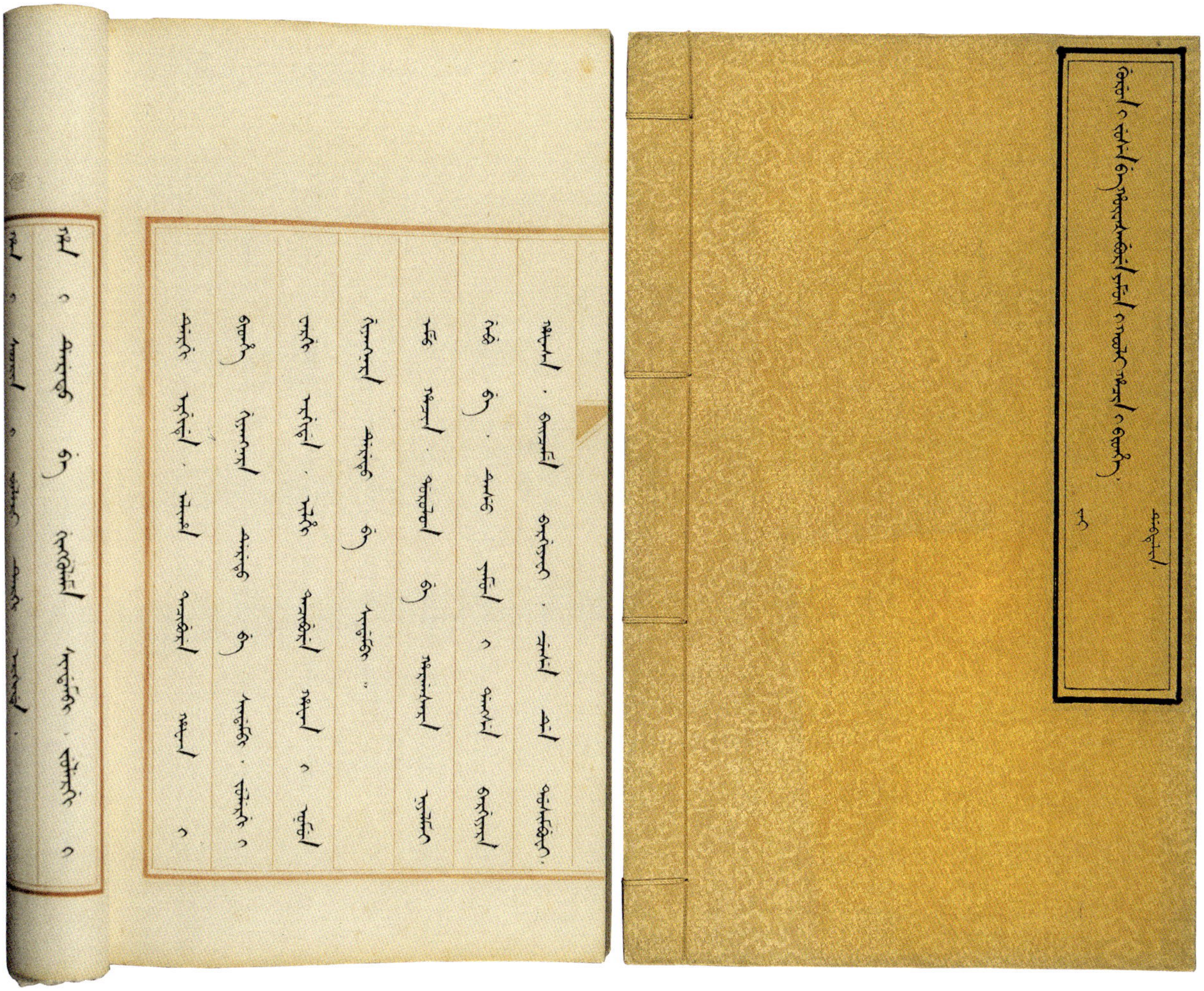

國子監則例六十四卷　滿漢合集

蔡新等撰，抄本，正文半葉7行，白口，單魚尾，朱絲欄，四周雙邊，框高22厘米，寬15.9厘米。（圖爲滿文本）

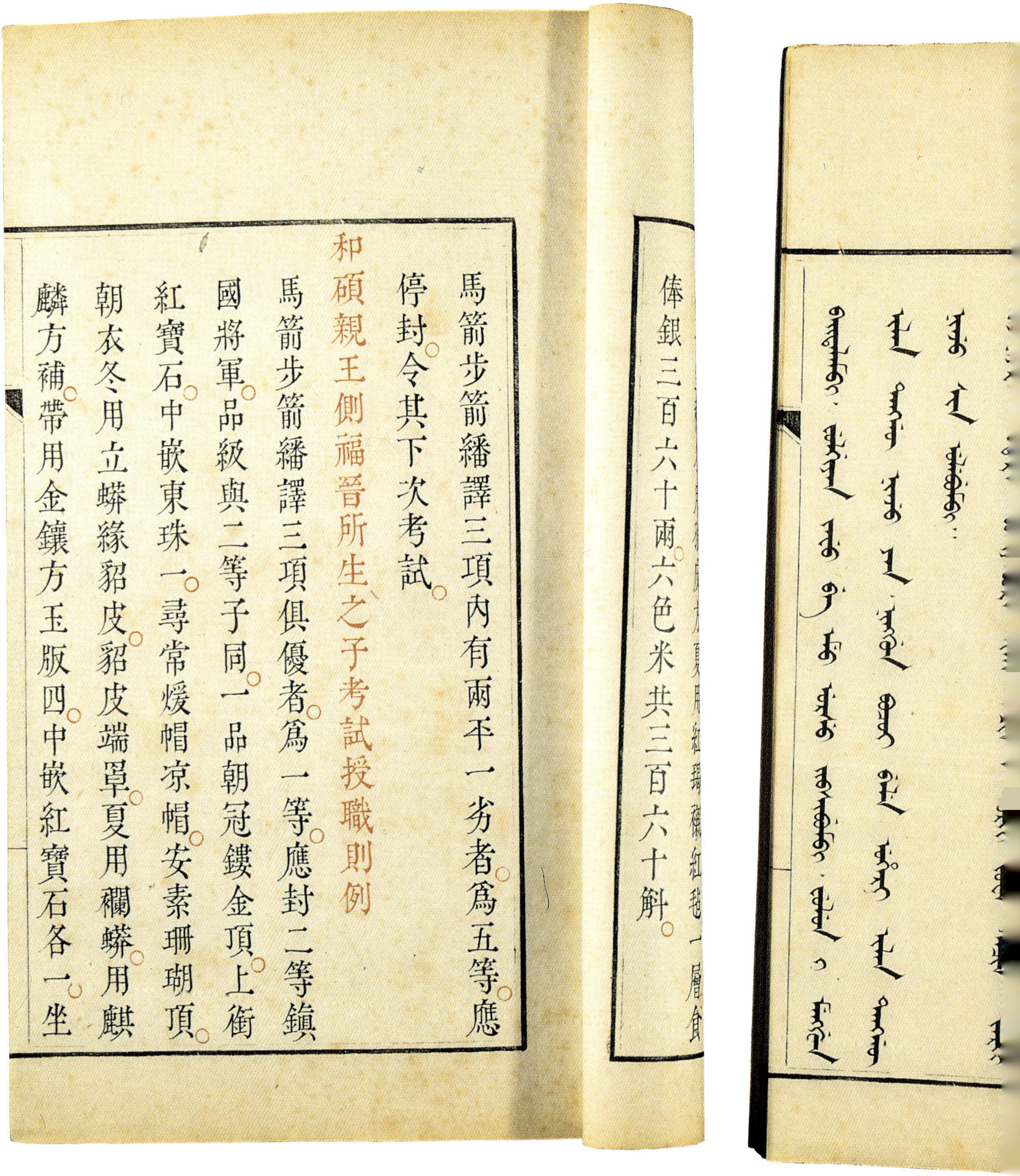
馬箭步箭繙譯三項內有兩平一劣者爲五等應
停封令其下次考試
和碩親王側福晉所生之子考試授職則例
馬箭步箭繙譯三項俱優者爲一等應封二等鎮
國將軍品級與二等子同一品朝冠鏤金頂上銜
紅寶石中嵌東珠一尋常煖帽涼帽安素珊瑚頂
朝衣冬用立蟒緣貂皮貂皮端罩夏用襴蟒用麒
麟方補帶用金鑲方玉版四中嵌紅寶石各一坐
俸銀三百六十兩六色米共三百六十斛

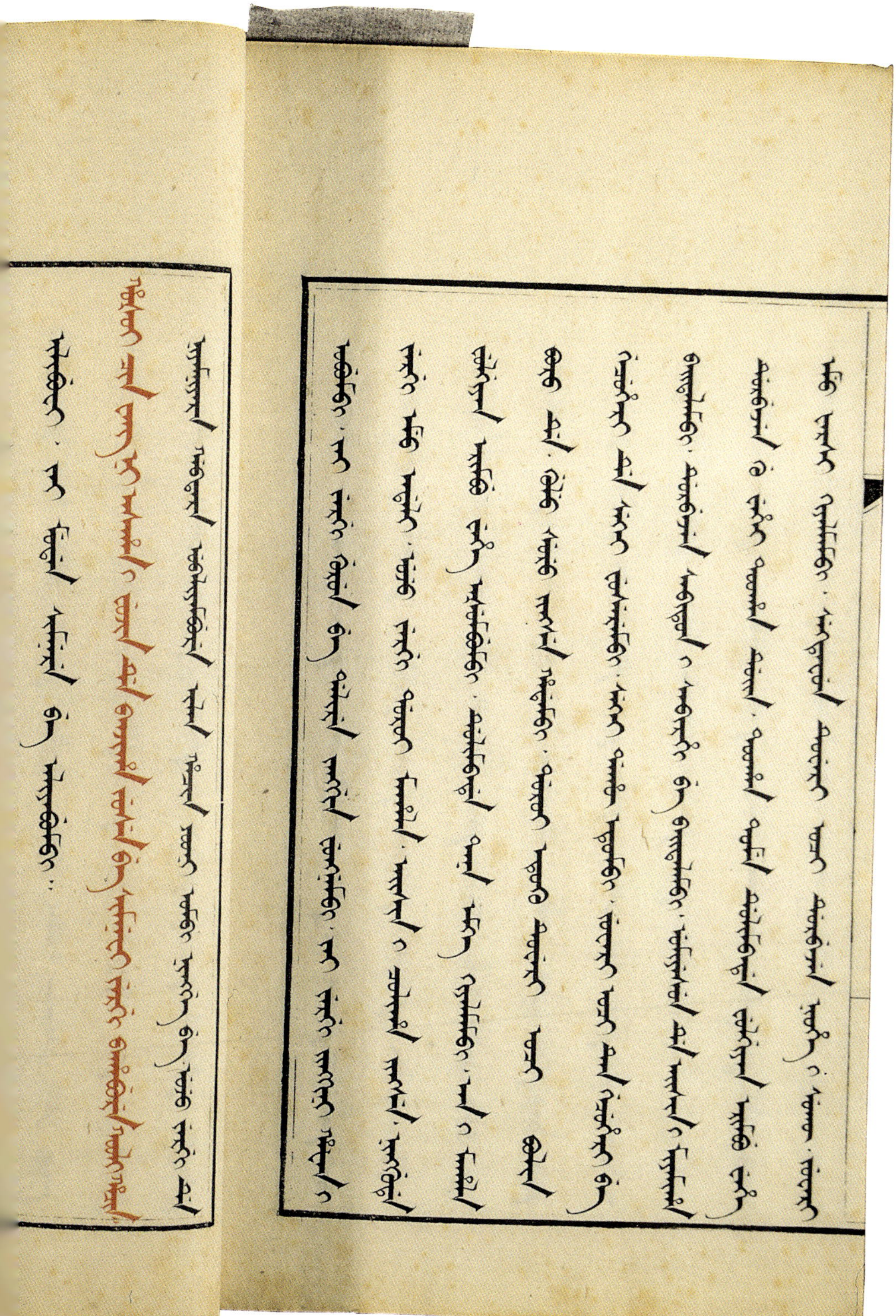

宗室考試授職則例不分卷 滿漢合集

抄本，正文半葉8行，白口，單魚尾，四周雙邊，框高21.2厘米，寬13.7厘米。

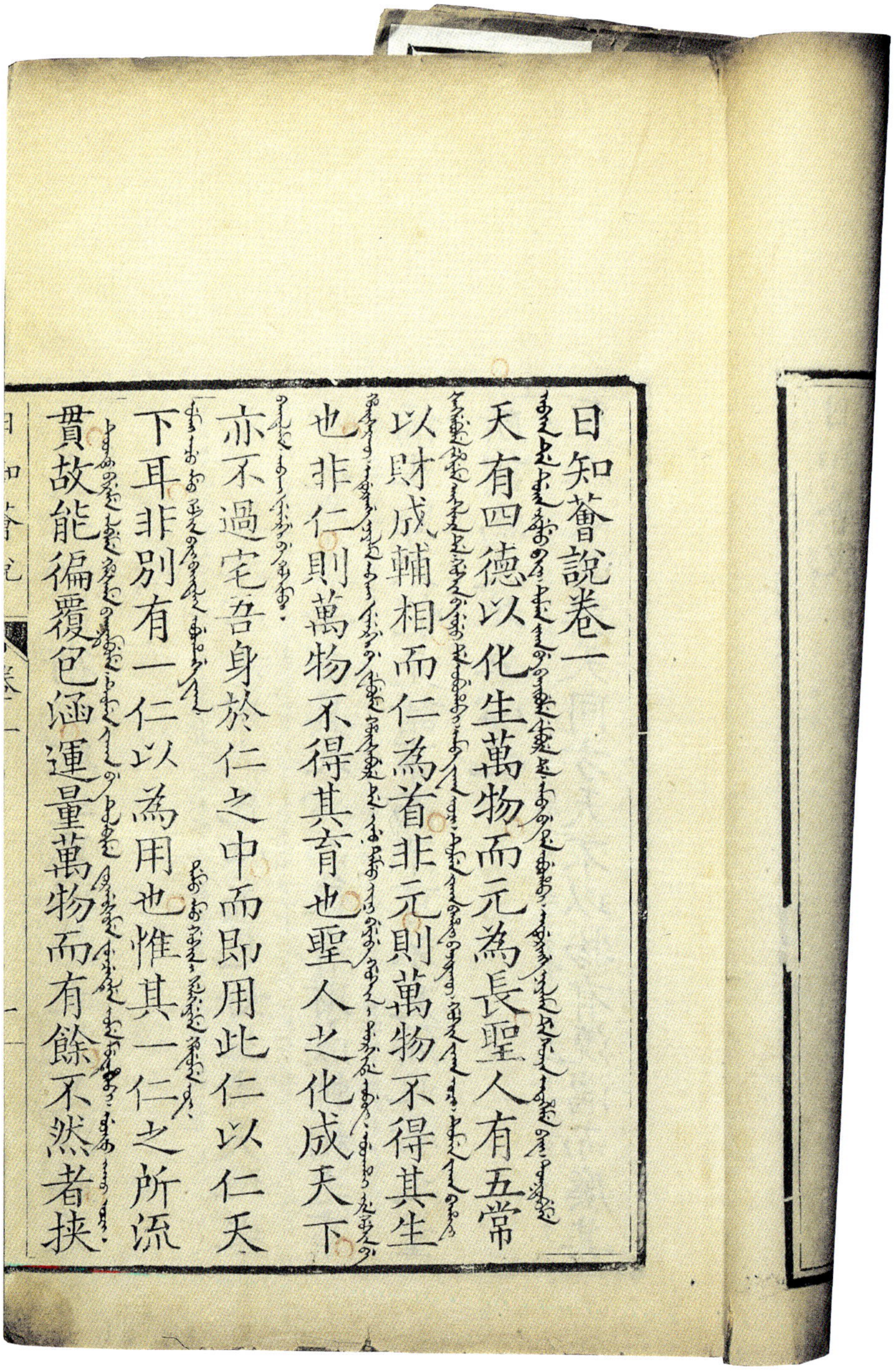

日知薈說四卷　滿漢合璧

清高宗（弘曆）撰，此書原為乾隆元年（1736）漢文刻本，正文半葉7行，白口，單魚尾，四周雙邊，框高18.8厘米，寬14.1厘米。滿文譯寫於漢文右側。

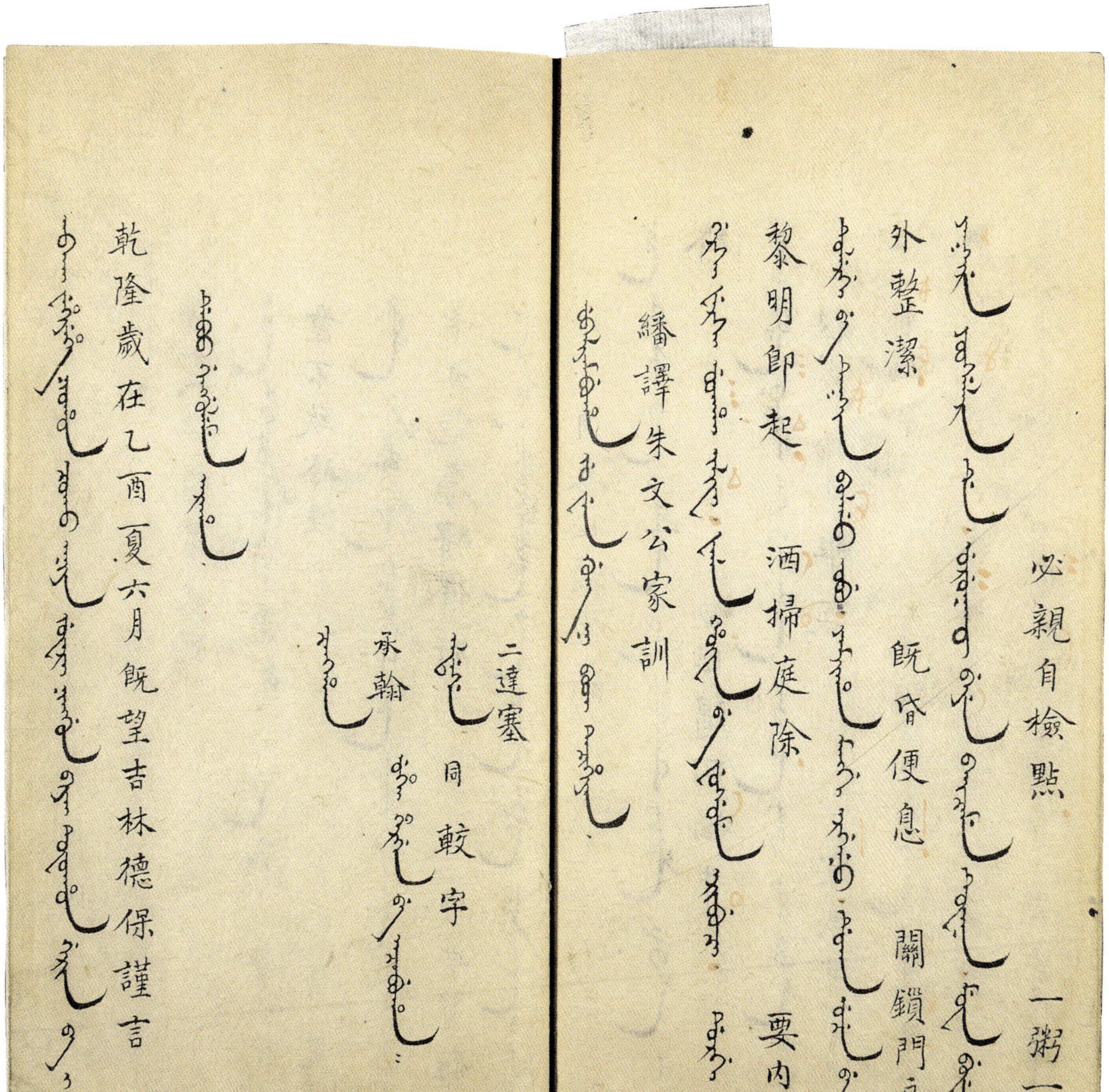
必親自檢點
一粥一
外整潔
既昏便息
關鎖門户
黎明即起
洒掃庭除
要内
繙譯朱文公家訓
二達塞
同較字
承翰
乾隆歲在乙酉夏六月既望吉林德保謹言

朱文公家訓不分卷　滿漢合璧

朱用純（柏廬）撰，德保譯，乾隆三十年（1765）抄本，正文半葉8行，無版框。

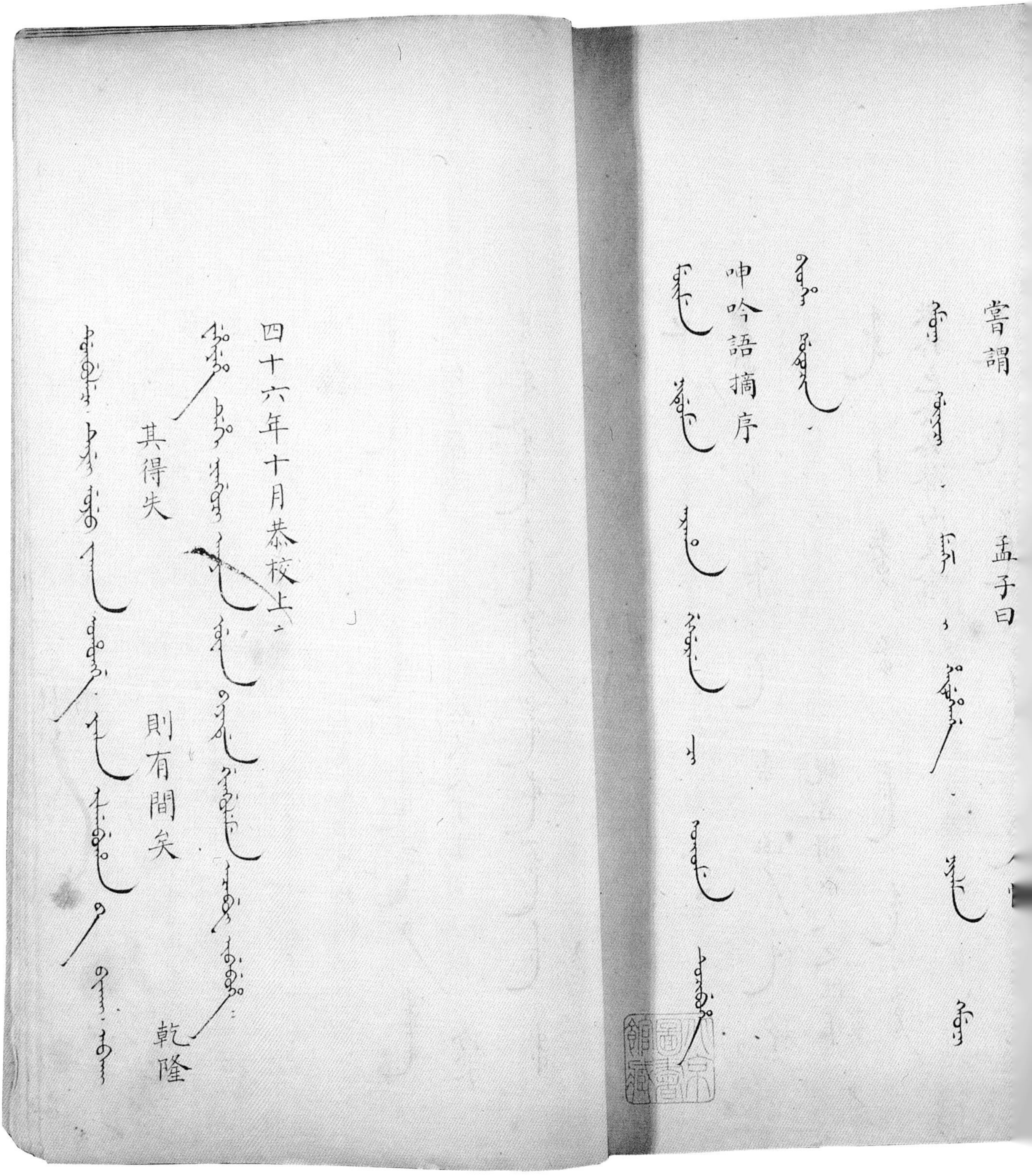

嘗謂　孟子曰

呻吟語摘序

四十六年十月恭校上

其得失　則有間矣　乾隆

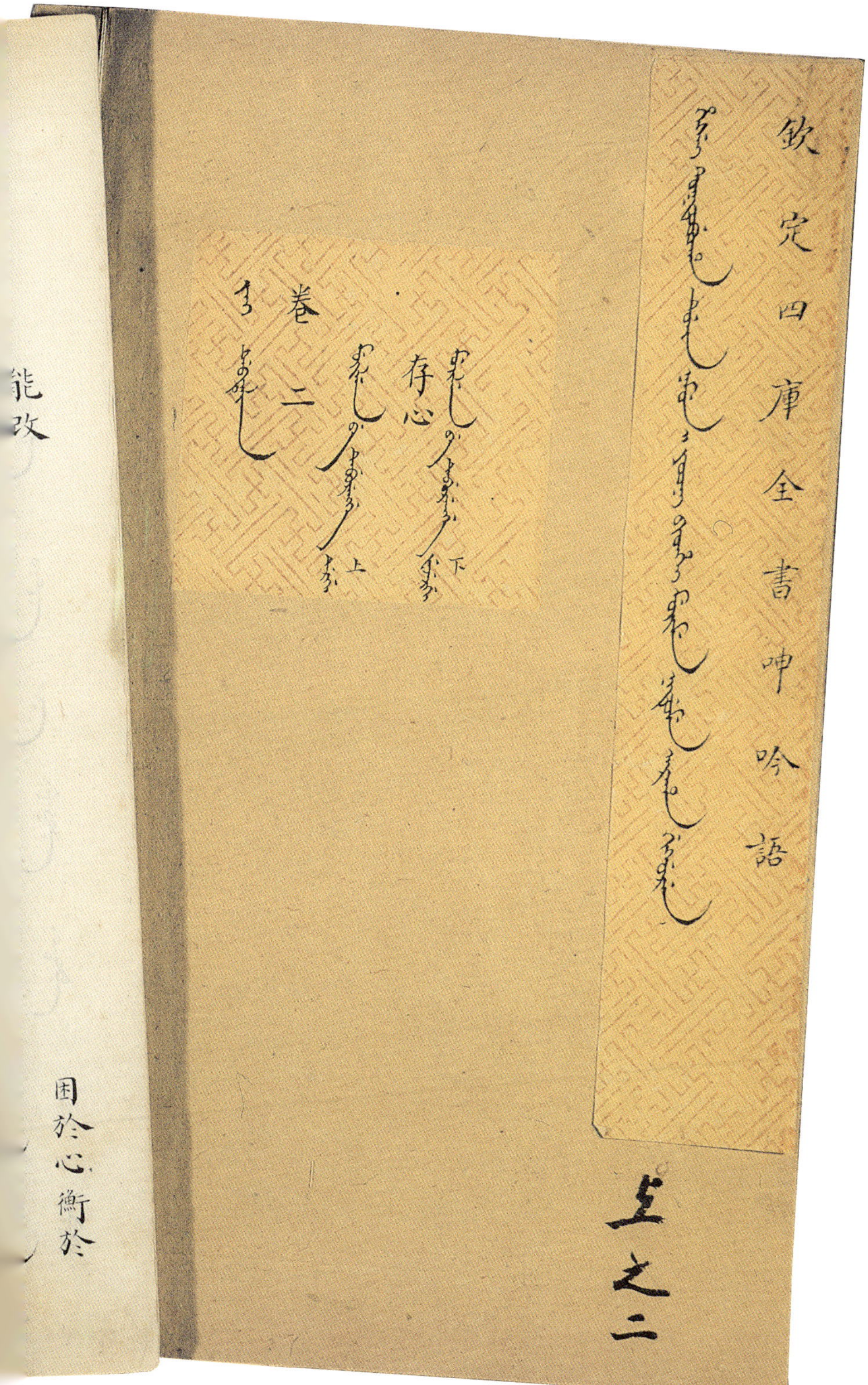
欽定四庫全書呻吟語
存心 下
上
卷二
旦之二
能改
困於心衡於

呻吟語摘二卷 滿漢合璧

（明）呂坤撰，乾隆四十六年（1781）抄本，正文半葉8行，無版框。

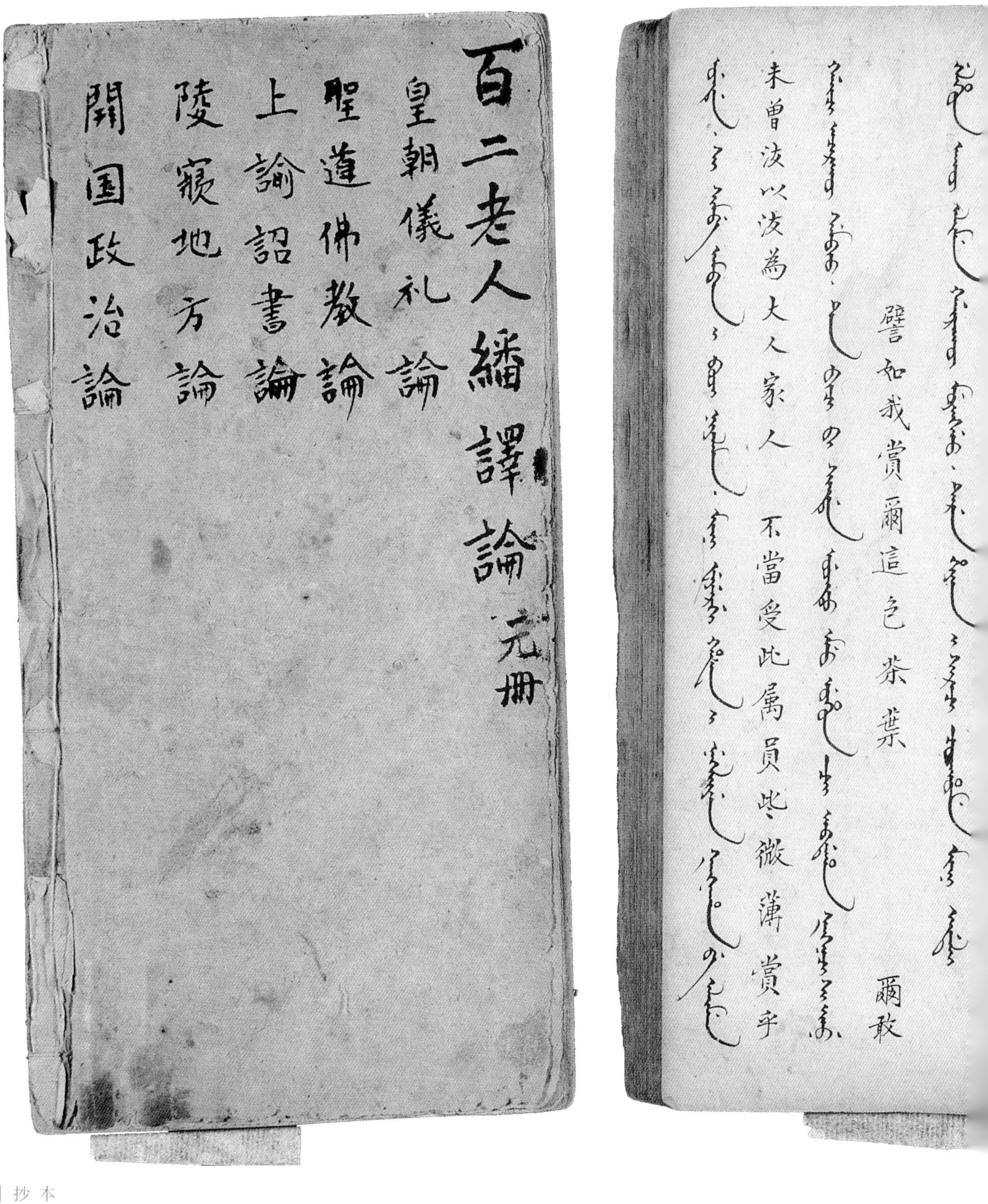
百二老人繙譯論 元冊
皇朝儀礼論
聖蹟佛教論
上諭詔書論
陵寢地方論
開国政治論
譬如我賞爾這色茶葉
爾敢
未曾汝以汝為大人家人
不當受此屬員些微薄賞乎

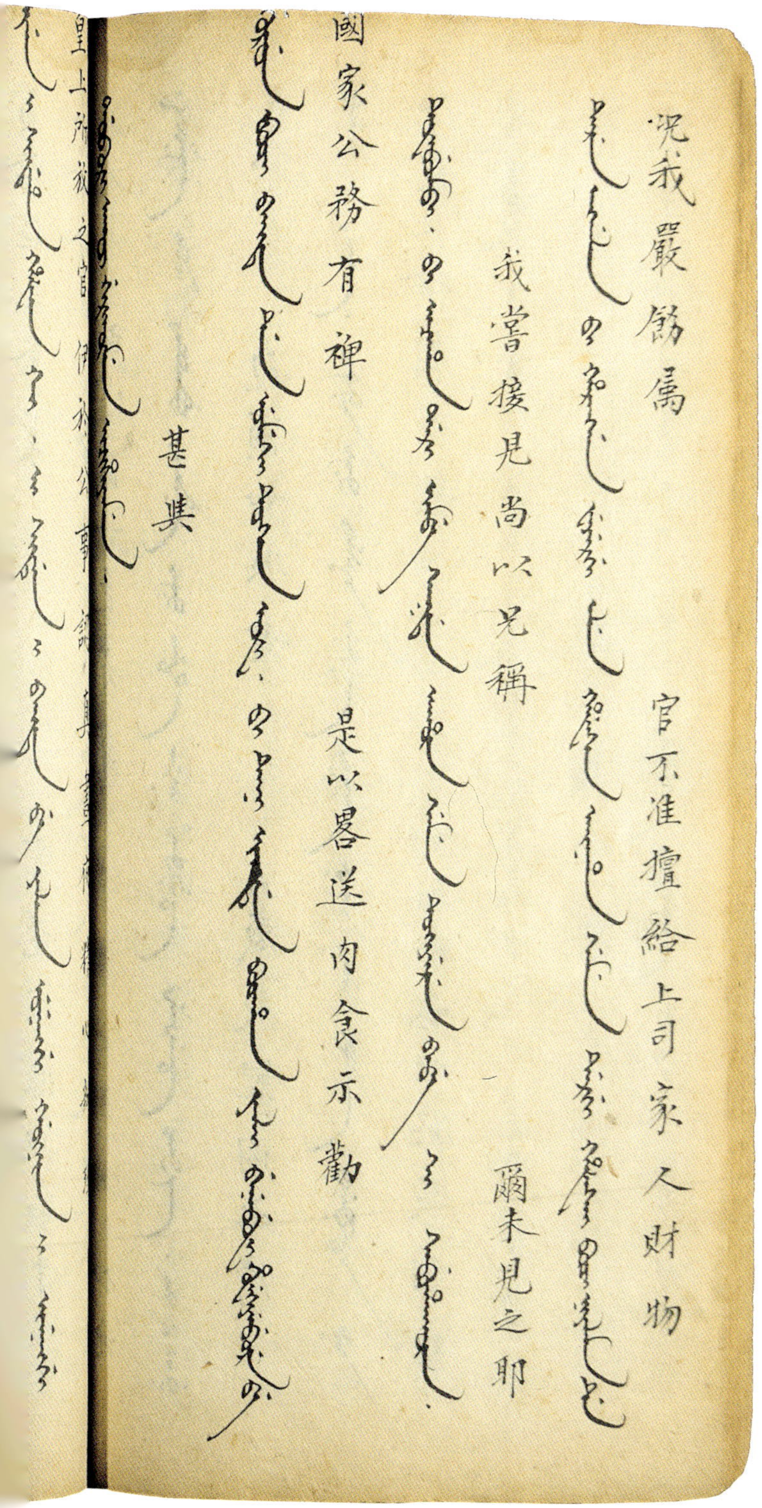

況我嚴飭屬
官不准擅給上司家人財物
我嘗接見尚以兄稱
爾未見之耶
國家公務有裨
是以畧送肉食示勸
甚惧

百二老人語録六卷 滿漢合璧

瑪拉特氏松筠輯，卓特氏富俊譯，抄本，正文半葉8行，無版框。

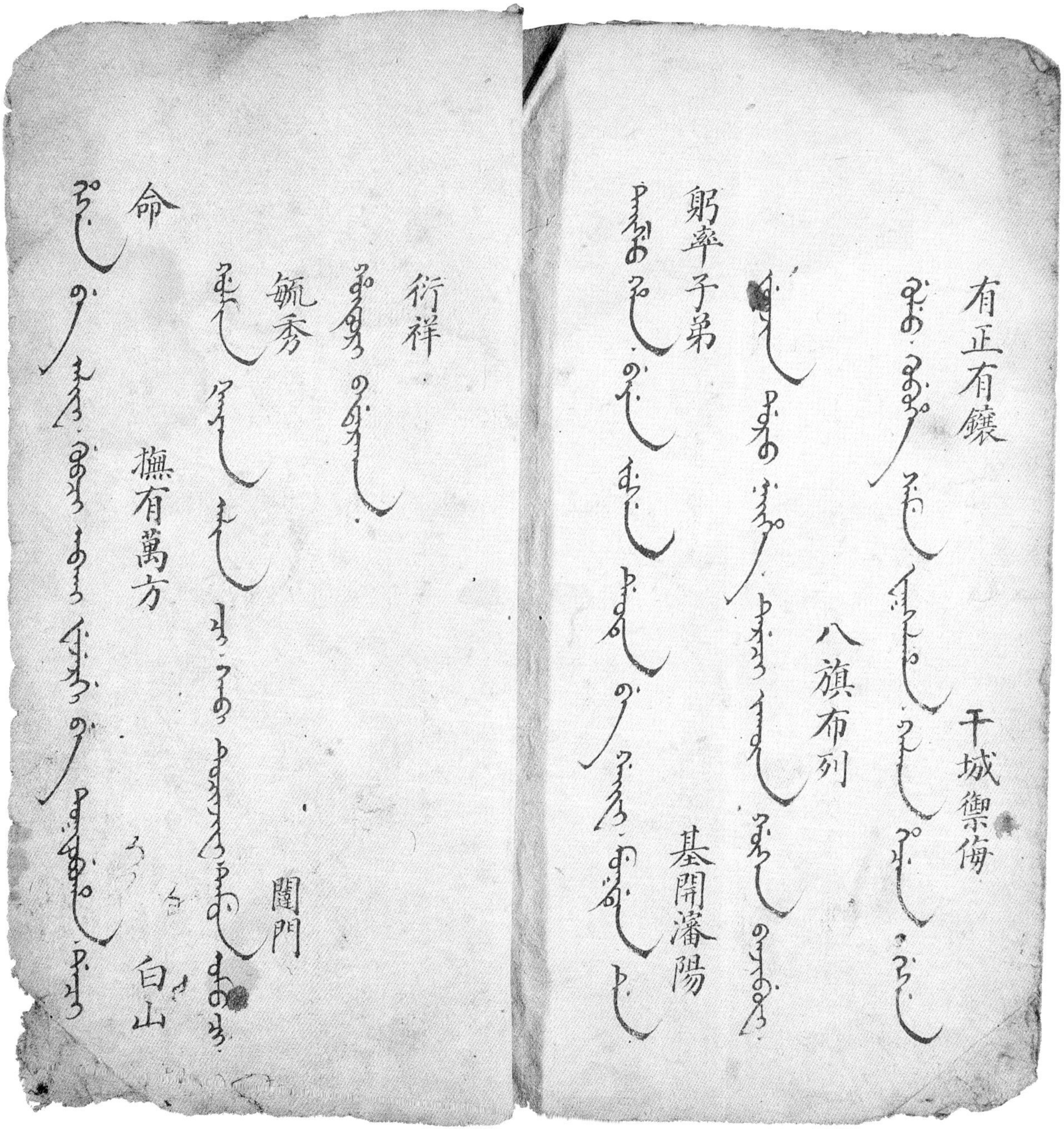
有正有鑲　干城禦侮
八旗布列
躬率子弟　基開瀋陽
衍祥
毓秀　闢門
撫有萬方　白山
命

八旗箴不分卷　滿漢合璧

抄本，正文半葉6行，無版框。

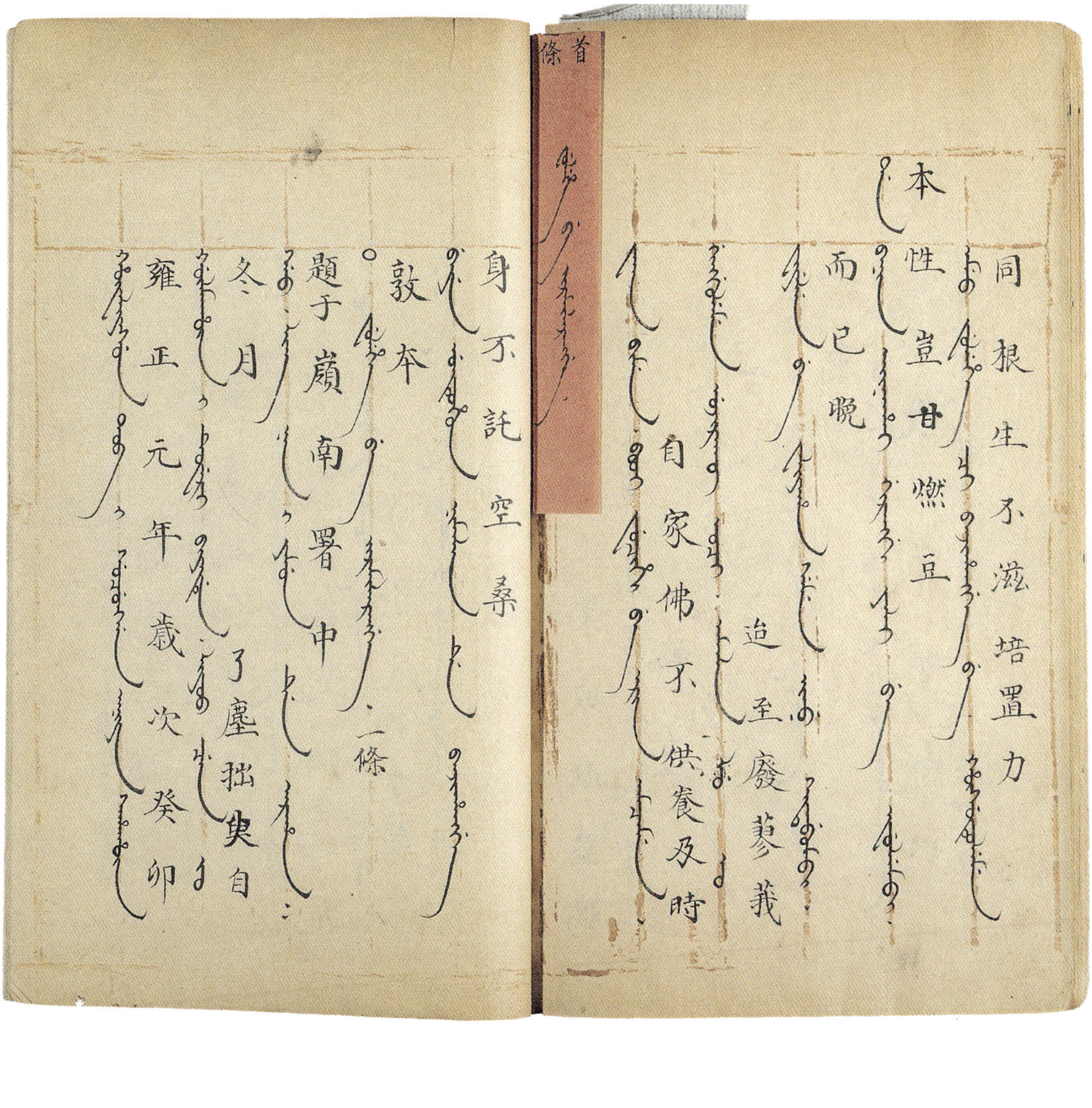

格言不分卷 滿漢合璧

題了塵拙叟輯，雍正元年（1723）抄本，正文半葉10行，白口，單魚尾，朱絲欄，四周雙邊，框高20.3厘米，寬13.6厘米。

圖中“了塵拙叟”即圖理深，此書爲其在廣東布政使任上所輯。

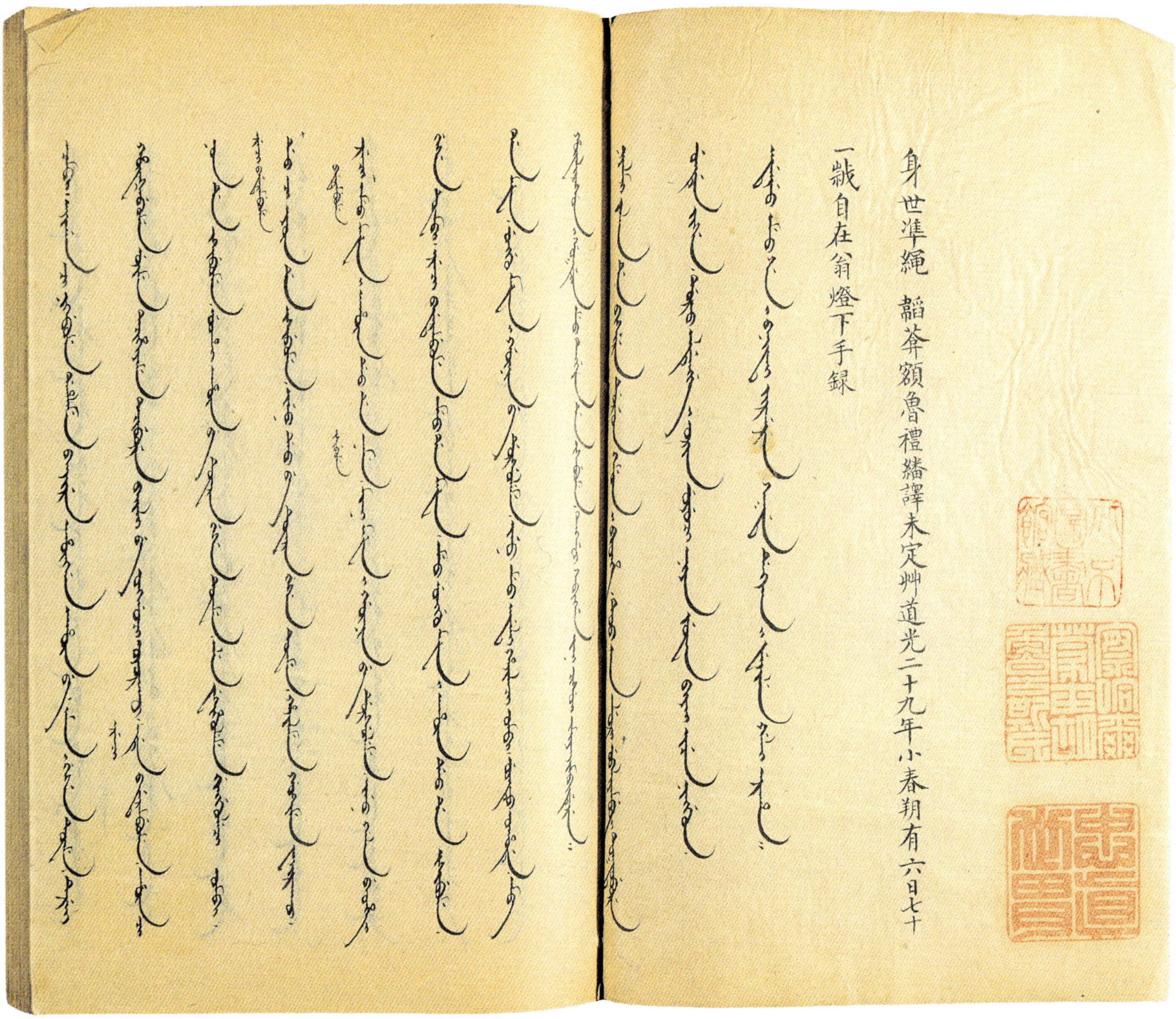

身世準繩四卷　滿文

李迪光輯，額魯禮譯，道光二十九年（1840）抄本，正文半葉8行，無版框。

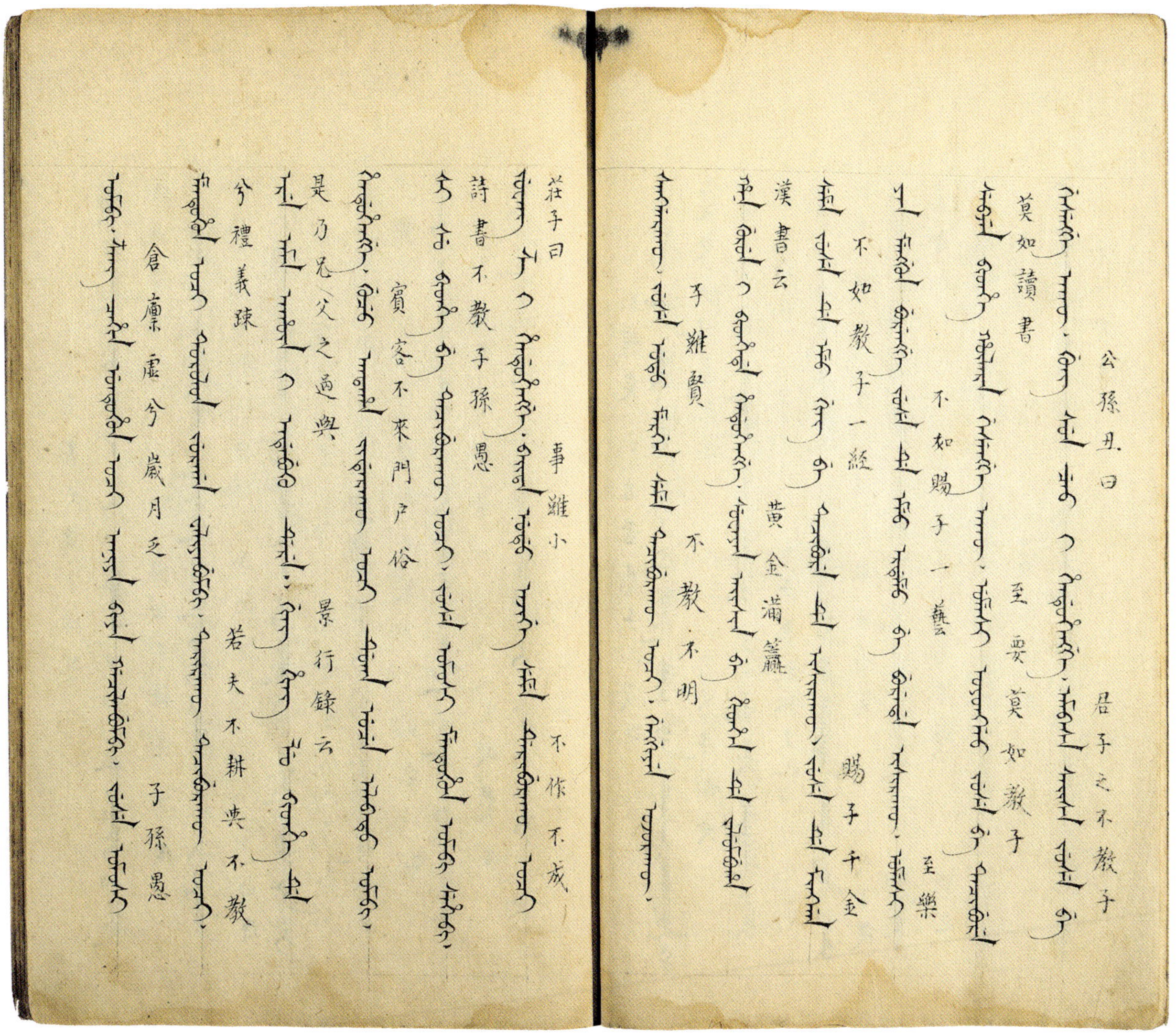

明心寶鑑四卷 滿漢合璧

抄本，正文半葉12行，無版框。

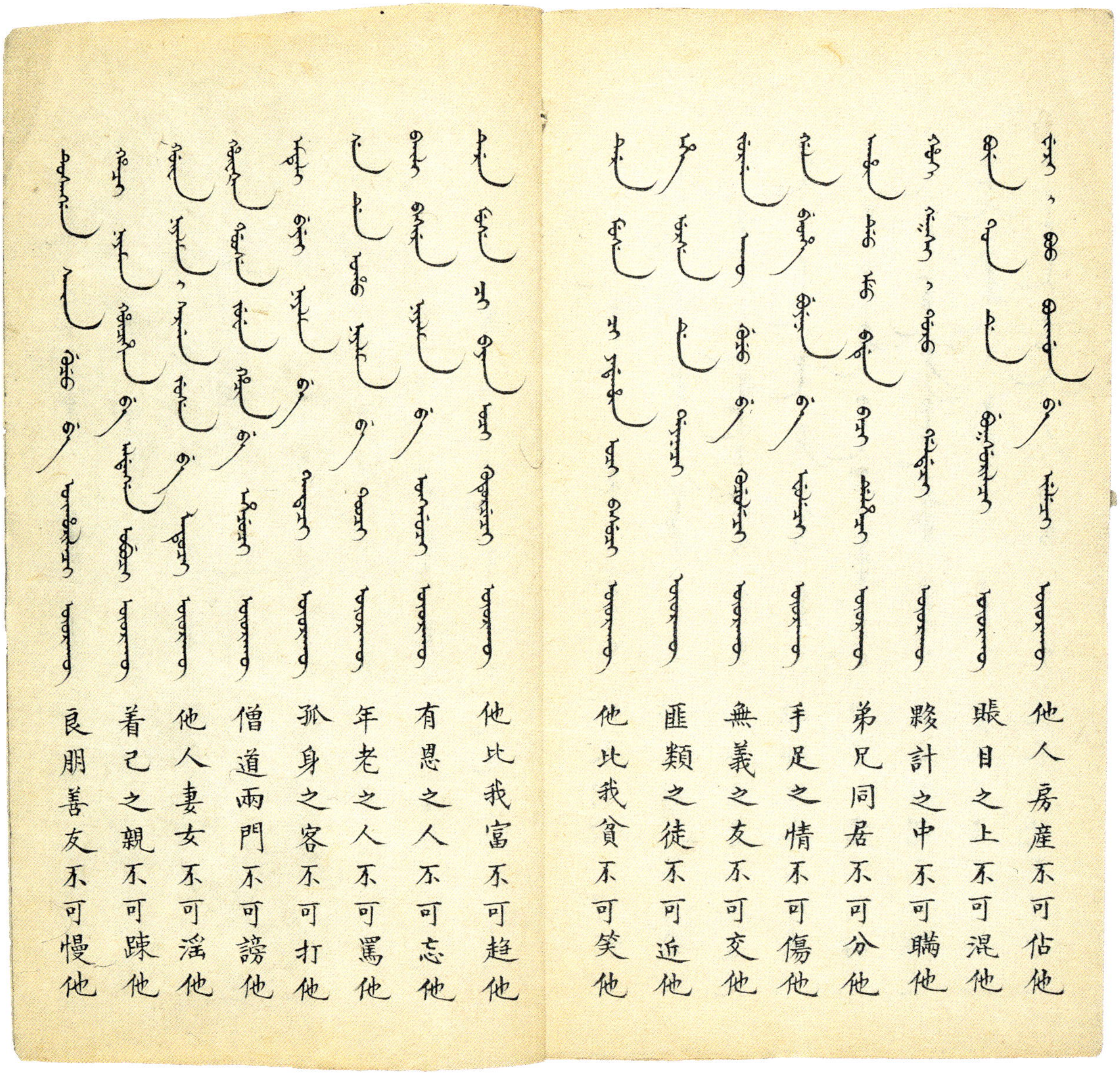
他人房産不可佔他
賬目之上不可混他
夥計之中不可瞞他
弟兄同居不可分他
手足之情不可傷他
無義之友不可交他
匪類之徒不可近他
他比我貧不可笑他
他比我富不可趁他
有恩之人不可忘他
年老之人不可罵他
孤身之客不可打他
僧道兩門不可謗他
他人妻女不可滛他
着己之親不可疎他
良朋善友不可慢他

俗話不分卷 滿漢合璧

抄本，正文半葉8行，無版框。

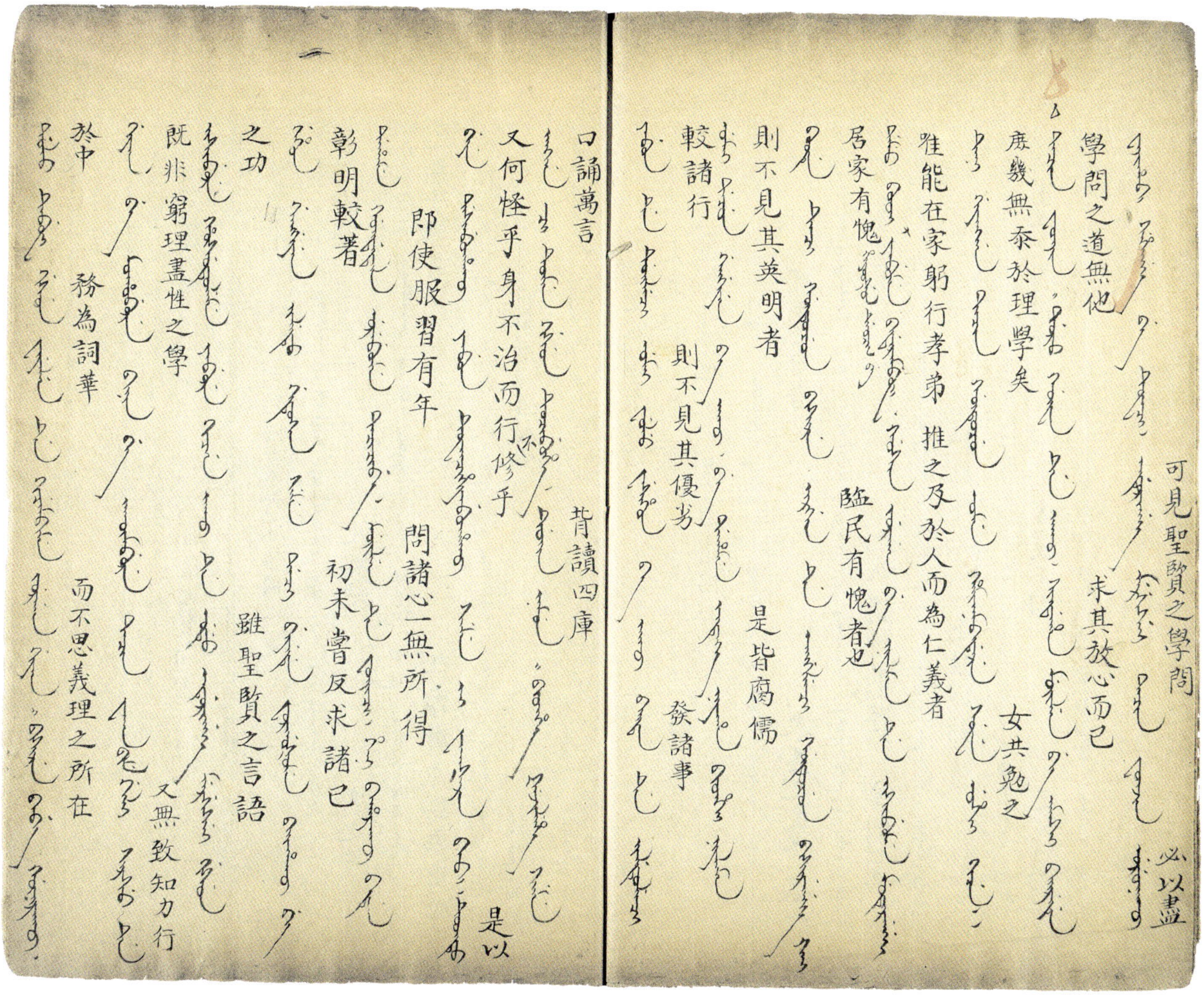

可見聖賢之學問 必以盡
學問之道無他 求其放心而已
庶幾無忝於理學矣 女共勉之
惟能在家躬行孝弟 推之及於人而為仁義者
居家有愧 臨民有愧者也
則不見其英明者 是皆腐儒
較諸行 則不見其優劣 發諸事
口誦萬言 背讀四庫 是以
又何怪乎身不治而行不修乎
郎使服習有年 問諸心一無所得
彰明較著 初未嘗反求諸已
之功 雖聖賢之言語
既非窮理盡性之學 又無致知力行
於中 務為詞華 而不思義理之所在

合抄集不分卷 滿漢合璧

乾隆抄本，正文半葉14行，無版框。

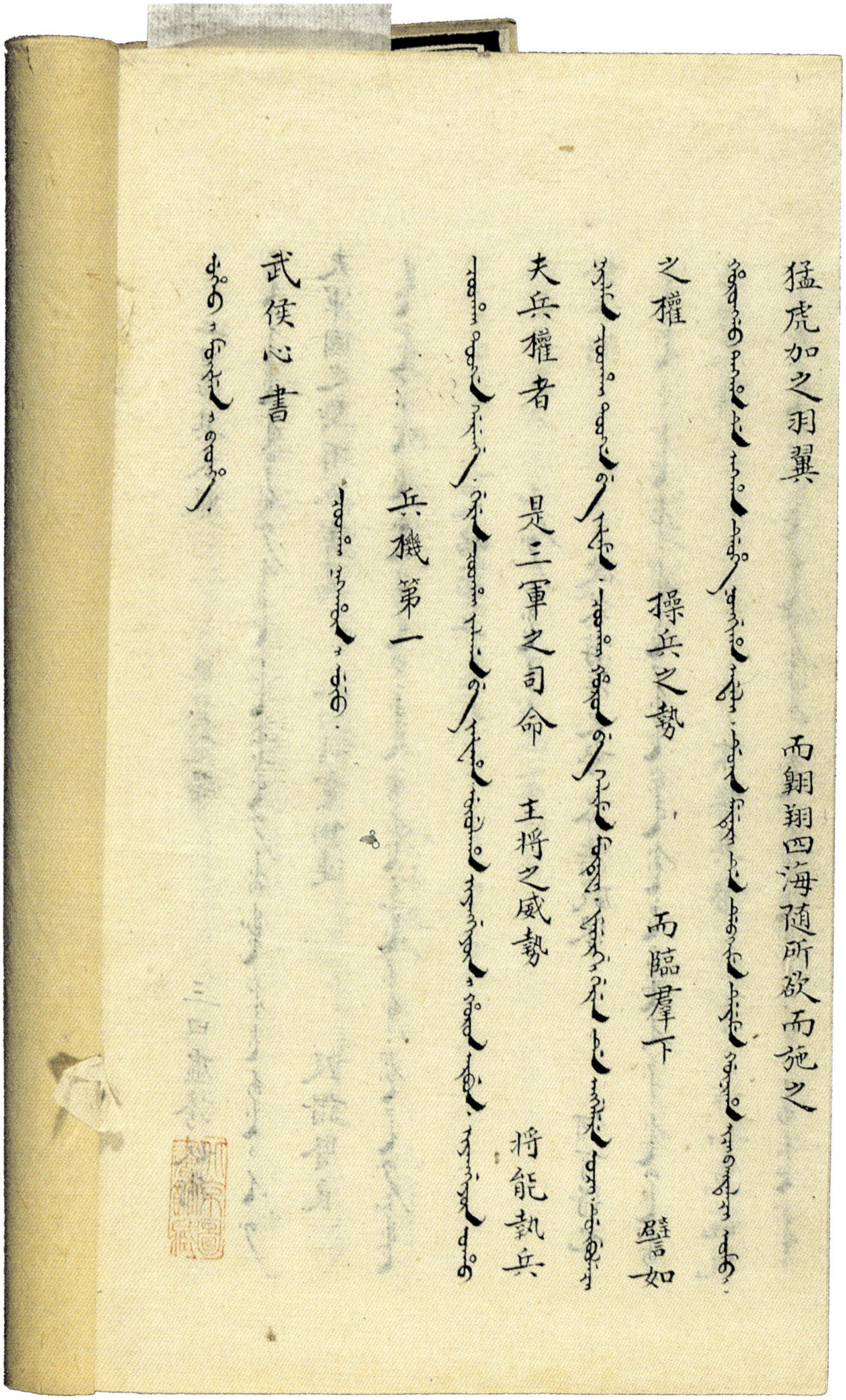

武侯心書二卷 滿漢合璧

抄本，正文半葉10行，無版框。

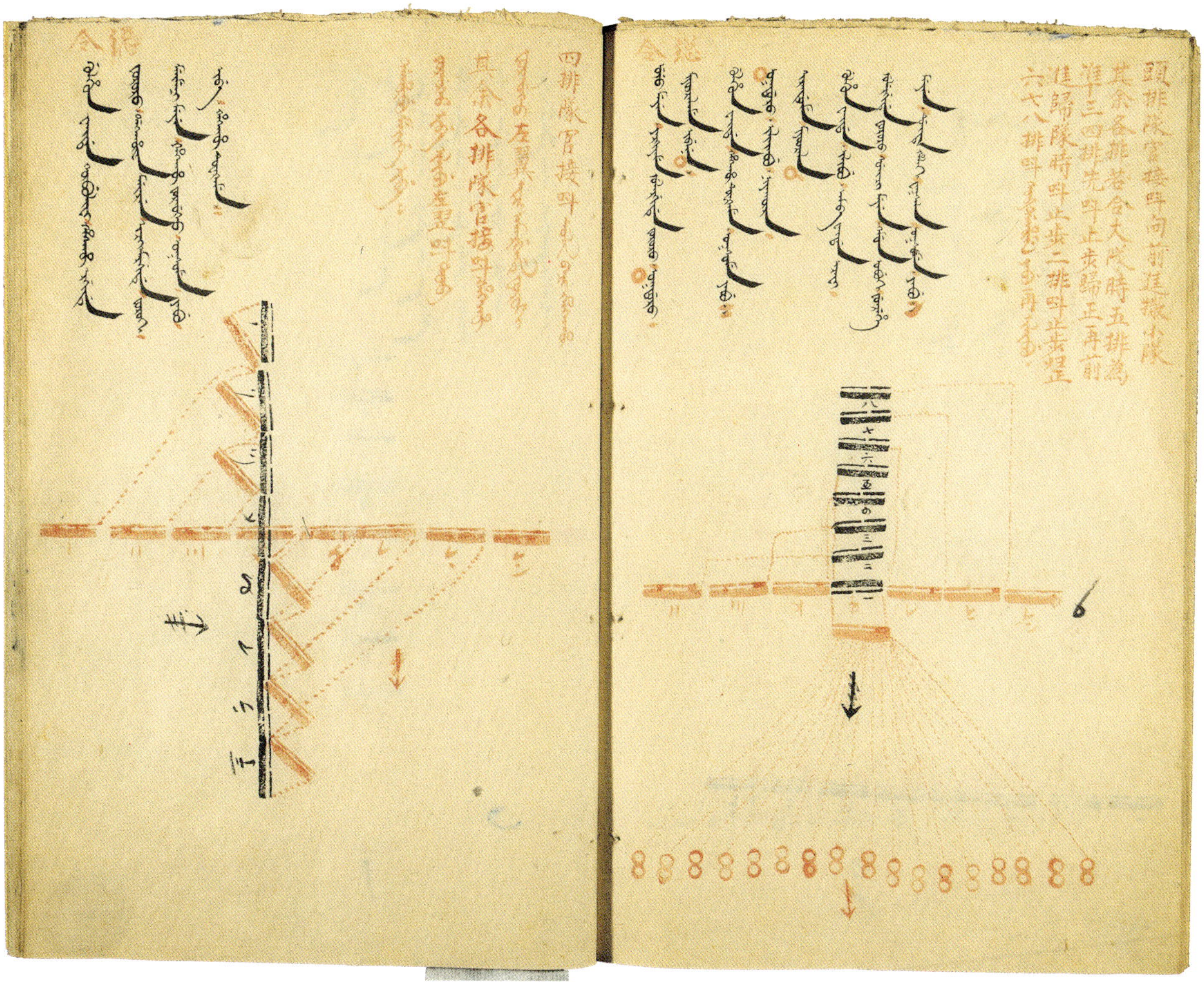

威遠步隊總令口號不分卷　滿漢合璧

光緒二十六年（1900）抄本。

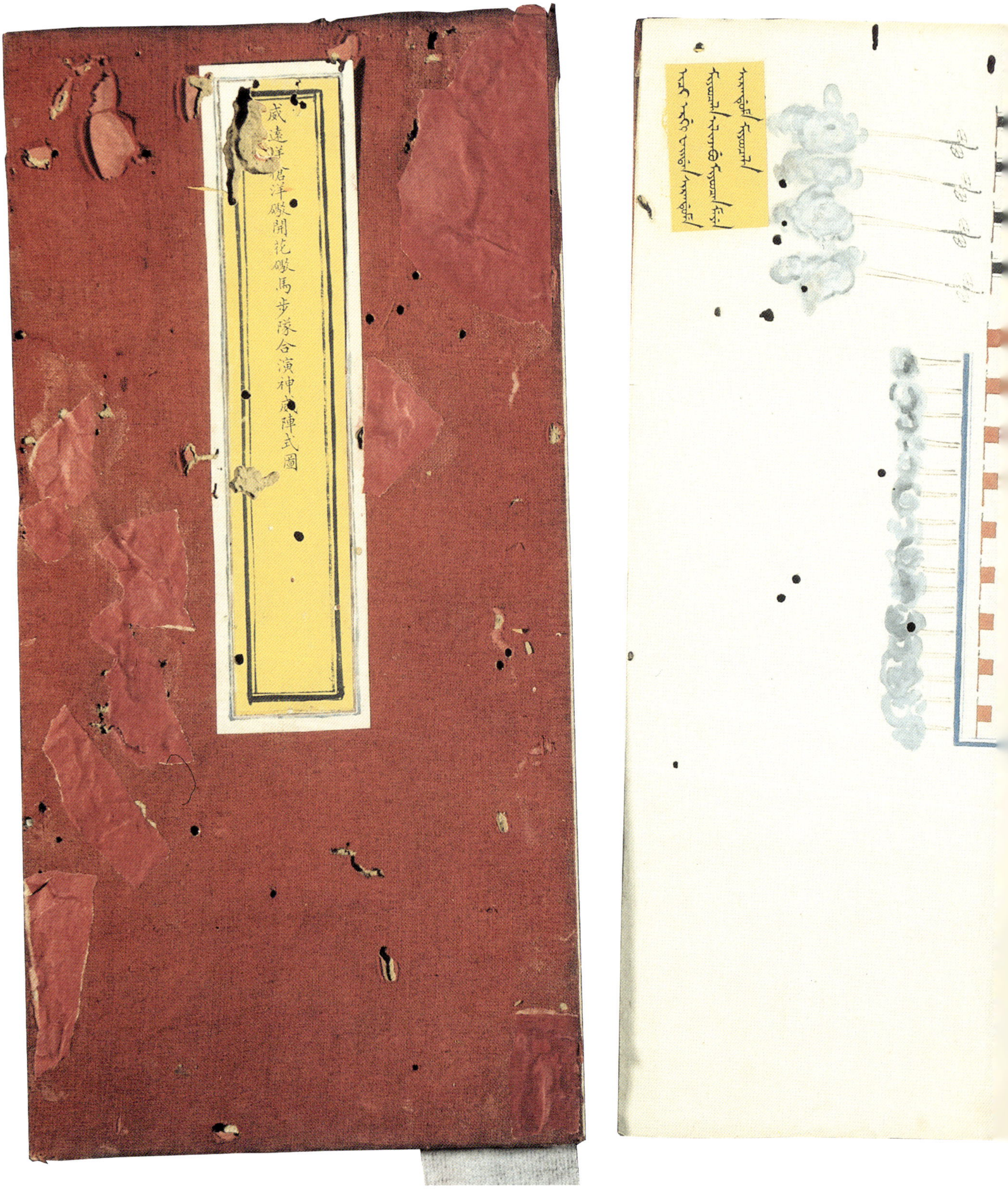
威遠
洋礮開花礮馬步隊合演神威陣式圖

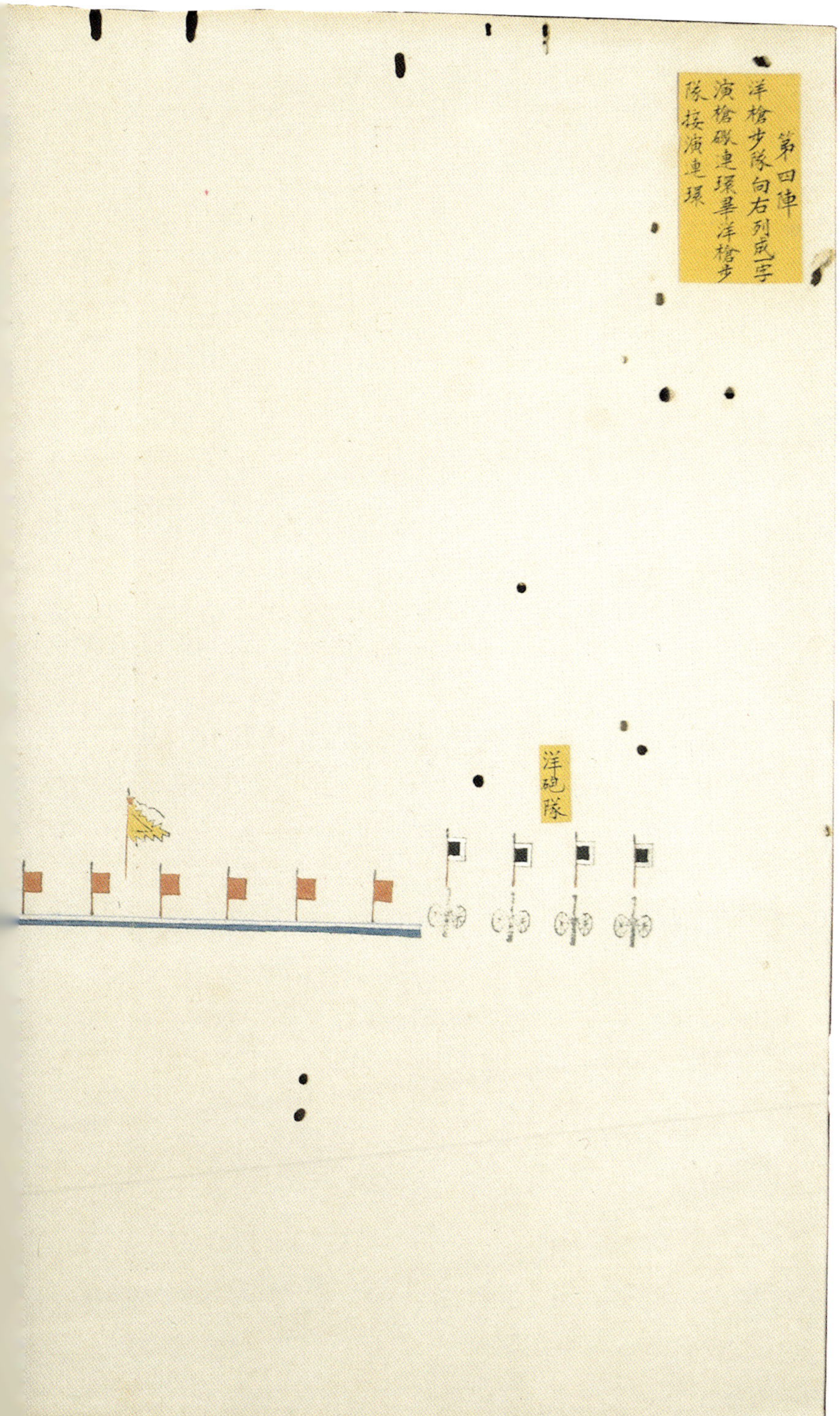
第四陣
洋槍步隊向右列威字
演槍礮連環畢洋槍步
隊接演連環
洋砲隊

威遠洋槍洋炮開花炮馬步隊合演神威陣式圖不分卷 滿漢合璧

光緒十四年(1888)荊州駐防旗營彩繪本，經摺裝。

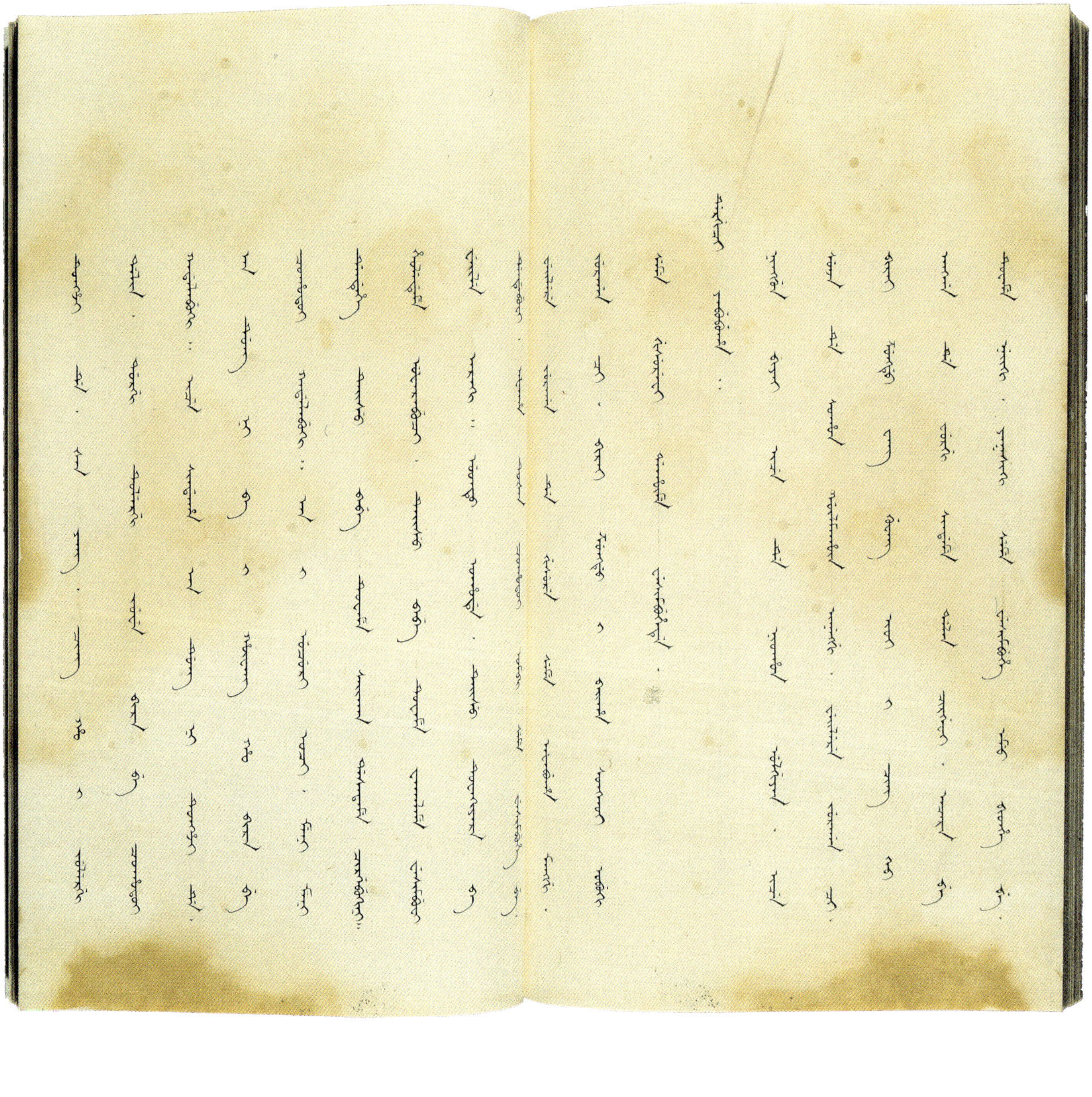

治河方略十六卷　滿文

康熙抄本，正文半葉9行，無版框。

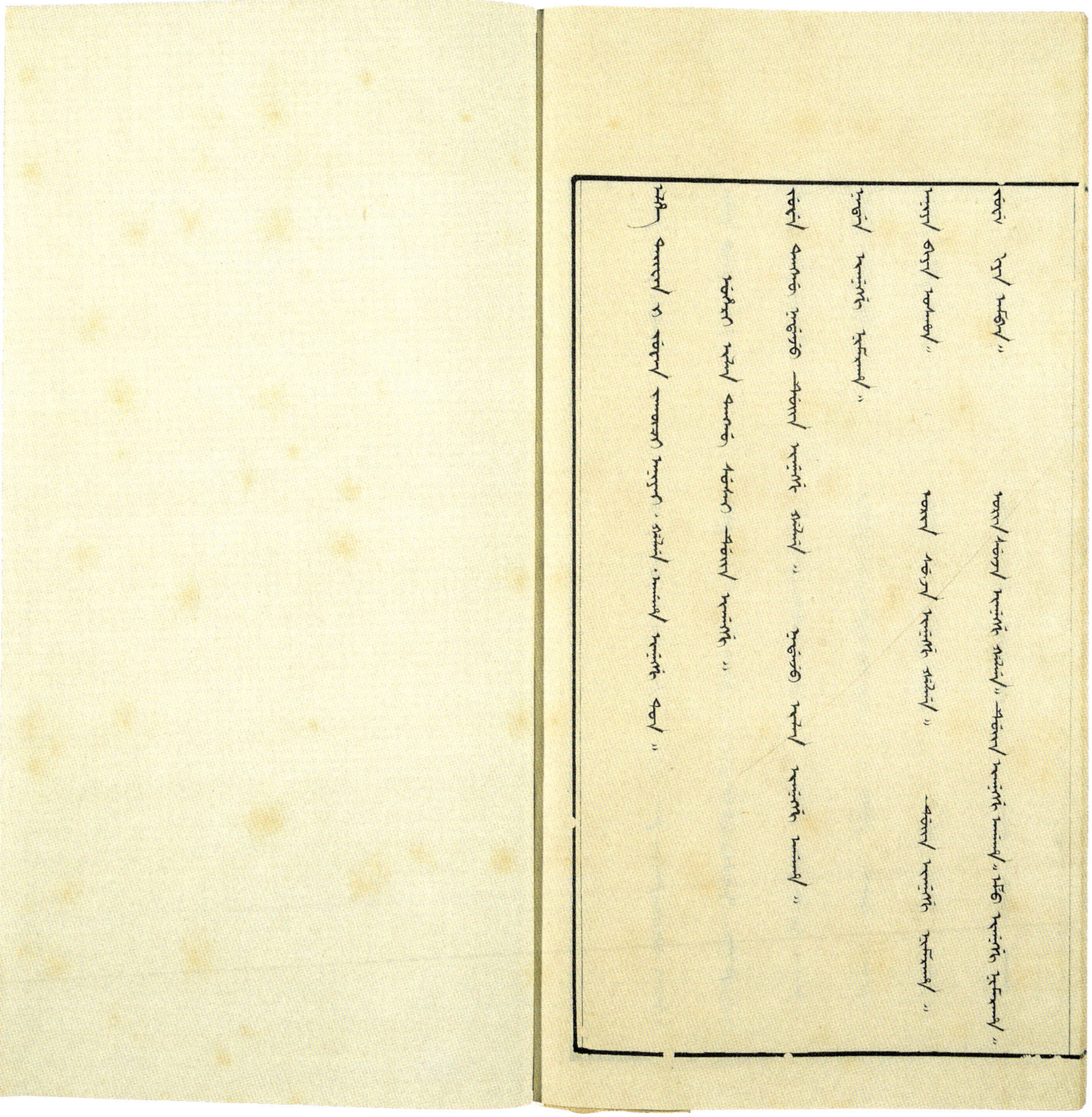

大清康熙十八年晴雨錄不分卷　滿文

抄本，正文半葉6行，白口，無魚尾，左右雙邊，框高26厘米，寬16.3厘米。

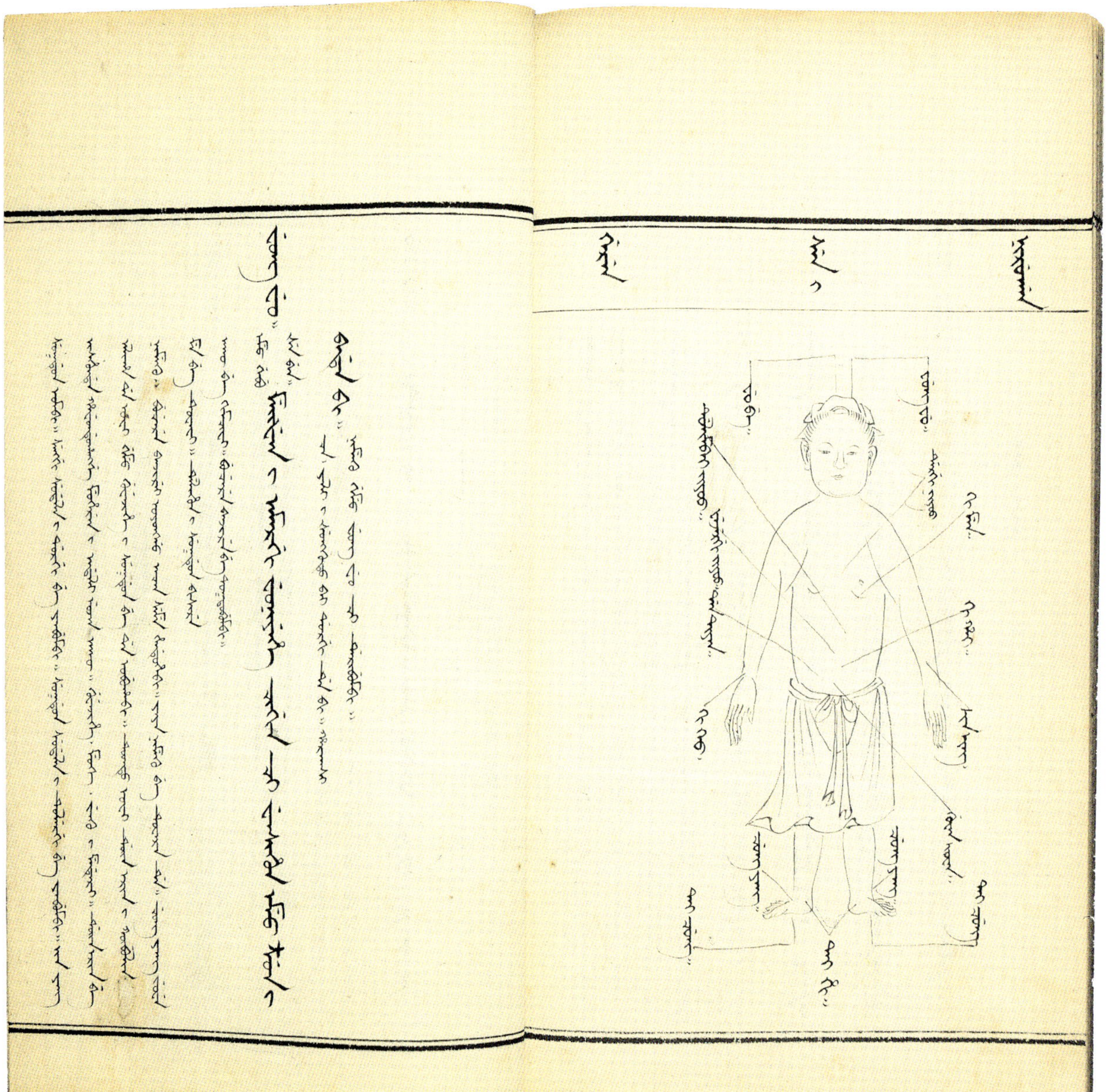

難經脈訣四卷　滿文

抄本，正文半葉7行，小字雙行，上下雙邊，高22厘米，左右無邊。

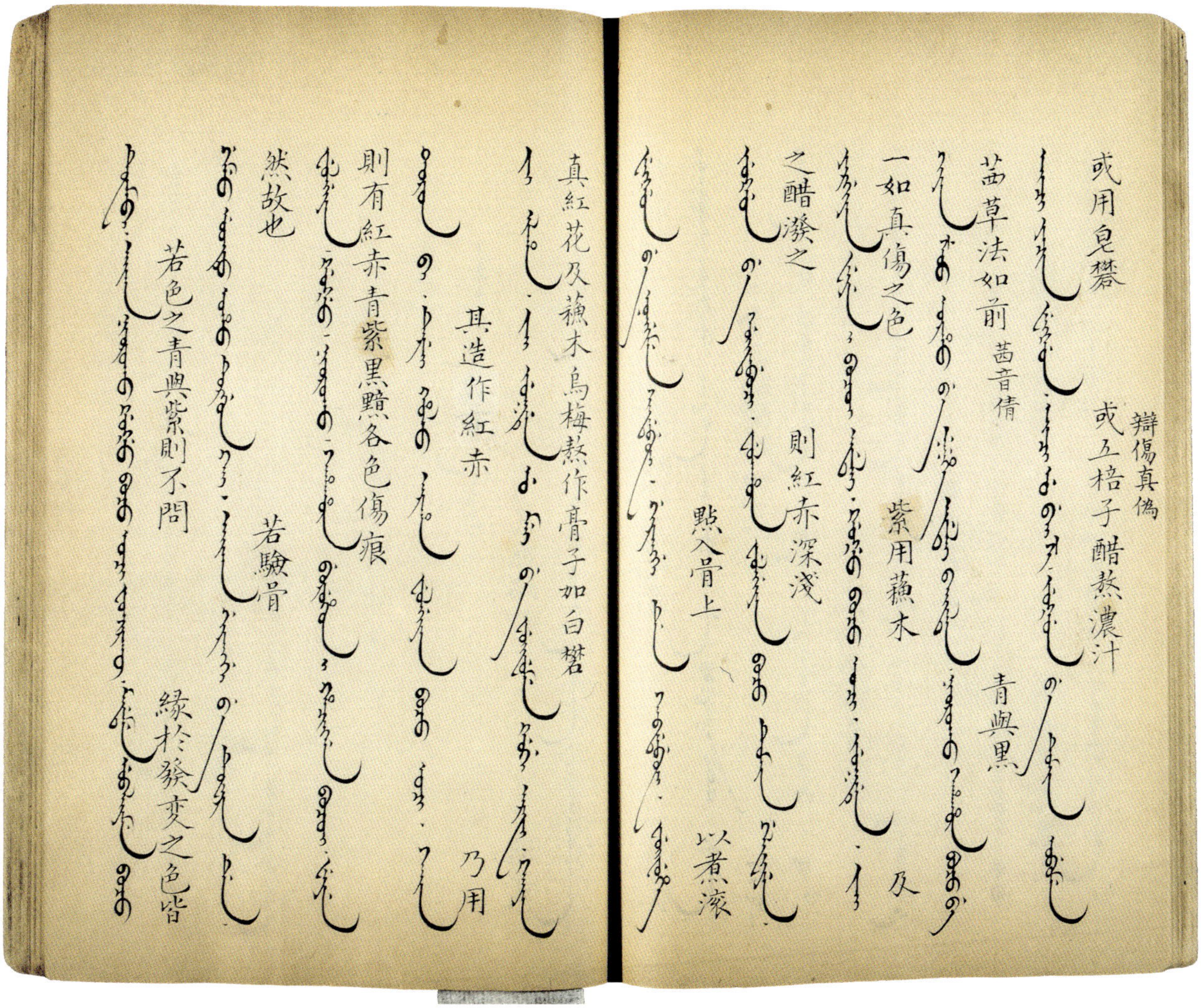
或用皂礬
辯僞真僞
或五棓子醋熬濃汁
青與黑
茜草法如前 茜音倩
紫用蘓木 及
一如真傷之色
之醋潑之 則紅赤深淺
點入骨上 以煮滚
真紅花及蘓木烏梅熬作膏子如白礬
其造作紅赤 乃用
則有紅赤青紫黑黯各色傷痕
若驗骨
然故也
若色之青與紫則不問
緣於發變之色皆

律例館校正洗冤錄四卷 滿漢合璧

抄本，正文半葉10行，無版框。

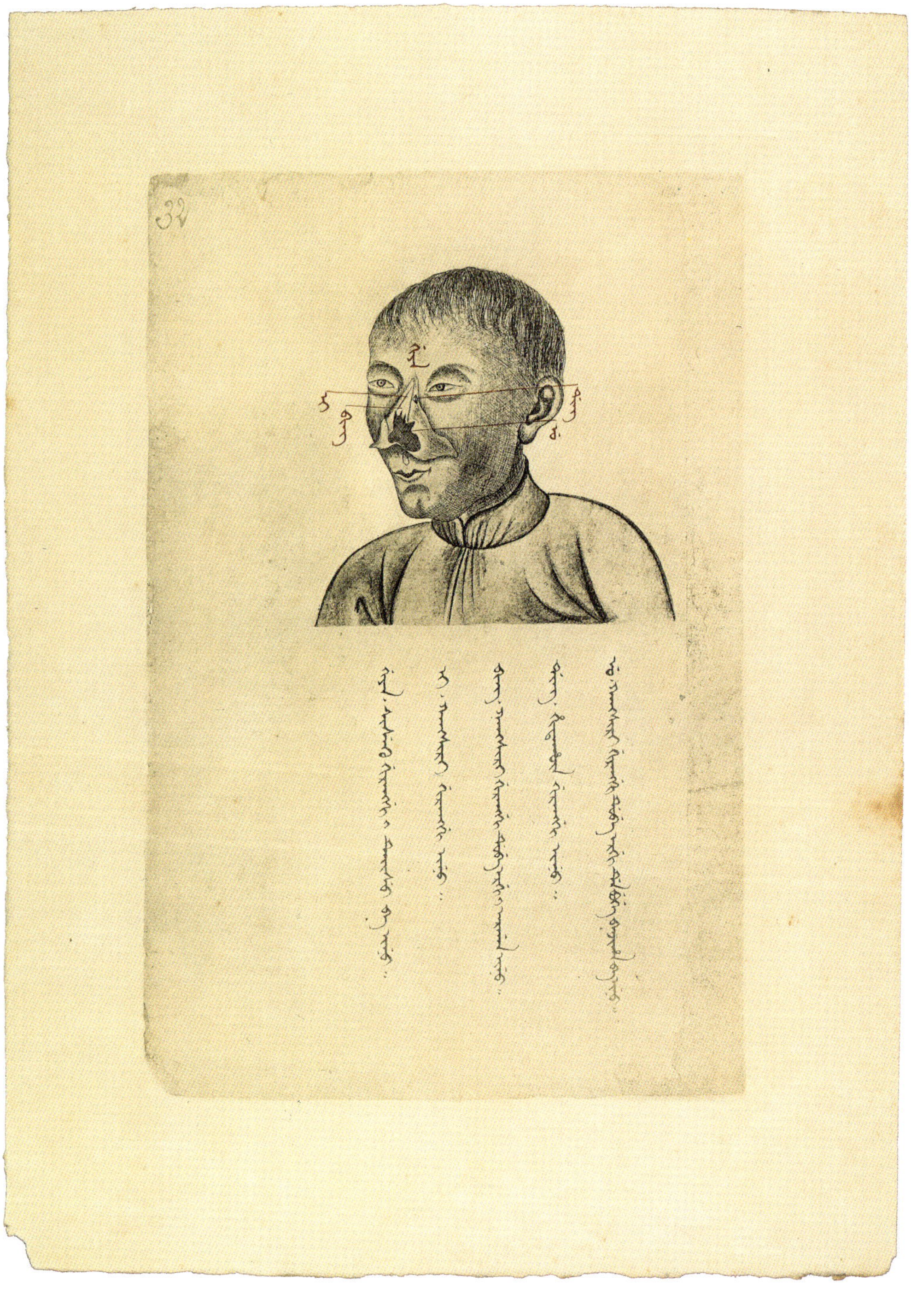

周身血脈圖不分卷 滿文

1928年哥本哈根銅版印本，據康熙繪本印。

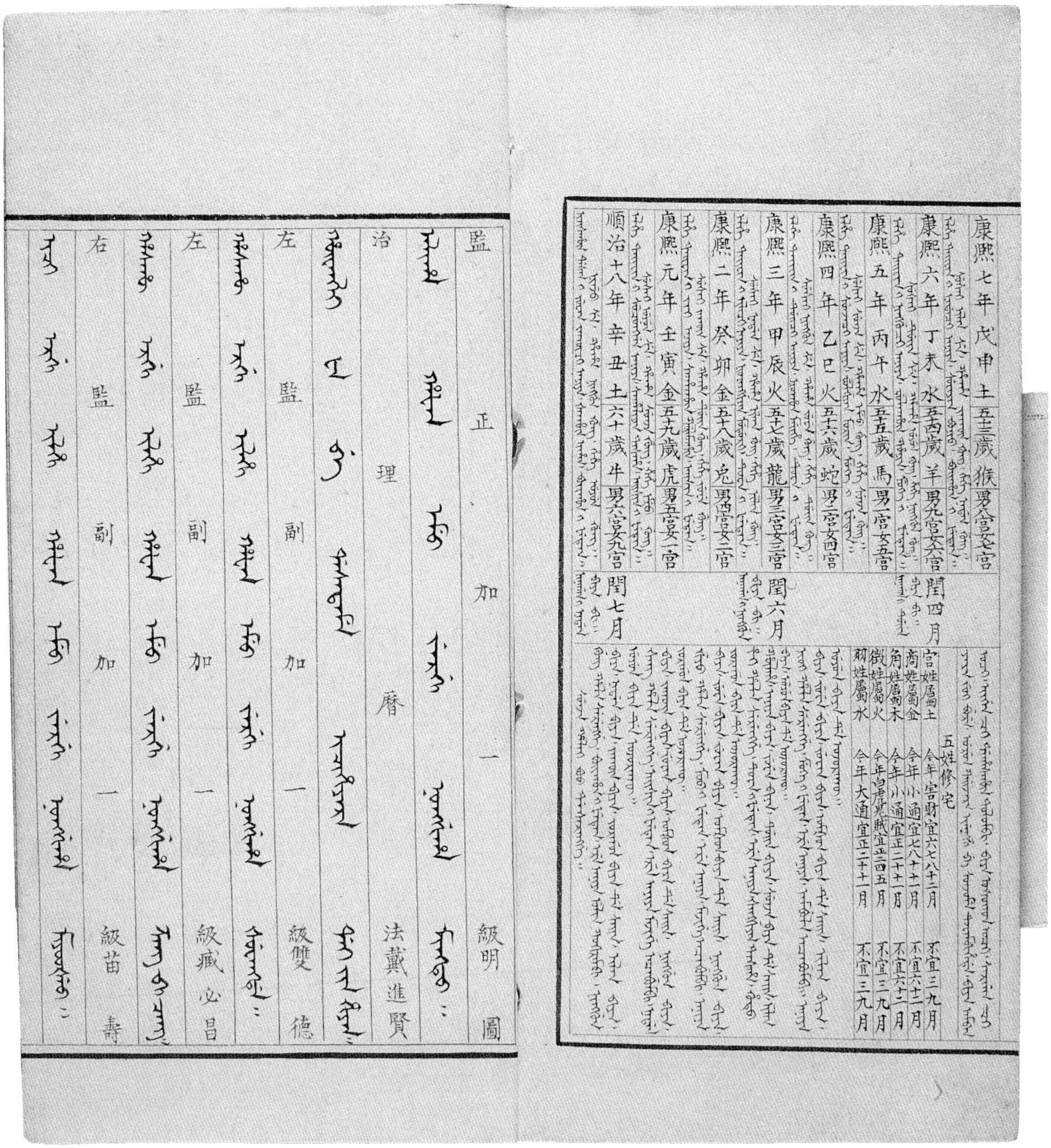

大清康熙五十九年時憲曆不分卷　滿漢合璧

欽天監抄本，白口，無魚尾，四周雙邊，框高14.3厘米，寬8.1厘米。

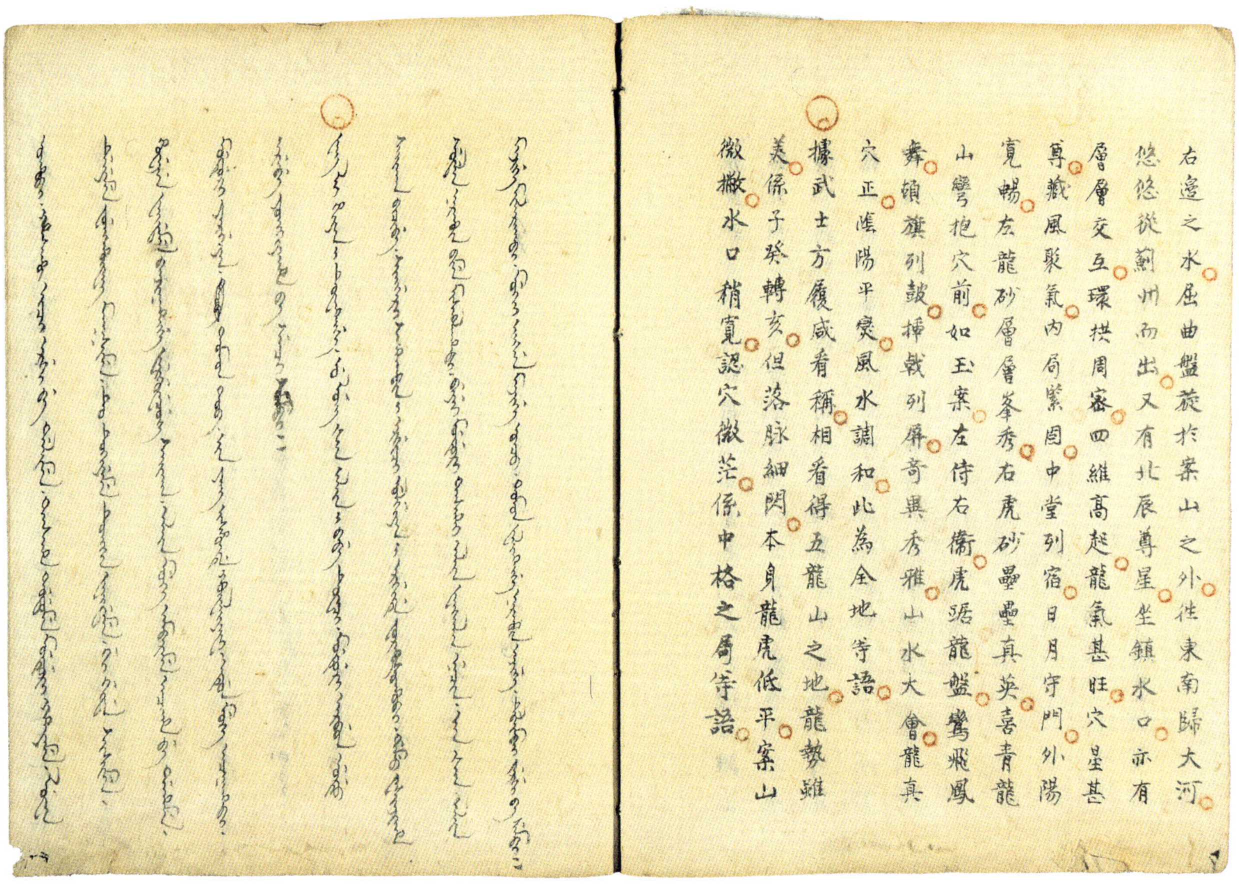

風水不分卷 滿漢合璧

抄本，正文半葉滿文9行，漢文11行，無版框。

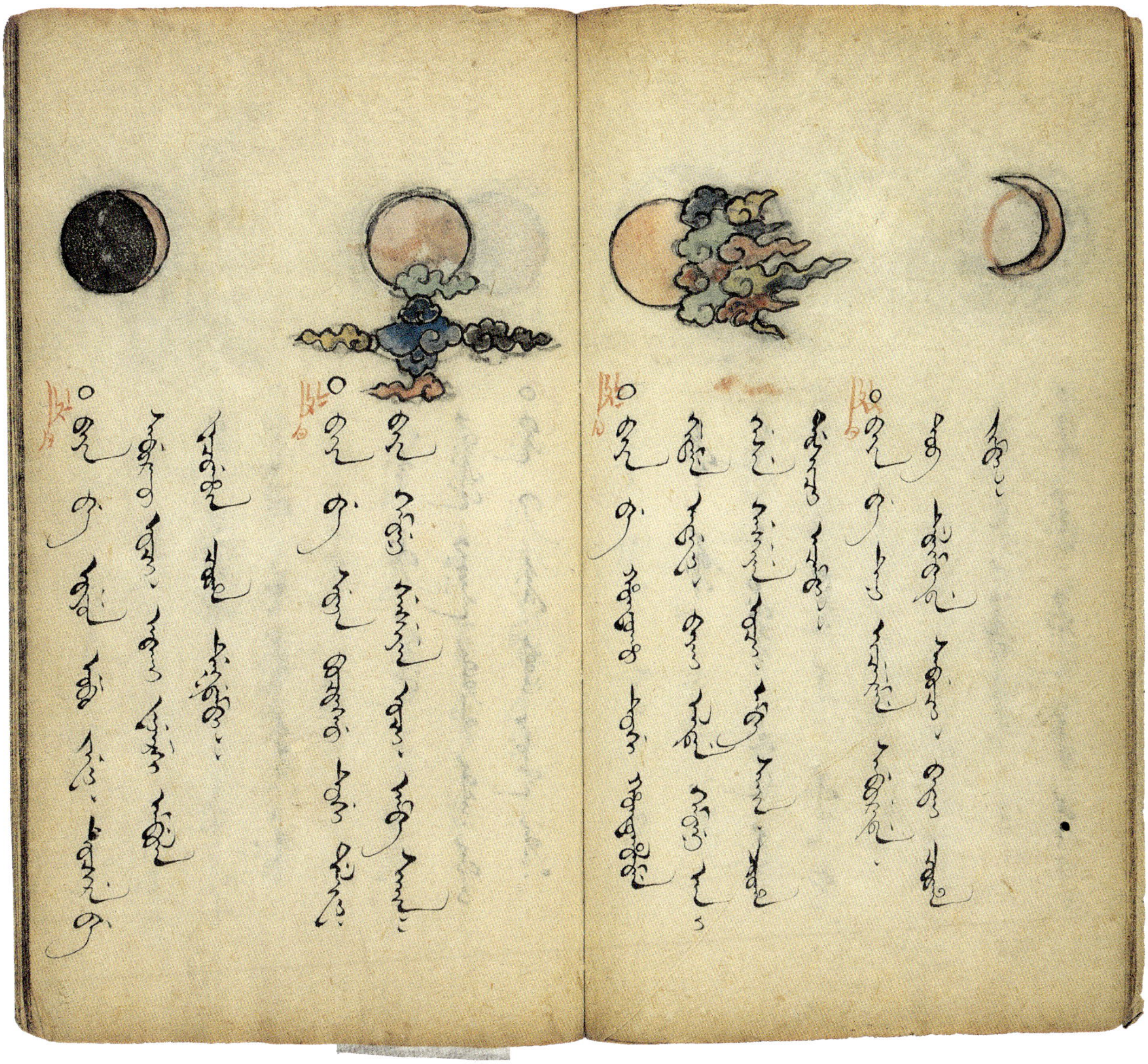

天文圖說不分卷　滿文

抄本，正文半葉8行，無版框。有圖。

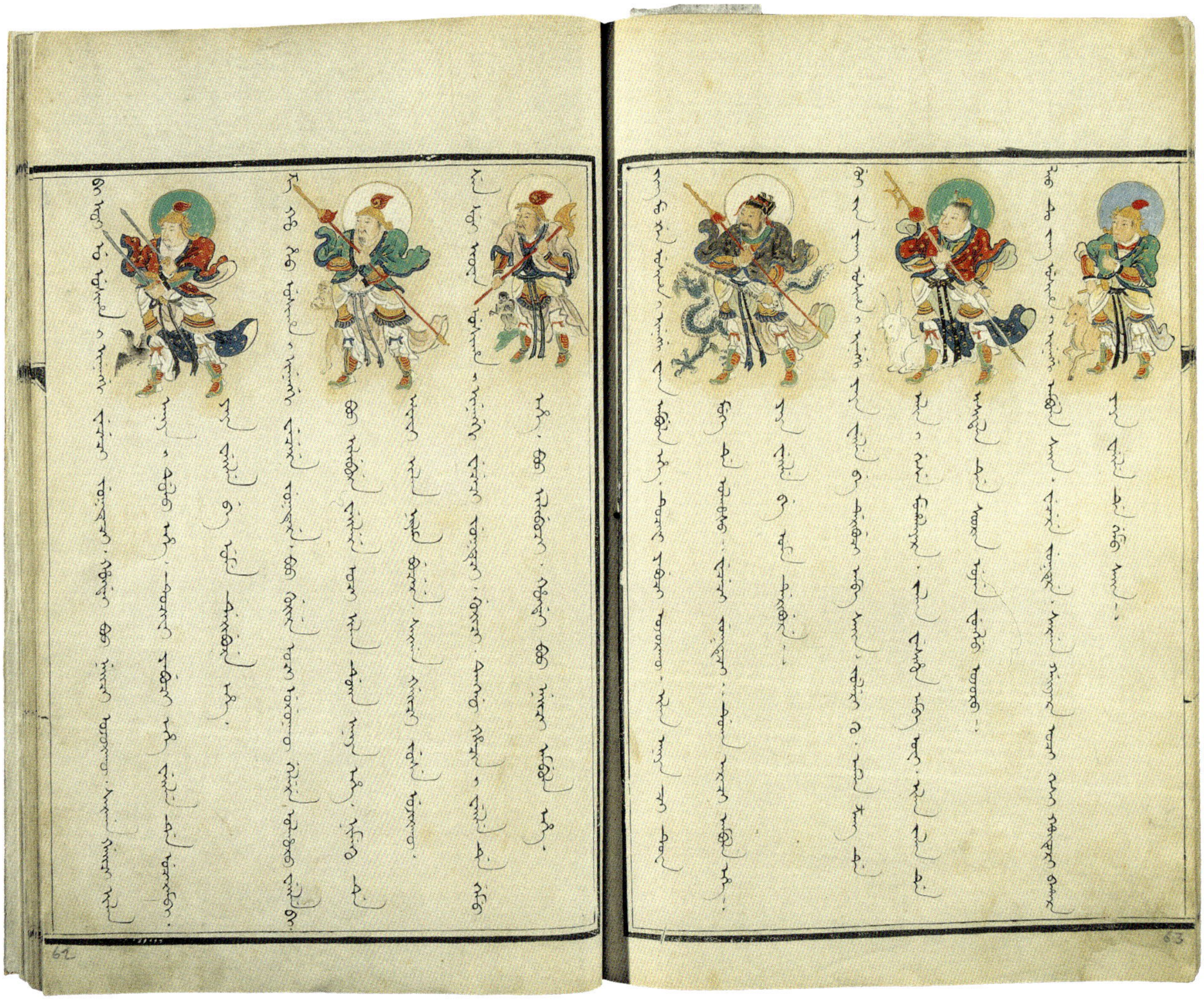

玉匣記四卷　滿文

抄本，正文半葉8行，白口，單魚尾，四周雙邊，框高27.6厘米，寬21.2厘米。有圖。

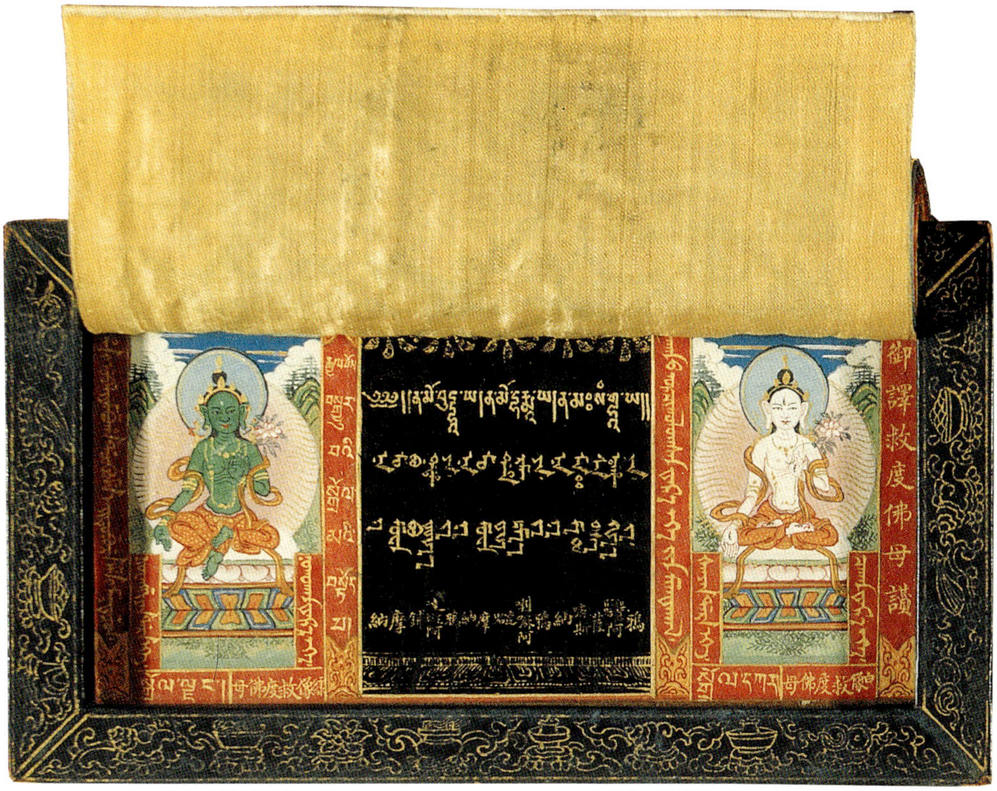
御譯救度佛母讚

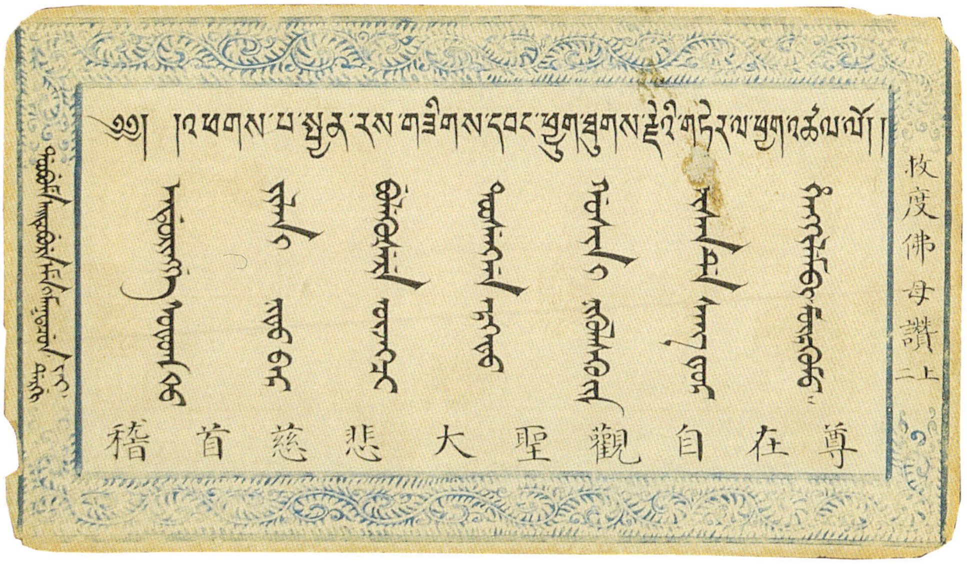
救度佛母讚 上 二
稽首慈悲大聖觀自在尊

二十一救度佛母贊不分卷（之一）　藏滿蒙漢合璧

乾隆年間永瑢寫本，梵夾裝，藍印花邊框，框高6.6厘米，寬9.1厘米。

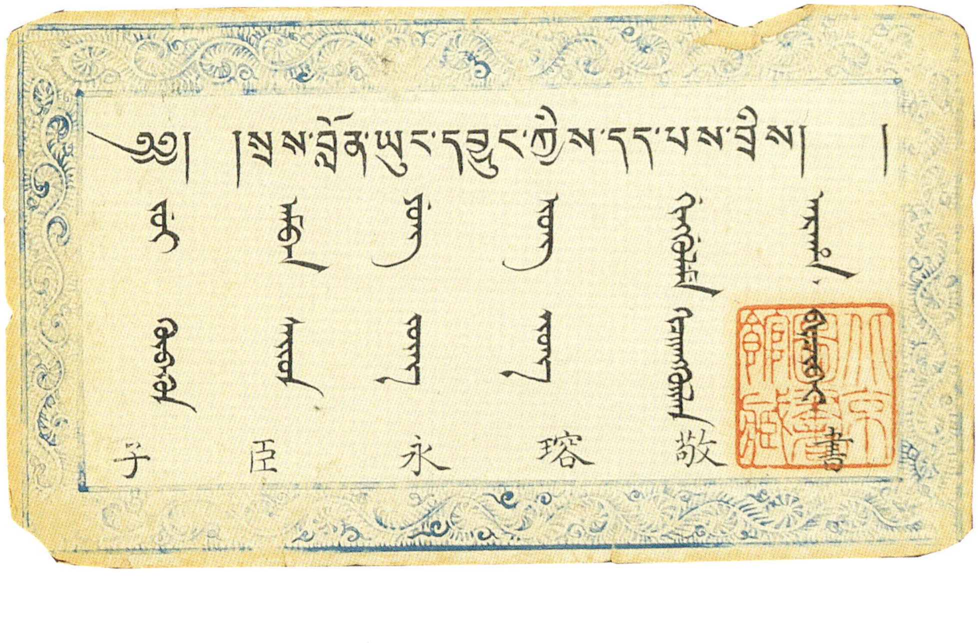

二十一救度佛母贊不分卷（之二）

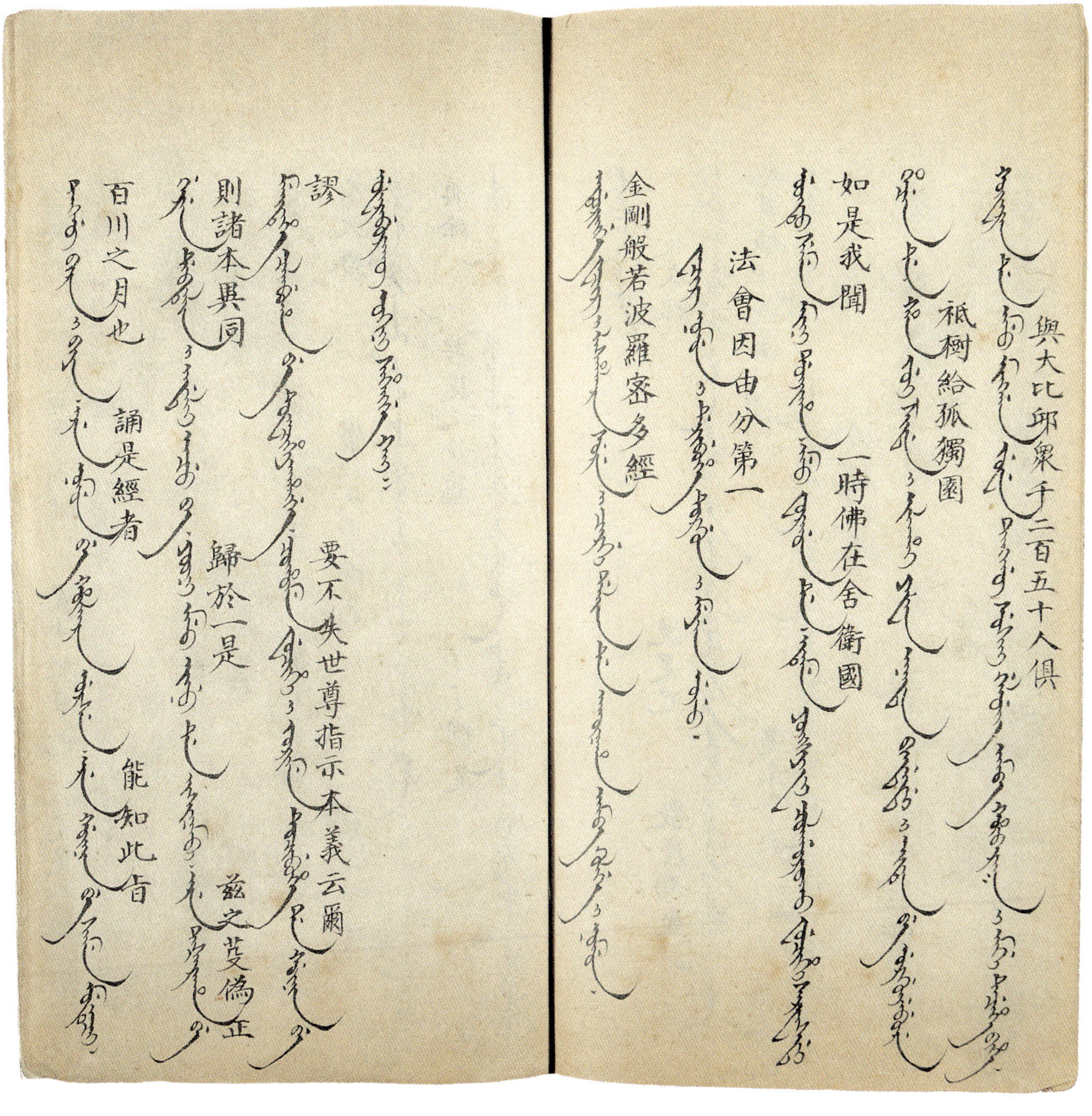
與大比丘衆千二百五十人俱
祇樹給孤獨園
一時佛在舍衛國
如是我聞
法會因由分第一
金剛般若波羅蜜多經
謬
要不失世尊指示本義云爾
則諸本異同
歸於一是
茲之芟偽正
百川之月也
誦是經者
能知此旨

金剛般若波羅蜜多經不分卷　滿漢合璧

清高宗（弘曆）重譯，抄本，正文半葉10行，無版框。

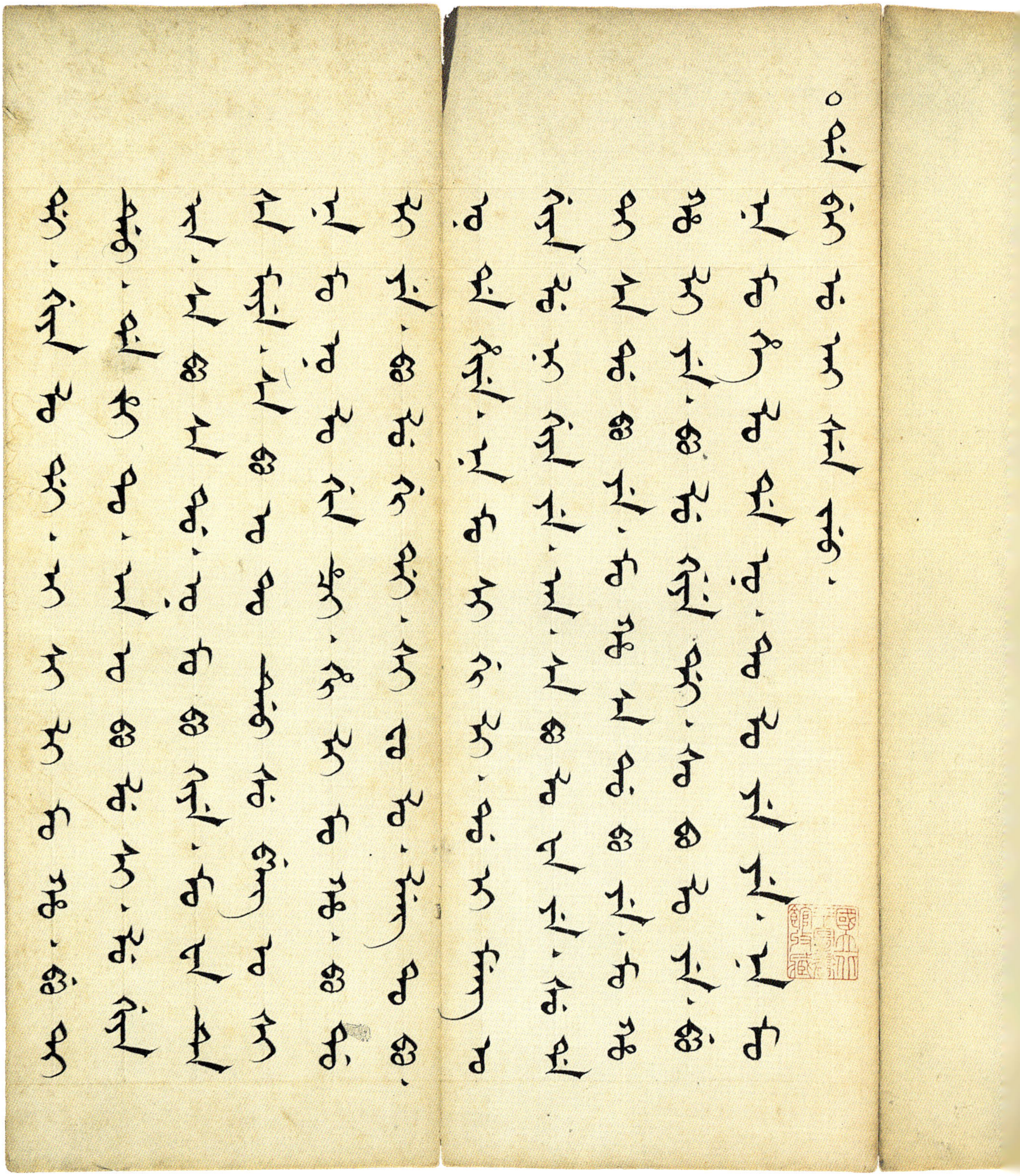

大悲神咒不分卷　滿文

抄本，經摺裝，半開6行。有圖。

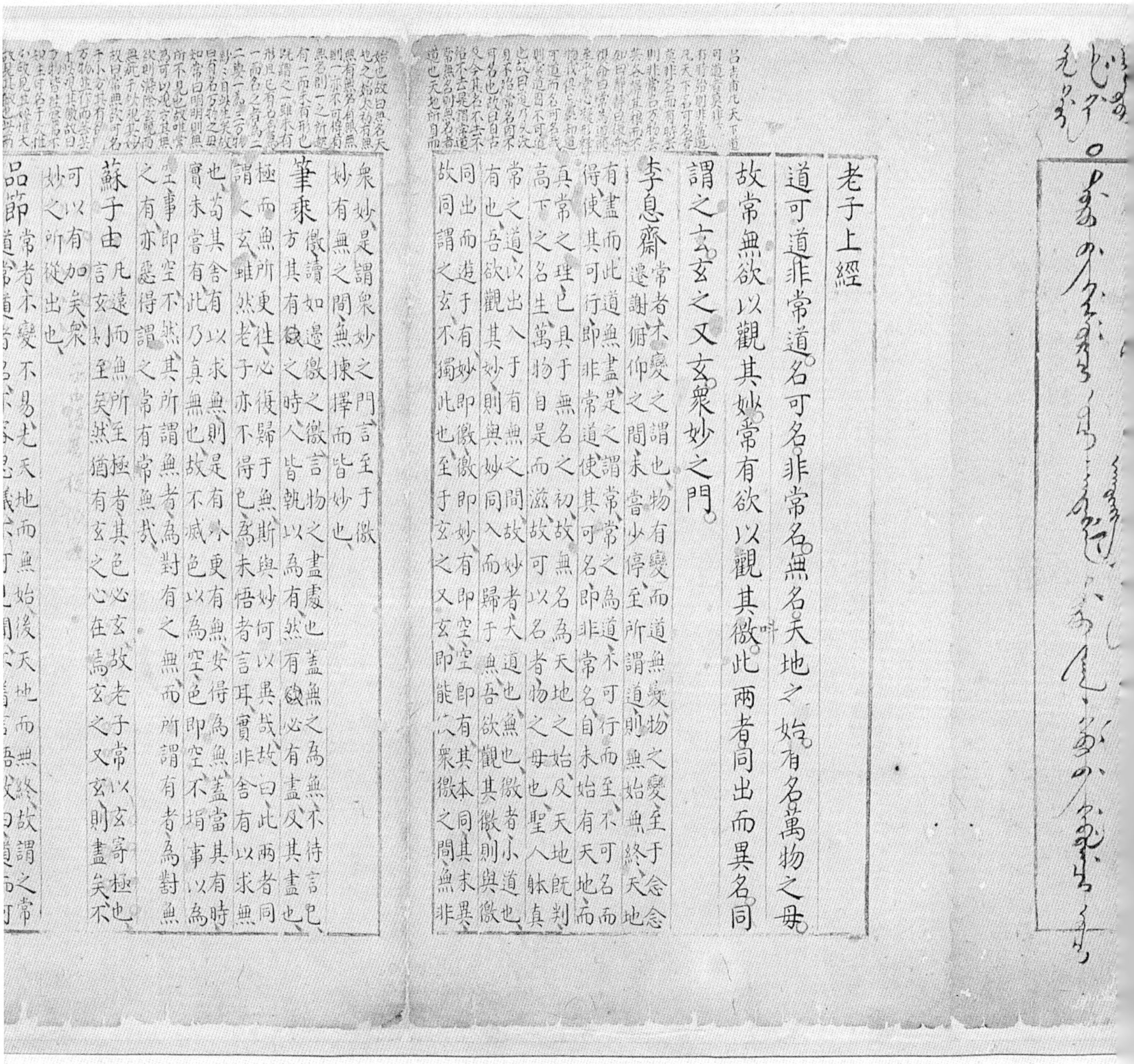
老子上經

道可道非常道名可名非常名無名天地之始有名萬物之母故常無欲以觀其妙常有欲以觀其徼此兩者同出而異名同謂之玄玄之又玄衆妙之門

李息齋 常者不變之謂也物有變而道無變物之變至于念念遷謝俯仰之間未嘗少停至所謂道則無始無終天地有盡而此道無盡是之謂常常之為道不可行而至不可名而得使其可行即非常道使其可名即非常名自未始有天地而真常之理已具于無名之初故無名為天地之始及天地既判高下之名生萬物自是而滋故可以名者物之母也聖人躰真常之道以出入于有無之間故妙者大道也無也徼者小道也有也吾欲觀其妙則與無同入而歸于無吾欲觀其徼則與徼同出而遊于有妙即徼徼即妙有即空空即有其本同其末異故同謂之玄不獨此也至于玄之又玄即能入衆徼之間無非衆妙是謂衆妙之門言至于徼妙有無之間無揀擇而皆妙也

筆乘 徼讀如邊徼之徼言物之盡處也蓋無之為無不待言已方其有欲之時人皆執以為有然有欲必有盡及其盡也極而無所更往必復歸于無斯與妙何以異哉故曰此兩者同謂之玄雖然老子亦不得已為未悟者言耳實非舍有以求無也苟其舍有以求無則是有外更有無安得為無蓋當其有時實未嘗有此乃真無也故不滅色以為空色即空不捐事以為空事即空不然其所謂無者為對有之無而所謂有者為對無之有亦惡得謂之常有常無哉

蘇子由 凡遠而無所至極者其色必玄故老子常以玄寄極也言玄則至矣然猶有玄之心在焉玄之又玄則盡矣不可以有加矣衆妙之所從出也

品節 常者不變不易先天地而無始後天地而無終故謂之常

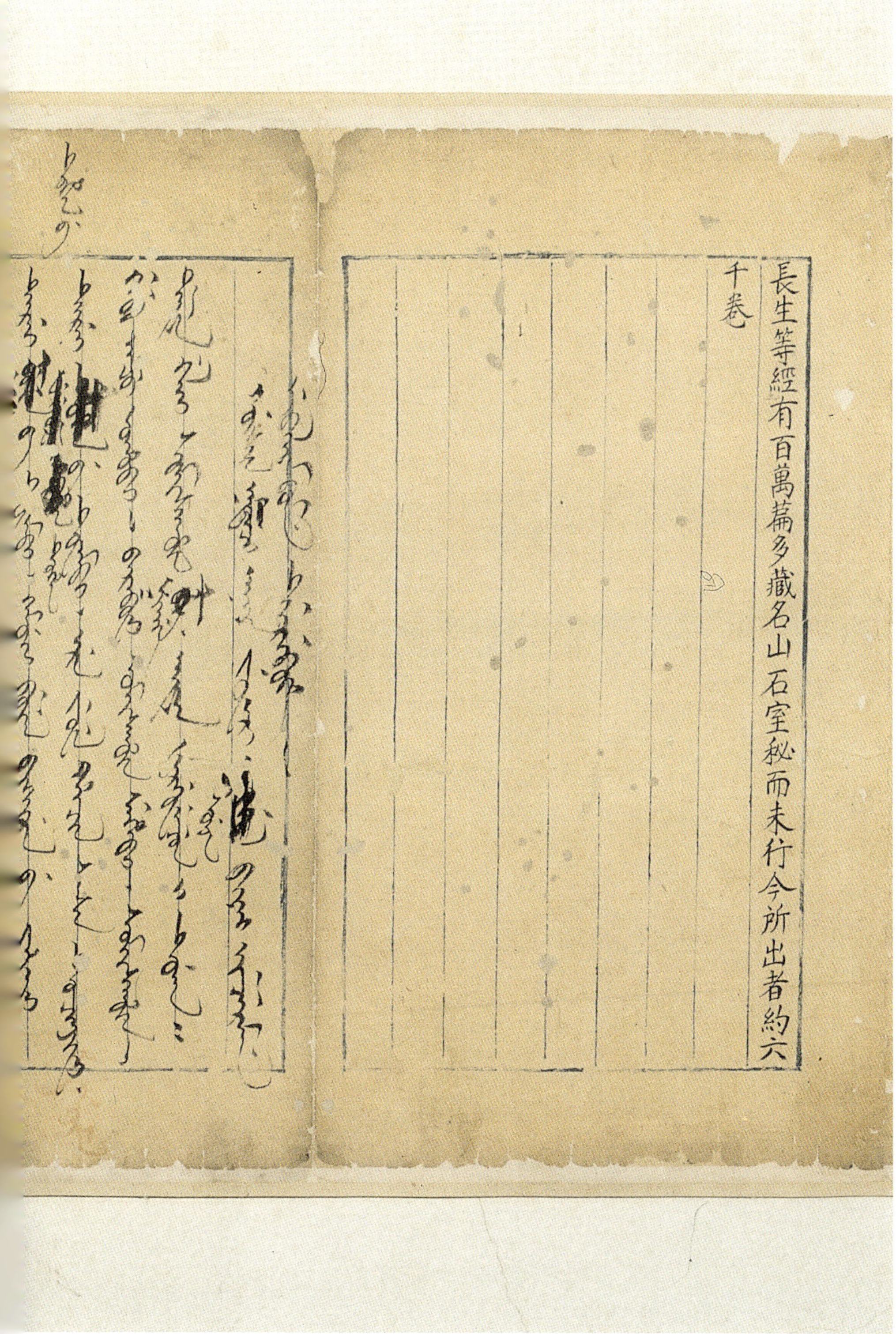
長生等經有百萬蕃多藏名山石室秘而未行今所出者約六
千卷

老子道德經集注不分卷

滿漢合璧

抄本，卷軸裝。

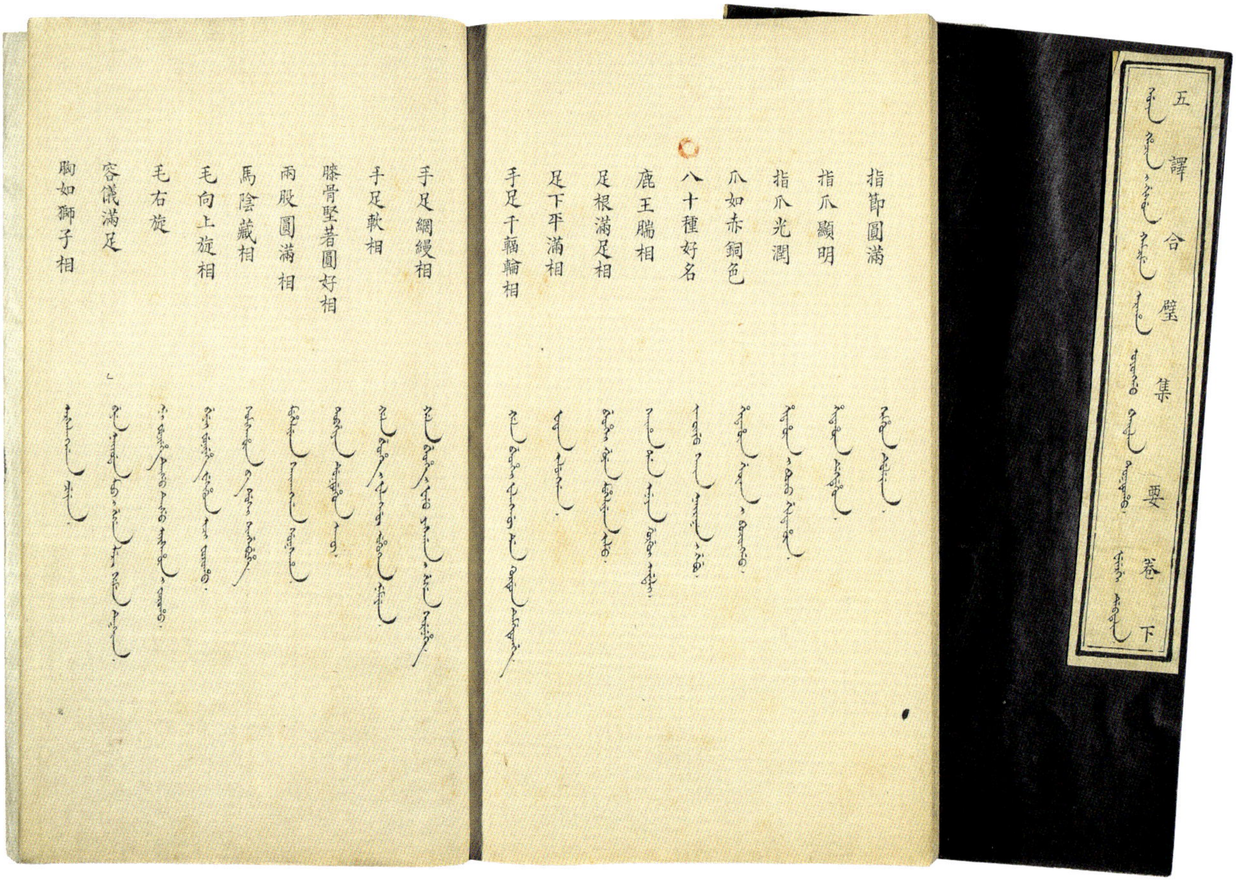

五譯合璧集要二卷　滿漢合璧

抄本，正文半葉9行，無版框。

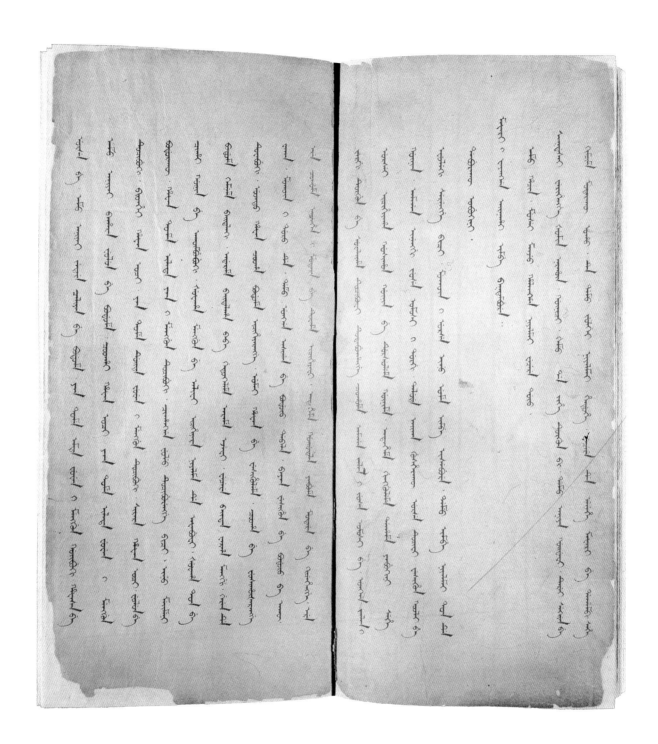

葉赫伊拉里氏跳神典禮不分卷 滿漢合集

抄本，正文半葉9行，無版框。（圖爲滿文本）

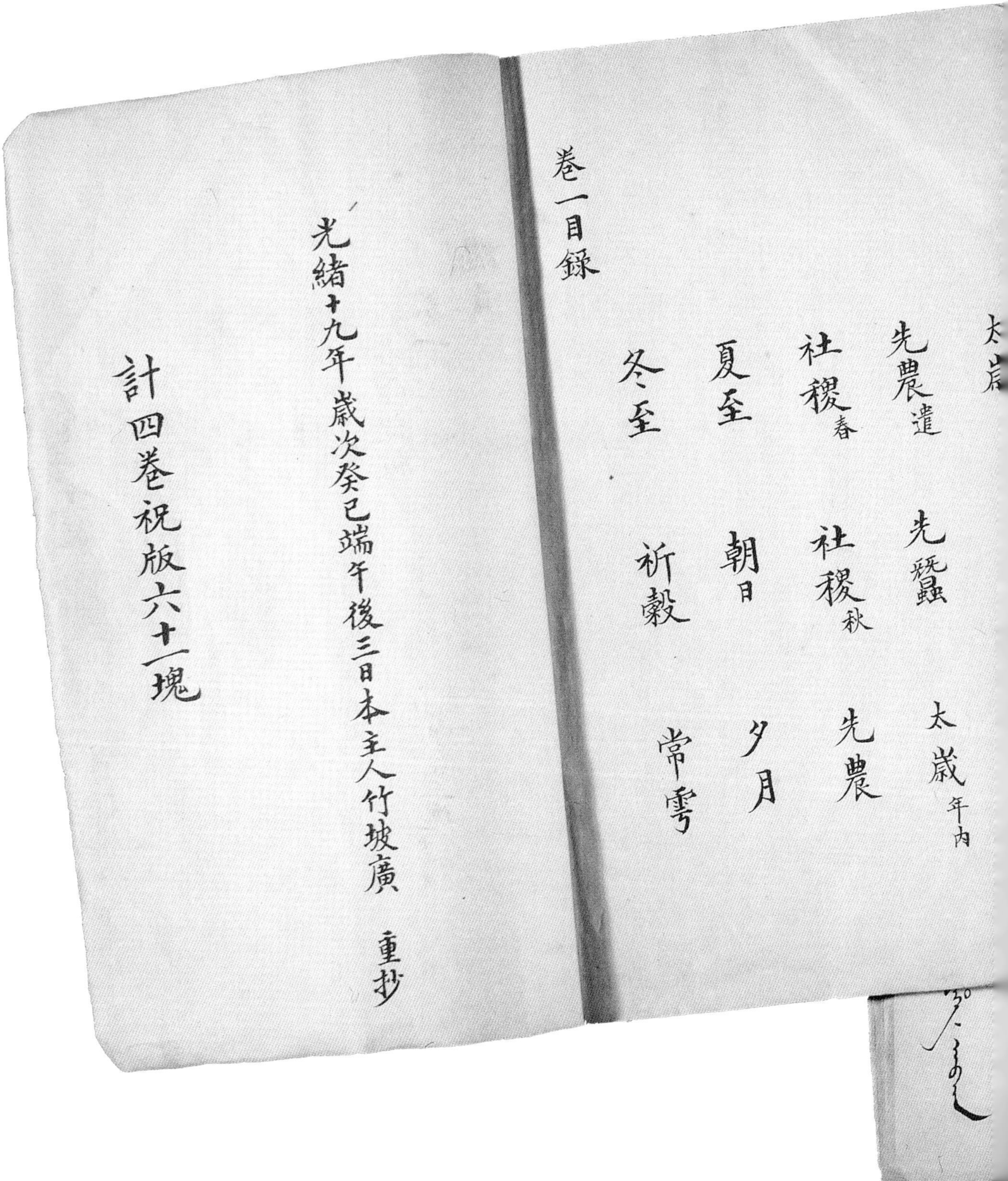
卷一目錄

太歲

先農遣 先蠶 太歲年内

社稷春 社稷秋 先農

夏至 朝日 夕月

冬至 祈穀 常雩

光緒十九年歲次癸巳端午後三日本主人竹坡廣 重抄

計四卷祝版六十一塊

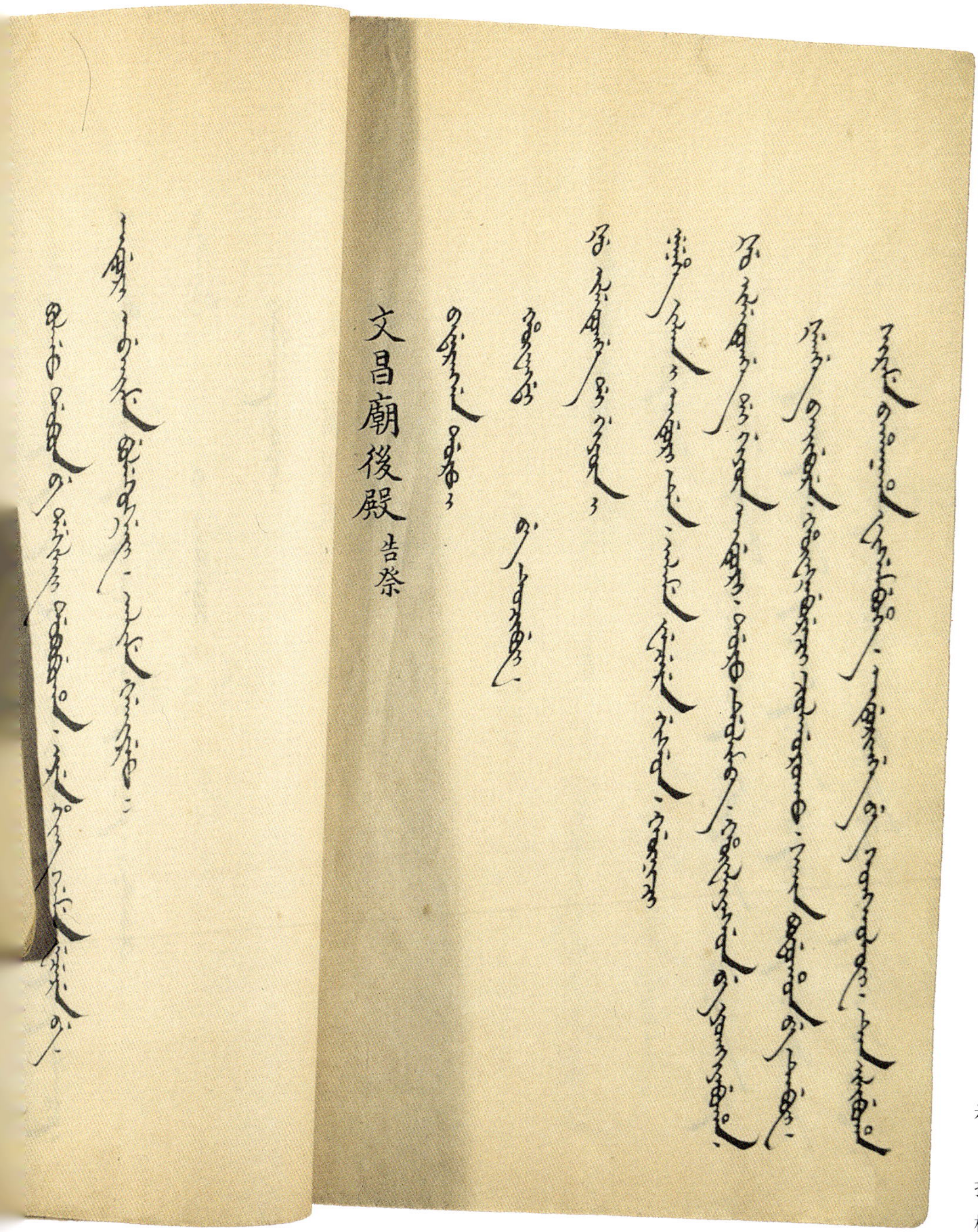
文昌廟後殿 告祭

祝版彙抄四卷　滿文

光緒十九年（1893）抄本，正文半葉8行，無版框。目錄為漢文。

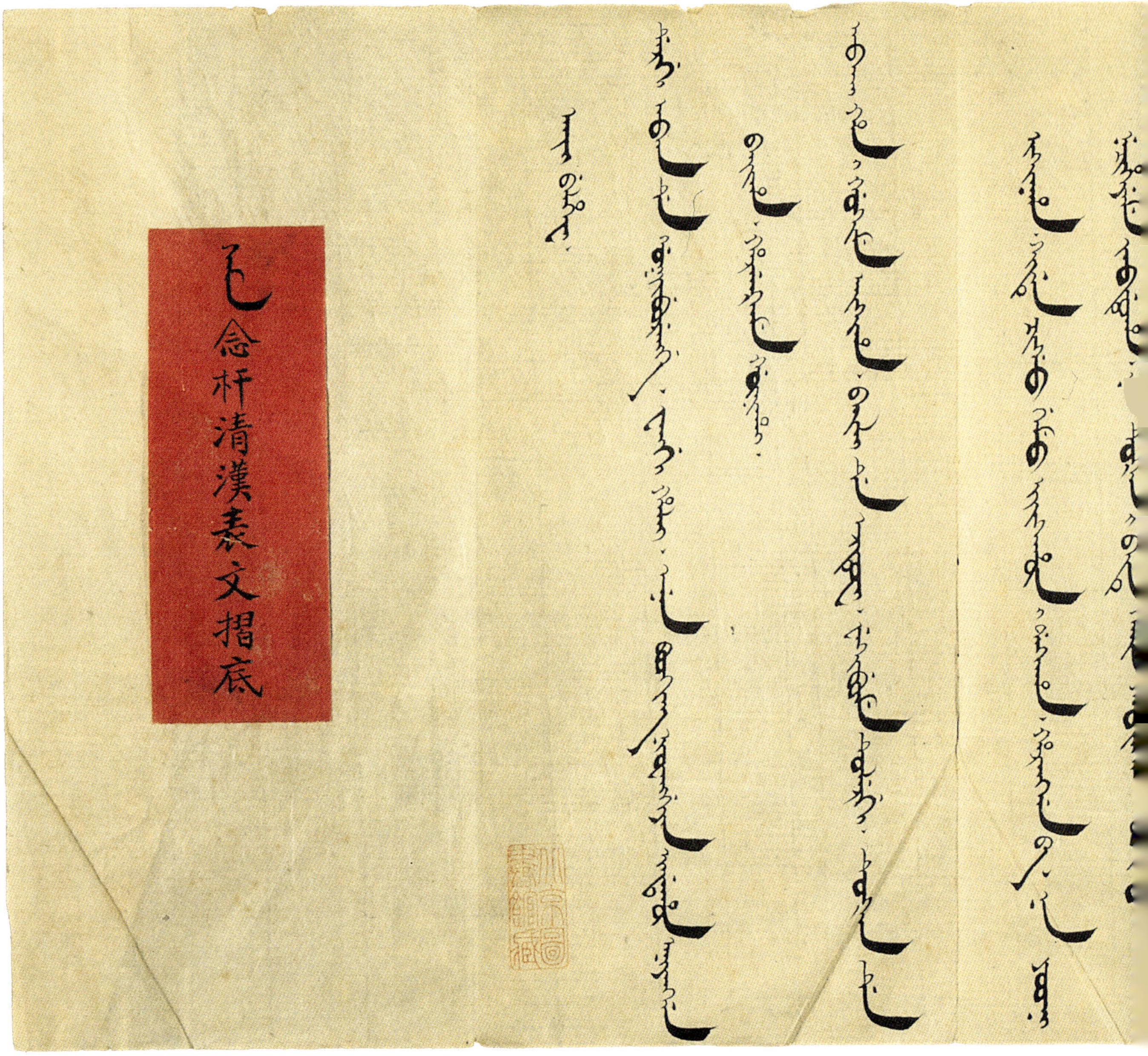
念杆清漢表文摺底

薩滿念杆清漢表文不分卷（之一）　滿漢合璧

抄本，經摺裝，半開滿文4行，漢文5行。

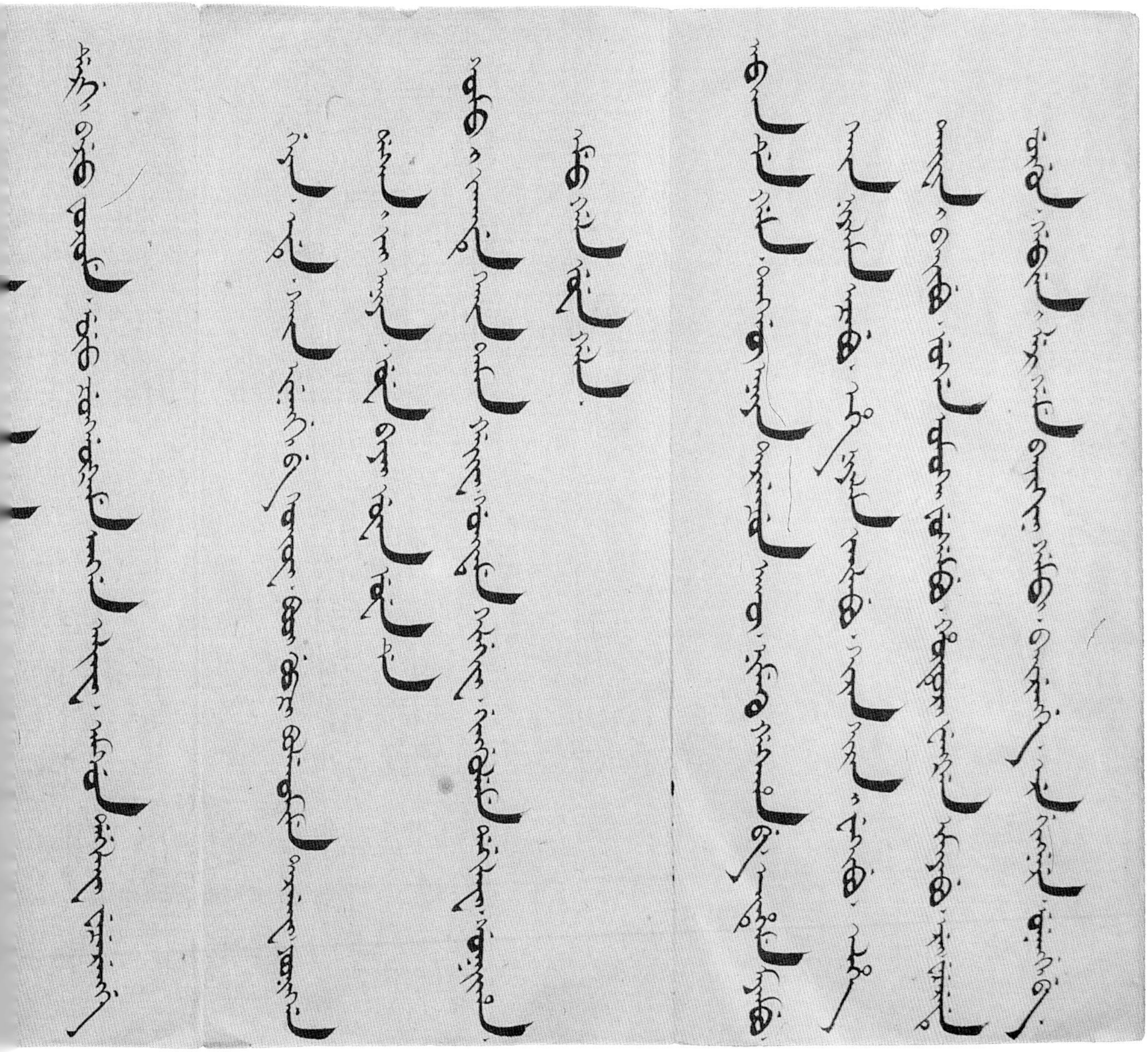

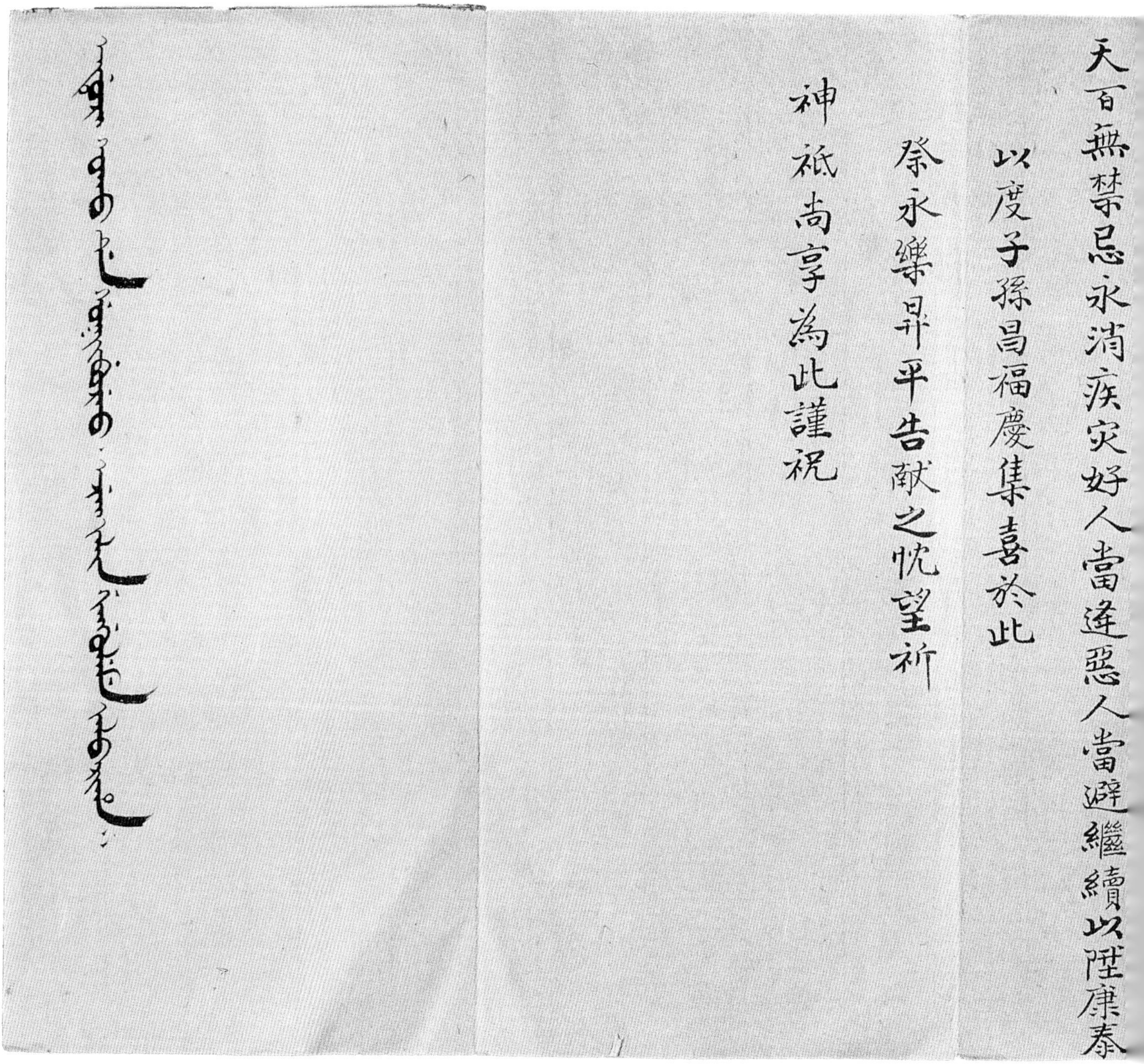

天百無禁忌永消疾灾好人當逢惡人當避繼續以陞康泰
以度子孫昌福慶集喜於此
祭永樂昇平告献之忱望祈
神祗尚享為此謹祝

薩滿念杆清漢表文不分卷（之二）

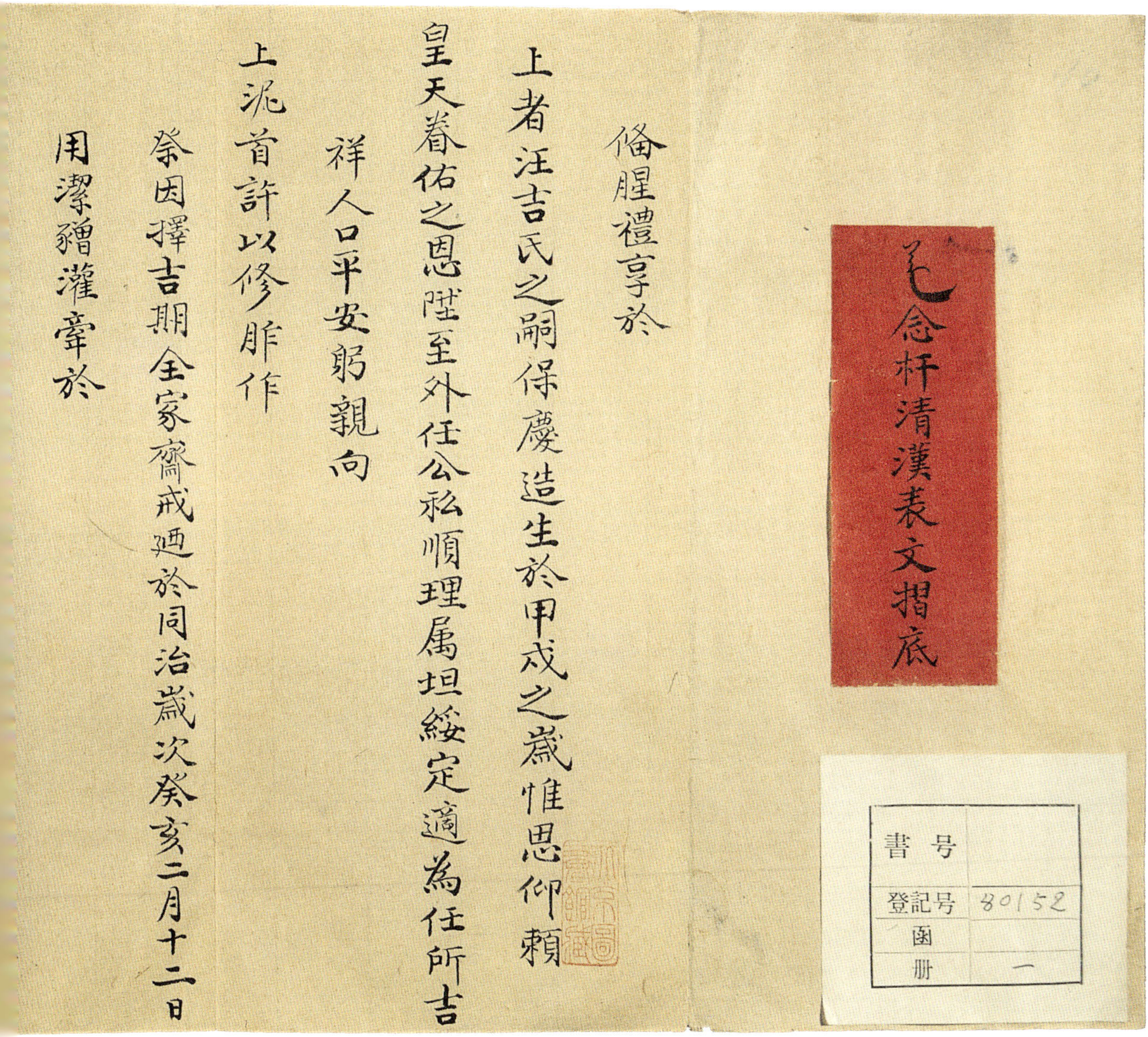
念杆清漢表文揩底
書号
登記号 80152
函
冊 一
俻腥禮享於
上者汪吉氏之嗣保慶造生於甲戌之歲惟思仰賴
皇天眷佑之恩陞至外任公私順理屬坦綏定適為任所吉
祥人口平安躬親向
上泥首許以修胙作
叅因擇吉期全家齋戒迺於同治歲次癸亥二月十二日
用潔禋灌韋於

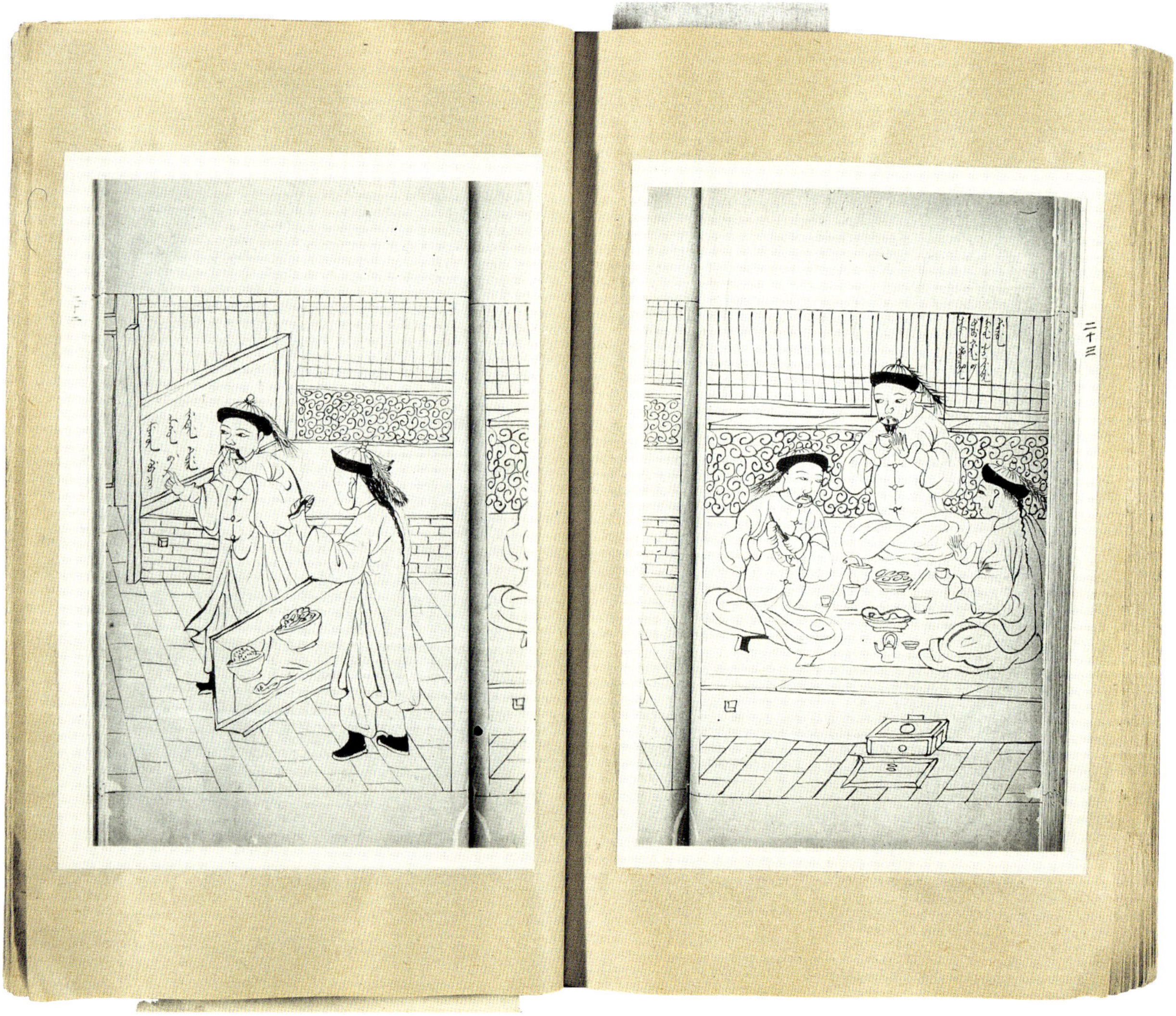

滿洲祭祀全書不分卷　滿文

常清抄錄，攝影本，據乾隆三十六年（1771）抄繪本攝影。有圖。

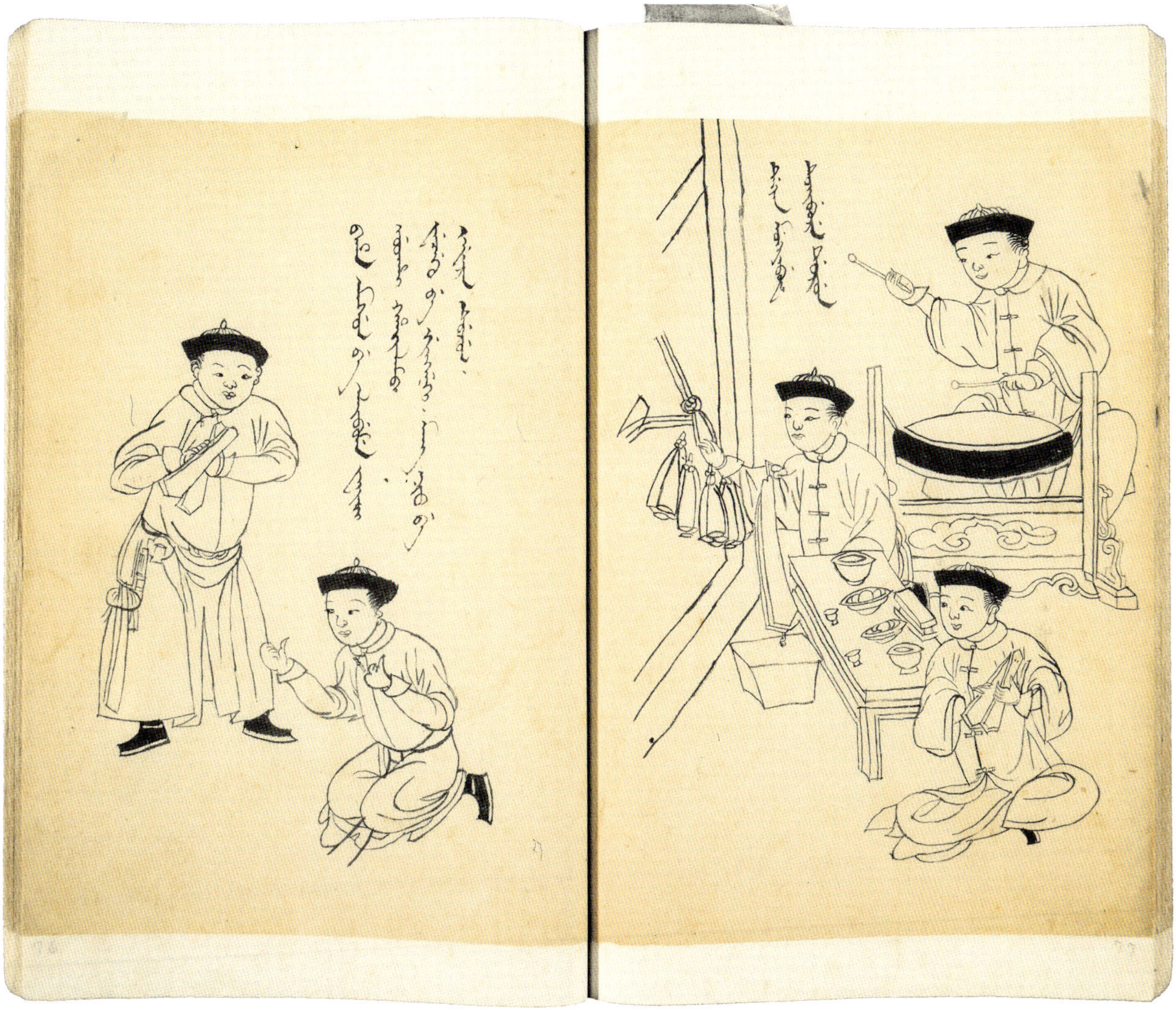

滿洲祭祀圖說不分卷 滿文

繪圖本，無版框。

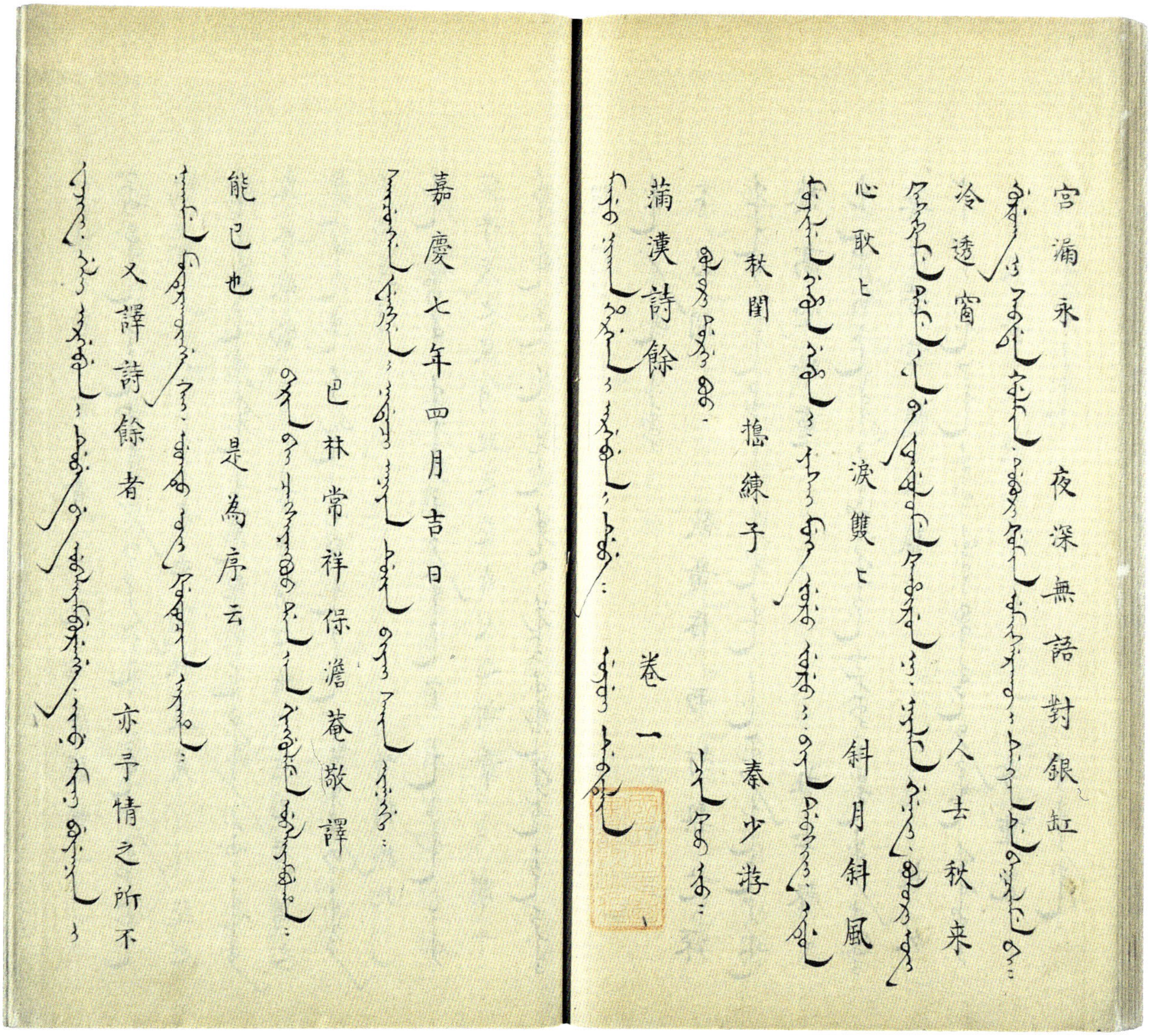
又譯詩餘者　亦予情之所不
能已也　是為序云
嘉慶七年四月吉日
巴林常祥保澹菴敬譯
滿漢詩餘　卷一
秋閨　擣練子　秦少游
心耿耿　淚雙雙　斜月斜風
冷透窗　人去秋來
宮漏永　夜深無語對銀釭

詩餘八卷　滿漢合璧

常祥保譯，嘉慶七年（1802）抄本，正文半葉10行, 無版框。本書又題《滿漢草堂詩餘》，内容為漢文古典詩詞譯本。

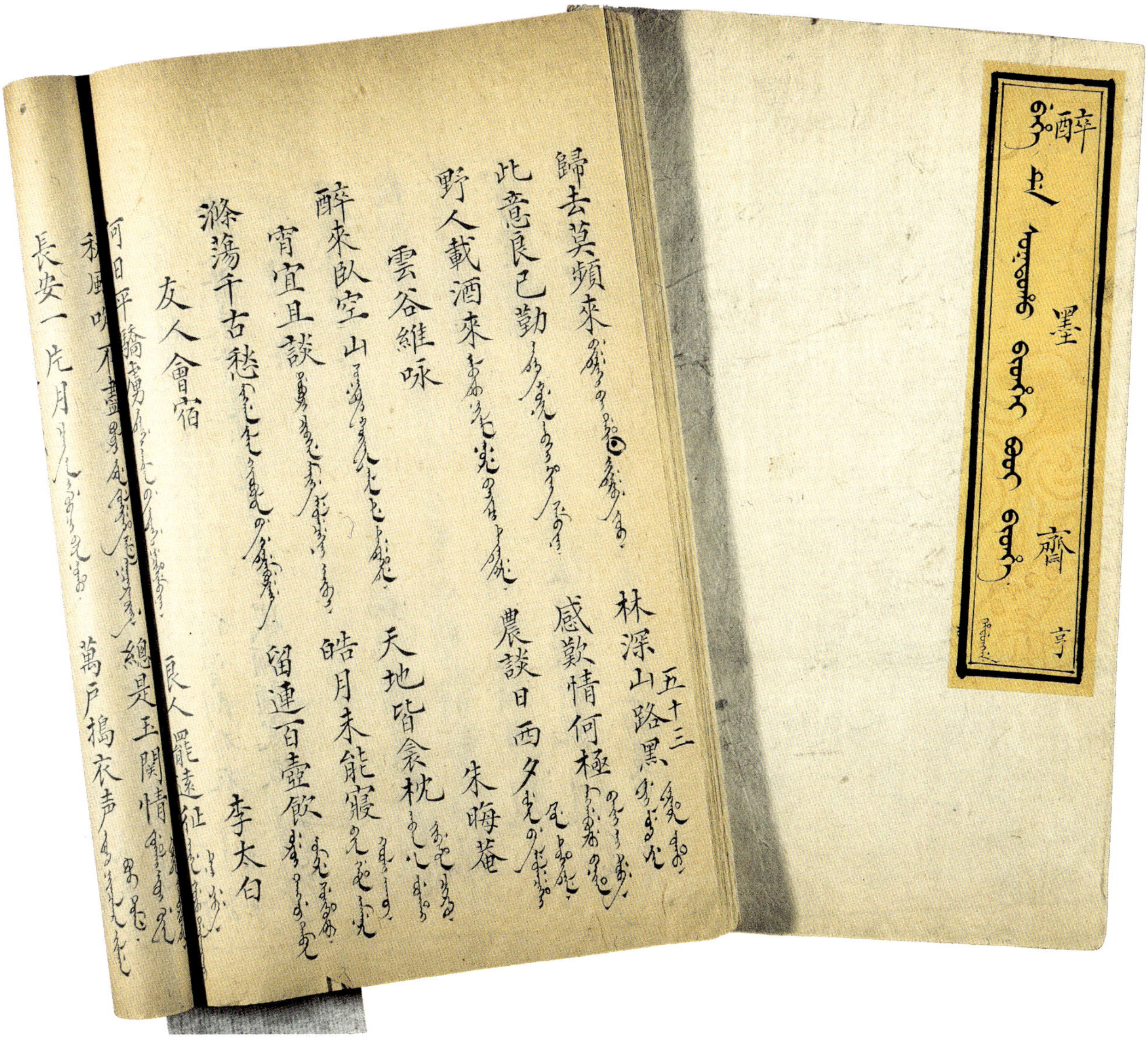

醉墨齋不分卷 滿漢合璧

抄本，正文半葉9行，無版框。漢文古典詩詞譯本。

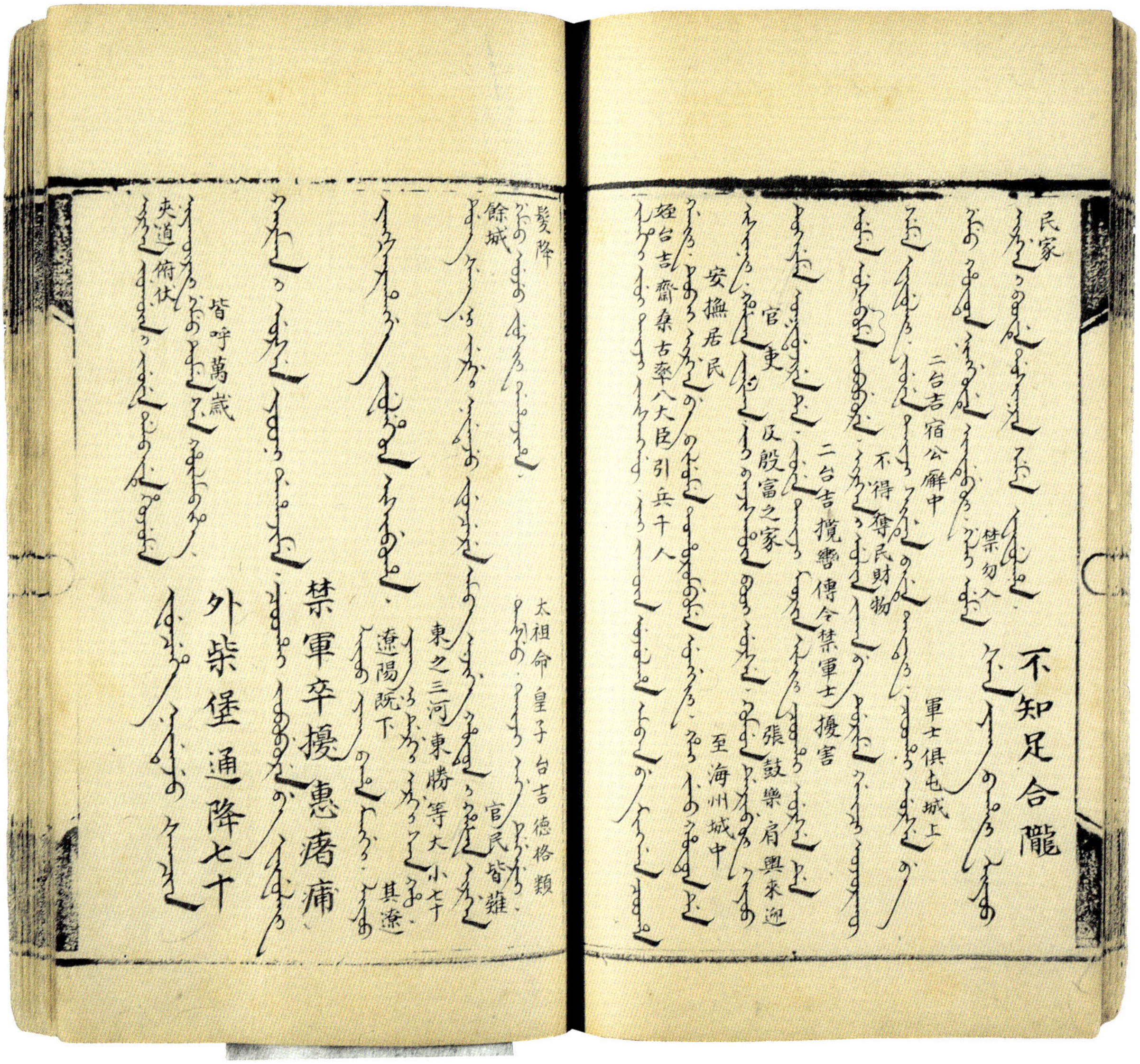
民家
禁勿入
不知足合龍
二台吉宿公廨中
軍士俱屯城上
不得奪民財物
二台吉攬轡傳令禁軍士擾害
官吏
反殷富之家
張鼓樂肩輿來迎
安撫居民
至海州城中
姪台吉齋桑古率八大臣引兵千人
髮降
太祖命皇子台吉德格類
餘城
官民皆薙
東之三河東勝等大小十
遼陽既下
其遼
禁軍卒擾惠瘠痡
外柴堡通降七十
皆呼萬歲
夫道俯伏

御製全韻詩八卷　滿漢合璧

清高宗（弘曆）撰，抄本，白口，雙魚尾，四周雙邊，墨印版框，框高16.2厘米，寬11.7厘米。

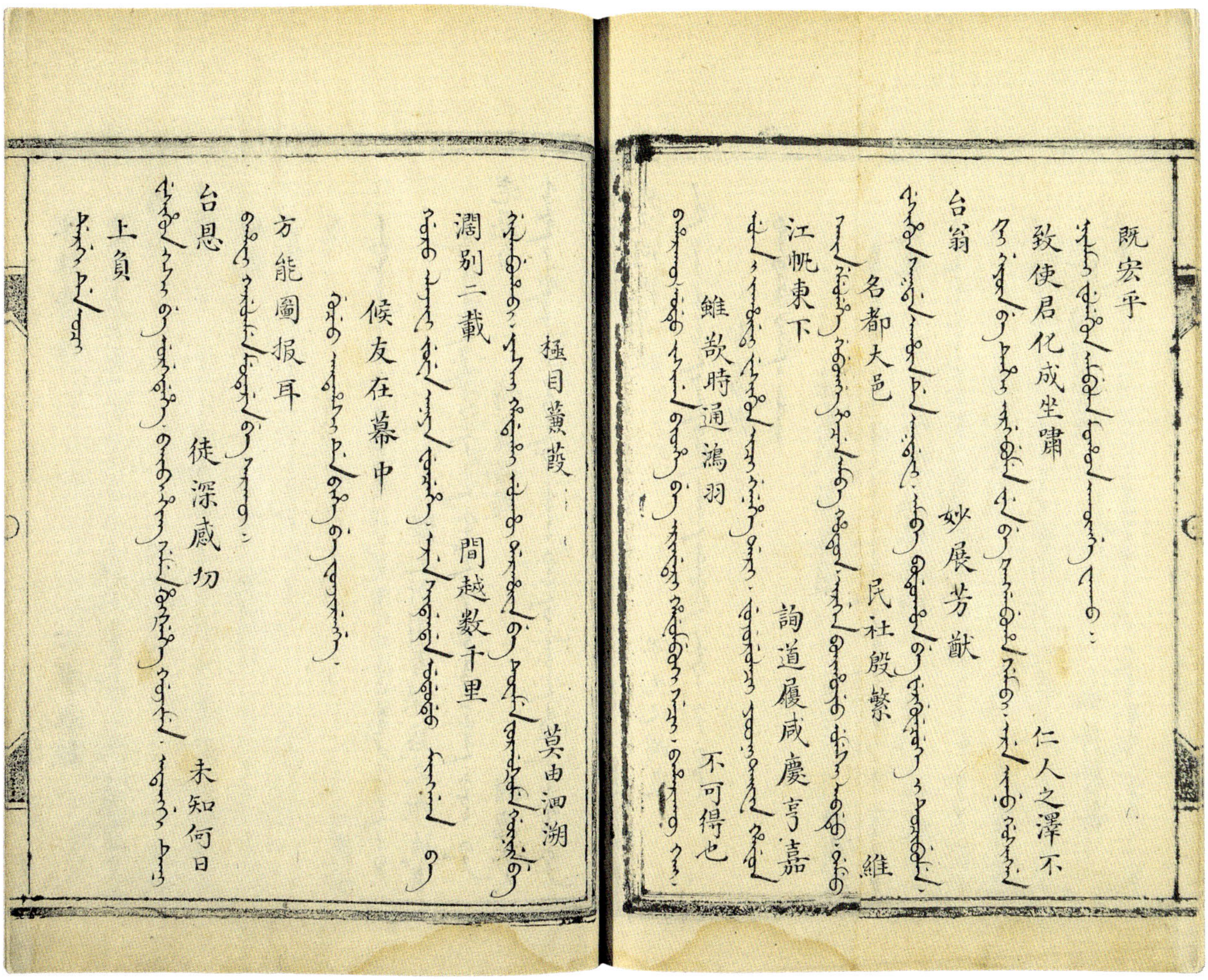

尺牘不分卷　滿漢合璧

抄本，正文半葉12行，白口，雙魚尾，四周雙邊 墨印版框，框高19.9厘米，寬15.8厘米。

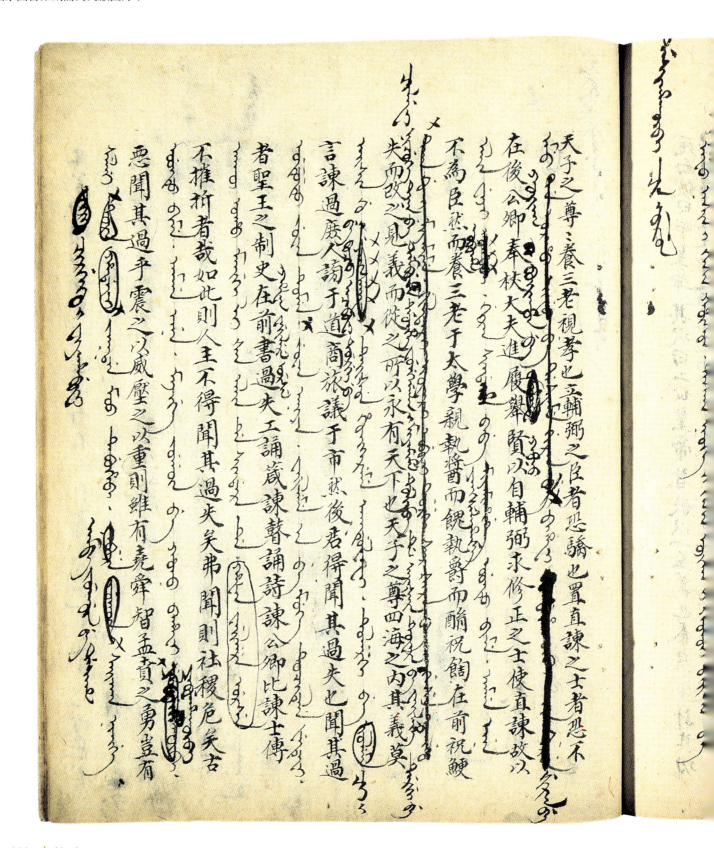

天子之尊、養三老視孝也立輔弼之臣者恐驕也置直諫之士者恐不
在後公卿奉杖大夫進履舉賢以自輔弼求修正之士使直諫故以
不為臣然而養三老于太學親執醬而餽執爵而酳祝饐在前祝鯁
失而改之見義而從之所以永有天下也天子之尊四海之內其義莫
言諫過厥人謗于道商旅議于市然後君得聞其過失也聞其過
者聖王之制史在前書過失工誦箴諫瞽誦詩諫公卿比諫士傳
不推折者哉如此則人主不得聞其過失矣弗聞則社稷危矣古
惡聞其過乎震之以威壓之以重則雖有堯舜智孟賁之勇豈有

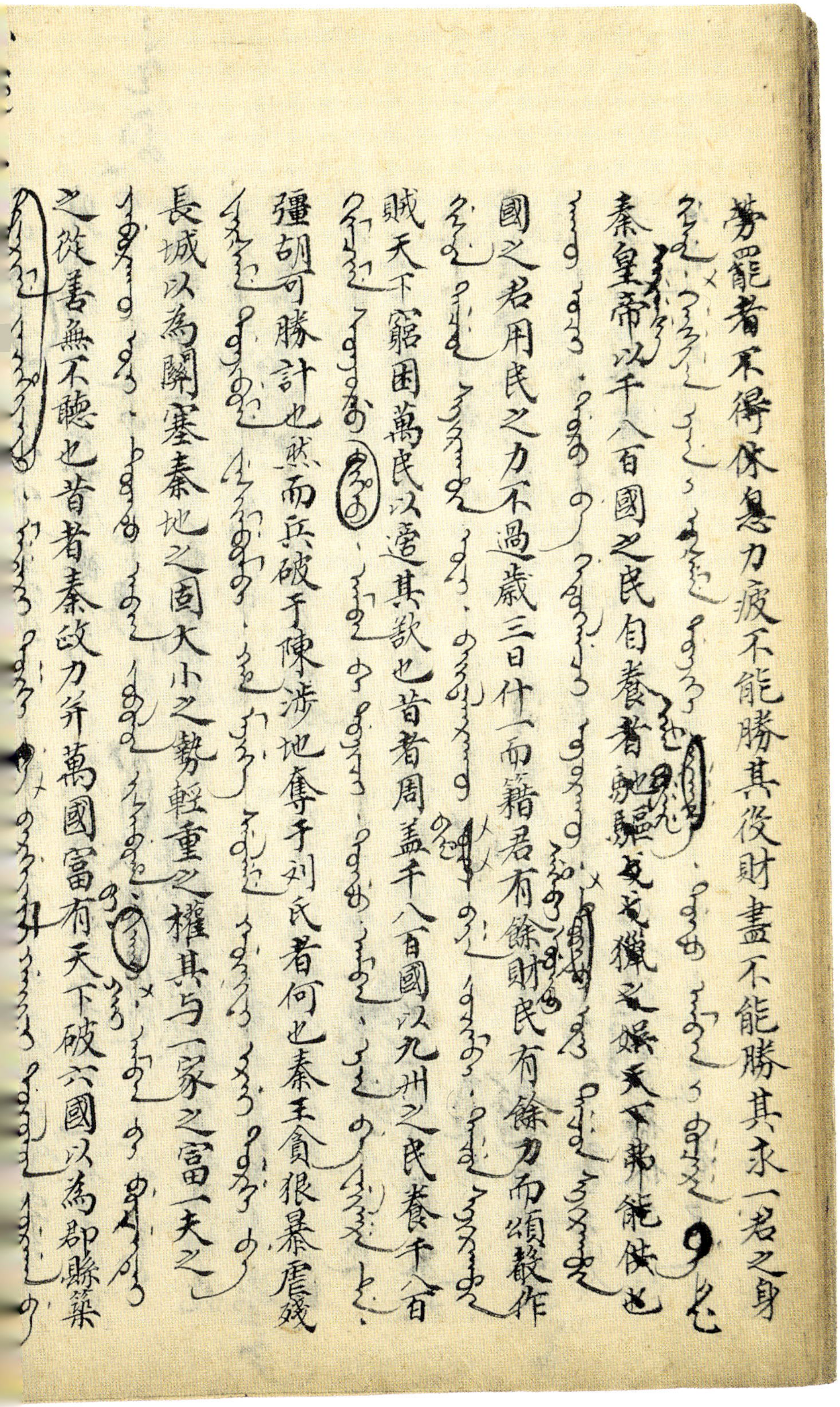

勞罷者不得休息力疲不能勝其役財盡不能勝其求一君之身
秦皇帝以千八百國之民自養者馳騁弋獵之娛天下弗能供也
國之君用民之力不過歲三日什一而籍君有餘財民有餘力而頌聲作
賊天下窮困萬民以適其欲也昔者周蓋千八百國以九州之民養千八百
彊胡可勝計也然而兵破于陳涉地奪于刘氏者何也秦王貪狠暴虐殘
長城以為關塞秦地之固大小之勢輕重之權其与一家之富一夫之
之從善無不聽也昔者秦政力并萬國富有天下破六國以為郡縣築

古文不分卷 滿漢合璧

翻譯稿本，無版框。

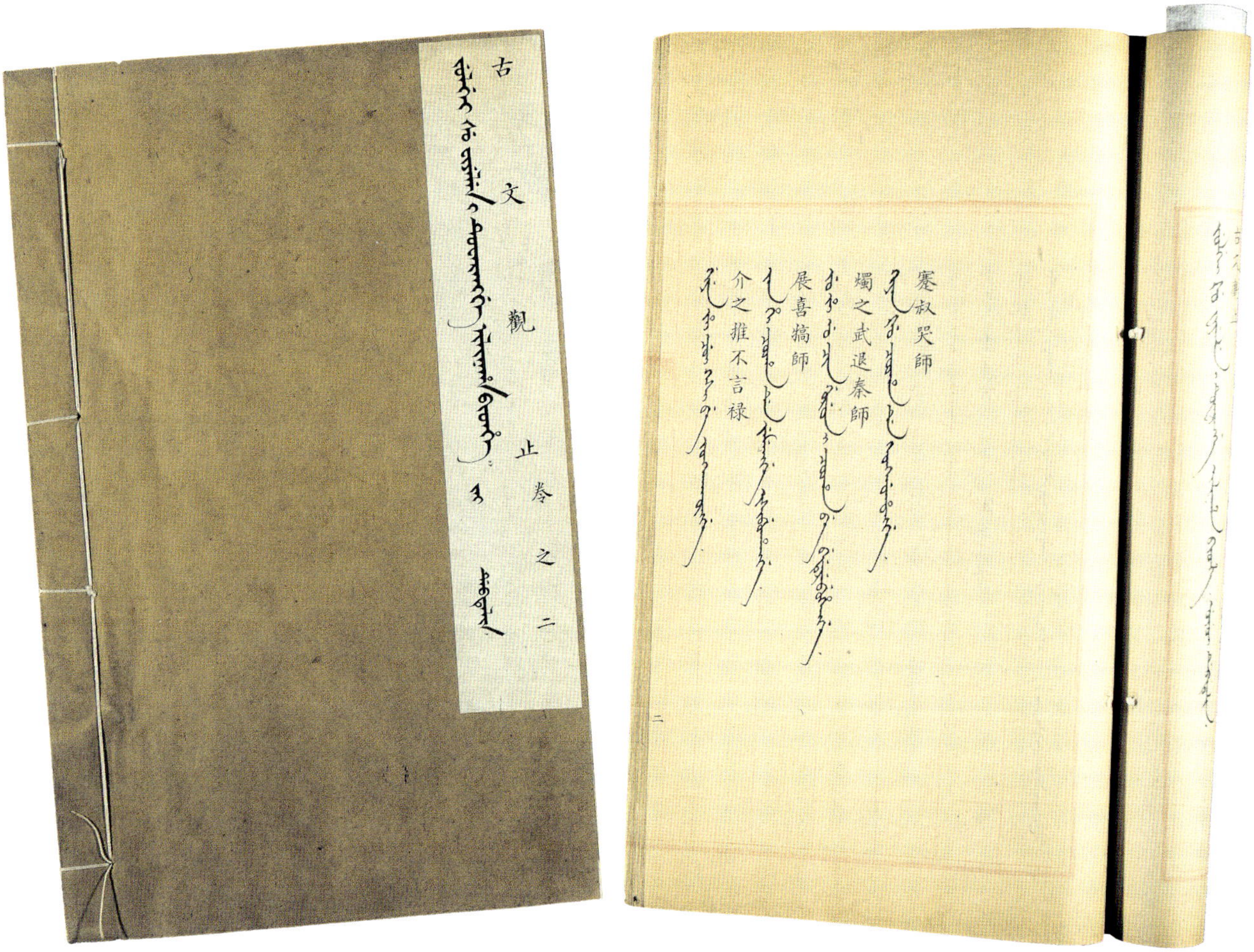

古文觀止十二卷　滿漢合璧

吳楚材、吳調侯輯，潤齋興德譯，道光二十九年（1849）抄本，正文半葉12行，白口，單魚尾，朱絲欄，四周雙邊，框高21.2厘米，寬14.2厘米。

前七國存五卷　滿文

（明）題吳門嘯客撰，抄本，正文半葉8行，墨印版框，白口，雙花魚尾，四周雙邊，框高26.5厘米，寬17.4厘米。

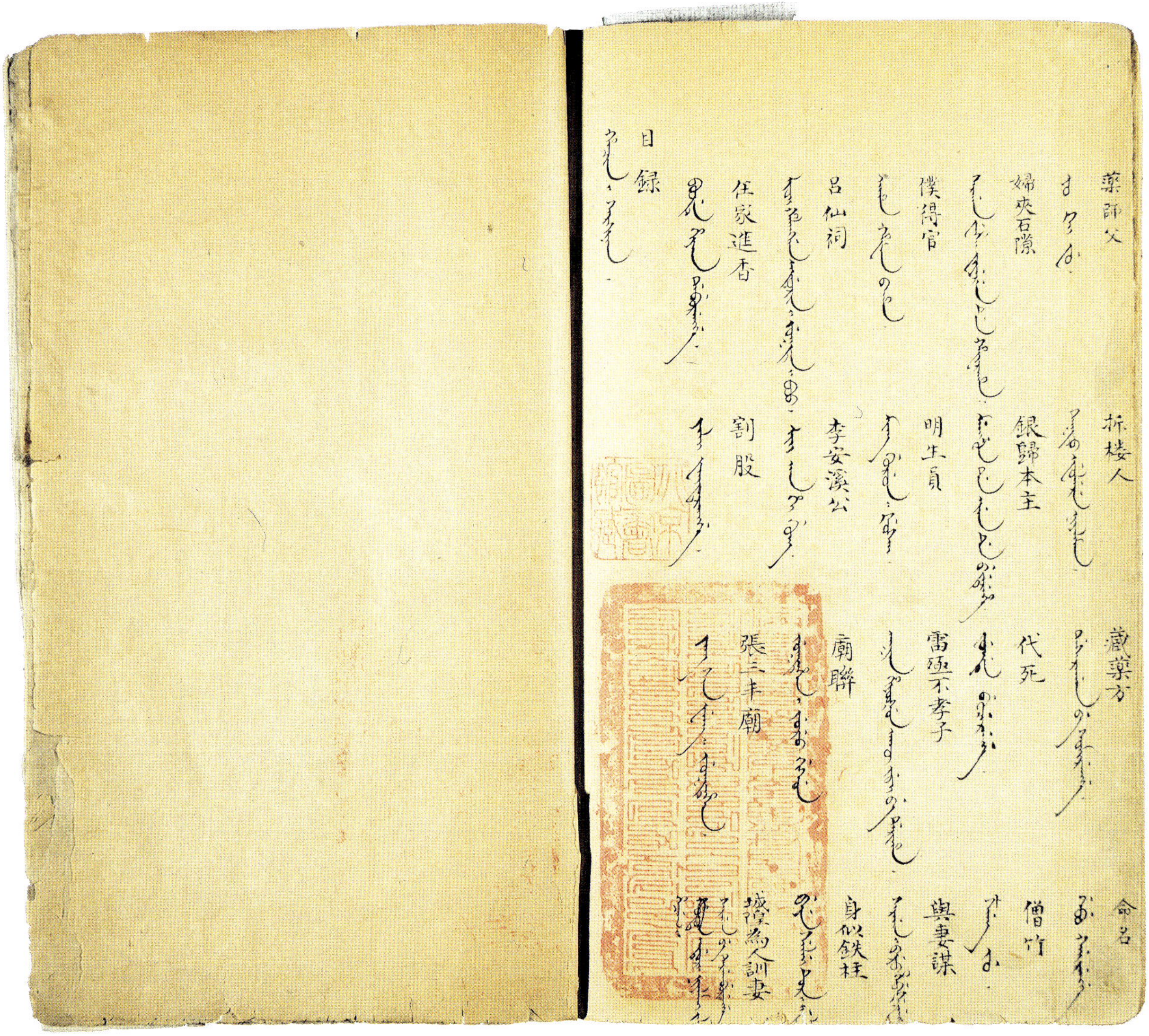
目錄
藥師父
藏藥方
命名
婦夾石隙
銀歸本主
代死
僧竹
僕得官
明生員
雷殛不孝子
與妻謀
呂仙祠
李安溪公
廟聯
身似鉄柱
任家進香
割股
張三丰廟

可信録不分卷　滿漢合璧

題陟齋輯譯，道光十四年（1834）抄本，正文半葉12行，無版框。

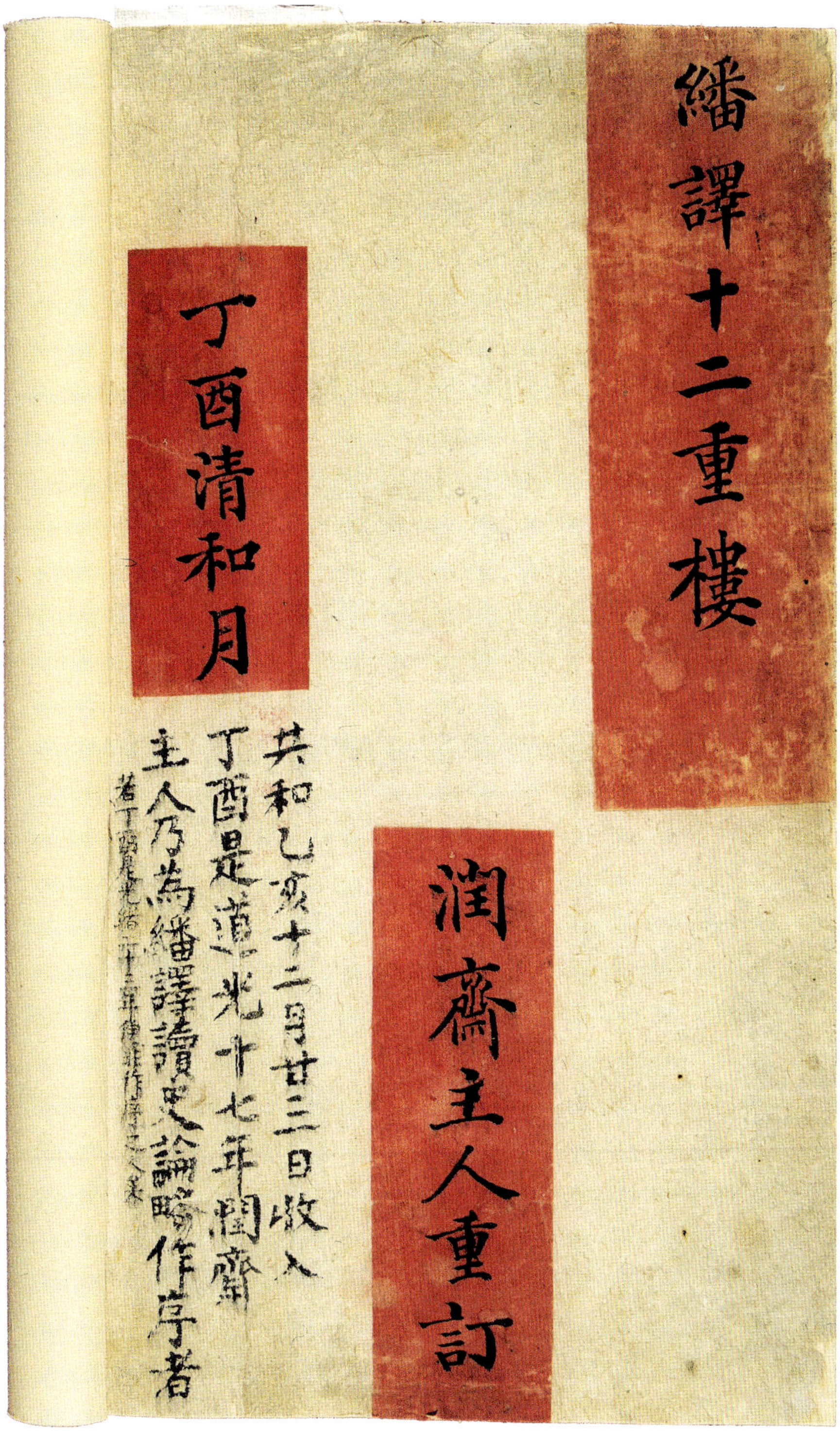
繙譯十二重樓
潤齋主人重訂
共和乙亥十二月廿三日收入
丁酉是道光十七年潤齋
主人乃為繙譯讀史論略作序者
丁酉清和月

十二重樓不分卷（之一）　滿漢合璧

題潤齋主人重訂，道光十七年（1837）抄本，正文半葉6行，無版框。

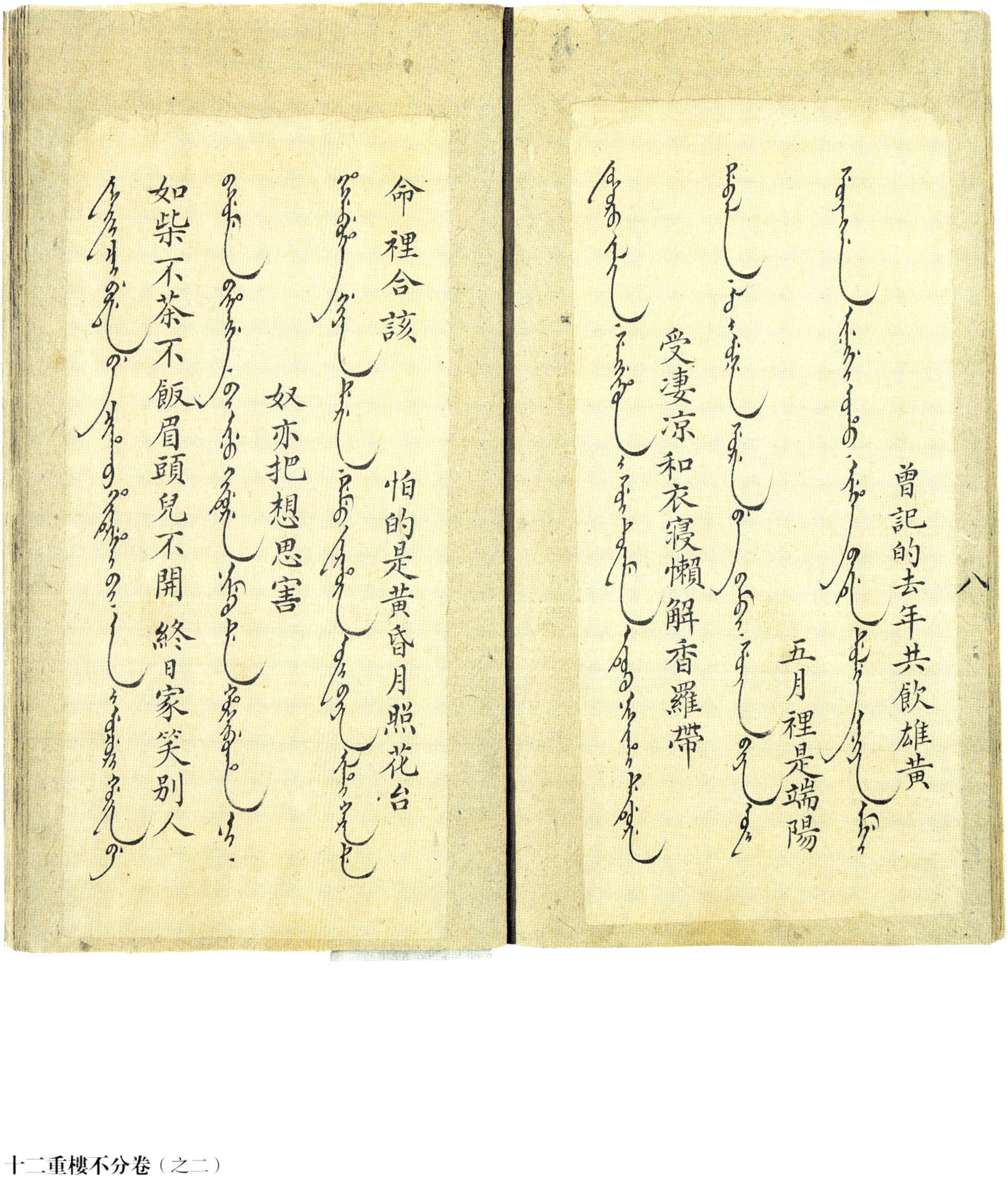
八
曾記的去年共飲雄黃
五月裡是端陽
受淒涼和衣寢懶解香羅帶
命裡合該
怕的是黃昏月照花台
奴亦把想思害
如柴不茶不飯眉頭兒不開
終日家笑別人

十二重樓不分卷（之二）

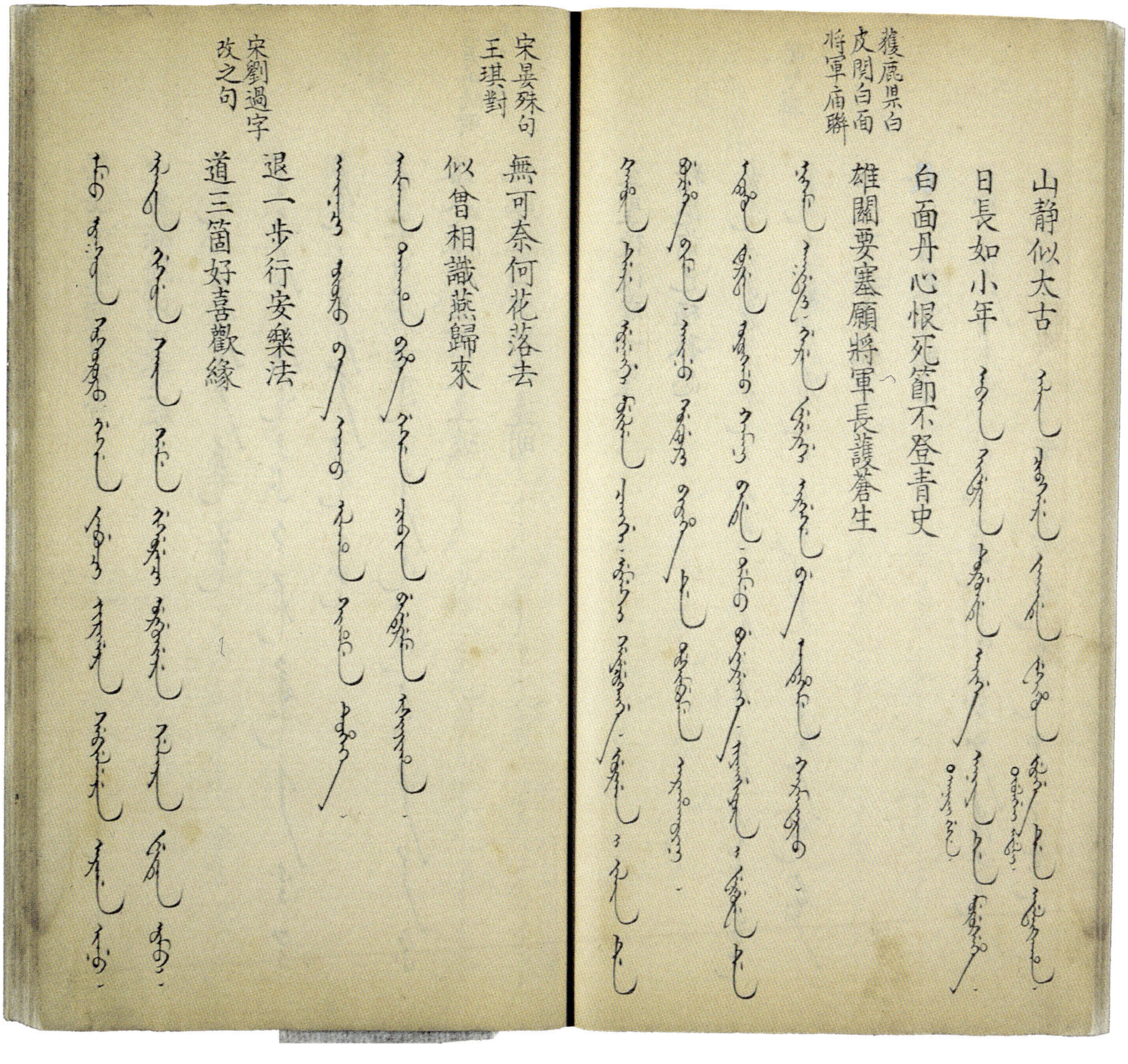
山静似太古
日長如小年
白面丹心恨死節不登青史
雄關要塞願將軍長護蒼生
獲鹿県白皮閔白面將軍廟聯
無可奈何花落去
似曾相識燕歸來
宋晏殊句王琪對
退一步行安樂法
道三箇好喜歡緣
宋劉過字改之句

對聯集不分卷　滿漢合璧

抄本，正文半葉8行，無版框。

檔案

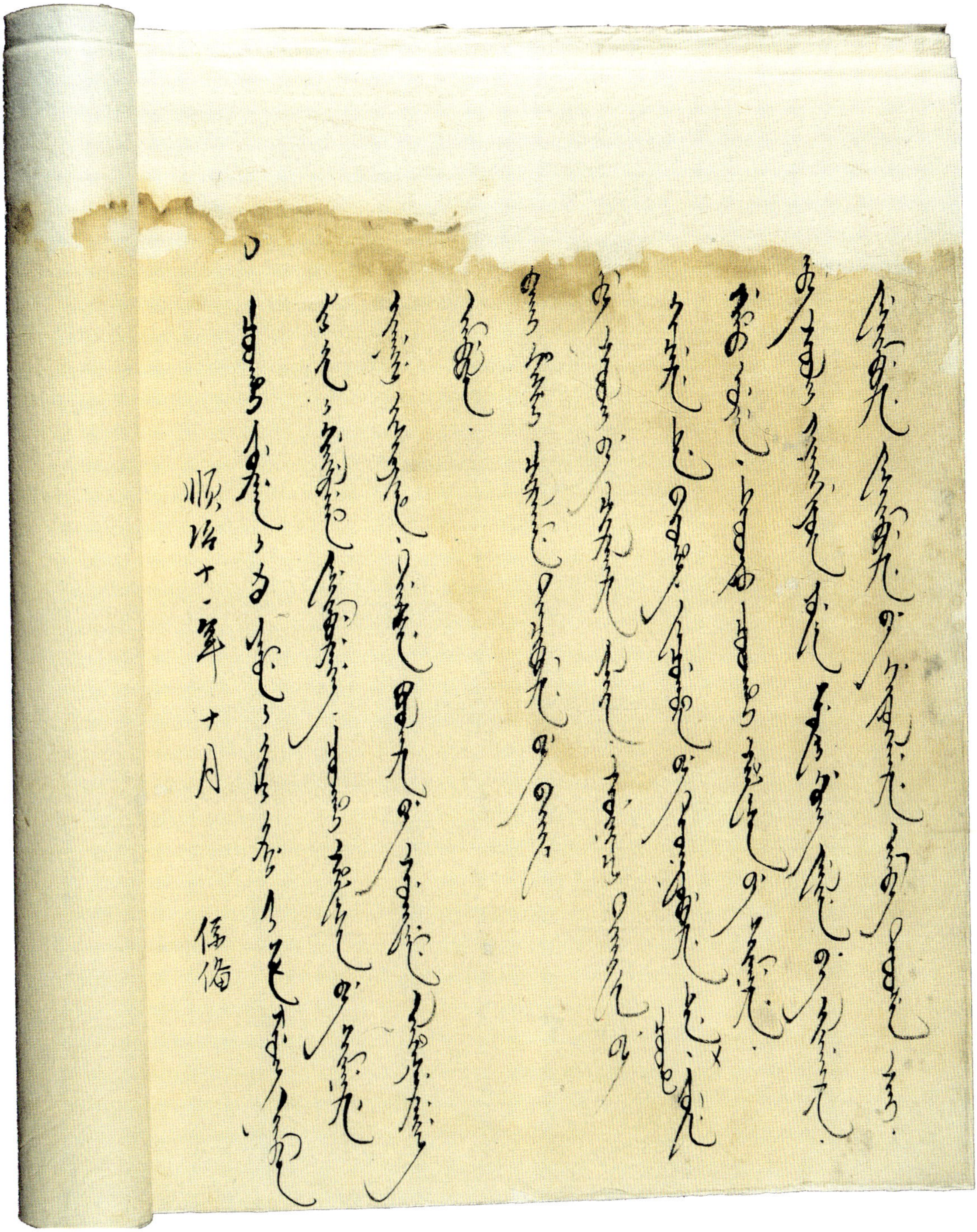
順治十一年十月

順治十一年檔冊 滿文

順治寫本。

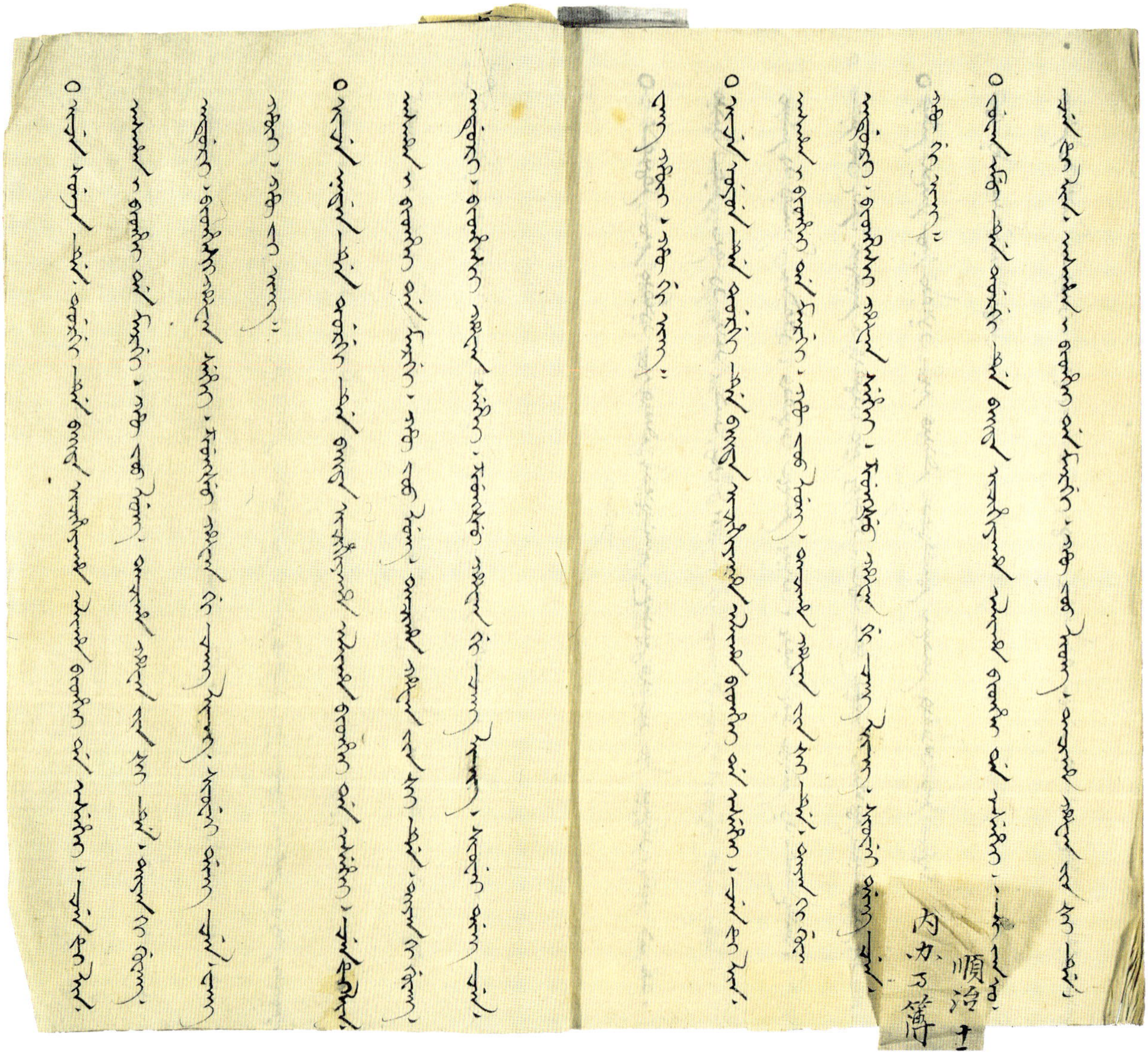
内办事簿
順治十

内辦事簿　滿文

順治十二年（1655）寫本。

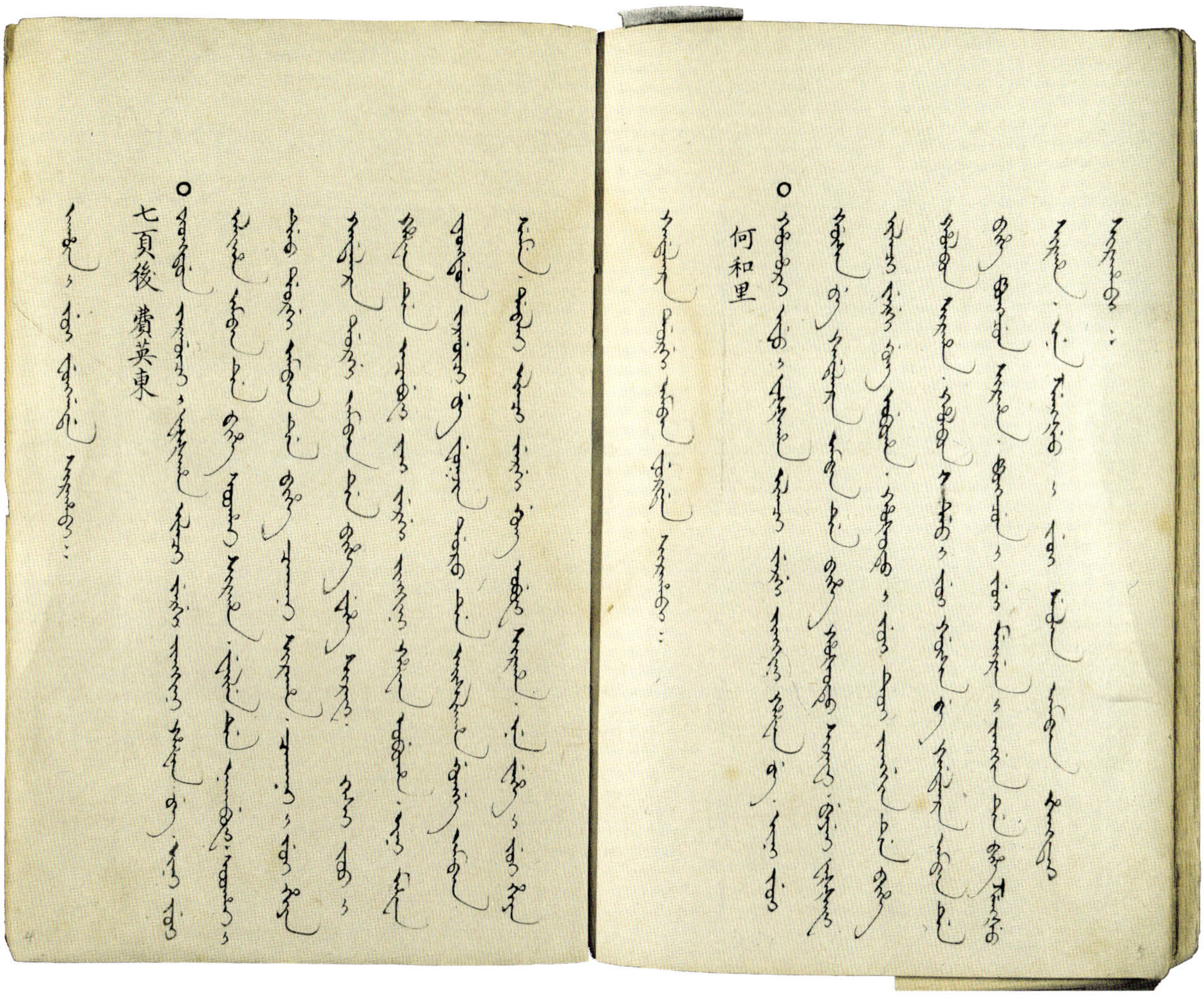
何和里
七頁後 賚英東

太祖太宗世祖三朝實錄內功臣後嗣簽檔 滿文

寫本。

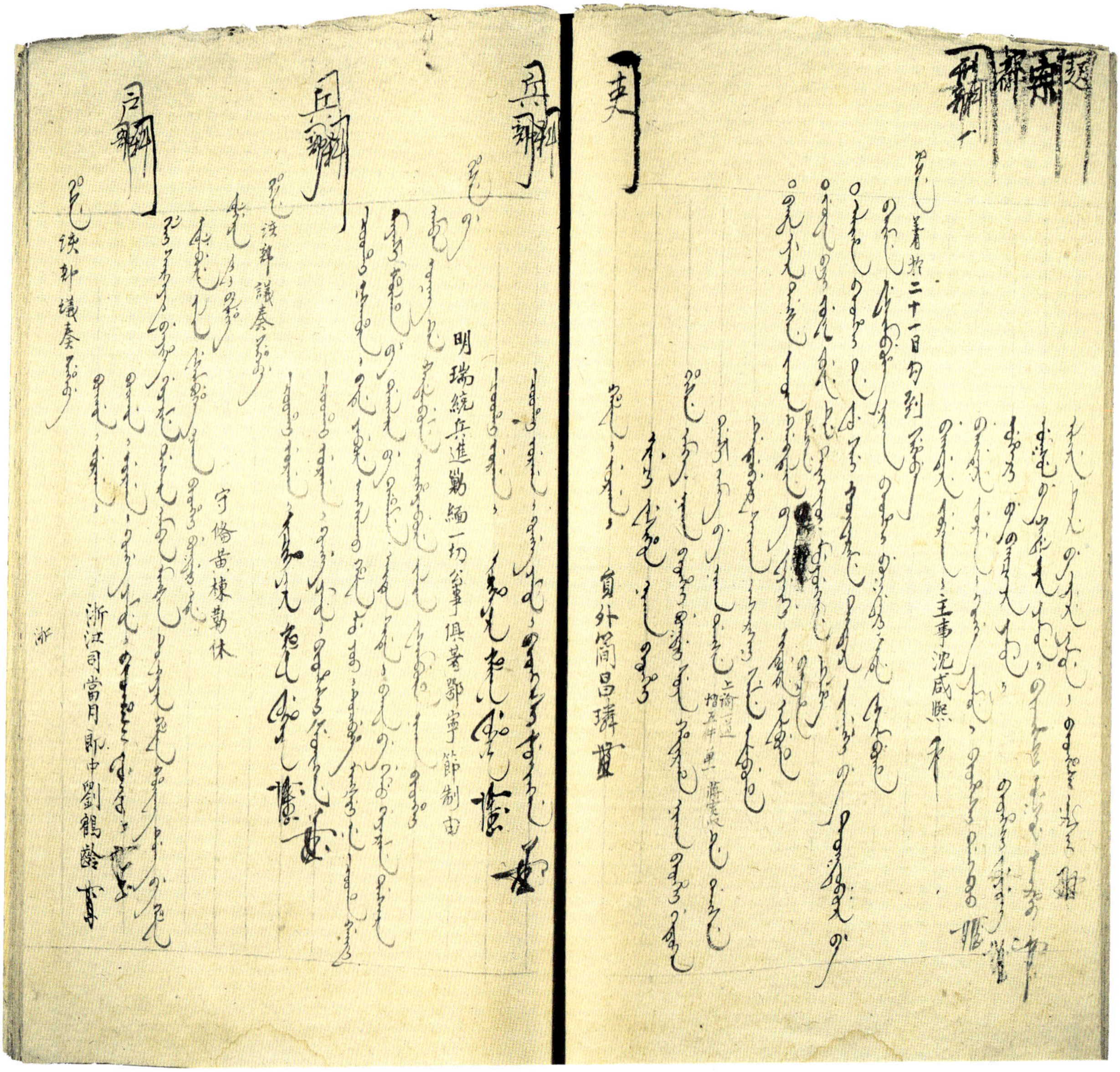

大記事　滿文間有漢文

乾隆三十二年（1767）寫本。為軍機處向各部院所發上諭之簽收簿。

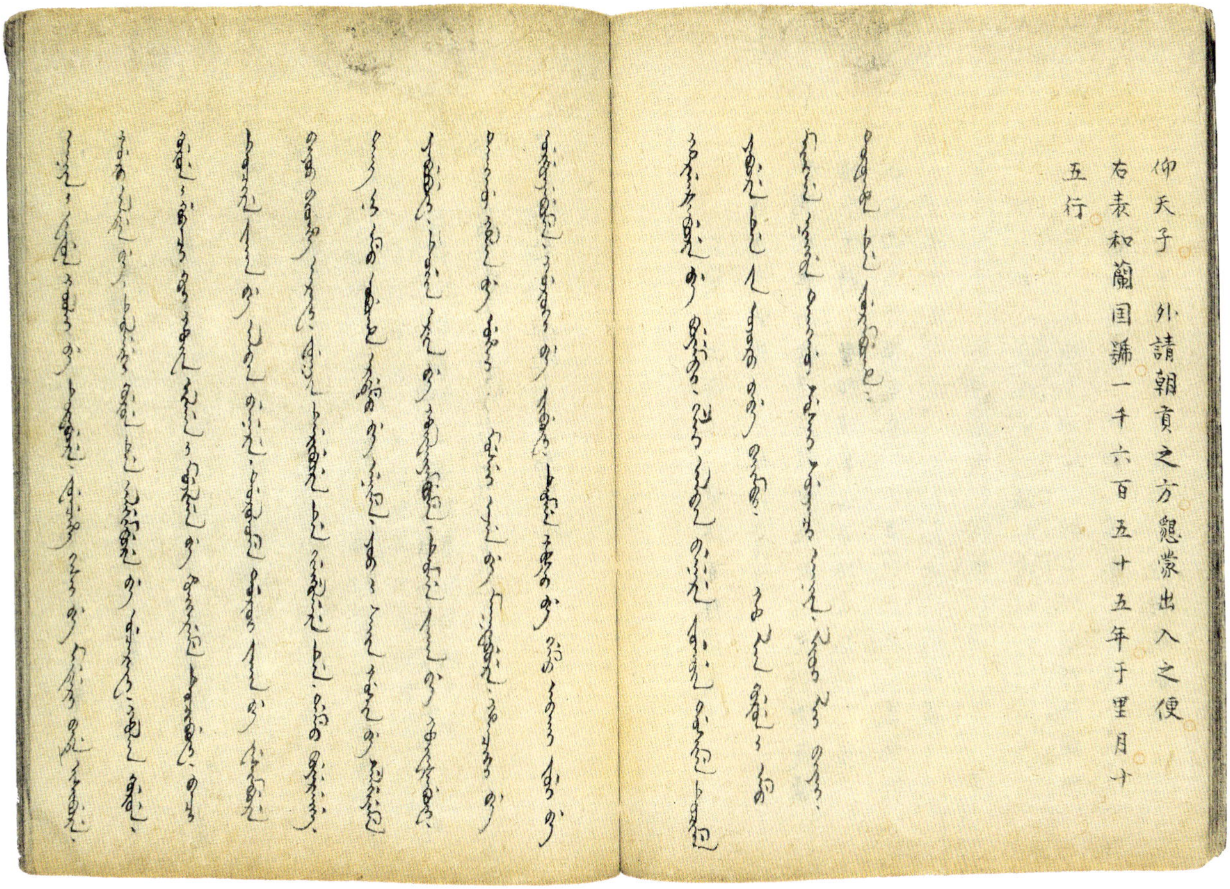
仰天子　外請朝貢之方懇蒙出入之便
右表和蘭国鐴一千六百五十五年于里月十
五行

各國表文　滿漢合璧

寫本。

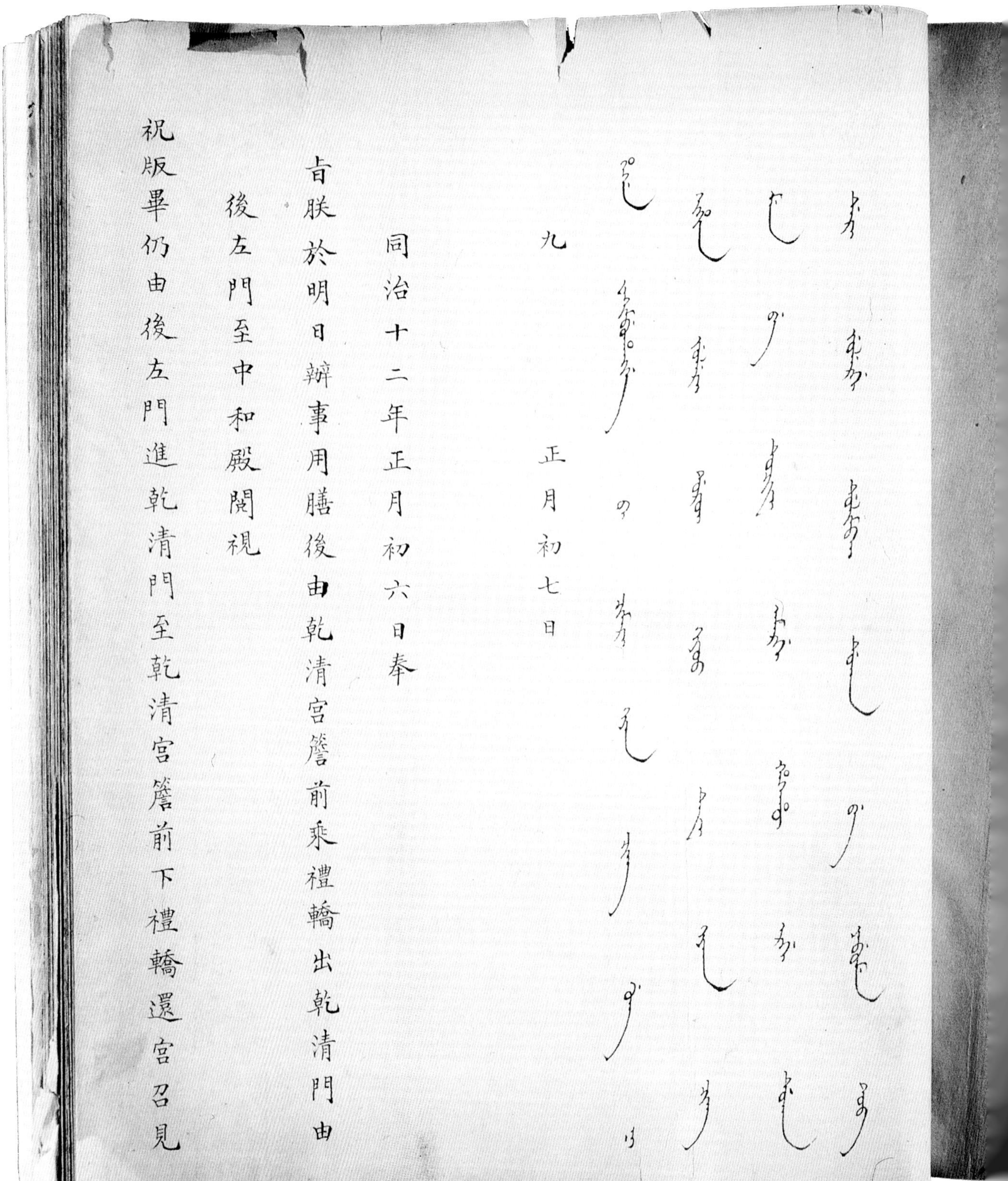
九 正月初七日

同治十二年正月初六日奉

旨朕於明日辦事用膳後由乾清宮簷前乘禮轎出乾清門由

後左門至中和殿閱視

祝版畢仍由後左門進乾清門至乾清宮簷前下禮轎還宮召見

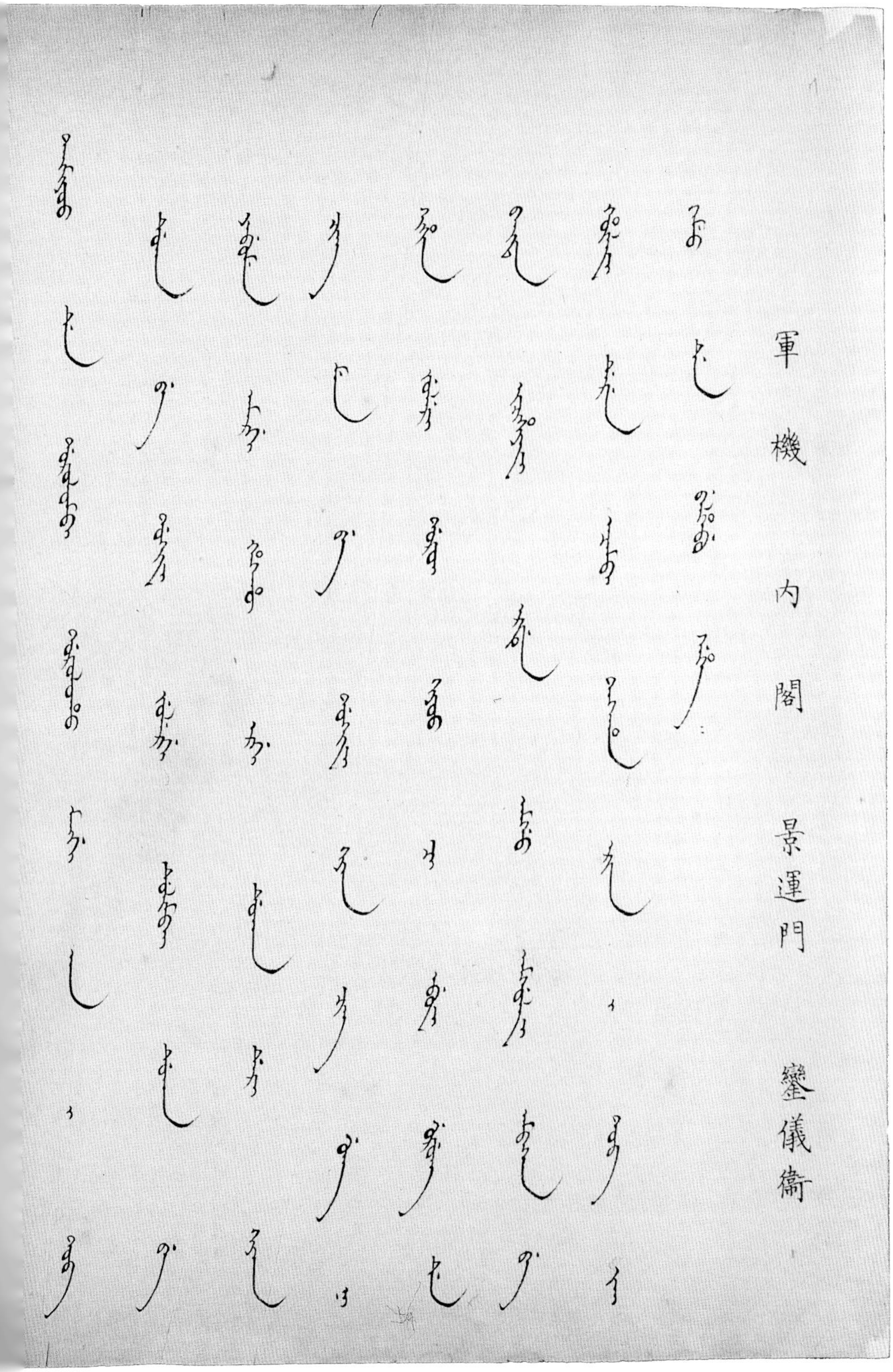
軍機　內閣　景運門　鑾儀衛

早事檔　滿漢合璧

同治十二年（1873）寫本。為內閣於早朝時登錄之諭旨。

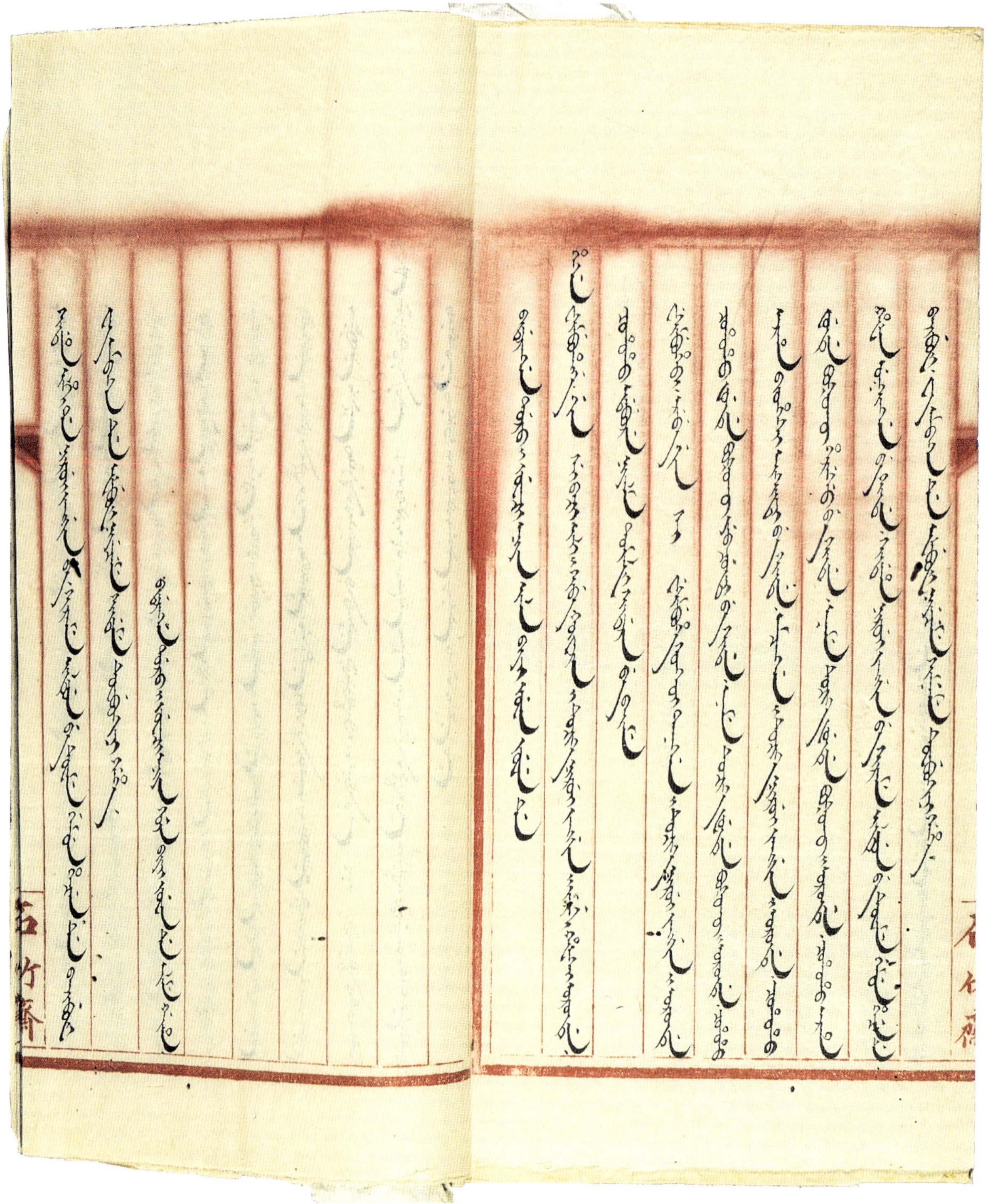

廷記抄存（之一）　滿漢合璧

光緒寫本，朱印格，中縫下印“石竹齋”。本書記載了光緒四年至十一年（1878–1885）有關中俄邊境事。

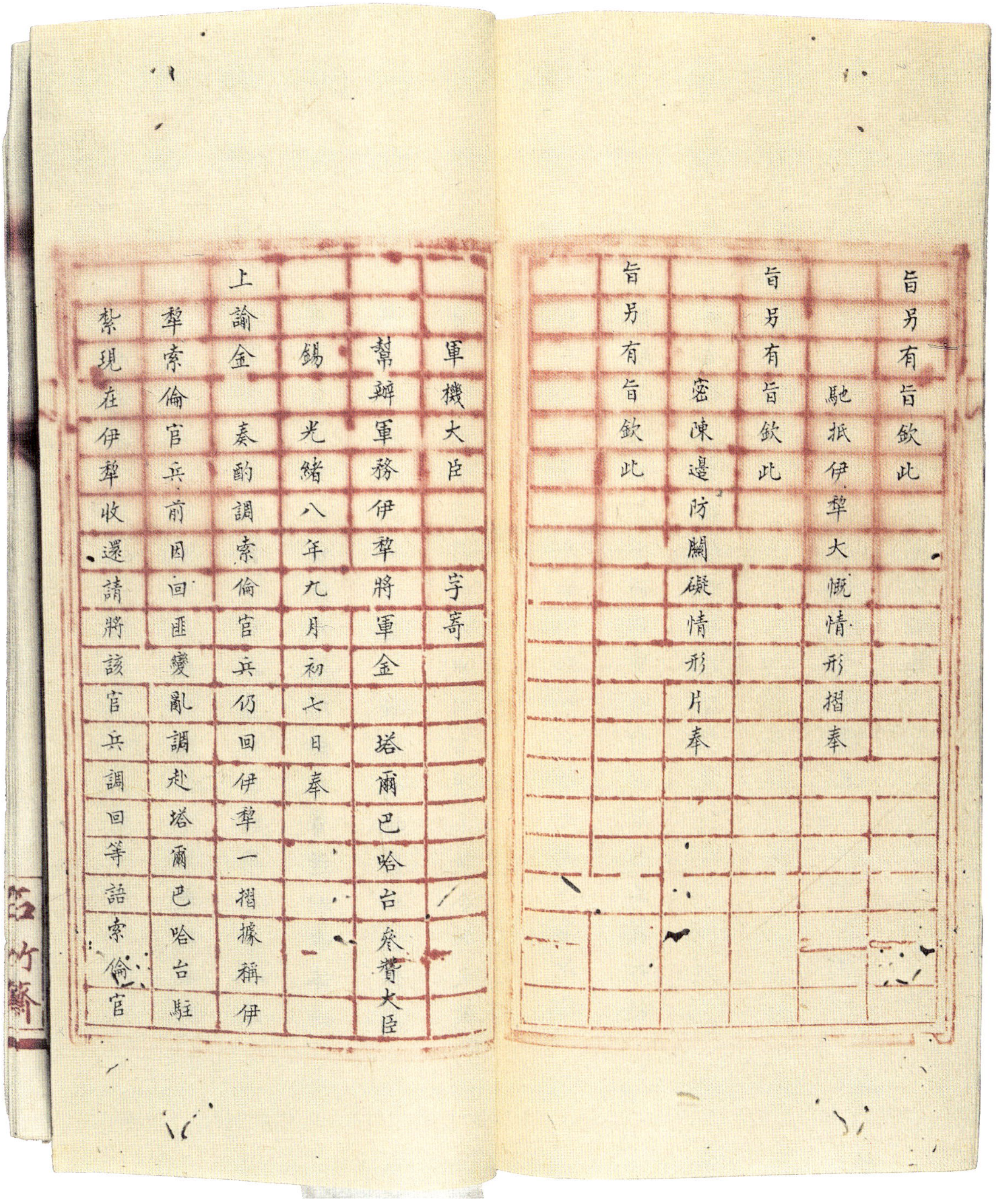
旨另有旨欽此
馳抵伊犂大概情形摺奉
旨另有旨欽此
密陳邊防關礙情形片奉
旨另有旨欽此

軍機大臣　字寄
幫辦軍務伊犂將軍金　塔爾巴哈台參贊大臣
錫　光緒八年九月初七日奉
上諭金　奏酌調索倫官兵仍回伊犂一摺據稱伊
犂索倫官兵前因回匪變亂調赴塔爾巴哈台駐
紮現在伊犂收還請將該官兵調回等語索倫官

廷記抄存（之二）

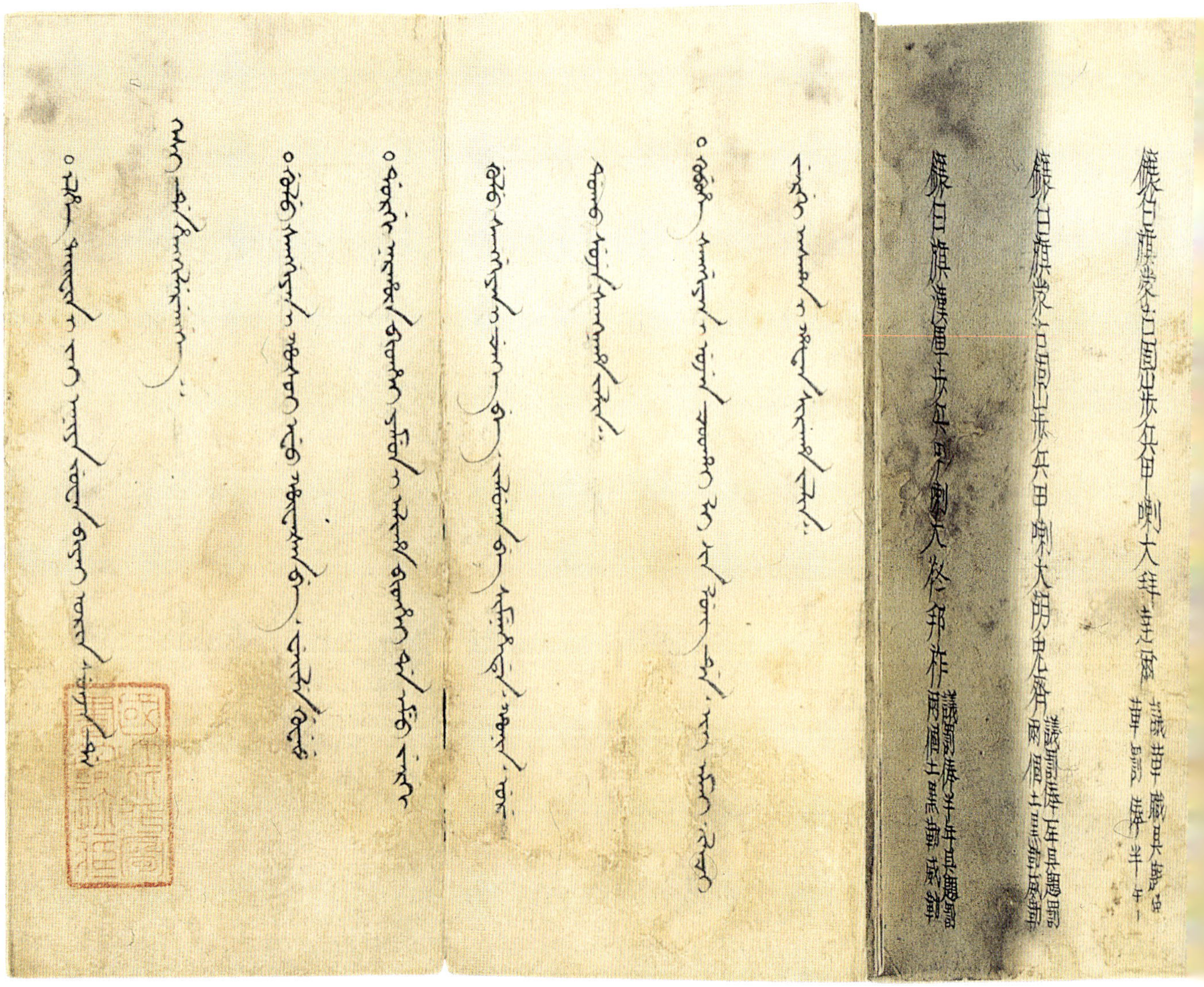

朝覲官員名冊 滿漢合璧

康熙二年（1663）寫本，經摺裝。

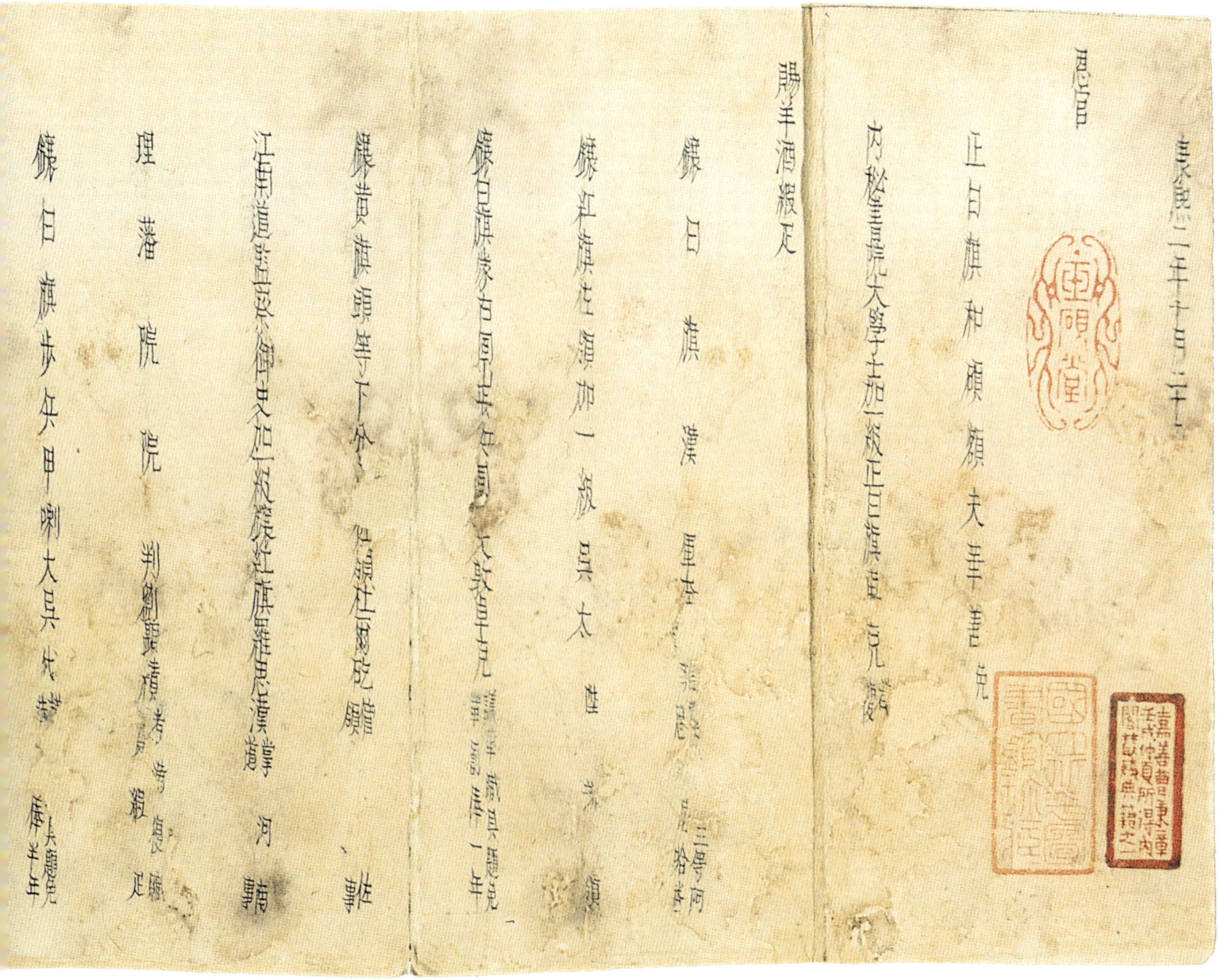

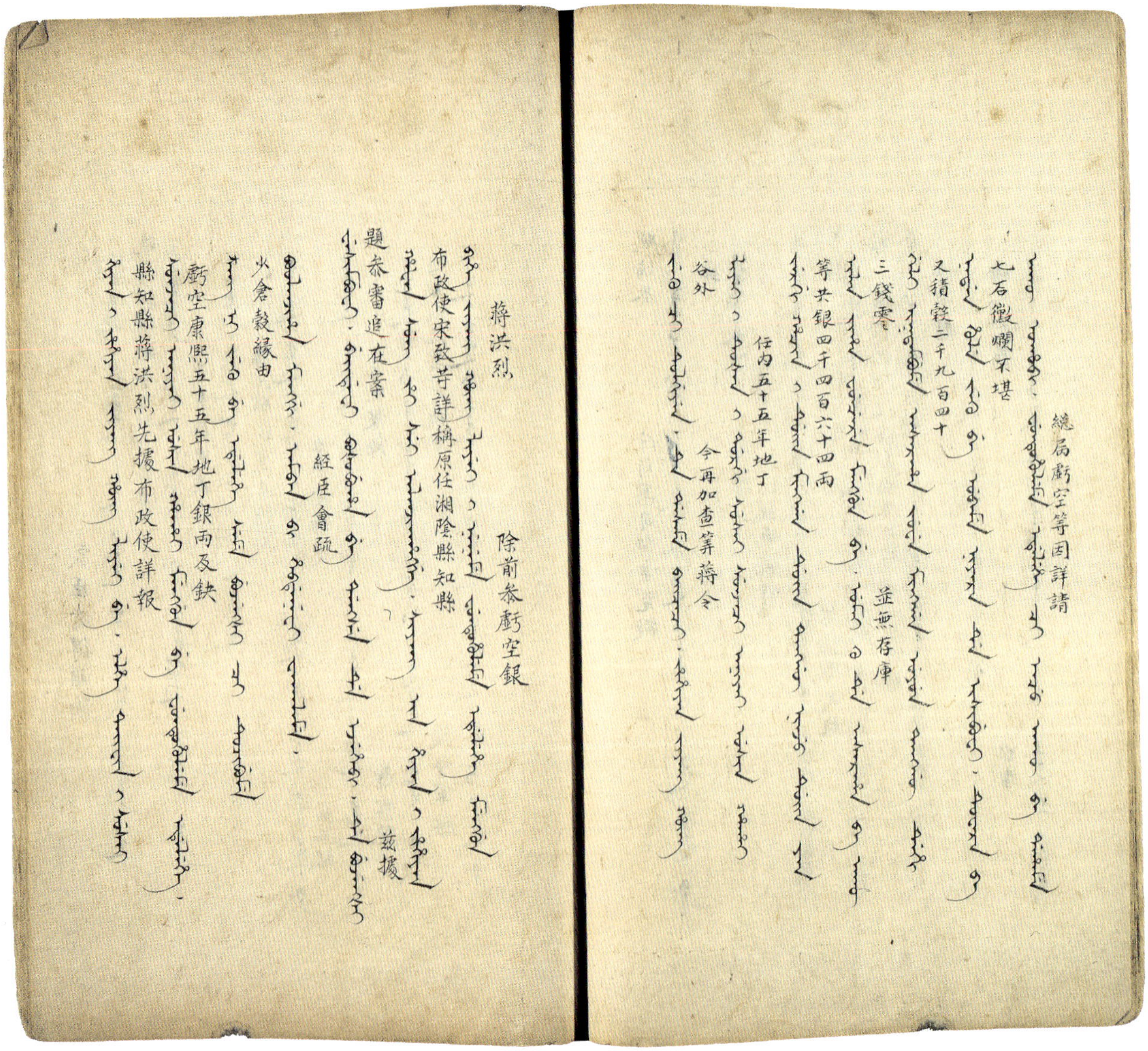

楊琳等奏疏帖黃 滿漢合璧

康熙寫本。

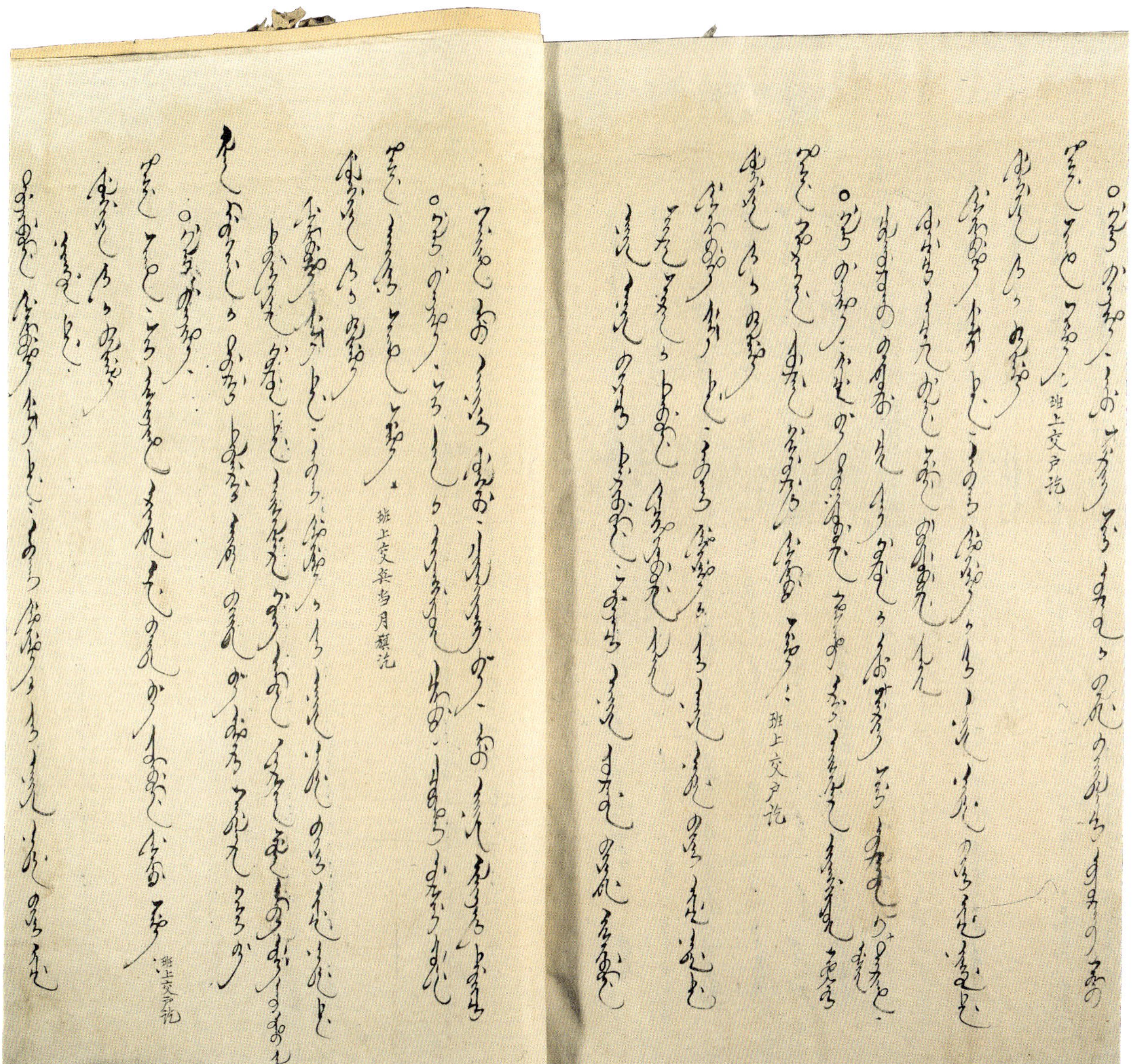

朱批奏摺檔　滿文

乾隆寫本。記乾隆二年（1737）七月至閏九月朱批奏摺。

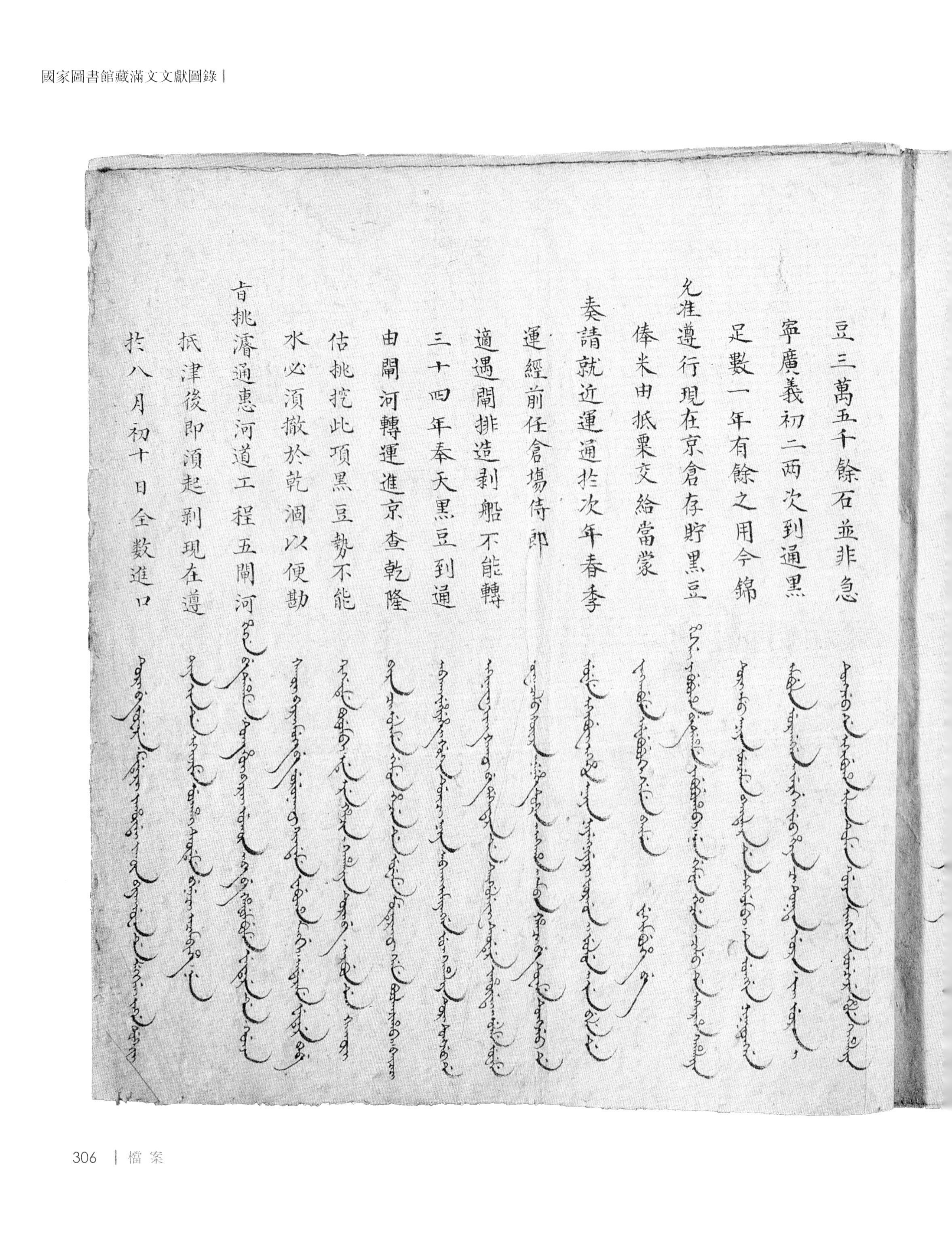

豆三萬五千餘石並非急
寧廣義初二兩次到通黑
足數一年有餘之用今錦
允准遵行現在京倉存貯黑豆
俸米由抵粟交給當蒙
奏請就近運通於次年春季
運經前任倉場侍郎
適遇閘排造剝船不能轉
三十四年奉天黑豆到通
由閘河轉運進京查乾隆
估挑挖此項黑豆勢不能
水必須撤於乾涸以便勘
旨挑濬通惠河道工程五閘河
抵津後即須起剝現在遵
於八月初十日全數進口

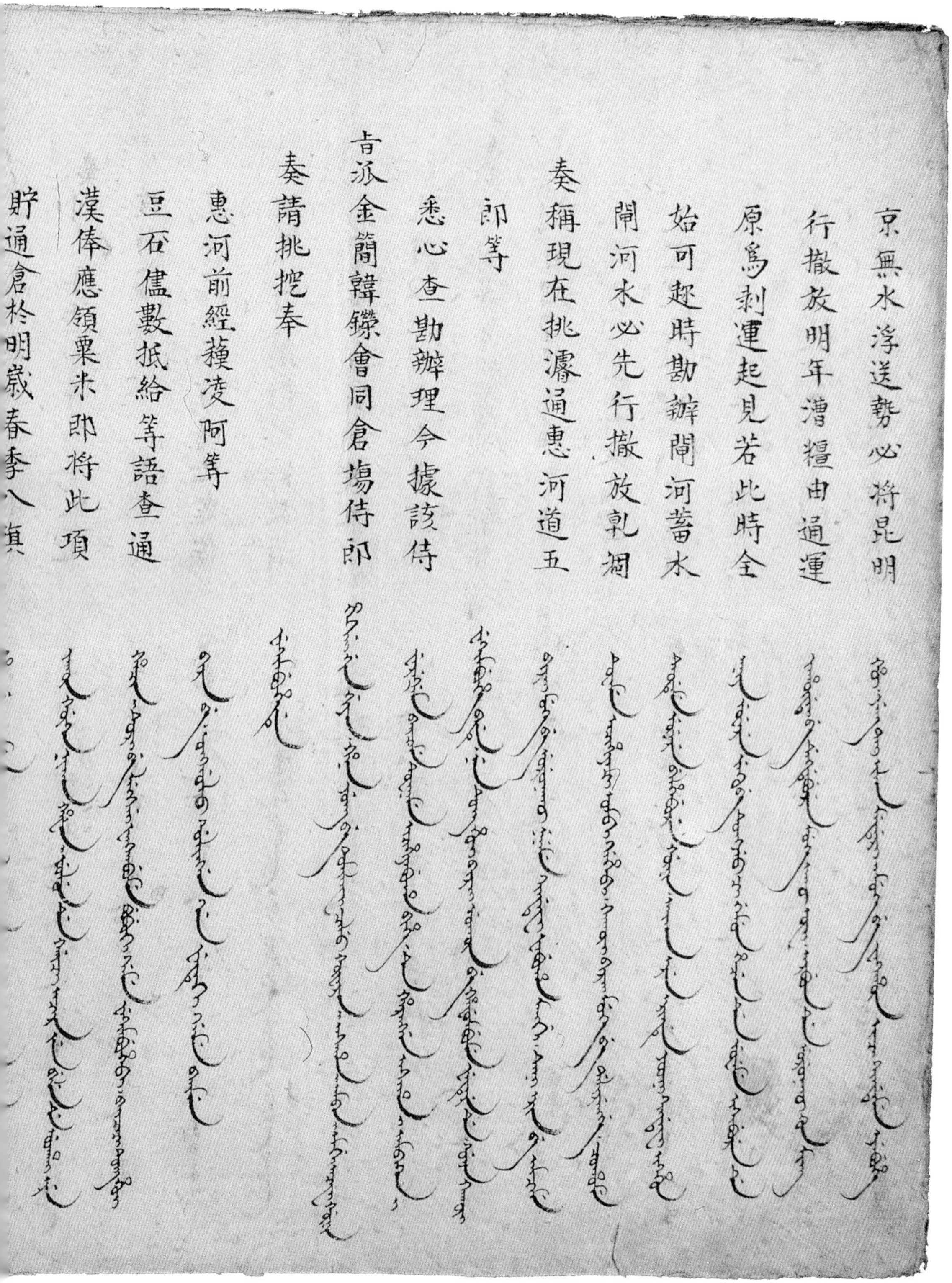

京無水浮送勢必將昆明
行撤放明年漕糧由通運
原為剩運起見若此時全
始可趕時勘辦閘河蓄水
閘河水必先行撤放乾涸
奏稱現在挑濬通惠河道五
郎等
悉心查勘辦理今據該侍
旨派金簡韓鑅會同倉場侍郎
奏請挑挖奉
惠河前經穫凌阿等
豆石儘數抵給等語查通
漢俸應領粟米即將此項
貯通倉於明歲春季八旗

奏摺檔　滿漢合璧

寫本。彙錄乾隆年間和珅等臣工奏摺。

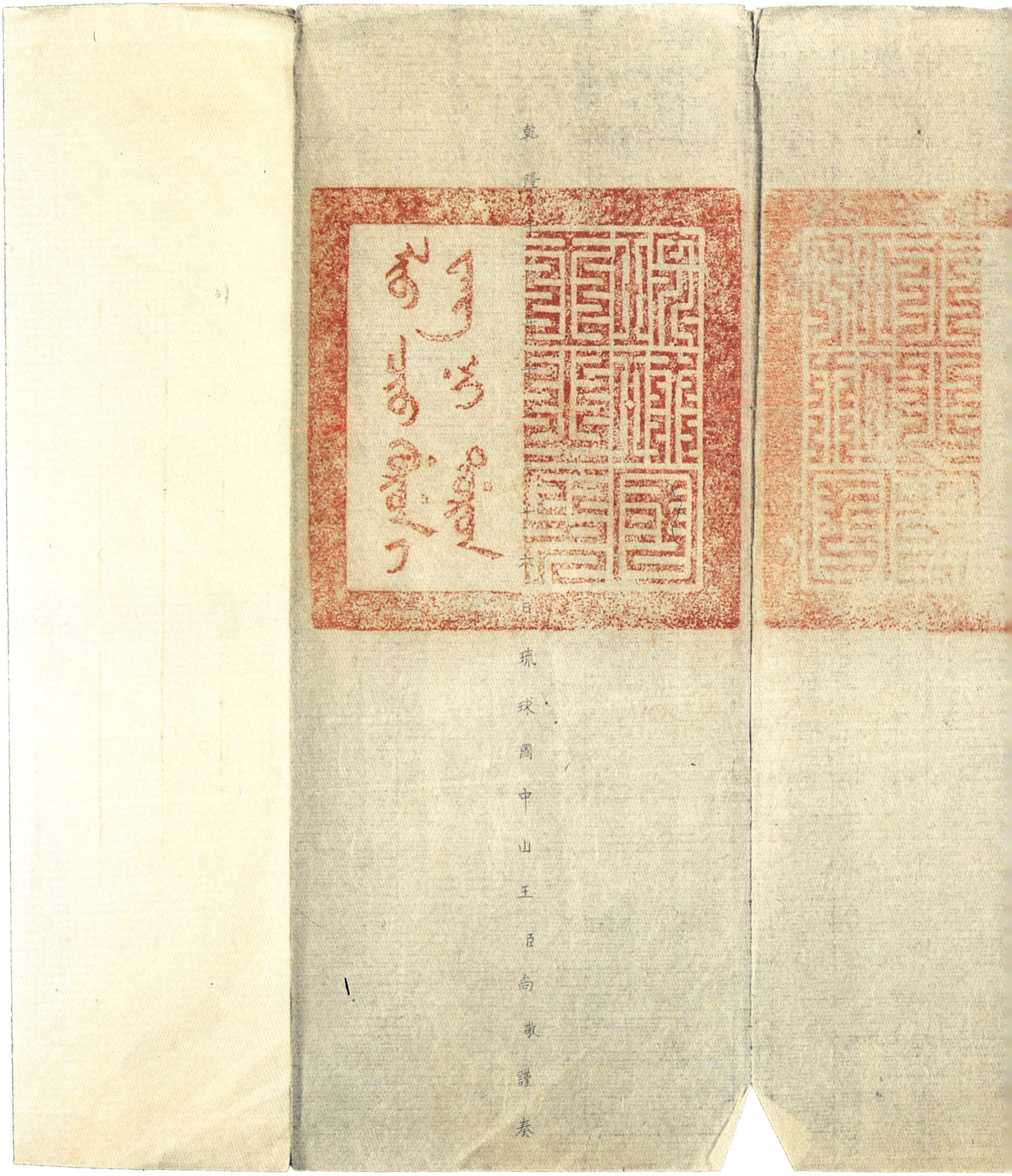
琉球國中山王臣尚敬謹奏

琉球國中山王奏摺　滿漢合璧

乾隆十一年（1746）寫本，經摺裝。

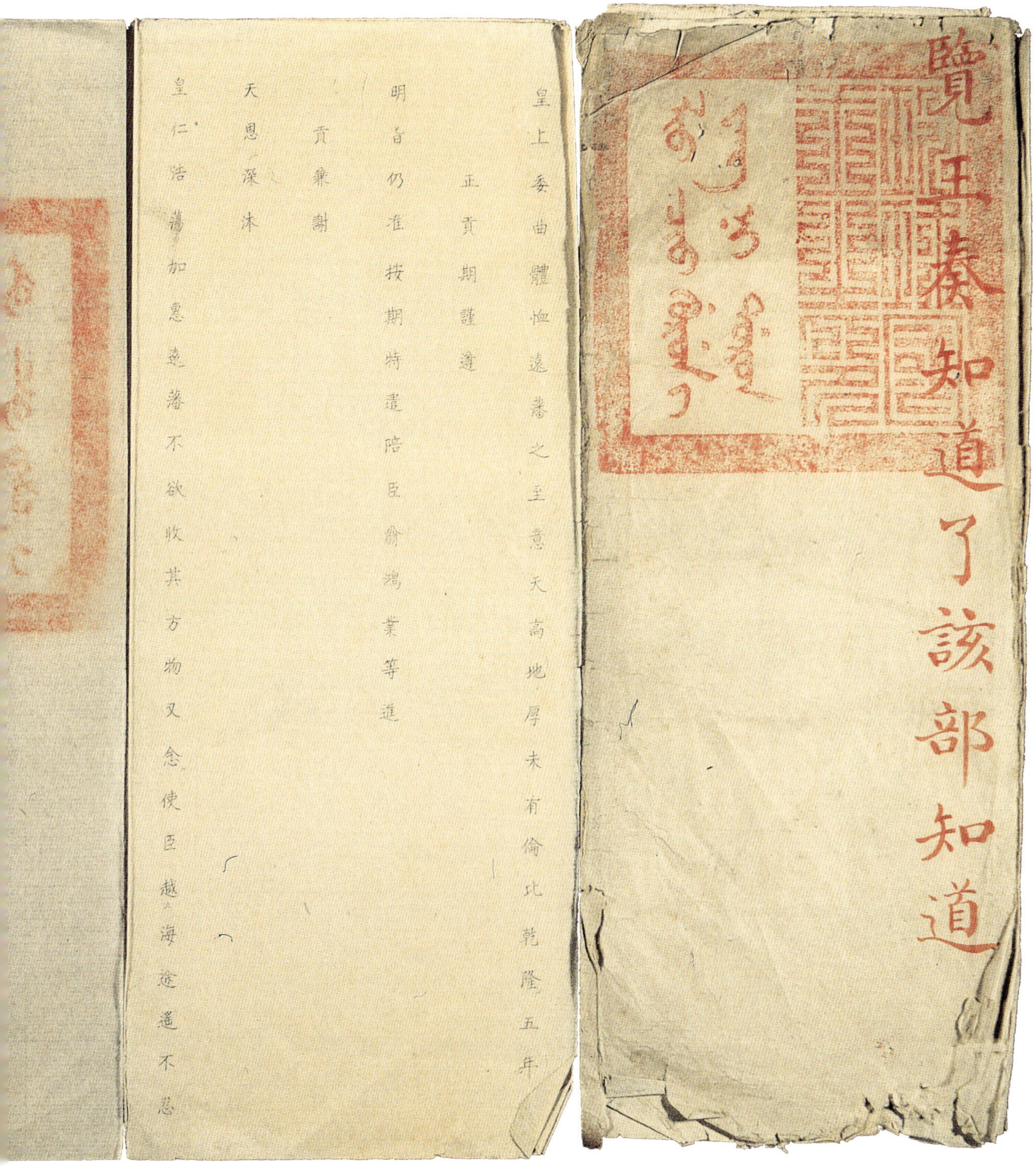

覽王奏知道了該部知道

皇上委曲體恤遠藩之至意天高地厚未有倫比乾隆五年
正貢期謹遣
明旨仍准按期特遣陪臣俞鴻業等進
貢兼謝
天恩深沐
皇仁浩蕩加惠遠藩不欲收其方物又念使臣越海遙遠不忍

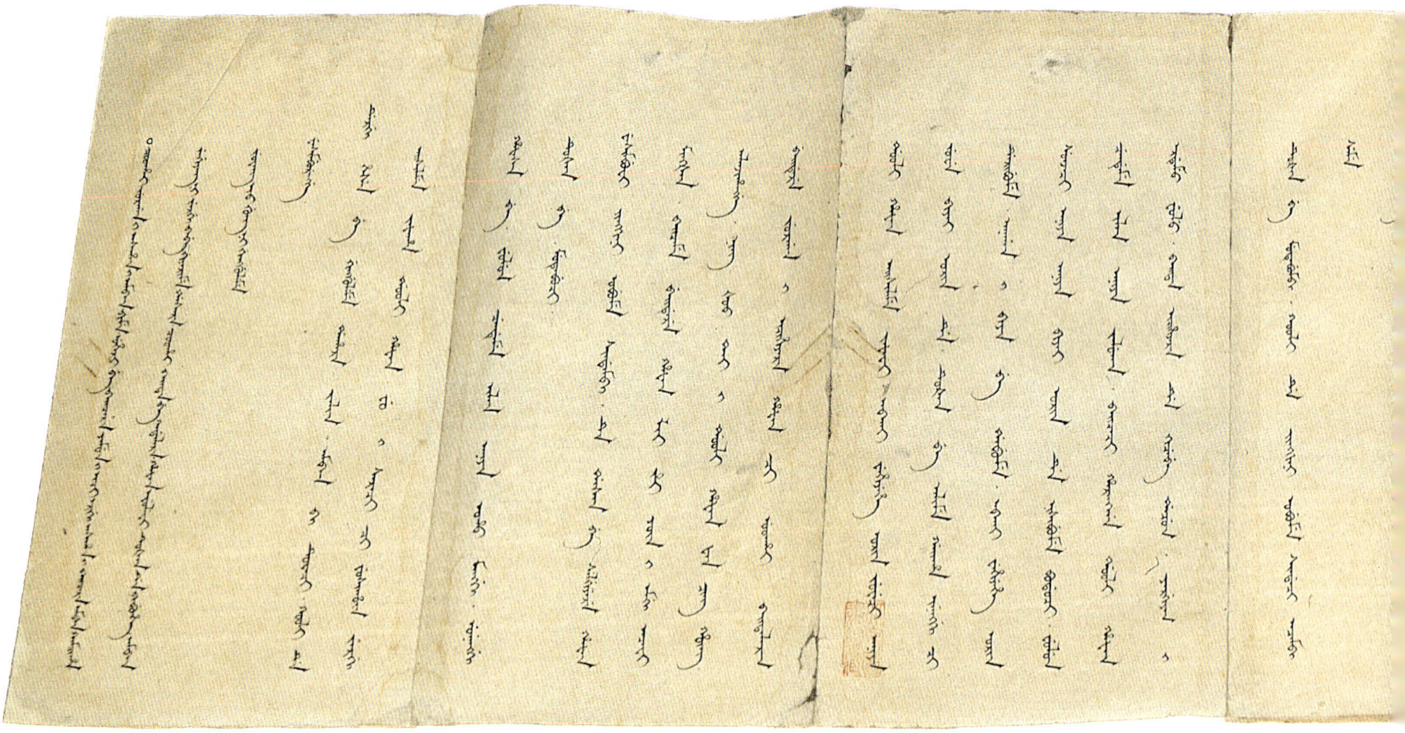

莊有恭題本 滿漢合璧

乾隆二十五年（1760）二月二十九日寫本，經摺裝。

該部議奏

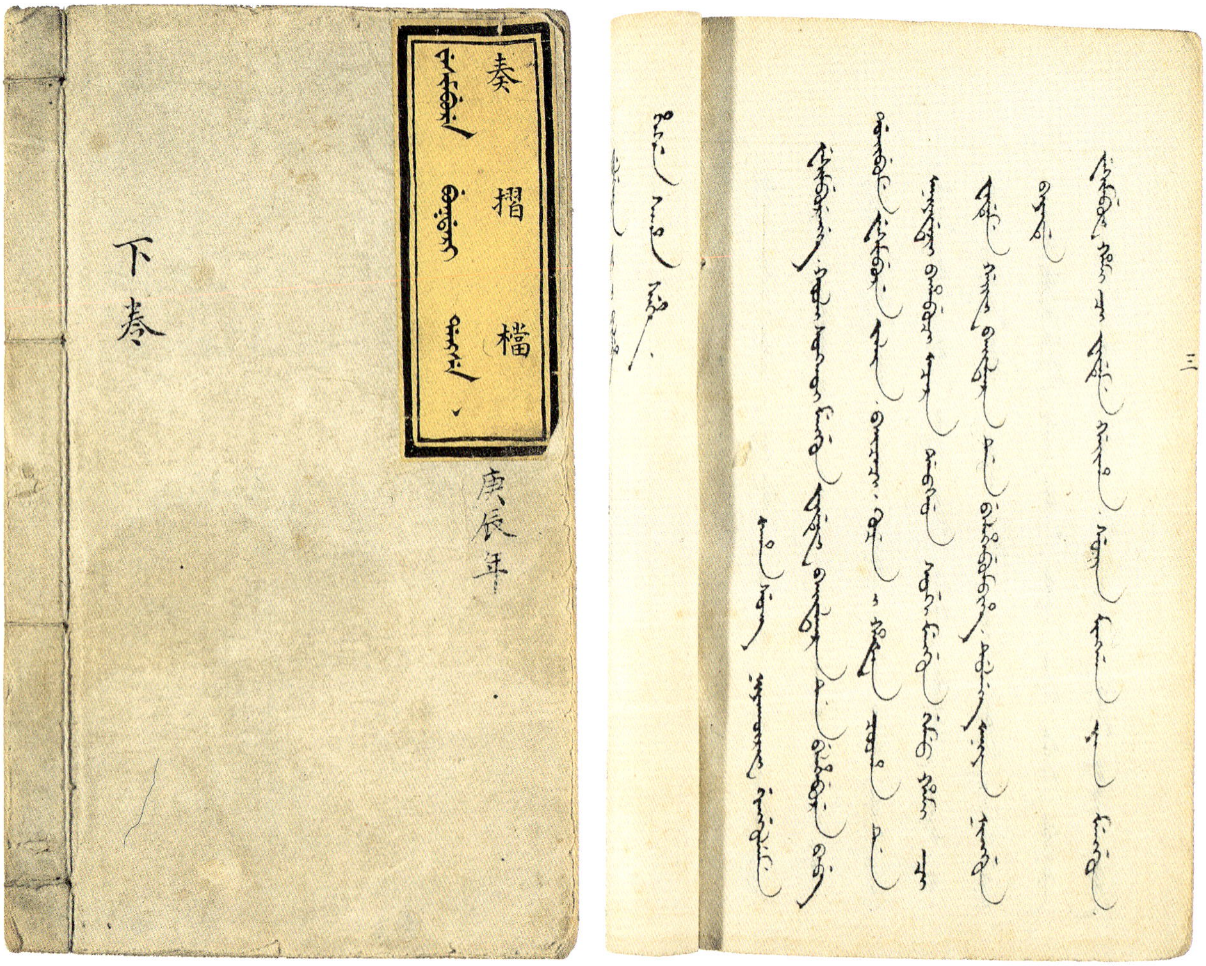
奏摺檔
下卷
庚辰年
三

奏摺檔　滿文

寫本。錄嘉道間松安奏本。

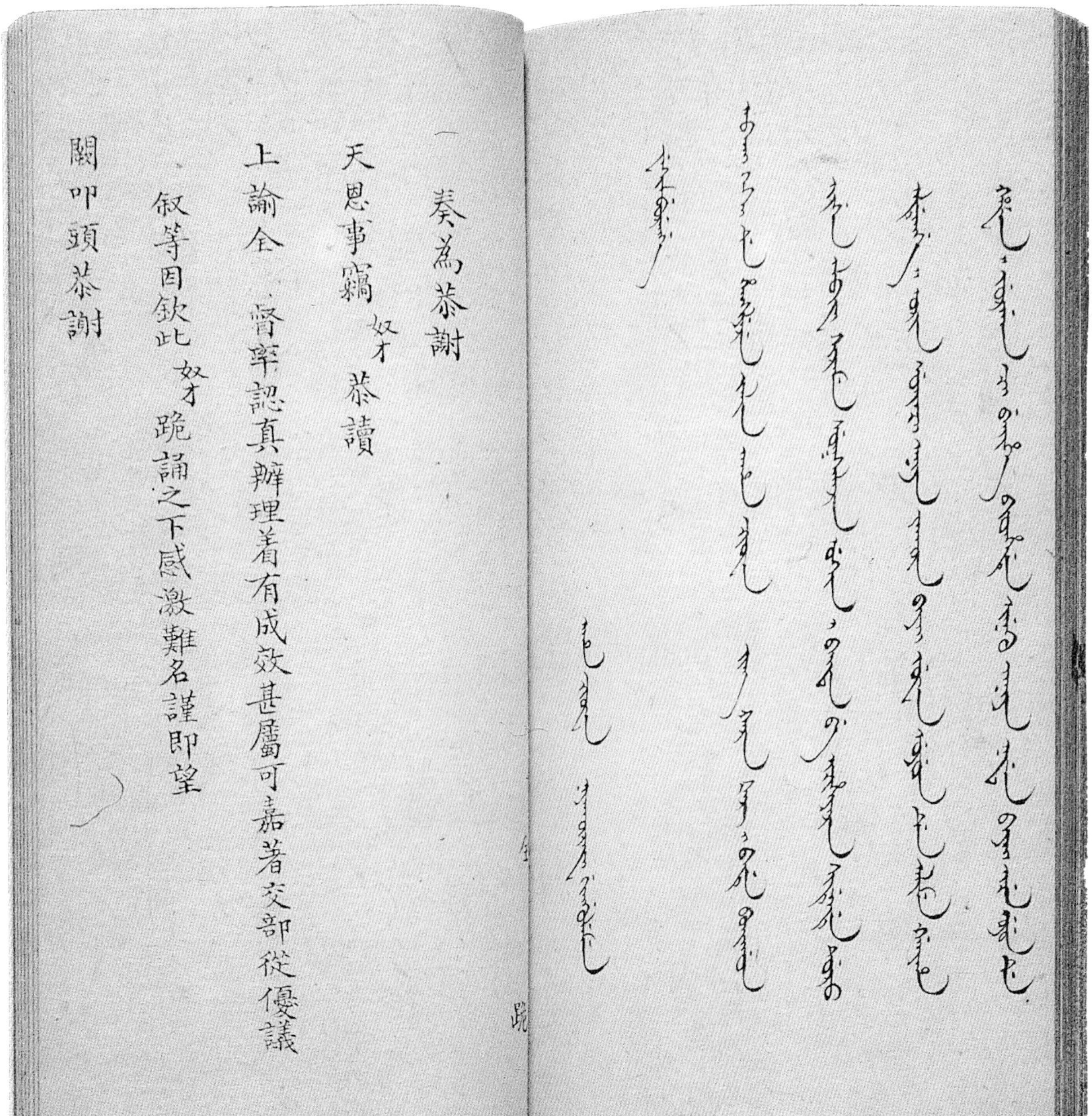

全文恪奏稿（之一） 滿漢合璧

全慶撰，寫本。録道光十三年至咸豐十一年（1833—1861）奏稿。

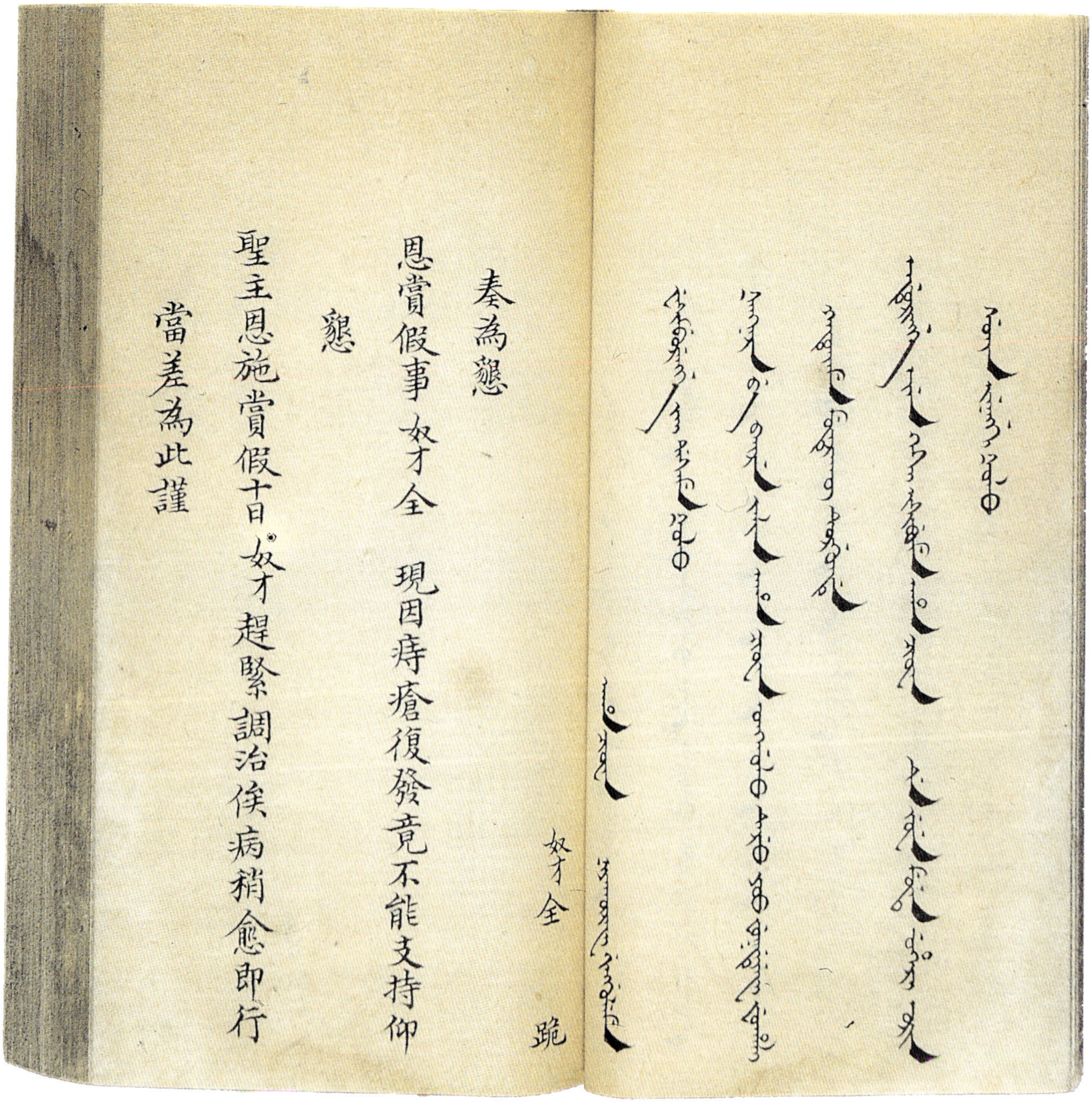

奴才全 跪
奏為懇
恩賞假事 奴才全 現因痔瘡復發竟不能支持仰
懇
聖主恩施賞假十日。奴才趕緊調治俟病稍愈即行
當差為此謹

全文恪奏稿（之二）

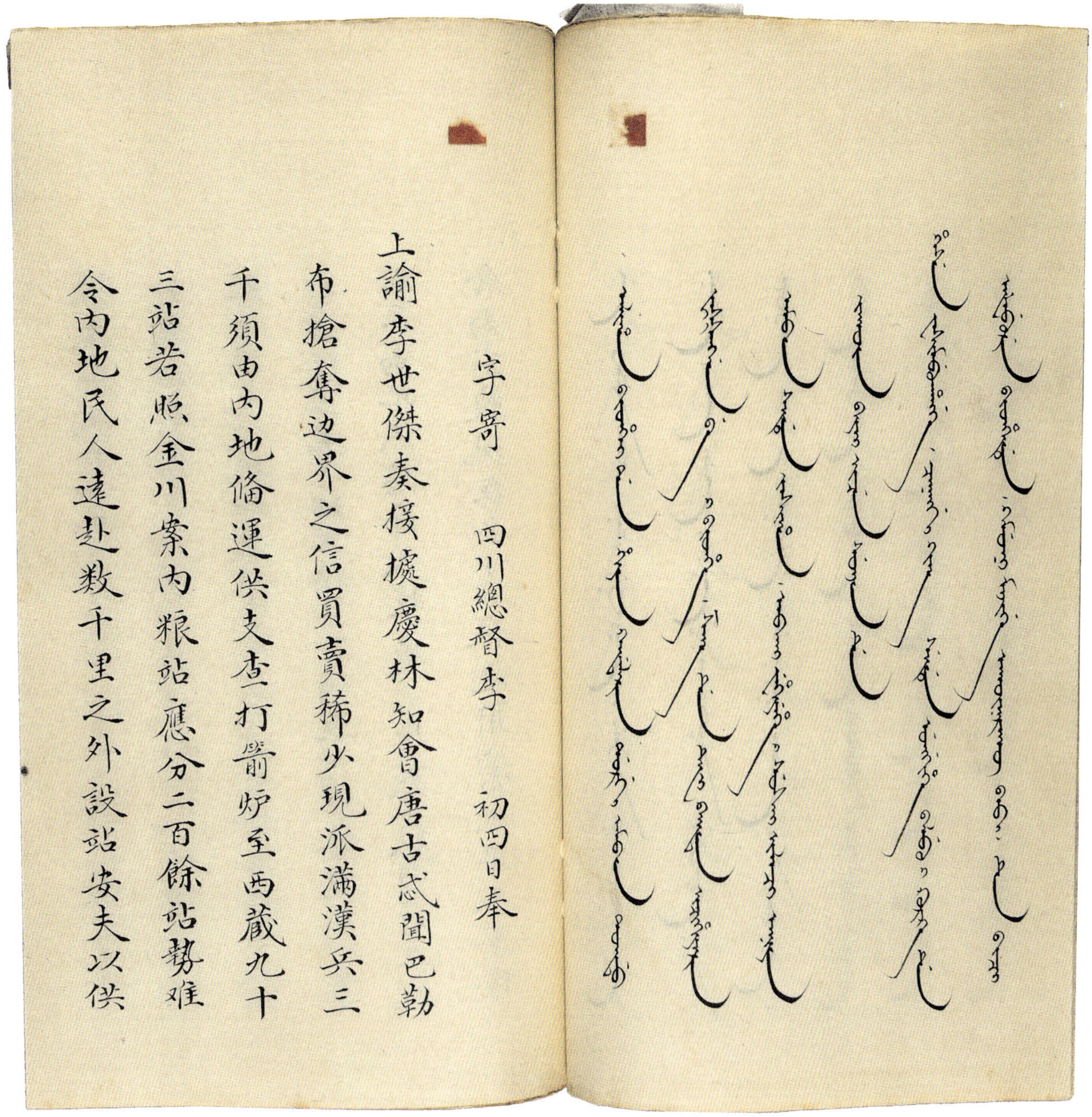

字寄　四川總督李　初四日奉
上諭李世傑奏接據慶林知會唐古忒聞巴勒
布搶奪边界之信買賣稀少現派滿漢兵三
千須由内地備運供支查打箭炉至西藏九十
三站若照金川案内粮站應分二百餘站勢难
令内地民人遠赴数千里之外設站安夫以供

諭摺檔　滿漢合璧

寫本。彙錄乾隆四十八年至嘉慶十三年（1783–1808）有關西藏事務上諭、題奏。

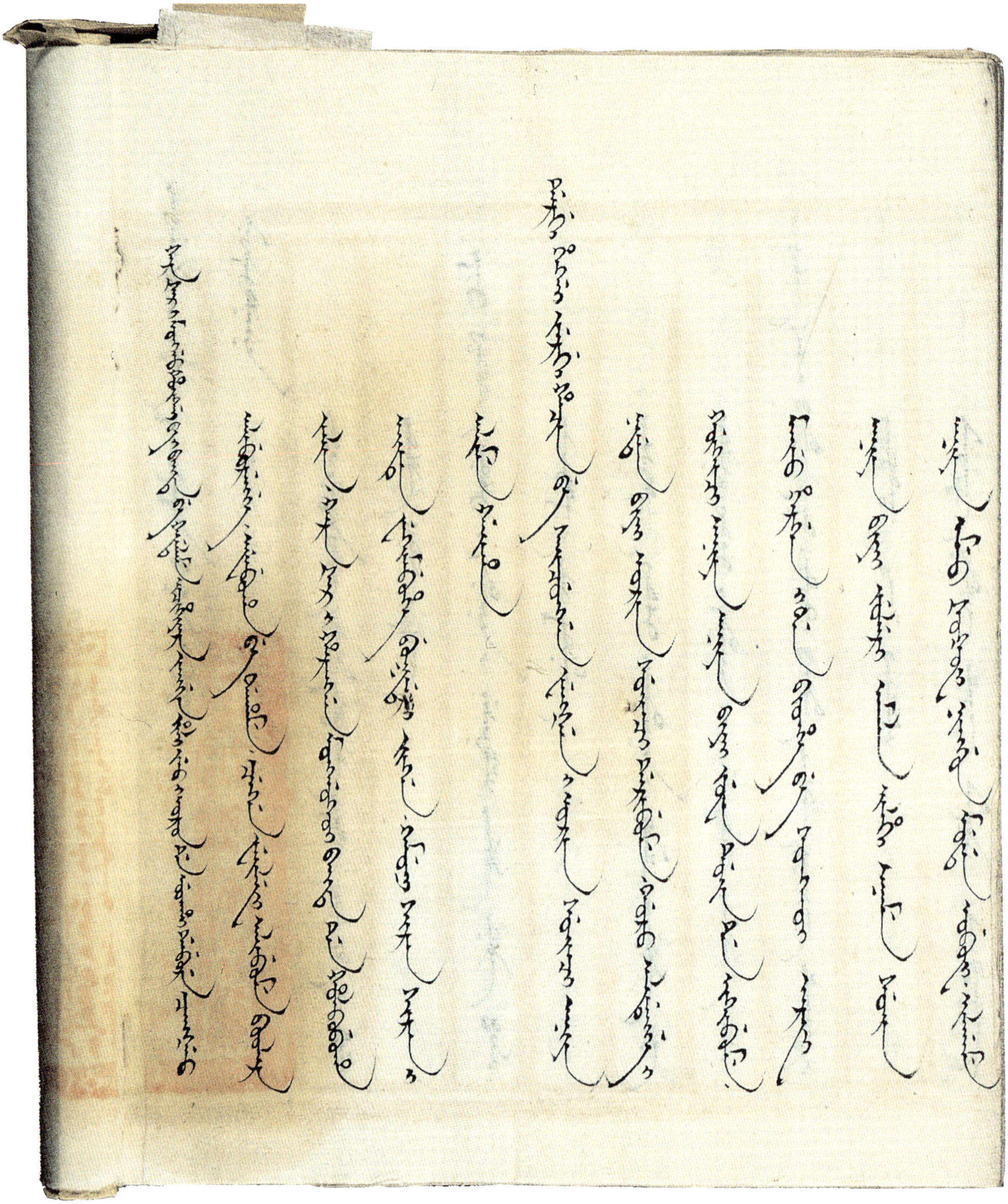

喀喇沙爾呈冊（之一）　滿文

道光三十年（1850）寫本。錄嘉慶二十五年至道光十年（1820–1830）有關回疆事務上諭、奏摺。

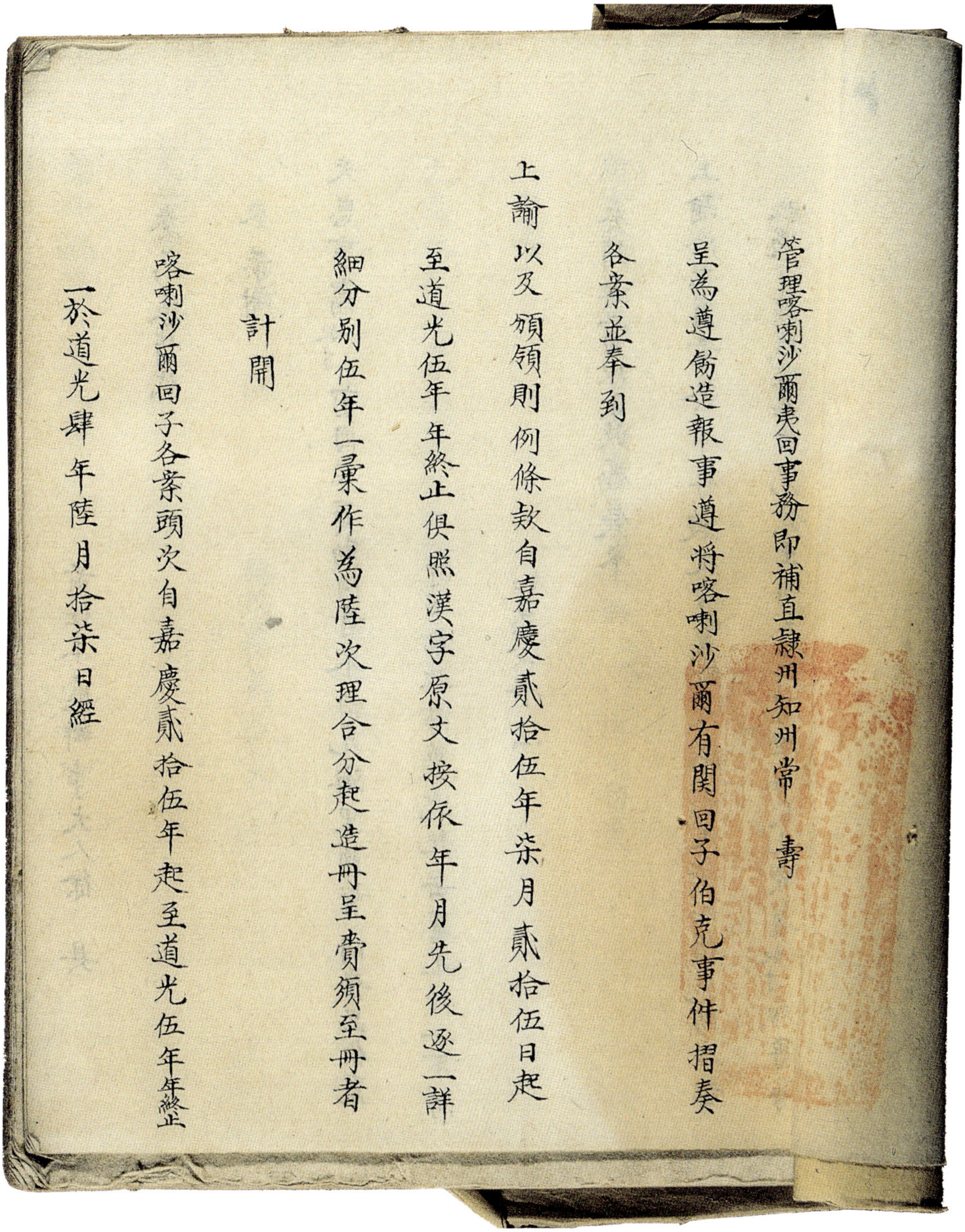
管理喀喇沙爾夷回事務即補直隸州知州常　壽
呈為遵飭造報事遵將喀喇沙爾有關回子伯克事件摺奏
各案並奉到
上諭以及頒領則例條款自嘉慶貳拾伍年柒月貳拾伍日起
至道光伍年年終止俱照漢字原文按依年月先後逐一詳
細分別伍年一彙作為陸次理合分起造冊呈賷須至冊者
計開
喀喇沙爾回子各案頭次自嘉慶貳拾伍年起至道光伍年年終止
一於道光肆年陸月拾柒日經

喀喇沙爾呈冊（之二）

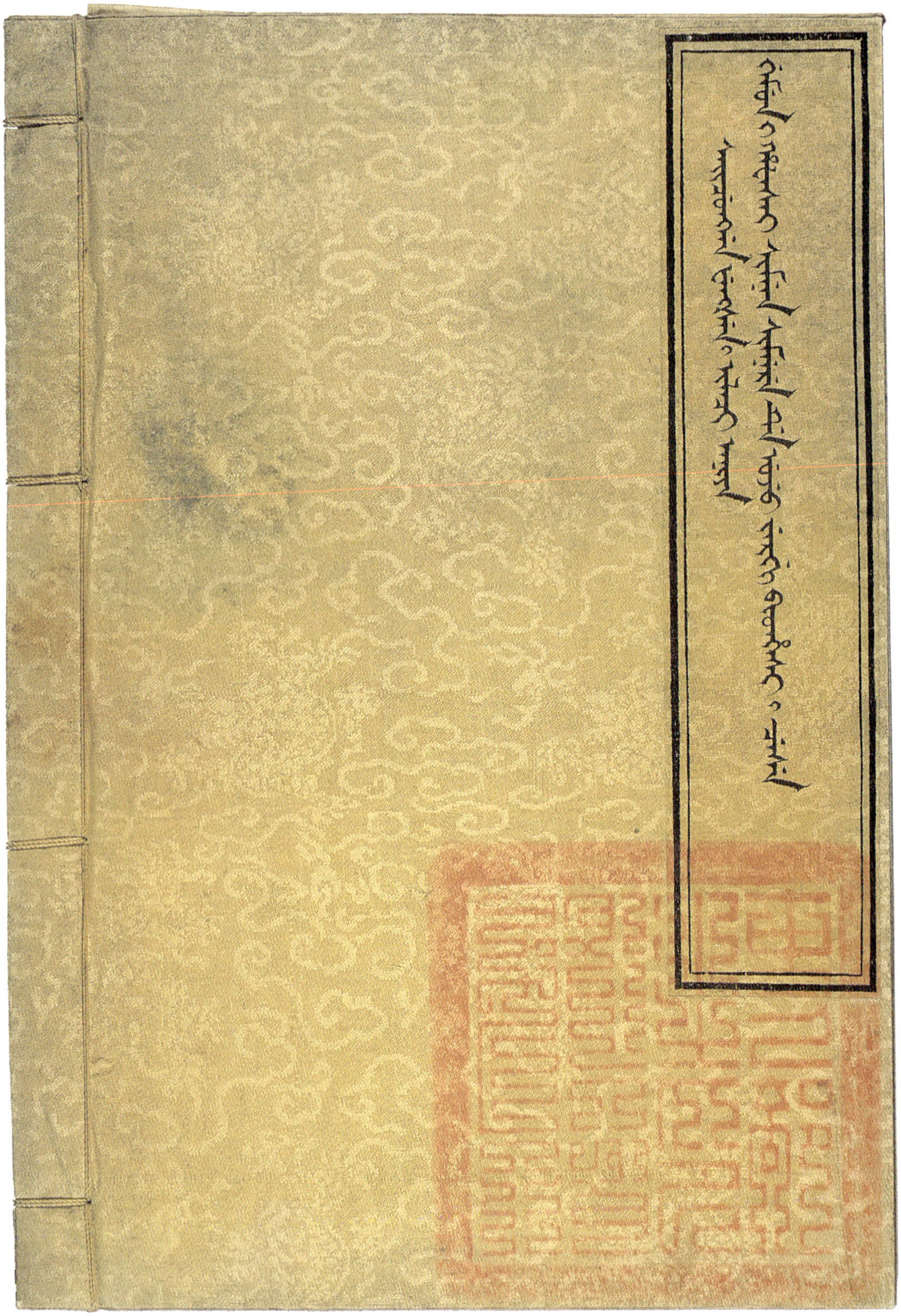

京察一等筆帖式冊 滿文

嘉慶三年（1798）寫本。

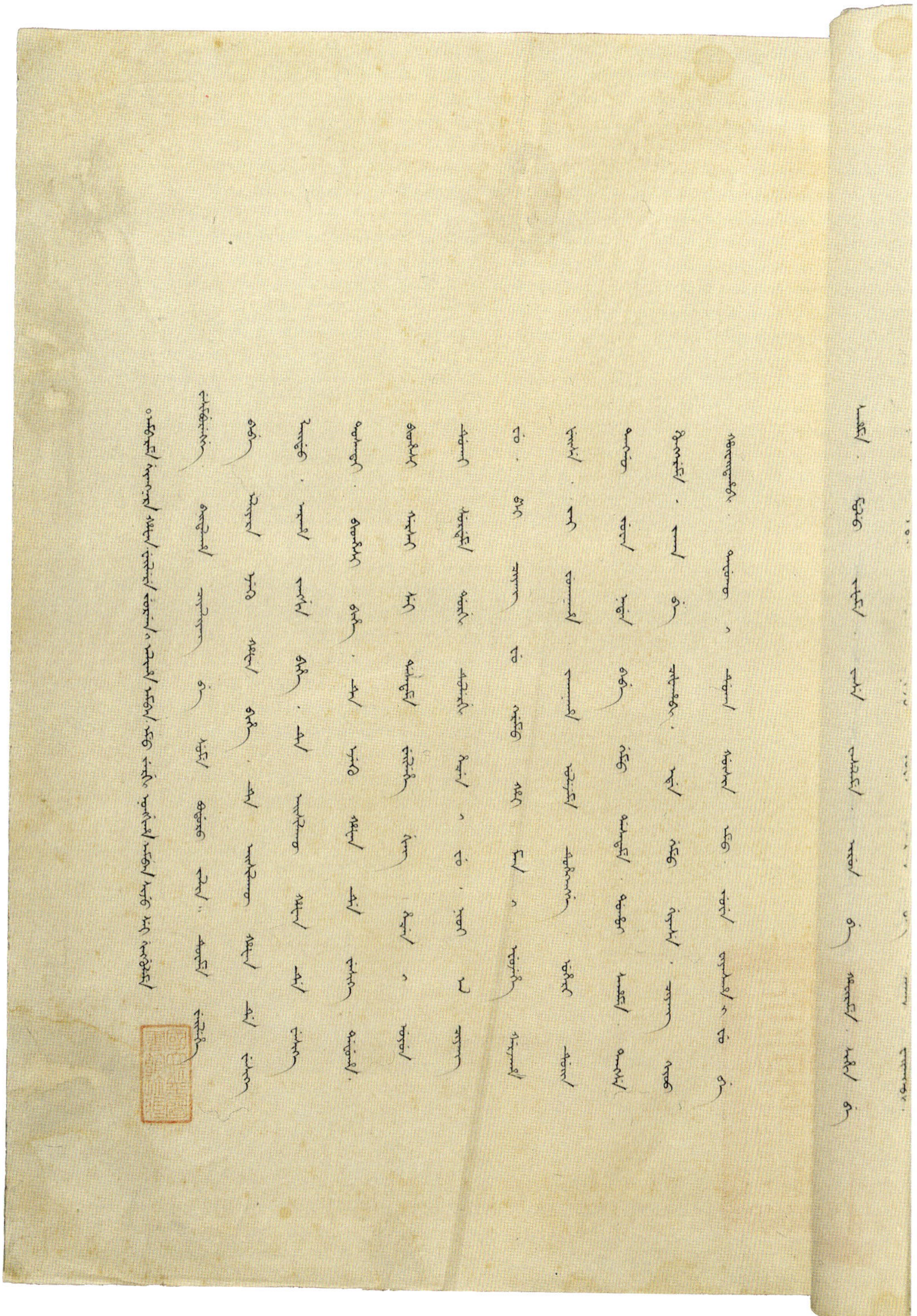

工部修繕京師城牆銷算錄清冊 滿文

康熙二十九年（1690）寫本。

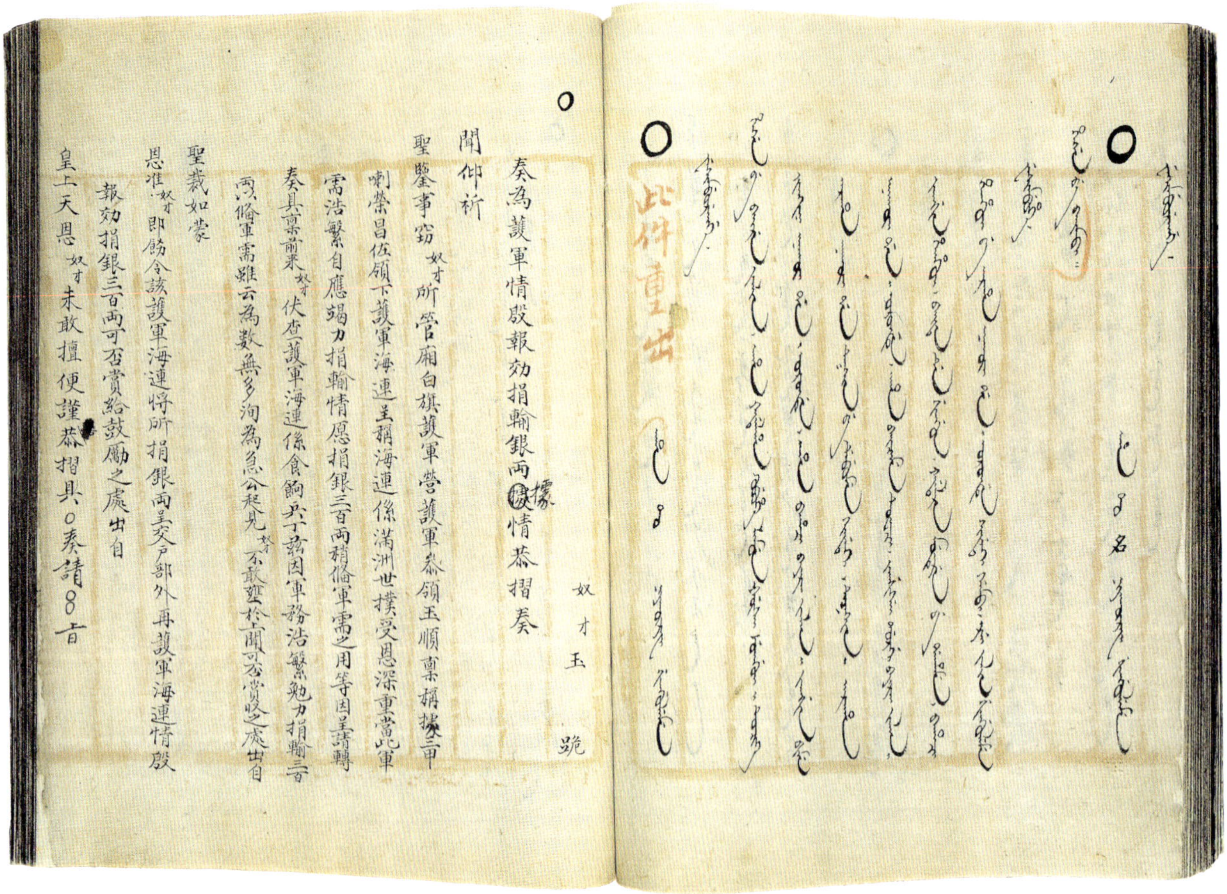
此件重出
奴才玉　跪
奏為護軍情殷報効捐輸銀兩懷情恭摺奏
聞仰祈
聖鑒事竊奴才所管廂白旗護軍營護軍參領玉順稟稱據三甲
喇榮昌佐領下護軍海運呈稱海運係滿洲世僕受恩深重當此軍
需浩繁自應竭力捐輸情願捐銀三百兩稍備軍需之用等因呈請轉
奏具稟前來奴才伏查護軍海運係食餉兵丁茲因軍務浩繁勉力捐輸三百
兩以備軍需雖云為數無多洵為急公起見奴才不敢壅於上聞可否賞收之處出自
聖裁如蒙
恩准奴才即飭令該護軍海運將所捐銀兩呈交戶部外再護軍海運情殷
報効捐銀三百兩可否賞給鼓勵之處出自
皇上天恩奴才未敢擅便謹恭摺具○奏請8旨

鑲白旗護軍營奏摺檔　滿漢合璧

光緒寫本。

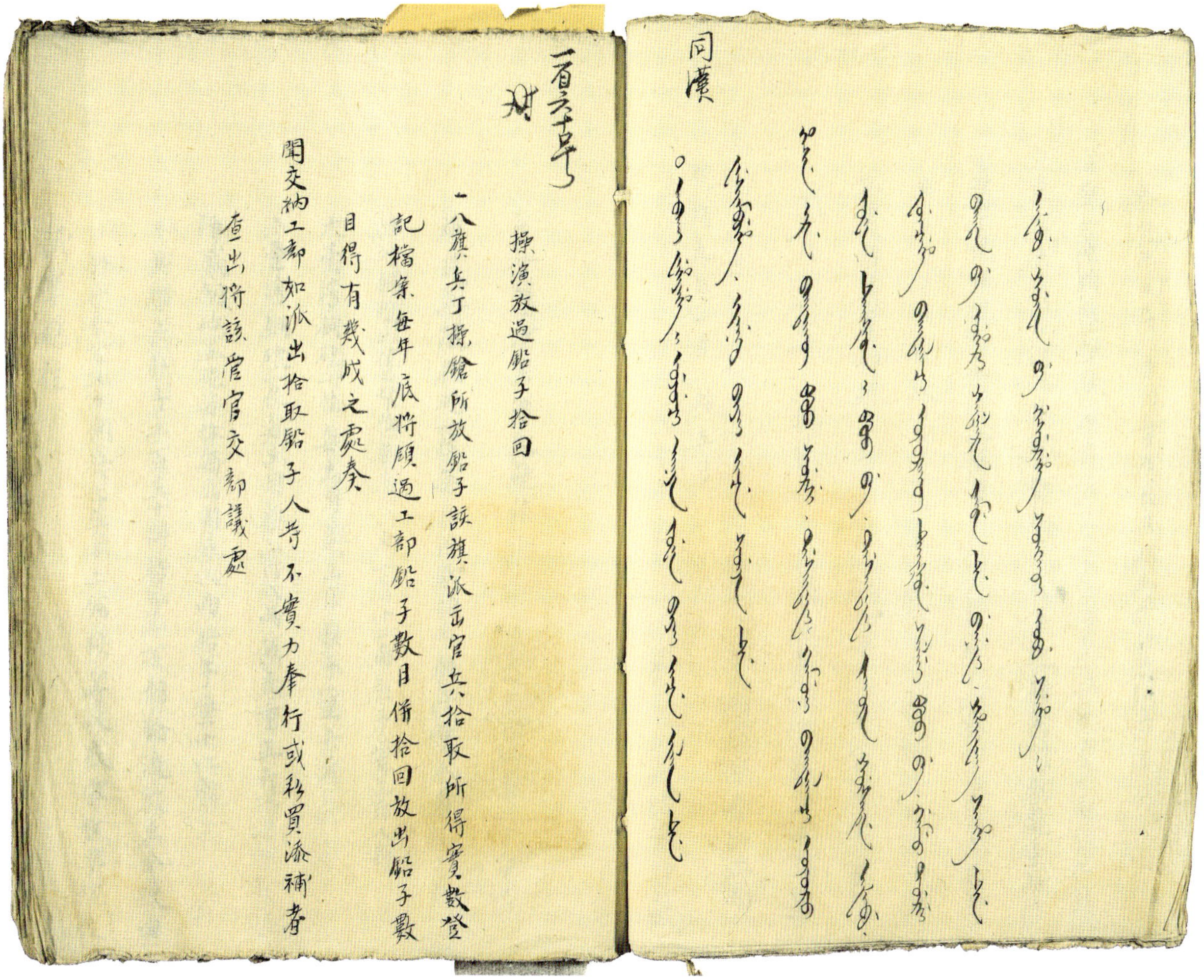

正黃旗漢軍造送續添則例冊檔 滿漢合璧

乾隆十三年（1748）寫本。

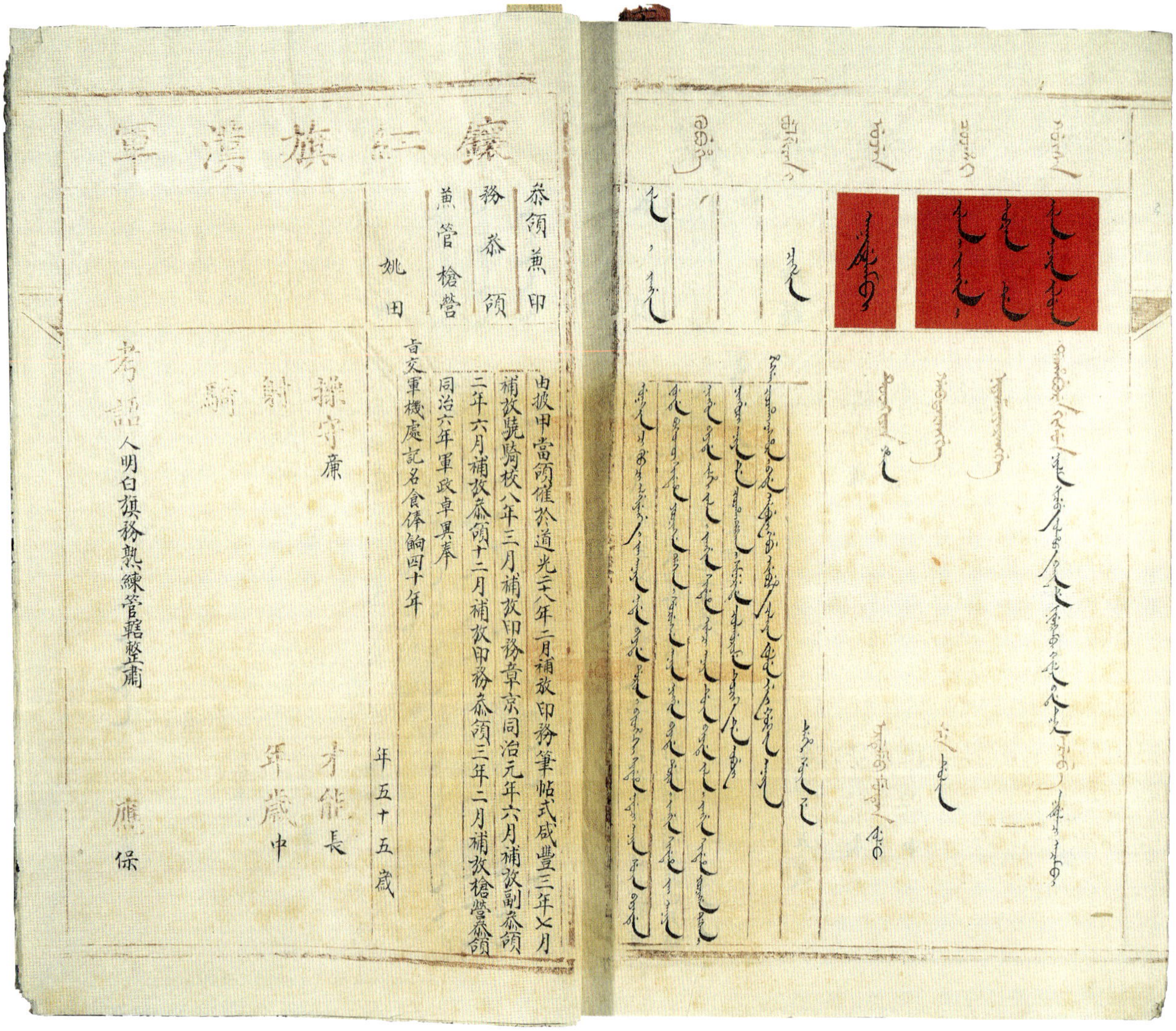

鑲紅旗漢軍應軍政官員職銜冊 滿漢合璧

同治寫本，朱印表格。

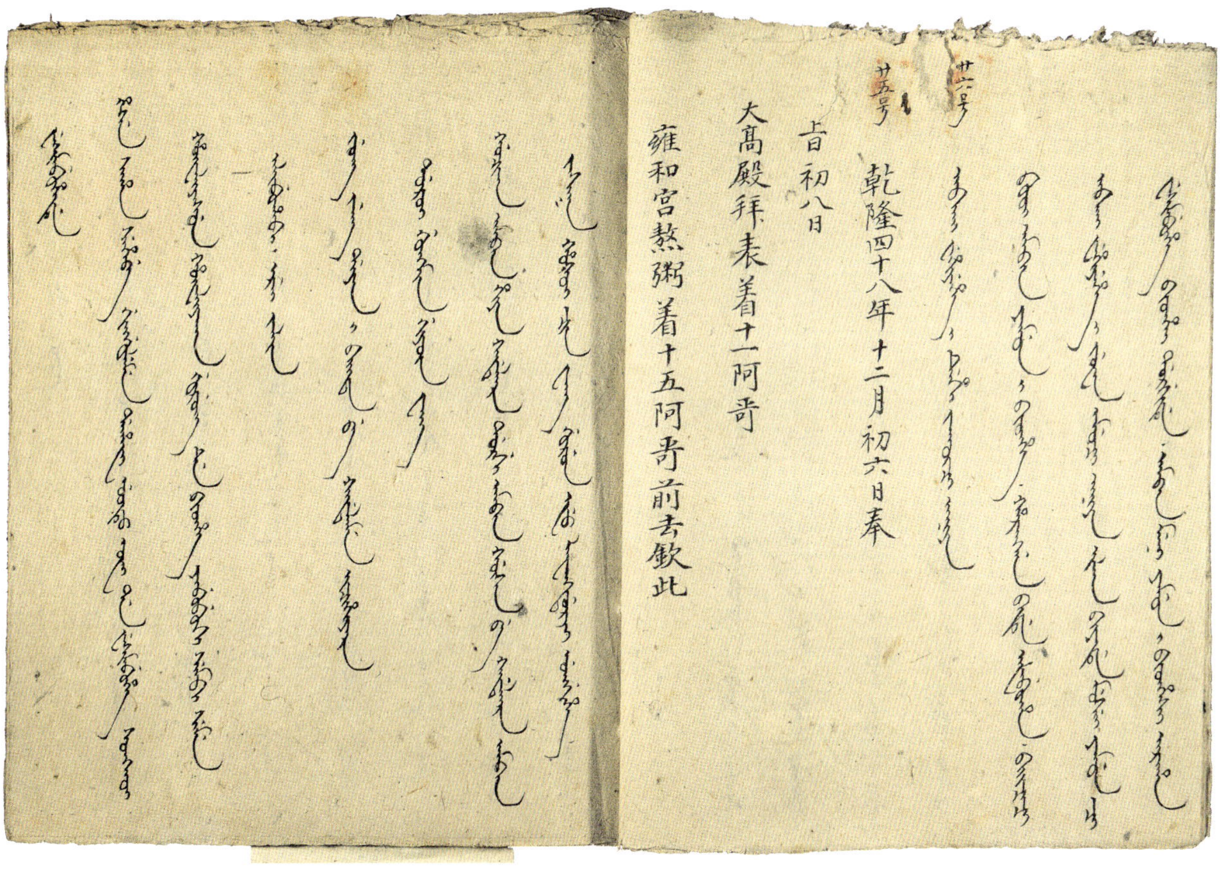
廿六号
廿五号
乾隆四十八年十二月初六日奉
旨初八日
大高殿拜表着十一阿哥
雍和宮熬粥着十五阿哥前去欽此

雍和宮檔　滿漢合璧

乾隆寫本。

正黄滿洲旗德敏佐領下族長七十一印軸 滿文

乾隆七年（1742）寫本，卷軸裝。

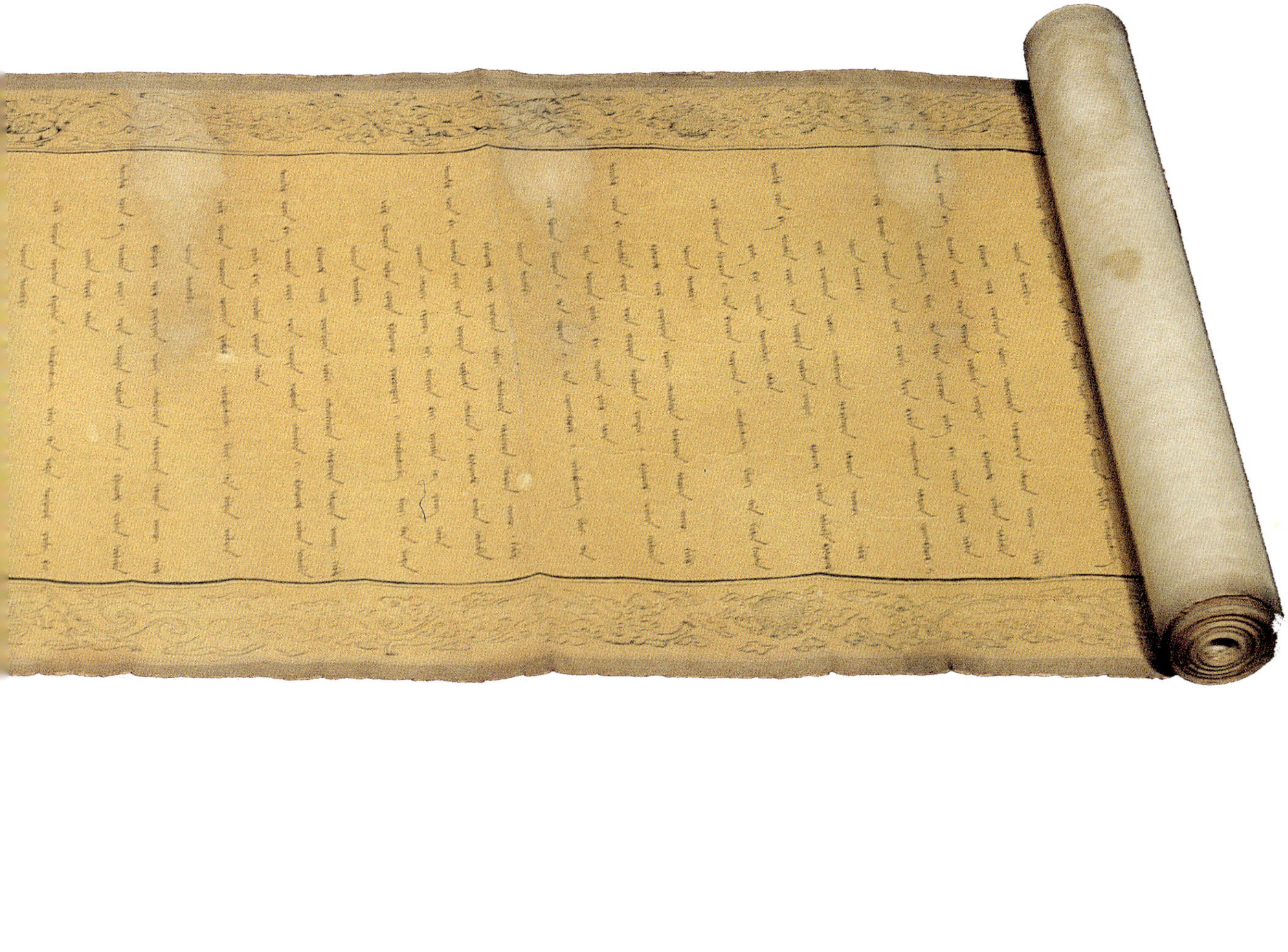

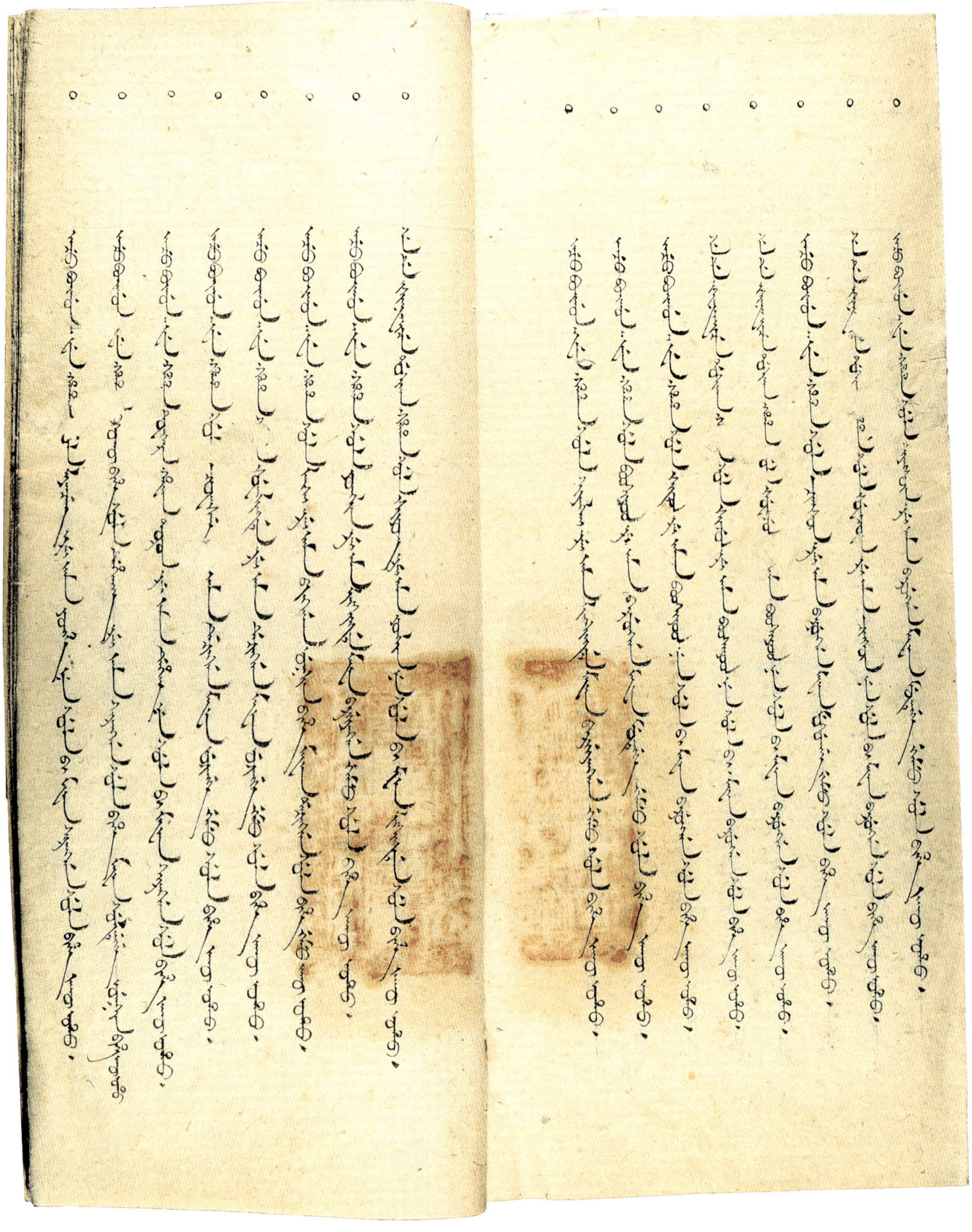

琿春地方男丁冊 滿文

寫本。

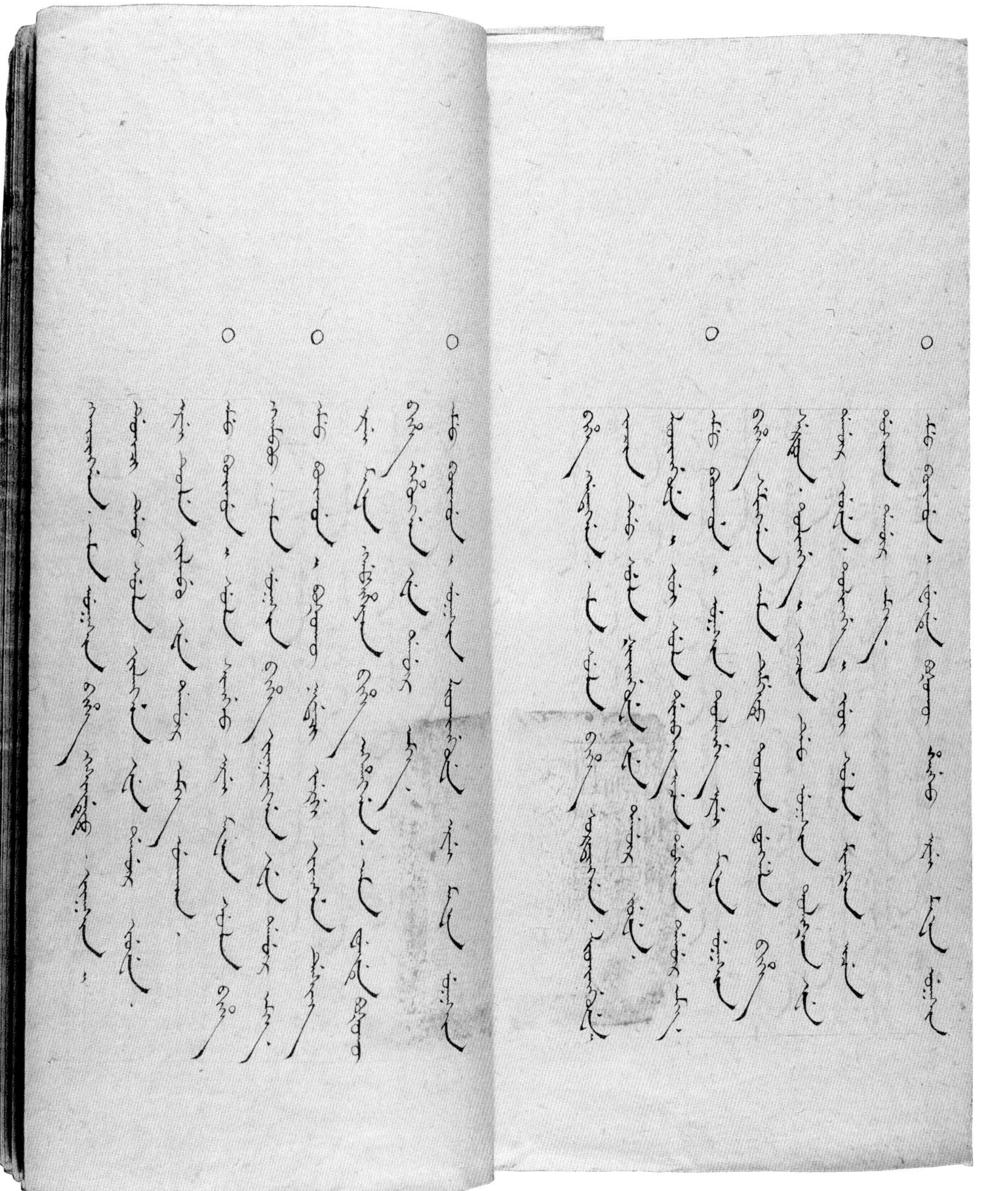

墨爾根城丁數冊　滿文

光緒二十九年（1903）寫本。

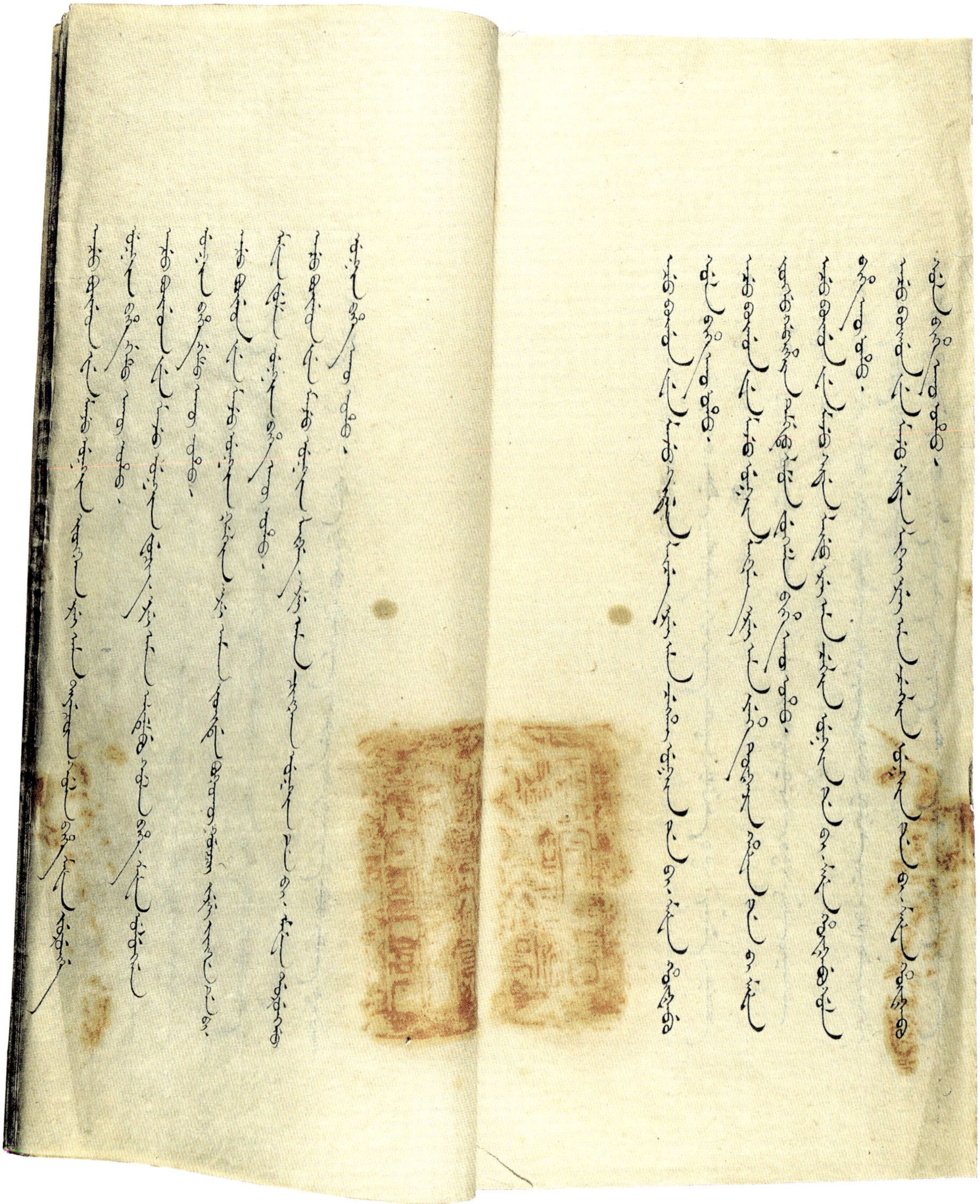

三姓諸旗男丁三代册 滿文
寫本。

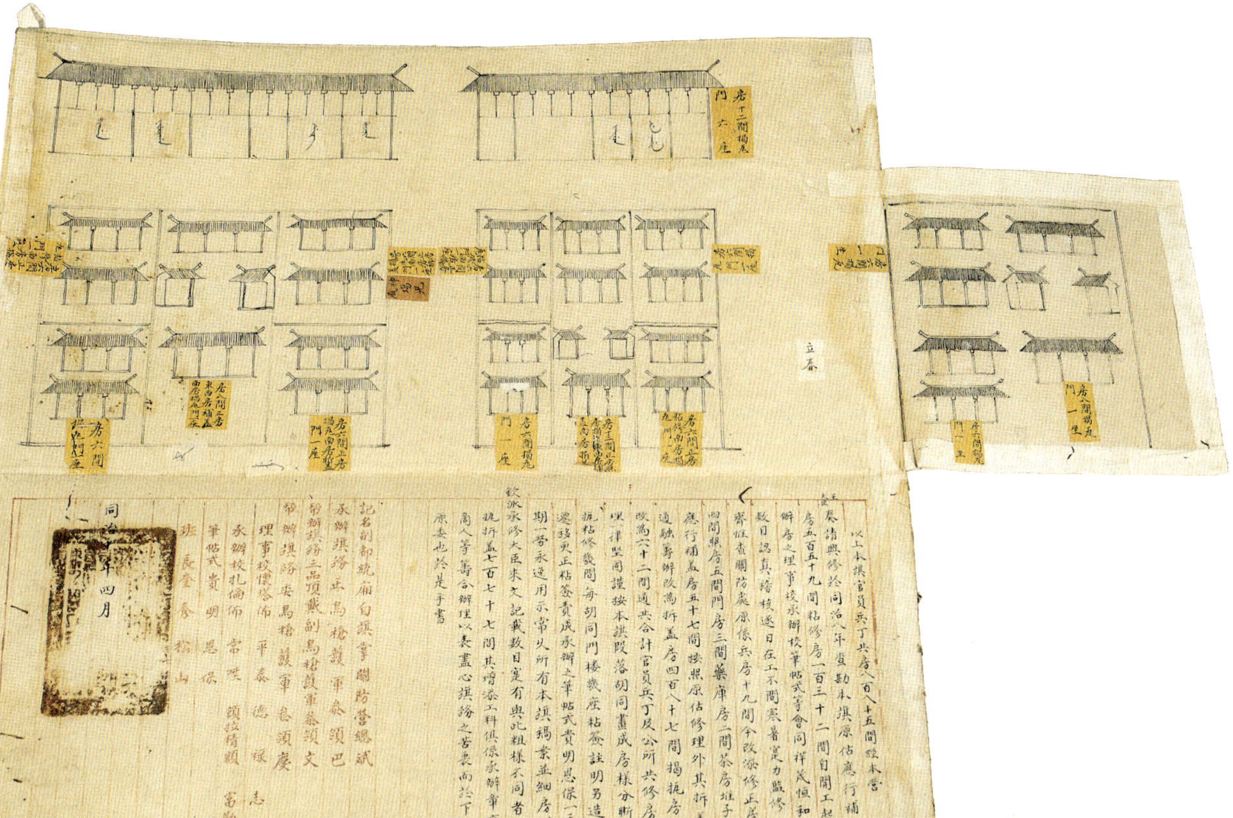

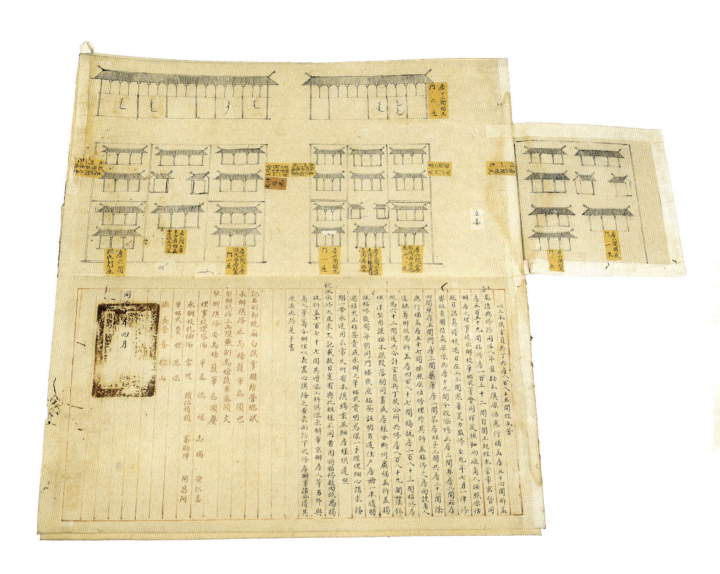

鑲白旗修房圖　滿漢合璧

同治寫繪本。

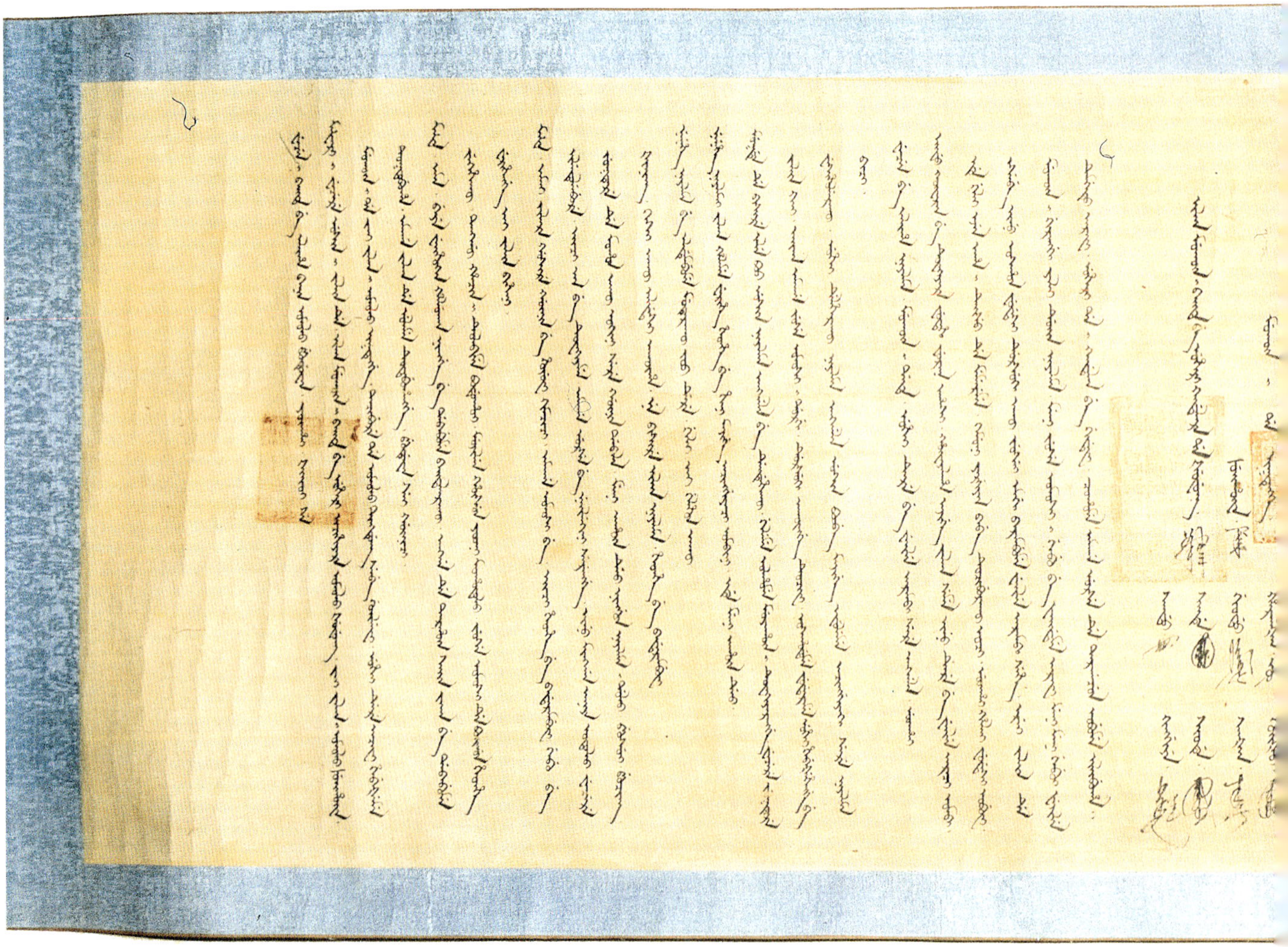

祭田公約　滿漢合璧

普端等訂，寫本，卷軸裝。

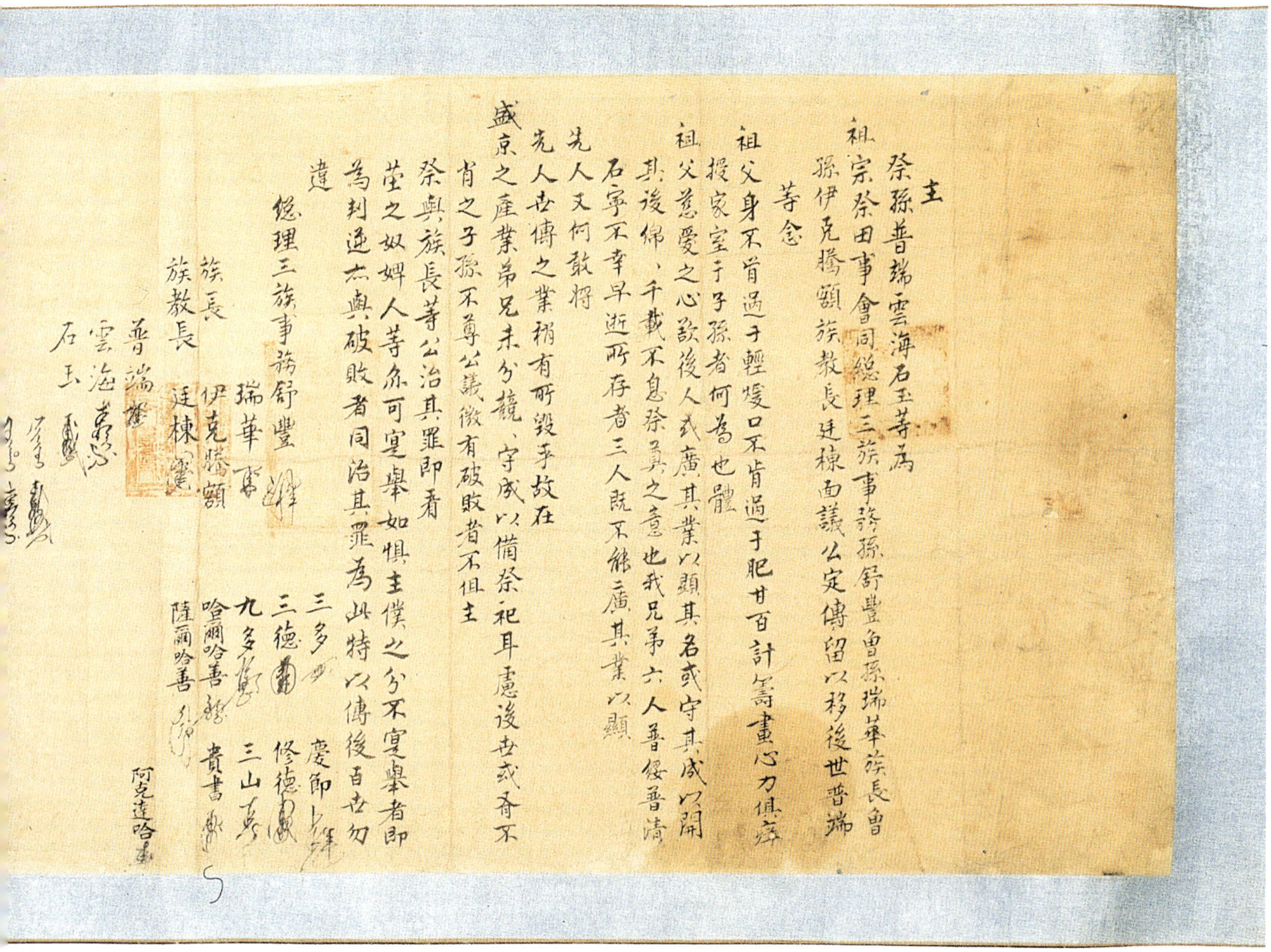

主

祭孫普瑞雲海石玉等為

祖宗祭田事會同總理三族事務孫舒豐曾孫瑞華族長曾

孫伊克騰額族教長廷棟面議公定傳留以移後世普瑞

等念

祖父身不肯過于輕煖口不肯過于肥甘百計籌畫心力俱瘁

授家室于子孫者何為也體

祖父慈愛之心欲後人式廓其業以顯其名或守其成以開

其後綿綿千載不息祭奠之意也我兄弟六人普保普清

石寧不幸早逝所存者三人既不能廣其業以顯

先人又何敢將

先人世傳之業稍有所毀乎故在

盛京之產業弟兄未分撥守成以備祭祀耳慮後世或有不

肖之子孫不尊公議微有破敗者不但主

祭與族長等公治其罪即看

塋之奴婢人等亦可寔舉如惧主僕之分不寔舉者即

為判逆亦與破敗者同治其罪為此特以傳後百世勿

違

總理三族事務舒豐

瑞華

族長 伊克騰額

族教長 廷棟

普瑞

雲海

石玉

三多 慶印

三德 修德

九多 三山

哈爾哈善 貴書

陸爾哈善

阿克達哈

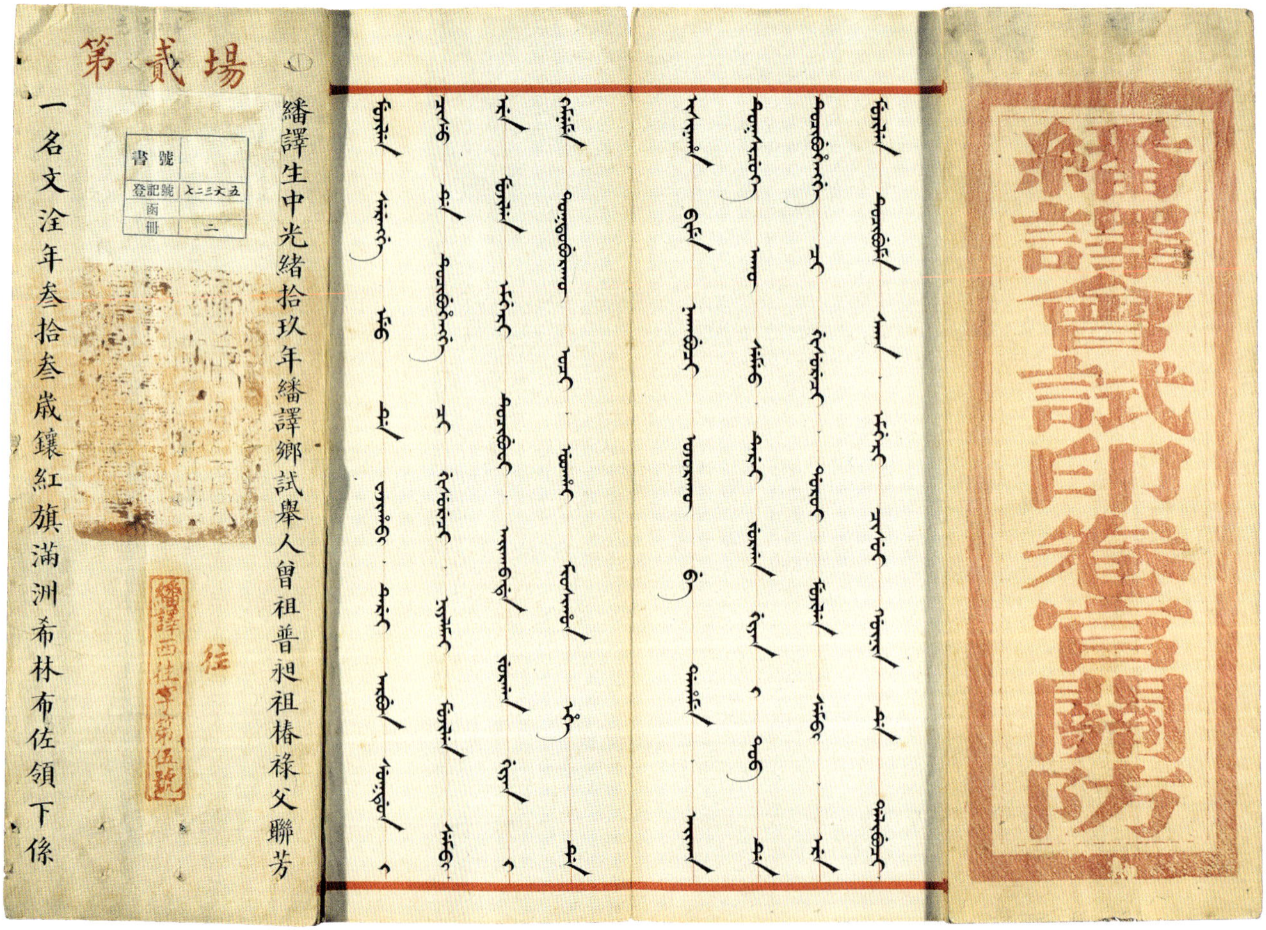
繙譯會試印卷官關防
第貳場
繙譯生中光緒拾玖年繙譯鄉試舉人曾祖普昶祖椿祿父聯芳
一名文洤年叁拾叁歲鑲紅旗滿洲希林布佐領下係
繙譯西仕字第伍號

闈墨　滿漢合璧

文洤撰，光緒寫本，經摺裝。

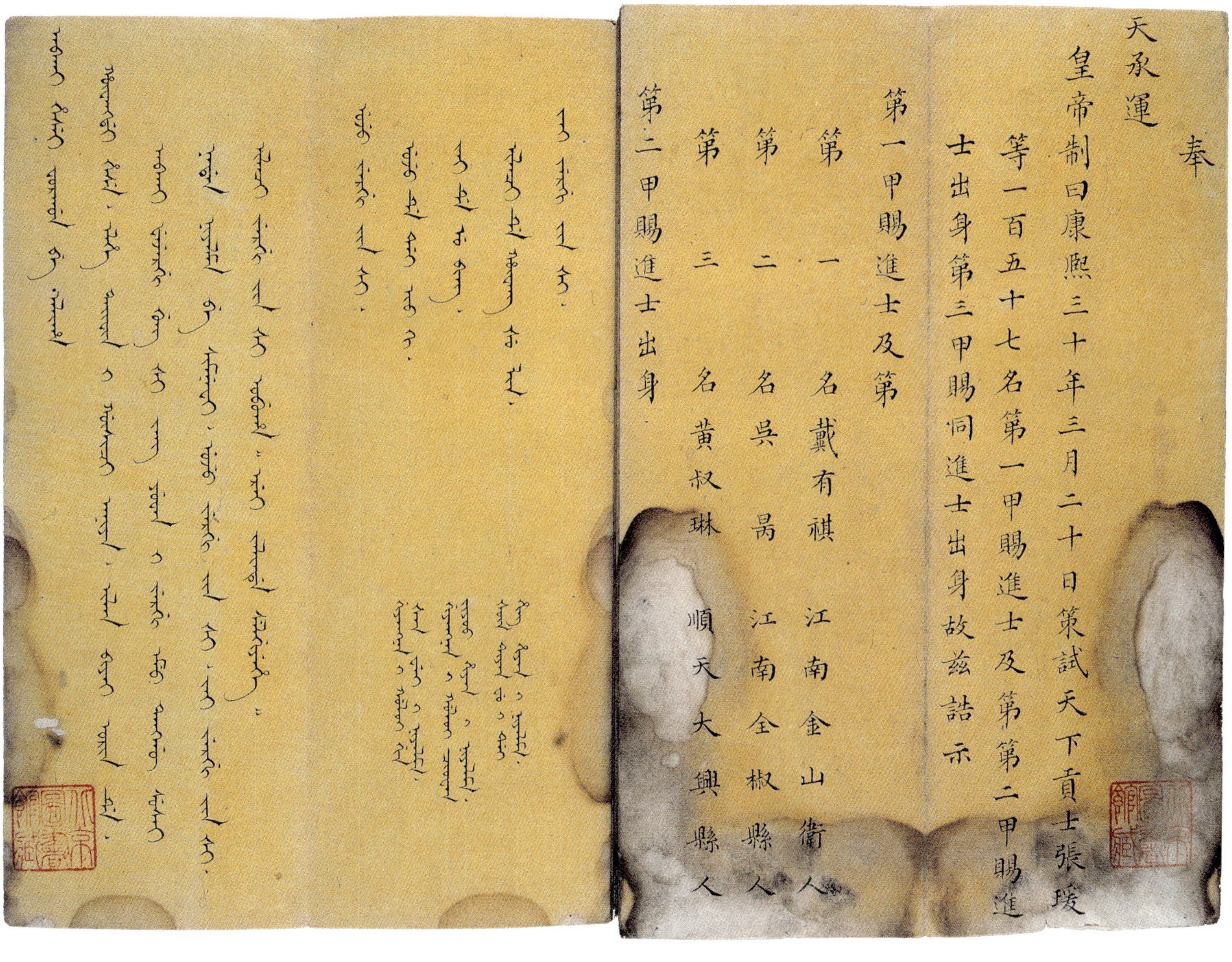
奉
天承運
皇帝制曰康熙三十年三月二十日策試天下貢士張瑗
等一百五十七名第一甲賜進士及第第二甲賜進
士出身第三甲賜同進士出身故茲誥示
第一甲賜進士及第
第一名戴有祺　江南金山衛人
第二名吳昺　江南全椒縣人
第三名黃叔琳　順天大興縣人
第二甲賜進士出身

金榜　滿漢合璧

康熙三十年（1691）寫本，經摺裝。

劉光弼誥命　滿漢合璧

崇德七年至康熙四十五年（1642—1706）五色絹寫本，卷軸裝。

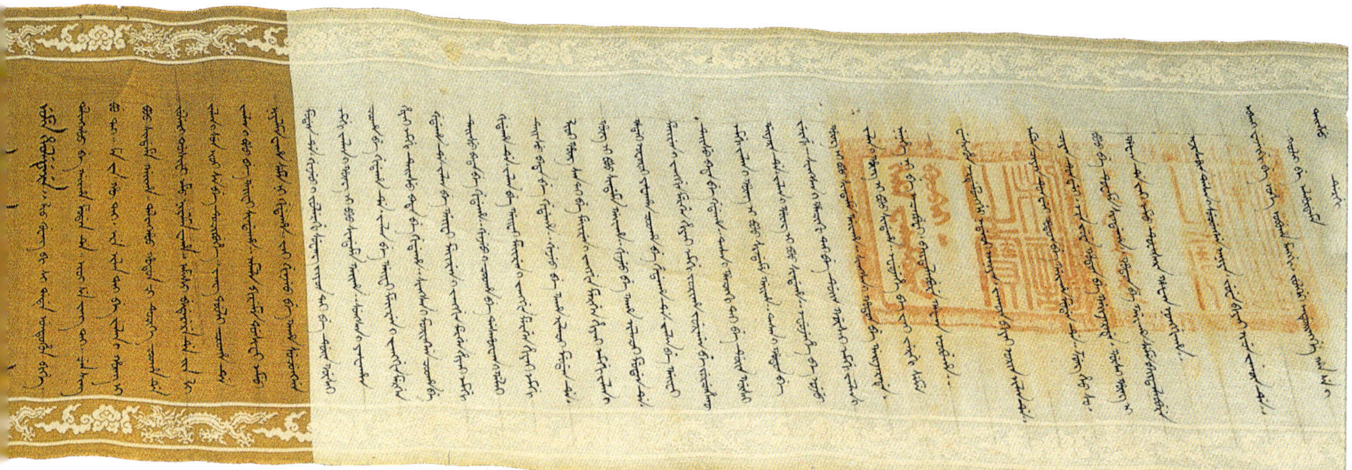

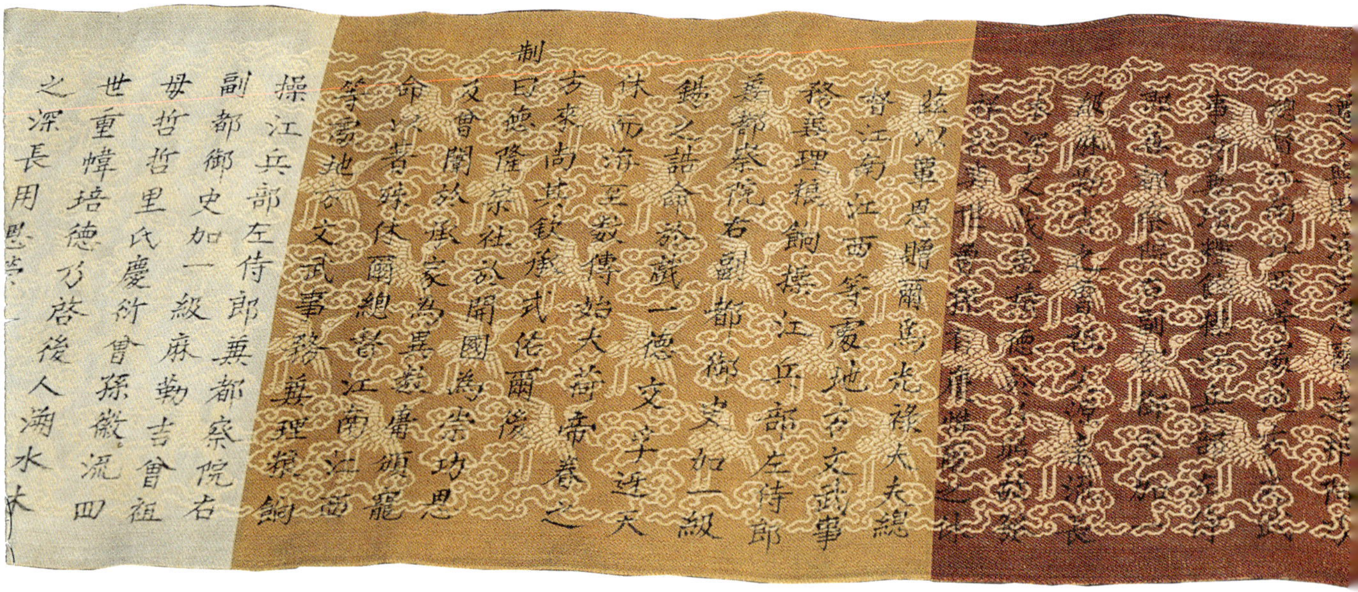
茲以覃恩贈爾爲光祿大夫總
督江南江西等處地方文武事
務兼理糧餉操江兵部左侍郎
兼都察院右副都御史加一級
錫之誥命於戲一德文孚延天
休而滋至數傳始大荷帝眷之
方來尚其欽承式佐爾後
制
曰德隆宗社於開國爲宗功思
反曾闡於承家爲異數膺頒寵
命介著殊休爾總督江南江西
等處地方文武事務兼理糧餉
操江兵部左侍郎兼都察院右
副都御史加一級麻勒吉曾祖
母哲哲里氏慶衍曾孫徽流四
世重幃培德乃啓後人
之深長用

麻勒吉之曾祖父母誥命　滿漢合璧

康熙九年（1670）五色絹寫本，卷軸裝。

奉天誥命

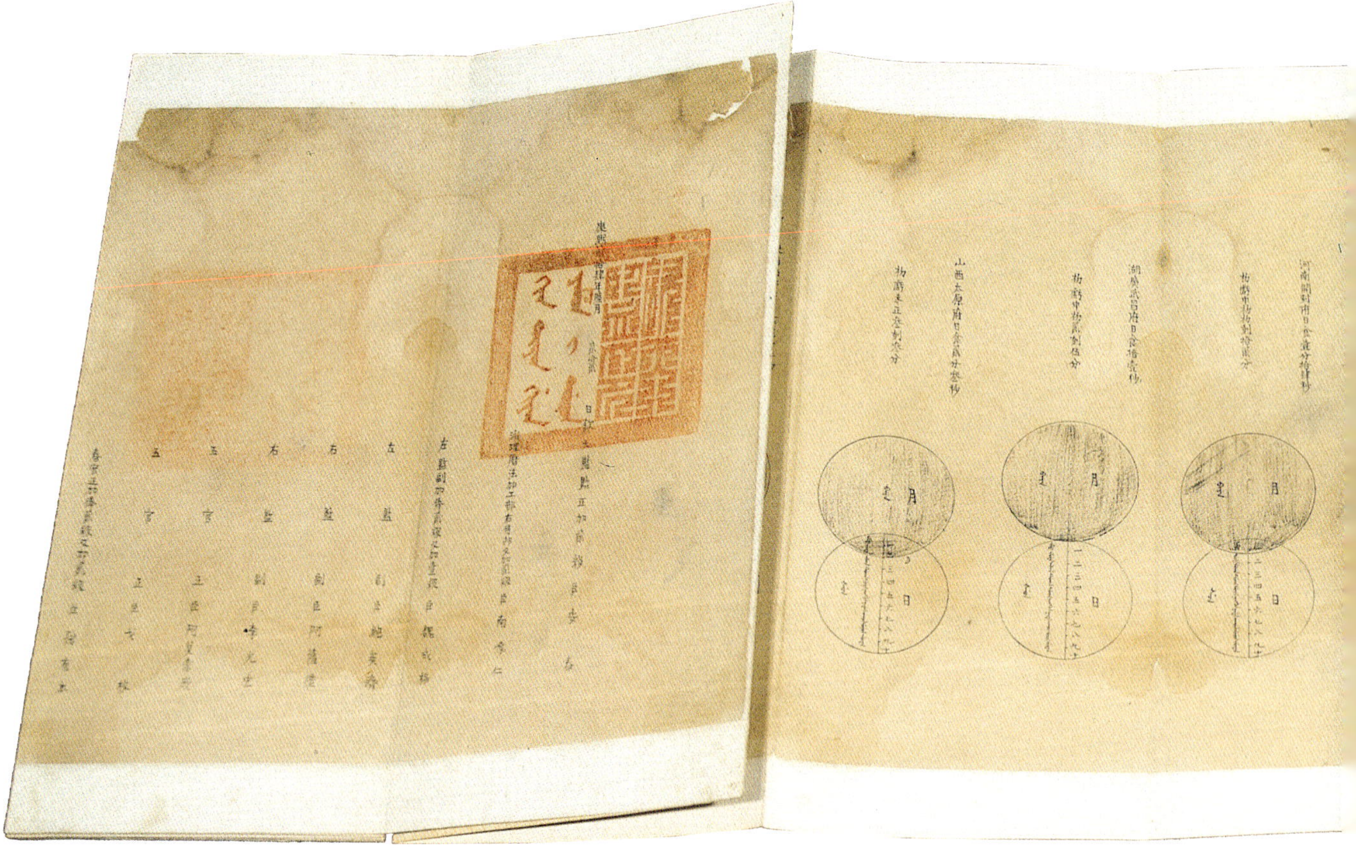

日食圖　滿漢合璧

安泰等奏，康熙二十四年（1685）寫繪本，經摺裝。

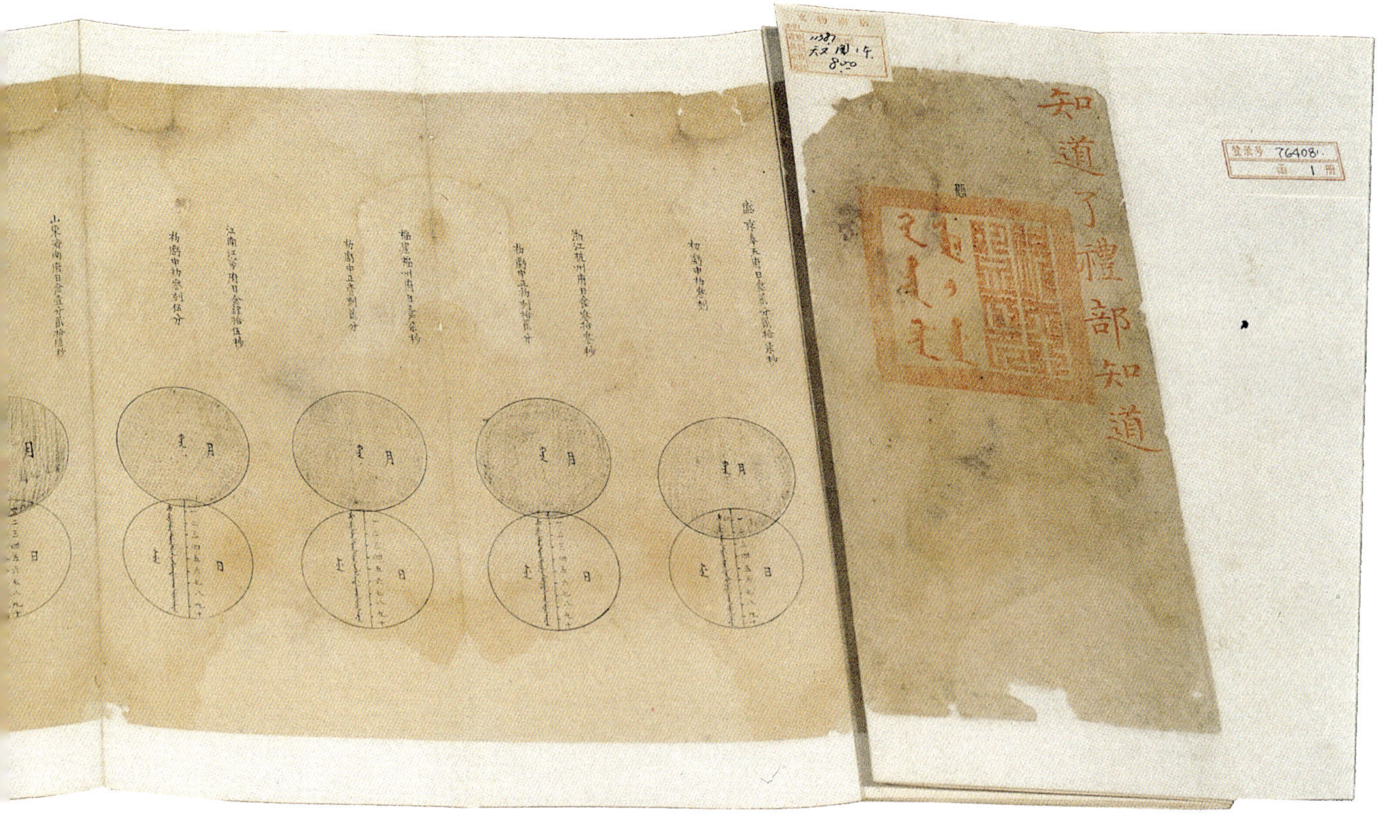

拓片

大金喇嘛法師寶記　滿漢合璧

大海等撰，天聰四年（1630），額正書題：敕建，高70厘米，寬61.3厘米，碑在遼寧省遼陽市。滿文為無圈點。

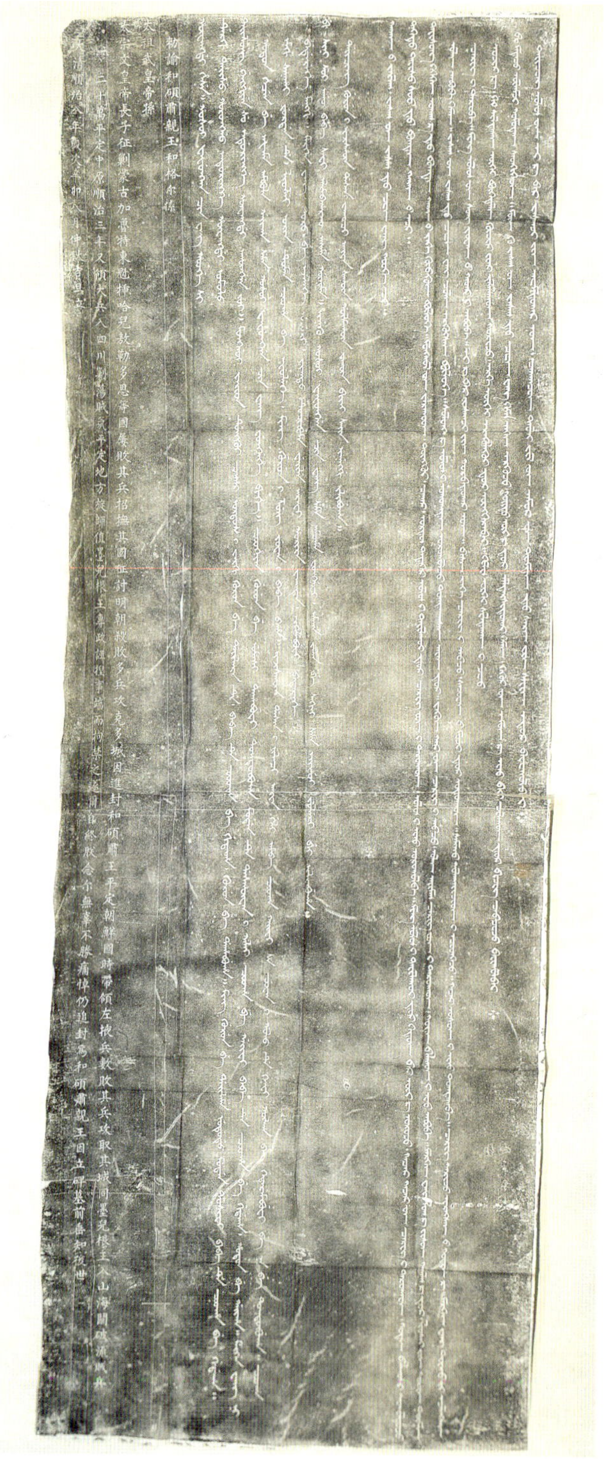

和格誥封碑　滿漢合璧

順治八年（1651），高248厘米，寬89厘米，碑在北京左安門外架松墳。和格，《清史稿》作"豪格"。

御製天主堂碑記　滿漢合璧

清世祖（福臨）撰，順治十四年（1657），額篆書題：御製，高200厘米，寬85厘米，碑在北京宣武門內南堂。

聖母堂碑　滿漢合璧

湯若望撰，順治十七年（1660），高138厘米，寬69厘米，碑在北京阜成門外馬尾溝。

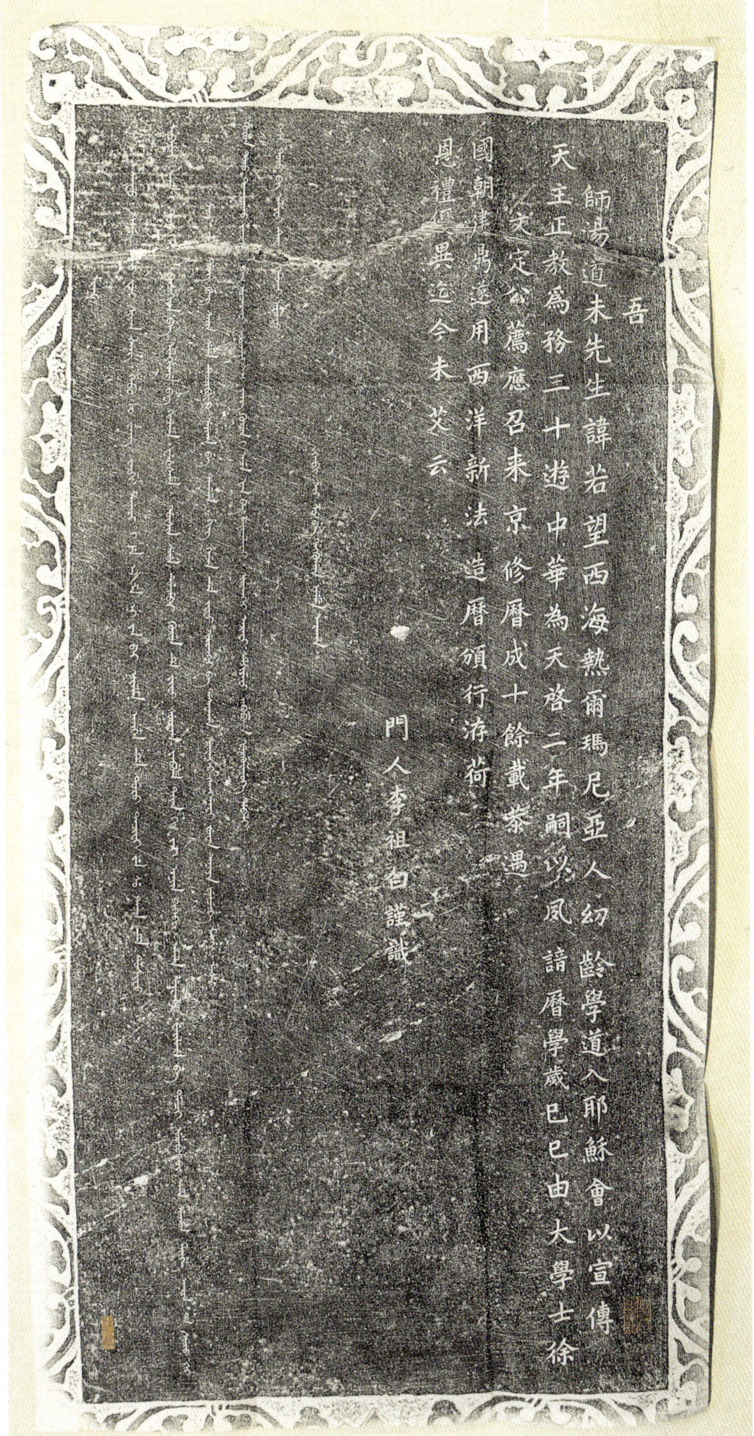

吾
師湯道未先生諱若望西海熱爾瑪尼亞人幼齡學道入耶穌會以宣傳
天主正教爲務三十遊中華爲天啓二年嗣以夙諳曆學歲己巳由大學士徐
文定公薦應召來京修曆成十餘載恭遇
國朝律曆遂用西洋新法造曆頒行洊荷
恩禮優異迄今未艾云
門人李祖白謹識

聖母堂碑李祖白跋　滿漢合璧

聖母堂碑陰。

資福院地產碑 滿蒙合璧

康熙三年（1664）七月，額題：為供養十方喇嘛置地四至碑（滿文），高116厘米，寬68厘米，碑在北京安定門外黄寺。

洪承疇墓碑 滿漢合璧

康熙六年（1667）閏四月，額篆書題：敕建，高210厘米，寬75厘米，碑在北京海淀區車道溝。

普靜禪林碑　滿漢蒙合璧

康熙三十三年（1694）閏五月，高266厘米，寬100厘米，碑在北京安定門外黄寺。

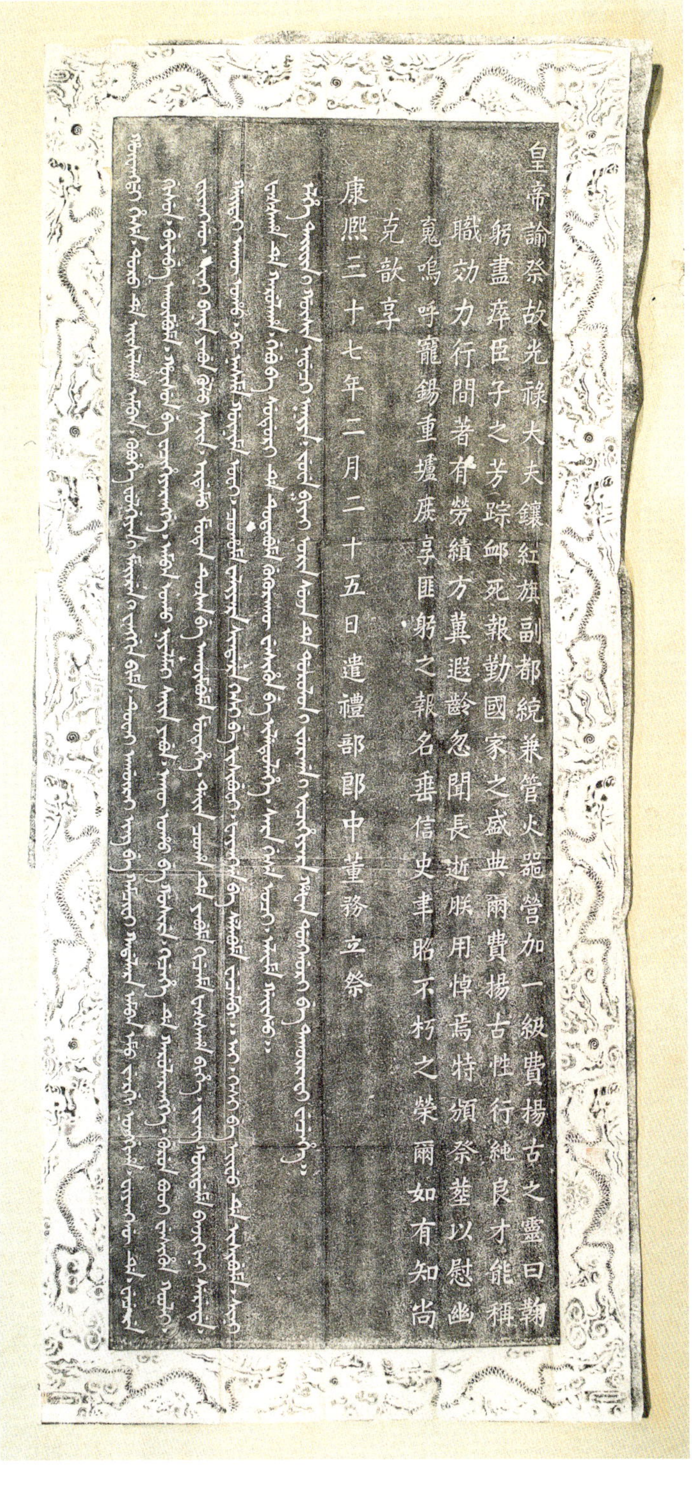
皇帝諭祭故光祿大夫鑲紅旗副都統兼管火器營加一級費揚古之靈曰鞠
躬盡瘁臣子之芳踪卹死報勤國家之盛典爾費揚古性行純良才能稱
職効力行間著有勞績方冀遐齡忽聞長逝朕用悼焉特頒祭塟以慰幽
魂嗚呼寵錫重壚庶享匪躬之報名垂信史聿昭不朽之榮爾如有知尚
克歆享
康熙三十七年二月二十五日遣禮部郎中董務立祭

費揚古諭祭碑　滿漢合璧

康熙三十七年（1698）二月，高230厘米，寬103厘米，碑在北京阜成門外廖公莊。

臺省箴碑　滿文

康熙三十九年（1700），額題：御製臺省箴，高162厘米，寬68厘米,碑在北京司法部街。

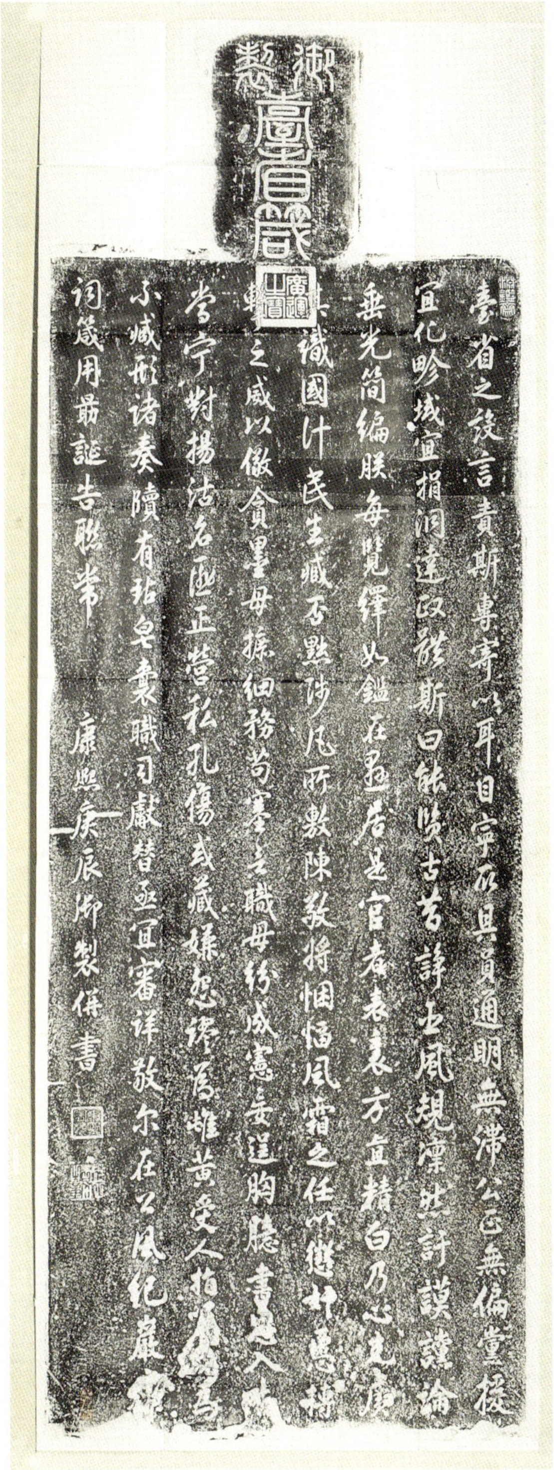
御製臺省箴
康熙庚辰御製併書

臺省箴碑　漢文

為同名滿文碑之陰。

繪娑羅樹壽王班禪額爾德尼　滿蒙藏漢合璧

清高宗（弘曆）繪並正書贊文，乾隆四十五年（1780）十一月，高204厘米，寬98厘米，碑在北京安定門外黄寺。

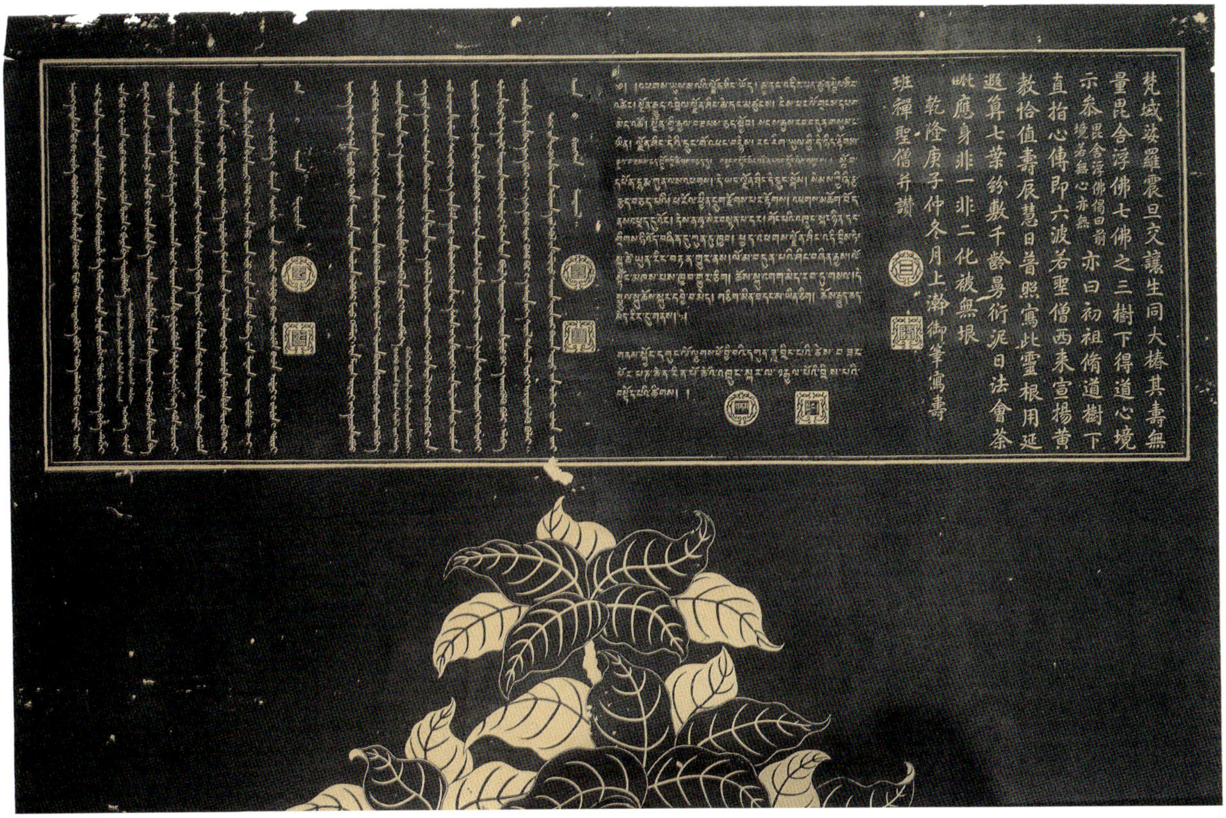
梵域娑羅震旦文讓生同大椿其壽無
量毘舍浮佛七佛之三樹下得道心境
示衆 毘舍浮佛偈曰前境若無心亦無 亦曰初祖偹道樹下
直指心傳即六波若聖僧西來宣揚黃
教恰值壽辰慧日普照寫此靈根用延
遐算七葉紛敷千齡昜衍泥日法會荼
毗應身非一非二化被無垠
乾隆庚子仲冬月上澣御筆寫壽
班禪聖僧并讚

繪娑羅樹壽王班禪額爾德尼（局部）

舆圖

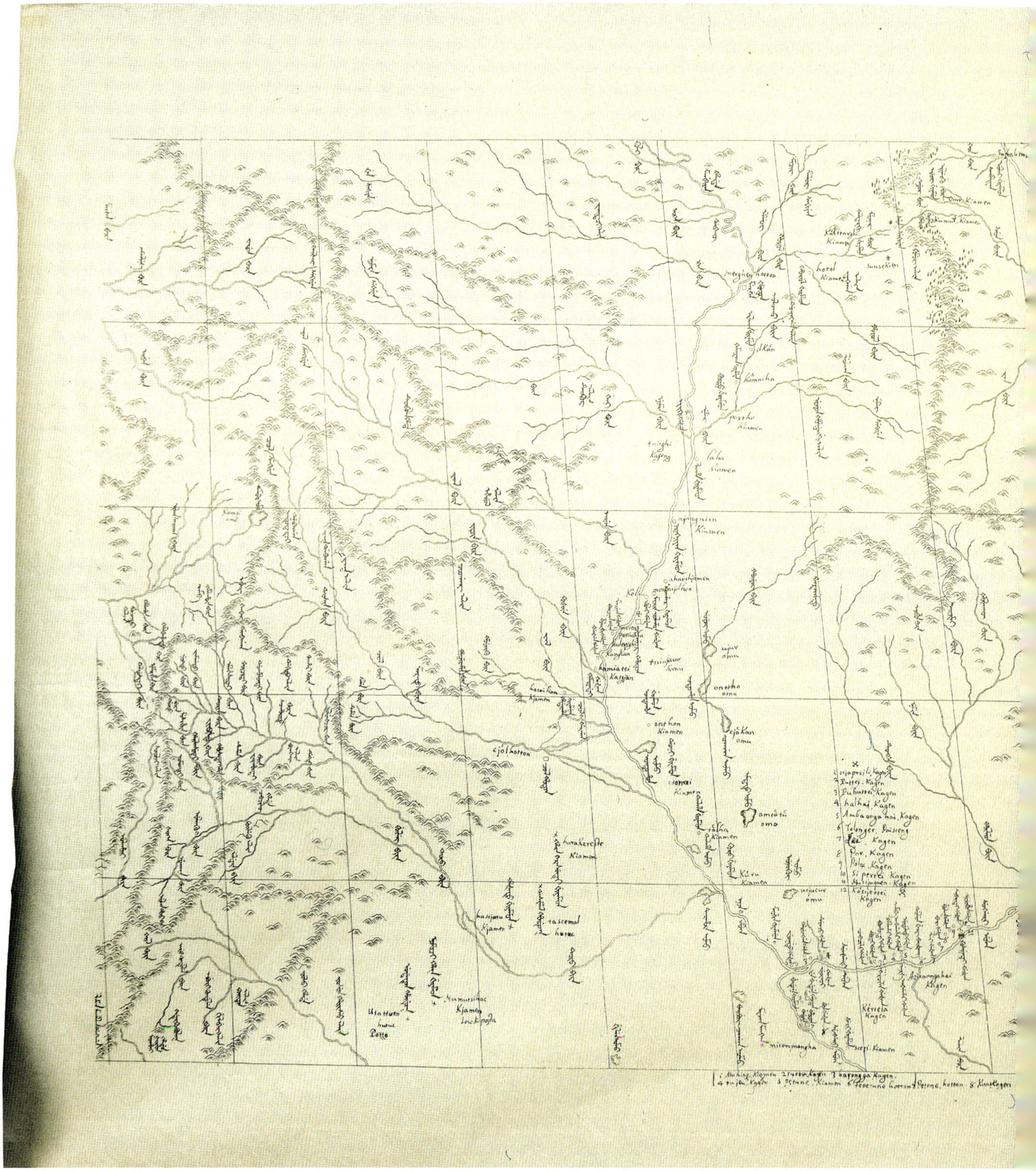
halhat Kagen
Ambaorgahai. Kagen
Polac. Kagen
Kösijettei Kagen

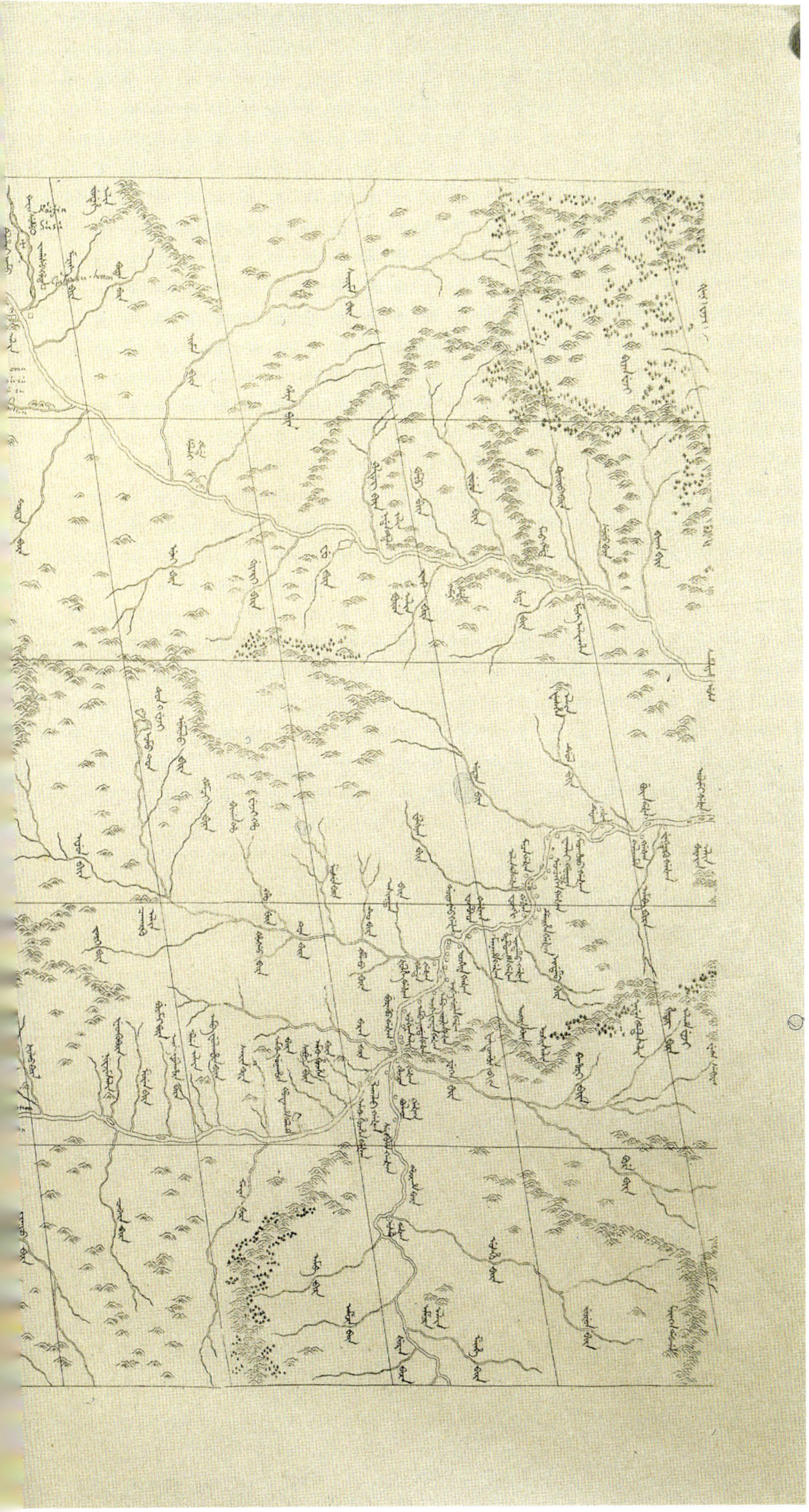

清康熙皇輿全覽圖（之一）　滿文

清康熙五十八年（1719）刻本，單色，未注比例尺，存9幅，圖縱40厘米，横67厘米。部分地名增注拉丁文。

54
53
52
Pai Keng
hussun Kul omu
Laco

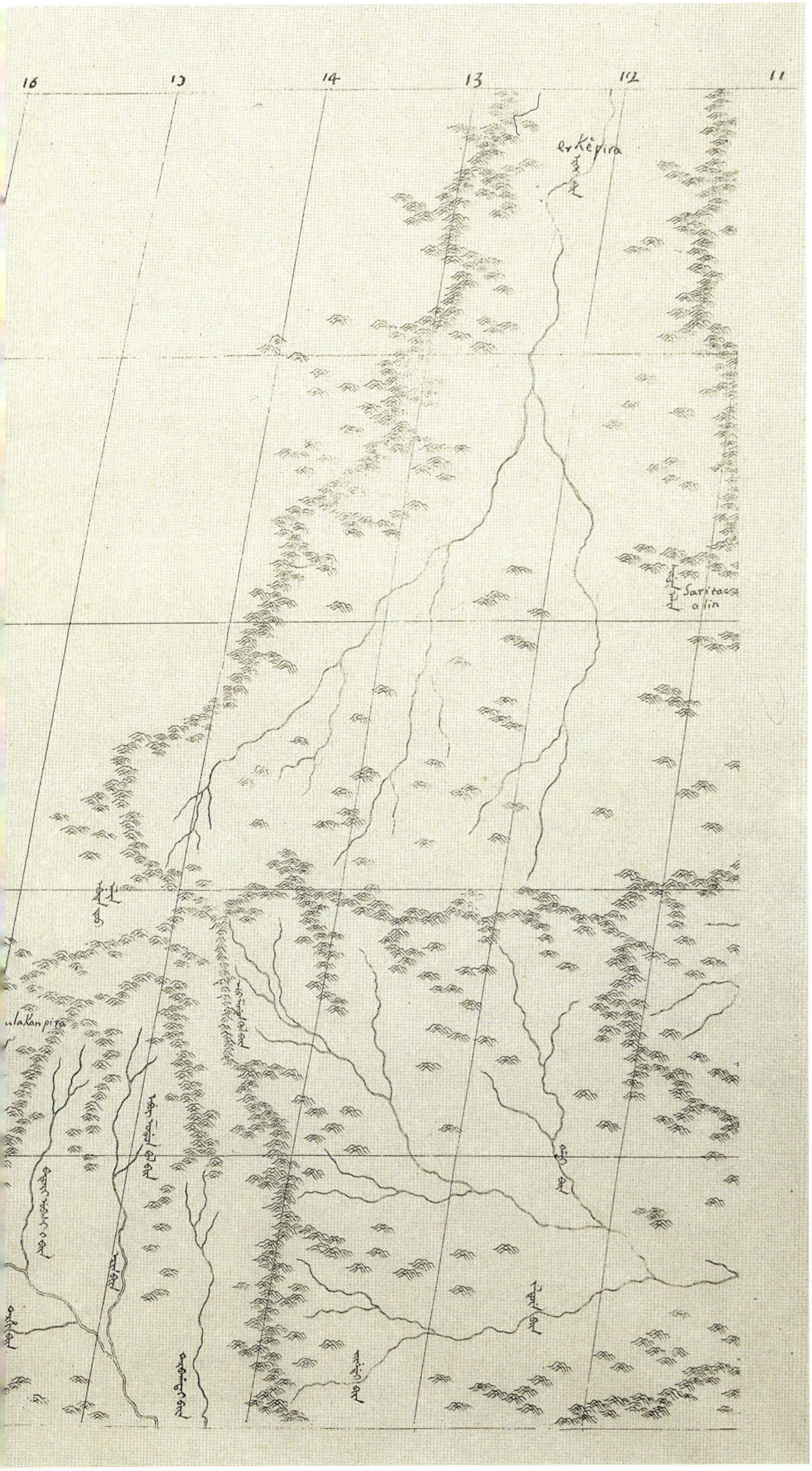
16
15
14
13
12
11
er Kepira
Saritaca
a lin

清康熙皇輿全覽圖（之二）

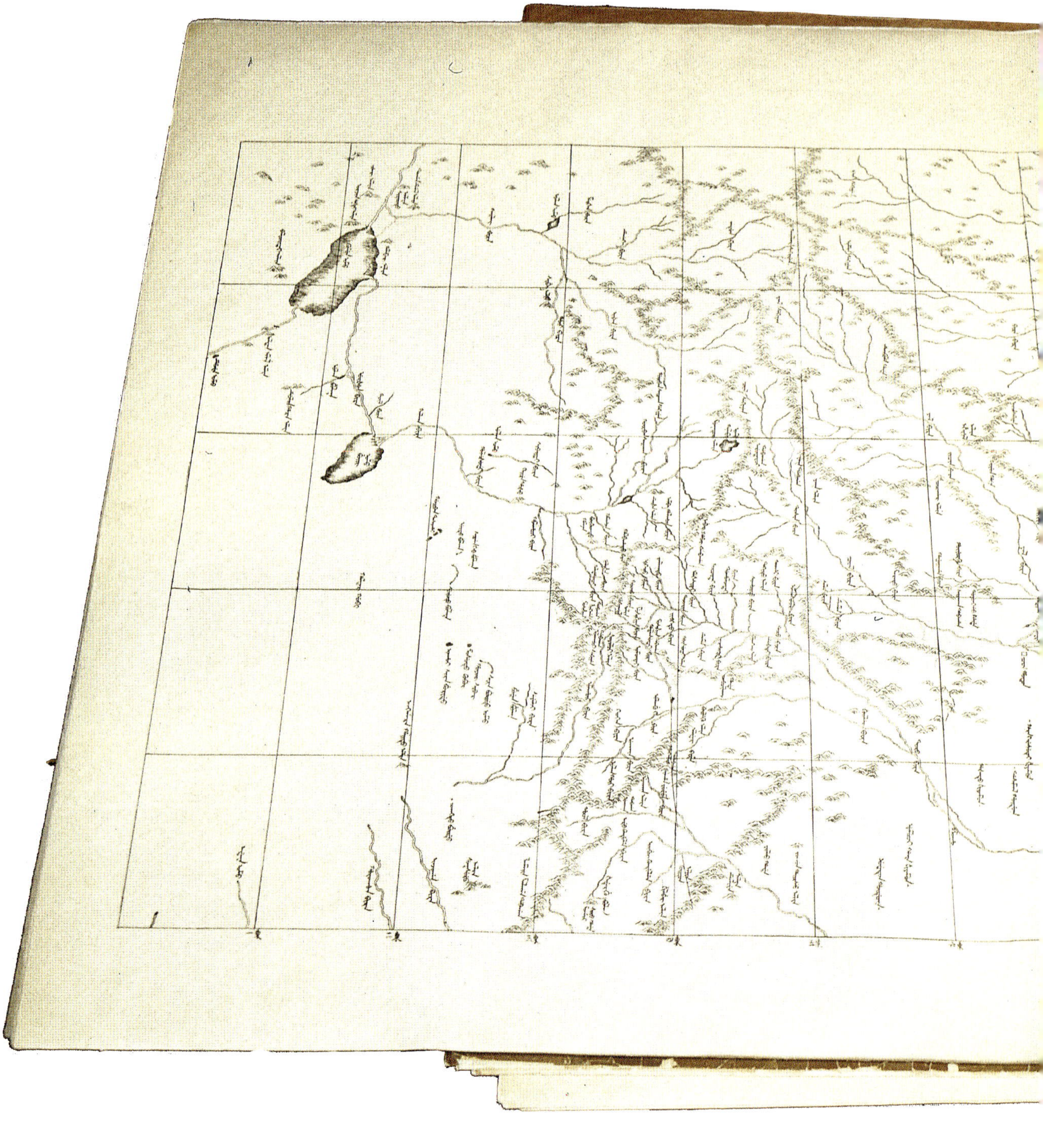

清內府一統輿地秘圖　滿漢合璧

民國十八年（1929）瀋陽故宮石印本，單色，有比例尺，1冊（41幅），圖縱52厘米，橫77厘米。本圖據瀋陽故宮藏清康熙五十八年（1719）銅版《皇輿全覽圖》重新製版。

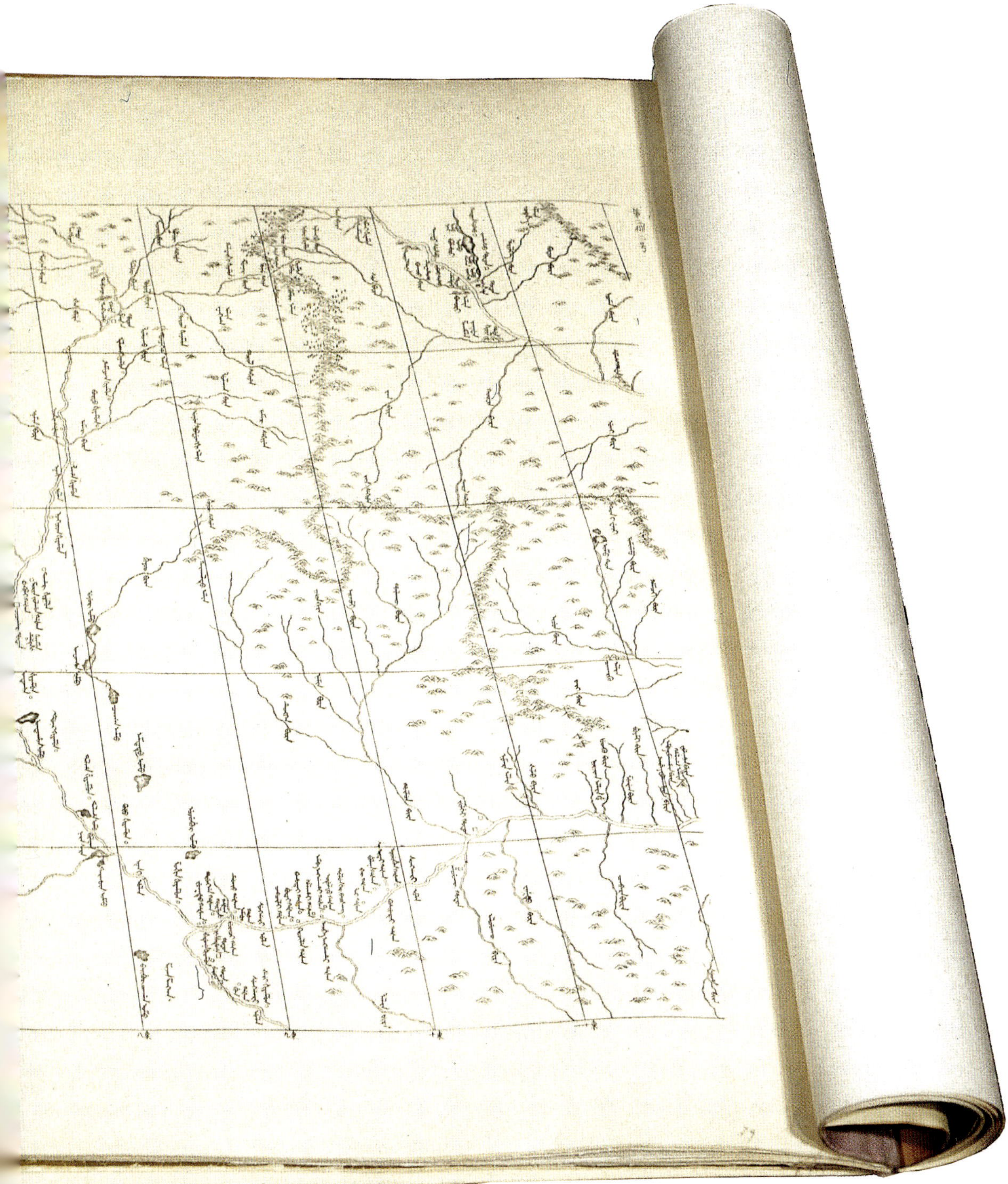

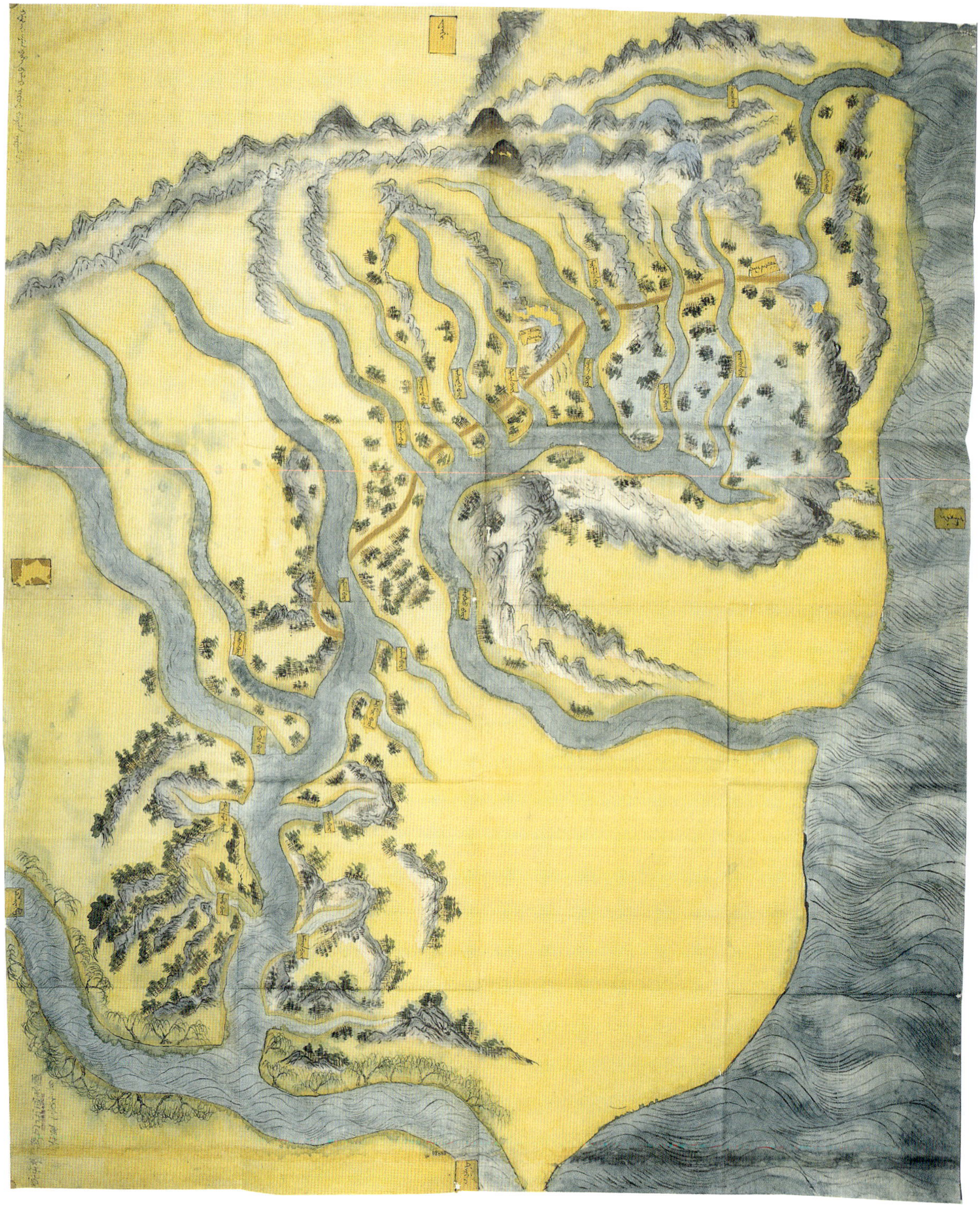

黑龍江圖　滿文

乾隆繪本，彩色，未注比例尺，1幅，圖縱135厘米，横112厘米。

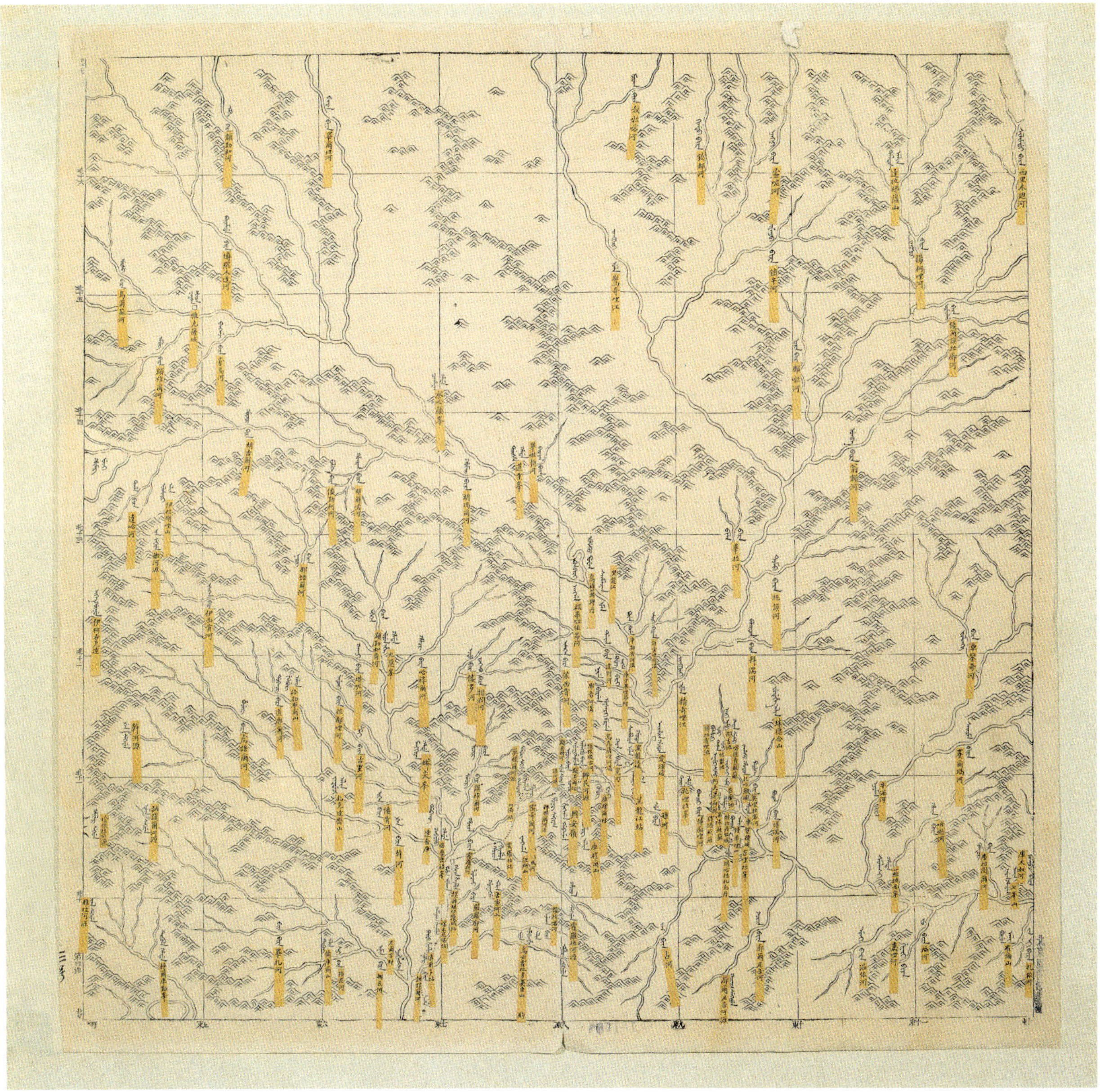

十排皇輿全圖（之一）　滿漢合璧

乾隆刻本，單色，未注比例尺，存101幅，圖縱51厘米，横51厘米。

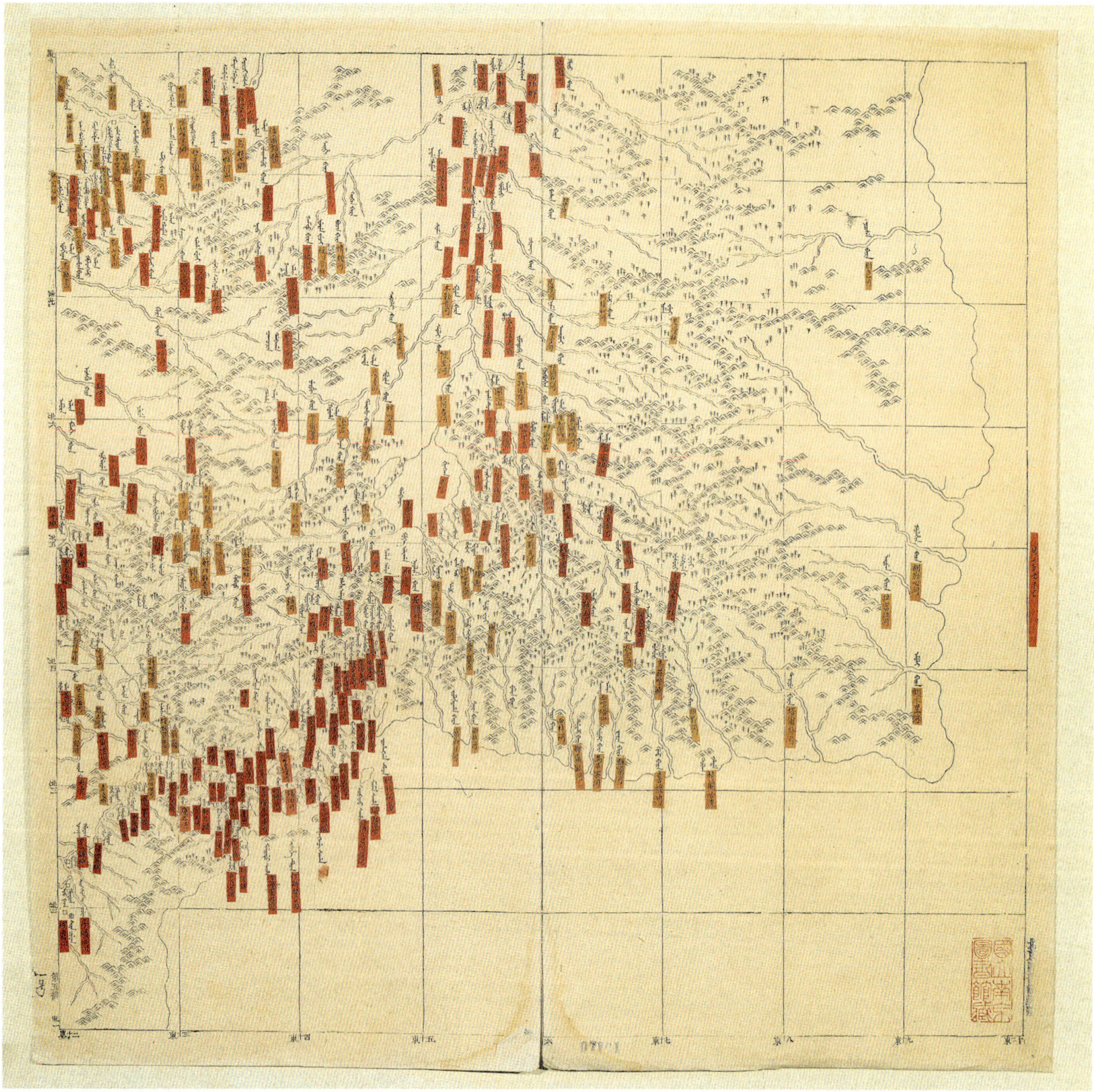

十排皇輿全圖（之二）

木蘭圖式　滿文

（清）慶興繪，嘉慶繪本，彩色，未注比例尺，1幅，圖縱52厘米，橫57厘米。

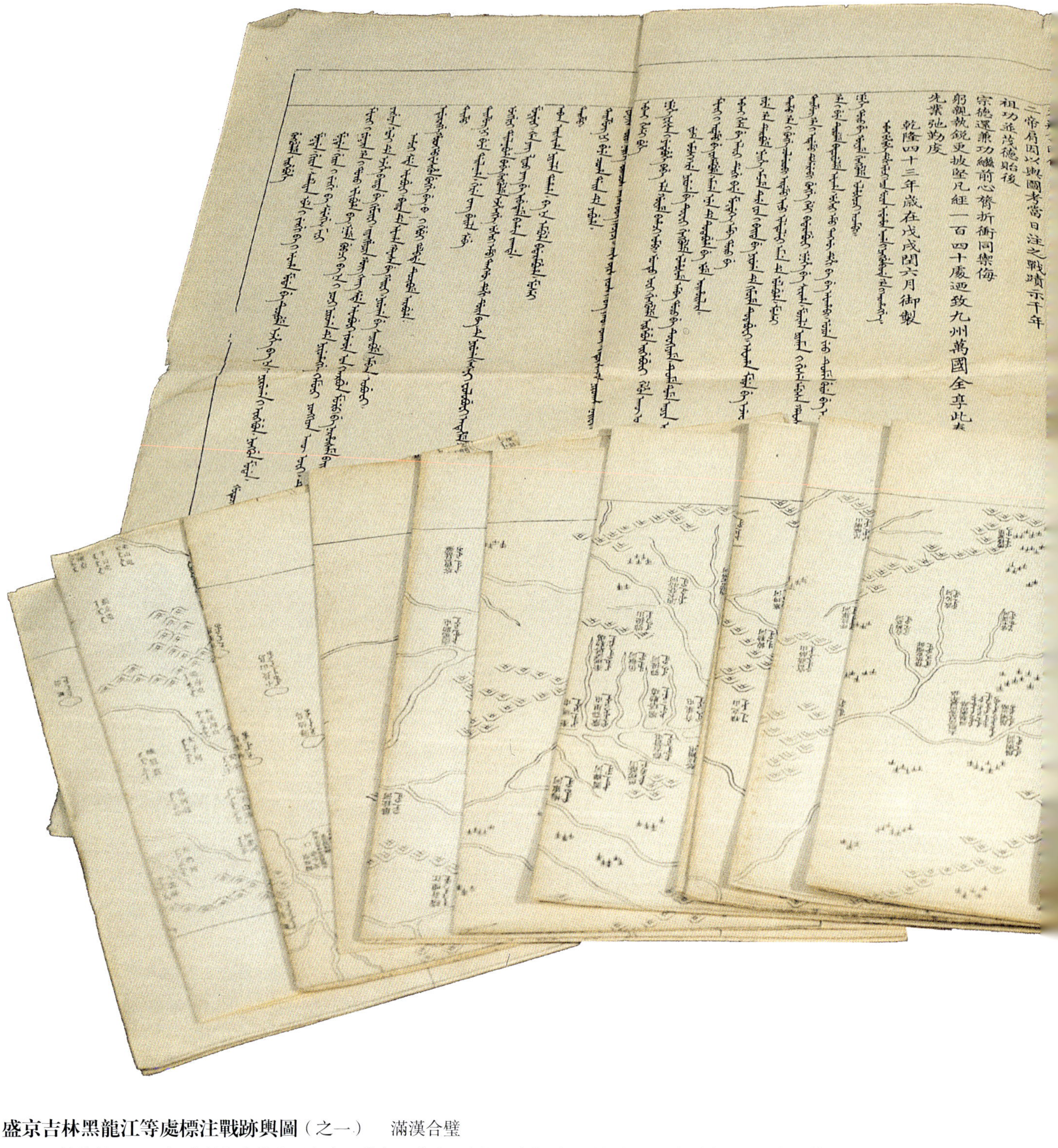
乾隆四十三年歲在戊戌閏六月御製

盛京吉林黑龍江等處標注戰跡輿圖（之一）　滿漢合璧

阿桂等繪，1935年滿洲文化協會石印本，單色，未注比例尺，圖25幅，說明1冊1張，圖縱56厘米，橫77厘米。原圖為乾隆四十三年（1778）大學士阿桂等在“皇輿全圖”上標繪而成。本圖據清乾隆年間印本摹印。

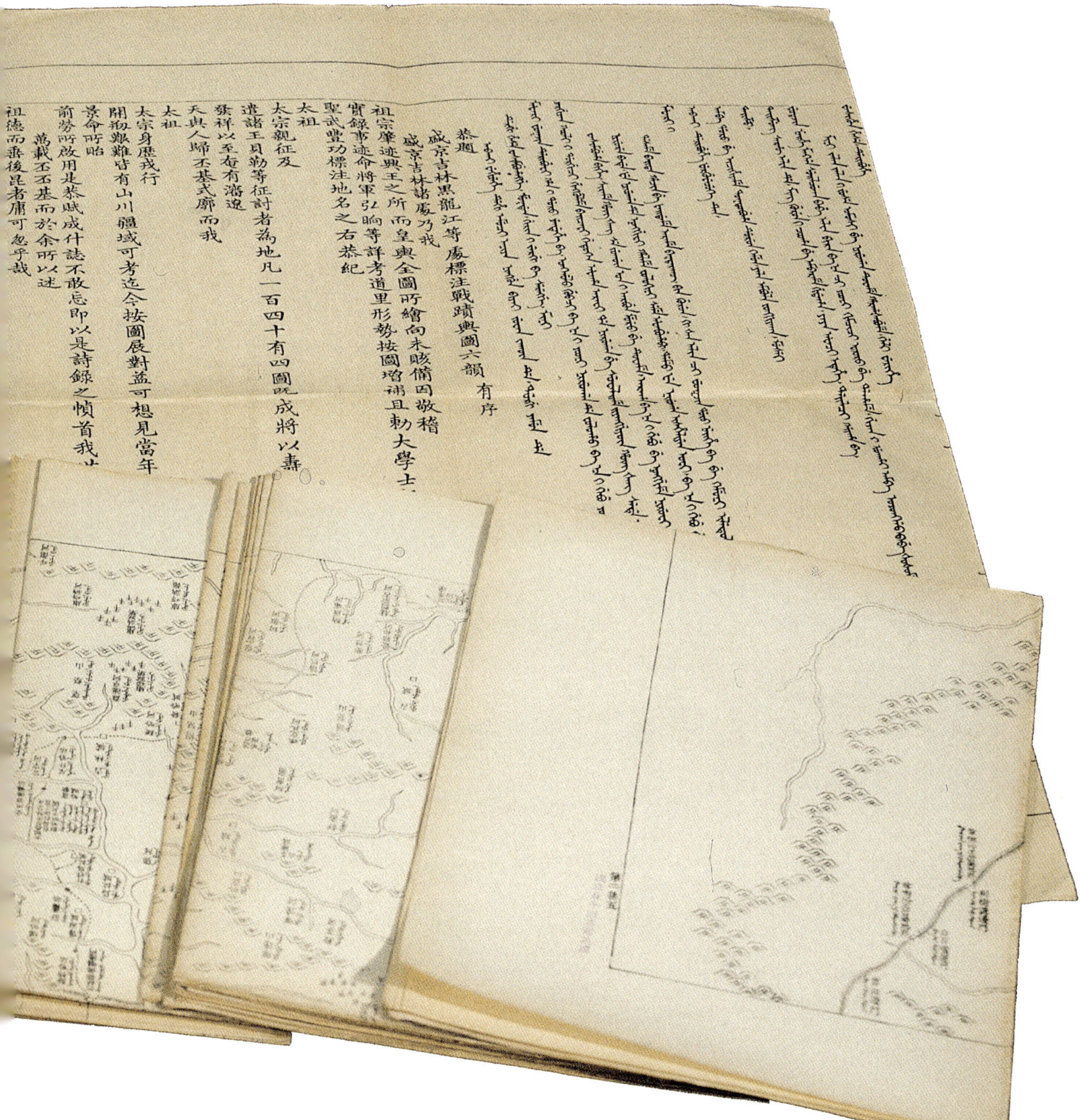
恭題
盛京吉林黑龍江等處標注戰蹟輿圖六韻 有序
盛京吉林諸處乃我
祖宗肇迹興王之所而皇輿全圖所繪向未賅備因敬稽
實錄事迹命將軍弘晌等詳考道里形勢按圖增補且敕大學士
聖武豐功標注地名之右恭紀
太祖
太宗親征及
遣諸王貝勒等征討者為地凡一百四十有四圖既成將以壽
發祥以至奄有滿邉
天與人歸丕基式廓而我
太祖
太宗身歷戎行
開刱艱難皆有山川疆域可考迄今按圖展對蓋可想見當年
景命所貽
前勞所啟用是恭賦成什誌不敢忘即以是詩錄之幀首我
萬載丕丕基而於余所以述
祖德而垂後昆者庸可忽乎哉

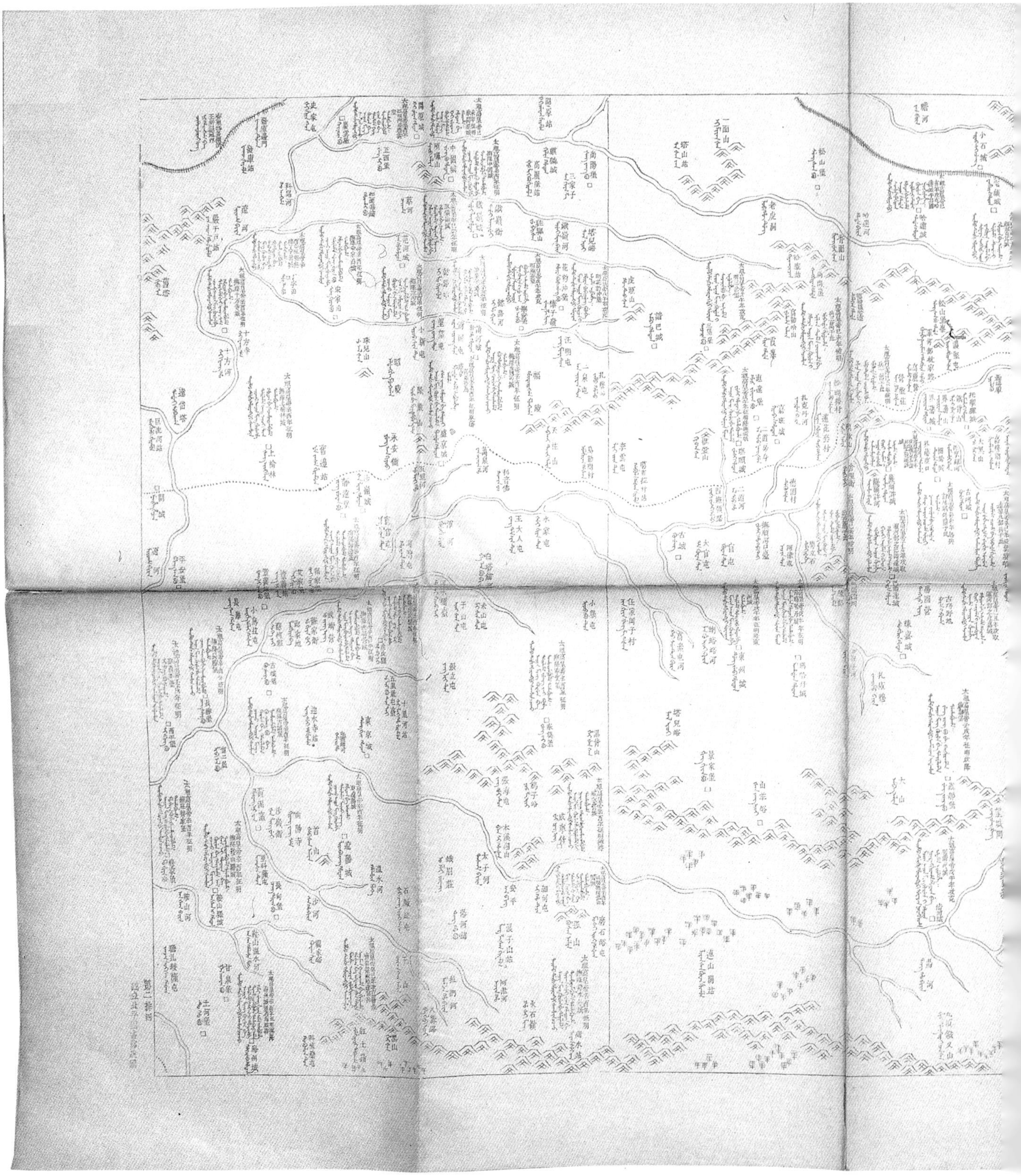
一面山
塔山站
松山堡
老虎洞
小石城
南勝堡
東京城
大山

盛京吉林黑龍江等處標注戰跡輿圖

（之二）

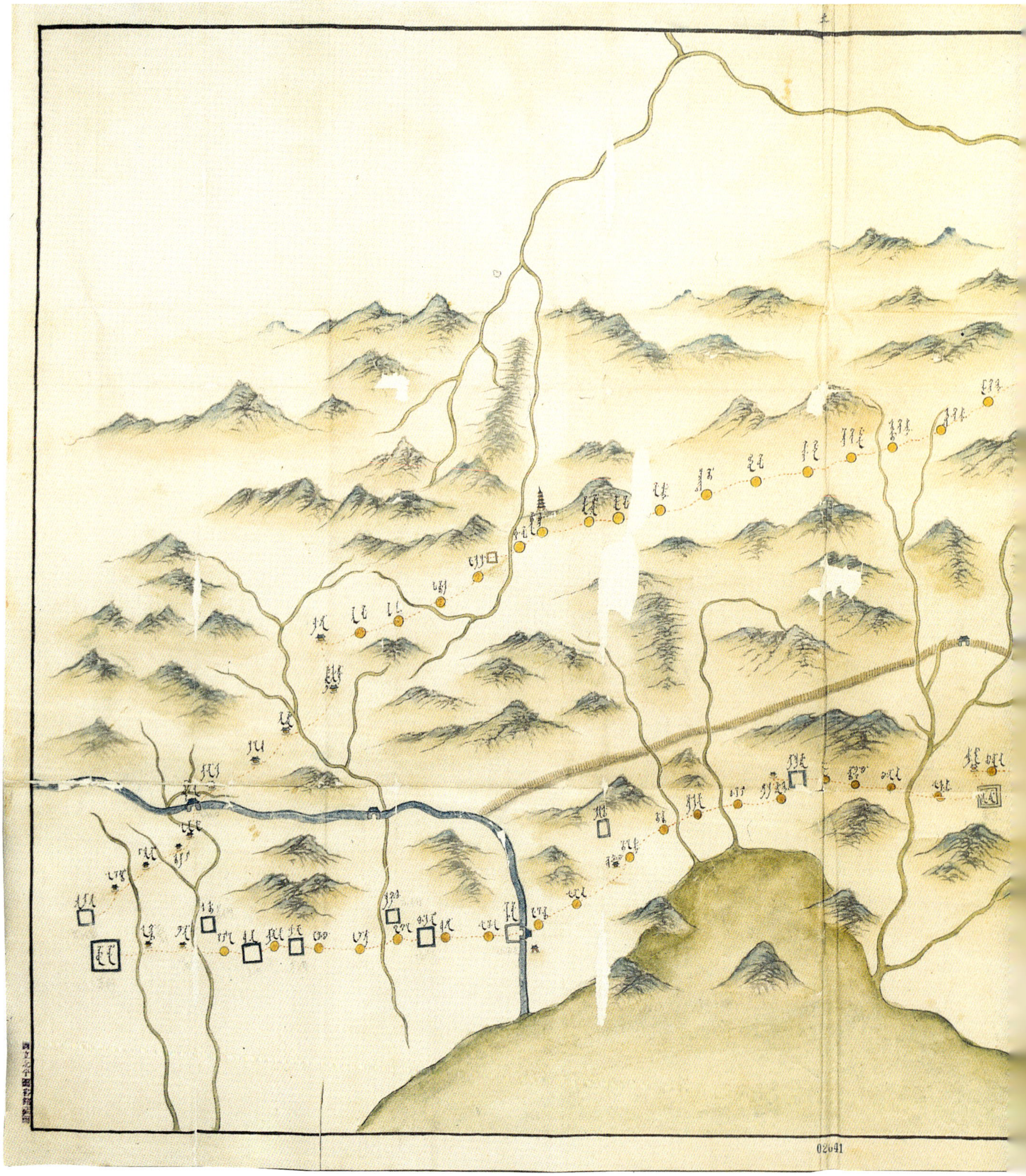
02041

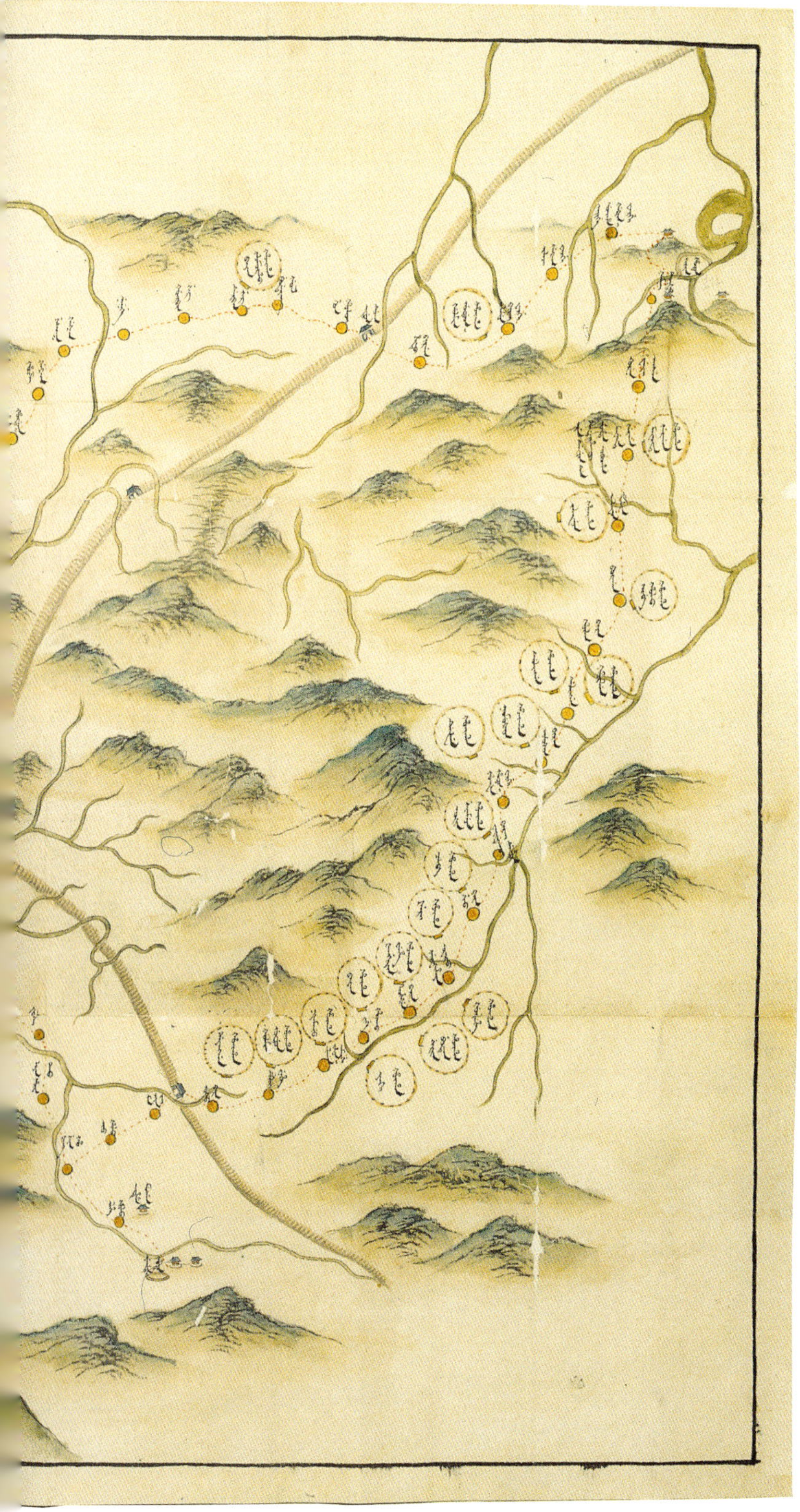

京師至吉林圍場路線圖 滿文

清中期繪本，彩色，未注比例尺，1幅，圖縱57厘米，橫85厘米。

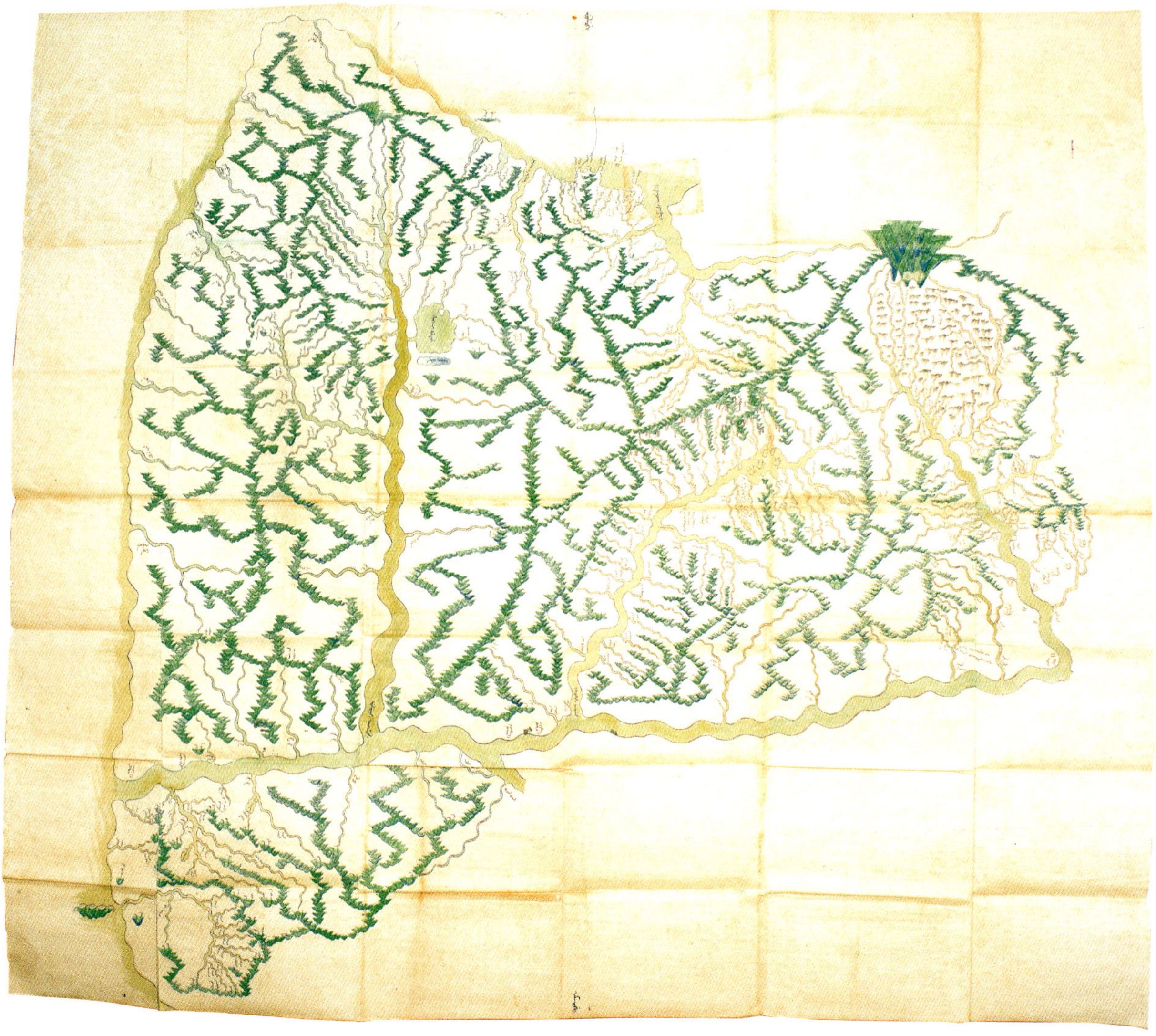

黑龍江山川形勢圖　滿文

道光繪本，彩色，未注比例尺，1幅，圖縱212厘米，橫240厘米。

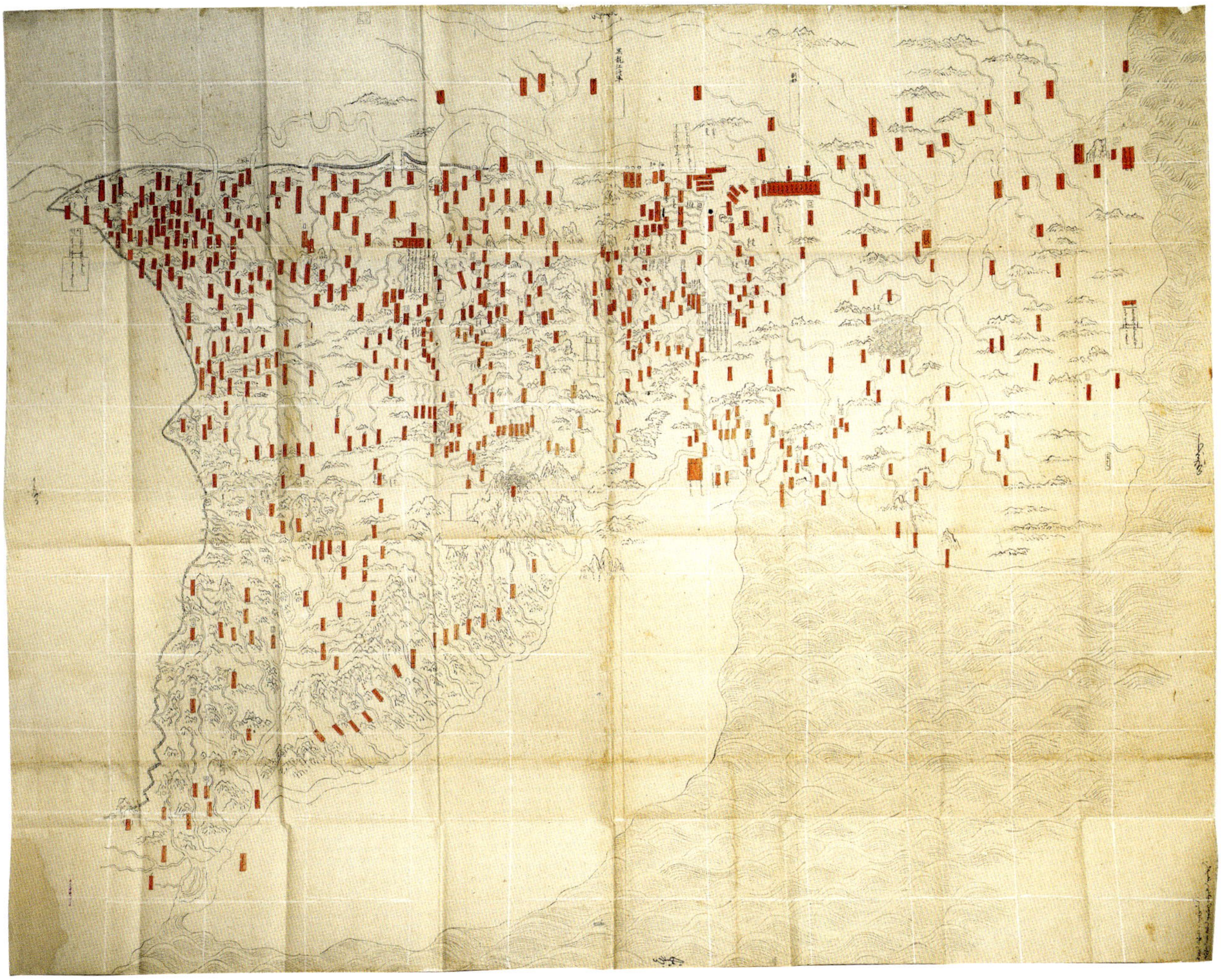

寧古塔至吉林江源封禁區域圖　滿文

咸豐初年繪本，單色，未注比例尺，1幅，圖縱152厘米，橫200厘米。

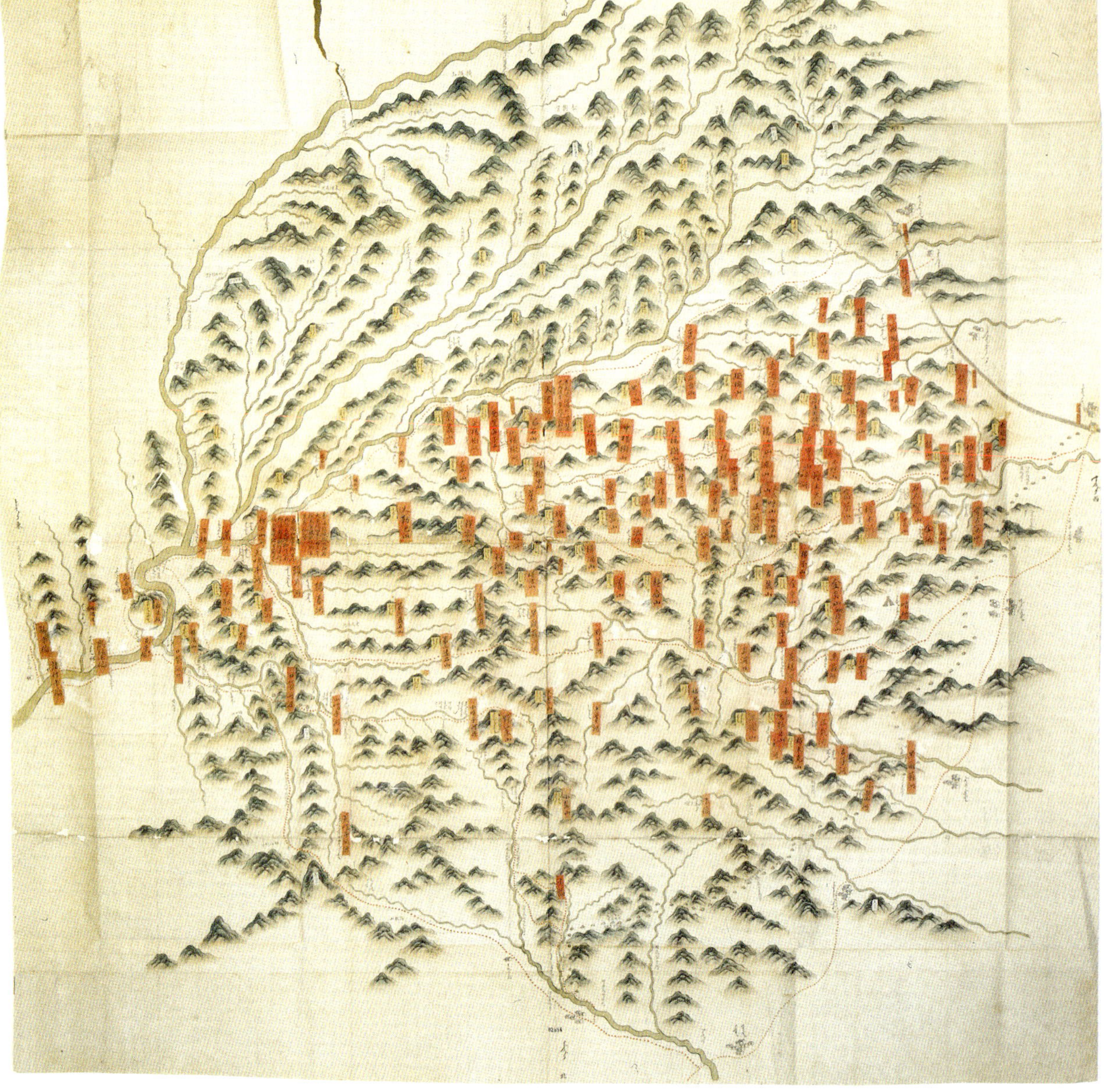

盛京圍場全圖 滿漢合璧

光緒繪本，彩色，未注比例尺，1幅，圖縱117厘米，橫122厘米。

後　記

國家圖書館收藏的滿文圖書約600餘種，拓片約近700種，地圖約50餘種，另有相當數量的檔案。本圖錄就是揭示這部分館藏的一個視窗，共收錄文獻300餘種，涵蓋的時間從清天聰四年（1630）到民國時期，前後達300年左右。

本圖錄主編黃潤華負責整體策劃，圖片選定，前言和抄本圖書及檔案、拓片說明的撰寫，副主編張木森負責刻本圖書說明的撰寫、有關條目的核對、圖書拍攝監護等，副主編蘇品紅負責前言中有關滿文地圖的撰寫、地圖目錄的選定及說明撰寫等，本圖錄全部照片由趙建中拍攝。

當本圖錄的全部書稿編就的時候， 久在編者心上的無形壓力得以舒緩，同時一種感恩的心念油然而生。國家圖書館收藏的滿文圖書無論是數量還是內容在國內乃至世界上均屬前列，能有這樣驕人的成績不能不提到三位前賢。從20世紀20年代開始，于道泉、李德啟兩位先生在當時的館長袁同禮先生指導下就開始收集滿文文獻，“篳路藍縷，以啟山林”，正是有這些老一輩國圖人終生不渝的努力，方為今天豐厚的滿文文獻館藏奠定了堅實的基礎。

在本書即將付梓之際，心中時時想起一位老人的身影，他便是原北京市民委副主任張壽崇先生。他出身世家，其祖父是清末軍機大臣那桐。壽崇先生對滿族文化稔熟於心，當他得知筆者有編撰此圖錄的心願時，甚為讚賞，熱心襄助，每次見面總是詢問編輯進程，令人十分感動。如今圖錄即將面世而先生墓木已拱矣！此時此刻，更加感念壽崇先生生前對本書的關切之情。

本圖錄在編輯過程中得到很多人士的幫助，除了在前言中提到的領導和專家外，還有國圖善本書庫的王文蓓、姜瓏等同志，她們默默無聞的勞動有力地支持了本書的編撰。

本書出版過程中，承蒙國家圖書館出版社社長郭又陵先生、總編輯徐蜀先生、本書責任編輯耿素麗女士爲本圖録的出版盡心盡力，付出了辛勤的勞動，李曉明女士在編輯加工等方面做了大量工作，特致深切的感謝！

本圖錄力圖通過有限的圖片反映出滿文文獻的精彩紛呈，起到“管中窺豹”的作用。但是，一個單位的藏品再多也有其局限性，更主要的是由於編者的水準所限，所選的圖片未必都有代表性，文字說明可能還有錯漏之處，懇請方家不吝批評指正。

黃潤華識　丁亥年除夕初稿

二〇〇九年十一月改定

圖書在版編目（CIP）數據

國家圖書館藏滿文文獻圖録／黄潤華主編.—北京：國家圖書館出版社，2009.12

ISBN 978-7-5013-4213-6

Ⅰ. 中… Ⅱ.①黄… Ⅲ.滿語—文獻—中國—清代~民國—圖録 Ⅳ.G256-64

中國版本圖書館CIP數據核字（2009）第205198號

國家圖書館藏滿文文獻圖録

黄潤華 主編

責任編輯 徐蜀 耿素麗

設計製作 九雅工作室

出　　版 國家圖書館出版社 (100034 北京市西城區文津街7號)

（原北京圖書館出版社）

發　　行 010-66139745 66175620 66126153

66174391（傳真） 66126156（門市部）

E-mail btsfxb@nlc.gov.cn(郵購)

Website www.nlcpress.com→投稿

經　　銷 新華書店

印　　刷 北京聯興盛業印刷有限公司

開　　本 889×1194 毫米 1/16

印　　張 26

版　　次 2010年1月第1版 2010年1月第1次印刷

書　　號 ISBN 978-7-5013-4213-6

印　　數 1-1000

定　　價 450.00圓